DER WASSERMANN
UND DAS
GOLDENE ZEITALTER

Aus dem Französischen übersetzt
Originaltitel:
LE VERSEAU
ET L'AVÈNEMENT
DE L'AGE D'OR

Editions Prosveta S.A. - B.P. 12 - 83601 Fréjus, Cedex (France)

ISBN 3-89515-030-4

Französische Originalausgaben:
Band 25: ISBN 2-85566-242-7, Band 26: 2-85566-317-2

Omraam Mikhaël Aïvanhov

DER WASSERMANN UND DAS GOLDENE ZEITALTER

3. Auflage

Gesamtwerke – Band 25

PROSVETA-VERLAG

Da Meister Omraam Mikhaël Aïvanhov
seine Lehre ausschließlich mündlich überlieferte,
wurden seine Bücher aus den Stenomitschriften,
Tonband- oder Videoaufnahmen seiner frei gehaltenen
Vorträge zusammengestellt

INHALT

Band 25

Band 26

Omraam Mikhaël Aïvanhov

I

Das Wassermann-Zeitalter

Freier Vortrag

In der Offenbarung des Johannes ist die Rede von den vier heiligen Tieren, die vor dem Throne Gottes stehen und immerfort singen: »Heilig, heilig, heilig ist Gott der Herr, der Allmächtige, der da war, der da ist und der da kommt.« Das erste gleicht einem Löwen, das zweite einem Stier, das dritte einem Menschen und das vierte einem Adler. Diese vier Tiere finden wir in den beiden Achsen des Tierkreises wieder, die von den jeweils sich gegenüberliegenden Zeichen Löwe – Wassermann und Stier – Skorpion gebildet werden. Nun werdet ihr einwenden, dass es im Tierkreis keinen Adler, sondern den Skorpion gibt. Tatsächlich war aber früher an der Stelle des Skorpions der Adler. Seit der Erbsünde allerdings, die der Mensch aus mangelnder Beherrschung seiner Sexualkraft begangen hat, ist der Adler – symbolisch gesehen – gefallen und zum Skorpion geworden. Bei den Entsprechungen übrigens, die die Eingeweihten zwischen den verschiedenen Körperpartien und den Tierkreiszeichen aufgestellt haben, entspricht der Skorpion den Sexualorganen.

Der Wassermann, ein Luftzeichen, stellt den Menschen dar, also das Denken und das Wissen. Die Wassermann-Ära wird also eine Epoche des Wissens sein, aber nicht des Wissens der Intellektuellen, das austrocknet. Die Menschen lernen zwar viel, sie sind gebildet und gelehrt, aber es fehlt ihnen an Lebendigkeit. Das Symbol des Wassermanns ist ein alter Mann, der Wasser aus einem Krug gießt. Dieser alte Mann stellt die Weisheit dar, die das Wasser des Lebens ausgießt. Das Wissen des Wassermanns ist ein Wissen, das Leben bringt, das Leben erschafft, das Leben erweckt. Die Menschen wissen zwar alles von den Krankheitserregern bis hin zu den Sternen. Wenn man jedoch zusieht, wie sie im täglichen Leben handeln, ist man erschreckt! Es fehlt ihnen das Wesentliche, denn sie verstehen nicht zu leben. Sie stehen also nicht unter dem Einfluss des Wassermanns.

Das Wasser, das sich aus dem Krug des Alten ergießt, will den Menschen sagen, dass sie alles in sich und um sich herum ernähren und begießen müssen, damit es Früchte trägt. Das Symbol unserer Bruderschaft, der Anker mit den beiden Händen, durch die Wasser fließt, ist auch ein Symbol für den Wassermann. In der griechischen Mythologie wird der Wassermann von Ganymedes dargestellt, der auch »Mundschenk der Götter« genannt wurde.

Wasser spendet Leben, und da die Menschen das Wasser vergessen haben, werden sie nicht mehr »gegossen«. Oder vielleicht werden sie es doch, aber womit? Was sie vor allem brauchen, ist lebendiges, lebenspendendes Wasser. Darum steht der Wassermann, obgleich er ein Symbol für Wissen ist, nicht mit dem Gehirn in Verbindung, sondern mit dem Sonnengeflecht, das allein in der Lage ist, das lebendige Wasser in den Eingeweiden zum Fließen zu bringen. In den Evangelien steht geschrieben: »...und aus seinem Schoß wird lebendiges Wasser fließen.« Diese Prophezeiung bezog sich auf den Wassermann; nur konnte das so Gesagte zur damaligen Zeit noch niemand verstehen.

Solange das lebendige Wasser nicht strömt, kann man erzählen, was man will, es bleibt nur Theorie, es ist tot. Und genau das geschieht bei der heutigen Bildung. Die Menschen bilden sich, aber ihr Wissen bleibt an der Oberfläche, es ist nicht lebendig. Ich ziehe es vor, lieber nichts von all dem Bücherwissen zu besitzen, aber das Wissen des Lebens zu haben. Denn wenn ich zu leben verstehe, das heißt, in Einklang und Harmonie mit allen kosmischen Gesetzen zu schwingen, wird sich mir an einem einzigen Tag das gesamte Universum offenbaren. Darum bringt die Lehre der Universellen Weißen Bruderschaft ein völlig neues Element. Die Menschen zeigen uns ihr Wissen, und ich verneige mich davor, ich bin voller Bewunderung; aber das ist nicht das Wesentliche. Was mich in erster Linie interessiert, ist in Harmonie mit den kosmischen Gesetzen zu leben.

Ich habe euch oft gesagt, dass es zwei Arten von Wissen gibt. Das eine ist das Wissen der Universitäten, das euch einen Platz in der Gesellschaft, Geld und Ansehen verschafft, euch aber nicht ändert; und so bleibt ihr immer die gleichen. Seid ihr sinnlich, bleibt ihr sinnlich; seid ihr geizig, werdet ihr es weiterhin sein usw. Das andere Wissen hingegen, das der Eingeweihten, verschafft euch weder Ansehen noch Reichtum, aber es lässt nicht zu, dass ihr die gleichen bleibt. Und eben dieses Wissen, das Wissen, das umwandelt, das belebt, ist das des Wassermanns.

Schon seit Jahren sprechen die Astrologen und die Esoteriker vom Kommen des Wassermann-Zeitalters. Tatsächlich müssen wir noch zweihundert Jahre warten, bis der Frühlingspunkt wirklich in das Sternbild des Wassermanns eintritt. Aber sein Einfluss lässt sich schon spüren und das ist normal. Im März zum Beispiel ist ja auch noch Winter, und doch spürt man an manchen Tagen durch die Sonne, die Vögel und die Blumen bereits den Frühling. Bevor der Frühling kommt ist er da. Durch seine Ausstrahlung, seine Aura, seine Vorboten ist er schon da. All die Entdeckungen im Bereich der Atom- und der Weltraumforschung, das ist der Wassermann.

Der Wassermann ist ein Luftzeichen. Daher hat sich die Wissenschaft, seitdem seine Strömungen zu spüren sind, Forschungen zugewandt, die mit der Luft zusammenhängen, nämlich wie man die Luft nutzen und sich darin fortbewegen kann. Während des Fische-Zeitalters wurde vor allem der Bereich des Wassers erforscht und die Schifffahrt weiterentwickelt. Mit dem Wassermann betritt man den Bereich der Luft; dazu gehören Telekommunikation (Telefon und Fernsehen), Flugzeuge, Raketen usw. Aber es gibt noch viele Luftunfälle, da man noch nicht begriffen hat, dass die Atmosphäre dem Ozean genau gleicht. Dort gibt es genauso Strömungen, Wellen und Wirbel.

Obwohl wir noch nicht vollkommen in den Wassermann eingetreten sind, gibt es große Umwälzungen! Was dabei ein wenig beunruhigend ist, das ist der Einfluss von Saturn und Uranus, deren Domizil er ist. Saturn hemmt, blockiert und zerstört, und Uranus ruft Unfälle und Explosionen hervor. Alle Arten von Explosionen stehen unter dem Zeichen von Uranus. Daher bringt der Wassermann immer Zerstörung mit sich, und jetzt wird er alles zerschlagen, um sich den Weg zu bahnen und seine Vorstellungen von der Universalität zu verbreiten.

Der Wassermann wird also von einem alten Mann dargestellt, der Wasser aus einem Krug gießt. Dieses Wasser ist das lebendige Wasser der neuen Lehre. Alle, die in ihrem Geburtshoroskop mehrere Planeten im Zeichen des Wassermanns haben, sind für die neuen Wellen, die von diesen Tierkreiszeichen kommen, besonders aufnahmebereit. Das sind Erneuerer und Erfinder. Alle neuen Entdeckungen im psychischen und esoterischen Bereich sind auch auf den Wassermann zurückzuführen, vor allem der Gedanke der Gemeinschaft und der Brüderlichkeit. Daher wird nun die gesamte Menschheit nicht mehr umhin können, sich mit dem Gedanken der Brüderlichkeit und des universellen Seins zu befassen und daran zu arbeiten. Und universelles Sein bedeutet nun nicht, sich nur mit wenigen Menschen, mit Frau und Kindern zu verbinden, sondern mit allen zusammen verbunden sein wollen, gemeinsam eingetaucht in den Ozean des Lebens, der Liebe, der Schönheit und der Freude.

Das Fische-Zeitalter war das des Christentums, dessen charakteristische Merkmale genau dem Zeichen der Fische, dem Zeichen der Selbstlosigkeit und der Opferbereitschaft entsprechen. Die Epoche davor, die Widder-Ära war durch die mosaische Religion gekennzeichnet, und wiederum davor, das Stier-Zeitalter durch die ägyptische und die babylonische Religion. Mit der Wassermann-Ära kommt das neue Leben. Es kündigt sich zuerst durch gigantische Umwälzungen an, aber dann wird das Goldene Zeitalter da sein. Das Goldene Zeitalter kommt mit dem Wassermann.

Vidélinata(Schweiz), den 10. Dezember 1966

II

Der Geist der Brüderlichkeit ist im Kommen

I

Freier Vortrag

Die Menschen meinen, sie seien auf die Erde gekommen, um zu essen, zu trinken, sich zu amüsieren und Dummheiten zu machen oder aber um zu leiden und unglücklich zu sein. Dabei sind sie in Wirklichkeit Arbeiter, die auf eine Baustelle geschickt worden sind, nur wissen sie nichts davon. Sie wissen nicht, dass ihre Aufgabe darin besteht, das Göttliche in ihnen hier auf der Erde zum Ausdruck zu bringen, es hier Realität werden zu lassen und Gott gleich zu werden, aber hier auf der Erde! In den höheren Welten ist die Materie so feinstofflich, dass sie dem Denken, der Vorstellungskraft und dem Willen augenblicklich gehorcht. Man kann alles damit machen. Ja, aber bliebe der Mensch immer in den feinstofflichen Regionen, wo die schöpferische Arbeit so leicht vonstatten geht, würde er sich nicht sehr weit entwickeln. Daher kommt er auf die Erde, um hier zu lernen, die Schönheit und Herrlichkeit Gottes in die dichte und grobe Materie herabzubringen.

Durch die Erschaffung von Himmel und Erde hat Gott uns schon eine bedeutende Lehre mitgegeben. Dass er sich gleichzeitig mit Himmel und Erde befasst hat, zeigt, wie wichtig die Erde ist und dass man sie nun gestalten und schön machen muss, um sie dem Himmel gleich zu machen. Himmel und Erde müssen in vollkommener Entsprechung zueinander sein. Im Augenblick ist das noch nicht der Fall. Die Erde, damit meine ich die Welt der Menschen, schwingt noch nicht in Einklang mit der göttlichen Welt. Wenn sich der Mensch der ihm gestellten Aufgabe bewusst wird, wird er anfangen sich mehr mit der Erde zu beschäftigen. Das heißt, er wird sein ganzes Wesen in Einklang mit der göttlichen Welt bringen und schließlich die Schönheit, das Licht und die Intelligenz der höheren Welt widerspiegeln. Dann wird er seinen Auftrag erfüllt haben. Und da die Erde, also der Planet, auf dem wir leben, mit dem physischen Körper des Menschen in Verbindung steht, wird auch sie sich wandeln. Auch sie wird feiner, vibrierend, lichtvoll und wird andere Früchte, andere Pflanzen und Blumen hervorbringen. Alles wird sich durch das Leben der Menschen ändern, wenn diese erst einmal begriffen haben, welche Arbeit sie zuerst an sich selbst leisten müssen, damit ihr physischer Körper und ihr Gehirn eine Wandlung durchmachen. Dann wird die Erde wahrhaft ein Sammelbecken für die himmlischen Kräfte sein.

Wenn die Menschen ihre Aufgabe erfüllt haben, dürfen sie die Erde verlassen und auf andere Planeten in anderen Regionen gehen, aber nicht vorher. Wie viele wollten doch in der Vergangenheit schon von der Erde flüchten, weil sie ein »Tal der Tränen« ist! Gewiss leidet man auf der Erde und ist unglücklich. Aber aus welchem Grund und durch wessen Schuld? Wegen der Menschen. Und das Leid ist nun kein Grund, den Kampfplatz zu verlassen und die Flucht zu ergreifen. Der Himmel akzeptiert keine Deserteure. Nun mögt ihr sagen: »Aber ich sehne mich doch nur nach dem Paradies und der Glückseligkeit, denn ich liebe den Frieden, das Licht und die Schönheit.« Einverstanden, das wird entsprechend gewürdigt werden; man wird es als gute Eigenschaft anmerken. Aber das genügt nicht, denn die Arbeit ist noch nicht zu Ende gebracht, die Aufgabe noch nicht erfüllt.

Um diese Erde umzuwandeln, die dermaßen grob und dicht ist, sind Millionen von Jahren und Millionen von Geschöpfen nötig. Und wie kann man sie umwandeln? Indem man sie isst.

Die Frage, warum man isst, das ist auch so etwas, das die Wissenschaft nicht recht begriffen hat. Denn die Erde wird gegessen, natürlich ein wenig verändert, in Form von Gemüse und Obst. Aber das stammt von der Erde; und diese Erde muss durch uns hindurchwandern. Sie wird geschluckt, verdaut und wieder ausgeschieden,... immer wieder, bis sie von der Ausstrahlung und der Schwingung unserer Gedanken und Gefühle ganz erfüllt ist. Wenn sie davon einmal völlig durchdrungen ist, dann ist das Reich Gottes da. Eines Tages wird die Erde lichterfüllt und lichtdurchlässig sein. Denn die Erde, die durch uns hindurchgeht, gibt uns zwar etwas, aber sie bekommt auch etwas von uns, nämlich unsere Gefühle, unsere Gedanken und unsere Lebenskraft. Darum ist sie auch schon nicht mehr die gleiche wie in der fernen Vergangenheit. Sie ist viel weiter entwickelt, feiner und intelligenter, weil alle Geschöpfe, die auf unserem Planeten gelebt haben, auch daran gearbeitet haben.

Der Sinn des Lebens besteht in der Entwicklung, in der Umwandlung der Materie. Welche Form und Gestalt sie in der Zukunft haben wird, ist eine andere Frage. Allem liegt jedoch ein Sinn, ein Plan, ein Gesetz zugrunde, das die gesamte Schöpfung in seiner Entwicklung vorantreibt. Wer daher bei dieser Entwicklung mitwirkt, erhält Hilfe und Unterstützung. Alles muss sich weiterentwickeln, selbst die Minerale. Deren Entwicklung ist zwar nicht wahrnehmbar, aber sie ist real. Im Mineral wirkt eine Kraft, die alle in ihm enthaltenen Qualitäten und Eigenschaften zum Vorschein bringen will. Edelsteine und Edelmetalle sind höher entwickelte Minerale, von denen wohltuende Wirkungen ausgehen. Auch die Pflanzen entwickeln sich weiter. Je höher sie sich entwickeln, um so mehr bringen sie heilkräftige, nährende und wohltuende Blüten und Früchte hervor. Entsprechendes gilt für die Tiere und die Menschen und sogar für unser Sonnensystem, das auf das Sternbild des Herkules zuwandert.

Das Gesetz des Lebens ist also die Evolution, das heißt Entwicklung bis zur Vollkommenheit. Darum sagte Jesus: »Seid vollkommen, so wie euer Vater im Himmel vollkommen ist.« Die

Frage ist nun, wie die Vollkommenheit zu verstehen ist. Zwar haben die Menschen einige Vorstellungen davon; in allen Bereichen suchen sie nach einer besseren, schnelleren, genaueren und harmonischeren Art und Weise, die Dinge zu machen, aber sie haben nicht die rechten Maßstäbe dafür. Wüssten sie gut zu beobachten, würden sie erkennen, dass die kosmische Intelligenz überall Vorbilder hingestellt hat, die uns anleiten können. Nehmen wir den Organismus als Beispiel. Da ist es doch ein Leichtes, eine Vorstellung von einer perfekten Arbeitsweise zu bekommen. Wenn ihr ohne Beschwerden essen, trinken, atmen, schlafen und arbeiten könnt, sagt ihr, dass ihr bei vollkommener Gesundheit seid. Es ist also möglich, sich eine Vorstellung der Vollkommenheit auf der physischen Ebene zu machen. In den anderen Bereichen ist es allerdings nicht so einfach, die Vollkommenheit zu begreifen.

Wir sind damit zu einem äußerst ergiebigen Thema gekommen. Wenn ihr euch damit eingehend befasst, werdet ihr erkennen, dass es ein Gesetz der Vervollkommnung gibt, das man niemals übertreten kann, ohne dass man die Folgen davon zu spüren bekommt. Ohne sich dessen bewusst zu werden, handeln die Menschen jedoch oft gegen dieses Gesetz. Wenn sie der geordneten Funktion ihres Organismus zuwiderhandeln, sträuben sie sich gegen die Vollkommenheit ihrer Gesundheit. Oder durch einen Mangel an intellektueller Arbeit und durch abwegiges Denken behindern sie die Entwicklung des Gehirns und verlieren an Klarheit usw.

In den himmlischen Welten ist alles vollkommen, aber hier auf der Erde müssen wir darauf hinwirken, dass die Vollkommenheit überall Einzug hält.

Damit die Sache noch klarer wird, nehmen wir ein weiteres Beispiel aus dem Bereich des Menschen, der für mich so etwas wie einen Schlüssel oder ein Maß darstellt. Wenn ich ein Problem lösen will, befasse ich mich mit dem Menschen, und dabei finde ich die Lösung. Nehmen wir also auch für die Lösung unseres Problems den Menschen als Beispiel. Im Bereich des Denkens ist ihm alles möglich. Er kann sich alles vorstellen, sich alles ausdenken und es gestalten. Wenn er das jedoch verwirklichen will, gelingt es ihm nicht. Die Leichtigkeit, mit der die Dinge auf der mentalen Ebene zu bewerkstelligen sind, muss also auf die Ebene der Materie herabgelangen. Ihr denkt zum Beispiel an eine recht komplizierte Bewegung im Bereich von Gymnastik oder Tanz. In eurer Vorstellung könnt ihr diese vollkommen ausführen. Ihr sollt sie jedoch real auf der physischen Ebene ausführen, und da beginnen die Schwierigkeiten. Ihr müsst also so lange üben, bis euch das gelingt. Das gleiche gilt für jede Tätigkeit. Die mentalen Schöpfungen reichen nicht aus; hier, auf der physischen Ebene muss man die Dinge verwirklichen. Wir sind auf die Erde gekommen, damit die Herrlichkeit Gottes, Seine Pracht, Seine Kraft, Seine Intelligenz und Seine Vollkommenheit sich durch uns offenbaren kann.

Ihr seht, wie das Beispiel des Menschen mir geholfen hat, dieses Problem zu lösen, sowie auch viele andere. Bemüht euch also bei allen Problemen, die Frage vom Menschen aus anzugehen, denn damit besitzt ihr den Schlüssel. In Ägypten sind noch heute Statuen zu sehen, die einen Pharao mit einem Schlüssel in der Hand darstellen. Dieser Schlüssel ist ein Symbol für den Menschen. Es bedeutete, dass der Pharao den Schlüssel zum Universum besaß und dass er mit diesem Schlüssel, dem Menschen, alles entschlüsseln konnte. Auch ich habe dieses Symbol. Natürlich habt ihr mich noch nicht mit einem Schlüssel in der Hand auf einem Sockel stehen sehen. Wäret ihr aber hellsichtig, hättet ihr seit langem gesehen, dass ich diesen Schlüssel habe.

Wir sind also mit einem Auftrag auf die Erde gekommen. Das dürft ihr allerdings nicht falsch verstehen. Viele ganz gewöhnliche Leute meinen, sie hätten einen Auftrag. Zwar haben sie weder Fähigkeiten noch irgendwelche Gaben, aber sie haben es sich in den Kopf gesetzt, dass sie damit beauftragt seien, die Ordnung auf Erden wiederherzustellen. Und wenn man sieht, wie schwach und kümmerlich sie doch sind, ist man nur erstaunt! Selbstverständlich haben wir alle einen Auftrag, nur müssen wir wissen welchen. Unser Auftrag besteht darin, alle guten Eigenschaften und Tugenden, die der Himmel in uns als Samen angelegt hat, zu entwickeln. Dass der Himmel von Zeit zu Zeit einen Menschen für einen besonderen Auftrag erwählt, ist auch möglich; die kollektive Aufgabe der Menschen besteht jedoch darin, sich allmählich bis hin zur Vollkommenheit zu entwickeln. Selbst wenn sie keine großen Fähigkeiten besitzen und noch recht roh sind, müssen sie doch diese Aufgabe erfüllen. Sie müssen an sich arbeiten, sich bessern und sich entwickeln. Zu falschen Aufträgen fühlen sich leider viele berufen. Sie halten sich für fähig, wie Jeanne d'Arc Frankreich zu retten – nur ihre eigentliche Aufgabe interessiert sie nicht! Nein, liebe Brüder und Schwestern, kümmert euch zuerst um die Aufgabe, die Gott allen Menschen gestellt hat, nämlich so vollkommen zu werden wie Er. Und da euch das in einem Leben, das ja so kurz ist, nicht gelingen kann, werdet ihr wiederkommen und eure Arbeit fortführen.

Ich habe euch doch schon erklärt, dass Jesus, als er sagte: »Seid vollkommen, so wie euer Vater im Himmel vollkommen ist,« die Reinkarnation als gegeben voraussetzte.* Wie hätte sonst er, der so weise und klarsehend war, von den Menschen verlangen können, in einem einzigen Leben vollkommen zu werden? Hätte er dabei nicht an die Reinkarnation gedacht, so wäre diese Forderung völlig sinnwidrig gewesen. Mit der Reinkarnation hingegen wird alles möglich und bekommt einen Sinn. Und Jesus hat gerade deshalb die Vollkommenheit von den Menschen verlangt, weil er wusste, dass die Vollkommenheit das Gesetz des gesamten Universums ist.

Alles muss voranschreiten, besser werden und sich entwickeln. Und dort, wo die Erfüllung dieses Gesetzes behindert wird, folgt Zerstörung. Menschheitsgeschlechter, ganze Welten und sogar Sternenkonstellationen sind untergegangen, weil sie sich dem Gesetz der Evolution entgegengestellt haben. Wenn ihr

* Siehe im Band 12 der Reihe Gesamtwerke *Die Gesetze der kosmischen Moral* Kapitel 8 *Die Reinkarnation*

wüsstet, was es im Universum an Zerstörung und Untergang gibt... oder auch, was an Neuem entsteht, das ist unglaublich! Unser Gehirn kann die Unermesslichkeit des Universums noch gar nicht fassen.

Bemüht euch darum, das Gesetz der Evolution ernst zu nehmen und sagt euch: »Ich muss mich entwickeln und vorwärts schreiten, sonst komme ich mit dem Gesetz in Konflikt.« Wenn ihr in diesem Sinne vorgeht, seid ihr schon auf dem Wege, die Ordnung in eurem Inneren wiederherzustellen. Dadurch wandelt sich euer ganzes Leben, und ihr schafft euch eine wunderbare Zukunft. Leider sind nur wenige von diesem Gedanken durchdrungen. Alle arbeiten an irgendetwas, nur leider nicht an ihrer Vollkommenheit, sondern im Gegenteil daran, besser herrschen, besitzen und genießen zu können. Die Menschen forschen und arbeiten nicht im Hinblick auf eine göttliche Idee. Denn wenn sie bekommen haben, was sie für sich haben wollten, machen sie dann weiter? Nein, zwar arbeitet ein jeder, aber der Zweck dieser Arbeit ist immer ein selbstsüchtiger.

Erwartet nicht, dass die Vollkommenheit von außen auf euch zukommt. Die Menschen werden mit dem Versprechen in die Irre geführt, dass sie alles bekommen werden ohne eigenes Bemühen. Dazu kann ich euch nur sagen, dass selbst dann, wenn man euch alles gibt, ihr nur noch unglücklicher sein werdet. Und warum? Weil ihr euch nicht darum bemüht habt. Denn gerade das Bemühen macht den Menschen glücklich. Schaut doch, wie es sich mit Geld verhält. Wenn jemand nicht dafür gearbeitet hat, kann er es dann richtig schätzen? Er kann es nicht. Setzt euch also in den Kopf, dass ihr eine Aufgabe habt und tut alles, um sie zu erfüllen.

Sèvres, den 1. April 1972

II

Freier Vortrag

Wenn man das Gefühl hat, man sei nicht »gesellschaftsfähig«, weil man schlecht gekleidet ist oder sich nicht gut fühlt, dann mag man sich nicht zeigen, man zieht sich zurück. Fühlt man sich hingegen auf der Höhe, möchte man zeigen, wie blendend es einem geht, und zwar mit dem Ziel, die anderen anzuziehen und von ihnen etwas zu erlangen, zumindest ihre Anerkennung. Das ist völlig natürlich. Selbst bei den Tieren, bei den Vögeln findet man den gleichen Naturtrieb. Sie wissen, was es bedeutet, schön oder hässlich zu sein. Schaut euch nur den Pfau an. Wenn er seine Federn verloren hat, lässt er sich nicht blicken, aber sonst stellt er sie gerne zur Schau. Ja, aber nun hat man sich nur mit der äußeren Seite befasst. Ich habe etwas tiefer geschaut und wage nun zu sagen, dass dann, wenn man nicht in einer Bruderschaft leben mag, es daran liegt, dass man sich innerlich hässlich fühlt. Und das ist absolut wahr. Wenn ihr gute Gefühle in euch habt und viel Liebe besitzt, dann möchtet ihr dies an andere weitergeben, denn es strömt in euch und fließt über. Und wenn ihr ganz am Boden seid, zieht ihr euch zurück, um euch wieder aufzuladen. Lebt man also gern in einer Bruderschaft, so ist das ein gutes Zeichen. Wollt ihr euch hingegen ständig in ein kleines Loch verziehen, spricht das nicht zu euren Gunsten; selbst wenn ihr euch dabei für sehr intelligent haltet, ihr habt Fehler an euch. Es ist zwar möglich, dass euer Intellekt sehr weit entwickelt ist, aber die gefühlsbetonte Seite lässt dann zu wünschen übrig. Denn, ich sage es noch einmal, wenn man wirklich innerlich reich ist, hat man das Bedürfnis, diesen Reichtum mit anderen zu teilen.

So sind alle willkommen, die das gemeinschaftliche Leben lieben. Selbst wenn sie keine großen Fähigkeiten besitzen, werden sie alles Nötige bekommen, sobald sie nur die geschwisterliche Liebe ausstrahlen. Denn genau das brauchen wir für eine bessere Welt. Die ganze Welt kann nicht allein durch intellektuelle und künstlerische Begabungen besser werden. Davon gibt es sogar zuviel. Es gibt zu viele Intellektuelle, Gelehrte und Künstler und zu wenige Menschen, die gemeinschaftliches Leben lieben. Wenn die Menschen einmal begreifen, was Brüderlichkeit bedeutet und dass dies die Welt retten wird, dann wird alles anders; aber es ist noch nicht so weit. Alle meinen, die Probleme seien durch Unterricht und Bildung zu lösen, aber niemand denkt an die Gemeinschaft, an die Welt als Ganzes. Die persönliche, selbstsüchtige Seite ist zu stark entwickelt.

Ihr aber, liebe Brüder und Schwestern, solltet doch zumindest begreifen, dass ihr nicht soviel Unterstützung bekommt, wenn ihr alleine bleibt und nur für euch selbst arbeitet. Die Illusion, von der ihr unbedingt frei werden müsst, ist zu glauben, ihr wäret glücklicher, freier und hättet mehr Erfolg, wenn ihr immer allein zurechtkommen wollt. Nein, wenn ihr solo singt, könnt ihr nicht die gleiche Stimmfülle erreichen, wie sie in einem Chor zu hören ist.

Natürlich zeigt die Geschichte, dass die Menschen, wenn sie Gesellschaften bilden, doch immerhin begriffen haben, dass es vorteilhafter ist, sich zusammenzufinden, um gemeinsam zu leben. Sonst wären sie ja noch in einem Stadium, wo sie den ganzen Tag im Wald ihre Nahrung zusammensuchen müssten. Zu dem Zeitpunkt, als sie erkannten, wie nützlich es ist, sich zusammenzutun, damit immer viele Arme und Beine am Werk sind, zogen alle Nutzen aus der neuen Situation. Während der eine zum Fischfang oder auf die Jagd ging, webte der andere einen Stoff und ein weiterer brachte die Hütte in Ordnung. Und so dient nun einer dem anderen, und alle haben den gemeinschaftlichen Nutzen davon. Auf diese Weise macht der Mensch Fortschritte. Er geht nur irgendwo einer kleinen Tätigkeit nach, und ihm steht alles zur Verfügung, wie Bibliotheken, Krankenhäuser, Verkehrsmittel, Polizeischutz usw. Das wäre unmöglich, wenn jeder für sich lebt. So ist es dem Menschen mit seiner Intelligenz gelungen, sich Mittel zu verschaffen, mit denen er nun die ganze Welt umkrempeln kann.

Leider ist diese Intelligenz noch nicht fehlerfrei, denn sie hat sich immer nur in egoistischen Bahnen weiterentwickelt. Alle ziehen Nutzen aus dem gewaltigen Fortschritt, nur ist der leider rein äußerlich. Innerlich sind die Menschen noch nicht verbunden, da leben sie noch getrennt. Im Äußeren sieht man Nationen und Völker, deren Angehörige sich gegenseitig unterstützen, z.B. bei der Landesverteidigung, der sozialen Absicherung, der Familienhilfe usw. Aber die Menschen haben die Bedeutung dieses Fortschritts, den sie im jetzigen Leben erreicht haben, noch nicht verstanden. Von all den Erleichterungen, den vielen Möglichkeiten und Vorteilen haben sie nicht den tieferen Sinn entschlüsselt und ihn in den Bereich des inneren Lebens übertragen. Man muss noch daran arbeiten, damit die Menschen endlich soweit kommen, innerlich, geistig diese Gesellschaft, diese Menschheit zu bilden. Denn in ihrem Innern sind sie noch voneinander getrennt und sich feindlich gesinnt; sie steuern nicht gemeinsam auf das gleiche Ziel zu. Ohne dass sie sich darüber klar werden, arbeiten die einzelnen Länder an der Trennung und Isolierung. Selbstverständlich haben sie Beziehungen untereinander, und das nennt sich dann Außenministerium, Diplomatie und Außenhandel. Aber in Wirklichkeit will jedes Land eine Nation für sich bilden nach dem Motto: einer gegen alle. Jedes will sich als gigantische Großmacht zeigen, die sich bei den anderen unbedingt durchsetzen muss. Ja, sehr wenige Menschen sind wirklich innerlich verbunden. Darum muss man für die innere, universelle Bruderschaft arbeiten, für die gegenseitige Annäherung der Menschen, Völker und Nationen, damit sie das hohe Bewusstsein der Einheit erlangen, damit sie in Fülle, ja, im Überfluss und in innerem Reichtum leben.

Den Beweis dafür, dass dieses Problem nur zur Hälfte gelöst ist, haben wir darin, dass die Menschen im Äußeren zwar phantastische Errungenschaften erlangt haben, aber innerlich immer noch gequält, unglücklich, leer, kalt und in Elend und Finsternis sind. Es muss also eine weitere Etappe durchlaufen werden. Im Äußeren finden bei uns alle mehr oder weniger ihr Auskommen. Selbst die Ärmsten, die Landstreicher, finden im Notfall Unterstützung und können sich irgendwo pflegen lassen. Auch um die Bedürftigsten kümmert man sich. Die äußeren Bedingungen sind also sehr viel besser als in der fernen Vergangenheit. Ja, aber im Innern... Das ist die Arbeit der Zukunft, liebe Brüder und Schwestern. Es muss so weit kommen, dass die Menschheit im Innern über die gleiche Fülle an Möglichkeiten verfügt, die sie heute im Äußeren zur Verfügung hat.

Was hindert die Menschen daran, die Große Universelle Weiße Bruderschaft zu bilden, so dass alle zu Brüdern und Schwestern werden? Ja, was hindert sie daran? Ich habe es schon gesagt: eine Illusion! Sie meinen, sie würden anders glücklicher werden. Aber die Jahre vergehen und sie müssen feststellen, dass sie nur noch unglücklicher geworden sind. Wenn man alleine ist, erhält man keine Unterstützung. Nehmt zum Beispiel eine Lehrerin. Wenn sie alleine sein muss, verkümmert sie und ist unglücklich. Sobald sie jedoch Kinder zu unterrichten hat, schöpft sie, ohne es recht zu merken, Lebenskraft aus dem Kontakt mit den Kindern. Deren Ausstrahlung nährt sie und lässt sie sogar selbst jünger werden. Wenn man nun diese Lehrerin so voller Liebe und Freundlichkeit sieht, fragt man sich direkt, wen man denn nun in die Arme nehmen soll, die Kinder oder sie. Ja, so entzückend ist sie! Und ich kann euch versichern, manchmal schließt man, wohl ganz aus Versehen, die Lehrerin in seine Arme.

Dass jeder weiterhin sein eigenes Leben führt, ist völlig normal. Niemand wird von euch erwarten, dass ihr euch vom Leben der anderen ganz in Beschlag nehmen lasst. Ihr habt euer Leben und euren eigenen Organismus, ihr bleibt eigenständig und unabhängig. Aber in der unsichtbaren Welt müsst ihr eine Einheit bilden. Die Zellen des Organismus sind auch nicht miteinander verschmolzen. Eine Zelle des Herzens ist keine Magenzelle. Jede bewahrt ihre Individualität. Aber ihre Verbindung, ihre innere Übereinstimmung schafft einen Zustand der Harmonie, den man Gesundheit nennt. Ist das so schwer zu verstehen? Niemand verlangt von einem Schwarzen, dass er weiß, oder von einem Weißen, dass er gelb wird; auch nicht von einem Moslem, dass er Buddhist, oder von einem Buddhisten, dass er Christ wird. Die Christen haben Missionare ausgesandt, um die Inder, die Afrikaner und die Asiaten zu bekehren. Jedoch hat das in den meisten Fällen zu keinen guten Ergebnissen geführt. Sollen also alle ihre Eigenheiten behalten, aber das Verständnis muss unter ihnen bestehen, durch das sie in der göttlichen Welt eine Einheit bilden.

Darum sage ich euch, liebe Brüder und Schwestern, dass allein die Universelle Weiße Bruderschaft keine Sekte ist, denn ihre Lehre schließt alle Menschen mit ein und gründet auf universellen Wahrheiten, die sich auch in den Überlieferungen Ägyptens, Indiens, Persiens, des antiken Griechenlands und Israels finden lassen. Und selbst wenn man mich dafür auf den Scheiterhaufen bringen wollte, sage ich doch klar und laut vor allen Bischöfen und Kardinälen: »Ihr habt aus der christlichen Religion eine Sekte gemacht. Zu Beginn war es eine universelle Religion, aber aus Eigennutz, Egoismus und Unwissenheit habt ihr eine Sekte daraus gemacht. Denn nun schließt sie nicht mehr alle Menschengeschöpfe mit ein, die doch unsere Brüder und Schwestern sind. Und es wurden auch viele ewige Wahrheiten daraus entfernt.«

Wenn ihr über das Gesagte meditiert, werdet ihr verstehen, wie wichtig es ist, sich zu öffnen, um die besten Möglichkeiten des Austausches zu fördern. Der Geist der Universellen Weißen

Bruderschaft besteht gerade darin, dass man weit und offen wird, Bande der Liebe knüpft, sich die Hand reicht, die ganze Welt in sich aufnimmt und sich dieser einen großen Familie zugehörig fühlt. Die Menschen haben die Angewohnheit, sich zu verschließen, sich abzusondern und sich in ihr kleines Mauseloch zurückzuziehen. Sie wissen gar nicht, wie schädlich eine solche Lebenseinstellung ist. Um all die Dinge aufnehmen zu können, die in großer Fülle um uns herum ausgestreut sind, muss man sich öffnen. Alle Segnungen des Himmels sind schon da, sind über uns ausgegossen, aber sie empfangen nichts davon wegen all der Panzer, mit denen sie sich umgeben. Und nachher heißt es: »Niemand hört mich, niemand will mir helfen, es gibt keine Engel und es gibt keinen Gott!« Sie bringen sich selbst in eine jämmerliche Lage und ziehen daraus dann ihre Schlussfolgerungen.

Wenn es ihnen einmal gelingt, sich zu öffnen und mit den göttlichen Wesen zu kommunizieren, werden sie erkennen, dass diese schon lange da waren, ohne ihnen wirklich helfen zu können. Denn es hängt vom Menschen ab, ob er diese Hilfe annimmt. Er erkennt nicht, dass er sich selbst schadet, wenn er sich in seinen Egoismus verkriecht. Er muss sich also öffnen, innerlich weit werden und alle Geschöpfe lieben. Und in unserer Lehre lernt ihr, euch zu öffnen. Wenn ihr euch nur ein klein wenig öffnet, werdet ihr schon von einem tiefen Staunen ergriffen, und ihr spürt den Segen Gottes, der ständig über euch, um euch und in euch ist.

Wenn sich die Insekten seit Milliarden von Jahren nicht weiterentwickelt haben, so liegt es daran, dass sie den Standpunkt derer nicht annehmen wollten, die ihnen voraus waren. Sie sagten: »Nein, nein, was wir spüren, sehen und denken ist die einzige Wahrheit.« Aber natürlich werdet ihr diese Art Definition der Insekten nicht in der Naturgeschichte finden. Nun, aber ich gebe sie euch so. Ein Insekt ist ein Wesen, das in seine eigenen Sichtweisen und Vorstellungen verstrickt und nur damit beschäftigt ist, seine eigenen Interessen zu befriedigen. Und es gibt keine Möglichkeit, es da herauszuholen. Es weiß nun einmal, was es weiß, und darum bleibt es ein Insekt.

Viele der Brüder und Schwestern, die der Lehre folgen und die Vorträge hören, tun dies bisher nur für sich selbst. Sie tun es noch nicht, um der Idee der Lehre und damit der Menschheit zu dienen. Sie haben noch nicht begriffen, dass sie hier sein müssen, um zuerst einmal den Panzer abzubauen, den sie sich im Laufe von Jahrhunderten geschaffen haben, um dann all die Schätze in sich aufzunehmen, die überall zu finden sind, und diese dann an die anderen weiterzugeben, weil es davon eine solche Menge gibt, dass man gar nicht alles für sich behalten kann. Ja, viele Brüder und Schwestern haben den tieferen Sinn unserer Lehre noch gar nicht verstanden. Sie tun so, als sei sie nur für ihre persönliche Bereicherung da. Daher gibt es nur ein Mittel, eine Methode, wenn ihr vorwärts kommen wollt: nämlich einfach und natürlich, voller Liebe und Güte zu werden und vor allem die anderen an den himmlischen Dingen, die ihr bekommen habt, teilhaben zu lassen.

Es ist schwierig, das weiß ich, und zur Zeit sind wir fast allein. Aber gerade wenn es schwierig ist, muss man dem Himmel zeigen, dass man treu und wahrhaftig ist. Wenn es einmal viele gibt, die begriffen haben, wie nötig diese Lebenshaltung ist, wird unser Verdienst geringer sein. Aber gerade jetzt, unter diesen schwierigen Umständen, ist es verdienstvoll, ein Vorbild zu sein. Sollte Gott mir eines Tages die Möglichkeit geben, vor der ganzen Welt zu sprechen, werde ich nur Folgendes sagen: »Ihr alle, ihr Reichen und ihr Armen, ihr Gelehrten und ihr Ungebildeten, ihr wisst gar nicht, was gut für euch ist; und darum befindet ihr euch alle in unentwirrbaren Schwierigkeiten. Wenn es darum geht, Profite zu machen, euch zu amüsieren oder Krieg zu führen, dann seid ihr sofort zur Stelle. Aber wenn es darum geht, die Voraussetzungen dafür zu schaffen, dass die ganze Menschheit glücklich leben kann, ist niemand mehr da. Ihr wisst also nicht, was euch wirklich von Nutzen ist. Ihr strebt ja gar nicht nach dem Glück, sonst würdet ihr euch alle zusammenschließen, um es zu erreichen.«

Ja, wenn es um materielle Dinge wie um Geld und Häuser geht, sind alle zur Stelle und sind auf einmal darin einig, dafür all ihre Energien aufzuwenden. Geht es jedoch um das Glück aller, um Freiheit und um Entfaltungsmöglichkeiten für die ganze Welt, so interessiert das niemanden. Wie erklärt sich das? Wenn die Menschen einmal begreifen, wo ihre wahren Interessen liegen, werden alle Probleme gelöst sein. Eigentlich ist es doch die klarste und einfachste Sache der Welt, aber sie haben sich nicht damit beschäftigt. Man muss ihnen sagen: »Wenn ihr soviel Missgeschick und Schwierigkeiten erlebt, so nur deshalb, weil ihr es so wollt; bewusst oder unbewusst wünscht ihr euch das. Würdet ihr das Gegenteil wünschen, ließe sich das heute noch verwirklichen.«

Würden alle mir glauben und annehmen, was ich sage, käme das Reich Gottes sehr bald auf die Erde. Aber niemand mag es annehmen, alle wollen ihren alten Traditionen, Anschauungen und Einstellungen treu bleiben. Und das kann noch lange so weitergehen. Das zeigt, dass die Menschen nicht wissen, wo ihr Vorteil ist. Aber ich weiß es, in der Universellen Weißen Bruderschaft: Wenn die ganze Menschheit eine Familie bildet, in der sich alle lieben, achten und gegenseitig unterstützen, und wenn all die Milliarden, die für Zerstörungszwecke ausgegeben werden, eingesetzt werden, um den Armen zu helfen, denn aus der Not wächst die Kriminalität. Aber ich sage euch, die Menschen sind so verblendet und böswillig, dass sie überhaupt nicht sehen, was ihnen nützt. Ihr könnt mich nicht vom Gegenteil überzeugen. Meine Meinung darüber ist endgültig. Ich habe gesehen, dass man nicht weiß, was einem wirklich nützt. Durch andauernde Ungerechtigkeit, Bosheit und Grausamkeit wird das Leben zur Hölle gemacht, obwohl es etwas Wunderbares sein könnte, und zwar in kurzer Zeit.

Es gibt zwei Arten, seinen persönlichen Vorteil zu sehen. Der erste besteht darin zu denken, man tue sich etwas Gutes, wenn man sich unabhängig von allem anderen nur darum kümmert, dass die eigenen Angelegenheiten gut laufen. Aber das ist unmöglich. Da wir mit der Gemeinschaft verbunden sind, können wir nicht ungeschoren davonkommen, wenn den anderen ein Unglück zustößt. Wir werden genauso von denselben Stürmen geschüttelt. Daher kann das rein persönliche Wohlbefinden nicht von Dauer sein. Die andere, die rechte Betrachtungsweise, berücksichtigt die gemeinschaftlichen Belange, da man begreift, dass das Glück oder Unglück des Einzelnen vom Zustand der Gemeinschaft abhängt. Man muss darüber nachdenken, was die Natur uns lehrt. Sie gibt der gesamten Menschheit Luft, Licht, Wärme und Nahrung und lässt jeden davon nehmen, was ihm zusagt.

Wer auf Kosten der Gemeinschaft nur sein eigenes Schäfchen ins Trockene bringen will, ist ein Dummkopf. Seine Einstellung ist kurzsichtig. Denn wenn Probleme auftreten in der Gesellschaft, von der er selbst ein Teil ist, geht es auch ihm an den Kragen, ob er nun will oder nicht. Ist hingegen die Situation gut für die Gemeinschaft, so ist das vorteilhaft für jeden Einzelnen. So hat es die kosmische Intelligenz beschlossen. Aber die Menschen arbeiten gegen die kosmische Intelligenz und wollen alles für sich auf Kosten des Nachbarn. Nun, das mag eine Zeit lang funktionieren, aber auf Dauer konnte sich noch nie jemand durch Egoismus, Ungerechtigkeit und Grausamkeit behaupten.

Das ist ja alles sehr einfach zu verstehen; jedoch müssen die Menschen die Situation wirklich verändern wollen. Unglücklicherweise hegen sie gar nicht diesen Wunsch. Jeder schaut nur darauf, dass er selbst durchkommt und eventuell noch seine Familie. Aber das kann die Probleme nicht lösen. Wie kann man der Menschheit nur begreiflich machen, dass das Reich Gottes schon in wenigen Tagen da sein könnte? Wäre die Bruderschaft zahlenmäßig stärker, würde sie eine gewaltige Kraft darstellen, sie könnte die Situation in die Hand nehmen und alles verbessern. Schaut doch, wie das in den politischen Parteien abläuft. Die Mitglieder scharen sich um eine Idee, das ist alles. Darum sind sie stark. Und können wir es nicht ebenso machen, indem wir uns für eine Idee zusammenschließen?

Selbst wenn wir nichts anderes täten, als mit dem Gedanken an das Reich Gottes zusammen zu sein, wäre das schon großartig! Aber wir haben eine Menge von Aktivitäten, und trotzdem kommen wir zu keinen großen Ergebnissen, weil es den Brüdern und Schwestern an Überzeugung mangelt. In den politischen Parteien hingegen setzt man sich für eine einzige Idee ein und fertig! Innerlich sind deren Mitglieder oft voller Leidenschaften, Untugenden und Begierden, aber sie sind durch eine Idee geeint. Nun, meine lieben Brüder und Schwestern, warum solltet ihr angesichts der großartigen Lehre und der Idee von der Universellen Weißen Bruderschaft, die ihr jetzt habt, nicht all eure Bemühungen dahin lenken? Gewiss ist es leichter, einer politischen Partei beizutreten, wo man nicht so viele innere Anstrengungen auf sich nehmen muss... aber was nimmt das oft für ein Ende! Einige Jahre später kommt ein anderes Regime und man findet sich im Gefängnis wieder oder wird gar erschossen. Die Menschen sind doch wirklich zu dumm. Leichthin und ohne nachzudenken geben sie ihr Leben für irgendein Regime hin, das doch nicht von Dauer ist. Wenn es jedoch darum geht, für einen Zustand zu arbeiten, der ewig andauern kann, findet sich niemand. Das ist doch der Gipfel der Dummheit! Sollte ich eines Tages all diese Dummheit in allen Einzelheiten öffentlich aufzeigen, würde man mich des Landes verweisen. Man könnte zwar nicht leugnen, dass es die Wahrheit ist, nur wäre diese Wahrheit niemandem angenehm.

Auch ihr werdet eines Tages begreifen, dass die Menschen nicht wissen, wovon sie einen wirklichen Nutzen haben. Dort wo sie ihn sehen, können sie sich nur schwächen, sich binden und sich ihr Grab schaufeln. Sie brauchen also ein Licht; und das kann ihnen nur von Menschen kommen, die danach geforscht, dafür gelitten und die Wahrheiten erkannt haben. Natürlich erreicht man nichts mit einem Schlag, alles braucht seine Zeit, und man muss sich darum bemühen. Aber die Zeit und die Anstrengungen sind nebensächlich; wesentlich ist zu wissen, dass unser wahres Interesse darin liegt, dass wir ganz und gar einem himmlischen Ziel zustreben. Und falls wir dafür Leid durchmachen müssen, so ist das völlig bedeutungslos. Wichtig ist, immer dem Besten zuzustreben. Darin, meine lieben Brüder und Schwestern, liegt eurer wahres Interesse.

Le Bonfin, den 11. August 1963

III

Freier Vortrag

Natürlich sieht es so aus, als sei es ein Ding der Unmöglichkeit, dass die ganze Welt zu einer großen Familie wird, aber nur deshalb, weil man darauf schaut, wie sich der Mensch äußerlich zeigt. Es stimmt, von außen betrachtet sind die Menschen völlig verschieden. Sie haben verschiedene Hautfarben und eine unterschiedliche Statur, andere Sitten, eine andere Kultur und Religion usw. Und wollte man bewirken, dass Pariser und Eskimos zusammen wohnen, einige Eskimos in Paris und einige Bürger aus Paris in Lappland, so wäre das gewiss sehr kompliziert. Wenn man die Sache jedoch etwas eingehender untersucht, wird man erkennen, dass die Menschen in ihrem Inneren alle gleichartig beschaffen sind. Droben, in den himmlischen Regionen, sind alle gleich gestaltet, mit den gleichen Organen, Fähigkeiten, Bedürfnissen, Wünschen und dem gleichen Ideal. Da sie nun aber nicht in diesen Regionen wohnen, wo sie sich kennen lernen und sehen könnten, dass sie im Grunde völlig gleich, dass sie Geschwister sind, fühlen sie sich - wenn sie sich hier anschauen - einander so fern, finden sich so verschieden, ja, gegensätzlich, dass sie so weit kommen, sich gegenseitig umzubringen.

Die Evolution wird die Menschen allmählich dahin führen, sich besser kennen zu lernen. Dann werden sie erkennen, dass sie innerlich alle gleich sind, dass sie sich alle gleichermaßen nach

Freude, Glück und Freiheit sehnen, der Erkenntnis und dem Licht zustreben und auch in der gleichen Weise leiden. Dann werden sie auch langsam begreifen, dass sie nur äußerlich verschieden sind, dass sie sozusagen unterschiedliche Masken tragen. So wie Schauspieler in einem Theaterstück, die auf der Bühne gegeneinander kämpfen oder sich umbringen, während sie in Wirklichkeit derselben Truppe angehören und einander sehr gern haben. Alle Menschen betreiben miteinander ein Spiel von Komödien und Tragödien, obwohl sie in Wirklichkeit allesamt Geschwister sind. Würden nun alle Völker in der Welt, die miteinander in Streit liegen, sich bewusst machen, dass sie aus der gleichen Heimat, aus den höheren Welten kommen, würden sie aufhören, sich gegenseitig umzubringen. Aber dieses Bewusstsein ist noch nicht zum Vorschein gekommen. Die Menschen leben auf einer zu niedrigen Stufe des Eigennutzes, der Wünsche und Begierden. Sie müssen aber endlich zu dem Bewusstsein gelangen, dass sie alle Söhne und Töchter desselben Vaters und derselben Mutter sind, nämlich des himmlischen Vaters und der göttlichen Mutter. Dann wird sich auch ihr Verhalten ändern.

Ihr müsst nachdenken und forschen, bis ihr zu folgender Wahrheit kommt: Je mehr man das Wesen des Menschen in der höheren Welt kennen lernt, umso mehr wird einem klar, dass alle Menschen in der gleichen Art und Weise aufgebaut sind und die gleichen Bedürfnisse haben. Lediglich im Äußeren sind sie verschieden, und dadurch haben sie sich entzweit. Wenn man sich anders als die anderen und von ihnen isoliert fühlt, kann man sie nicht lieben. Entwickelt man sich jedoch innerlich und erweckt in sich das Gefühl der Einheit, kann man schließlich genau alles das fühlen, was die anderen fühlen. Wenn die Menschen einmal einsehen, dass ihre Seele und ihr Geist oben eine Einheit bilden, dann werden sie eine große Familie bilden, die große Familie der Universellen Weißen Bruderschaft, und dann werden sie auch automatisch aufhören, sich zu bekriegen.

Wie ich euch schon gesagt habe, wird der Krieg niemals verschwinden, aber er wird sich anders manifestieren. Eines Tages wird es ein Krieg der Liebe sein, in dem sich die Menschen, so wie die Sterne, Strahlen der Liebe zusenden. Ja, denn je weiter man sich entwickelt, umso mehr besteht der Austausch, den man hat, aus Licht und Liebe, so wie der Austausch, der zwischen den Sternenkonstellationen und den Sonnen stattfindet. Als ich noch sehr jung war, damals in Bulgarien, kam es oft vor, dass ich oberhalb der Seen des Rilagebirges im Freien schlief. Das war ungefähr in 2000 bis 2500 m Höhe. Manchmal fiel des Nachts Schnee, und am Morgen war ich ganz in Schnee eingehüllt. Oh, was für eine schöne Erinnerung ich daran habe! Oft betrachtete ich am Abend die Sterne und schlief darüber ein. Und auf diese Weise habe ich entdeckt, dass die Sterne miteinander im Krieg liegen, dass sie sich mit Licht bekämpfen und dass auch die Menschen sich eines Tages mit Strahlen der Liebe und mit Farben bekämpfen werden. Die kosmische Intelligenz wird dem Menschen niemals das Bedürfnis nehmen, Krieg zu führen; nur die Form des Krieges wird sich ändern. Und in Zukunft wird es keinen Krieg mehr mit Kanonen und Bomben geben, sondern mit Licht, mit Farben und mit Liebe. Das wird dann ein Krieg sein... Ich bin für diesen Krieg, und ich habe der ganzen Menschheit den Krieg erklärt. Oh, es gibt doch nichts, was wunderbarer wäre als ein solcher Krieg!

Es gibt im Menschen also Dinge und Neigungen, die man niemals ändern kann. Aber alles muss zu einem einzigen Punkt, zum Gipfel hinstreben. Schaut euch die Pyramiden an. Die Pyramide ist ein Symbol, das uns lehrt, dass alles oben in einem einzigen Punkt zusammenlaufen muss, denn dort ist der Urgrund des Seins, der Herr. Solange alles voneinander getrennt ist und auseinander läuft, kann sich kein Frieden einstellen. Man muss den Menschen eine andere Lebenseinstellung bringen, eine Lehre wie die unsere, dann wird der Frieden möglich.

Es heißt: »Erkenne dich selbst.« Man muss den Menschen kennen, so wie er äußerlich, aber auch wie er innerlich beschaffen ist. Und im Innern gibt es keinerlei Unterschied zwischen den Menschen. Welcher Rasse oder welcher Zivilisationsstufe sie auch immer angehören, alle wurden nach dem gleichen Vorbild in den Werkstätten des Herrn geschaffen und geformt. Da sie zur Zeit zu weit in die Materie hinabgestiegen sind, können sie nicht anders, als sich zu verabscheuen, sie können einfach nicht anders. Schaut nur wie es in den Sümpfen oder im Dschungel zugeht; einer frisst den anderen. Wenn ihr jedoch weiter hinauf geht bis in die Engelshierarchien, werdet ihr Wesen sehen, die sich immer wieder umarmen und sich Geschenke machen. Ja, dort oben ist es so, und unten gibt es Kampf und Hass. Darum können die Menschen, die zu weit herabgesunken sind, nicht anders, als übereinander herzufallen. Daraus ziehen sie dann nachher Schlüsse über das Leben und sagen, der Mensch sei des Menschen Wolf und auf der Erde herrsche das Gesetz des Dschungels. Das ist wohl richtig, solange man auf einer niederen Ebene verbleibt. Je höher ihr aber hinaufsteigt, umso mehr Liebe findet ihr. Begebt euch bis zur Sonne hinauf, und ihr findet nur noch Liebe und immer wieder Liebe. Würden die Menschen sich weit genug erheben, wären sie so voll andächtiger Bewunderung und voll des Staunens über die dortige Realität, dass sie sich sofort die Hand reichen würden. Und das wäre der Beginn des Goldenen Zeitalters.

Nun, man muss es immer wieder sagen: Werden die Dinge nicht im Licht der Lehre der Universellen Weißen Bruderschaft gesehen, kommt man einfach zu nichts. Mit diesem Licht ist jedoch alles möglich. Es gibt schon einige Menschen auf der Erde, die das begriffen haben und in diesem Sinne wirken. Da sie jedoch die führenden Personen nicht erreichen können, machen diese, was sie wollen, und das Elend auf der Erde geht weiter. Wenn wir aber in unserer Arbeit fortfahren und wirklich eins und miteinander verbunden sind, wird es uns eines Tages gelingen, diejenigen, die mit Grausamkeit und Ungerechtigkeit regieren, ins Wanken zu bringen. Dann werden sie genötigt sein, sich zu ändern. Man muss so weit gehen, sie dahingehend zu nötigen; natürlich ohne Waffengewalt und ohne Drohungen, mit nichts anderem als der Macht des Lichtes. Aber man muss sie dazu nötigen. Wären wir zahlreicher, dann wären sie gezwungen, uns ernst zu nehmen. Angesichts eines solchen Lichtes, solcher Liebe und Harmonie würden alle kapitulieren.

Man hat das Recht, Siege zu erringen, aber nur mit der Macht des Lichtes, des Geistes und der Liebe. Durch Revolten und Massaker bringt man es niemals zu etwas Brauchbarem. Denn kurz darauf ist es schlimmer als zuvor. Ich bin ein Revolutionär wie kein zweiter, aber nicht auf die Art der anderen. Nach jeder Revolution hat man das gleiche Durcheinander, die gleiche Unehrlichkeit, Verschwendung und Ungerechtigkeit. Opfer und Henker haben die Seite gewechselt, aber es gibt sie genauso wie zuvor. Wo soll da ein Fortschritt sein? Nicht die äußeren Veränderungen bringen wirkliche Verbesserungen, sondern die Geisteshaltung der Menschen muss geändert werden; dort muss die Revolution ansetzen. Und dort kann ich wirken. Wenn ich Mitarbeiter habe, werden sich alle, die übel regieren, nicht halten können. Sie werden verschwinden, und der Himmel wird Diener des Lichtes an ihre Stelle setzen.

Versteht mich also recht und tut, was euch möglich ist, damit die Lehre zum Segen der ganzen Welt Verbreitung findet. Zwar arbeiten zur Zeit viele in dieser Richtung, da sie jedoch zu materialistische Vorstellungen haben, schlagen sie nur *Löcher in die Luft*. Wirklicher Fortschritt und wirkliche Veränderungen müssen im Denken, im Herzen, in der Seele und mit Hilfe des Lichtes geschehen. Nichts kann sich wirklich ändern, wenn man die gleiche egoistische, unehrliche und schädliche Geisteshaltung beibehält. Wie sollen die Veränderungen wirksam werden, solange die innere Einstellung die gleiche bleibt? Man muss bei dieser inneren Einstellung ansetzen, denn wenn man sie verändert, verändert man automatisch die Gesellschaft. Alles hängt von der inneren Einstellung ab. Und die kann sich nur durch eine neue Lebensanschauung ändern. Bemüht euch, mir zur Hand zu gehen, und ihr werdet sehen, was wir gemeinsam erreichen können. Geht es darum, absonderliche oder blödsinnige Ideen zu unterstützen, finden sich Tausende, die mitlaufen, schreien und grölen – ich brauche euch dafür keine Beispiele zu nennen – für die besten Ideen jedoch, für unsere Idee, findet sich nur eine Handvoll. Daran sehe ich, dass niemand weiß, was ihm nützt. Man ist bereit, sein Blut für eine stumpfsinnige Idee zu vergießen, aber für das Reich Gottes opfert man keinen Tropfen.

Ich kenne die menschliche Natur; ich weiß, wie sie in der niederen und wie sie in der höheren Ebene aussieht. Solange man natürlich nur die niedere Seite kennt, kann man sagen, der Mensch sei ein Raubtier. Man muss jedoch weitergehen, um zu erkennen, dass es auch eine versteckte göttliche Seite gibt und dass diese Raubtiere den Engeln Platz machen können. Die Menschen leben schon zu lange auf der niederen Ebene für ihre Triebe, ihren Eigennutz und ihre Leidenschaften. Sie haben sich dahinter verschanzt, und das kann natürlich nicht viele Äußerungen von seelischer Größe, edler Gesinnung und Großmut hervorbringen. Es ist wahr, dass es im Menschen Raubtiere gibt, und wenn er nicht viel Licht besitzt und nicht moralisch höher steht, dann wagt es einmal, ihm einen Kratzer zuzufügen oder ihm etwas vorzuenthalten, dann werdet ihr sehen, wie er zurückschlägt! Sobald er jedoch anfängt, die Herrschaft über sich zu erlangen und sich zu vergeistigen, wird er euch den Beweis liefern, dass er über jeglicher niedriger Gesinnung steht.

Es gab einmal ein Königreich, in dem ein Unglück nach dem anderen geschah. Immer wieder gab es Epidemien, Hungersnöte usw. Der König, der sich keinen Rat mehr wusste, ließ einen Weisen kommen, und dieser sagte ihm Folgendes: »Majestät, in Euch liegt die Ursache all des Unglücks, das in Eurem Reich geschieht. Ihr führt ein ausschweifendes Leben, seid ungerecht und grausam, und dadurch wird Euer Volk ständig von Katastrophen heimgesucht.« Hernach ging er aber zum Volk und sagte diesem: »Wenn ihr leiden müsst, so habt ihr es nicht anders verdient. Durch eure unvernünftige Lebensweise habt ihr einen Unhold als König angezogen.« Das ist die Art, wie die Weisen solche Dinge erklären. Wenn man dieses Gesetz kennt, versteht man, dass der

Himmel einem Volk, das sich bessert, aufgeklärte Führer sendet, die ihm Gutes bringen. Lässt ein Volk sich jedoch gehen und zu Unsitten hinreißen, bekommt es einen Tyrannen geschickt. So sind die Gesetze. Denn alles läuft gesetzmäßig ab, das muss man wissen.

Wenn sich ein ganzes Volk für das Licht entscheidet, schickt der Himmel ihm edle und ehrenhafte Menschen, die es regieren und ihm nur Segen bringen. Kommt es jedoch vor, dass die Führer eines Landes sich als Despoten aufführen, ohne dass das Volk noch das Recht hat, sich zu beklagen, so muss dieses Volk doch wissen, dass es selbst schuld daran ist. Warum war Bulgarien mehrere Jahrhunderte lang von den Türken besetzt? Weil man dort die Bogomilen umgebracht und sie gezwungen hat zu fliehen, anstatt auf sie zu hören. Daraufhin ist die Finsternis gekommen. Die Türken sind eingefallen und haben das Land fünf Jahrhunderte lang unterdrückt. Wenn ein Volk das Licht vertreibt, muss es danach durch mancherlei Unglück teuer dafür bezahlen. Das ist ein Gesetz, das kann ich euch versichern, obgleich die Leute nicht gewohnt sind, solche Vergleiche anzustellen. Niemals darf man das Licht zurückweisen, sonst muss man früher oder später dafür büßen. Falls ihr mir nicht glaubt, so schaut selbst in den Annalen der kosmischen Geschichtsschreibung nach! Die Gesetze sind unerbittlich. Man meint, sie übertreten zu können... Ja, eine Zeit lang kann man das, aber nachher muss man es immer büßen. Darum müssen alle diese Gesetze kennen, vor allem aber die Menschen in leitenden Positionen. Das Volk muss allerdings auch erkennen und wissen, falls es von einem Peiniger regiert wird, dass es das nicht anders verdient. Es ist die unsichtbare Welt, die ihm diesen geschickt hat.

Darum muss man das Licht dieser Lehre annehmen und eine rechte Lebensführung lernen. Dadurch werden erleuchtete und weitsichtige Führer angezogen, die die menschliche Natur kennen, die wissen, wie das Universum aufgebaut ist und welche Gesetze darin herrschen.

Le Bonfin, den 21. August 1971

IV

Freier Vortrag

Dieser Augenblick bietet uns die besten Bedingungen, liebe Brüder und Schwestern. Diese Stille, Harmonie und Liebe sind die besten Voraussetzungen, um sich zu entspannen, ruhig zu werden und mit den Wesen des Lichts zu kommunizieren. Für mich sind das die besten Momente. Natürlich kann ich das auch bei mir zu Hause machen, und das tue ich auch; aber lieber ist es mir zusammen mit euch. Wenn wir in brüderlicher Atmosphäre beieinander sind, trägt jeder etwas bei, und zwar jeder etwas anderes. Sagen wir, wenn ihr so wollt, dass es so etwas ist wie eine »Spanische Herberge«*. Ihr wisst, was das ist; es sind keine Speisen vorbereitet, und die Leute essen, was sie mitgebracht haben. Hier ist es das Gleiche; zwar nicht auf der materiellen, aber auf der geistigen Ebene bringt jeder etwas mit, eine Frucht aus seinem Garten, von seinem Acker, von seiner Seele, so etwas wie ein Fluidum, eine Ausstrahlung, eine gute Eigenschaft, wovon alle etwas abbekommen. Anstatt nun – symbolisch gesehen – allein mit seinen Radieschen und Tomaten zu sein, weil er nur das eine angebaut hat, bekommt hier jeder von allem etwas, weil andere nette Brüder und Schwestern da sind, die andere Früchte

* Französischer Ausdruck für eine Einladung, bei der alle etwas zu essen und zu trinken mitbringen. (Anm. d. Übers.)

mitgebracht haben, wie z.B. Geduld, Sanftmut, Stärke, Liebe, Zartgefühl, Reinheit, Intelligenz, Glaube, Hoffnung und vieles mehr. Es ist so vieles da, was man sich schmecken lassen kann!

Darin liegt das Geheimnis der Bruderschaft. Bleibt ihr allein, lebt ihr in Armut. In der Bruderschaft hingegen herrscht eine große Fülle, und ihr könnt von allem kosten. Selbst wenn ihr einmal den Mut sinken lasst, dann aber fröhliche, ausgeglichene Gesichter um euch habt, nehmt ihr unbewusst etwas von ihrem Frieden und ihrem Frohsinn in euch auf, und ihr fasst neuen Mut. Bleibt ihr jedoch allein, könnt ihr euch niemals derart bereichern. Ja, ihr werdet sogar ärmer, denn wenn man nicht reicher wird, verarmt man. Im gemeinschaftlichen, bruderschaftlichen Leben hingegen, gewinnt jeder viel hinzu. Denn der Himmel verströmt all seine Schätze durch die verschiedenen Männer und Frauen. Hat man das einmal begriffen, mag man ohne die Bruderschaft nicht mehr sein.

Für mich ist das ganz klar. Selbst wenn ich bei mir alleine beten und meditieren kann, ist es mir doch lieber, wenn wir es gemeinsam machen. Und wie steht es mit euch? Empfindet ihr das Gleiche wie ich?... Nun, ich sehe, dass es euch auch so geht. In diesem Jahr spüre ich noch mehr als früher, dass ihr erkannt habt, wie sehr ihr in dieser Atmosphäre der Bruderschaft euer Glück findet, wie sehr ihr hier aufblüht und freier werdet. Es gibt viele, die sich keiner Bruderschaft anschließen wollen, weil sie Angst haben, ihre Individualität und ihre Freiheit zu verlieren. Aber seine Individualität verliert man im Gegenteil in der gewöhnlichen Welt. Einer macht es dem anderen nach im Streiten und im unglücklich sein. Hier hingegen ist es doch großartig. Dadurch dass ihr das Leben in der Gemeinschaft annehmt, werdet ihr noch freier und unabhängiger. Mehr und mehr findet ihr zu euch selbst, ihr baut euch auf und ihr erkennt, dass ihr enorme Anlagen besitzt, um wunderbare Dinge zu unternehmen. Sagt es mir ganz offen. Fühlt ihr euch hier unbedeutend und herabgesetzt oder habt ihr im Gegenteil das Gefühl, euch wüchsen hier Flügel?... Aber manche Menschen sind so seltsam; selbst wenn man sie ins Paradies bringen würde, gingen sie nur voller Misstrauen dort hinein.

Also sagt es mir, wie findet ihr die Atmosphäre hier?... Und ihr selbst macht sie so, wie sie ist. In der Vergangenheit musste ich mich allein bemühen, die Atmosphäre aufzubauen. Aber nun macht ihr das. Die Stille, in der wir meditieren, ist nicht nur eine äußere Stille. Auch innerlich hat sich etwas geändert, Harmonie und Sanftmut sind spürbar da. Selbst wenn früher die gleiche Stille herrschte, war der Lärm der Gedanken und Gefühle zu spüren. Jetzt zieht hingegen auch in die Gedanken und Gefühle Frieden ein. Lasst mich meiner Freude darüber Ausdruck geben und euch sagen: Bravo, liebe Brüder und Schwestern, weiter so! Denn eines Tages werden wir in der Lage sein, auf diese Weise so starke und harmonische Wellen zu erzeugen, dass wir dadurch unsere Freunde aus den himmlischen Regionen herbeirufen, die unter uns wandeln und sich mit ihren Farben, Düften und Klängen zeigen werden. Nun mögt ihr denken: »Aber was erzählt er uns da? Das ist doch unglaublich! So etwas haben wir ja noch nie gehört.« Nun, von mir hört ihr es jetzt. Und wenn ihr mir glaubt und in der Richtung, die ich euch weise, arbeitet, wird der Erfolg nicht auf sich warten lassen. Ihr werdet erkennen, was für Wesen uns dann besuchen und ihre Anwesenheit spüren.

Manche werden nun sagen: »Ja, aber selbst in der Bruderschaft sind nicht nur sympathische Gesichter zu sehen.« Das ist gewiss richtig; aber selbst wenn euch der eine oder andere unangenehm ist, so habt ihr doch einen Austausch mit der Gemeinschaft, und das ist doch besser als das Alleinsein. Ebenso wie es besser ist zu leiden, als gefühllos wie ein Stein zu bleiben. Über das Leid lernt ihr immerhin etwas. Dadurch werden Kräfte in euch wach, die sich dann weiterentwickeln. Werdet ihr hingegen unsensibel, dann entwickelt ihr euch nicht mehr. Die Eingeweihten und die Weisen haben es immer vorgezogen, sich den Schwierigkeiten zu stellen. Angesichts der Entwicklungsmöglichkeiten, die sich ihnen dadurch bieten, nehmen sie lieber Leid und Unglück in Kauf.

Die meisten Menschen, die über diese Wahrheiten nicht Bescheid wissen, meinen, wenn sie sich für das höchste Ideal, für die Vollkommenheit, entschieden haben, könnten sie dies verwirklichen, ohne durch entgegengesetzte Zustände hindurchgehen zu müssen. Aber das ist unmöglich, und das muss euch bewusst sein, sonst lasst ihr euch durch die geringsten Schwierigkeiten entmutigen. Ihr fragt euch, warum nicht gleich alles wunderbar ist, da ihr doch das Gute, das Reich Gottes und seine Gerechtigkeit, wünscht. Das ist so, weil man immer einen Weg voller Tücken zurücklegen muss, bevor man ans Ziel kommt. Selbst Jesus musste nach seinem Tod noch durch die Hölle gehen, bevor er zu seinem Vater eingegangen ist. Auch im kabbalistischen Baum des Lebens müsst ihr, um zur Sephira Tipheret (zur Sonne) zu gelangen, erst über Jesod (den Mond) gehen, in dessen niederem Bereich sich alles Üble sammelt und konzentriert.* Ja, denn wenn ihr in den Himmel wollt, greift euch zuerst einmal die Hölle an. Denn eine lichtvolle, göttliche Idee kann man nicht so mit einem Schlag verwirklichen, ohne dafür zu leiden und zu kämpfen. Wenn jemand mit einem Schlag eine großartige, göttliche Idee zum Erfolg bringt, so zeigt dies, dass er schon in früheren Inkarnationen viel dafür gelitten und gearbeitet hat und dass er nun die nötigen Qualitäten besitzt, die in diesem Leben ein sofortiges Gelingen ermöglichen.

Nur weil ihr durch widersprüchliche Situationen hindurchgehen müsst, dürft ihr nicht aufhören, nach der Welt der Harmonie und des Lichtes zu suchen. Nur weil ihr auf Hindernisse stoßt, dürft ihr euer Ideal nicht verleugnen. Die Zeit der Schwierigkeiten und Hindernisse geht vorüber. Eines Tages werdet ihr frei sein und in einem Zustand der Erfüllung leben, der dann ewig andauert. Trotz der Prüfungen lohnt es sich also, weiter in diese Richtung zu gehen, um Freude, Glück, Freiheit, Herrlichkeit, Vollkommenheit und Erfüllung zu erlangen.

Da wir nun einmal auf der Erde sind, können wir weder Hindernisse, noch Kämpfe und Leiden vermeiden. Niemand

* Siehe den Vortrag *Der Fluss des Lebens* aus Band 7 der Reihe Gesamtwerke *Die Mysterien von Jesod.*

kommt darum herum, nicht einmal die göttlichen Geister, die sich inkarniert haben, um der Menschheit beizustehen. Der Unterschied besteht nur darin, dass diese eine andere Haltung zeigten. Sie blieben zwar nicht verschont, aber sie überwanden die Hindernisse, um immer weiter bis zum Gipfel zu gehen. Die anderen hingegen wichen zurück oder kamen unter die Räder und verschwanden schließlich. Darin besteht der Unterschied. Aber es gibt keine Ausnahme. Die Hindernisse sind für die Söhne Gottes ebenso da wie für die Söhne der Erde. Wichtig ist es zu wissen, wie man denken, wie man diese Schwierigkeiten verstehen und wie man handeln muss. Die Art und Weise zu verstehen, zu überlegen und zu handeln, macht den ganzen Unterschied zwischen den Menschen aus; das ist es, was sie groß oder klein sein lässt. Wenn ihr Größe erreichen wollt, dürft ihr euch nur nicht einbilden, dass es eines Tages keine Schwierigkeiten und Hindernisse mehr gibt. Dieser Zustand wird so lange andauern, bis die Menschheit sich wandelt und das Goldene Zeitalter unter den Menschen anbricht. Bis dahin werden die Hemmnisse bestehen bleiben, denn das ist ein kollektives Problem. Manche Probleme werden sich erst dann lösen, wenn die gesamte Gemeinschaft zu einem Wandel bereit ist.

Nehmen wir als Beispiel einmal die Philosophie Gandhis, die Gewaltfreiheit. Gewiss war sie zu einer bestimmten Zeit und unter bestimmten historischen Umständen eine großartige Sache, um Indien von den Engländern zu befreien. Aber ganz allgemein gesehen ist die Gewaltfreiheit für ein Land eine gefährliche Angelegenheit. Denn wenn es damit allein bleibt, läuft es Gefahr, von den anderen verschlungen zu werden. Die Gewaltfreiheit stellt nur unter der Voraussetzung eine ideale Lösung dar, dass die gesamte Menschheit sich entschließt, diese Lebenshaltung anzunehmen.

Eigentlich hat Gandhi auch nicht als erster die Gewaltfreiheit gelehrt. Jesus tat es schon vor ihm, als er zum Beispiel sagte: »Falls dich jemand auf die eine Backe schlägt, biete ihm auch die andere dar.«* Und als er selbst festgenommen und geschlagen wurde, hat er nicht zurückgeschlagen. Durch Jesus ist die Gewaltfreiheit in vollkommener Weise zum Ausdruck gekommen. Er wollte ein Beispiel geben, dem die ganze Welt eines Tages folgen sollte. Aber er wusste auch sehr genau, dass es gefährlich ist, wenn diese Lebenshaltung von nur wenigen befolgt wird, da es immer egoistische und grausame Nachbarn gibt, die nichts Eiligeres zu tun haben, als so arme Kerle zu vernichten, die sich nicht verteidigen wollen. Jesus hat seinen Jüngern diese Lehre hinterlassen, damit sie unter Einsatz ihres Lebens ein Beispiel setzen konnten. Das haben auch viele Heilige und Märtyrer getan, die auf diese Weise ihre Entwicklung beschleunigen wollten. Denn so haben sie ihre Schuld abgetragen, sich von ihrem Karma befreit und konnten nun als außergewöhnliche Menschen wieder auf die Erde zurückkehren.

Gewaltfreiheit ist eine Einstellung, die für alle diejenigen gut ist, die Herrschaft über ihre Personalität erlangen und sich schneller weiterentwickeln wollen. Aber sie kann das Problem der Kriege in der Welt nicht lösen. Ein Volk, das sich entschließt, sich nicht mehr zu verteidigen, wird wirtschaftlich wie auch physisch schnell ausgelöscht sein.

Die gewaltfreie Lebenshaltung muss also zu einer kollektiven Angelegenheit werden und in der ganzen Menschheit Verbreitung finden. Sie darf nicht nur im Kopf einiger Eingeweihter und Spiritualisten verbleiben. Denn solange, wie sie nicht zu einer kollektiven Sache wird, führt sie keine Änderung herbei. Wie viele Menschen, die ein Beispiel von Edelmut geben wollten, sind schon umgebracht worden! Und die Menschheit hat sich deswegen doch nicht geändert. Diese Ideen müssen also in der ganzen Welt verbreitet werden. Eine Haltung mag gut sein, wenn sie von allen beherzigt wird, und sie kann gefährlich werden, wenn sie auf den Einzelnen beschränkt bleibt. Aber natürlich bleibt sie tatsächlich positiv, auch wenn es nur die Haltung eines

* Zum Verständnis dieses Verses siehe das letzte Kapitel von Band 12 der Reihe Gesamtwerke *Die Gesetze der kosmischen Moral*

Einzelnen bleibt. Denn wer auf diese Weise hinübergeht, kehrt mit enormen Qualitäten und Gaben auf die Erde zurück und kann dadurch die anderen auf den Weg des Guten führen. Allerdings muss die Frage der Gewaltfreiheit doch auf weltweiter Ebene behandelt werden, sonst kann es niemals eine echte Lösung geben.

Sèvres, den 1. April 1963

V

Freier Vortrag

Lesung des Tagesgedankens:

Wenn ihr in der Stille meditiert, lernt es, euch dabei mit dem gesamten Leben zu verbinden. Den tiefsten Gehalt im spirituellen Leben hat das Wort 'Einheit'. Die Lehre der Einheit lehrt den Schüler das kollektive Leben zu leben. Das ist das A und O der esoterischen Wissenschaft. Für alle großen Eingeweihten bildet die Vorstellung der Einheit, des Einsseins mit dem Universum, mit Gott, den Anfang und das Ende.«

Einssein mit dem Universum, Einssein mit Gott... obwohl heutzutage doch viele behaupten, es gäbe keinen Gott. Und sie bilden sich ein, damit ein Zeugnis ihrer Intelligenz abzulegen. Ja, die Idioten bewundern solche Leute, aber nicht die Eingeweihten. Jeder hat selbstverständlich das Recht zu glauben oder nicht zu glauben; jedoch hat ein Ungläubiger nicht das Recht, andere zum Unglauben hin zu beeinflussen. Man hat immer das Recht, die anderen dem Herrn näher zu bringen, sie aufzuklären, zu besänftigen, zu heilen und sie glücklich und frei zu machen. Aber man hat nicht das Recht, den Geist der anderen zu verfinstern, Verwirrung zu stiften und Zweifel zu säen. Heute meinen alle, und insbesondere die Jugend, sie können tun, was sie gerade wollen. Zwar können sie das, auch ihr könnt es, aber es ist nicht ratsam, weil es schreckliche Folgen hat. Denn alles Schlechte, was ihr tut, fällt auf euch zurück und erdrückt euch. Ebenso kehren eure guten Taten hundertfach verstärkt zu euch zurück. Euch steht alles offen, aber beachtet die Folgen! Wenn ihr das unbedingt wollt, so macht von Zeit zu Zeit riskante Experimente, um die Gesetze kennen zu lernen und ihre Richtigkeit festzustellen. Setzt aber alle eure Energien, eure Gedanken und Gefühle für das Gute ein. Die Frage des Vorhandenseins oder des Nichtvorhandenseins Gottes ist eigentlich sehr einfach. Für denjenigen, der nicht an Gott glaubt, existiert Er auch nicht, denn es hängt von uns ab, ob die Dinge existieren oder nicht. Nehmt als Beispiel jemanden, der schläft. Alle Schätze der Welt mögen um ihn herum aufgehäuft sein; er ist sich dessen jedoch nicht bewusst und kann sich daher auch nicht daran erfreuen. Dementsprechend sind fast alle Menschen in den Schlaf der Unbewusstheit versunken. Allein die Eingeweihten sind wach. Sie sehen die Herrlichkeiten, von denen sie umgeben sind und sind voll ehrfürchtigen Staunens. Die anderen haben die gleichen Schätze um sich und in sich, nur sind sie sich dessen nicht bewusst. So jammern und klagen sie unaufhörlich, sie stöhnen auf, weil ihnen gerade ein paar Mark, eine Frau oder ein Haus fehlen... Die Menschen sind in den Schlaf der Materie, der Vergnügungen und der Dummheiten versunken, und so rüttelt die unsichtbare Welt sie von Zeit zu Zeit durch Unglück, Krieg oder seelischen Schmerz auf. Dann erwachen sie ein wenig, um aber gleich darauf wieder einzuschlafen. Selbst die Jünger Jesu sind im Garten Gethsemane eingeschlafen. Zwar hatte Jesus zu ihnen gesagt: »Wachet und betet«, aber sie sind doch in den Schlaf gesunken und ließen ihn alleine wachen.

Alles hängt von unserem Bewusstseinszustand ab. Wenn man wach ist, werden manche Dinge zur Realität, die wieder in den Hintergrund treten, wenn man einschläft. Ebenso ist es mit Gott.

Wenn das Bewusstsein schläft, spürt man Ihn nicht und sagt dann, es gäbe Ihn nicht.

Der Gedanke, den ich euch vorgelesen habe, hebt die Bedeutung des gemeinschaftlichen Lebens hervor. Wer daran nicht teilnehmen will, weiß gar nicht, wie sehr er sich dadurch begrenzt. Er bewegt sich innerhalb des kleinen Kreises seiner Wünsche, Begierden und Gefühle, er kümmert sich nicht um die anderen, und das ist ein armseliges, beklagenswertes Leben. Für ein Kind ist das der normale Zustand. Wenn es jedoch heranwächst, beginnt es, an andere zu denken, es heiratet usw. Sein Lebenshorizont erweitert sich ein wenig, wenn er auch noch recht begrenzt bleibt. Nach und nach stellen sich kleine Gäste ein, eine ganze Kinderschar bevölkert sein Leben. Aber immer ist er noch sehr eingeengt. Der Kreis muss sich mehr und mehr erweitern; er muss sich ausdehnen auf die Heimat, die Rasse, die ganze Menschheit... und sogar noch darüber hinaus auf das Unermessliche, Unendliche. Jedoch sind nur die Eingeweihten über alle Begrenzungen hinausgewachsen. Ihre Wünsche, Gedanken und Interessen sind alle auf die Kollektivität ausgerichtet, auf die universelle Seite des Lebens.

Nun möchte ich euch noch Folgendes sagen. Alle spirituellen Bewegungen, die es auf der Welt gibt, sind großartig und notwendig. Alle suchen nach Wissen, Kraft und Verwirklichung. Das ist gut so, nur fehlt ihnen das erweiterte Bewusstsein, das ihnen ermöglicht, sich nicht mehr so wie früher nur um das individuelle Heil zu bemühen, sondern Anstrengungen im Hinblick auf die Gemeinschaft zu machen. Es ist gut, sich Wissen und Macht zu wünschen, aber nur als Mittel, um so ein weitaus höheres Ziel zu erreichen: die Bruderschaft, das universelle Leben. Im Laufe der Geschichte gab es viele Menschen mit großartigen Fähigkeiten, mit der Begabung zum Heilen oder Hellsehen. Aber sie haben das immer nur zu ihrer Bereicherung oder für ihr Ansehen genutzt. Sie bemühten sich nicht darum, diese Gaben für das Kommen des Reiches Gottes und der universellen Brüderlichkeit einzusetzen.

Darum waren sie trotz ihrer Gaben und ihres Könnens niemals völlig zufrieden. Diejenigen hingegen, die für die große Gemeinschaft, für das allumfassende Sein wirken, schwimmen im Glück, selbst wenn sie weder große Begabungen noch großes Können besitzen.

Ja, liebe Brüder und Schwestern, wenn ihr eure Energien und Kräfte dafür einsetzt, an der Arbeit der Eingeweihten mitzuwirken, deren Ziel ein himmlisches ist, dann fühlt ihr euch glücklich und erfüllt, selbst dann, wenn ihr alleine seid. Wenn ihr euch dieser Arbeit widmet, stärkt ihr das Egregore der Großen Universellen Weißen Bruderschaft. Jede religiöse, politische oder künstlerische Bewegung bildet so ein Egregore, auch jedes Land. Ein Egregore ist ein seelisches Gebilde, das aus den fluidalen Kräften, den Gedanken und Wünschen aller Mitglieder entsteht, die auf das gleiche Ziel hinwirken. Oft liegen diese verschiedenen Egregore auf einer höheren Ebene miteinander im Krieg, und manch ein Hellsichtiger kann sehen, wie sie sich bekämpfen. Jedes hat eigene Farben und Formen. Das Egregore von Frankreich ist ein Hahn, das von Russland ein Bär usw. Aber weder Bär, Hahn, Tiger oder Drache können die Dinge in Ordnung bringen. Es ist nun nötig, dass die ganze Menschheit gemeinsam das Egregore der Taube bildet, das Frieden bringt. Aber wer soll das machen, wenn alle nur für sich selbst tätig sind? Etwa die Christen? Dann schaut nur in Irland, für wen die Katholiken und die Protestanten aktiv sind! Nur für sich selbst, für ihre kleine Ideologie; und die anderen muss man ausrotten. Überall sind es die gleichen Kämpfe.

Die Universelle Weiße Bruderschaft ist auf die Erde gekommen, weil die Wesenheiten der höheren Welten beschlossen haben, den Menschen eine neue Strömung zu bringen. Nun mögt ihr sagen, dass es doch schon die Rosenkreuzer, die Theosophen, die Anthroposophen, die Mazdaznanbewegung, den Malteserorden und auch noch die Zeugen Jehovas gibt, und dass es damit genug ist. Aber aus alledem ist noch nichts Großartiges hervorgegangen.

Denn jede Gruppe wirtschaftet nur in die eigene Tasche oder in den eigenen Klingelbeutel, meint, alleine die Wahrheit zu besitzen und hält sich für das Zentrum des Universums. Man kann sogar sagen, dass es gerade die spirituellen Bewegungen sind, die das Kommen des Reiches Gottes verhindern. Selbst wenn ihr Ziel das Gute, das Licht ist, so arbeiten sie doch nicht für die große Gemeinschaft. Allein die Universelle Weiße Bruderschaft akzeptiert die ganze Welt mit ihren Eigenheiten. Diese Bewegung erhebt nicht den Anspruch, die anderen an Wissen, an Qualitäten oder an Können zu übertreffen. Sie haben all das, sie sind großartig, und ich will nicht ihren Wert herabsetzen, ich bin nicht engstirnig. Aber ihnen fehlt ein neues Element, das wir einbringen: die Wärme, die Liebe. Ich habe an vielen Versammlungen zahlreicher spiritueller Bewegungen teilgenommen. Alle sind kalt, dünkelhaft und hochmütig. Und bei einer solchen Einstellung kann das Reich Gottes nicht kommen. Wir hier besitzen vielleicht nur ein einziges Element, nämlich den Geist der Brüderlichkeit, aber für den Augenblick ist es das Wichtigste. Alle sind vollgestopft mit Wissen, mit Können und mit Reichtum, aber damit die Erde zu einer großen Familie wird braucht man den Geist der Brüderlichkeit, nach dem sonst niemand strebt. Wenn von nun an die Menschen immer zahlreicher werden, die für das gemeinschaftliche Leben arbeiten wollen und nicht mehr nur jeder für seine Machtstellung, sein Ansehen, seinen Ruhm und seine persönliche Bereicherung, dann kann das Reich Gottes kommen. Das ist einfach und klar, es genügt, in dieser Richtung zu arbeiten.

Der wahre Sinn des Lebens besteht darin, an der Arbeit der älteren Geistwesen, die der Menschheit helfen wollen, mitzuwirken und sich zu sagen: »Ich will mich ändern und für eine göttliche Idee arbeiten.« Dann wird diese Idee wachsen, sich über die ganze Welt verbreiten, überall Segen bringen und Genies, Heilige und Propheten werden dadurch auf die Welt kommen. Nichts ist wichtiger als diese Arbeit. Ohne sie ist man bereits eine wandelnde Leiche. Versteht mich recht, dann werdet ihr glücklich von hier fortgehen, weil ihr spürt, dass euer Leben einen unvorstellbar tiefen Sinn bekommt.

Eines Tages werden alle spirituellen Bewegungen in der Großen Universellen Weißen Bruderschaft zusammenlaufen, und zwar aufgrund des kleinen, aber wesentlichen Elementes, das ihnen fehlt und bei uns zu finden ist: die Brüderlichkeit. Trotz der Lehre Christi ist seit zweitausend Jahren noch nichts für die große Lebensgemeinschaft verwirklicht worden. Alle fallen übereinander her, einer frisst den anderen, sei es in der Familie oder in der Gesellschaft, weil ihnen die Liebe fehlt. Mit der Liebe wird das Reich Gottes zur Realität. Die Ereignisse werden sich überstürzen, die Lehre wird bald in der ganzen Welt verbreitet sein. Und das ist nötig, weil sie allein das Bewusstsein der Menschen erweitern kann und dabei zeigt, dass die Menschen, die nur für sich selbst tätig sind, seit Jahrhunderten in die Irre gehen. Wenn das Goldene Zeitalter kommt, in welchem Glück, in welcher Herrlichkeit und Fülle die Menschheit auf der ganzen Erde dann leben wird! Die Menschen werden sich lieben, sie werden singen und voneinander entzückt sein.

Wenn ihr mich verstanden habt, werdet ihr euch beim Hinausgehen sagen: »Ich will für dieses gemeinschaftliche Leben arbeiten.« Dann werdet ihr nachher so glücklich sein, unter den Menschen zu leben, und ihr werdet stolz auf euch sein! Ihr werdet strahlend sein, schön, lichtvoll und voller lebendiger Ausdruckskraft. Es ist besser, ungebildet aber glücklich zu sein und ein erfülltes Leben zu haben, als gelehrt und in der Gesellschaft gut situiert, dabei aber traurig, besorgt und angsterfüllt. Es gibt nichts Schlimmeres als Bildung, wenn sie nicht mit einer guten Erziehung des Herzens einhergeht. Die Intellektuellen sind stolz auf ihr angesammeltes Wissen und brüsten sich damit, dabei fehlt es ihnen jedoch oft an Güte, Demut, Schlichtheit und Großmut. Nicht der Umfang seines Wissens macht die Größe eines Menschen aus, sondern seine Güte, sein Licht und seine Liebe, denn alles andere kann wieder verschwinden, nicht aber diese Eigenschaften.

Ein Gelehrter wollte eines Tages eine kleine Rundfahrt auf dem Wasser machen. Er bat einen braven Fischer, ihn in seinem Boot mitzunehmen. Während der Fahrt verschlechterte sich das Wetter. Aber der Gelehrte war in eine Plauderei mit seinem Gefährten vertieft: »Nun, mein Freund, hast du wohl Chemie studiert?« – »Leider nicht; mein Vater war arm, und ich habe schon sehr bald arbeiten müssen.« – »Du Ärmster, so hast du ein Viertel deines Lebens verloren.« – »Nun, sei's drum,« antwortete der Fischer. – »Aber kennst du wenigstens die Physik?« – »Aber nein, mein Vater und meine Mutter...« und er erzählt wieder seine Geschichte. – »Oh, la la! Dann hast du ja zwei Viertel deines Lebens verloren. Und wie steht es mit der Astronomie? Das ist eine großartige Sache, die Konstellationen und die Sternennebel...« – »Nein, darüber weiß ich nichts; mein Vater, meine Mutter, meine Familie...« – »Ach, du armer Kerl, so hast du drei Viertel deines Lebens verloren.« Darüber wurde das Wetter immer bedrohlicher, Donner grollte, und ein Sturm kam auf. Da sagte dieser arme Mann, der in allem so unkundig war: »Kann der Herr Gelehrte denn schwimmen?« – »Oh je, nein!« – »Nun, dann sind vier Viertel deines Lebens verloren!«

Und hier lernt ihr es, im Ozean des Lebens zu schwimmen. Ihr müsst nun alles in eurem Leben verbessern, erneuern, ja zu neuem Leben erwecken und auf die Unermesslichkeit zuwandern, euch ganz der Arbeit für die große Gemeinschaft hingeben. Und wendet mir nur nicht ein, ihr hättet keine Zeit dafür wegen eurer Familie und eurer Kinder. Gerade diese Idee der Brüderlichkeit wird euch helfen, eure Kinder zu erziehen. Sie werden auf euch hören, euch bewundern und für euch einstehen, weil ihr ihnen ein Vorbild seid. Recht oft machen die Kinder ihre Eltern unglücklich, weil sie ihnen unbewusst vorwerfen, einen zu kleinkarierten Erziehungsstil zu haben, anstatt ihnen den Weg der Größe und des Lichtes zu weisen. Häufig denken die Eltern lediglich daran, den materiellen Komfort für die Kinder zu verbessern, ohne dabei etwas für die Entfaltung ihres Geistes zu tun, der dem Ersticken nahe ist und sich auflehnt. Ich will damit nicht sagen, dass die Eltern alleine alle Schuld tragen, aber ein Großteil der Verantwortung liegt doch bei ihnen.

Ändert also euren Standpunkt, widmet euch der kollektiven Arbeit, und alles in eurem Leben wird wie von selbst gehen. Die Menschen brauchen geistige Nahrung, und sie werden euch verlassen, wenn ihr sie ihnen nicht geben könnt. Arbeitet darum für die große Gemeinschaft, und seid mutiger bei der Verbreitung unserer Ideen. Zur Zeit finden in der ganzen Welt große Veränderungen zugunsten der Spiritualität statt. Verbreitet das Licht dieser Lehre; behaltet all diese Schätze nicht nur für euch selbst. Viele Menschen in der Welt tragen Leid; sie sind auf der Suche und desorientiert. Warum sollte man ihnen nicht helfen? Nur zu, bleibt nicht unsensibel wie die Steine. Verbreitet um euch Liebe, Licht und den ganzen Reichtum unserer Lehre.

Einige Minuten Meditation.

Nun, liebe Brüder und Schwestern, in der Stille habe ich gespürt, wie sich Freunde aus der unsichtbaren Welt um euch gekümmert haben. Ja, viele dieser unsichtbaren Freunde sind herbeigekommen, um euch zu helfen oder euch Lasten abzunehmen. So habe ich geschwiegen, damit sie ihre Arbeit tun konnten. Auch wenn ihr nun nach Hause geht, werden sie euch nicht verlassen, sondern weiter an euch arbeiten, da sie Arbeiter brauchen. Und glaubt mir, wenn ihr nicht mit ihnen beim Aufbau des Lichts mitwirken wollt, werden sie euch viele Segnungen wieder entziehen, und ihr werdet darunter leiden. Man muss den Gedanken vom Reich Gottes auf Erden schon ernst nehmen. Selbst wenn es äußerlich nicht kommt, so nimmt es doch in euch Gestalt an, und das ist doch immerhin etwas. Denn kein Bemühen bleibt ohne Folgen und ohne Belohnung. Selbst wenn es nicht gelingt, die ganze Welt zur Vernunft zu bringen – was bei der Dickköpfigkeit von manchen ohnehin unvorstellbar ist – so habt ihr doch allemal einen Gewinn davon.

Ich für meinen Teil glaube daran, dass das Reich Gottes kommen wird. Wie das aussehen wird, ist noch nicht klar. Sicher ist aber, dass es vor der Jahrhundertwende da sein wird. Also werden Arbeiter gebraucht, die sich selbstlos einsetzen und keine Furcht haben; Furcht, sich zu engagieren, sich lächerlich zu machen oder Hungers zu sterben, und die begreifen, dass alles, was sie tun, ein Mittel sein muss zur Erreichung dieses himmlischen Ziels. Alles, was wir an Fähigkeiten, Talenten oder materiellen Dingen besitzen, muss einer göttlichen Idee dienen. Es darf nicht das Gegenteil sein, so wie es heute üblich ist. Man hat Begabungen und Möglichkeiten und stellt sie in den Dienst seines Bauches, seiner sexuellen Bedürfnisse, seiner Eitelkeit oder seines Machtstrebens. Man bedient sich sogar des Himmels, um seine Launen auszuleben. Aber gewiss, die Engel, Erzengel und der Herr selbst sind nur dazu da. Das erstaunt euch? Aber es ist die Wahrheit. Ohne sich darüber klar zu werden, tun die Menschen das unaufhörlich. Sie stellen ihre besten Eigenschaften in den Dienst ihres Egoismus.

Also, das waren noch einige Worte, damit ihr eine bessere Vorstellung von den Dingen bekommt. Ich fasse noch einmal zusammen: Wir müssen der kosmischen Intelligenz, die uns besuchen kommt, die sich in uns befindet und an uns arbeitet, einen festen Platz einräumen. Die kosmische Intelligenz arbeitet unablässig an uns, sie schickt uns Strahlen und Partikel, die uns wirklich durchdringen sollen, damit wir besser werden. Wenn die Menschen nicht besser werden, so liegt es daran, dass sie im Grunde alles tun, damit die kosmische Intelligenz sie nicht durchdringen und ihnen helfen kann. Durch ihre Schwächen und Untugenden schaffen sie sich einen Panzer, der sie für ihren Einfluss unzugänglich macht. Nur durch Opfer und Verzicht kann dieser Panzer wieder abfallen. Jeder Verzicht auf ein Laster oder eine schädliche Gewohnheit öffnet in euch eine Tür für die Welt des Lichts.

Wenn doch schon so viele Freunde aus der unsichtbaren Welt euch helfen und euch befreien wollen, warum müsst ihr sie dann immer wieder daran hindern? Öffnet euer Herz und eure Seele und sagt: »Seid willkommen, ihr Lichtgeister, ich brauche euch; tretet ein, läutert mich und schenkt mir euer Licht!« Also öffnet euch, lasst euch vom Himmel durchdringen, und so wird das Reich Gottes allmählich auf die Erde herabkommen.

Le Bonfin, den 1. Oktober 1972

III

Jugend und Revolution

I

Freier Vortrag

Heutzutage bringen die jungen Leute Jahre an der Universität zu, sie studieren, sie lesen viel, und das ist wunderbar! Aber dabei geht die Ausbildung mehr und mehr auf Kosten der Erziehung, und die Jugend lernt es nicht mehr, ihren Charakter zu entwickeln. Sie weiß daher nicht mehr, wie sie sich verhalten soll und gerät dadurch moralisch auf Abwege. Intellektuelles Wissen berührt den Menschen nicht in der Tiefe seines Wesens, sondern es bleibt an der Oberfläche. Mit wie viel Vergnügen vergessen die Studenten doch auch gleich wieder alles, was sie gelernt haben! Sie studieren nur, um ein Diplom zu bekommen, das ihnen nachher materielle Möglichkeiten, Einfluss und Ansehen verschafft. Die erworbenen Kenntnisse bewirken in ihnen keine Wandlung.

Aber gerade diese Wandlung sollte die Jugend verlangen. Und hier bei uns bekommt sie die Methoden und Übungen dafür; denn damit man sich wandelt, muss ein weiteres Element hinzukommen. Nichts Äußeres kann den Menschen wirklich wandeln. Selbst wenn ihr alle heiligen Bücher samt Bibel und Koran lest, wird euch das niemals ändern, wenn ihr nicht ein weiteres, ein inneres Element hinzufügt. Die Wandlung vollzieht sich einzig und allein durch unser Mitwirken, unseren Willen, unseren Entschluss und unseren Wunsch. Denn das sind Kräfte, die alle entsprechenden Eigenschaften und Möglichkeiten erwecken, die Gott schon bei der Erschaffung der Welt in uns angelegt hat.

Heutzutage bekommt man überall auf der Welt ein Schulwissen vermittelt, selbst bei den primitivsten Völkern, und das ist gut so. Aber es ist dabei nicht zu übersehen, dass diese Bildung mit Unruhen und Revolten einher geht. Ja, denn sobald ein Volk anfängt, sich zu bilden, wird es auch aufständisch. Wie kommt es nur, dass Wissen und intellektuelle Entwicklung — was ja doch eine gute Sache ist — soviel Krieg und Unglück verursachen? In Wirklichkeit ist es nicht das Wissen an sich, sondern die Art des Wissens. Wenn den Leuten die Augen geöffnet werden, sehen sie als allererstes die soziale Ungerechtigkeit. Die anderen sind reich und mächtig, während sie selbst arm und schwach sind. Dann werden natürlich Eifersucht und Entrüstung in ihnen wach. Sie begehren auf einmal viele Dinge, die sie bisher noch nie haben wollten. Und da sie nicht wissen, wie sie die bekommen können, halten sie sich an die einfachste Methode, sie wenden Gewalt an. Auf diese Weise werden durch die Bildung alle Begierden wach. Nun mögt ihr sagen: »Ja, soll man denn nun die Menschen in Unwissenheit und Dunkelheit lassen?« Nein, ich bin nicht für die Unwissenheit, aber ich bin auch nicht für dieses Wissen, das nur die niedere Seite im Menschen wachruft.

Aber lassen wir die primitiven Völker, denen Bildung gebracht wird, nun beiseite und beschäftigen wir uns mit den Kulturvölkern. Was kann man da mehr und mehr beobachten? Unter dem Vorwand ihrer großen Intellektualität lassen sich sehr viele in den Abgrund ziehen. Sie wissen nicht, wie der Mensch aufgebaut ist und meinen, sie hätten alle Rechte und könnten sich alles erlauben. Ja, aber nur bis zu dem Augenblick, wo sie dadurch in sich selbst negative Kräfte auslösen, von denen sie ergriffen und aufgerieben werden, ohne eine Möglichkeit zu haben, ihnen zu entgehen. Sie laufen mit außerordentlicher Waghalsigkeit der Gefahr entgegen, und mit völlig ruhigem Gewissen erklären sie einem noch, dass sie gerade in diesen Abgründen den größten Nervenkitzel erleben, dass sie gerade in Zerstörung und

Zusammenbruch in Ekstase geraten. So stellen sie die Dinge dar. Sie suchen bewusst den Abgrund auf. Das ist eine neue und ganz spezielle Strömung des Wahnsinns, die sich jetzt in der Menschheit breit macht. Man fragt sich, ob nicht manche dieser Leute eine medizinische Untersuchung nötig hätten.

Schlimmer ist es jedoch, dass sie andere mit auf diesen Weg ziehen. Und da sie weder von den Behörden noch von der Justiz behelligt werden, haben sie die Freiheit, das größte Durcheinander zu provozieren und Tausende mit ins Verderben zu reißen. Mein Gott, man darf sich doch nicht mit einer solchen Seelenruhe in derartige Abenteuer stürzen! Man sollte doch zumindest ein wenig Angst davor haben. Aber nein, völlig furchtlos marschieren sie mit weit aufgerissenen Augen auf die Abgründe zu. Damit läuft die Menschheit größter Gefahr entgegen. Kriege und Krankheiten sind weniger zu fürchten als diese fehlgeleitete philosophische Strömung, die mehr Verderben bringt als Epidemien, Hungersnöte und Kriege.

Wenn ich meine Ansichten nun aber den Jugendlichen darlegen möchte, wollen sie natürlich nichts davon wissen und zählen mich sogar zu den Spießbürgern (Bourgeois*) — obwohl ich noch gar nicht recht begriffen habe, was es bedeutet, ein »Bourgeois« zu sein und warum sie sehr dagegen eingestellt sind! Vielleicht mag mir das jemand erklären! Daher wird die Jugend nicht einsehen wollen, dass meine Philosophie auf der Kenntnis des Universums gründet, auf den Gesetzen, die darin herrschen und somit auch das Leben des Menschen bestimmen. Es genügt nicht, einfach so draufloszureden, mit der Überzeugung, dass es stimme und dass jede beliebige Vorstellung ihren Platz in der Welt habe. Nein, man kann sich nicht die Freiheit nehmen, einfach so irgendetwas auszuprobieren, irgendeine beliebige Bewegung in Gang zu setzen, ohne dass dies ganz bestimmte Folgen hätte.

Wir sind nicht von der Natur getrennt, wir sind ein Teil von

*das französische Wort *bourgeois* ist doppeldeutig; eigentlich bedeutet es nur *Bürger*, wird aber oft abwertend im Sinne von Spießbürger gebraucht. (Anm. d. Übersetzers) ihr, wir leben und atmen in ihr und sind von ihr abhängig. Ebenso wie sie uns beeinflussen kann, können auch wir einen Einfluss auf sie ausüben. Darum können wir nicht tun und lassen, was uns gerade einfällt. Wir müssen auf uns Acht geben, uns kontrollieren, mit dem großen Ganzen eins werden, und nicht es beherrschen und benutzen wollen. Die Sonne, die Sterne und die Planeten bewegen sich aufgrund von Gesetzen, die von der kosmischen Intelligenz festgelegt wurden. Allein der Mensch nimmt es sich heraus, gegen die Ordnung, das Gleichgewicht und die Harmonie des Ganzen anzugehen. Im Übrigen erkennt er noch nicht einmal, dass dieses Ganze ihm an Intelligenz überlegen ist. Nein, er ist der Fürst, der Herr, der die Welt seiner Willkür unterwerfen will!

Schaut doch nur, wie es zum Beispiel im Bereich der Kunst zugeht; alles geht gegen die Natur. Und das nennt sich dann abstrakte Kunst. Nun, meinetwegen, ich bin gar nicht gegen abstrakte Darstellungen. Aber ist es deshalb nötig, Menschen und Landschaften in abstrakter Weise mit bizarren Linien darzustellen, so dass man gar nichts mehr erkennt, wo alles nur zum Chaos zurückzukehren scheint? Dabei führt uns das Leben doch so viele Beispiele vor Augen, die uns zeigen, wie die Dinge geschehen sollen. Stellt euch vor, ihr baut ein Haus. Was bekommt man zuerst zu sehen? Haufen von Eisen, Brettern, Ziegeln, Zement und Sand... Nach und nach erscheinen dann die Grundmauern und die Wände, und eines Tages sind alle Haufen verschwunden. Man sieht ein Haus mit gestrichenen Fensterläden, Gardinen, Blumen auf der Fensterbank usw. Zu Beginn war es ein Chaos, und nachher ist es ein vollendetes, ästhetisches Werk. Oder eine Mahlzeit: Zuerst ist alles auf dem Tisch ausgebreitet und sieht noch gar nicht so appetitlich aus. Und wenn ihr schließlich das fertige Gericht schön gegart aus dem Ofen holt und einige hübsche Beilagen hinzutut, welch ein Anblick ist das! Ebenso der Mensch... Am Anfang ist er nichts weiter als ein Tropfen Flüssigkeit, dann bildet sich allmählich etwas heran, und eines schönen Tages erscheint ein wunderschönes Kind!

Dies ist der natürliche Prozess, der sich überall im Universum zeigt: Aus dem Chaos sollen Ordnung, Schönheit und Vollkommenheit hervorgehen. Aber heutzutage geschieht genau das Gegenteil, vor allem auch in der Kunst, denn die Menschen kehren zum Chaos zurück. Man sieht ein Gemälde und fragt sich, was es wohl darstellen soll, einen Menschen, ein Pferd oder ein Boot... Es wird kein Unterschied mehr gemacht! Die Intelligenz der Natur hingegen wirkt auf die Differenzierung hin. Zuerst ist es nur eine Zelle, die sich teilt, und nach einigen Monaten ist ein Mensch da mit seiner Fülle und Vielschichtigkeit. Sollen wir nun den entgegengesetzten Weg einschlagen und wieder zu Einzellern werden? Nein, das wäre der völlige Niedergang. Und gerade dort wollen uns manche Künstler hinbringen, die weder Wissen noch Licht besitzen, während das eigentliche Ziel die Vollkommenheit, die Vollendung des Werkes sein muss.

Die Natur wirkt unablässig, um alles, was sie begonnen hat, zu vollenden. Und sie wird die Menschen ebenso wie die Tiere, Blumen und Kristalle zur Vollendung bringen. Währenddessen wollen uns unsere »Größen« in Dichtung, Malerei und Musik zum Chaos zurückführen mit aneinander gereihten Worten, bei denen sich jeder seinen Sinn zusammenreimt, und mit wunderlichem Lärm, der als Musik hingestellt wird. Und die Malerei und Bildhauerei erst! Sie stellen unsymmetrische Körper dar mit maßlos verlängerten oder verbreiterten Gliedern. Auch vom magischen Gesichtspunkt her ist das alles sehr übel, denn die Menschen, die diese »Kunstwerke« lesen, anhören oder betrachten, werden dadurch in uralte und finstere Epochen der Erdgeschichte zurückgeworfen.

In der Schöpfungsgeschichte heißt es: »Am Anfang erschuf Gott den Himmel und die Erde. Und die Erde war wüst und leer, und Finsternis war über der Tiefe, und der Geist Gottes schwebte über den Wassern.« Ja, denn der Geist Gottes war in Bewegung, um den Dingen eine Ordnung zu geben. Und wenn wir nun aus dem Chaos heraus sind, dann doch nicht dafür, um wieder dahin zurückzukehren. Ist das klar? Und warum gibt man nun all denen einen Platz, die den Verfall und den Niedergang der Menschheit beschwören, anstatt ihn den Künstlern zu geben, die uns das Reich Gottes nahe bringen? Und sie haben auch noch Erfolg damit! Es braucht einer nur ein Buch voller Frivolitäten zu schreiben, gleich verkauft es sich in Millionenauflage und wird auch noch in alle Sprachen übersetzt. Schreibt aber jemand ein vernünftiges Buch, findet er kaum zwei Leser, weil alle Welt von der Manie besessen ist, alles zu versuchen und auszuprobieren. Diese Haltung verbreitet sich wie ein Lauffeuer, das ist enorm.

Aber sollen sie machen was sie wollen. Ich bleibe bei meiner Philosophie, und zwar in erster Linie für mich selbst. Die anderen lasse ich alle möglichen und unmöglichen Systeme ausprobieren. Nur sollte man wissen, dass das eine böse Wendung nehmen wird, denn unter solchen Umständen gibt es bald keine Regeln, keine Gesetze und damit auch keine Gesellschaft mehr. Darum macht es mich traurig, das zu sehen. Denn es sind ja nicht nur hier und da einzelne Menschen, die den Verstand verlieren, das wird allgemein, ganz allgemein. Und wie kann man diese Entwicklung nun bremsen? Und niemand ist da, um uns zu helfen, denn den anderen ist das alles egal. Aber mich berührt das Schicksal der Welt sehr stark. Das ist meine einzige Sorge, eine andere habe ich nicht. Tag und Nacht denke ich nur an das Schicksal der Welt und daran, welcher Weg einzuschlagen ist.

Ich weiß wohl, dass das Studium einen schlechten Einfluss auf die Jugend hat, dass sie geistig dabei zugrunde geht. Darum ist sie weniger schuldig, als ihr angelastet wird. Denn die Erwachsenen haben ihr ein sehr schlechtes Beispiel gegeben. Die Jugendlichen sind ein Opfer der gesamten Kultur, in die sie eingetaucht sind, der Filme, die sie sehen, der Bücher und Zeitungen, die sie lesen, der Gespräche und Reden, die sie hören. Sie werden gebildet und gestaltet, sie sind durchdrungen von den unglaublichsten Theorien von Schriftstellern, Künstlern und Politikern, die sich in keiner Weise ihrer Verantwortung bewusst sind. Das sind Erwachsene, und doch haben sie noch nie darüber nachgedacht, welch großer Einfluss von Wort, Schrift und Bild ausgeht und wie sehr diese die Öffentlichkeit negativ beeinflussen und aus dem Gleichgewicht bringen kann. Wenn die Jugendlichen heutzutage niemanden mehr respektieren wollen, so liegt das an den Erwachsenen, die sie erziehen und führen. Die waren ihrer Aufgabe nicht gewachsen. Ihnen bleibt nun nur noch eine Wahl, nämlich sich in der Jugend wie in einem Spiegel wiederzuerkennen, anstatt stolz zu sein, sich zu sagen: »Wir haben diese Kinder zu dem gemacht, was sie sind,« und nun die Lektion zu akzeptieren und sich zu ändern.

Das soll aber nicht heißen, dass ich das Verhalten der Jugendlichen voll und ganz gutheiße. Die Erwachsenen und die Jugendlichen sehe ich im Grunde völlig gleich: Es fehlt ihnen an Licht, und daher können sie von der Einweihungswissenschaft einiges lernen. Die jungen Leute haben nicht das Recht, sich den Erwachsenen gegenüber respektlos zu zeigen. Wissen sie denn schon so viel über das Leben? Haben sie denn schon bewiesen, dass sie etwas Besonderes sind und fähig, es soviel besser zu machen als ihre Eltern? Solange sie noch etwas zu lernen und ihre Fähigkeiten noch nicht unter Beweis gestellt haben, müssen sie sich respektvoll zeigen und weiterhin lernen. Wenn sie dann ihre Prüfungen bestanden haben und in der Lage sind, bedeutende Aufgaben zu übernehmen, dann sollen sie nur verändern, was sie wollen.

Paganini gab einmal ein Konzert in Neapel. Der Saal war voll, und alle waren voller Bewunderung für seine Virtuosität — ihr wisst, was für ein wunderbarer Geigenspieler er war. Nur ein junger Bursche im Publikum applaudierte nicht, und es fiel Paganini beim Spiel sogar auf, dass er ein sarkastisches Lächeln auf den Lippen hatte. Er war darüber so ungehalten, dass er in dem Moment, wo ihm der ganze Saal zujubelte, um ihn auf die Bühne zurückzuholen, ausrief: »Ich werde mich erst dann verabschieden, nachdem man mir diesen Burschen hergebracht hat.« Dieser wurde zu ihm hingeführt, und er sagte: »Ich möchte gern von Ihnen wissen, warum sie zum einen nicht applaudieren und dazu noch mit so einer verächtlichen Miene lächeln. Das mag ich gar nicht. Geben Sie eine Erklärung ab.« — »Oh, Meister,« sagte dieser, »verzeihen Sie mir, niemand auf Erden achtet Sie mehr als ich. Ich lächle mehr aus Verdruss. Bevor ich Sie heute gehört habe, hielt ich mich für einen großen Musiker, denn ich komponiere. Aber seit heute Abend ist es mit mir vorbei. Jetzt, wo ich Sie habe spielen hören, mache ich mir keine Illusionen mehr; ich bin völlig verzweifelt.« — »Wie heißt du denn?« — »Vincenzo Bellini« (der spätere Komponist). Da konnte ihm Paganini nicht mehr zürnen, sondern ermutigte ihn und half ihm später sogar, ein großer Musiker zu werden. Das ist eine interessante Geschichte, nicht wahr?

Le Bonfin, den 6. Juli 1968

II

Freier Vortrag

Ich beschuldige die Jugend nicht, dass sie eine falsche Richtung eingeschlagen hat, aber ich sage, dass sie sich von Ideen nährt und dass sie Vorbilder hat, die nicht gerade großartig sind. Man darf nicht alle Traditionen zerstören wollen, denn auch darunter gibt es gute Dinge, die das Ergebnis von tausendjährigen Erfahrungen sind. Die Menschen haben manches erlebt, sie haben gesucht und gelitten, und durch ihr Vortasten und ihr Leiden haben sie doch etliche Regeln herausgefunden, die es ermöglichten, die Kultur und die Zivilisation aufzubauen. Manche Formen müssen geändert werden, einverstanden, aber deshalb darf man nicht gleich alles über den Haufen werfen, vor allem, solange man nicht weiß, was man Besseres dafür einsetzen kann. Zerstöre ich etwa die Tradition? Nein, ich bin für das Althergebrachte, aber nur unter der Voraussetzung, dass es unserer Zeit angepasst wird. Die Jugend hingegen, die weder genau sieht, wie die heutige Realität eigentlich aussieht, noch wie sie sein sollte, sondern die einfach nur ihren Impulsen folgt, stürzt blindlings drauflos und will dies ändern und jenes zerstören, ohne an die Folgen zu denken.

Die Jugend probt also den Aufstand und will alles umgestalten. Aber hat sie sich schon die Frage gestellt, ob man die

Dinge einfach so umkrempeln kann und ob es nicht unwandelbare Gesetze gibt, die kein Geschöpf übertreten darf? Das Leben hat seine Gesetze, die von der Chemie, der Physik und der Biologie erforscht werden. Und ob man mag oder nicht, man kann diese Gesetze nicht übertreten, ohne selbst Schaden zu erleiden. Das Gleiche gilt für die Gesetze der Moral, sie folgen auch Gesetzen, die man nicht übertreten kann, ohne der eigenen Zerstörung entgegenzugehen. Ja, es gibt unwandelbare Prinzipien, und die zu leugnen bedeutet, sich der Finsternis und dem Tod zu weihen. Gewiss, die jungen Leute rechtfertigen sich immer wieder damit, dass sie unzufrieden sind mit dem, was die Erwachsenen ihnen gebracht haben. Und das verstehe ich, denn auch ich bin damit nicht zufrieden. Trotzdem stelle ich mich nicht auf die Seite dieser Jugend, denn all deren Forderungen, die Freiheit alles tun zu können, was ihnen gerade gefällt, das ist weder ideal noch göttlich.

Freiheit!... gewiss, immer wieder heißt es: »Freiheit, Gleichheit, Brüderlichkeit.« In Wirklichkeit gibt es aber nur die Brüderlichkeit, jedoch weder Gleichheit noch Freiheit. Ja, es gibt keine Freiheit! Wie kann man von Freiheit reden, wenn man von seinen Wünschen, seinen sinnlichen Gelüsten, seiner Familie, den Umständen und auch noch vom Wetter abhängig ist? Allein der Herr ist frei, und wenn es dem Menschen gelingt, sich mit Ihm zu identifizieren und mit Ihm eins zu werden, dann ist er frei. Außerhalb des Herrn gibt es keine Freiheit. Zügellosigkeit, das versteht man nun unter Freiheit, keinerlei Achtung für nichts und für niemanden. Nur besteht dann die Gefahr, dass es der Nachbar genauso macht. Ungerechtigkeit und Gewalttätigkeit sind dann nicht nur den einen gestattet, sondern die anderen antworten in gleicher Weise. Daran wird nicht gedacht. Ihr liebt die Gewalt? Nun, das verstehe ich, vielleicht besitze ich genauso einige Instinkte dieser Art. Vielleicht würde ich ja gerne die ganze Welt in Brand stecken... Warum nicht? Aber das ist noch lange kein Grund, es auch zu tun.

Die Menschen erlauben sich Gewalttätigkeiten und wundern

sich hernach, wenn die anderen in gleicher Weise reagieren. Man muss schon wissen, dass jede Handlung bei den anderen Handlungen gleicher Art hervorruft. Zeigt euch einem Menschen gegenüber großmütig, und etwas in ihm reagiert darauf. Er wird sagen: »Oh, ich will ihm auch zeigen, dass ich Größe besitze, dass ich edel und großmütig bin.« Und dann wird daraus eine Schlacht mit gegenseitigen Geschenken, mit Lächeln, das man sich zuwirft, eine Schlacht der Liebe. So etwas ist doch herrlich! Nun ja, nur haben die Menschen das noch nicht begriffen, das Gesetz des Echos, des Rückschlags. Sie sagen: »Dem Kerl da, dem haue ich eins aufs Maul!« Gut, sie sollen es tun. Aber danach werden sie sehen, was sie dann erleben. Und sie werden verwundert über die Antwort sein! Die Jugendlichen halten es für gerechtfertigt, dass sie mit den anderen machen, was sie wollen, aber wenn die anderen es mit ihnen dann ebenso machen, beklagen sie sich, dass es so nicht gehe. Ja, man darf nie vergessen, dass das Gesetz den anderen in gleicher Weise antworten lässt. Er kann gar nicht anders, er muss den Schlag erwidern, denn ihr habt zuerst die Sache in Gang gebracht.

Alle Leute an die Wand drücken wollen und sich einbilden, das bliebe ohne Folgen, das ist nicht möglich. Früher oder später wird sich das Gesetz gegen euch wenden. Wenn ihr vor niemandem Achtung habt, wird auch euch niemand achten. Erwartet nicht, respektiert zu werden, solange ihr die anderen nicht respektiert. Wenn ihr wollt, dass man euch respektiert, müsst ihr zuerst Achtung zeigen. Wenn ich mich von einem Gesetz selbst überzeugt habe, dann gewiss von diesem. Mein ganzes Leben lang habe ich mich rücksichtsvoll und achtungsvoll den anderen gegenüber gezeigt, und nun sehe ich, dass das Gesetz wirksam ist. Ich werde geachtet und frage mich sogar oft warum! Nun, eben weil ich mein ganzes Leben lang die anderen geachtet habe. Ich habe gewiss etwas ausgelöst, was nun zu mir zurückkehrt.

Die Jugendlichen glauben, sie könnten die Gesetze übertreten, weil sie meinen, diese seien nur von den Erwachsenen gemacht. Aber das ist ein Irrtum. Sehr oft beruhen die Gesetze der

Menschen auf Naturgesetzen. Zum Beispiel halten die jungen Leute alle Regeln bezüglich der Sexualität für veraltet, überholt, für spießbürgerlich und reaktionär, wie sie sagen. Darum wollen sie diese abschaffen, um allen Trieben und Leidenschaften freien Lauf zu lassen. Sie wissen nicht, was für Folgen das in allen Bereichen nach sich ziehen wird. Denken wir nur einmal an die körperliche Gesundheit. Sie müssen wissen, dass ganze Völker durch Geschlechtskrankheiten von der Erde verschwunden sind. Sie dürfen sich nicht einbilden, dass der medizinische Fortschritt, die Antibiotika usw. ihnen völlige Sicherheit garantieren. Wenn ein Volk jegliche Kontrolle und Selbstbeherrschung verliert und zulässt, dass jeder seinen Leidenschaften und seinen sexuellen Begierden freien Lauf lässt, hat es damit bereits sein Todesurteil unterzeichnet. Die Menschheit besitzt immerhin eine Erfahrung von Jahrtausenden, die man nicht missachten darf. Und wenn die heutige Jugend denkt, die soziale Ordnung sei nur dazu gemacht, um die Reichen zu schützen und sie selbst unglücklich zu machen, dann irrt sie sich. Schon seit Tausenden von Jahren haben die Menschen erkannt, dass sie nicht zusammenleben können, ohne sich bestimmte Regeln zu geben, und dass Kultur und Zivilisation unmöglich Bestand haben können, wenn sie nicht auf Gesetzen gründen. Denn sonst kommt das einer Rückkehr in den Dschungel gleich. Zwar übertreten manche Leute diese Gesetze oder umgehen sie zu ihrem persönlichen Nutzen, ist das aber Grund genug, gleich alles über den Haufen zu werfen?

Wenn die Jugendlichen sich nun Unsitten, Exzessen und Ausschweifungen hingeben, sind sie wie Kinder, die hinter dem Rücken ihrer Eltern heimlich den ganzen Marmeladetopf leermachen. Schade für sie, sie bekommen Bauchweh! Die Weisen haben das seit langem begriffen. Darum haben sie auch bestimmte Regeln bezüglich Enthaltsamkeit, Selbstbeherrschung und Weisheit aufgestellt. Vor kurzem waren überall Parolen zu lesen, die zu Disziplinlosigkeit und Zügellosigkeit aufriefen: »Leben ohne Gesetz«... »Hemmungslos genießen«... »Liebe nach Herzenslust«... »Ungehorsam geht vor«... Aber da ist die Welt auf den Kopf gestellt! Die Studenten reden, diskutieren, fordern und verlangen, aber sie wissen nichts von den späteren Folgen dessen, was sie verlangen und wollen. Sie denken nicht über die Verkettung der Umstände nach. Die Eingeweihten haben sich als Einzige damit befasst, welche langfristigen Folgen ein Gedanke, ein Wort oder eine Geste haben kann.

Hätten die Jugendlichen mehr Unterscheidungsfähigkeit und wüssten sie, dass sie sich durch das Verwerfen dieser Regeln selbst schwächen, da sie dadurch in sich selbst Höllengeister freisetzen, würden sie all diese Freiheiten vielleicht gar nicht fordern. Es gilt folgendes Gesetz: Je weniger ihr eure Gedanken, Wünsche und Launen kontrolliert, umso abhängiger werdet ihr. Ihr meint, ihr müsstet allem nachgeben, was euch gerade durch den Kopf geht... Gut, aber das ist der direkte Weg in die totale Abhängigkeit. Dadurch werdet ihr euer eigener Sklave, oder vielmehr der von inneren, sehr primitiven Kräften, die euch überwältigen und dann völlig beherrschen. Ihr könnt nicht König in eurem eigenen Königreich sein, solange ihr euch nicht kontrolliert, denn Schwäche, Krankheit und sogar Wahnsinn bedrohen euch. Wäre das nicht der Fall, hätten die Weisen uns seit langem schon angeraten, all unsere Begierden zu befriedigen. Aber sie wissen, dass dies der direkte Weg in die Hölle und in die Zerstörung ist.

Aber jetzt ist das Kaputtmachen Mode geworden. In den Universitäten haben manche die Türen und Fenster herausgerissen und die Statuen verstümmelt. Mehr und mehr möchte man zerstören. Man gefällt sich in seiner Zerstörungswut. Selbst hier haben neulich einige Strolche alle Blumen herausgerissen, die auf dem Felsen angepflanzt waren. Was für eine Erziehung haben die Eltern ihren Kindern gegeben? Man muss den Kindern doch beibringen, dass sie nichts zerstören dürfen, dass sie vor allem Achtung haben müssen, vor allen Lebewesen, den Pflanzen und auch vor allen Gegenständen. Ihr mögt nun sagen: »Aber das waren doch nur ein paar Blumen.« Ja, aber wenn man damit anfängt, Blumen herauszureißen, dann macht man auf diesem Weg weiter, und eines Tages kommt man soweit, Herzen, Seelen und Gewissen herauszureißen, dann wird alles herausgerissen, was göttlich ist.

Es stimmt wohl, dass wir in einer Gesellschaft leben, in der vieles neu gestaltet werden muss. Aber das darf nicht mit Gewalt geschehen. Im Übrigen erreicht man gewaltsam niemals wirkliche Änderungen; denn nachher ist es immer schlimmer als zuvor. Wie lässt sich also die Gesellschaft ändern? Durch unsere Lebensführung! Indem man sich zuerst selbst ändert, kann man die ganze Welt in Bewegung bringen. Darum arbeiten wir in der Bruderschaft darauf hin, eines Tages ein konkretes Beispiel einer besseren Gesellschaft geben zu können. Wir bemühen uns, eine Handvoll entschlossener und bewusster Menschen heranzubilden, einen starken Kern, der beweisen wird, dass die ganze Menschheit eine Bruderschaft, eine Familie werden kann. Wir müssen also zuerst an uns selbst arbeiten, um ein wunderbares Vorbild zu sein oder meinetwegen auch um uns durchzusetzen, aber ohne Gewalt, sondern einzig und allein durch den Edelmut, die Größe, das Licht und die Schönheit, die wir ausstrahlen.

Der Wunsch, stark und einflussreich zu sein, treibt viele Jugendliche zum Handeln an, ohne dass sie sich bewusst machen, dass sich die wahre Stärke in ihnen selbst befindet, nämlich in der Fähigkeit, sich selbst zu beherrschen, zu bemeistern, zu kontrollieren und sich edel, groß und vollkommen zu zeigen. Auch die Eingeweihten wollen stark und einflussreich werden, aber sie haben begriffen, was wahre Größe ist, während manche dieser jungen Leute sich in Wirklichkeit schwächen und zu Sklaven ihrer Triebe und Untugenden werden, wenn sie ihren Neigungen freien Lauf lassen.

Glaubt mir, liebe Brüder und Schwestern, ich bin nicht voreingenommen. Ich liebe die Jugendlichen ebenso wie die Erwachsenen, aber ich denke, beide sind an der misslichen Lage schuld. Die Erwachsenen, weil sie es nicht verstehen, die jungen Leute zu erziehen und ihnen vor allem kein gutes Beispiel geben. Und die Jugendlichen, weil sie alle Probleme durch Revolte und mit Gewalt lösen wollen, wobei sie alles kaputtmachen, was die Erwachsenen geschaffen haben. Daher rate ich den Jugendlichen ebenso wie den Erwachsenen, bei der Universellen Weißen Bruderschaft Rat zu suchen. Denn sie allein besitzt eine Philosophie, mit der alle Probleme zu lösen sind, seien sie wirtschaftlicher, sozialer, politischer oder sogar militärischer Art.

Le Bonfin, den 10. Juli 1968

III

Freier Vortrag

Betrachten wir nur einmal die Sache mit den schwarzen Fahnen. Ich habe einige meiner Freunde dazu befragt — denn ich bin ziemlich unwissend in Bezug auf die Bedeutung von Fahnen — was diese denn eigentlich bedeuten sollen. Und man hat mir geantwortet, sie würden die Anarchie symbolisieren. Aha, die Anarchie also! Und so etwas wie die Anarchie, das ist gut? Kann man das essen... oder vielleicht trinken? Wer kann mir das erklären?... Nun werdet ihr wohl meinen: »Ach du lieber Gott, der weiß ja gar nichts, noch nicht einmal, was Anarchie ist!« Was ich vor allem nicht weiß ist, wie die Leute leben wollen, wenn alles unorganisiert oder kaputt ist, wenn es weder Gesetze, Institutionen noch eine Regierung gibt. Eine Zeit lang mag man sich darüber freuen, alles zu demolieren, das macht Spaß, das verstehe ich. Man ist stolz auf sich und berauscht von seiner Kraft. Aber man muss doch einmal darüber nachdenken, wie das Leben unter solchen Umständen ablaufen soll. Zwar wäre es möglich, in einer Welt ohne Regierung, Justiz und Polizei zu leben, jedoch nur unter der Bedingung, dass die Menschen vollkommen sind. Dann würden sich alle ganz selbstverständlich so vernünftig und so wunderbar betragen, dass weder Reglementierungen, Kontrollen noch Strafen notwendig wären. Da die Menschen von solcher

Vollkommenheit aber noch weit entfernt sind, ist es unerlässlich, dass die Gesellschaft sinnvoll gestaltet und auch kontrolliert wird.

Der derzeitige Aufbau der Gesellschaft ist nicht ideal, das steht fest. Aber er ist immerhin das Ergebnis von jahrtausendelangen, teils leidvollen Erfahrungen, und er ist bestimmt besser als zu manchen Zeiten in der Vergangenheit. Noch lange wird man sich vorsichtig vortasten, forschen und manches ändern müssen, bis die Menschheit einmal eine ideale Regierungs- und Gesellschaftsform gefunden hat. Viele Philosophen, allen voran Plato mit seinem »Staat«, haben sich mit diesem Thema befasst. Ich will sie nicht alle aufzählen, doch bis jetzt ist es noch niemandem gelungen, die ideale Gesellschaft in die Praxis umzusetzen. Und so lebt die Welt, so gut es eben geht, mit mehr oder weniger gefestigten Errungenschaften weiter. Daher geht es zur Zeit so sehr drunter und drüber, und manche wollen gleich alles umkrempeln. Auch ich bin für einen Wandel, das wisst ihr wohl, doch muss dieser Wandel wirklich allen Geschöpfen Verbesserungen bringen; und das ist leider bisher noch nicht der Fall. Wenn einige der Ansicht sind, Bomben und vulkanartige Ausbrüche würden reichen, um eine vertrackte Situation wieder ins Lot zu bringen, so zeigen sie damit nur ihre Dummheit, und ich rate meinen Freunden nicht, noch eine Stimme oder einen Handschlag zur Unterstützung all dieser Anarchisten zu geben. Man muss sie lassen, sie werden sich von ganz alleine den Kopf einrennen.

Ich verstehe schon, dass es Revolutionäre wie Lenin, Mao Tse-tung, Fidel Castro und andere gegeben hat. Aber diese Leute haben nicht einfach alles zerstört. Was hat sich aber im Übrigen seit diesen Revolutionen wirklich geändert? Alles ist beim Alten geblieben. Der Unterschied besteht lediglich darin, dass es nun dieser Kopf ist, der sich durchsetzt, anstelle eines anderen. Einige Parolen und Slogans sind ein wenig anders geworden, auch einige Lieder, aber die Untugenden, die Angst, die Korruption und die Verbrechen sind die Gleichen geblieben.

Die Anarchisten können nichts aufbauen. Die Revolutionäre können das schon, aber nur unter der Voraussetzung, dass sie sich durch ihre Intelligenz und ihre Güte wirklich überlegen zeigen, so dass sie die Situation verbessern und nicht noch unerträglicher machen. Die Geschichte hat uns gezeigt, dass es nicht lange währt, wenn man sich als Henker aufführt, um sich durchzusetzen und die anderen fertigzumachen. Denn es ist ein Gesetz, dass ein Tyrann durch sein Verhalten Menschen gleicher Art auf den Plan ruft, die ihn dann bezwingen werden. Ihr wisst ja, dass es heißt: Wer Wind sät, wird Sturm ernten.

Wenn diese sogenannten Revolutionäre in der Lage wären, sich selbst zu beobachten, würden sie feststellen, dass in den Augenblicken des Unfriedens ihr gesamter Organismus die gewalttätigen und chaotischen Schwingungen aufzeichnet, und dass der Mangel an Bewusstsein und an Achtung, die Verachtung für die anderen, sich tief in ihre Zellen eingraviert. Aber sie beobachten sich nicht, und sie wissen auch nicht, dass die Natur, die intelligent ist und ein Gedächtnis besitzt, ihnen einige Lektionen für später vorbereitet. Sie werden heiraten und Kinder bekommen, die ihnen gleichen und ebenso gewalttätig und rücksichtslos sein werden wie sie. Dann sind sie die Opfer, und das Gejammer wird groß sein. Nun, das ist die ausgleichende Gerechtigkeit.

Die jungen Leute wollen die Anarchie? Also, nur zu. Nur werden die Gesetze unerbittlich sein. Die Anarchie wird sich auch bei ihnen einstellen, und später werden sie die gleichen Reaktionen von Seiten ihrer Kinder oder ihrer Umgebung zu erleiden haben. Dann werden sie klagen: »Was für eine Ungerechtigkeit! Solche Kinder habe ich doch nicht verdient!« Nicht verdient? Und wie waren sie selbst früher? Dann werden sie es begreifen, aber es wird zu spät sein. Das Gesetz des Rückschlags existiert in der seelischen Welt ebenso wie in der physischen Welt. Erst wenn ihnen die Folgen ihrer Handlungen aufs Haupt fallen, fangen die Leute an nachzudenken.

Wenn ich euch einen Menschen nennen soll, der wirklich ein außergewöhnliches Beispiel gegeben hat, werde ich nicht unter den großen Eingeweihten der Vergangenheit suchen, sondern ich werde von jemandem erzählen, der euch allen bekannt ist, nämlich Sokrates. Als er zum Tode verurteilt wurde, wollten seine Schüler ihn retten und ihn aus dem Gefängnis herausholen. Er hat das jedoch verweigert und gesagt, ein guter Bürger würde sich den Gesetzen seiner Stadt fügen. Immer wieder sieht man sich gezwungen auf das Beispiel dieses Mannes zurückzukommen, der zwar nichts geschrieben hat und der doch seit vierundzwanzig Jahrhunderten jeden im Geiste beeindruckt. Dies ist natürlich seinem Schüler Plato zu verdanken. Im Übrigen bilden Plato und dessen Schüler Aristoteles den Höhepunkt der Philosophie, kein Philosoph nach ihnen hat sie wirklich überflügeln können. Aber welch außergewöhnlicher Mensch, dieser Sokrates! Er hatte ein sehr sinnlich geprägtes Gesicht, und er gab selbst zu, dass es das Gesicht eines sehr lasterhaften Menschen war, was früher auch auf ihn zugetroffen hatte, der er dann aber nicht mehr war, weil er es geschafft hatte, seine Untugenden zu überwinden. Und damit ist sein Verdienst nur umso größer.

Aber euch allen ist das Leben des Sokrates bekannt, wie er Xanthippe geheiratet hat (von ihr habe ich euch oft erzählt), wie er durch die Straßen von Athen spazieren ging und dass er dabei in den Straßen und auf den Marktplätzen Philosophie lehrte, indem er einfach mit seinen Mitbürgern sprach und sie mit seinen Fragen in Verlegenheit brachte. Er hatte großen Erfolg damit, aber es gab auch viele Leute, die sich durch seine Integrität und seine Offenheit gestört fühlten und die er sich zu Feinden machte. Um ihn ins Verderben zu stürzen, gaben sie vor, er würde die Jugend verderben, und verurteilten ihn dazu, den Schierlingsbecher zu trinken. Sokrates hätte gewiss dem Tod entgehen können, aber er hat es nicht gewollt. Gerade weil er sich seiner Unschuld bewusst war, hat er seine Verurteilung mit einer solchen Seelenruhe angenommen. Mit welch einem Mut und mit welcher Ruhe hat er doch seinen letzten Moment gelebt! Ihr habt gewiss gelesen, wie er sich von seinem Gefängniswärter verabschiedet hat, der ihm ankündigte, dass der Moment gekommen sei, das Gift zu trinken, wie er den Mann, der ihm den Becher brachte, gefragt hat, was er tun solle, und wie er dann genau das gemacht hat, was dieser ihm gesagt hatte. Auch die Unterredung, die er vor seinem Tod noch mit seinen Schülern hatte... Nach so vielen Jahrhunderten ist der Tod des Sokrates als etwas Einmaliges in der Erinnerung der Menschen geblieben.

Nun werdet ihr sagen: »Ja, aber er wurde sicherlich geführt.« Selbstverständlich, alle Weisen werden geführt. Wie sollte die unsichtbare Welt einen Weisen, der die Wahrheit kennt und die göttlichen Gesetze achtet, im Stich lassen? Sokrates wurde von einem Wesen begleitet, das er seinen »Dämon« nannte (der Sinn dieses griechischen Wortes hat jedoch nichts mit dem Teufel und der Hölle der christlichen Religion zu tun). Dieser »Dämon« war ein hochentwickelter Geist, der ihm als Ratgeber und Führer zur Seite stand. Alle Weisen haben einen solchen Führer, bisweilen sogar mehrere.

Wenn die jungen Leute sich nur belehren ließen, würden sie in sich selbst all die Wahrheiten und Gesetze finden, die die Weisen schon vor vielen Jahrhunderten entdeckt haben, indem sie das Naturgeschehen beobachteten und dann damit verglichen, was sie in sich selbst vorfanden. Die Schlussfolgerung aller Weisen besteht darin, dass das Leben auf den Gesetzen von Harmonie, Uneigennützigkeit und Liebe basiert und dass alles auseinander fällt, falls diese Gesetze nicht eingehalten werden. Auf diese Weise sind die Gesetze der Moral entdeckt worden. Und bei Sokrates gefällt mir ganz besonders die Erkenntnis darüber, wie wesentlich die Lebensführung ist. Er war anders als die übrigen Philosophen und Sophisten seiner Zeit, die vorgaben, alles über die Physik und Metaphysik zu wissen und sich über alles auslassen zu können. Sein ganzes Forschen galt dem Menschen. Er hatte sich die Inschrift des Tempels von Delphi, die so berühmt geblieben ist, zur Devise gemacht: »Erkenne dich selbst.« Alle wahren Meister besitzen die gleiche Lebensanschauung. Was einer für richtig hält, das halten alle für richtig. Für sie gilt die gleiche Moral, das gleiche philosophische System mit einigen Abweichungen im Detail, je nach dem Ort und der Epoche, aber die Grundprinzipien sind immer die gleichen.

Die Eingeweihten akzeptieren niemals die Anarchie, da sie wissen, dass sich damit bei ihnen zuallererst Krankheit, Unfrieden und Zerstörung einstellen und sie zugrunde richten wird. In dem Augenblick, wo man anfängt sein Herz für die Keime des Zerfalls zu öffnen, stellen sich unsichtbare Ströme und Kräfte ein, die einem das ganze Wesen verwüsten. Das geschieht zwar nicht sofort, aber allmählich geht man dem Verfall entgegen. Auch die Gesundheit beruht auf dem Gehorsam gegenüber der universellen Ordnung. Ob man diese Ordnung nun Synarchie, Hierarchie oder göttliche Monarchie nennen will, das bleibt sich einerlei. In dem Augenblick, wo der Mensch damit beginnt, in seinem Innern diese Ordnung anzunehmen, wird alles sanft, ausgeglichen, harmonisch, schön, hell und kraftvoll und erwacht zu neuem Leben. Dann schwingt er in Einklang mit dem gesamten Kosmos und mit den himmlischen Regionen. Er wird zu einer Quelle, zu einem Licht, zu etwas, das strahlt, strömt und überfließt. Das ist dann der höhere, der ideale Mensch. Das sollen wir werden, und nicht ein Tor, das für alle schädlichen Strömungen offen steht, die in Gestalt von anarchistischen Philosophien und Ideologien die Runde machen. Ob sich nun der einzelne Mensch, eine Familie, eine Gesellschaft oder ein Land diesen Strömungen öffnet, die Folge ist Zerstörung. Das Gesetz ist unerbittlich, und es ist wesentlich, diesem Gesetz in seinem Leben eine große Bedeutung beizumessen.

Selig, alle die das begriffen haben! Damit stehen ihnen alle Möglichkeiten offen, unbegrenzte Kräfte in sich auszulösen und diesen nachher zuzuschauen, wie sie zu ihrer eigenen Befreiung und Wandlung wirksam sind. Und die Handvoll von Wirrköpfen, die schwarze Fahnen schwenkend die Gesellschaft zerstören wollen, sollen wissen, dass ihnen das nicht gelingen wird. Die Gesellschaft muss man verbessern, aber durch sein gutes Beispiel, seine Arbeit und seine Selbstlosigkeit. Dann werden sich die Dinge früher oder später ändern müssen. Andernfalls wird man niemals eine echte Änderung bewirken, sondern dann kann man nur sagen: »Je mehr sich das ändert, umso tiefer steckt man im Sumpf.« Ohne das Licht wird es niemals eine wirkliche Veränderung geben. Es ist nicht nötig, neue Systeme zu erfinden... revolutionäre Systeme, wie es heißt! Nichts muss erfunden werden, alle Lösungen sind schon da, und die Natur hält sie seit langem sichtbar bereit. Man muss sie nur wiederentdecken.

Le Bonfin, den 16. Juli 1968

IV

Freier Vortrag

Die Jugendlichen wollen Revolution machen und alle Traditionen abschaffen. Um nun zu zeigen, wozu sie in diesem Bereich fähig sind, sind sie, so scheint es, zum Triumphbogen gezogen und haben am Grabmal des Unbekannten Soldaten Exkremente niedergelegt. Auf diese Weise wissen sie also das Opfer von Männern zu schätzen, dank derer sie überhaupt am Leben und auch frei sind! Wenn man an all die Menschen denkt, die für die Charta der Menschenrechte gearbeitet und gekämpft, die ihr Leben für die Freiheit und die Achtung der Würde des Menschen geopfert haben! Und jetzt wollen sie all das zunichte machen. Ich kann nicht glauben, dass es Leute gibt, die ihnen darin Recht geben und sie dazu noch ermutigen. Es stimmt zwar, dass die Jugend die Welt verändern könnte, aber nur unter der Voraussetzung, dass sie eine wahre Überlegenheit zeigt, eine Überlegenheit im Verhalten, in der Sprache und in der Intelligenz. Um die Welt zu verändern, gibt es anderes zu tun, als hinzugehen und das Grab des Unbekannten Soldaten zu beschmutzen, der sein Blut vergossen hat, damit Frankreich frei ist. Wie kann man das nicht anerkennen und sich nicht davor verneigen?

Wenn die Jugend wirklich auf die Größe des Menschen hinarbeiten würde, damit seine göttlichen Bedürfnisse Erfüllung finden und nicht immer nur seine niederen Bedürfnisse, deren Befriedigung doch seit Tausenden von Jahren das einzige Interesse gilt, dann wäre sie wie ein neuer Prophet aufgetreten, und die ganze Welt hätte an der Schwelle zu einem neuen Leben und zu einer neuen Kultur gestanden. Die Jugend ist im Begriff, ihren Auftrag zu verfehlen, weil ihr das Licht fehlt, weil ihr Ideal zu banal ist. Solange Vergnügungen in Aussicht stehen, ist alles bestens, aber Anstrengungen sagen ihr nicht zu. Ich kann nicht erkennen, wo sie ein hohes Ideal von Größe und Vollkommenheit hätte. Sie erlaubt sich ein Verhalten, das noch unter dem Niveau der allergewöhnlichsten Menschen steht. Im allgemeinen bemühen sich die Leute doch immerhin, sich zu beherrschen und bestimmte Regeln zu befolgen. Sie machen Dummheiten, aber nachher bereuen sie das und sind bemüht, die Sache wieder in Ordnung zu bringen und das nicht wieder zu tun. Aber diese Jugendlichen kennen keine Wiedergutmachung und auch keine Grenzen. Sie gehen bis in die Extreme von Untugend und Disziplinlosigkeit.

Wenn jemand ein erhabenes Ideal hat, so ist das zu sehen; es zeigt sich in der Einstellung, im Sprechen und in den Forderungen. Aber was für ein Ideal gibt es hier? Arbeiten sie für das Wohl Frankreichs? Gewiss nicht, denn täten sie das, hätten sie das Land niemals in diese Lage gebracht. In Wirklichkeit sind sie nur darauf aus, ihre niederen Bedürfnisse zu befriedigen. Wie viele Franzosen haben sich geopfert, damit ihr Land frei, groß, geachtet und reich ist! Sie aber wollten es vor der ganzen Welt als etwas Jämmerliches hinstellen.

Und mit welcher Unverschämtheit sie vorgehen und sich ausdrücken! Gegenüber all den Professoren, Dekanen, Ministern, Polizisten und Schriftstellern hätten sie zumindest ihre moralische Überlegenheit zeigen müssen. Dann wären ihre Forderungen auch sogleich ernst genommen worden. Aber nein, sie haben nur alle beschimpft und so getan, als sei ihr Verhalten auch noch nachahmenswert. Verhalten sich die anderen ihnen gegenüber aber genauso, wollen sie es nicht gelten lassen. Nur sie haben das

Recht, unverschämt und grob zu sein; die anderen dürfen das nicht. Das entbehrt doch jeder Logik. Wenn ihr den anderen ein Beispiel gebt, müsst ihr akzeptieren, dass sie das nachmachen. Ihr zeigt euch grob, und sie werden auch grob. Darüber dürft ihr euch dann nicht beklagen. Macht was ihr wollt, aber akzeptiert es, wenn die anderen sich ganz genauso verhalten wie ihr, denn das ist normal, das ist gerecht. Dieser Mangel an Logik erschreckt mich. Wie können sie sich einbilden, sie würden auf solche Weise zum Ziel kommen? Ob sie Gewalt anwenden oder sich hässlich benehmen, sie meinen, sie würden damit etwas erreichen. Nicht eine Sekunde haben sie darüber nachgedacht, denn sonst hätten sie gleich erkannt, dass man über sie empört sein würde. Aber nein, sie wundern sich noch, dass ihnen nicht die ganze Welt Beifall zollt.

Was für eine armselige, unbedarfte Jugend! Zwar hat sie Schwung, Energien und das Bedürfnis, sich auszudrücken. Aber haben die Jugendlichen wohl über die Natur der Kraft nachgedacht, die durch sie zum Ausdruck kommt? Haben sie überlegt, woher sie kommt und ob man ihr nachgeben darf? Aber nein, sie stellen sich solche Fragen nicht. Sie müssen sich ausleben. In Wirklichkeit weiß diese schreiende und fordernde Jugend gar nicht recht, was sie eigentlich tut. Man muss sie aufklären, das ist alles. Eines Tages wird sie einsehen, dass es andere Vorgehensweisen gibt und dass sie auf Irrwege geraten ist. Wie wollen all diese Fanatiker nun die Gesellschaft verändern? Indem sie Bäume umsägen, Straßenpflaster aufreißen, Autos in Brand stecken und Schaufenster einschlagen? Schäden in Millionenhöhe anzurichten, ist das ein Zeichen von Intelligenz? Sie sind fähig, Paris in Brand zu setzen und wie einst Nero ein Musikinstrument in die Hand zu nehmen, um dabei zu singen und sich über die brennende Stadt zu freuen! Die Lage ist wirklich schlimm.

Ich bin nicht stolz auf die Jugend. Selbst wenn ihre Forderungen gerechtfertigt sind, kann man diese auf andere Weise vorbringen. »Ja, aber die Professoren wollten sie nicht anhören!«

Trotz alledem gibt es andere Methoden, sich Gehör zu verschaffen, durch Größe und Intelligenz... Damit kann man sich gegenüber der ganzen Welt durchsetzen. Aber alles kaputtschlagen und in Brand stecken wollen, nein, das ist keine Art. Im Übrigen werden sie selbst dann nicht zufrieden sein, wenn man ihnen gibt, was sie fordern, denn im Grunde wollen sie ihre niederen Bedürfnisse befriedigen; aber das gibt dem Menschen niemals eine völlige Zufriedenheit. Wenn sie die sexuelle Freiheit, die sie fordern, erlangt haben, werden sie dann darin Glück, Frieden und Gesundheit finden? Nein, sie werden sich eher ruinieren und Kandidaten für psychische Anstalten werden. Nein, die Jugend kann mich mit ihren Forderungen und der Art und Weise ihres Vorgehens nicht überzeugen. Sie mögen jeden dahergelaufenen Idioten überzeugen, aber nicht mich.

Und selbst hinsichtlich des Unterrichtsprogramms, ist es denn sicher, dass die von den Studenten geforderten Änderungen wirklich eine Verbesserung bringen? Zwar muss gewiss manches geändert werden, aber wissen die Jugendlichen immer, was an diesen Programmen nützlich oder aber unnütz ist? Sie wollen abschaffen, was ihnen nicht gefällt oder was ihnen zu schwierig erscheint. Ja, ich würde wirklich gerne erfahren, was sie eigentlich streichen und was sie behalten möchten. Es geht ja nicht nur darum, Forderungen zu stellen, sondern auch darum, zu wissen, warum man dieses oder jenes fordert. Und auch diejenigen, die den Forderungen der Studenten stattgeben sollen, wissen nicht, was sie gewähren und was sie verweigern sollen. So richten sie sich fast immer nach den gerade herrschenden Einflüssen, obwohl man sich doch nach höheren Grundsätzen ausrichten müsste. Andernfalls schafft man, um angeblich dringende Probleme zu lösen, andere, die später wirksam werden. Man muss weit vorausschauen, dann können viele Misslichkeiten vermieden werden.

Natürlich weiß ich, dass sich auch viele junge Männer und Frauen unserer Bruderschaft in diese Aufruhrstimmung haben hineinziehen lassen. Man muss sich solidarisch zeigen, heißt es,... selbst bei den unmöglichsten Dingen muss man sich solidarisch zeigen! Nun, ich finde allerdings, dass man sich nicht solidarisch mit Gewalt und Irrsinn zeigen muss. Es gibt Gesetze der Verantwortlichkeit, und eines Tages werden sie von der unsichtbaren Welt bestraft, weil sie unsinnige Taten gebilligt haben. Das sollte man aber nicht tun, man sollte darüber stehen, weil unsere Lehre über all diesen Streitereien steht. Sie sind jedoch auch in diese Strömungen eingetaucht, ohne daran zu denken, dass man schmutzig wird, wenn man sich von einer verunreinigten Strömung mitreißen lässt. So haben sich alle beschmutzt, die auf die eine oder andere Weise bei dieser Geschichte mitgemacht haben, und ich muss sie nun wieder reinwaschen. Ja, ich muss meine jungen Brüder und Schwestern in der Bruderschaft wieder reinwaschen, weil sie Partikel von äußerst schlechter Qualität aufgelesen haben. Sie sind sich dessen zwar nicht bewusst, weil es ihnen noch an Unterscheidungsfähigkeit fehlt, aber ich sehe es.

Wenn die Jugend in der Bruderschaft sich ebenso in den Aufruhr und die Verrücktheiten stürzt, wie die anderen aufgedrehten Jugendlichen, wozu ist dann die Lehre gut? Unsere Bruderschaft muss sich völlig von der Geisteshaltung der anderen unterscheiden, sie muss mit gutem Beispiel vorangehen und ihre Ideen unter Beweis stellen, aber sie darf nicht den Argumenten der anderen folgen. Wie soll unsere Bruderschaft zeigen, dass sie zum Licht gefunden hat, wenn die Brüder und Schwestern sich nicht jetzt darauf vorbereiten, ihren Aufgaben gewachsen zu sein. Wenn irgendwelche Ereignisse auftreten, und seien sie noch so unbedeutend, verhalten sich die Brüder und Schwestern so, als hätten sie weder etwas gelernt noch begriffen, und das ist traurig. Man muss sich aus all diesen Unruhen heraushalten und etwas Lichtvolles beitragen, versuchen, den anderen zu helfen, sie zu beraten und zu besänftigen. Und falls niemand auf euch hört, dann lasst sie sich den Kopf einrennen. Schlimm ist es jedoch, den Unfrieden und den Tumult auch noch zu unterstützen. Ihr werdet einmal dafür zur Verantwortung gezogen, dass ihr den

Kräften des Bösen und nicht denen des Guten beigestanden habt.

Ich halte es weder mit der einen noch mit der anderen Seite. Ich stehe über all diesem Aufruhr, und mein Wunsch wäre es, dass auch meine Bruderschaft darüber steht, dass sie über den Dingen schwebt. Aber was soll ich machen, wir sind noch nicht so weit gekommen, und etliche sind »hinabgestiegen«, um in dem einen oder anderen Lager mitzustreiten. Wann werden meine Brüder und Schwestern begreifen, dass sie nicht so handeln dürfen, sondern Vorbilder sein müssen und dass, was immer auch geschieht, wie die politischen Ereignisse auch sein mögen, sie über den Dingen stehen und sogar in der Lage sein müssen, die anderen zur Vernunft zu bringen? Dass die anderen Dummheiten begehen, verstehe ich, aber nicht bei den Brüdern und Schwestern, denn die besitzen genügend Licht und Erfahrung, um zu begreifen, dass sie sich aus den Streitereien heraushalten müssen.

Ich weiß wohl, dass es in Wirklichkeit keine völlige Neutralität gibt. Bei allem, was in der Welt geschieht, muss man auf die eine oder andere Weise teilnehmen. Und auch ich, selbst wenn ich im Äußeren nicht dabei bin, weil es nicht meine Aufgabe ist, ins politische Leben einzugreifen und Partei zu ergreifen, kann mich nicht erwehren, innerlich bei den Ereignissen beteiligt zu sein. Ich rate den Brüdern und Schwestern nicht, auf die Straße zu gehen und rufend und gestikulierend zu demonstrieren. Aber ich war doch froh zu erfahren (während all dieser Geschehnisse war ich auf Reisen), dass auf der Champs-Elysées eine große Versammlung zur Unterstützung des Staatschefs stattgefunden hat. Das steht nicht im Widerspruch zu dem vorher Gesagten. Man ist von den Geschehnissen immer irgendwie berührt. Ich kann nicht umhin, mich all dem, was ich in der Welt gut finde, anzuschließen. Ohne dass ich im Geringsten etwas dazu sage, nimmt mein Geist an allem teil. Ich will doch immer zumindest einige Partikel meines Wesens aussenden, um in allem das Göttliche zu unterstützen. Selbst wenn ich mich nicht zeige, um Reden zu halten, so ist es doch in meiner Seele, in meinen Gedanken und tief in meinem Inneren so, als wäre ich dabei. Ich gebe meine Stimme ab, ich rede und erkläre. Mit meinem ganzen Wesen bin ich dabei, alles ist mobilisiert. Ich sage, man soll sich nicht einmischen, weil es selten um wirklich göttliche Dinge geht. Geht es allerdings einmal um etwas Göttliches, werde ich es niemandem vorwerfen, mit dabei zu sein.

Ja, man muss sich durchsetzen und den Sieg davontragen, man muss stark sein. Jedoch habe ich noch nirgendwo in der Einweihungswissenschaft etwas davon gelesen, dass die wahre Stärke darin bestände, Zerstörung und Verwüstung anzurichten. Die Einweihungswissenschaft lehrt, dass wahre Stärke darin besteht, es zu verstehen, im Zentrum zu ruhen, wo das Licht und die Wärme, also die Intelligenz und die Liebe herrschen. Mein ganzes Leben lang habe ich danach gestrebt, mich diesem Zentrum anzunähern, um zu erkennen, wie die Dinge in Wahrheit liegen. Und da ich mich angenähert habe, begreife ich nun. Wenn ich mich nur zwei Tage lang von diesem Zentrum entferne, wird der Unfrieden auch für mich etwas Normales. Gibt es nicht sehr viel, über das man sich den Kopf zerbrechen kann? Darum verstehe ich die Leute. Aber sie verstehen sich selber nicht. Sie wissen nicht, wo sie stehen und warum. Aber ich weiß es, denn in meinem Kopf ist alles geordnet und klassifiziert. Für jeden finde ich den Platz, an dem er steht. Ich sehe, wie nah oder wie fern er dem Zentrum, der göttlichen Welt ist.

Ja, meine lieben Brüder und Schwestern, Zentrum und Peripherie... Wie oft habe ich zu euch über das Symbol des Kreises mit seinem Mittelpunkt gesprochen!* Den Menschen ist dieses Symbol in die Augen eingezeichnet, und auch in anderen Körperregionen ist es zu finden. Aber obwohl sie dieses Buch der Weisheit ständig mit sich herumtragen, verstehen sie doch nichts davon. Während all der Millionen Jahre, die sie es schon besitzen, haben sie es noch nicht entziffern können. Es gibt also Peripherie und Zentrum, und zum Zentrum muss man hinstreben, denn im Zentrum herrscht Frieden. An der Peripherie hingegen herrscht

*Siehe aus Band 8 der Reihe Gesamtwerke den Vortrag *Le Cercle* (z.Zt. noch nicht ins Deutsche übersetzt).

Unfrieden. Ihr werdet fortgeschleudert und zerbrecht daran. Das Zentrum im Menschen ist sein höchster Punkt, seine Seele und sein Geist. Die Peripherie, das ist Erregung, Unruhe und alles, was dem Menschen begegnet, wenn sein Bewusstsein abschweift zu all dem, was eben nicht Seele und Geist ist. Die meisten Menschen verbringen ihre Zeit damit, sich abwechselnd dem Zentrum anzunähern und sich dann wieder zu entfernen. Einmal ein wenig Frieden und Gemütsruhe, dann wieder Unfrieden, von neuem ein wenig Frieden, usw. Sehr wenige sind in der Lage, im Zentrum, auf dem Gipfel zu bleiben, ohne sich jemals von dort zu entfernen.

Oft schon habe ich das Beispiel der sich drehenden Plattform auf dem Jahrmarkt angeführt.* Nun, dieses Bild ist gewiss amüsant; das physikalische Prinzip der zentripetalen und zentrifugalen Kräfte gilt jedoch auch für das Innenleben. Daher sollte man sich immer beobachten und sich sagen: »Schauen wir mal, wo ich heute bin. Oh je, ich bin an die Peripherie geraten. Was wird das geben?« Gewiss nichts Gutes, und es ist besser, ins Zentrum zurückzukehren.

Wenn ihr bemerkt, dass im Innern zu vieles in Aufruhr ist, muss euch klar sein, was euch erwartet: Früher oder später wirft euch das um, drückt euch an die Wand oder wirft euch aus der Bahn; es kommt mit irgend jemandem zum Zusammenstoß. Das ist eben so. Als Erklärung für euren Zustand wird natürlich der Arzt sagen, ihr hättet zu viel von diesem oder zu wenig von jenem, der Pfarrer wird meinen, ihr ginget nicht genug zur Kirche, und der Politiker wird als Grund angeben, dass ihr nicht in seiner Partei seid. Jeder wird die Dinge seinem Beruf oder seinem Steckenpferd entsprechend erklären; ich aber sage euch, dass ihr euch einfach zu weit vom Zentrum entfernt habt. Vielleicht begreift ihr zuerst noch gar nichts, aber diese Sprache erklärt alles. Sie ist besser als die des Arztes, des Pfarrers oder des Politikers, denn sie birgt eine ganze Philosophie. Sagt euch einfach: »Also,

*Eine Plattform voller Menschen, die durch die Fliehkraft nach außen gedrängt werden. Nur im Zentrum kann man ruhig stehen. (Anmerk. d. Übersetzers).

mein Lieber, du hast dich eben zu weit vom Zentrum entfernt!«

Ja, meine Sprache kommt von sehr weit her, von sehr weit oben. Das ist nicht eure Sprache mit den vielen Wörtern und Sätzen, die ich anwenden muss, um mich bei euch verständlich zu machen. Ich würde lieber in meiner Sprache, in der Symbolsprache zu euch sprechen. Das ist eine Sprache der Geometrie, der Kabbala und der Astrologie, jedoch so unbekannt, dass niemand etwas verstehen würde. Damit ich verstanden werde, bediene ich mich eurer Sprechweise und nehme Beispiele aus dem Bereich eurer Erfahrung. Ich habe jedoch eine eigene Art mich auszudrücken. So weiß ich im Voraus, wenn ich zu jemandem sage: »Du hast dich zu weit vom Zentrum entfernt,« dass er das nicht verstehen wird. Dabei ist das die beste Erklärung für seinen Zustand. Wir müssen uns also mehr und mehr diesem Zentrum, unserem Zentrum annähern. Das machen wir auch jeden Tag, sogar mehrmals täglich bei den Meditationen und den Übungen, vor allem morgens beim Sonnenaufgang.*

Je mehr wir uns der Sonne annähern — symbolisch gesehen — umso mehr nehmen Licht, Wärme und Leben zu. Alle, die sich von diesem Zentrum, der geistigen Sonne, entfernen, fragen sich, warum ihnen kalt ist, warum sie im Dunkeln stehen und warum das Leben sie verlässt. Nun, ich kann ihnen darauf nur antworten: »Ihr habt euch entfernt, und nun müsst ihr euch wieder annähern, um Licht, Wärme und Leben zu erlangen.« — »Aber wir sind doch lebendig!« — »Oh nein, noch nicht! Lebendig zu sein bedeutet, voller Licht und Wärme zu sein und überallhin Segen zu bringen. Wo bleibt dieser Segen?...« Man weiß gar nicht, was das Leben ist, alles wird durcheinandergeworfen. Die ganze Welt befindet sich in einer babylonischen Sprachenverwirrung, es ist kein Verständnis mehr da.

Die Jugend möchte mir ihre Sprache aufdrängen. Aber ihre Sprache ist Anarchie und Zerstörung, meine Sprache hingegen ist das Reich Gottes, ist Synarchie, Ordnung, Glück, Freude und Er-

*Siehe zu diesem Thema Band 10 der Reihe Gesamtwerke *die Herrlichkeit von Tipheret*, vor allem die Kapitel 1 bis 4.

füllung. Man will mir eine andere Sprache beibringen, eine revolutionäre Sprache wie die von Fidel Castro oder Mao Tse-tung. Aber was ist das für eine Sprache? Schaut euch das doch nur an! Meine Sprache kommt aus einer andern Region, und ich besitze meine Maßstäbe, wenn ich mich über das Verhalten von jemandem äußere. Ihr seht, mehr und mehr zeige ich euch, wie meine Messinstrumente, meine Rechenschieber, Waagen, Mikroskope und Teleskope aussehen; und bald werdet ihr auch begreifen, dass ihr die gleichen haben müsst. Nur kommt ohne Vorbehalt, kommt sanftmütig und freundlich, schenkt mir euer Vertrauen, ich will euch in meine Labors mitnehmen, wo ich wiege, Maß nehme oder Dinge in Reagenzgläser fülle, um zu sehen, was sich daraus ablesen lässt — genauso wie wenn man Blut, Urin oder Ähnliches analysiert.

Ich besitze also auch solche Instrumente, und ich stelle fest, dass die Menschen im Begriff sind, sich vom Zentrum zu entfernen. Immer weniger findet man Menschen, Charaktere, die wahren Edelmut und wahre Größe zeigen. Überall trifft man auf erbärmliche Geschöpfe, die drauflosreden und sich erregen, die fern vom Licht sind, das sie ersetzt haben durch Trugbilder und wunderliche Ideologien, so dass man sich überhaupt nicht mehr auskennt. Ja, wenn dreißig Leute zusammenkommen, gibt es fünfzig Ideologien. Mehr und mehr wird die Welt zu einem Sanatorium, niemand ist mehr einer Meinung mit seinem Nachbarn. Ob es nun um Luft, Licht, Wärme oder Ernährung geht, was dem einen gut tut, ist dem anderen abträglich und umgekehrt. Nehmt nur eine Familie, da ist schon jeder anders, aber im schlechten Sinne, in den Schwächen und den Krankheiten. Meinetwegen sollen alle verschieden sein, jedoch im Sinne einer Höherentwicklung. Aber nein, die Leute unterscheiden sich in ihren Krankheiten, der eine hat Typhus, der andere Cholera und der nächste eine spanische Grippe — symbolisch gesehen. Und was es nicht alles an Fieber gibt! Die ganze Familie ist fieberkrank, aber jeder anders. Vater, Mutter und Kinder, alle haben Fieber, aber jeder auf eine andere Art.

Nun, liebe Brüder und Schwestern, fangt ihr an, mich zu verstehen? Es tut Not, dass die Jugend etwas unternimmt, das ist völlig klar, aber etwas Besseres als die Erwachsenen. Zur Zeit ist das keineswegs besser. Die Erwachsenen gehen wenigstens regelmäßig zur Arbeit. Ab und zu machen sie zwar einen Streik, doch halten sie immerhin den Betrieb des Landes aufrecht. Die Jugendlichen hingegen werden straffällig. Sie wollen alles in die Hand nehmen, und haben sich noch nicht einmal selbst unter Kontrolle. Die Erwachsenen haben eine bessere Haltung, und so muss die Jugend sich fügen. Wenn die jungen Leute einmal fähig sind, es besser zu machen als die Älteren, dann können sie es sich erlauben, Ratschläge zu erteilen, aber vorher nicht. Das ist keine Frage des Alters, sondern der Überlegenheit. Wer ein höheres Niveau erreicht hat, sollte, selbst wenn er noch sehr jung ist, als Führungskraft angesehen werden. Ein hohes Alter gibt einem niemals das Recht zu führen, wenn man abgestumpft ist. Was zählt, sind allein die Fähigkeiten. Welches Alter hatte denn Jesus, als die Heiligen Drei Könige ihm die Ehre erwiesen und ihm Gold, Weihrauch und Myrrhe gebracht haben? Und wie alt war er, als er vor den Schriftgelehrten im Tempel lehrte? Für die Eingeweihten sind allein innere Größe, Erhabenheit und Reinheit ausschlaggebend.

Was nun die Studenten anbelangt, so haben sie sich selbst kompromittiert, da sie diese Größe nicht gezeigt haben!

Le Bonfin, den 15. Juli 1968

V

Freier Vortrag

Wenn ihr mir sagen wollt, dass die Jugend voller Kraft ist und Qualitäten besitzt, so weiß ich das besser als ihr. Und dass sie sich in der Zukunft ändern und etwas anderes darstellen wird, das weiß ich auch besser als ihr. Aber ich spreche von heute. Ich beobachte und analysiere, wie sie sich gegenwärtig zeigt; ich spreche nicht von der Zukunft. Darüber könnte ich euch vielleicht sogar Details enthüllen, die euch noch unbekannt sind, aber darum geht es hier nicht. Diese Studentenunruhen werden bald alle vergessen sein, und alles wird wieder seinen gewohnten Gang nehmen. Das ist nur eine vorübergehende Episode, und deren wird es weitere geben; darum habe ich nicht die Absicht, mich weiter damit aufzuhalten. Ich nutze jedoch alle Ereignisse, um euch verschiedene Gesetze begreiflich zu machen, das ist alles. Denn es werden noch weitere Ereignisse eintreten — sogar weitaus schwerwiegendere — und wenn ihr nicht jetzt schon damit anfangt, werdet ihr niemals wissen, wie ihr sie begreifen, wie ihr reagieren und auf welcher Seite ihr stehen sollt. Aber auch das ist sehr wichtig, denn wenn ihr eine Entscheidung trefft, so ist das wie bei einer Wahl, ihr habt euer Kreuzchen irgendwohingesetzt und damit steht fest, dass ihr euch dieser oder jener Strömung angeschlossen habt. Aber was das für Strömungen sind und welche

Folgen sich daraus ergeben, das müsst ihr wissen.

Es ist sehr wichtig zu wissen, wo ihr steht, wem ihr eure Stimme gebt und wem ihr dient. Aber die Menschen kümmern sich nicht darum, welche Beziehungen und Affinitäten ihre Entscheidungen mit dieser oder jener Welt haben mögen. Eine Entscheidung, das ist so, als hättet ihr euren Zug auf ein bestimmtes Gleis gestellt, und nun bringt er euch irgendwo hin, womit ihr gar nicht gerechnet habt. Eine Entscheidung, die ihr heute in irgendeiner Sache fällt, setzt schon viele kleine Rädchen, ja ein ganzes Getriebe, in Gang. Solange man das nicht weiß, ist man nachher immer der Geschädigte, ist unglücklich, und fühlt sich von den Ereignissen überfahren. In solcher Blindheit kann man nicht Herr der Lage werden. Da ich das alles kenne, möchte ich meine Erkenntnisse und Erfahrungen an euch weitergeben, damit ihr davon profitiert. Denn das Leben ist etwas Gewaltiges, und wenn man bei allem, was geschieht, über die Wurzeln, die untergründigen Kräfte, die in Gang gesetzt wurden, und über die weiteren Verzweigungen Bescheid wissen könnte, wäre das großartig.

Die Jugend braucht einen Lehrer, der ihr zeigt, was das Leben eigentlich ist und wie sie leben muss, damit die Kräfte, die Qualitäten und die Gaben, die sie mitbekommen hat, wirklich voll zur Entfaltung kommen können. Dann wird sie in der Lage sein, die ganze Welt in Erstaunen zu versetzen. Jetzt hingegen befindet sie sich auf einem sehr abschüssigen Weg. Es reicht nicht, einige Bücher zu lesen und einige Diplome zu haben, um alle anderen an Fähigkeiten zu überragen. Im Leben hängen die echten Fähigkeiten in erster Linie vom Charakter und nicht von der Schulbildung ab. Es gibt Menschen, die kaum lesen und schreiben können, dafür aber außerordentlich viel Weisheit und Verständnis besitzen. Mehr und mehr meinen die Menschen, man müsste auf Grund ihrer Universitätstitel vor ihnen Verbeugungen machen. Aber da irren sie sich, denn es gibt etwas Wichtigeres als die Schulbildung.

Nun mögt ihr einwenden: »Aber die armen Studenten sind

doch nicht schuld daran. Sie haben doch nicht über die Unterrichtsfächer, die Lehrpläne und die Diplome zu entscheiden.« Gewiss nicht, das weiß ich; und all diese Dinge müssten geändert werden. Das ganze derzeitige Unterrichtswesen müsste von Grund auf umgestellt werden. Die Lehrpläne und die Examen müssten geändert und manche Fächer gestrichen werden, um nur das Wesentliche zu belassen; aber vor allem müsste man dem Unterricht eine völlig andere Ausrichtung geben. Schon immer habe ich gesagt, dass den Jugendlichen in den Schulen und Universitäten beigebracht wird, den Intellekt einzusetzen, um in der Welt um jeden Preis erfolgreich zu werden und dabei die anderen zu täuschen und auszubooten, aber niemals, um sich selbst zu verändern. Ist jemand ehrgeizig oder furchtsam, hochmütig, sinnlich oder geizig, so bleibt er es. Wir hingegen bieten hier eine andere Schule an, in der man zwar nicht lernt, Namen, Daten und Sprüchlein herzusagen, dafür lernt man aber die menschliche Natur kennen, man lernt es, seinen Charakter zu ändern, sich zu wandeln und zu bessern. Leider wird es jedoch nicht viele Liebhaber für unsere Schule geben, denn an sich selbst zu arbeiten, ist schwieriger, als ein Buch aufzuschlagen und nachher wiederzugeben, was darin geschrieben steht.

Gewiss, hier auf der Erde kann die Schulbildung euch helfen, Ansehen zu erwerben, eine Anstellung zu bekommen und Geld zu verdienen. Aber sie wird euch niemals dabei hilfreich sein, euren Weg in die anderen Welten vorzubereiten. Wenn ihr diese Erde einst verlassen müsst, werden eure Universitätsdiplome für die himmlischen Wesen außer Betracht bleiben. Sie werden euch nach anderen Maßstäben beurteilen. Sie werden darauf schauen, was ihr an Liebe, Güte und Licht ausströmt. Und wenn sie dann feststellen müssen, dass eure Diplome nur dazu gedient haben, euch noch hochmütiger und eingebildeter zu machen — was oftmals der Fall ist — werdet ihr sehen, welche Sühne euch abverlangt wird! Man müsste ein zweiter Dante sein, um beschreiben zu können, in welchem Bereich der Hölle all die Gelehrten landen werden, die sich so viel auf ihre Wissenschaft einbilden.

In den Augen der kosmischen Intelligenz entsprechen die menschlichen Werte nicht den wahren Werten. Die Menschen wiegen, lenken und entscheiden nach ihren eigenen Maßstäben, ohne sich die Mühe zu machen, herauszufinden, ob sie nicht manche Werte übersehen und andere überschätzt haben. Der Schulbildung wird eine enorme Bedeutung beigemessen; wenn ich jemanden frage, wie lange er gebraucht hat, um ein Diplom zu bekommen, sagt er mir, dass es drei, fünf oder für Ärzte auch sieben Jahre seien. Und das scheint den Leuten sehr viel zu sein. Um jedoch Geduld, Güte, Großmut und Weisheit zu erwerben, braucht man nicht Jahre sondern Jahrhunderte! Die Diplome der Menschen zu erwerben ist leicht, aber um seelische und geistige Qualitäten zu entwickeln braucht man Jahrhunderte. Wie kann man da die Eigenschaften so gering einschätzen, für die ein Mensch so lange gebraucht hat, um sie zu erwerben?

Bessert das Studium die Menschen denn? Ganz und gar nicht, oft ist es sogar das Gegenteil. Wozu ist es dann gut, in die Universitäten zu gehen, wenn nicht um ein besserer Mensch zu werden? Alle sind auf Profit aus, streben nach Erfolg und Ruhm und suchen vor allem Bequemlichkeit und sinnliche Freuden. Wenn sie dann aber eines Tages die Erde verlassen, wird von all den materiellen und intellektuellen Errungenschaften, die sie hier erworben haben, nichts mehr übrig bleiben. Sie müssen alles zurücklassen, und wenn dann der Moment kommt, in dem sie vor die himmlischen Wesen treten müssen, werden sie sich schämen, wie hässlich und finster sie auf der Erde geworden sind. Ich bin in eine andere Schule gegangen, und dort möchte ich euch hinführen, damit ihr an etwas arbeitet, das der Mühe wert ist und das ewig Bestand hat. Wenn ihr dann wieder auf die Erde zurückkommt, bringt ihr außergewöhnliche Gaben mit, anstatt völlig mittellos zu sein.

Wenn ihr Fortschritte machen wollt, müsst ihr mir glauben. Doch werdet ihr mir auf jeden Fall eines Tages glauben müssen. Wenn ihr einst ins Jenseits hinübergeht, werdet ihr mir glauben. Doch dann ist es zu spät, und ihr könnt nur noch sagen: »Wie recht er doch hatte! Hätte ich das gewusst!« Ihr müsst dann auf die Erde zurückkehren, um eure Dummheiten wieder in Ordnung zu bringen. Welch ein Zeitverlust und wie viel vergebliche Mühe! Ich sage euch da eine absolute Wahrheit, und ich bin nicht der Einzige, der diese Erfahrung gemacht hat. Tausende vor mir haben das schon erprobt! Wenn es etwas gibt, woran ich glaube, dann ist es gewiss das! Alles andere ziehe ich in Zweifel, nur das nicht. Das ist eine unumstößliche Wahrheit, die all mein Tun und Denken bestimmt. Wenn ihr diese Wahrheit fortnehmt, verliert das Leben seinen Sinn.

Daher werdet ihr mich eines Tages verstehen, dessen bin ich mir sicher. Oft höre ich, dass heutzutage alle Leute spüren, dass ihnen etwas fehlt. Gewiss fehlt ihnen etwas, nur wissen sie nicht, was es ist, und sie meinen, sie könnten es durch den Erwerb materieller Dinge finden. Was sie jedoch wirklich benötigen, kommt von Seele und Geist. Da sie deren Existenz allerdings nicht anerkennen, versuchen sie immer wieder, den physischen Körper zu befriedigen. Nun entspricht aber das, was den Körper ernährt, weder den Bedürfnissen der Seele, des Herzens, noch des Intellekts. Genauere Erklärungen dazu habe ich euch in den Vorträgen über die synoptische Tafel gegeben.*

Solange die Menschen sich weigern, etwas über diesen Bereich der unbegrenzten und ewigen Dinge, über Seele und Geist zu lernen, werden sie sich im Grunde ihres Herzens immer unzufrieden fühlen. Es ist natürlich nicht zu übersehen, dass sie gar nicht darauf vorbereitet sind, Nahrung für Seele und Geist zu finden. Denn wer dafür bereit ist, findet bald, was er braucht. Habt ihr schon einmal Entenküken beobachtet? Gleich nachdem sie ausgeschlüpft sind, gehen sie ins Wasser und schwimmen, denn dazu sind sie bestens ausgerüstet. Andere Tiere, die nicht dafür ausgerüstet sind, ertrinken, wenn sie ins Wasser geraten. So sind auch die Menschen leider noch nicht darauf vorbereitet, das zu finden, was sie für Seele und Geist benötigen. Man muss sie dar-

* Siehe Reihe Gesamtwerke Band 17, Kapitel 6 (z.Zt. noch nicht ins Deutsche übersetzt).

auf vorbereiten, und genau das möchte ich tun. Ich möchte sie darauf vorbereiten, andere Werte zu finden und sie auch schätzen zu lernen. Daher müsst ihr mir dabei helfen, den Reichtum dieser Lehre zu verbreiten. Es ist doch schade, dass all dieses Licht nur dazu dient, eine Handvoll Menschen aufzuklären. Und selbst diese Handvoll Menschen ist noch zu sehr in Arbeiten und Tätigkeiten eingebunden, die auf ihnen lasten. Um das spirituelle Leben tatsächlich zu leben, haben sie keine Zeit; zu sehr sind sie von anderen Dingen in Anspruch genommen.

Wie viele haben schon zu mir gesagt: »Oh, das ist ja großartig, was sie sagen. Wir spüren, dass es stimmt; aber wir haben keine Zeit dafür. Die Familie, die Arbeit, die Beziehungen — wir sind damit schon überlastet.« Und sie meinen, das würde sie rechtfertigen. Aber ich, mit meinen Kriterien und meinen Maßstäben, ich sage: Besäßen sie Intuition, und wären sie früher schon seelisch hochentwickelt gewesen, dann hätten sie sich nicht in Tätigkeiten eingebunden, die sie derart einschränken, dann hätten sie sich ihre Freiheit bewahrt. Dass sie sich zu sehr verpflichtet haben, lässt darauf schließen, dass sie in den früheren Inkarnationen die nötigen Entwicklungsschritte versäumt haben, die es ihnen nun ermöglichen würden, aus all diesem großartigen Wissen Nutzen zu ziehen.

Wie kommt es, dass sich andere von Kindesbeinen an vorbereiten, weil sie spüren, dass sie sich für den Herrn, für den Geist, für den Dienst an der Menschheit freihalten müssen? Der Grund dafür liegt darin, dass sie sich an Vergangenes erinnern oder dass sie vor ihrer Reinkarnation den göttlichen Wesenheiten versprochen haben, einem Ideal treu zu bleiben.

Es gibt solche Fälle, die ich euch nennen kann. Die anderen meinen immer, es sei gerechtfertigt, dass sie sich in die Materie hineinziehen lassen, wenn sie sagen: »Was willst du, mein Lieber, so ist nun mal das Leben!« Da ich jedoch etwas tiefer blicke, finde ich, dass sie sich gar nicht so reingewaschen fühlen sollten; denn wenn sie sich derart in die Geschäftigkeit stürzen, ist dies ein Zeichen von Gier nach Besitz und Genuss. Und das wiederum zeigt, dass es ihnen noch an Licht mangelt.

Verzeiht mir, wenn ich das so sage; aber die Wahrheit ist nun einmal die Wahrheit. Die Situation von all denen, die sich haben binden, irgendwo anketten oder hineinziehen lassen, spricht sehr zu ihren Ungunsten. Sie hätten sich für eine gewaltige, würdevolle, grandiose und glorreiche Arbeit freihalten müssen. Warum sind sie nicht da, wenn sie gerufen werden? Es ist genauso wie in dem Gleichnis von Jesus: Ein Mann gab ein großes Festmahl, zu dem er viele Leute eingeladen hatte. Als der Moment der Feier dann aber gekommen war, hatte jeder eine Ausrede, warum er nicht kommen konnte. Der eine hatte Ochsen gekauft und musste sie ausprobieren; der nächste hatte ein Stück Land gekauft und musste es besichtigen; der dritte hatte gerade geheiratet. Da wurde der Hausherr sehr zornig und schickte seine Diener in die Stadt, um alle Bettler, Krüppel und Blinden zum Fest zu laden. Und sie kamen alle, sie aßen und tranken, weil die anderen, die sogenannten Auserwählten, sich dafür nicht frei gehalten hatten. Ungefähr das Gleiche geschieht auch heute wieder. Sehr wenige sind frei, um sich der göttlichen Arbeit zu widmen.

Wenn die Menschen nur wüssten, dass ihr Glück, ihr Licht, ihre Entfaltung, ihre Befreiung gerade in den Tätigkeiten zu finden sind, zu denen sie sich aus Furcht nicht entschließen können, während das, was sie von ganzer Seele in Angriff genommen haben, ihnen nur Unannehmlichkeiten und Bitternis einbringt. Wie viele Leute habe ich schon gesehen, die sich vor dem Heiligen Geist fürchten, aber mit dem Teufel anstoßen. Sie wissen nicht, dass es die schwarze Loge ist, die sie in die Irre führt. Sie schleicht sich in ihr Unterbewusstsein ein: »Seid auf der Hut: das Licht, der Herr... da kann man nie wissen, während es hier zu essen und zu trinken gibt, ihr werdet euch wohl fühlen.« Sie hören auf diese Eingebungen und sind nachher unglücklich. Damit muss es nun ein Ende haben. In den Evangelien steht geschrieben, dass das Reich Gottes nicht für die Furchtsamen, sondern für die Wagemutigen bestimmt ist. Und in alter Zeit hieß es im ägyptischen Mysterienkult: »Wissen, wollen, wagen und schweigen.« Von diesen vier Vorschriften war die schwierigste das Wagen. Wissen... es gibt viele, die wissen. Wollen... es gibt auch viele, die wollen. Aber um es zu wagen... dafür findet sich niemand, denn alle sind furchtsam. Um Verrücktheiten zu machen, dafür ist man wagemutig. Jedoch dem Herrn zu begegnen und mit Ihm eins zu werden, davor zittert man, das wagt man nicht.

Le Bonfin, den 18. Juli 1968

IV

Kommunismus und Kapitalismus

Demokratie – Magen

I

Freier Vortrag

Bisher hat sich noch keine politische Staatsform als wirklich effektiv erwiesen. Sei es die Monarchie, die Oligarchie, die Demokratie oder die Republik, keine hat zu einer endgültigen Lösung geführt. Denn die Regierungsform bestimmt nicht alles. Wenn sich die einzelnen Menschen ihrer Pflichten nicht bewusst sind und wenn sie nicht begreifen können, dass sie miteinander in Harmonie kommen müssen, so herrscht ein Durcheinander, in welcher Staatsform auch immer. In jeder Staatsform findet man Exzesse, Unruhen und Unglück.

Symbolisch betrachtet entspricht die Demokratie der Herrschaft des Magens. Weiß denn das Volk mit seinen Wünschen, Begierden und Trieben, was gut und was schlecht ist? Gewiss nicht. Es hat nun alle Möglichkeiten bekommen, Forderungen zu stellen, aber hat es schon einmal nach dem Reich Gottes und seiner Gerechtigkeit verlangt? Hat es nach Licht und nach Liebe verlangt? Nein, Magen und Bauch verlangen, dass sie immer mehr essen können und dass sie alles schmutzig machen und beschädigen dürfen. Das Volk hat noch kein höheres Ideal, denn es braucht einen führenden Kopf, und der fehlt ihm. Aber natürlich muss das ein aufgeklärter, lichtvoller und uneigennütziger Kopf sein, denn wenn derjenige, der sich allein an der Spitze befindet, den gleichen Trieben folgt wie das Volk, das von unten her fordert, so hat das keinen Wert.

Die Eingeweihten wirken für das Reich Gottes und seine Gerechtigkeit. Und da das Reich Gottes eine Monarchie ist, sollten alle Länder der Welt nach dem Vorbild des Universums organisiert sein, dessen König Gott ist. Damit will ich nicht sagen, dass die Monarchie jetzt der Republik vorzuziehen sei, nein, ich spreche hier nur vom Prinzip. Wenn der Bauch blind ist, darf man ihm nicht die Regierung anvertrauen. Und wenn der Kopf unwürdig ist, darf man ihm genauso wenig die Regierung überlassen. Versteht mich also recht, ich spreche vom Prinzip. Meinetwegen soll das Volk regieren, aber es muss aufgeklärt sein. Wenn es das nicht ist, darf es auch nicht regieren. Und wenn der Kopf finster, unwissend und grausam ist, darf er ebenso wenig regieren. Im Übrigen ist es oft der Kopf, der die größeren Schäden anrichtet, nicht der Magen. Ich spreche also vom Standpunkt der Symbolik her; und im Bereich der Symbolik ist alles klar und mathematisch genau. Wenn ihr euch darum bemüht, die Welt der Symbole und damit die Welt der Prinzipien zu verstehen, werdet ihr niemals irregehen. Aber die Leute bringen alles durcheinander. Darum ist es auch wie bei der babylonischen Sprachenverwirrung; sie verstehen einander nicht mehr.

Nun möchte ich über eine Frage sprechen, die mir gestern ein Bruder in Bezug auf die Verteilung des Reichtums gestellt hat. Ich weiß, dass dieses Problem die Mehrzahl der Menschen beschäftigt, und darum möchte ich auch zu euch einige Worte darüber sagen.

Damit ihr wirklich begreift, wie die Dinge sein sollten, lasst uns den Organismus als Beispiel nehmen. Und warum den Organismus? Weil die kosmische Intelligenz die Dinge so eingerichtet hat, dass überall Anhaltspunkte und Hinweise zu finden sind, so dass die Menschen, wenn sie darüber nachdenken, nachvollziehen können, wie sie gedacht und was sie gewünscht und geplant hat. Daher ist es uns möglich, durch die Beobachtung der

Pflanzen, Kristalle, Sterne, Flüsse, Berge, der Sonne, der Planeten und vor allem des Menschen in seinem Aufbau die Absichten der kosmischen Intelligenz, die Großartigkeit und das fein gesponnene Gewebe ihrer Pläne zu erkennen.

Beobachten wir den Menschen, so stellen wir fest, dass alles in ihm ein Verlangen äußert. Der Magen verlangt nach Nahrung, die Ohren wollen Klänge hören, die Augen verlangen nach Licht, nach Farben und nach der Sonne. Auch Mund, Nase und alles andere äußert sein Verlangen, so wie auch die Sexualorgane. Der ganze Körper verlangt also nach etwas, und das ist herrlich, wunderbar und ganz natürlich. Allerdings ist ein Kopf vonnöten, der die Dinge kontrolliert, dosiert und ausrichtet, denn sonst gibt es eine Katastrophe. Dann isst und trinkt der Mensch zu viel oder nicht genug, setzt sich zu sehr der Hitze oder der Kälte aus, und weder hört noch sieht er drohende Gefahren. Es ist also eine gute Sache, dass der Körper sein Verlangen äußert, der Kopf muss jedoch sehen, in welchem Fall er dem nachgibt oder nicht und wann er wie viel zugesteht. Überall werden Ansprüche und Forderungen gestellt, das hört nie auf! Aber der Kopf, wo ist der Kopf, der an alle verteilt nach göttlichen Regeln und mit göttlichem Maß?

Weder will ich die Monarchie noch die Demokratie kritisieren; beides hat gute und schlechte Seiten. Jedoch betrachte ich dieses Thema vom geistigen Standpunkt aus, und ich finde, dass es ganz normal und in Ordnung ist, Forderungen zu stellen. Aber ein Kopf ist nötig, um sie zu begutachten und zu entscheiden, ob er ihnen stattgeben soll oder nicht. Sei es nun beim Einzelnen in seinem Innern oder im Äußeren in der Gesellschaft, ein klar blickender Kopf ist nötig, um die Sache zu lenken und ausgleichend einzuwirken. Und man muss an diesen Kopf glauben und auf ihn hören.

So wie die Natur den Organismus erschaffen hat, ist er für uns die beste Richtschnur. Er zeigt uns den Ursprung der Verteilung des Reichtums, wie man ihn heute beobachtet, und er zeigt uns auch, dass er die Ursache all der Provokationen, Neidgefühle und

Revolten ist. Tatsächlich ist dieses Problem ja schon immer aufgetreten, soweit man auch in die Menschheitsgeschichte zurückblicken mag. Wer geschickter oder kräftiger war, war zum Beispiel ein besserer Jäger. Er brachte also mehr Wild heim und sammelte darum auch einen größeren Reichtum an als andere. Diese Verteilung, die man nun für ungerecht hält, war in Wirklichkeit aber ganz und gar gerechtfertigt. Denn die Natur mag Gleichheit, Nivellierung und Einförmigkeit nicht.

Seit der Revolution von 1789 hat Frankreich die Devise: Freiheit, Gleichheit, Brüderlichkeit. Aber in Wirklichkeit gibt es keine Gleichheit im Universum. Überall herrscht Ungleichheit. Auf der Erde gibt es auf keiner Ebene Gleichheit. »Aber wir haben die Gleichheit zum Gesetz erhoben!« Ja, aber das Gesetz ist etwas Theoretisches, Abstraktes, das irgendwo an einer Wand aufgehängt wird. Tatsächlich gibt es nirgendwo Gleichheit. Die Natur hat die Verschiedenartigkeit gewollt, und diese wiederum schafft Ungleichheit. Betrachtet doch nur die Minerale, Pflanzen und Tiere, welch eine Vielfalt! Und bei den Menschen, selbst wenn gelegentlich Doppelgänger vorkommen, besteht doch immer ein Unterschied, zumindest bei der Haut, der Haarfarbe und vor allem bei den Händen. Denn es werden ja Fingerabdrücke genommen, um sicherzustellen, dass keine Verwechslungen vorkommen.

Diese Verschiedenartigkeit der Geschöpfe bringt es mit sich, dass ihre Fähigkeiten, ihr Geschmack, ihre Wünsche unterschiedlich sind und dass jeder andere intellektuelle, gefühlsmäßige und körperliche Möglichkeiten besitzt. Die einen bringen es zu Spitzenleistungen, sie sind die ersten im Wettkampf und im Lebenskampf, während andere immer hintanstehen, weil sie nicht die gleichen Möglichkeiten haben. Und weil die Fähigkeiten der Menschen verschieden sind, haben sich einige mehr genommen als andere. Ist das normal? Ja, völlig normal! Darf man deswegen wütend sein? Ganz und gar nicht! Aber soweit denken die Menschen nicht. Sie fangen an zu schreien und lehnen sich dagegen auf, weil sie sich von anderen mitreißen lassen. Hier geht es aber darum, die Dinge zu begreifen, zu untersuchen und sich darüber klar zu werden. Falls es nachher noch Gründe gibt, zu schreien und sich zu raufen, nun gut, dann soll man es eben tun. Aber zuerst müssen die Fragen geklärt werden.

Was die Leute auch besitzen mögen, das ist normal so und gerecht. Nun werdet ihr sagen: »Ja, aber sie haben all das nur, weil sie geplündert und gemordet haben.« Nun, das weiß ich wohl. Der Mensch hat eine über Jahrtausende kultivierte Tendenz, immer wieder seine Begierden zu befriedigen. Mit der Zeit hat er erkannt, dass einige moralische Regeln nötig sind. Nicht etwa weil er wirklich ein moralisch geprägtes Leben anstrebt, sondern einfach weil es vorteilhafter ist. Wenn stehlen und töten verboten ist, dann ist er in Sicherheit. Jedoch ist dieses moralische Niveau noch weit von der Vollkommenheit entfernt. Immer wieder versucht man das, was den anderen gehört, zu stehlen, mitgehen zu lassen oder sich sonst irgendwie anzueignen. Und wenn das auch nicht immer auf der physischen Ebene stattfindet (dort riskiert man ja, erwischt zu werden und ins Gefängnis zu kommen), so geschieht es doch auf anderen Ebenen, wo es nicht zu sehen ist. Man raubt die Gedanken oder Gefühle der anderen. Es sind also die gleichen Instinkte, die sich darin zeigen – und zwar immer geschickter – allerdings in anderen, subtileren Bereichen.

Im Übrigen weiß heute doch jeder, wie das läuft. Die Wirtschaftsspionage zum Beispiel ist hinreichend bekannt, bei der Geheimnisse über Produkte und Geräte gestohlen werden. Immer wieder sind es die gleichen Triebe, zu besitzen und zu herrschen; es ist unmöglich, sich davon frei zu machen. Und wenn man nicht weiß, wie man sie umwandeln und sublimieren kann, wenn sich auch auf der physischen Ebene keine Ausdrucksmöglichkeit dafür findet, dann nehmen sie den Weg der mentalen und der astralen Ebene. Es werden im Grunde die gleichen Verbrechen verübt, nur in einer anderen, unsichtbaren Art und Weise. Solange den Trieben durch die Einweihungslehre keine spirituelle Ausrichtung gegeben wird, werden diese Kräfte immer wieder versuchen, sich irgendwie zu manifestieren. Da ist nichts zu machen;

Ehrgeiz, Sinnlichkeit und Zorn sind gigantische Kräfte, die ihren Weg finden müssen.

Immer mehr besitzen oder miteinander in Wettstreit treten zu wollen, ist völlig normal. Und wann fängt es an, unnormal zu werden? Das sagt uns der Organismus in solcher Klarheit, dass keine Philosophie in der Lage wäre, dem etwas entgegenzusetzen. Wollte ich meine Meinung sagen, könnten sogleich alle sagen: »Nein, meiner Ansicht nach ist das nicht so. Ich meine...« Und das würde kein Ende nehmen. Darum sage ich nicht meine Meinung sondern die der universellen Natur. Ich zeige euch, wie sie das Problem in uns gelöst hat. Das ist nicht meine persönliche Ansicht, und so werdet ihr euch dem beugen müssen.

Also, ist es erlaubt, Vermögen anzusammeln? Selbstverständlich! Was macht denn der Magen, wenn ihr ihm Nahrung gebt? Er stürzt sich darauf und nimmt sich, was er davon braucht. Den Rest schickt er weiter, er behält ihn nicht. Selbst das, was er behält, benutzt er nicht nur für sich selbst. Er bearbeitet es und verteilt es nachher über den ganzen Körper. Dabei behält der Magen das, was er braucht, nur einige Stunden lang. Danach verspürt er von neuem das Bedürfnis zu essen, und isst. Auf diese Weise ist der Mensch gesund; er kann sprechen, gehen, arbeiten, singen... Nun stellen wir uns aber einmal vor, der Magen würde sagen: »Von nun an werde ich alles für mich behalten! Was sind das nur alles für Idioten, denen ich ständig etwas weiterreiche? Es könnte eine Hungersnot kommen, man weiß ja nie, was die Zukunft bringt, und ich habe für einen großen Haushalt zu sorgen.« Dann fängt er an, die Dinge für sich zu behalten, und schon ist die Krankheit da. Denn er hat das Gesetz der Selbstlosigkeit und der Brüderlichkeit nicht mehr geachtet. Das nennt sich dann Tumor oder Krebs oder wie ihr wollt. Und das Gleiche gilt für die Lungen, den Kopf usw.

Alle Menschen zusammen sind so etwas wie die Zellen eines Körpers. In unserem Organismus gibt es übrigens sogar mehr Zellen als Menschen auf der Erde – allein das Gehirn besteht aus Milliarden von Zellen! Wie kommt es nun, dass die Körperzellen es schaffen, glücklich und in Brüderlichkeit zusammenzuleben, während die Menschen so dumm sind, dass es ihnen nicht gelingt, diese Brüderlichkeit zu leben, sich zusammenzuschließen und die Grenzen abzubauen? Würden sie ein solches universelles, brüderliches Leben verwirklichen, hätte das einen derartigen Wohlstand zur Folge, dass die Länder und die einzelnen Menschen nicht mehr das Bedürfnis hätten, Güter anzuhäufen und diese zu schützen, da für alle von allem immer etwas da wäre.

Wenn die Menschen gegenwärtig nur daran denken, so viel wie möglich zu horten, so liegt der Grund darin, dass sie sich in eine verzwickte Lage hineinmanövriert haben, die sie immer wieder dazu bringt, Katastrophen vorherzusehen, gegen die sie sich schützen müssen. Unter anderen Bedingungen hätte niemand dieses Bedürfnis zu horten, denn für alle stände von allem genug zur Verfügung; selbst die Verkehrsmittel könnte man umsonst benutzen. Man würde weiterhin arbeiten, um nicht einzurosten, aber man täte es gratis. Ja, völlig umsonst, weil es derart angenehm ist, von Menschen umgeben zu sein, die einen durch ihre Dankbarkeit, ihr Lächeln und ihre Liebe belohnen. Daneben verblasst das Geld! Mit der Lebensanschauung aber, mit der die Menschen gewöhnlich leben, wird es niemals eine wirkliche Besserung geben. Selbst wenn die Staatsformen geändert werden, wird es immer wieder die gleichen Dummköpfe, die gleichen Halunken und die gleichen Tragödien geben, und es wird auch immer wieder Blut fließen.

Ihr seht also, liebe Brüder und Schwestern, ich bin für Besitz und Reichtum, das ist notwendig. Allerdings habe ich das nie auf der physischen Ebene gesucht, denn dort ist es eine Last. Ständig muss man daran denken, die Dinge zu erhalten, und das bringt Unsicherheit und Angst mit sich. Reichtum ist gut, aber er gönnt euch keine Minute der Ruhe. Und falls ihr schwach, sinnlich und rachsüchtig seid, öffnet er Tür und Tor für jegliche Art von Übertreibungen. Dann seid ihr bald seelisch am Boden und vielleicht auch noch körperlich. Reichtum ist gut, aber man muss schon stark sein, um etwas Gutes damit machen zu können.

Die Armut ist auch nicht empfehlenswert. Denn dann werdet ihr immer wieder gedemütigt und seid gezwungen, euch unterzuordnen, ohne dass ihr jemals eure besten Wünsche verwirklichen könntet. Das ist also auch nicht gerade großartig. Käme im Übrigen Franz von Assisi heute wieder, fände er keine zwei Menschen, die ihm folgen würden. Jetzt sind die Zeiten anders, alles hat sich gewandelt. Zur Zeit des Heiligen Franziskus konnten die Menschen noch in den Gedanken an das ewige Leben und die göttliche Welt leben. Aber heute sind die Leute so weit in die Materie hinabgetaucht auf der Suche nach Wohlstand und leichtem Leben, dass ihr über den Himmel erzählen könnt, was ihr wollt, ihr bleibt allein.

In der Vergangenheit fiel es den Armen leicht, den Reichtum der anderen hinzunehmen. In der Seele des Volkes war sogar der Glaube tief verwurzelt, dass dann, wenn Gott einem Menschen Reichtum geschenkt hatte, dieser ihn auch verdient hatte; und da gab es nichts dagegen zu sagen. Reichtum wurde ebenso wie Intelligenz oder Schönheit als eine Gabe angesehen, die man dem, der sie besaß, nicht streitig machen konnte. Jetzt hingegen braucht einer nur ein klein wenig mehr zu haben, und schon sagen die Nachbarn: »He! Warum er, warum nicht ich?« Selbst wenn jemand ein Versager und völlig unfähig ist, hat er doch Anspruch auf alles. Ja, unsere Zeit ist nun einmal so. Daher sieht man auch Weise, die ein entbehrungsreiches Leben führen, während Dummköpfe in Saus und Braus leben.

Allerdings ist die Armut ein Segen für die Weisen, die damit richtig umzugehen verstehen, denn dadurch gehen sie zum göttlichen Bewusstsein hin. Die anderen hingegen, die sich von diesem Weg nicht angesprochen fühlen, wollen alles hier auf der Erde erlangen. Und da ihre Wünsche das Irdische und den materiellen Besitz betreffen, wird es unter ihnen immer Streit, Zusammenstöße und Verbrechen geben. Ein Weiser wird niemals eine Revolution anzetteln, nur weil er nicht reich ist; er wird sich sagen: »Oh, wenn die anderen nur um meinen Reichtum wüssten!

Ich bin reicher als Krösus und Midas. Alles, was ich berühre, verwandelt sich in Gold.« Und die anderen, die Ärmsten, die es nicht verstehen, sich geistig zu bereichern, zanken sich um materiellen Besitz.

Das soll nun natürlich nicht heissen, dass ich den Arbeitgebern recht gebe, wenn sie die Arbeiter ausbeuten, denn wer andere ausbeutet, handelt auch nicht klug. Schaut wiederum die Zellen an. Keine einzige würde die andere ausbeuten, ganz im Gegenteil, alle unterstützen sich gegenseitig. Wenn ein Organ mangelhaft arbeitet, bekommt es von einem anderen Unterstützung, so dass das Gleichgewicht wiederhergestellt wird. Auf diesem Gebiet hat man schon außergewöhnliche Dinge entdeckt.

Natürlich wird möglicherweise das, was ich sage, nicht gleich verstanden werden, denn in eineinhalb Stunden kann man nicht tiefgreifend zu Problemen Stellung nehmen, die die Menschheit unaufhörlich in Erregung bringen. Aber ich will mich doch bemühen, euch zum Nachdenken anzuregen.

Wahrer Reichtum befindet sich für mich im Bereich von Seele und Geist; dort suche ich ihn. Und wenn ich dort reich bin, wird auch materieller Reichtum ganz von allein auf mich zukommen. Zwar lässt sich zur Zeit diese Entsprechung zwischen der inneren und der äußeren Welt nicht erkennen, und doch ist es ein kosmisches Gesetz. Der innere Reichtum soll dem äußeren Reichtum entsprechen und die innere Armut der äußeren. In der Natur verhält es sich so. Tiere, Pflanzen und Minerale, die reich sind an chemischen, nährenden oder heilenden Eigenschaften, sind auch äußerlich reich in der Materie, in ihren Formen und Farben. Jedoch haben die Menschen auf Grund ihrer Freiheit die Dinge verdreht und verbogen. Und so kommt es, dass nun diejenigen mit dem größten inneren Reichtum an Geduld, Liebe, Intelligenz, Großmut und Reinheit oftmals äußerlich die Ärmsten sind. Und diejenigen mit der größten inneren Armut an guten Eigenschaften und Tugenden sind im Äußeren die Reichsten.

Tatsächlich kommt dieses Gesetz, das ja die Wahrheit an den Tag bringen soll, auf dem Gesicht und am Körper mancher Menschen zum Ausdruck. Denn jeder hochstehende, lichtvolle Gedanke und jede harmonische Empfindung schafft entsprechende geometrische Formen. Ebenso schafft jeder finstere Gedanke und jede ungezügelte Leidenschaft verworrene Formen. Daher ziehen im Grunde alle, die Intelligenz, Liebe und Reinheit besitzen, Gold, Edelsteine und alles, was sonst an Herrlichkeiten erschaffen ist, an. Denn das ist ein universelles Gesetz. Alle anderen, die innerlich arm, schmutzig und verwahrlost sind, ziehen ihnen entsprechende Umstände an. Auch das ist Gesetz. Nun werdet ihr sagen: »Das ist aber tröstlich!« Nun darf man aber nicht an diesen Dingen hängen bleiben. Man sollte darauf hinarbeiten, spirituellen Reichtum zu erlangen, damit man den Menschen helfen, ihnen Heilung und Trost bringen und ihnen die Richtung weisen kann. Jeglicher andere Reichtum ist nur Ballast.

Erinnert euch einmal an den Vortrag, wo ich euch sagte, dass der Mensch selbst in den sinnlichen Genüssen eigentlich Gott sucht. Nur sucht er Ihn in den Sümpfen, anstatt Ihn an der Quelle zu suchen. Wer den Frauen nachstellt oder dem Alkohol verfallen ist, sucht im Grunde Gott. Auch wer das Gold liebt, sucht Gott, nur ist er zu weit hinabgestiegen, bis auf die Ebene des Metalls. Der Irrtum der Menschen besteht darin, dass sie Gott in Gestalt von derart fernen und absonderlichen Dingen suchen und dadurch ihre Entwicklung verzögern. Sie jagen dem Gold nach, weil sie wissen, dass sie damit alles erwerben können. Zwar wissen sie auch – es wurde ihnen so gesagt – dass Gott die Fülle ist, aber Er ist ihnen doch etwas zu abstrakt, man kann Ihn nicht sehen. Hat man Ihn, hält man doch nicht viel in den Händen, mit Gold in der Hand braucht man hingegen nur noch zu sagen: »Geben Sie mir bitte das!«, und schon erhält man es. Damit könnt ihr also bestellen und befehlen, ihr bekommt alles, was ihr wollt, seid glücklich und zufrieden... oder letzten Endes doch unzufrieden. Darüber gibt diese kleine Geschichte keine Auskunft.

Und nun sagt uns die Einweihungswissenschaft dazu noch

Folgendes: Gold ist nichts anderes als Sonnenlicht, das sich im Laufe von Millionen von Jahren im Erdinnern verdichtet hat. Diejenigen, die nach Gold streben, haben innerlich eine vage Empfindung, dass es eigentlich Sonnenlicht ist und Leben und Liebe in sich birgt. Wer also Reichtum anstrebt, hat recht. Viel gerechtfertigter ist aber, wer den Reichtum im Licht sucht. Denn er findet auf direktem Wege, was die anderen nur auf indirektem Wege finden.

Instinktiv strebt der Mensch also nach dem Besitz von Gold, weil er spürt, dass es etwas Göttliches, eine verborgene Quintessenz enthält. Die Eingeweihten suchen jedoch nicht nach Gold, sondern sie suchen das Licht, weil sie sich sagen: »Anstatt Gold zu suchen und dabei in die Erde hinabzusteigen, wende ich mich lieber gleich dem Licht zu. Es wird sich in mir zu Gold verdichten, und so werde ich selbst Gold sein.« Das ist sehr viel besser als Gold in der Tasche oder im Schrank zu haben. Nun werdet ihr wohl sagen, dass ihr noch niemals einen Eingeweihten aus Gold gesehen hättet. Sein Gold ist inwendig in ihm; es ist sein Licht, auch wenn ihr es nicht seht. »Und was kann er mit diesem Gold anfangen?« Mein Gott, das wisst ihr nicht? In der Höhe gibt es »Geschäfte«, und mit dem Gold kauft er dort Weisheit, Frieden und Freude. Die anderen hingegen, diese Superreichen, verfaulen und verschimmeln trotz ihrer Goldbarren; sie sind niedergedrückt und unglücklich. Also reicht das Gold doch nicht aus, um sie glücklich zu machen. Versteht ihr mich oder nicht? Es gibt Dinge, die euch noch unbekannt sind, die ihr aber kennen lernen müsst. Und nicht nur kennen lernen, sondern leben, damit sie euch wirklich zu eigen werden. Das ist ein ganzes Unterrichtsfach. Ihr werdet sagen, das sind nur schöne Sprüche. Ja, aber Sprüche, die wahr werden.

Und wollt ihr wissen, was die Eingeweihten mit diesem Gold machen? Wenn zum Beispiel jemand krank ist, so ist dies ein Zeichen dafür, dass er Fehler begangen hat und diese nun sühnen muss. Aber dann sage ich zu den himmlischen Wesen: »Ich liebe diesen Menschen, weil er etwas Gutes für die Bruderschaft getan hat. Wie hoch ist das Sühnegeld?« Dann bezahle ich, und sogleich ist dieser Mensch geheilt. Ja, das sind Realitäten. Mit diesem Gold kann man die Schuld von jemandem begleichen, und dann ist er geheilt. Also, meine lieben Brüder und Schwestern, es ist gut Reichtum anzustreben. Aber man muss ihn dort suchen, wo er sich tatsächlich befindet, nämlich in seiner Quintessenz, und nicht dort, wo er sich kristallisiert hat und damit schwer und fast unwirksam geworden ist, weil er einem nicht mehr das Wesentliche geben kann. Müsstet ihr all eure Tresore durch die Wüste schleppen, würdet ihr nach einiger Zeit sagen: »Oh, Herr, wenn mir nur jemand ein Glas Wasser brächte, würde ich ihm gerne all die Geldschränke dafür geben!« Da aber niemand kommt, sterbt ihr vor Durst mit all eurem Gold. Habt ihr hingegen das andere Gold, dann trinkt ihr, denn es erquickt euch, und ihr sterbt nicht.

Es gibt keinen anderen Weg und keine andere Lösung als das Licht. Man muss den Menschen also das Licht nahe bringen, damit sie eines Tages das Bedürfnis verlieren zu horten. Wenn die Menschheit eine große Familie wird und wenn die Grenzen abgeschafft werden, dann wird auch dieses Bedürfnis verschwinden, und es wird keine Ungerechtigkeit mehr geben. Das ist also die Lösung: allumfassende Brüderlichkeit, wie im Organismus. Jetzt, mit all den Kriegen, ist der Organismus der Welt krank. Er bedarf einer Reinigungskur, denn er leidet an Verstopfung, an Koliken oder was ihr sonst wollt, und vor allem an Krebs. Ja, denn Krebs ist nichts anderes als ein Produkt dieser Lebensanschauung, die ihr Unwesen treibt und die Gewalt und Anarchie heißt.

Solange die Menschen Bedürfnisse haben, die sie nicht kontrollieren können, ist das Problem des Reichtums ungelöst, was man auch versuchen mag. Neue Ideen sind eine gute Sache. Solange die Menschen jedoch noch nicht bereit sind, für ein göttliches Leben auf manches zu verzichten, werden selbst die besten Ideen ausarten. Schaut doch nur, was aus dem Christentum geworden ist, wie sehr es degeneriert und wie materialistisch es geworden ist. Solange die Menschen noch zu tief in der Materie stecken, ist nichts zu machen. Sie rühren sich nicht vom Fleck, selbst wenn man ihnen neue Horizonte eröffnet.

Le Bonfin, den 11. Juli 1968

II

Freier Vortrag

Dieses Problem der Verteilung des Reichtums lässt vielen Menschen keine Ruhe. Sie können es nicht hinnehmen, dass einige reich sind und andere arm. Aber so ist es. In der Natur herrscht die Ungleichheit; bei den einen ist Armut, bei den anderen Reichtum. Warum stellen die Leute sich nur vor, sie müssten alle gleich sein? Das würde Stagnation bedeuten. Nichts würde sich mehr bewegen, es gäbe keine Evolution mehr, weil kein Wettstreit mehr stattfände. Und der Herr, ist Er etwa nicht reich? Doch, Er ist das reichste Wesen im Universum, und die Kommunisten sind wahrscheinlich zutiefst unglücklich, weil sie Ihn nicht enteignen können. Sie halten Ihn gewiss für einen Kapitalisten, und darum haben sie Ihn abgeschafft!

Bei dieser Frage des Reichtums gibt es wirklich etwas klarzustellen. Die Leute verzehren sich vor Gram, sie sind unglücklich, sie bringen sich gegenseitig um, um diese Situation zu ändern, aber das wird ihnen nie gelingen, niemals, denn die Natur unterstützt die Ungleichheit. Warum sollte man also die Trägen, die Unfähigen und die Unwissenden bemitleiden? Ihnen aus Großherzigkeit eine Kleinigkeit zu geben, ist eine andere Sache. Wollte man allerdings jemandem, der dumm und unwissend ist, genau das Gleiche geben wie jemand anderem, der ein großes Talent und umfassende Kenntnisse besitzt, so wäre das ganz einfach ungerecht. Die Kapitalisten mögen unehrlich sein, aber die Kommunisten sind ungerecht. Also, ungerecht, unehrlich, das läuft schließlich auf das Gleiche hinaus. Man kann sie im Grunde derselben Kategorie zuordnen.

Es ist viel mehr Licht vonnöten, das ist alles, mehr Licht und Liebe! Und dann wird sich alles von selbst regeln. Verlasst euch jedoch niemals auf Stärke oder Gewalt. Das einzige Mittel, die Leute zur Vernunft zu bringen, besteht darin, ihnen verständlich zu machen, wie viel Unglück durch Unehrlichkeit oder irgendeinen Missbrauch entstehen kann. Und dann muss man ihnen beibringen, auch ein klein wenig etwas für die anderen zu tun; man muss sie richtig auf den Geschmack bringen. Sonst wird es niemals gelingen, eine Gesellschaft zu bessern, welche Staatsform man ihr auch geben mag.

Ob es nun um Reichtum, Macht oder Wissen geht, man kann den Wettstreit nicht verhindern. Warum sollte man also die Leute daran hindern, reich zu werden? Und wenn schon nicht materiell, dann geistig, reich an guten Eigenschaften und Tugenden! Ich betrachte mich jedenfalls als reich. Sollte man nun losbrüllen und mich umbringen wollen, nur weil ich reich bin? Mein Reichtum ist nicht von der Art der Bankiers, aber ich fühle mich doch reich, und zwar in erster Linie reich an Verständnis. Ich verstehe die Lage der anderen, ihre Schwierigkeiten, ihre Schwächen, und für alles finde ich eine Entschuldigung, sogar besser als sie selbst. »Nun,« mögt ihr jetzt sagen, »warum treiben Sie sie dann ständig an und verlangen, dass sie sich mehr Mühe geben?« Also, das geschieht nur aus pädagogischen, erzieherischen Gründen, um sie zu veranlassen, Fortschritte zu machen. Aber im Grunde habe ich Verständnis für ihre Schwierigkeiten und ihr Leid. Denn ich habe all diese Situationen selbst durchgemacht. Die unsichtbare Welt wollte, dass ich das kennen lerne, damit ich Verständnis entwickle. Und wenn mir nun jemand sagt: »Lieber Herr, ich habe seit drei Tagen nichts mehr gegessen!«, werde ich nicht antworten: »Nun, dann zwing dich dazu, mein Freund, zwing dich dazu!«, und ihn dann noch stehen lassen, ohne ihm etwas zu geben. Nein, ich habe selbst allerlei Entbehrungen, Krankheiten, Kränkungen und Demütigungen erlebt. Die unsichtbare Welt hat mich gut vorbereitet, damit ich nun alle und alles verstehen kann. Da ich jedoch ein Erzieher bin, zeige ich das nicht, sondern verlange und fordere eigene Bemühungen.

Niemals werde ich irgend jemanden daran hindern, Reichtum anzustreben. Diejenigen, die das wollen, weise ich lediglich darauf hin, was sie tun müssen, um nachher nicht von einer unerträglichen Last von Sorgen, Befürchtungen, Ängsten und Verdächtigungen erdrückt zu werden. Denn das kommt unweigerlich auf einen zu, wenn man nicht das nötige Licht besitzt. Man soll also reich sein, ohne dabei den negativen Zuständen zu erliegen, die treue Begleiter all derer sind, die diesen Weg einschlagen. Man soll reich sein, doch nicht auf Kosten des Nachbarn, und vor allem muss man in der Lage sein, das Vermögen in Umlauf zu halten, das heißt, mit Freude andere daran teilhaben zu lassen. Warum behalte ich nicht alles für mich, was ich gelernt habe? Ich gebe all meine Kenntnisse und Erfahrungen weiter, weil mich das froh macht. Wenn ich alles für mich behalte, kommen die Mäuse und der Schimmel, und es wird kein Körnchen davon übrig bleiben. Darum beeile ich mich, meine Körner auszusäen. Wenn die Reichen es mit ihrem materiellen Reichtum ebenso machen und sich sagen würden: »Ich besitze nun dies, das und jenes,... ich will einen Teil davon abgeben«, so würde sie das edel, groß und glücklich machen. Ja, zu geben ist eine Art, sich weiterzuentwickeln. Aber die Leute haben nicht die Gewohnheit zu geben. Viele besitzen Milliarden, die sie für sich behalten, und sie sind unglücklich damit! Man muss sie lehren, ihren Reichtum zu teilen, darf sie aber niemals daran hindern, reich zu werden.

Vergesst vor allem nie die Vorhersage, die ich euch gemacht habe und die sicher eintreten wird. Da es ein Gesetz der Entsprechung gibt, demzufolge innerer Reichtum den äußeren nach sich zieht, wird derjenige, der in seinem Inneren Edelsteine, nämlich Tugenden besitzt, eines Tages im Äußeren die gleichen Edelsteine haben: Topas und Jaspis, Rubine, Türkise, Diamanten, Saphire... Wenn das noch nicht vorgekommen ist, so liegt es nur daran, dass diejenigen, die wirklich innerlich reich sind, keine Habgier mehr an sich haben. Und so sind es die anderen, die sich voller Eigennutz beeilen, alles an sich zu nehmen. So bleibt für den nichts mehr übrig, der sich um Vollkommenheit und um den Himmel bemüht.

Als ich noch recht jung war, habe ich ein Gedicht von Schiller gelesen, das mich begeistert hat. Es war bei der Erschaffung der Welt, und der Herr hatte gerade alle Dinge unter den Geschöpfen verteilt: die Wälder und Wiesen, die Seen und Flüsse, die Berge... Und mit einem Male kam der Poet mit seiner Leier daher. »Herr,« sagte er, »ist etwas für mich übrig geblieben?« – »Ach du Ärmster,« antwortete der Herr, »alles ist schon verteilt, es ist nichts mehr da. Wo warst du denn die ganze Zeit?« – »Oh, ich saß dort hinten unter dem Baum, betrachtete den Himmel und habe Dir zu Ehren gesungen.« – »Nun,« sagte der Herr, »dann soll dir der Himmel gehören.« Und das stimmt, für einen wahren Poeten stehen die Tore zum Himmel offen. Die anderen haben den ganzen Rest, aber er ist der Reichste, denn ihm gehört der Himmel.

Ja, der Reichtum stellt wirklich ein Problem dar. Er hat den Menschen schon immer Anlass gegeben, sich zu entzweien und übereinander herzufallen. Überall ist es so, selbst innerhalb der Familien, da sind es die Tragödien wegen Erbstreitigkeiten. Überall herrscht Raffgier, und darum kann die Welt nicht aus ihrem Elend herausfinden. Auch die Kriege haben ihren Ursprung in dem Wunsch, mehr zu besitzen, als man schon hat. Immer will man dem Nachbarn etwas wegnehmen wie Geld oder Land. Verstände man es nur, großherziger zu sein, würde sich alles regeln. Man soll also reich sein und seinen Reichtum austeilen. Es gibt kein Wesen, das reicher wäre als der Herr. Und es ist die Sonne, die ihn repräsentiert. Die Sonne ist so reich, dass sie beinahe aus allen Nähten platzt; und sie teilt ihre Schätze aus, um nicht zu bersten. Warum sollte man es ihr nicht gleich tun? Dann ist das Problem gelöst, dann gibt es keine Kapitalisten mehr und auch keine Kommunisten, sondern nur noch Kinder Gottes, die sich aneinander erfreuen.

Le Bonfin, den 19. Juli 1968

III

Freier Vortrag

Manche, nennen wir sie einmal »Philosophen«, möchten im Menschen den Wunsch nach Reichtum zerstören. Das ist jedoch nicht möglich, das wird ihnen niemals gelingen. Denn die Natur selbst hat dem Menschen den Drang, sich zu bereichern, mitgegeben, sei es auf der materiellen Ebene, im Bereich des Gefühls oder auf intellektuellem Gebiet. In welchem Bereich auch immer, der Mensch fühlt sich gedrängt, sich auf die eine oder andere Weise zu bereichern. Das ist das Gleiche wie bei der Neigung Krieg zu führen. Auch die wird man niemals ausmerzen können, denn auch dieser Trieb wird von der Natur gefördert und unterhalten. Und wenn die Natur nun dem Menschen einen Kopf mitgegeben hat, so hat er ihn nicht bekommen, um seine Instinkte zu zerstören, sondern um ihnen eine Richtung zu weisen und sie dann einzusetzen, das ist alles.

Fast alle Vorrangstellungen in einer Gesellschaft fußen auf Reichtum, so z.B. Ansehen, Größe, Einfluss, Autorität... Die Reichen werden, selbst wenn sie unehrlich sind, immer besser empfangen und genießen ein höheres Ansehen. Sogar ein Stammeshäuptling bei den Wilden hat immer irgendwie etwas mehr oder etwas Besseres als die anderen, und seien es nur einige Federn, Figuren oder ein paar kleine Behältnisse. Die Natur hat dem

Menschen diesen Drang mitgegeben, es immer besser machen zu wollen als die anderen. Wenn es dann aber am Kopf mangelt, übertreibt er damit, es kommt zu Ungerechtigkeiten, und die Gesetze werden übertreten. Ist der Kopf jedoch an seinem Platz, das heißt, sieht der Mensch klar und denkt er nach, dann entwickelt sich alles Übrige völlig normal, der Besitztrieb und der Drang, die anderen zu übertreffen, ebenso wie der Aggressionstrieb und der Sexualtrieb. Denn das sind Kräfte und Antriebsenergien, die die Menschheit vorwärts drängen.

Solange die Menschen natürlich zu primitiv sind, verstehen sie es noch nicht, in ihr Innenleben einzugreifen und die Triebe abzustimmen, zu dosieren und auszurichten. Die Geschichte liefert uns dazu Beispiele aus allen Bereichen. Ich bin nicht dafür, die Instinkte zu unterdrücken, denn dadurch beraubt man sich stimulierender Energien. Damit kommt das Leben zum Stillstand, und die Entwicklung hört auf. Viele raten einem: »Lasst uns diese Untugend herausreißen und jene Neigung ausrotten...« Das ist aber kein Mittel, mit dem man die Dinge endgültig regeln könnte, denn die Natur bringt immer wieder neue Menschen mit den gleichen Anlagen hervor. Diese Dinge ausrotten zu wollen, ist also von Anfang an ein aussichtsloses Unterfangen. Es ist so, wie wenn man Mücken oder Schlangen tötet. Im folgenden Jahr bringt die Natur wieder neue hervor. Daher hat die alte Pädagogik auch keine guten Ergebnisse gebracht, denn sie wurde ohne die nötige Weisheit angewandt. Weisheit bedeutet, die Intelligenz der Natur anzuerkennen und sich ihr zu beugen, damit man ihre Pläne und deren Grund erkennen kann.

Wenn wir die Natur fragen, wie sie die Dinge sieht, wird sie antworten: »Wie macht ihr es denn, wenn ihr zum Beispiel ein Schiff baut? Als Antrieb baut ihr Maschinen hinein, und besitzen die etwa Intelligenz? Nein, sie treiben das Schiff nur an und können es natürlich gegen eine Klippe, einen Eisberg oder ein anderes Schiff laufen lassen. Dann gibt es Schiffbruch.« – »Aber es ist doch ein Kapitän da, der aufpasst und steuert; und der besitzt die nötige Intelligenz.« – »Nun, als ich den Menschen erschaffen habe, da habe ich ihm auch Maschinen eingebaut, die ihn antreiben und die Feuer spucken, aber ich habe ihm auch einen Kapitän mitgegeben. Nur hat er sich irgendwo schlafen gelegt, oder ist betrunken, und das Schiff treibt steuerlos dahin!« – »Oh, wie einfach das ist! Und wir wollten die Maschinen abstellen!« – »Aber nicht doch, lasst die Maschinen nur weiterlaufen, aber weckt den Kapitän auf, den armen Kerl, denn so macht er doch einen zu komischen Eindruck.« Die Maschinen sind unten im Rumpf, in der Tiefe des Schiffes. Und darüber, im Kopf hat der Kapitän seinen Platz. Mit Augen, Ohren und Mund ist er auf seinem Posten, beobachtet, hört hin und gibt Anweisungen. Warum befindet sich der Kopf denn nicht zwischen den Beinen oder unter den Füßen. Symbolisch gesehen haben ihn allerdings viele dort. Die Anarchisten, die nicht nachdenken wollen, opfern alles den Maschinen, und der Kopf wird verhöhnt. Erzählt ihnen nur einmal etwas von Weisheit, Ordnung und Intelligenz, und ihr werdet sehen, was sie euch darauf antworten! Sie sind für die brutale Gewalt, die blinde Gewalt.

Natürlich wird Mars immer existieren, und so wird der Mensch auch immer wieder das Bedürfnis verspüren, zu kämpfen und Siege zu erringen. Die Ziele und die Mittel werden andere sein, jedoch das Bedürfnis, die Neigung dazu werden nicht verschwinden. So hat man das Recht, der ganzen Welt den Krieg zu erklären, aber nur mit den Waffen der Liebe und des Lichtes. Eines Tages werden sich die Menschen nicht mehr bekämpfen. Nun werdet ihr sagen: »Das ist doch ein Widerspruch!« Nein, denn den Krieg, der solch zerstörerische Formen annimmt wie heutzutage, wird es in der Zukunft nicht mehr geben. Die Menschen werden erkennen, wie teuer sie das zu stehen kommt, und werden aufhören, sich umzubringen. Aber der kriegerische Instinkt wird bestehen bleiben – die kosmische Intelligenz will ja gar nicht, dass er verschwindet – und die Menschen werden weiterhin miteinander kämpfen. Das wird jedoch andere Formen annehmen, und anstatt die anderen zu vernichten, wird ihnen der Sieger das Leben schenken und dazu noch Reichtum, Licht und Liebe geben. Das wird wunderschön sein! Kämpfe wird es also immer geben, aber besserer Art. So wie die Schlachten, die sich die Sonnen und die Sterne liefern, wenn sie sich unaufhörlich Pfeile aus Licht zuschießen.

In den heiligen Büchern aller Religionen habe ich nachgesucht und dort edle, reine und lichtvolle Gestalten gefunden. Jedoch habe ich keine gefunden, die an Licht, Liebe, Großmut und Vollkommenheit mit der Sonne vergleichbar wären. Sie allein gibt hier auf der Erde die Größe Gottes wieder, und darum nehme ich sie zum Vorbild. All die anderen liebe und achte ich, doch meine ich, dass sie ihre Grenzen haben. Wenn die Menschen immer noch schwach, finster, gehässig und traurig sind, so liegt es daran, dass sie kein Ideal besitzen, das unbegrenzt ist. Ihr Ideal besteht darin, wie ihr Onkel, ihr Nachbar oder wie dieser Politiker und jener Multimilliardär zu sein. Aber was sind das für Vorbilder? Schaut sie euch doch an mit ihren Krankheiten und ihren ungeregelten Verhältnissen! Nichts kann sich hingegen mit der Sonne vergleichen, und denkt darüber wie ihr wollt, ich habe sie mir zum Vorbild gemacht. Ihr mögt sagen: »Ja, aber wir können niemals wie die Sonne werden!« Selbstverständlich nicht, das weiß ich besser als ihr, aber das macht nichts.

Wenn ihr die Sonne zum Vorbild nehmt, wird euer Intellekt allmählich ihr Licht annehmen, euer Herz ihre Wärme und euer Geist ihre Kraft. Und vor allem werdet ihr, so wie sie, geben und immer wieder geben... Die Verhaltensregel der Menschen heißt nehmen. So sind sie erzogen, und die gesamte Kultur der Gegenwart steht unter dem Zeichen des Nehmens. Man versteht nichts anderes als dieses Wort.

Ich will euch eine Geschichte erzählen. Ein Bauer war eines Tages in einen Brunnen gefallen. Ein Mann kam aber vorbei und hörte die Hilferufe. Er näherte sich, sah den Verunglückten und sagte zu ihm: »Gib mir deine Hand!« Als dieser jedoch das Wort »geben« hörte, ließ er sogleich den Arm wieder sinken, den er schon hochstrecken wollte. Er zog vor, im Brunnen zu bleiben. Als der andere merkte, dass er einen unverbesserlichen Geizkragen vor sich hatte, der vom Geben nichts wissen wollte, sagte er zu ihm: »Nimm meine Hand.« Ah, das Wort nehmen... Sofort ergriff er die Hand und war gerettet. Nehmen, das war ihm recht, aber geben, nein das wollte er nicht. Und glaubt nicht, dass er allein damit ist! Wo die Menschen auch hingehen, schauen sie, was es zu nehmen gibt. Sie studieren, arbeiten, heiraten und treffen sich um zu nehmen. Ständig ist ihr Geist darauf ausgerichtet. Und weil sie, wo sie auch hingehen, nur ans Nehmen denken, strahlen sie kein Licht, keine Wärme und kein Leben mehr aus.

Selbst in der Liebe, wenn Mann und Frau beieinander sind, ist jeder nur darauf aus, etwas zu nehmen. Der Mann und die Frau wollen jeweils die Lebenskraft des anderen aufsaugen. Darum ist es besser, wenn sie sich trennen, denn sie übertreten das Gesetz der Liebe. Nun mögt ihr einwenden: »Aber sie waren doch zusammen, sie waren miteinander verschmolzen.« Ja, aber nur um zu nehmen. Jeder wollte nur etwas von seinem Partner bekommen, sich bei ihm aufladen, unbarmherzig und skrupellos. Anstatt etwas in Seele und Herz des anderen hineinzulegen, ihm Elan, Lebenskraft und Inspiration zu geben, damit dieser Mensch erwacht und sich weiterentwickelt, tankt man sich jeden Tag nur auf, nimmt und verzehrt etwas. Auf Grund dieser Geisteshaltung geht es mit der ganzen Welt abwärts.

Es gibt keine Schule, in der den Menschen das Geben gelehrt wird, außer in der Schule der Sonne. Alle Planeten nehmen. Allein die Sonne gibt; darum muss man bei ihr in die Schule gehen. Sie allein ist imstande, wirklich zu geben. Wie sollte man sie da nicht lieben? Man liebt doch alle Geschöpfe, die wirklich imstande sind, etwas Gutes zu geben, man fühlt sich von ihnen angezogen. Bei denen hingegen, die nur nehmen, da nimmt man doch bald Reißaus. Wie kommt es nur, dass manche Menschen meinen, sie könnten die anderen ewig ausnehmen? Die bemerken das doch recht bald und lassen sie allein. Ihr solltet also in euch die Bereitschaft zu geben entwickeln.

Le Bonfin, den 12. Juli 1968

IV

Freier Vortrag

Die ganze Welt ist jetzt in zwei Lager gespalten: auf der einen Seite die Kapitalisten, auf der anderen die Kommunisten. Nun stellen aber Kapitalismus und Kommunismus nicht nur zwei unterschiedliche Betrachtungsweisen von Produktion und Vermögensverteilung dar; es sind zwei weitaus umfassendere Begriffe.

Nehmen wir als Beispiel ein sehr junges Mädchen. Früher war ein Mädchen, auch heutzutage mag das noch ein wenig gelten, zuerst einmal Kapitalist. Es will sich nicht küssen und liebkosen lassen, es behält alles für sich selbst. Seine Eltern haben es ihm so geraten, und eine Zeit lang hört es auf deren Rat. Da sich die kommunistischen Strömungen jedoch ausbreiten und überallhin vordringen, stellen sie sich schließlich auch im Kopf des jungen Mädchens ein, das nun alle Reize seines Körpers hergeben möchte, all seinen Charme und seine Schönheit. Es ist nun kommunistisch geworden. Ebenso wie ein Junge, der alle Mädchen besitzen will. Auch er ist kommunistisch eingestellt, da er an alle seine Quintessenz austeilen möchte. Aber gewiss doch, alles das ist Kommunismus! Natürlich sieht niemand die Dinge auf diese Weise. Aber ich, so verbildet wie ich bin, ich sehe sie so. Darum finde ich, dass die Eskimos die größten Kommunisten sind. Wenn ein Fremder in ihr Haus kommt, stellen sie ihm ihre Frau zur Verfügung.

Sagen wir also einmal, dass ein Mädchen, das sein Kapital dem Erstbesten zur Verfügung stellt, kommunistisch ist. Aber aus welchem tieferen Grund gibt es eigentlich sein Kapital her? Um das Kapital des Jungen zu ergattern, der seines dabei verliert. Diese Art von Kommunismus ist also nicht besonders ehrlich. Das Mädchen zeigt sich nett und großzügig, um das Kapital des anderen zu bekommen, da man ohne Kapital nicht leben kann.

Ein Mädchen besitzt also ein enormes Kapital. Damit kann es sich viele Dinge kaufen oder sich zumindest ins Restaurant zu einer guten Mahlzeit einladen lassen. Nur wird es nachher selbst verspeist. Also gehen wir nicht weiter darauf ein!... Ihr seht ja, wie kompliziert das ist. Aber tatsächlich zeigt uns die Natur, dass beides notwendig ist, Kommunismus und auch Kapitalismus. Was ist denn ein Kind? Ein Kapitalist! Es schreit und will sich durchsetzen, um alles zu bekommen, und will alles für sich behalten. Eines Tages heiratet es und hat selbst Kinder. Dann sieht es sich genötigt, Kommunist zu werden und seinerseits sein Vermögen zu verteilen. Die Natur selbst bringt also die Menschen dazu, sich zu verschiedenen Zeiten einmal als Kommunisten und ein anderes Mal als Kapitalisten zu zeigen. Zuerst ist man Kapitalist, da man Reichtum ansammeln muss. Denn will man den anderen helfen, muss man reich sein. Wenn ihr nichts zusammengetragen habt, was könnt ihr dann schon machen? Nichts! Ihr könnt nicht einmal eurer Frau und euren Kindern etwas geben, weil ihr arm seid. Man muss reich sein, wenn man den anderen helfen will. Die Natur hat dem Menschen ein Kapital mitgegeben. Arme, Beine, Augen, Ohren, Geschlecht, Gehirn, all das ist sein Grundkapital, mit dem er arbeiten muss, um Reichtum zu erwerben, den er dann wieder weitergeben kann. Der Kapitalismus darf nur ein Mittel sein, und der Irrtum der Kapitalisten besteht eben darin, dass sie ein Ziel daraus gemacht haben. Also haben die Kapitalisten nichts begriffen,... und die Kommunisten im Übrigen auch nicht. Das werdet ihr gleich sehen.

Denn die Kommunisten, sind das denn wirklich Kommunisten? Das weiß Gott allein! Wenn sie so sehr gegen die Kapitalisten reden und sie bekämpfen, so liegt der Grund oft darin, dass sie ebenso reich und mächtig sein möchten wie diese. Was mich betrifft, so glaube ich an den Kommunismus. Warum? Weil Jesus ein Kommunist war, allerdings mit einer weißen, nicht mit einer roten Fahne. Sowohl die Kommunisten wie auch die Kapitalisten haben es nötig, dass sie in einer Einweihungsschule Unterricht nehmen, denn weder die einen noch die anderen denken oder handeln richtig. Wenn man Reichtum zum Selbstzweck, zu einem Ideal werden lässt, bringt das die verschiedensten Unannehmlichkeiten mit sich, mit denen man gar nicht gerechnet hatte. Und wenn man, ohne die nötige Einsicht zu haben, Kommunist ist, treten andere unvorhergesehene Dinge auf, die genauso schädlich sind. Darum wird es bei den Kommunisten wie bei den Kapitalisten Mord und Totschlag geben, solange sie nicht bereit sind, im Licht der Lehre der Universellen Weißen Bruderschaft neues Wissen zu erwerben. Es wird zu inneren Unruhen und auch zu Kriegen kommen. Weder die einen noch die anderen besitzen das Licht, das wir ihnen geben können, damit sie ein höheres Ideal anstreben. Sie sind nur für sich selbst tätig; auch wenn es manchmal so aussehen mag, als würden sie etwas für die anderen tun, so ist es doch in Wirklichkeit immer nur für sie selbst.

Um der Menschheit zu helfen, müssen die Kapitalisten und die Kommunisten einander verstehen. Die einen wie die anderen sind nötig, denn diese beiden Strömungen wirken beide gleichermaßen im Universum. Warum machen die Menschen etwas Trennendes daraus, obwohl doch das Gleichgewicht des Universums auf diesen beiden Strömungen beruht? Jede Seite will die andere ausschließen, und sie reden und reden... Und all die Dummköpfe, die gar nichts davon verstehen, schlucken diese blödsinnigen Theorien.

Alles für sich zu behalten ist eine Lebenseinstellung, und alles den anderen zu geben ist eine andere Lebenseinstellung. Aber weder die eine noch die andere ist die richtige, und es gibt eine dritte Lösung. Die Kapitalisten und die Kommunisten müssen alles, was sie besitzen, das heißt ihre Ideen, ihre Gedanken und ihre Arbeit einem dritten, einem göttlichen Prinzip unterstellen. Die Kommunisten wollen geben, aber natürlich den Menschen. Allerdings tun sie damit der Sache keinen guten Dienst, denn die Menschen sind schwach, wankelmütig und undankbar. Wenn wir nun auf das Beispiel des jungen Mädchens von vorhin zurückkommen, welchen Schluss können wir dann ziehen? Anstatt alles für sich zu behalten und damit kapitalistisch zu werden, oder aber alles herzugeben und kommunistisch zu werden, sollte sie zuerst einmal Reichtum ansammeln und alles dem Herrn geben. Denn der Herr allein kann sie recht beraten, so dass sie nachher weiß, wem sie wann und in welcher Weise etwas geben soll und wie viel.

Heutzutage wollen alle studieren, Kenntnisse erwerben und Geld verdienen, um sich so Ansehen und Achtung zu verschaffen. Denn einem reichen und gebildeten Menschen öffnen sich alle Türen. Es ist also immer wieder der gleiche ewige Drang, Kapitalist zu werden, das heißt, sich Dinge anzueignen, Besitz zu erwerben und zu herrschen. Natürlich zeigt sich das in unterschiedlicher Gestalt. Für die einen ist es Reichtum, für die anderen sind es Kenntnisse. Letztere mögen einem höheren Bereich angehören, aber es handelt sich um den gleichen Trieb, nämlich darum, reich zu werden, um immer mehr Dinge an sich zu bringen und sich zu behaupten. Ja, die Gelehrten verhalten sich genauso wie die Reichen; von Brüderlichkeit sind sie weit entfernt, sie sind überhaupt nicht brüderlich. Und die Kommunisten, das sind all die Unwissenden, die sozial Benachteiligten, die Pennbrüder. Sie wollen sich zusammentun, um alles zu teilen, ihre Brotkanten, ihren Wein und ihre Zigarettenkippen. Ja, das wäre ihnen gerade recht, diesen armen Kerlen, dass sich alle mit ihnen zusammentun. Aber werden sie einmal reich, dann ist es gleich vorbei mit dem Kommunismus, dann schließen sie sich von den anderen ab. Solange die Menschen arm sind, sind sie Kommunisten; sind sie jedoch reich, dann sind sie Kapitalisten. Denn müssten sie in diesem Moment den Kommunismus akzeptieren, wären sie genötigt, alles mit den anderen zu teilen. Und das sagt ihnen gar nicht zu. Sie haben keinerlei Lust, alles auszuteilen. Wollt ihr Millionen von Menschen um euch haben, so ist das ganz einfach. Ladet die Bettler und die Landstreicher zum Essen und Trinken ein; sie werden schon kommen. Die Reichen werden allerdings nicht kommen.

Alle Unwissenden, Schwachen und Armen haben kommunistische Neigungen. Ihnen macht es Freude, zusammenzukommen, sich zu umarmen, sich gegenseitig einzuladen, und sie sind sehr zugänglich und nett, eben weil sie nichts besitzen. Ist aber einer gelehrt, ist es unmöglich, ihn einfach zu besuchen. Monate im Voraus muss man sich anmelden, und selbst dann wird man oftmals gar nicht empfangen. Sie sind eben sehr unzugänglich, verhalten sich wie die Kapitalisten. Aber das ist nicht das rechte Verhalten. Alle diejenigen, die einen Reichtum an Fähigkeiten und Kenntnissen besitzen, sollten sich nicht abseits halten und sich als »hohes Tier«, als eine große Kapazität aufspielen, sondern ein wenig auf das Niveau der anderen herunterkommen, brüderlich sein und ihren Reichtum weitergeben. Dann sind sie echte Kommunisten. Ihr Wissen sollten sie als Mittel anstreben, um der Menschheit zu helfen, und nicht nur für ihre eigenen Geschäfte.

Wenn ich all die politischen Redner im Fernsehen sehe, seien es nun Kommunisten oder Kapitalisten, so haben sie doch alle eine kapitalistische Einstellung. Denn sie fühlen sich im Bereich des Wissens und der Argumentationen so recht an ihrem Platze und tun ziemlich selbstherrlich, zeigen sich lieblos, ohne Demut und ohne Sanftmut. Ja, da lasse ich mich nicht täuschen. Welche Haltung ich auch bei jemandem sehe, ich kann sie einordnen. Nun mögt ihr sagen: »Aber wie können Sie diese Einstellungen als kapitalistisch oder als kommunistisch einstufen?« Oh, das kommt einfach daher, dass diese beiden unseligen Wörter zu oft gebraucht werden. Ich könnte andere dafür finden, aber einstweilen benutze ich diese zwei, die sehr praktisch sind.

Man soll Kenntnisse besitzen und Titel und Diplome haben, aber nicht für sich selbst, nicht nur für seine eigenen Geschäfte. Das Wissen darf kein Mittel sein, um euer niederes Ich zu befriedigen. Nein, alle Talente, die man entwickelt, um ein Gelehrter, ein Künstler, ein Politiker usw. zu werden, dürfen nur Mittel dazu sein, Gutes zu tun. Dann wird es zu etwas Göttlichem, denn die beiden Ströme vereinen sich: ihr seid gleichzeitig Kapitalist und Kommunist. Jahrelang habe ich viel über dieses Thema nachgedacht, und ich sage euch, ich habe das Problem gelöst. Ich bin der größte Kapitalist und der größte Kommunist geworden.

Kapitalismus und Kommunismus sind beide nötig und unerlässlich. Die Natur selbst hat diese beiden Neigungen sanktioniert. Das Kind, das nimmt, ist ein Kapitalist. Und der Greis, der alles verteilt, bevor er aus diesem Leben scheidet, ist ein wahrer Kommunist, denn er behält nichts für sich. Zwischen diesen beiden Extremen gibt es die verschiedensten Menschen, die keiner der beiden Kategorien wirklich angehören. Es gibt Kapitalisten, die keine sind, und Kommunisten, die auch keine sind. Das Ideal besteht darin, gleichzeitig Kapitalist und Kommunist zu sein, das heißt, alle Herrlichkeiten des Himmels zu empfangen, sie zu verdienen und in sich aufzunehmen und sie dann an die Menschen weiterzugeben; also Kapitalist dem Himmel gegenüber, um von dort zu empfangen, und Kommunist im Hinblick auf die Erde, um die Dinge weiterzugeben. Dann ist man vollkommen. Seid ihr jedoch nur Kommunist oder nur Kapitalist, seid ihr in jedem Fall verloren, denn das ist zu begrenzt.

Die Kommunisten wie Kapitalisten haben beide recht. Wer etwas besitzen will, tut recht daran. Ja, denn die Natur hat ihm das Recht dazu gegeben. Sein physischer Körper zum Beispiel gehört ihm, und wenn er den frei zur Verfügung stellt, so ist das gefährlich. Manche Dinge muss man weitergeben, das ist klar, aber seinen Körper muss man für sich behalten. Seht euch einen Baum an: er ist Kapitalist und Kommunist zugleich, denn er behält Wurzeln, Stamm und Zweige für sich; aber seine Früchte gibt er weiter. So hat die Natur die Dinge eingerichtet. Ein Eingeweihter, der die Lehren der Natur verstanden hat, macht es genau wie ein Baum. Er behält Wurzeln, Stamm und Zweige für sich und gibt seine Früchte weiter, das heißt seine Gedanken, Gefühle und Worte, sein Licht, seine Kraft und sein Geld. Nur ein Eingeweihter ist ein wahrer Kapitalist und ein wahrer Kommunist. Die anderen sind nur Kinder, die sich zanken und vom eigentlichen Leben nichts verstanden haben. Darum wird es ihnen auch niemals gelingen, ihre Probleme zu lösen, denn sie besitzen nicht das wahre Licht der Einweihung.

Ihr seht also, ein Eingeweihter ist der wahre Kapitalist, er bereichert sich immer mehr. Und er ist auch ein richtiger Kommunist, denn Tag und Nacht gibt er seine Früchte weiter. Aber sein Kapital behält er für sich, denn ohne das könnte er nichts machen. Stellt euch einmal vor, es kommt jemand zu mir und sagt: »Oh, was für eine herrliche Geige Sie da haben! Bitte, geben Sie sie mir doch!« Wenn ich ein richtiger Kapitalist bin, werde ich antworten: »Nein, meine Geige gebe ich Ihnen nicht. Die behalte ich, aber kommen Sie nur jeden Tag, dann spiele ich für Sie.« Die Mädchen und die jungen Männer hingegen geben ihre Geige fort – das heißt ihr Herz – und wenn sie dann ihr Herz verloren haben, fangen sie an zu weinen: »Was hast du mit meinem Herzen gemacht.« Sie durften ihr Herz eben nicht fortgeben. Ja, ein armes Mädchen schenkt sein Herz einem jungen Mann. Da der jedoch ungeschickt ist, lässt er es fallen. Nun ist ihr Herz gebrochen, und sie weint... Wäre sie klug gewesen, hätte sie begriffen, dass der junge Mann keine zwei Herzen brauchte. In Bulgarien sagen wir, dass man keine zwei Melonen unter demselben Arm tragen kann. Behaltet also euer Herz, schenkt es nur dem Herrn, und den anderen schenkt dafür eure Gefühle. Dann versteht ihr die Dinge richtig.

Wie ich vorhin schon sagte, ist die ganze Welt von der Spaltung in Kapitalisten und Kommunisten betroffen. Es wird diskutiert und geschimpft, aber das ist nicht alles. Wie viele Einbrüche,

Bombenanschläge, Entführungen, Brandstiftungen und Morde gehen auf diese zwei Worte zurück!

Die Kommunisten sind stolz auf ihre Weltanschauung; sie halten sich für großzügig und uneigennützig. Da sie in Wirklichkeit aber gar nicht wissen, wie der Mensch seinem Wesen nach aufgebaut ist, wissen sie auch nicht, dass die Verbesserung der materiellen Bedingungen bei gleichzeitiger Ablehnung der spirituellen Bestrebungen nur zu äußerst schlechten Ergebnissen führen kann. Dadurch wird der Mensch mit der Zeit verschlagen, unehrlich und grausam... er wird zum Tier. Ein Kommunist, der die spirituelle, mystische Seite nicht pflegt, wird auf die Dauer wie der schlimmste Kapitalist, er wird ungerecht, gewalttätig, autoritär und missbraucht seine Stärke und seine Macht. Es liegen zahlreiche Zeugnisse vor, dass viele Kommunisten, trotz ihrer wunderbaren Lehre, sich letztendlich kompromittieren. Es ist ja auch leicht, eine ideale Weltanschauung zu akzeptieren; sie jedoch jeden Tag konkret in seinem Leben zu verwirklichen ist weitaus schwieriger. Und doch ist das die Hauptsache. Die kosmische Intelligenz hat den Menschen so aufgebaut, dass er die Vollkommenheit nur erlangen kann, wenn er die Verbindung mit der höheren Welt aufrechterhält, von der er Warnungen, Licht und Kraft empfängt. Vertraut er hingegen nur auf seinen begrenzten Verstand, kann er nicht alles erkennen und vorhersehen, woraus sich katastrophale Irrtümer in allen Bereichen ergeben. Alle diejenigen, die ihre Macht auf der Technik, der Industrie und dem materiellen Fortschritt aufbauen und sich dabei einbilden, so könnten sie sogar den Herrn kommandieren, werden früher oder später auf die Nase fallen. Denn ihre Umtriebe, die nur von dem Wunsch genährt sind, die Welt zu beherrschen, ohne die Pläne der kosmischen Intelligenz zu berücksichtigen, wühlen die Schichten der physischen sowie der psychischen Atmosphäre auf und rufen damit feindliche und äußerst gefährliche Kräfte auf den Plan, die sich gegen sie selbst richten.

Die Denker und die Führungskräfte aller Länder, die die Probleme lösen wollen, ohne die Natur des Menschen in der Tiefe zu erforschen, werden eines Tages große Überraschungen erleben. Denn das Bedürfnis nach spiritueller Nahrung wird bei den Unterdrückten mit einer solchen Kraft erwachen, dass sie nichts mehr davon abhalten kann, weder Drohungen, Gefängnis noch Tod. Und genau das wird sich in naher Zukunft ereignen. Daher wird es Russland nicht erspart bleiben, dass es entweder von anderen sehr starken und hochgerüsteten Ländern besiegt wird oder aber dass es seine Einstellung ändert und seinen Kommunismus durch den wahren Kommunismus Christi und der Universellen Weißen Bruderschaft ersetzt. Unter diesen Umständen würde Russland eine wahrhaft glorreiche Rolle spielen, weil es damit für die ganze Welt eine neue, eine spirituelle Kultur bringen würde.

Zwar betreibt Russland schon seit Jahren parapsychologische Forschungen, aber was ist das Ziel dieser Forschungen? Man will die Pläne und Gedanken der anderen telepathisch abfangen, Wellen aussenden, um sie zu beeinflussen und dem eigenen Willen zu unterwerfen, um dadurch bestimmte Ereignisse zu veranlassen. Das zeigt doch, dass diesen Forschern die wahre Einweihungswissenschaft noch unbekannt ist. Solange man zum Ziel hat, die anderen Länder zu beherrschen – was soweit führt, dass sogar Gegenstände, die mit schädlichen Strahlungen behaftet sind, dorthin gebracht werden, damit die Menschen sterben – liefert man doch den Beweis, dass man zu nichts anderem imstande ist, als die niedere, zerstörerische und infernalische Natur zu befriedigen. Und das ist schwarze Magie. Ich habe Leute kennen gelernt, die sich auf diesem gefährlichen Gebiet zu schaffen machten. Alle sind verschwunden, denn in Wirklichkeit waren es nur Ignoranten, die dunkle Kräfte gleicher Art ausgelöst haben wie die, mit denen sie hantierten. Und diese Kräfte haben sie vernichtet. Wenn schon mehrfach ganze Kontinente samt ihren Bewohnern verschwunden sind, so liegt der Grund darin, dass diese Menschen sich geweigert hatten, die Existenz von höheren Kräften und Intelligenzen anzuerkennen, mit denen sich der Mensch harmonisieren muss.

Das nun kommende Wassermannzeitalter wird große Umwälzungen mit sich bringen, die den Überlebenden begreiflich machen werden, dass es Gesetze gibt, die man achten muss. Das neue Leben, das sich schon anbahnt, übersteigt an Schönheit, Herrlichkeit und Harmonie alles, was wir uns heute vorstellen können. Denn alle über die ganze Welt verstreuten Menschen, die insgeheim für den Aufbau des Reiches Gottes wirken, werden sich zusammenfinden und gemeinsam mit großartigen Mitteln aktiv werden. Und die Festungen der Unwissenheit, des Materialismus und Despotismus werden zusammenbrechen. Das sage ich euch, und so wird es auch kommen. Nichts wird das Aufkommen der neuen Zeit, des Goldenen Zeitalters verhindern können, das schon von zahlreichen Propheten, insbesondere von Nostradamus, vorhergesagt wurde. Daher sage ich zu all denen, die diese großen Wahrheiten nicht kennen: »Ihr, die ihr so verzweifelt dem Reichtum und der Beherrschung dieser Welt nachlauft, ihr werdet nicht zufrieden sein, selbst wenn ihr euer Ziel erreicht. Ihr seid lediglich im Begriff, eure wertvollsten Energien zu vergeuden, und zwar für Dinge, die nicht von Dauer sind und die nicht einmal eine Spur hinterlassen werden. Oder sollten sie doch Spuren hinterlassen, so werden es Spuren des Schreckens sein, die bei den kommenden Generationen nur Entrüstung und Verachtung hervorrufen. Welch glorreiche Spuren haben denn Dschingis Khan, Tamerlan, Attila, Nero, Hitler oder Stalin hinterlassen? Wie kurz und wie schnell vergessen war ihr Triumph!

Die Jugend muss jetzt eine Orientierung in einer anderen Richtung bekommen. Wenn ich sage, dass ich pädagogische Systeme kenne, die es noch nirgendwo gibt, und die darin bestehen, sich mit der Erziehung schon vor der Geburt zu beschäftigen, dann werden alle Pädagogen in Geschrei ausbrechen und mich daran hindern, was auch immer in die Tat umzusetzen. Ich kann euch Beweise für die Wirksamkeit meiner Pädagogik liefern, aber ich werde daran gehindert. Dadurch, dass man mir schon seit vielen Jahren die französische Nationalität verweigert, werden mir auch die Mittel verweigert, eurem Land zu helfen, zum Leuchtfeuer der Menschheit zu werden. Tausende von Ausländern wurden schon eingebürgert, aber ich nicht. Natürlich weiß ich warum... Es heißt sogar, der CIA hätte mich verdächtigt, ein sowjetischer Spion zu sein... nur Beweise wurden niemals gefunden.

Und wisst ihr, was ich einmal zu einem hohen Beamten – einem übrigens sehr intelligenten und sympathischen Mann – gesagt habe, als ich mit ihm über dieses Thema sprach? Ich sagte zu ihm: »Es stimmt, ich gehöre dem Geheimdienst eines anderen Landes an. Da ich jedoch Tricks kenne, wie man niemals erwischt wird, hat man auch trotz aller Nachforschungen und Untersuchungen, die gegen mich eingeleitet wurden, noch nie etwas herausgefunden; so geschickt, scharfsinnig und umsichtig bin ich! Darum muss man allen, die mit der inneren Sicherheit Frankreichs zu tun haben, sagen, sie sollen sich bei mir erkundigen, wie in solchen Fällen vorzugehen ist.« Er hat gelacht, weil er gesehen hat, dass ich Spaß machte. Und ich habe weitergemacht: »Jetzt schreibe ich gerade an meinen Memoiren, ja, ich schreibe all meine Heldentaten im Spionagedienst auf. Nur kann ich mich dummerweise nicht mehr an die Namen der Leute, die ich getroffen habe, noch an die der Länder und Städte, in die ich gereist bin, erinnern. Sogar die verschiedenen Daten habe ich vergessen. Es ist katastrophal, unter einem derartigen Gedächtnisschwund zu leiden.« – »Oh,« rief er daraufhin aus, »dieses Buch wird ein Bestseller, die ganze Welt wird es lesen!« Und auch er fing an, seine Späße zu machen.

Liebe Brüder und Schwestern, der Himmel hat mir eine Philosophie gegeben, die die Welt verändern kann, aber natürlich nur, wenn sie auch angenommen wird. Und falls manche Leute Pläne haben, mich irgendwie loszuwerden, so wie in der Vergangenheit, als man immer wieder diejenigen beseitigen wollte, die etwas Gutes, Gerechtes und Göttliches brachten, so sollen sie wissen, dass die Menschen, die man auf diese Weise beseitigt, letztendlich immer verherrlicht und heilig gesprochen werden und dass auch ihre Ideen Verbreitung finden. Denn wenn sie sich erneut inkarnieren, kehren sie mit noch größeren Möglichkeiten zurück und führen die unterbrochene Arbeit fort. Die ungerechten und grausamen Menschen hingegen, die sie beseitigen ließen, werden ihrerseits einmal das gleiche Schicksal erleiden, ohne jedoch genauso verherrlicht und heilig gesprochen zu werden! Warum will man also weiterhin in Unkenntnis dieser hohen Wahrheiten verbleiben, anstatt sich für eine neue Ordnung und für die Familie der Universellen Weißen Bruderschaft einzusetzen?

Izgrèv, den 11. Februar 1973

V

Freier Vortrag

Betrachtet man den hebräischen Buchstaben Aleph etwas genauer, dann wird man gewahr, dass er schematisch einen Menschen darstellt, der einen Arm zum Himmel streckt, um die Segnungen des Himmels zu empfangen, und den anderen zur Erde, um das Empfangene auszuteilen. Damit haben wir ein weiteres Symbol, das zeigt, dass wir gleichermaßen Kapitalisten und Kommunisten sein müssen; zuerst Kapitalist, um dann Kommunist zu werden, also nehmen, um geben zu können. Solange man sich Kapitalismus und Kommunismus getrennt denkt und sie als etwas Gegensätzliches betrachtet, befindet man sich im Irrtum. Ein Kapitalist, der nur hortet, ohne jemals etwas abzugeben, fängt an zu verschimmeln. Ebenso wie Getreide, das man jahrelang in einem Speicher aufbewahrt, anstatt es auszusäen. Die Mäuse fressen es auf oder es wird schimmlig. Es ist völlig normal, Besitz anzustreben. Aber nur besitzen zu wollen, ohne etwas weiterzugeben, ist ein primitiver Instinkt, der noch der Erziehung bedarf. Das, was man besitzt, muss auch dazu dienen, Gutes zu tun.

Es ist also nichts Schlechtes dabei, Besitz anzustreben. Nur sollte man natürlich nicht so sehr materiellen Reichtum erstreben, denn dafür muss man immer irgendwie seinen Nächsten ausbooten oder irgendwelche Unehrlichkeit begehen. Die Erde und der Lebensraum sind begrenzt, so geht es immer mehr oder weniger auf Kosten der anderen, wenn man sich bereichert. Ist dieser Drang, sich zu bereichern, jedoch auf den Himmel ausgerichtet, der ja so weit, immens und unendlich ist, dann könnt ihr nehmen, was ihr wollt, und ihr werdet die Unermesslichkeit, diesen unerschöpflichen Ozean doch nicht verringern können und auch von niemandem die Interessen beeinträchtigen. Habt ihr euch derart bereichert, gebt ihr den anderen davon ab. Also, der eine Arm nimmt und der andere gibt. Dann werdet ihr zum »Aleph«, so wie Christus; ihr erlangt Vollkommenheit. Erst wenn die beiden Begriffe Kapitalismus und Kommunismus eins werden, gibt es eine echte Lösung.

Das Ideal eines Eingeweihten besteht darin, so wie Christus zu werden: Alpha und Omega, Aleph und Tav. Das ist Anfang und Ende, Ursache und Wirkung, die göttliche und die physische Welt. Aleph löst die Kräfte des Himmels aus, und Tav lässt sie hier auf Erden konkrete Form annehmen. Der gleiche Gedanke findet sich im »solve et coagula« der Alchimisten wieder. »Solve« ist der Vorgang der Auflösung der Materie bis zum ätherischen Zustand, und »coagula« ist der Vorgang der Verdichtung. Übrigens entspricht der Name Omraam, der mir in Indien gegeben wurde, den beiden Vorgängen von »solve« und »coagula«. »Om« löst die Dinge auf, führt sie zum Feinstofflichen hin, und »Raam« führt sie in die Materie hinein, verdichtet sie. Der Name Omraam ist also ein Symbol für einen Prozess, in dem der unsichtbare, noch nicht greifbare Gedanke, der auf der Erde Gestalt annehmen soll, damit alle ihn sehen und berühren können, gegenständlich wird. Wir alle müssen in diesem Sinne arbeiten. Es wird zwar gesagt: »Oh, ich habe eine Idee!« Aber was wird getan, um sie zu verwirklichen? Nichts, man bleibt bei der Idee stehen.

Als Christus sprach: »Ich bin Alpha und Omega«, wollte er also sagen: Die großartige Philosphie, die ich euch bringe, besteht darin, sich mit dem Himmel zu verbinden und dessen Segen auf sich zu ziehen, um ihn dann hier auf Erden zu verbreiten und zu materialisieren. Dieser Gedanke findet sich auch in anderer Form im »Vaterunser« ausgedrückt, dort, wo es heißt: »Dein Wille geschehe, wie im Himmel so auf Erden.« Aber die Idealisten, die Ärmsten, verhungern mit ihren Ideen; sie sind kränklich, zerlumpt und schwach. Zwar haben sie gute Ideen, aber hier auf der Erde bringen sie nichts zustande. Und die anderen, die Reichen, sind im Innern lichtarm und schimmelig. Um vollkommen zu sein, braucht man also beides, und das ist es, was man hier in der Lehre der Universellen Weißen Bruderschaft lernt.

Die Lösung für die Probleme des Kapitalismus und des Kommunismus besteht darin, dass sowohl die Kapitalisten wie auch die Kommunisten sich bereit erklären müssen, ihre Weltanschauung zu erweitern und die Dinge von einer sehr hohen Warte aus zu betrachten. Anstatt miteinander zu streiten, was zu nichts Gutem führt, sollten sie aufeinander zugehen, denn sie brauchen sich gegenseitig. Das ist die Lösung, die ich gefunden habe. In mir gibt es keinen Widerstreit zwischen Kommunisten und Kapitalisten; beide Seiten reichen sich brüderlich die Hand, sie umarmen einander und sind glücklich miteinander. Die Kapitalisten in mir sind Tag und Nacht dabei, sich zu bereichern. Darin übertreffen sie sogar die Kapitalisten dieser Welt, die dermaßen begrenzt und gebunden sind.

Was kann man schon hier auf der Erde tun? Will man schnell fahren, riskiert man Unfälle, da es überall Bäume, Häuser und Leute gibt, und manchmal geht's nur mit dreißig voran, will man nicht den ganzen Hühnerhof über den Haufen fahren. Im Äther hingegen könnt ihr euch sogar schneller als das Licht vorwärtsbewegen, und es gibt keinen Unfall. Und genau dort oben, in dieser Höhe befinden sich die Kapitalisten in mir, und darum stoßen sie bei ihren Unternehmungen auf kein Hindernis. Die anderen dagegen, die armen Kerle, stoßen immer wieder auf ihre Grenzen, obwohl sie alles unternehmen, um die ganze Welt zu verschlingen. Nun, was wollt ihr, auf der Erde ist es eben so. Als Kapitalist übertreffe ich alle anderen, da könnt ihr mir nichts nachsagen. Da ich jedoch eingesehen habe, dass die Reichtümer, die ich angesammelt habe, verschimmeln und von den Mäusen gefressen werden könnten, bin ich Kommunist geworden. In der Tat wird man als Kapitalist geboren, der Kommunismus kommt später. Wenn ein junger Mann zum Beispiel eine junge Frau trifft, dann wird er Kommunist. Gewiss, denn er gründet ein Heim, und das ist die erste Kommune, damit fängt alles an.

Weisheit bedeutet also, dass man die beiden Richtungen, den Kapitalismus und den Kommunismus sich entwickeln lässt. Sogar an einem einzigen Tag muss man imstande sein, eins wie das andere zu leben. Nur Kapitalist zu sein, das heißt in seinem kleinen Loch zu bleiben, ohne andere Menschen zu sehen, das ist sehr schlecht. Und ständig an den anderen zu kleben, weil man unfähig ist, allein zurechtzukommen, ist ein stumpfsinniger Kommunismus. Ich habe das Problem so gelöst: Die eine Hälfte des Tages behalte ich für mich, ich arbeite, bete und meditiere, ich trage also etwas zusammen. Während der anderen Hälfte rede ich und empfange Besuch; ich teile aus. Auf diese Weise fühlt man sich glücklich, weil man beide Seiten zufrieden gestellt hat. Falls ihr immer nur alleine seid und nichts von euch selbst weitergebt, fühlt ihr euch doch unglücklich und bedrückt, es fehlt etwas. Seid ihr aber ständig mit den anderen zusammen, dann verliert ihr alles, der Speicher leert sich und nicht einmal für euch selbst bleibt etwas übrig. Dann seid ihr also wieder gezwungen, Kapitalist zu werden, ein wenig auf das Zusammensein mit den anderen zu verzichten, damit ihr wieder Reichtum ansammeln könnt.

Wer zu viel anhäuft oder zu viel abgibt wird dadurch unglücklich. Nur die dritte Lösung macht die Menschen glücklich, und ich habe sie gefunden: von jedem die Hälfte. Ihr meint, das sei ja kinderleicht. Die Sache kann in der Realität aber sehr weit führen! Denken wir an zwei, die miteinander verheiratet sind; wenn sie immer im selben Bett miteinander sind, dann sind es Kommunisten. Aber dann sind sie eines Tages so lange Kommunisten gewesen, dass sie nun auseinander gehen, weil sie einander abstoßen, denn es gibt zwischen ihnen keine Poesie mehr. Ständig miteinander im selben Bett zu sein, ist einfach zu prosaisch. Wenn sie das Problem wirklich lösen wollen, müssen sie ein wenig kapitalistisch werden und etwas mehr Abstand halten. Von Zeit zu Zeit zwei Betten wäre besser. Was hat man im Leben doch alles noch nicht begriffen!

Allein die Eingeweihten sind wahre Kapitalisten und wahre Kommunisten, denn sie sind eins wie das andere, und zwar bewusst. Sie wissen, dass der Kreislauf von Nehmen und Geben ein Lebensgesetz ist. Und das ewige Leben bedeutet, vom Himmel zu empfangen und das Empfangene weiterzugeben, so dass alles schließlich zum Himmel zurückkehrt, wo es wieder geläutert wird. Die Blutzirkulation ist gleichzeitig kapitalistisch und kommunistisch. Der venöse Kreislauf ist kapitalistisch; von allen Punkten des Körpers kommend strömt das Blut in die Lungen, wo es gereinigt wird. Von dort fließt es wieder zum Herzen, das es durch den ganzen Körper schickt. Der arterielle Kreislauf ist also kommunistisch.

In der Blutzirkulation spiegelt sich in der Tat ein kosmisches Geschehen wider: die von Gott, vom Zentrum kommende Energie, die herab- und durch alle Naturreiche (Menschen, Tiere, Pflanzen, Minerale) hindurchströmt, um sie zu beleben. Dabei nimmt sie viele Unreinheiten auf, um dann auf noch unbekannten Wegen zur Lunge und zum Herzen des Universums zurückzukehren, wo sie gereinigt und danach erneut zu den Geschöpfen gesandt wird. Dieser Kreislauf entspricht richtig verstandenem Kapitalismus und Kommunismus. Aber die Menschen, die das eben nicht begriffen haben, sind entzweit, und daher funktionieren die Dinge nicht. Die Kommunisten müssen einsehen, dass die Kapitalisten ihre Daseinsberechtigung haben, dass man sie nur erziehen und ihnen sagen muss: »Oh, ihr seid großartig, ihr seid fähige Leute. Was für Gaben der Himmel euch doch mitgegeben hat, was für eine Willenskraft und was für einen Spürsinn! Nun seid ihr aber so beladen und so schwer geworden, dass es euch Not tut, eure Reichtümer weiterzugeben; und wir müssen euch sagen, wo und wie, denn bisher hat das noch keine großartigen

Ergebnisse gebracht.« Den Beweis hat man ja darin, dass niemand zufrieden ist. Die Arbeiter stellen Forderungen, sie beklagen sich, und die Unzufriedenheit wird ewig so weitergehen, weil es an Licht mangelt.

Ich will euch den wirklichen Grund der Unzufriedenheit nennen. Er liegt darin, dass die Menschen, die nicht begriffen haben, dass sie ein hohes Ideal, eine göttliche Idee benötigen, die nämlich die Atmosphäre erfrischt und reinigt, sich früher oder später vergiften und dem Ersticken nahe sind. Denn was sie auch machen, selbst im Urlaub, sei es in den Bergen oder am Strand, sie sind immer in dem gleichen jämmerlichen Zustand. Ja, denn auch außerhalb der Fabriken und Werkstätten fühlen sie sich unglücklich und niedergedrückt, weil sie innerlich weder aufgeklärt noch geläutert sind, sie sind nicht mit dem Himmel verbunden.

Wahrer Kommunismus, das bedeutet nicht, die materiellen Bedingungen der Arbeiter zu verbessern. Wahrer Kommunismus bedeutet, innerlich mit dem Himmel verbunden zu sein, denn dann seid ihr glücklich. Selbst wenn ihr zu viel und unter schwierigen Bedingungen arbeitet, so steht ihr doch über diesen Äußerlichkeiten. Ihr ertragt alles und widersteht allem, weil es in euch etwas gibt, das euch heilt, euch Licht spendet und euch stärkt. Unterbrecht ihr jedoch diese Verbindung mit dem Himmel, kann euch kein äußerer Umstand und kein materielles Mittel darüber hinwegtrösten. Was ihr auch unternehmt, ihr werdet euch ewig beklagen.

Gewiss will ich nicht behaupten, die Arbeiter hätten großartige Lebensbedingungen und es gäbe keine enormen Ungerechtigkeiten, die abgeschafft werden müssen; aber das ist eine andere Frage. Hier möchte ich lediglich darauf hinweisen, dass es bei der Art und Weise, wie an das Problem herangegangen wird, selbst wenn man große materielle Verbesserungen schafft, es immer die gleiche oder noch schlimmere Unzufriedenheit geben wird. Denn wenn es einem an Licht fehlt, wird man immer einen Grund finden, unglücklich zu sein und sich zu beklagen. Schaut doch nur, wie viele Dinge schon seit Jahren verbessert werden, und doch sind die Leute aufgebrachter als je zuvor. Es fehlt also das Licht, es fehlt die Liebe, die Verbindung mit dem Himmel fehlt.

Ihr seht also, gerade die Kommunisten sind keine Kommunisten, weil sie nicht mit dem Himmel kommunizieren und nur an materielle Dinge glauben, an Arbeit, Entlohnung und Verteilung der Güter. Echte Kommunisten sind Menschen, die in inniger Verbindung mit dem Himmel stehen und sich von da aus den Menschen zuwenden. Da die Kommunisten die Bande zum Himmel durchtrennt haben, werden sie sich nicht lange halten können. Sie wollen ihre Weltanschauung über die ganze Erde verbreiten, und im Augenblick haben sie auch Erfolg damit. Einige Jahre mag das noch so weitergehen, aber eines schönen Tages wird es damit vorbei sein. Die ganze Welt wird endlich begreifen, und der neue Kommunismus wird herrschen, nämlich der der Universellen Weißen Bruderschaft, das ist der wahre Kommunismus. Es ist gut, Kommunist zu sein, ich habe nichts dagegen; aber es gibt doch noch einige Punkte klarzustellen.

Vor genau 61 Jahren, es war im Jahre 1917, ich war damals 17 Jahre alt, kam der Bolschewismus auf. Und ich sagte zu meiner Mutter: »Der Kommunismus wird fast die ganze Welt überschwemmen – seither hat er sich sogar bis nach Afrika ausgebreitet – aber es ist ihm nicht gegeben, sich lange zu halten, er wird sich verwandeln.« Fast die gleiche Vorhersage habe ich dann in einem Buch des Hellsehers Edgar Cayce gelesen. Der Kommunismus wird also nicht verschwinden, sondern sich wandeln, er wird sich dem Geist der Brüderlichkeit anschließen. Die Kommunisten sind dahingehend erzogen, die Ideen von Gemeinschaft und Brüderlichkeit anzunehmen. Aber solange sie es nicht zulassen, dass der mystische und religiöse Drang im Menschen zum Ausdruck kommt, kann ihre Ideologie keine ideale Lösung anbieten. Selbst wenn ihre Ideen von Großzügigkeit geprägt sind, was man nicht von allen anderen behaupten kann, so wird der Kommunismus doch keinen Bestand haben können, da die Hauptsache fehlt, nämlich Seele und Geist, die immer wieder ihr

Recht fordern werden, mit dem Herrn zu kommunizieren. Daher wird es in Russland zu großen Umwälzungen kommen. Die Russen können nicht länger im Atheismus bleiben; sie werden explodieren. Und so wird sich unsere Lehre in Russland ausbreiten, in Bulgarien und in allen anderen Ländern, wo sich der Kommunismus etabliert hat und seit einigen Jahrzehnten schon herrscht. Ich wünsche euch, dass ihr dann noch lebt, damit ihr euch von dem Gesagten selbst überzeugen könnt.

Ich kann euch ein weiteres Argument geben. Die Menschen haben ihre Wünsche, Neigungen, Begierden und was ihr sonst noch wollt, aber sie wissen, dass sie nicht die Freiheit besitzen, diese aufs Geratewohl zu befriedigen. Denn es gibt einen Staat mit einer Regierung, mit Gesetzen und Richtern, und wenn sie den Gesetzen zuwiderhandeln, werden sie bestraft. Nun behauptet manch einer: »Aber ich wusste doch nicht, dass man dieses oder jenes nicht tun darf.« Nun, er hätte es wissen sollen. Er kann sich nicht damit herausreden, dass er es nicht gewusst hat, denn jeder muss sich darüber auf dem Laufenden halten. Kein zivilisierter Mensch ist in Unkenntnis darüber, dass es Gesetze gibt. Sogar die Kinder wissen schon, dass eine Bestrafung folgt, ein paar hinter die Ohren oder auf den Hintern, wenn sie bestimmte Regeln missachten.

In der Realität muss man allerdings nur gewitzt genug sein, um die Gesetze der Menschen ungestraft zu übertreten. Aber es gibt den menschlichen Regeln übergeordnete Gesetze und, falls man die übertritt, gibt es kein Entkommen. Diese Gesetze werden zwar nirgendwo in den Büchern der Menschen erwähnt, jedoch kann man sie in den Einweihungsschulen kennen lernen, oder man findet sie in sich selbst, da sie in uns niedergeschrieben sind, durch Nachdenken oder beim Meditieren. Diese Gesetze sind von Gott gemacht und ewig gültig. Die menschlichen Gesetze ändern sich je nach Land und nach Epoche. Wenn ihr sie einhaltet, zieht ihr daraus Vorteile innerhalb der Gesellschaft; aber, wie schon gesagt, wenn ihr schlau genug seid, könnt ihr sie ungestraft übertreten. Die göttlichen Gesetze dagegen sind viel mächtiger und schrecklicher, und man muss sie kennen.

Ein Schüler der Universellen Weißen Bruderschaft eignet sich die Kenntnis dieser Gesetze an, und in dem Maße macht er Fortschritte, wie er mit ihnen in Harmonie ist. Falls er sie übertritt, kann er sich nicht herausreden und behaupten: »Mich trifft doch keine so große Schuld, ich wusste ja nicht...« Nein, er hätte sie kennen müssen. Wenn euch ein Polizeibeamter anhält, könnt ihr auch nicht sagen: »Herr Polizist, ich wusste doch nicht...« Er gibt überhaupt nichts darauf, ob ihr wusstet oder nicht, und ihr bekommt euren Strafzettel. Warum sollte sich das im geistigen Bereich anders verhalten?

Da die heutige Menschheit leider immer mehr bei den Äußerlichkeiten stehen bleibt: bei den Gesten, dem Gesicht, der Kleidung oder der Arbeit, sind alle so in Anspruch genommen, zu lernen, was in der Gesellschaft schicklich ist, dass ihnen keine Zeit mehr bleibt, die göttlichen Gesetze zu erlernen. Und darum geht es in dem Maße, wie der materielle Zustand der Menschheit sich verbessert, mit ihrem moralischen und spirituellen Niveau bergab. Woher kommen all die Krankheiten, die Unausgeglichenheit und die Kriminalität? Wenn ihr nur wüsstet, was sich jeden Tag in der Welt zuträgt; das ist erschreckend! Auf materiellem Gebiet ging es der Menschheit noch nie so gut, aber auf der anderen Seite steigen Unausgeglichenheit und Krankheit im gleichen Verhältnis. Da man das Schwergewicht auf die eine Seite legt, wird die andere gezwungenermaßen vernachlässigt. Die Leute verbringen ihre Zeit in Besprechungen und Diskussionen, um diesen oder jenen Punkt zu verbessern, aber das betrifft immer nur die materielle Ebene. Es werden keine Versammlungen abgehalten, um den göttlichen Weg kennen zu lernen, und darum ist man verloren, selbst wenn bei den Geschäften alles bestens läuft.

Ein Eingeweihter muss euch sagen, dass ein Mensch, der sich nicht mit den göttlichen Gesetzen befasst, äußerst dumm ist. Denn er vernachlässigt die Beziehungen, die er mit den intelligenten Kräften in der Natur, mit allen Geschöpfen, mit den himmlischen Hierarchien und den Wesen, die das Universum bewohnen, eigentlich unterhalten müsste. Dieser Mensch konzentriert sich bloß auf ein kleines Sandkorn, auf die Erde, der einzig seine Geschäfte gelten. Und dabei gibt es so viele Dinge kennen zu lernen und zu erspüren! Aber nein, denen hat man den Rücken zugekehrt. Darum mache ich zwischen Kommunisten und Kapitalisten keinen Unterschied. Da weder die einen noch die anderen erkennen, dass es ewige Gesetze gibt, die man beachten, denen man sich fügen und mit denen man in Harmonie kommen muss, und da sie ihre Energien allein auf den physischen, materiellen und wirtschaftlichen Bereich konzentrieren – was sie ja alle gleichermaßen tun – zeigen sie, dass ihr Verstand getrübt ist.

Werdet also wahre Kapitalisten und wahre Kommunisten, und sogleich werdet ihr Himmel und Erde besitzen. Viele Kommunisten sind es nur gezwungenermaßen, weil sie dazu genötigt werden. Ihr Grundstück und ihr Haus werden ihnen einfach genommen. Sie haben sich nicht von sich aus bereit erklärt, das herzugeben. Ein seltsamer Kommunismus, wenn die Leute gezwungen werden, das wegzugeben, was ihnen gehört.

Die Menschen einzuschränken, zu bedrücken und zu unterdrücken, ist das etwa Kommunismus? Nein, Kommunismus bedeutet, auszuteilen, zu geben, zu lächeln und zu lieben, sein Kapital jedoch für sich zu behalten, denn hat man das nicht mehr, kann man nachher nichts mehr produzieren. Wenn ihr gute Einfälle habt, aber nicht das nötige Geld, könnt ihr nichts daraus machen. Stellt euch aber jemand Kapital zur Verfügung, könnt ihr ein Unternehmen aufbauen, viel verdienen und nachher eure Reichtümer weitergeben; dann werdet ihr Kommunist. Um das allerdings zu werden, müsst ihr zuerst Kapitalist sein. Was für einen Kommunismus könnt ihr denn praktizieren, wenn ihr nichts habt? Die kosmische Intelligenz hat das Problem aber gelöst. Sie hat uns ein Kapital mitgegeben, unsere Arme, unsere Beine,... und alle Kapitalisten, die nicht begriffen haben, zu welchem Zweck man eigentlich Kapitalist sein soll, sind sehr schlechte Kapitalisten. Und die Kommunisten greifen sie mit Recht an. Allerdings haben sie kein Recht, die Kapitalisten der Universellen Weißen Bruderschaft anzugreifen, denn sie sind auch wahre Kommunisten.

Nun werdet ihr sagen: »Oh je, wie verzwickt das alles ist. Nun verstehe ich bald überhaupt nichts mehr!« Ja, in eurem Kopf wird euch das immer verwirrend erscheinen, weil ihr nicht in einer Einweihungsschule gelernt habt. Ihr seid eben – wer weiß wo – zur Schule gegangen, und darum versteht ihr nichts mehr, wenn man euch die Dinge so darlegt, wie sie von der kosmischen Intelligenz geschaffen wurden, denn ihr wart in Schulen der Menschen, in blödsinnigen Schulen, wo euch falsche Vorstellungen eingetrichtert wurden. Ich bin dagegen bei der kosmischen Intelligenz in die Schule gegangen, wo man mir Folgendes dargelegt hat: Wer kein Kapitalist ist, kann auch kein Kommunist werden. Man muss also sein Verständnis der Dinge erweitern, Kapitalist werden und sein Kapital dann so einsetzen, dass man mit Gehirn, Mund, Armen und Beinen Gutes tut. Wenn ihr das tut, seid ihr ein idealer Kommunist. Wenn ihr aber überhaupt nichts habt und doch Kommunist sein wollt, was könnt ihr dann an Gutem tun? Nichts! Ihr nehmt lediglich, was euch nicht gehört; ihr seid ein Dieb.

Die Reichen ausschalten wollen, um zu nehmen, was sie haben und dann zu leben wie sie, soll man die Dinge etwa so auffassen? Wenn man im Elend lebt, bekämpft man die Reichen, aber wenn man selber reich ist, bekämpft man sie nicht mehr. Tatsächlich solltet ihr aber gegen die Reichen sein, wenn ihr selbst reich seid, und dann alles verteilen. Aber gegen die Reichen sein, wenn ihr im Elend lebt, das ist zu einfach. Das ist so wie bei den hässlichen Mädchen, wenn sie die hübschen Mädchen kritisieren. Sie tun es, weil sie sich hässlich fühlen. Wären sie selbst hübsch, würden sie niemals die Schönheit kritisieren. Ich kenne die menschliche Natur! Die unschönen kritisieren die entzückenden Mädchen, die auf die Jungen anziehend wirken, weil sie selbst noch nie jemand anziehend fand. Aber ich bin in diesen Dingen sehr freisinnig. Ich zolle ihnen meinen Beifall und sage: »Bravo!

Lasst eure Anziehungskraft noch auf andere wirken und bringt sie mit in die Bruderschaft!« Ihr seht, es gibt keinen Menschen, der freisinniger wäre als ich.

Nun wisst ihr, wie die Dinge zu verstehen sind. Denn die Kapitalisten auszuplündern, zu sagen: »Ich bin Kommunist« und dabei die anderen schlimmer zu unterdrücken, als es die Vorgänger taten, das kann nicht gut gehen. Wie wollen die Kommunisten das jemals der Menschheitsgeschichte gegenüber rechtfertigen? Denn alles wird registriert! Es gibt sogar immer mehr Filme, in denen gezeigt wird, wie Leute gezwungen wurden, Verbrechen zu gestehen, die sie nie begangen haben. Aber die Geschichte wird darüber richten, und zwar über alle, über die Kapitalisten ebenso wie über die Kommunisten, und sie werden sich im Grunde nicht voneinander unterscheiden. Außer diejenigen, die gleichermaßen Kapitalisten und Kommunisten sind, die ihr Kapital, ihre Reinheit, ihr Leben, ihre Intelligenz, ihr Licht achten und behüten, um den anderen etwas davon geben zu können und große Dinge zu tun.

Ja, meine lieben Brüder und Schwestern, vor der Lehre der Universellen Weißen Bruderschaft verblasst alles andere. Sie ist so umfassend, tiefgehend, edel, erhaben und vielseitig! Kein anderes Lehrsystem kommt ihr gleich. Denn in keinem anderen System wurden die wahren Bedürfnisse des Menschen so berücksichtigt, die über das hinausgehen, was im Marxismus nicht berücksichtigt wird: die Bedürfnisse von Seele und Geist. Daher wird sich das marxistische System als arm und unvollständig erweisen – im Übrigen hat es das schon getan. Und es wird unsere Lehre sein, die das letzte Wort hat.

Videlinata (Schweiz), den 7. März 1973

V

Die wahre Ökonomie

I

Freier Vortrag

Heutzutage neigen die Menschen immer mehr dazu, der Wirtschaft einen vorrangigen Platz einzuräumen. Und dem Anschein nach haben sie damit recht. Wenn ihr nicht genügend Geld habt, um euch Lebensmittel und eine Wohnung zu besorgen, dann wird natürlich alles komplizierter. Tatsächlich ist die Wirtschaft aber nicht alles, denn sie ist selbst von Faktoren abhängig, die sich auf einer höheren Ebene befinden. Der wirtschaftliche Bereich ist, wenn ihr so wollt, die unbelebte Seite, denn er kann sich nicht selbständig fortbewegen, kann nicht eigenständig handeln oder sich ausdrücken. Es sind andere Kräfte, die beschließen, ihn so und so zu gestalten, und je nachdem, ob das nun mit Weisheit oder mit Torheit geschieht, sind die Ergebnisse sehr unterschiedlich. Wenn der Kopf, der zu entscheiden hat, krank ist, dann ist die Wirtschaft am Ende auch ruiniert. Dann folgen Unzufriedenheit, Streik und Aufruhr.

Leider haben die Menschen sich so sehr in die Materie hineinziehen lassen, dass sie darüber vergessen haben, dass nicht sie die Hauptsache ist, sondern die Faktoren, die auf sie einwirken. Stellt euch vor, ihr hättet ein großes Vermögen und auch Waffen, um euch zu verteidigen. Ihr fühlt euch also sehr stark. Nun seid ihr jedoch dumm, und es kommt jemand, der klüger ist als ihr. Er kann euch vernichten, da er etwas hat, das all dem, was ihr besitzt, überlegen ist. Ja, denn die Klugheit siegt oft über alle materiellen Mittel.

Alle Geschehnisse, die sich auf der materiellen Ebene abspielen, hängen von Phänomenen ab, die sich auf einer sehr viel höheren Ebene abwickeln, nämlich in der Welt der Gedanken und Gefühle. Ich habe einmal mit einer hier in Frankreich recht bedeutenden Persönlichkeit des politischen Lebens gesprochen, und sie sagte, das Kapital sei der Motor der Gesellschaft. Ich antwortete darauf: »Nein, denken Sie einmal nach. Wer verschiebt die Gelder von einem Ort zum anderen? Das sind die Vorstellungen. Darum stehen die Vorstellungen an erster Stelle, denn sie leiten und lenken das Kapital, sie gestalten die Welt.« Aber die Menschen befassen sich immer nur mit dem äußeren Schein. Sie sehen nur die materielle Seite, die finanziellen Mittel, den Mangel oder die Fülle an Rohstoffen usw. Sie erkennen nicht, dass all das von einer geistigen Kraft gesteuert und gestaltet wird, die man Intelligenz nennen kann oder auch Wille. Aber nein, es wird so getan, als seien das voneinander völlig getrennte Welten. Solange man den unsichtbaren Faktor nicht sieht, der auf die materiellen Dinge einwirkt und sie beeinflusst, wird man niemals irgendetwas begreifen. Tatsächlich gibt es nichts im Bereich von Wirtschaft, Technik und Industrie, das von alleine tätig werden könnte.

Will man den Menschen biologisch darstellen, werden dazu verschiedene Tafeln benutzt, die jeweils einen Teilbereich wiedergeben wie das Knochengerüst, den Blutkreislauf, die Muskulatur, das Nervensystem usw. Keine dieser Tafeln stellt den Menschen in seiner Gesamtheit dar, sondern immer nur einen Aspekt. Darüber hinaus gibt es noch physiologische Systeme, die der Schulwissenschaft noch gar nicht bekannt sind. Nirgendwo wird z.B. das Aurasystem mit seinen Licht- und Farbströmen erwähnt. Dieses System steuert das Nervensystem, das seinerseits die Systeme von Kreislauf und Atmung usw. regelt. Der Mensch ist also noch nicht in seiner Gesamtheit erforscht.

Nehmen wir auch ein Beispiel aus der Medizin. Eine der großen medizinischen Entdeckungen waren die endokrinen Drüsen, die Hormone produzieren. Und heute ist man der Ansicht, dass mehr oder weniger alles von ihnen abhängig ist. Doch das ist nicht ganz richtig, denn ob die Drüsen gut oder schlecht funktionieren, hängt wiederum von anderen Faktoren ab, die auf sie einwirken. Ebenso wie diese Drüsen einen Einfluss auf den gesamten Organismus haben, wirken andere, feinere Energien im Bereich des Fühlens und Denkens, im Bereich von Seele und Geist darauf ein. Eines Tages wird sich die Medizin mit diesen Dingen befassen und auch erforschen, welchen Einfluss die Sonne auf diese Drüsen hat.

Da die Menschen ein solches Schwergewicht auf den wirtschaftlichen Bereich, auf Rohstoffe, Kapital, Absatzmärkte, Importe, Exporte usw. legen, haben sie sich auf das Knochengerüst, die Muskulatur und das Kreislaufsystem beschränkt. Sie sind nicht bis zum Nervensystem und noch viel weniger bis zum Aurasystem gekommen. Dadurch erklärt sich auch, dass sie durch die vorrangige Beschäftigung mit wirtschaftlichen Dingen, also auch damit, zu wachsen und kapitalkräftiger zu werden, bestimmte Regeln, Gesetze und Tugenden außer Acht lassen, die den letztgenannten Systemen entsprechen. Auf diese Weise sind die Führungskräfte, die den Schwerpunkt auf die Wirtschaft legen, im Begriff, den geistigen und sittlichen Verfall der gesamten Menschheit zu provozieren. Will man ständig stärker und reicher sein als der Nachbar, ist man ja genötigt, Dinge zu tun, die nicht immer ganz ehrlich sind. Das ergibt sich doch zwangsläufig.

Während also auf der einen Seite der Überfluss zunimmt, nimmt auf der anderen Seite die Achtung vor den göttlichen Gesetzen ab, und das wird die schlimmsten Katastrophen zur Folge haben. Ich bin mir bewusst, dass das, was ich sage, nicht akzeptiert wird, denn man sieht die Dinge nicht so. Man sieht nicht, dass man für den wirtschaftlichen Erfolg gezwungen ist, ständig Unehrlichkeiten und sogar Verbrechen zu begehen. Es ist wie in

Politik und Spionage, alles ist erlaubt. Man gibt vor, für sein Land zu arbeiten. Ja, aber... was ist mit den anderen Ländern? Immer wieder sind es wirtschaftliche Interessen, die euch anraten, die Moral zu untergraben. Stehen diese Dinge an erster Stelle, treten alle guten Eigenschaften in den Hintergrund, sie werden von Egoismus, Gewalt, List und Skrupellosigkeit verdrängt. Das wirtschaftliche Leben ist unerlässlich, daran besteht kein Zweifel, aber man muss es zu beherrschen wissen, damit es anderen Notwendigkeiten und Kräften untersteht, die ihm übergeordnet sind. Ansonsten werden die besten Bestrebungen geschändet, damit die Egoisten sich bereichern können.

Man muss allmählich zum Nachdenken kommen und klar erkennen, dass die göttliche Welt an erster Stelle steht und alles andere ihr dienen muss. Die Wahrheit ist, dass die Menschen den Zweck und die Mittel verwechselt haben. Sie wissen, dass immer ein Ziel gegeben ist und dass Mittel da sind, um es zu erreichen. Sie haben aber nicht erkannt, dass sie alle ihnen vom Himmel verliehenen Fähigkeiten und Gaben einsetzen, um irdische Ziele zu erreichen. Um ihre niedrigsten Begierden zu befriedigen, opfern sie, was sie an besten Dingen in sich tragen, und selbst der Herr soll sich fügen, um ihnen bei ihren Ausschweifungen und Verrücktheiten zu helfen. Meint ihr etwa, sie hätten die Situation erfasst? Nie im Leben! Sie nehmen sich gar nicht die Zeit, sich zu fragen: »Wie bin ich eigentlich, und was suche ich?« Nein, ein Meister muss kommen und ihnen sagen: »Schau doch, mein Bester, was dein Ziel ist! Es ist die Hölle! Und die Mittel? Nun, ja, das sind der Herr, die Engel, die Wissenschaft, die Kunst und die Religion.« Ja, um die Hölle zu erreichen!

Das materielle und das wirtschaftliche Leben ist das Einzige, was für die meisten Menschen zählt. Und dabei sind sie so unwissend und behindert in Bezug auf die höheren Ebenen, dass man sie ständig aus dem Gleichgewicht geraten oder krank sieht, ohne dass ihnen überhaupt bewusst ist, warum. Dann geben sie natürlich den anderen die Schuld, den Nachbarn, der Gesellschaft, den führenden Persönlichkeiten und sogar dem Herrn. Sie erkennen nicht, dass ihnen innerlich etwas fehlt um klar zu sehen, und dass es auch an Kräften und am guten Willen mangelt, um die Situation wieder ins Lot zu bringen. Aber nein, nein, immer sind die anderen die Schuldigen, weil sie ihnen dies oder das vorenthalten haben. Doch selbst wenn sie bekommen, was sie fordern, ändert das nicht viel an der Situation. Denn wenn man so stumpfsinnig und innerlich so begrenzt ist, dann ist man gar nicht imstande, das, was man erhalten hat, zu nutzen, und man bessert sich auch nicht, ganz im Gegenteil.

Wie oft hat es sich schon gezeigt, dass der Mensch, wenn er all seine Wünsche befriedigt, nicht edler, strahlender und gottähnlicher wird. Er sinkt im Gegenteil auf die Stufe der Tiere herab, weil ihm mehr Möglichkeiten offen stehen, sich zu beschmutzen. Vorher hielt ihn zumindest die Armut ein wenig davon ab. Gelingt es ihm aber, die materiellen Bedingungen zu verbessern, ist der abschüssige Weg in die Hölle weit offen. Damit will ich nicht sagen, man müsse die Menschen in Armut halten, das nicht. Jedoch sage ich, dass es gefährlich ist, denen materielle Erleichterungen zu verschaffen, die nicht imstande sind, sich zu beherrschen und die dem materiellen Leben den Vorzug vor dem spirituellen Leben geben. Denn in dem Augenblick würde man bei ihnen Trägheit, Schwäche und verbrecherische Neigungen fördern.

Ein Eingeweihter, der vorher erforscht hat, wohin ihn die Befriedigung des einen oder anderen Wunsches führen, was dies in ihm wachrufen und wohin es ihn treiben kann, nimmt davon Abstand, wenn er sieht, dass dies ein Hemmnis für seine spirituelle Höherentwicklung bedeuten würde. Nehmen wir nur ein Beispiel aus dem täglichen Leben. Ein unwissender und seelisch ungefestigter junger Mann will eine äußerst reizende junge Frau heiraten und tut dies dann auch. Dem Anschein nach ist das eine großartige Sache, nur hat er noch nie daran gearbeitet, Verständnis, Selbstbeherrschung und Charaktergröße zu entwickeln, und all seine niederen Instinkte wie Argwohn, Eifersucht und Grausamkeit fangen an hervorzutreten. Er hat keine ruhige Minute mehr. Er überwacht seine Frau und alle, die sich ihr nähern. Er glaubt, dass sie ihn betrügt, und rasend vor Eifersucht bringt er sie eines Tages um, wie auch den, den er für ihren Liebhaber hält. Er landet daraufhin im Gefängnis.

Sokrates besaß sehr viel mehr Weisheit. Er hat sich die hässlichste und unangenehmste Frau von ganz Griechenland ausgewählt, denn mit ihr war er wenigstens diesbezüglich sorglos. Von Zeit zu Zeit gab es natürlich mal ein Gewitter, es wurde geschrien und gezetert, und er bekam auch ab und zu einen Eimer Putzwasser über den Kopf gegossen. Aber das spielt sich ja nur im Äußeren ab, innerlich hatte er seine Ruhe. Aber wer von euch wird sich eine Xanthippe aussuchen? Niemand, jeder sucht nach einer Filmdiva, um nachher sein ganzes Leben lang Ärger zu haben.

Also, ich sage es noch einmal. Wenn man die menschliche Natur nicht kennt und um jeden Preis den Forderungen der Leute nachkommen will, dann weiß Gott allein, ob man ihnen damit wirklich etwas Gutes tut oder ob man ihnen lediglich glühende Kohlen aufs Haupt lädt! Warum soll man die Menschen nicht unterrichten und ihnen beibringen, erst einmal zu analysieren, ob das, wonach sie verlangen und was sie anstreben, wirklich so gut und segensreich für sie ist? Wie oft hat sich das, was anfangs als Fortschritt, Vorteil und Verbesserung angesehen wurde, nachher als ausgesprochen schädlich erwiesen! Denn man hatte nur auf den äußeren Schein geblickt.

Es ist wohl wahr, dass der materielle und industrielle Fortschritt etwas bringt. Wenn man jetzt in ein Haus kommt, kann man nur begeistert sein, was man da alles sieht: Heizung, Fernsehen, Telefon, Staubsauger, Waschmaschine, Geschirrspülmaschine... Aber wenn die Menschen nun alles haben, warum sind sie dann so unzufrieden, so aufsässig und auch so krank wie noch nie? Und trotz dieses offensichtlichen Scheiterns suchen sie weiterhin in der gleichen Richtung. Sie wollen nicht einsehen, dass sie, um wahrhaft glücklich zu werden, andere Dinge suchen müssen, nämlich Liebe, Weisheit und Wahrheit, und dass sie ihre Gewissheit, Bequemlichkeit und Wohlstand würde ihnen alles bringen, ein wenig dämpfen müssen. All diese Erleichterungen bringen ihnen nur Trägheit, Egoismus und Schwäche. Leider wünscht man sich aber genau das: Trägheit und Sinnenfreuden... nichts tun und alles bekommen.

Und wozu rate ich nun? Ich rate zu beidem: dazu, alle materiellen Erleichterungen zu haben, jedoch Tag und Nacht unermüdlich tätig zu bleiben, um nicht schwerfällig und stumpf zu werden. Nun werdet ihr sagen, dass ich das bereits zu euch gesagt habe. Ja, das habe ich, aber hat das zu Ergebnissen geführt? Habt ihr euch entschlossen, in diesem Sinne zu handeln? Noch nicht, denn auch ihr konzentriert euch so sehr auf die Materie und auf die sinnlichen Genüsse, dass euch keine Zeit mehr bleibt, euch der göttlichen Welt zu öffnen und die höheren Wesen einzuladen, damit sie zu euch kommen und in euch ihre Arbeit vollbringen. Und das, meine lieben Brüder und Schwestern, ist eine sehr ernste Sache, denn wenn ihr kein Einsehen haben wollt, werdet ihr Leid erdulden müssen, und niemand wird euch davor bewahren können. Nur ihr selbst könnt euch davor bewahren, und zwar durch das Licht und durch die Liebe. Analysiert also einmal, wozu ihr eure Zeit, eure Energien und eure Aufmerksamkeit verwendet. Ihr werdet sehen, dass ihr der göttlichen Welt keinen großen Platz einräumt, obwohl sie als einzige euch läutern, euch Licht bringen und euch zu neuem Leben erwecken kann. Ihr werdet auch erkennen, dass ihr fast all eure Zeit und eure Energien für die materielle Welt einsetzt, die euch, nachdem sie euch einige Minuten der Freude gewährt hat, schwere Bürden auferlegt, euch gefangen nimmt und bewirkt, dass ihr abbaut.

In einem anderen Vortrag habe ich euch gesagt, dass dem Menschen zwei Kräfte, zwei entgegengesetzte Neigungen innewohnen, die ich euch anhand der beiden Symbole Erebe und Jona dargelegt habe. In der Genesis ist Erebe der Rabe und Jona die Taube, die Noah aussandte, um zu erkunden, ob das Wasser der Sintflut zurückgegangen war. Diese beiden Kräfte, die im Menschen miteinander im Widerstreit liegen, sind Bewegung und Untätigkeit, Ausdehnung und Kontraktion, Leben und Tod, und je nachdem, welche Kraft vorherrscht, zeigt sich der Mensch aktiv, dynamisch und leistungsfähig oder aber schwächlich, kümmerlich und ohne Willenskraft. Im Verlaufe des Lebens zeigt sich Jona vor allem in der Kindheit, in der Jugend und im Alter des reifen Erwachsenen. Dann geht sie zurück, und Erebe kommt zum Vorschein: Der Mensch wird altersschwach und stirbt.

Wäre ihm das Gesetz der Liebe, der Weisheit und der Wahrheit bekannt und bliebe er mit dem Himmel in Verbindung, könnte der Mensch Jona selbst dann noch fördern und aufrechterhalten, wenn die entgegengesetzten Kräfte schon anfangen, ihn einzuschränken. Allerdings stehen die Menschen den spirituellen Realitäten so fern, dass sie schon in jungen Jahren lediglich Erebe in sich stärken. Bereits mit achtzehn oder zwanzig sind sie alt, welk und verweichlicht durch niedere Gedanken und Gefühle, die sie unablässig in sich nähren. Die Menschen denken nur an das eine und suchen auch danach, wie sie jung bleiben und ihr Leben verlängern können, doch wissen sie nicht, wie sie das anstellen sollen. Sie nehmen Medikamente oder Drüsenextrakte ein, aber diese Methoden sind unwirksam.

Die wirksamsten Mittel dafür sind die geistigen Mittel. Wie oft konnte ich mich doch schon selbst davon überzeugen! Gestern zum Beispiel kam eine sehr alte Dame, ihr Gesicht war finster und traurig. Im Laufe des Vortrags erschien dann aber ein solches Licht in ihr, dass sie völlig verwandelt war. Wie sollte man daraus nicht schließen, dass das spirituelle Leben den Menschen verwandelt? Auch ihr habt das doch schon erlebt. Das zeigt, dass man sich darum bemühen muss, gute Gedanken, Gefühle und Regungen zu nähren, denn sie bringen äußerst günstige Wirkungen hervor, und zwar nicht nur für die Seele sondern auch für den Körper. Wenn der Mensch also ein wirklich geistiges Leben in Licht, Liebe und Frieden lebt, kann er das Leben von Jona verlängern.

Natürlich könnt ihr mit allem Wissen und allem guten Willen

in dieser Inkarnation keine vollkommene Verwandlung erreichen, denn schon vor der Geburt ist die Entwicklung jedes Einzelnen mehr oder weniger festgelegt. Es ist möglich, in dieser Inkarnation manche Dinge ein wenig zu verbessern, aber erst für die nächste Inkarnation bereitet ihr wirklich große Verbesserungen vor, denn dann zieht der Himmel alle eure aufbauenden Pläne und Wünsche in Erwägung, berücksichtigt nicht mehr, was ihr in der Vergangenheit wart und schenkt euch ein wunderbares Schicksal. In eurem gegenwärtigen Leben spiegeln sich die vergangenen Inkarnationen wider. Entsprechend eurer früheren Lebensführung haben die vierundzwanzig Ältesten festgelegt, was für einen Organismus und welche körperlichen und intellektuellen Fähigkeiten ihr mitbekommen solltet. Dank des reineren und harmonischeren Lebenswandels, den ihr nun durch die Lehre angenommen habt und mit Hilfe der Gebete und Meditationen, könnt ihr wohl Verbesserungen bewirken, aber es ist sehr schwierig, alles wieder völlig ins Lot zu bringen. Für die Zukunft kann man alles erreichen, aber nicht für die Gegenwart.

Der Nutzen, ein Mitglied der Universellen Weißen Bruderschaft zu sein, besteht darin, dass ihr hier alle Bedingungen findet, um eure nächsten Inkarnationen zu verbessern. Andernfalls verbessert ihr nicht nur nichts, sondern eure Situation könnte sich auch verschlimmern, so dass ihr später noch eingeschränkter, kränker und mittelloser wäret. Nehmen wir als Beispiel einen reichen Mann. Falls er mit seinem Reichtum nichts Gutes anfängt und sich lediglich den Vergnügungen des gewöhnlichen Lebens hingibt, wird er in einer späteren Inkarnation nichts mehr besitzen. Er wird als Clochard mit seinesgleichen unter den Brücken von Paris sitzen und mit ihnen zusammen der Flasche zusprechen. Er wird gar nichts davon wissen, dass er in der Vergangenheit einmal sehr reich war und nun im Elend lebt, weil er mit seinem Reichtum nichts für die anderen getan hat. Wie viele Geschöpfe kommen in einem wirklich jämmerlichen Zustand zur Welt, ohne dass man weiß warum. Auf diese Frage konnten bisher weder Psychologie, Medizin, Pädagogik noch Psychoanalyse ein Licht werfen, noch nicht einmal die Religion. Das kann nur die Einweihungswissenschaft.

Gelegentlich kann es vorkommen, dass sich die Emanationen und die Ausstrahlungen des seelischen Lebens bis in die physische Ebene hinein zeigen, und einige Augenblicke lang ist der Mensch wahrhaft verklärt. Danach findet er wieder in seinen gewohnten Zustand zurück. Wenn er allerdings bewusst daran arbeitet, diese wunderbaren Zustände erneut herzustellen und wieder zu erleben, baut er sich für die nächste Inkarnation einen Körper von unbeschreiblicher Herrlichkeit auf. Was ihr also auch unternehmen mögt, fragt euch zuerst: »Ich suche Licht, ich suche Liebe und ich suche Kraft; werde ich diese erlangen?« Dank der Einweihungswissenschaft könnt ihr sofort eine präzise Antwort bekommen. Sonst werdet ihr euch Hals über Kopf in Aktivitäten stürzen, die euch zugrunde richten. So wie all diese Geschäftsleute, die Öl- oder Stahlmagnat oder so etwas Ähnliches werden wollen. Viele werden dabei krank oder bringen sich schließlich um. All diese Bürden und Tätigkeiten, die sie auf sich nehmen, um ihre Gier zu befriedigen, ihren krankhaften Drang, die ganze Welt zu verschlingen, ruinieren ihr Nervensystem, das nicht mehr in der Lage ist, die Spannung zu ertragen. Sie verlieren ihren ruhigen Schlaf, sie verlieren ihre Lebensfreude und sie verlieren ihre Gesundheit. Bevor man also danach strebt, alles zu besitzen, sollte man die Dinge eingehend untersuchen und die Folgen vorhersehen.

Aber ich weiß, dass man mich auch in diesem Bereich weder akzeptieren, noch mir folgen oder mich verstehen wird. Die Menschen wissen nur eins: Sie haben ihre Wünsche und Begierden, und da ist nichts zu machen! Und wer wird mit mir einer Meinung sein? Alle, die in Armut und Elend sind, und alle Faulen! Sie werden mit mir einer Meinung sein, aber werden sie mich auch verstanden haben? Oh, la la! Gebt ihnen nur einige materielle Möglichkeiten, gebt ihnen andere Lebensbedingungen, und ihr werdet sehen, ob sie mich verstanden haben! Mit ihren

Verrücktheiten und ihrer Bosheit werden sie die anderen noch überflügeln. Wenn die Armen ständig gegen die Reichen reden, so deshalb, weil sie selbst reich sein wollen. Und da sie das nicht schaffen, müssen sie gegen die anderen reden. Aber gebt ihnen nur etwas Geld, und ihr werdet sehen. Spreche ich etwa gegen die Reichen? Niemals tue ich das. Ich rede gegen ihren Unverstand, aber nicht gegen sie selbst. Ich habe sie so gern. Würden sie mir all ihre Milliarden geben, damit ich die Bruderschaft schöner gestalten kann, würde ich sie von ganzem Herzen in meine Arme schließen! Nehmt euch auf jeden Fall vor Leuten in Acht, die gegen diesen oder jenen reden. Denn unbewusst wollen sie genau das haben oder tun, was dieser Mensch hat oder tut. Ja, meine Analyse ist unerbittlich. Setzt euch nur niemals meiner Analyse aus.

Es gibt noch so vieles zum Thema Ökonomie zu sagen. Wenn sich eine Gesellschaft zu sehr um ihre wirtschaftlichen Interessen sorgt, ergeben sich daraus viele Nachteile und ein Ungleichgewicht. Die Gesellschaft besitzt nicht genügend Weisheit, um das vorauszusehen. Schaut doch nur, man will so viel wie möglich exportieren, weil das höchst vorteilhaft ist. Und schließlich werden Waffen und Kampfflugzeuge an Völker verkauft werden, die durch ihre ständigen Streitigkeiten den Frieden und die Sicherheit des gesamten Planeten in Gefahr bringen. Manche dieser Völker können gerade eben lesen und schreiben, und an sie werden die allermodernsten Waffen verkauft. Selbstverständlich wird dabei viel Geld verdient, aber auf eine andere Art muss man auch sehr teuer dafür bezahlen. Mein Gott, welch eine Verblendung! Auf diese Weise führt die Wirtschaft viele Länder in den Ruin.

Ja, liebe Brüder und Schwestern, nichts ist wichtiger als die Wirtschaft, damit bin ich einverstanden. Nur haben die Menschen eines nicht begriffen, wenn man dieses Problem lösen will, muss man es nicht hier unten angehen, sondern oben. Denn alles, was wir hier unten vorfinden, ist nur der Widerschein dessen, was oben geschieht.

Allein die Natur versteht wirklich etwas von Ökonomie. Sie weiß, wie sie es anfangen muss, damit auch nicht ein einziges Atom verloren geht. Jedes Staubkorn, jeglicher Schmutz, alles findet Verwendung. Schaut nur, aller Unrat und alle Abfälle, alles, was die Menschen fortwerfen, wird von der Erde aufgenommen. Sie wandelt das in ihren »Fabriken« um und es wird zur Nahrung für die Vegetation. Nichts geht verloren und nichts wird verworfen. Die Menschen hingegen, die weit hinter der Intelligenz der Erde und der Natur zurückstehen, sehen sich ständig mit Abfallproblemen konfrontiert. Schaut nur, was für Probleme der Atommüll aufwirft wie auch andere Abfälle, die sich nicht entsorgen lassen. Man sieht sich gezwungen, sie in unterirdischen Stollen zu lagern, aber sie stellen doch eine schreckliche Bedrohung für die Menschheit dar.

Und ein Mensch, der innerlich, also psychisch, auf Grund seiner Leidenschaften, seiner Wünsche und seiner undisziplinierten Gedanken und Gefühle alles vergeudet, verschwendet und zerstreut, welch ein Verständnis kann er denn von Ökonomie besitzen? Ihr mögt nun einwenden, dass ihr da keinen Bezug seht. Aber der ist gegeben; diese beiden Bereiche sind nicht voneinander getrennt. Daher müssen alle, die an der Spitze eines Landes stehen und sich zu Wirtschaftsfragen äußern, bevor sie dies für die physische Ebene tun, zuerst das Wesentliche lernen, das nicht in den Fachbüchern für Wirtschaft steht. Sie müssen lernen, wie der Mensch aufgebaut ist, wie er mit dem gesamten Universum verbunden ist, welch hierarchische Struktur unser Universum hat und dass alle Unternehmungen der Menschen sich nach einem Modell richten müssen, das nach den Vorstellungen des Himmels konzipiert ist. Dann wird alles, was sie auch tun und anordnen, vollkommen sein.

Videlinata (Schweiz), den 17. März 1974

II

Freier Vortrag

Der Mensch ist so angelegt, dass er sich immer auf irgendetwas oder irgend jemanden verlässt, die Frau auf ihren Mann, er auf seine Frau, die Kinder auf die Eltern usw. Man verlässt sich auch auf Geld, auf Umstände oder das Wetter... An sich ist das nicht schlecht; aber schlecht daran ist, dass man die Gewohnheit angenommen hat, sich immer auf irgendetwas Äußeres zu verlassen. Ist man krank, gibt es ja Ärzte und Apotheker. Fehlt es an Kenntnissen, sind Lehrer da oder auch die Hellseher, die einem die Zukunft vorhersagen. Ist das Auto kaputt, gibt es die Werkstatt. Falls man sich langweilt, gibt es Kinos, Kneipen, Nachtlokale...

Das Leben ist so gut organisiert, dass es den Menschen alles bietet, die darüber recht nachlässig geworden sind. Denn sie wissen ja, dass es immer irgendetwas oder irgendwen gibt, um ihnen weiterzuhelfen. Sie können zum Skifahren gehen und dabei unachtsam sein. Falls sie sich das Bein brechen, gehen sie eben ins Krankenhaus und lassen sich einen Gips anlegen. Wenn sie auf einer Leiter arbeiten, warum sollten sie darauf achten, dass sie gut steht? Falls sie damit umfallen, wird sie schon jemand auflesen und gesund pflegen. Und warum sollte man auf seine Zähne achten? Man kann doch zum Zahnarzt gehen. Wozu auf die Kleidung Acht geben, um keine Flecken zu machen? Es gibt jetzt soviel

Reinigungsmittel, es wimmelt nur so davon. Oder man wirft eine brennende Zigarette im Wald fort. Falls das einen Waldbrand auslöst, wird ihn die Feuerwehr gewiss löschen. Warum sollte man sich deswegen den Kopf zerbrechen?

So kommt es, dass Achtsamkeit, Scharfblick, Geschicklichkeit, Weisheit und Intelligenz immer mehr abnehmen. Warum sollte man diese Dinge entwickeln, wenn es doch im Äußeren so viele Mittel gibt, mit denen sich die Dummheiten, die man gemacht hat, wieder in Ordnung bringen lassen? Die Forscher und die Techniker sind doch dafür da, den Menschen Hilfen zu bieten. Eigentlich bieten sie aber gar keine Hilfe an, denn die Menschen werden immer träger, schwächer und abgestumpfter. Vielleicht haben sie heutzutage mehr gelernt als früher, aber sie sind auch sehr viel nachlässiger und gleichgültiger geworden. Es geht nun nicht darum, den materiellen und technischen Fortschritt anzuhalten, sondern darum, auch imstande zu sein, im Bereich des Inneren zu arbeiten, um Achtsamkeit, Behutsamkeit, Geschicklichkeit und Selbstbeherrschung zu bewahren. Denn wenn ihr zum Beispiel einen Gegenstand kaputtmacht, selbst wenn ihr ein Mittel finden könnt, um ihn zu reparieren, bleibt doch immer eine Spur, eine fehlerhafte Stelle zurück. Es wäre viel besser gewesen, ihn nicht kaputtzumachen.

Und dann muss man auch daran denken, dass wir durch mancherlei Ereignisse all dieser Annehmlichkeiten beraubt werden könnten. Schaut doch nur, wie es mit dem Erdöl gegangen ist. Es wurde gefördert und gefördert, die Energie wurde vergeudet, weil man meinte, es würde immer genug davon geben, es würde einfach so zur Verfügung stehen. Und jetzt?... Der Fortschritt ist wunderbar, er erleichtert das Leben ganz enorm! Glaubt mir, ich bin ganz und gar nicht dagegen, im Gegenteil. Ich könnte euch sogar angeben, welche Entdeckungen die Wissenschaft künftig machen wird, Dinge, an die noch gar niemand denkt. Aber im Augenblick ist es für euch am wichtigsten, die Wahrheiten kennen zu lernen und anzunehmen, die in der Lage sind, euch zu wandeln und euer inneres Leben zu verbessern, bevor ihr daran geht, euer Leben im Äußeren zu verbessern.

In der Einweihungswissenschaft heißt es, dass der Mensch mit allem, was er auch im Äußeren findet, niemals Erfüllung finden wird, weil die Fülle sich im eigenen Bemühen, im Einsatz der Willenskräfte, der Intelligenz und der Vorstellungskraft befindet. Im Übrigen hat das jeder schon einmal bemerkt. Bei allem, was man schafft, eigenständig zu bewerkstelligen, fühlt man eine Befriedigung. Alles, was man jedoch von außen und ohne eigenes Bemühen bekommt, sei es sogar Geld, schenkt einem nicht die gleiche Freude, das gleiche Glück. Zwar weiß das jeder, und doch wird weiterhin alles von außen erwartet. Darum gibt es auch überall Schwierigkeiten. Was ihr auch besitzen mögt, was man euch schenken mag, hört niemals mit eurer eigenen Arbeit auf. Bis zur letzten Minute hört nicht damit auf!

Ich bin nicht gegen den Fortschritt, aber auf der materiellen Ebene ist es kein wahrer Fortschritt. Der Fortschritt ist nötig, nur darf man sich nicht darauf verlassen, sondern sollte sich sagen: »Das ist gut und wunderbar, das bringt enorme Erleichterungen mit sich. Aber die Zufriedenheit muss man in der eigenen Arbeit suchen.« Und durch was für eine Arbeit? Durch die wirkliche, die spirituelle Arbeit.

Also all die Geräte und die Produkte, mit denen man in schwierigen Situationen Abhilfe schaffen, mit denen man etwas reparieren, kleben oder reinigen kann, sind einfach phantastisch! Aber die andere Seite, das heißt Achtsamkeit und Wachsamkeit, damit es nicht so viel zu reparieren gibt, darum kümmert sich niemand. Warum sollte man das auch? Wie gesagt, Apotheker, Krankenhäuser, Werkstätten, Reinigungen und Drogerien sind ja da, um alle Ungeschicklichkeiten und Dummheiten der Menschen wieder in Ordnung zu bringen. Im Äußeren gibt es also Fortschritt, und im Inneren schaut es kläglich aus. Und dann wird von Ökonomie gesprochen!

Wahre Ökonomie bedeutet, aufmerksam und vernünftig zu sein. Alles andere ist nur Verschwendung. Haben die Jugendlichen einen Begriff von Ökonomie? Sie vergeuden ihre Kräfte und Energien für Sensationen und Verrücktheiten, und das ist nicht sehr ökonomisch. Ich bin wohl der Einzige, der ein rechtes Verständnis von Ökonomie besitzt. Es wird davon gesprochen und Wirtschaftswissenschaft studiert, und von all dem habe ich keine Ahnung. Aber ich weiß, dass sich Ökonomie nicht dort finden lässt, wo die Menschen sie suchen. Wollt ihr nun wahre Ökonomie praktizieren und Reichtümer und Schätze besitzen, die ihr anschließend dafür verwenden könnt, den anderen zu helfen? Nun, dann müsst ihr achtsam, lichtvoll, beherrscht und vernünftig sein. Das ist wahre Ökonomie. Dort sucht sie niemand, seht ihr! Aber die größten Ausgaben und die größten Fehlschläge werden von Wirtschaftlern verursacht, weil sie nicht die wahre Ökonomie studieren.

Alle sind im Begriff, sich geistig, seelisch, intellektuell und sogar materiell zu ruinieren, weil sie nicht richtig verstanden haben, was Ökonomie bedeutet. Allein die Weisen sind echte Ökonomen. Ich will euch ein Beispiel geben. Nehmen wir an, ihr habt einen Arbeitgeber oder auch einen Teilhaber in eurer Firma, und in einem Gespräch seid ihr nicht gerade achtsam mit ihm umgegangen. Ihr habt einige unglückliche Worte zu ihm gesagt. Nun ist es passiert, die Beziehung ist daran kaputtgegangen, und er entlässt euch oder trennt sich von euch. Das bringt euch noch einen Prozess oder zumindest Ausgaben ein. Ihr mögt nun sagen, dass ihr so etwas schon wieder in Ordnung bringen könnt. Aber auch das wird euch einiges kosten. Ihr müsst also irgendwann einsehen, dass es besser ist, achtsam und vernünftig zu sein, um die Situationen nicht unnötig kompliziert zu machen. Das gilt zuallererst für das eigene Innere. Im Äußeren, mein Gott, da mag es immer wieder Unfrieden und Streitigkeiten geben... und ihr könnt fast nichts dafür. Denn es ist nicht so einfach, ein wohlgeordnetes Miteinander in der Welt herzustellen. In alles, was man selbst macht, kann man Harmonie, Ordnung, Frieden und Licht hineinlegen.

Wenn ihr in diesem Sinne einige Jahre lang arbeitet, dann

werdet ihr sehen, wie sich alles zum Besten regelt, selbst auf der materiellen Ebene. Denn alle werden euch gern haben, euch schätzen und auch gerne zu euch kommen, um euch zu helfen oder euch etwas Gutes zu tun. Oh ja, mit Weisheit lassen sich alle Probleme wirtschaftlicher Art lösen. Wenn ihr wirklich ein herrliches Leben haben wollt, müsst ihr euch überwachen, euch von heute an dazu entschließen. Für manche wäre es natürlich besser gewesen, früher damit zu beginnen, denn wenn man noch jung ist, sollte bereits alles, was man sagt und tut, wunderbar, harmonisch und wohlmeinend sein. Das ist wahre Ökonomie.

Castelrama, den 23. November 1975

III

Freier Vortrag

Um ihre Fähigkeiten und Gaben weiterzuentwickeln, haben die Menschen versucht, vielerlei günstige Bedingungen und Annehmlichkeiten zu schaffen. Aber sie haben besonders einen Punkt vernachlässigt, nämlich die Achtsamkeit.

Die Achtsamkeit besitzt mehrere Aspekte. Man kann nicht nur die Seite der tiefen, nicht nachlassenden Aufmerksamkeit sehen, wie man sie braucht, um seine Arbeit korrekt zu verrichten, einen Vortrag anzuhören oder ein Buch zu lesen, sondern auch eine andere Aufmerksamkeit, die Selbstbeobachtung, Bewusstsein und Selbstanalyse genannt wird. Diese besteht darin, sich in jedem Augenblick des Tages, oder sogar der Nacht, darüber klar zu werden, was in einem selbst vorgeht, welche Ströme, Wünsche, Gedanken einen durchziehen, welche Einflüsse und Impulse man verspürt. Diese Achtsamkeit ist nicht entwickelt. Auf seine Bewegungen Acht zu geben ist recht leicht. Wer in einer Fabrik oder in einem Labor arbeitet, ist sehr achtsam darauf, dass er sich nicht am Bein oder an der Hand verletzt. Aber die Achtsamkeit, die innere Wachsamkeit, die von den Eingeweihten empfohlen wird, ist fast unbekannt. Und daraus ergibt sich viel Schaden, Unglück und Leid, da die Leute nicht wissen, was in ihnen selbst vorgeht.

In den Evangelien heißt es: »Seid wachsam, denn der Teufel geht wie ein Löwe umher, auf dass er euch verschlinge.« Seid unbesorgt, denn auf der physischen Ebene werdet ihr weder einen bösen Teufel noch einen Löwen zu sehen bekommen. Aber im Bereich des Inneren seid ihr bedroht. Denn dort lauern Wünsche, Pläne, Leidenschaften und Begierden und wollen euch in die Tiefe reißen. Und wenn ihr euch darüber nicht klar seid und nicht aufmerksam seid, werdet ihr verschlungen. Warum denken die Eltern niemals daran, diese Achtsamkeit bei ihren Kindern zu entwickeln, wenn sie noch ganz klein sind? Wie viel Leid wird doch verursacht durch diesen Mangel an Analyse, Beobachtung und Wachsamkeit im eigenen Inneren!

Das ist der Grund, warum ich euch gesagt habe, dass die wahre Ökonomie dort beginnt, wo es euch noch nie in den Sinn gekommen ist, sie zu suchen, nämlich bei der Achtsamkeit. Es ist verblüffend, wenn man sieht, wie viele Mittel und Produkte es gibt, um beschädigte, zerbrochene oder schmutzig gewordene Dinge wieder in Ordnung zu bringen. Oder nicht nur Dinge, das gilt ja auch für die Menschen selbst. Es ist unfassbar, die eine Hälfte der Menschheit arbeitet, um die Schäden zu reparieren, die von der anderen Hälfte verursacht wurden! Das ist doch ein Punkt, der die Wirtschaftsexperten stärker beschäftigen sollte. Denn die Leute verlassen sich zu sehr auf die äußeren Hilfsmittel und sagen sich: »Warum sollten wir uns damit abmühen, achtsam zu sein, wo es doch so viele Techniker und Arbeiter gibt, die alles reparieren, was wir kaputtgemacht haben, uns selbst inbegriffen?« Je bequemer es einem gemacht wird, umso weniger entwickelt sich die Achtsamkeit. Und dadurch geht es mit der Ökonomie bergab, denn es wird zu viel für Reparaturen ausgegeben.

Allerdings weiß ich wohl, dass die Wirtschaftsexperten diesen Standpunkt nicht mit mir teilen. Denn zum einen haben sie das Problem noch niemals von dieser Seite her betrachtet, und zum anderen besitzen sie eine völlig andere Einstellung. Sie meinen, es müsse immer mehr produziert werden, und damit die Produkte Absatz finden, müssen die Leute so viel wie möglich konsumieren. Sie werden also zum Konsum, ja sogar zur Verschwendung, getrieben. Je mehr sie kaufen, umso besser soll es sein. Denn wenn sie unachtsam sind und ihr Auto oder ihre Geräte kaputtmachen, ist das ja sehr gut; dann müssen sie eben neue kaufen. Sind sie unvernünftig und ruinieren so ihre Gesundheit, ist es auch willkommen, denn es trägt zum Wohlstand der pharmazeutischen Industrie und der medizinischen Labors bei. Auf diese Weise gehen die Geschäfte für manche Leute und manche Länder natürlich sehr gut. Für die Gesamtheit der Menschen, für ihr Gleichgewicht, ihre Gesundheit und ihr Glück ist diese Auffassung von Wirtschaft jedoch ruinös und katastrophal.

Die wahre Ökonomie lässt sich also nicht dort finden, wo man sie sucht. Ich muss euch sogar sagen, dass die wahre Wirtschaftsform darin besteht, die Kräfte, die Qualitäten und die Energien, die uns der Himmel mitgegeben hat, nicht zu vergeuden. Sie fängt also mit Weisheit, Maßhalten und Achtsamkeit an. Gegenwärtig wimmelt es nur so von Wirtschaftsexperten! Aber mit diesen Wirtschaftsgrößen wird die Menschheit niemals glücklich werden, denn sie sehen nur die materielle Seite des Lebens und der Probleme.

Die Ökonomie muss zuerst einmal oben bei der Intelligenz beginnen, bei den Gedanken, Worten und Blicken, bei der Art und Weise zu handeln und zu leben. Denn es genügt nicht, lediglich zu vermeiden, dass man hinfällt und sich verletzt oder sich etwas bricht. Man muss auch vermeiden, die Gesetze der unsichtbaren Welt zu übertreten. Im psychischen Bereich gibt es Mechanismen, die man unbewusst auslöst, Wesenheiten, die man stört, und Gesetze, die man übertritt. Und nachher erleidet man die Folgen davon, man muss es sühnen. Man kann Menschen treffen, die im physischen Bereich immer sehr achtsam sind, und doch werden sie krank. Ja, denn durch ihre Gedanken, Gefühle und Wünsche haben sie feindliche Kräfte in Gang gesetzt. Dann liegen sie im Bett und müssen viel Zeit und Geld aufwenden, um wieder gesund zu werden. Und wie viele von denen halten sich für großartige Wirtschaftsexperten! Nun ja, in der Theorie... aber schaut euch einmal ihre Lebensführung an, zu welchen Ausgaben und Übertreibungen sie sich da hinreißen lassen! Für die Einweihungswissenschaft beginnt die wahre Ökonomie aber bei der Lebensführung.

Daher lege ich großen Wert auf die innere Achtsamkeit, auf die Achtsamkeit in jedem Augenblick, in jeder Minute des Tages oder der Nacht, damit ihr wisst, was in euch vorgeht, welche Ströme und Einflüsse euch durchziehen. Ich habe mich so sehr darin geübt, dass ich euch in jedem Moment sagen kann, was in mir vorgeht. Ich habe mich darin trainiert, bewusst zu sein. Ich kenne den Ursprung und die Wesensart jeder Idee, jedes Gedankens und jedes Gefühls; und falls es nötig wird, ergreife ich Vorsichtsmaßnahmen. Man muss wirklich achtsam sein. Wie oft habe ich jemanden gefragt: »Woran denken Sie?« — »Ich weiß nicht.« Er hat sich noch nie beobachtet, und nun durchziehen ihn wahllos irgendwelche Ströme, vielleicht irgendein Schmutz, grässliche Bilder, und er ist sich dessen gar nicht bewusst! Wie soll er sich denn unter solchen Umständen eine gute Zukunft schaffen? Man kann die Zukunft durch seine Gedanken gestalten, aber nicht, wenn man so unachtsam und unbewusst ist. Darum sollte die Erziehung der Kinder bei der Achtsamkeit beginnen. Überall, in den Familien, den Schulen und den Universitäten muss man der Jugend beibringen, Achtsamkeit zu entwickeln.

Und ihr solltet euch von dem Augenblick an, in dem ihr in diese Schule gekommen seid, als erste Eigenschaft die Achtsamkeit erwerben. Warum, meint ihr wohl, wollte ich euch daran gewöhnen, die Mahlzeiten in Stille einzunehmen und auch ohne mit dem Geschirr zu klappern?* Siebenhundert Personen essen gemeinsam, und es ist nichts zu hören... Das dient dazu, die nötige

* Siehe dazu Band 16 aus der Reihe Gesamtwerke *Hrani Yoga, Le sens alchimique et magique de la Nutrition (Hrani Yoga, die alchimistische und magische Bedeutung der Ernährung* - z.Zt. noch nicht ins Deutsche übersetzt), vor allem die Kapitel 2, 5, 7, 8 und 16 und das Buch *Yoga der Ernährung, Band 204 aus der Reihe IZVOR*.

Wachsamkeit zu entwickeln, und ihr sollt dabei lernen, jede eurer Bewegungen zu beherrschen, Messer und Gabel zu benutzen, ohne dass etwas zu hören ist.

Wenn ihr Herr über euch selbst werden wollt, so beginnt bei den Mahlzeiten. Ihr bewegt alle Dinge auf dem Tisch, ohne irgendwo anzustoßen, und dann wirkt sich diese Harmonie den ganzen Tag lang in allen Lebensbereichen aus. Einfach nur, weil ihr euch bei Tisch darin geübt habt. Und dabei bemüht ihr euch nicht nur, keinen Lärm zu machen, sondern ihr richtet auch eure gesamte Aufmerksamkeit auf die Nahrung. Ihr nehmt einen Bissen und seid voller Erstaunen, welche Kraft, Vitalität und Energie Gott da hineingelegt hat! Wenn ihr imstande seid, voller Achtsamkeit und in dieser Harmonie zu essen, dann könnt ihr den ganzen Tag lang den verschiedensten Tätigkeiten nachgehen, ohne jemals zu ermüden.

Le Bonfin, den 28. Juli 1978

IV

Freier Vortrag

Auch heute Abend, meine lieben Brüder und Schwestern, befindet ihr euch wieder vor einem der größten Mysterien des Lebens, dem Feuer. Warum gehört es zu den größten Mysterien? Das Feuer zeigt uns, dass ohne Opfer das Leben keinen Bestand haben kann. Wenn ihr ein Feuer anzündet, verwandeln sich all die krummen, schwarzen Zweige in Energie, Licht und Wärme. Darum sollte man sich entschließen, in sich selbst ein Feuer zu entfachen, um allen Unrat zu verbrennen, der dabei auch zu Licht und Wärme wird. Solange man das Opfer als Verzicht und als ein Ärmerwerden ansieht, hat man es nicht verstanden. Das wirkliche Opfer ist die Umwandlung aller verbrauchten, gealterten und unrein gewordenen Elemente in Licht und Wärme. Denn Wärme ist nichts anderes als göttliche Liebe, und Licht ist göttliche Weisheit.

Bittet den Engel des Feuers heute Abend, er möge kommen und allen Unrat und alles Hässliche in euch verbrennen und es in Liebe und Weisheit zu verwandeln. Das ist ihm möglich. Von den vier Elementen ist das Feuer das stärkste. Gewiss haben auch Erde, Wasser und Luft große Kraft, jedoch nicht so viel wie das Feuer, dem nichts standhalten kann. Und so rüstet sich das göttliche, das heilige Feuer, alle Feinde des Reiches Gottes, alle

Feinde des Lichtes und alle Feinde der Universellen Weißen Bruderschaft zu verbrennen. Das ist eine beschlossene Sache, früher oder später werdet ihr selbst Zeuge davon sein. Alle werden verbrannt, ausgerottet und ausgelöscht, weil das Reich Gottes auf die Erde kommen soll.

Allerdings wird das, so wie es in der Heiligen Schrift geschrieben steht, kein Krieg der Menschen sein, sondern ein Krieg der Geister: die guten gegen die bösen. Man muss nicht die Menschen, sondern Einflüsse, Wesenheiten bekämpfen, die sich in ihnen festgesetzt haben und gegen das Licht ankämpfen. In dem Augenblick, in dem es gelingt, einen Menschen von diesen Geistern zu befreien, wandelt er sich unverzüglich. Es werden sich also nicht Menschen gegenüberstehen, sondern Kräfte, Strömungen und Wesenheiten. So wird der kommende Krieg aussehen. Und wie es in der Apokalypse heißt, wird der Drache, der ein kollektives Symbol für allen Unfrieden und allen Hass der Menschheit ist, niedergestreckt und überwunden werden.

Und während ihr nun das Feuer betrachtet, das so schön und so kraftvoll ist, bittet, es möge in euer Herz und in eure Seele kommen und dort weiterbrennen. Es ist nicht gefährlich, es zerstört euch nicht, im Gegenteil, es spendet Leben. Ich habe zu euch schon über die verschiedenen Arten des Feuers gesprochen, über das unterirdische Feuer, über das physische und über das höllische Feuer usw., auch über das Feuer der Sterne und das der Sonne, welches das wahre Feuer ist, welches am meisten Leben spendet und am reinsten ist, und das wir jeden Morgen beim Sonnenaufgang versuchen anzuziehen und einzuladen. Auch die Aura ist ein Feuer, das den Menschen vor üblen Geistern schützt, allerdings nur, wenn die Aura stark und lichtvoll ist. Nicht alle Menschen besitzen eine Aura, die sie wirklich schützen kann. Oft ist sie schwach und finster, und dann lässt sie alle schädlichen Wesen und Dinge eintreten. Die Aura der großen Eingeweihten hingegen kann mehrere Kilometer weit strahlen. Sie besitzt auch die Fähigkeit, Trost zu spenden, zu besänftigen, Mut zu machen,

Licht zu verbreiten und zu heilen.

Konzentrieren wir uns jetzt auf das Feuer und senden ihm dabei viel Liebe, Achtung und Verehrung zu. Es lebt, es kennt uns, es weiß, wer wir sind und auf welchem Entwicklungsstand wir uns befinden. Hättet ihr gelernt, wie ihr es befragen könnt, dann könnte es euch über vieles aufklären.

Wenn die Magier und die Eingeweihten mit ihren Zeremonien beginnen, zünden sie Kerzen oder kleine Lämpchen an. Das ist eine Tradition, die von einem sehr alten Wissen herrührt, demzufolge die Anwesenheit des Feuers unerlässlich ist, wenn man etwas bewerkstelligen will. Auch in den Kirchen wurde die Tradition aufrechterhalten, Kerzen anzuzünden. Aus dem gleichen Grunde habe ich euch gebeten, Bitten niederzuschreiben, um sie dann dem Engel des Feuers zu übergeben. All diese Zettel sind nun verbrannt, aber eure Bitten sind notiert. Sie wurden droben von den Dienern des Feuerengels registriert. Wenn ihr im Sinne der Wünsche, die ihr geäußert habt, arbeiten könnt, werden sie erhört. Denn dort, wo das Feuer beteiligt ist, kommt es zu großen Ergebnissen. Falls ihr unter inneren Schwierigkeiten leidet, unter Kummer, Traurigkeit, Mutlosigkeit oder Versuchungen, so schreibt euren Wunsch, Ruhe und Frieden wiederzuerlangen, auf einen Zettel, zündet eine Kerze an und bittet den Engel des Feuers, all diese niederen Zustände zu verbrennen. Er wird euch erhören. Solange man in Unkenntnis dieses geheiligten Wissens ist, schleppt man sich sein ganzes Leben lang dahin, weint und leidet, ohne dass man sich befreien könnte. Das Feuer ist dazu da, uns beizustehen. Aber wer außer den Eingeweihten denkt schon daran, es für sein spirituelles Leben zu nutzen?

Und wenn ihr wieder nach Hause zurückkehrt, denkt daran, die Wärme, das heilige Feuer, das ihr hier empfangen habt, zu bewahren. Selten macht man sich diese Dinge bewusst. Wenn man heimkehrt, nachdem man einige Wochen hier verbracht hat, denkt man nicht daran, die Wärme und das Licht zu schützen, dieses Feuer, das doch die Grundlage für eine echte geistige Entwicklung, für die innere Entfaltung ist. Denkt also von nun an daran, diese Wärme zu bewahren, hütet sie lange in eurem Herzen und in eurer Seele. Das ist wahre Ökonomie, seine Herzenswärme zu bewahren. Man versteht es, Geld und Zeit einzusparen, Gegenstände aufzubewahren, aber man ist nicht in der Lage, das Wesentlichste zu bewahren, die Wärme, damit man sie lange, ja, das ganze Leben lang zur Verfügung hat, und damit sie sogar noch größer wird. Nein, nein, davon seid ihr noch so weit entfernt. In ein paar Tagen vergeudet ihr diese Wärme, und nachher schlottert ihr vor Kälte. Wenn ihr es versteht, das Feuer richtig zu betrachten, wenn ihr wisst, mit welchen Gedanken und mit welcher Liebe ihr es anschauen müsst, dann wird es euch die größten Geheimnisse enthüllen. Es wird euch verraten, wie ihr die Wärme und das Licht, das ihr erhalten habt, bewahren könnt.

Also, bleiben wir noch einige Minuten beisammen und meditieren über die wahre Ökonomie.

Le Bonfin, den 1. Oktober 1978

VI

Gold und Licht

I

Freier Vortrag

Das Geld ist nicht die Ursache allen Übels, wie gemeinhin angenommen wird. Es gibt im Menschen jedoch etwas, das im Geld nur das Mittel findet, seinen Begierden Ausdruck zu geben. Schafft das Geld ab und setzt irgendetwas anderes dafür ein, alles wird doch beim Alten bleiben, solange der Mensch von Schwächen, niederen Wünschen und Leidenschaften beherrscht wird. Also ist nicht das Geld schuld, sondern die Ursache liegt im Menschen selbst, der nicht aufgeklärt ist, der nicht weiß, welchen Platz er ihm geben, noch wie und aus welchem Grund, zu welchem Zweck, er es benutzen soll. Das Geld trägt keinerlei Schuld, es ist weder gut noch schlecht, es ist neutral. In der Hand eines jeden stellt es ein gewaltiges Mittel dar, das ist gewiss. Daher gibt es einem die Möglichkeit, Menschen umzubringen oder aber zu retten. Es geht also darum zu wissen, wie das Geld zu betrachten ist. Es ist ein gewaltiges Mittel, da ihm die Menschen einen Wert gegeben haben. Aber eines schönen Tages können sie ihm diesen Wert wieder nehmen und einer anderen Sache geben. Und damit wird doch die gleiche Geschichte von vorne beginnen, mit den gleichen Tragödien und den gleichen Versuchungen, mit dem gleichen Aufstieg oder Niedergang!

Solange die Menschen dem Geld einen Wert geben, der die

Befriedigung zahlreicher Bedürfnisse ermöglicht, richtet sich aller Aufmerksamkeit auf dieses Mittel, mit dem man sich alles Nötige verschaffen kann. Das ist normal und natürlich. Nur muss man dabei wissen, welchen Stellenwert man dem Geld geben soll. Wie oft habe ich euch schon gesagt: Nehmt das Geld und steckt es in euren Tresor oder in eure Tasche, aber setzt es euch nicht in den Kopf! Denn es wirkt wie ein Vorhang oder wie ein lichtundurchlässiges Schild, das euch daran hindert, klar zu sehen. Falls ihr es euch als Ideal vor Augen stellt, das es zu erreichen gilt, oder zulasst, dass es in eurem Kopf Herrschaft über euch gewinnt, ist es ein schlechter Ratgeber, und ihr seid verloren. Ihr seht die guten Eigenschaften der Menschen nicht mehr, seid nicht mehr so feinfühlig, großmütig und nachsichtig, sondern ihr werdet hart, unerbittlich und grausam. Aber kein Geld zu haben, ist auch nicht gut. Um ein Spiritualist zu sein, wollte schon manch einer in Armut leben und ist damit eine Last für die Gesellschaft geworden, ein nutzloser Mensch, was auch kein Idealzustand ist! Solange wir auf der Erde leben und die Dinge so eingerichtet sind, wie sie gegenwärtig sind, braucht man Geld.

Vielleicht wird es in der Zukunft kein Geld mehr geben, und die Liebe wird Zahlungsmittel sein. Aber es ist noch zu früh, dass die Menschheit schon zu solchen Vorstellungen kommen könnte. Und da das Geld noch eine Zeit lang vorhanden sein wird, muss man lernen, in rechter Weise darüber zu denken, um niemals in Versuchung zu kommen. Man muss es verstehen, die Dinge richtig zu betrachten, das ist alles. Wie wollt ihr anderen beistehen, wenn ihr kein Geld habt? Ihr mögt Liebe im Herzen haben, und das ist gut. Materiell könnt ihr jedoch niemals etwas für jemanden tun, wenn ihr nur eure Liebe habt. Ich rede nun so, als müsste ich euch überzeugen, aber diesbezüglich mache ich mir um euch keine Sorgen. In eurem Kopf ist es sehr klar, ihr alle seid der Meinung, dass man Geld haben muss. Ja, die Frage ist nur, wie man mit diesem Geld umgeht und wie man es benutzt.

Wenn ihr jemandem Geld gebt, der weder Herr seiner Gedanken, seiner Gefühle noch seiner Wünsche ist, wird er es sofort gebrauchen und missbrauchen, bis er dabei zu Fall gerät. Mit dem Geld wird er seine Feinde vernichten, sich alle Frauen erobern usw. Das Problem ist aber nicht das Geld, denn es gibt einem lediglich die Möglichkeit, seine Wünsche zu befriedigen. Und hegt man schlechte Wünsche in seinem Herzen, so ist nicht das Geld daran schuld. Nehmt, was ihr wollt, Erdöl, Kohle, Gas... Ihr könnt diese Dinge einsetzen, um zu zerstören oder um aufzubauen. Und wenn ihr sie schlecht verwendet, sind nicht die Dinge schuld daran, sondern ihr, wenn ihr in eurem Herzen nichts Gutes habt. Daraus könnt ihr den Schluss ziehen, dass ihr euch zuerst einmal selbst wandeln müsst, damit es euch gelingt, das Geld sowie auch alles andere lediglich für eure Höherentwicklung und zum Wohle der Menschheit einzusetzen. Wenn ihr dazu imstande seid, dann werdet ihr, selbst wenn ihr Milliarden besitzt, den Versuchungen nicht erliegen und nicht in die Hölle abgleiten, sondern große Werke vollbringen, von denen ihr seit langem geträumt habt.

Es ist klar, dass man schwachen und von ihren Leidenschaften gefangenen Menschen kein Geld geben darf. Gebt ihr jedoch Meistern oder Eingeweihten Geld, so tun sie damit nur Gutes. Daher muss der Mensch sich bessern, und dem Geld darf er ruhig seine Rolle belassen, es trägt keinerlei Schuld. Wie oft habe ich schon Leute klagen hören: »Oh, das Geld ist die Ursache jeglichen Unglücks.« Sie reden so, solange sie keines haben. Sobald sie jedoch welches besitzen, sieht die Sache anders aus. Also sind sie zum einen dumm, da sie nicht die wahre Ursache von allem Unheil sehen; und zum anderen sind sie unehrlich. Das sind zwei schwere Fehler! Man muss sich nur sagen: »Oh, Geld ist sehr, sehr notwendig und etwas Wunderbares, vorausgesetzt allerdings, dass ich nicht eines Tages den Versuchungen erliege.«

Richtet ihr eure gesamte Aufmerksamkeit auf das Geld, werdet ihr ihm alles opfern, was es an Schönem in euch gibt. Und selbst wenn ihr dieses Geld habt, werdet ihr die Freuden, die euch der Reichtum bieten kann, gar nicht mehr genießen können, da ihr dann in euch die besten Eigenschaften zerstört habt, die euch den Genuss des Reichtums erst ermöglichen würden. Das ist das Gefährliche an der Sache. Zwar könnt ihr dann alles haben, was ihr wollt, aber ihr seid unglücklich, da ihr in euch etwas zerstört habt, das allem, was ihr gekostet habt, einen höchst exquisiten und feinen Geschmack gab. Und darin liegt das größte Unglück, wenn man die Möglichkeit besitzt, alles zu bekommen und von allem zu kosten, jedoch keine Freude mehr dabei zu empfinden vermag.

Gewiss ist es schrecklich, weder Geld noch sonst etwas zu besitzen. Hat man jedoch die Wahl entweder alles zu besitzen und dabei die Fähigkeit zu verlieren, die Dinge zu schätzen, oder aber nichts zu besitzen und dafür den Geschmack, das heißt die Freude an den Dingen zu bewahren, so ist das zweite vorzuziehen. Denn wenn ihr noch einen Geschmack für die Dinge besitzt, dann brecht ihr bei dem Geringsten, was ihr zu beißen bekommt, in Freudenschreie aus. Wenn man wählen muss, sollte man sich für die Freude entscheiden, denn sie ist auch mit der Gesundheit verbunden. Natürlich ist es besser, beides zu haben, Geld und Freude an den Dingen. Wenn ich sehe, wie sich manche direkt überstürzen, um mir Geld zu geben, mache ich sie darauf aufmerksam, dass ich deswegen gewiss nicht böse sein werde. Aber ich habe mein Leben nicht dem Geld verschrieben. Wenn es kommt, verscheuche ich es nicht. Ich weise es nicht zurück, das sage ich euch, aber ich lasse dafür gewiss nicht meine Arbeit liegen!

Die Freude, den Sinn für die Dinge zu bewahren, das ist die Hauptsache. Aber den Geschmack an den Dingen kann euch nur das Licht geben. Wenn ihr das Licht gefunden habt, werdet ihr spüren, dass alles, was ihr macht, ob ihr esst, arbeitet oder spazieren geht, zu einem kostbaren Erlebnis wird.

Wenn ihr nicht mit dem Licht arbeitet und nicht begreift, was das Licht an sich ist, dann versteht ihr nichts im Leben. Im Licht ist alles enthalten, denn es hat alles erschaffen; es ist der Urgrund des Universums. Das Licht ist ein Geist, ein Geist, der von der Sonne kommt. Jeder Sonnenstrahl ist eine gewaltige Kraft, die überall in die Materie eindringt und sie bearbeitet. Wenn es ein Gebiet gibt, das man tiefer erforschen sollte, so ist es das Licht, das, was es ist, wie es wirkt und wie auch wir damit arbeiten müssen. Wer das Licht aufgibt und sich nur dem Geld und den Geschäften zuwendet, ist nicht auf dem richtigen Weg, denn das Gold, nach dem er strebt, ist in Wirklichkeit nichts anderes als kondensiertes Licht. Ja, das Gold ist hier auf der Erde verdichtetes Sonnenlicht, das von Geschöpfen unter der Erde aufgefangen und bearbeitet wurde. Wenn ihr Gold und Geld soviel Ehre erweist und dabei das Licht vernachlässigt, was passiert dann? Dann vergesst ihr den Vater, ihr vergesst den Urgrund von allem. Ihr vergesst, wenn ihr so wollt, die Dame des Hauses und macht dem Zimmermädchen, dem Dienstmädchen den Hof, was doch der Hausfrau untersteht. Wenn sie das bemerkt, hält sie natürlich für euch die Tür verschlossen und sagt: »Zuerst solltet ihr mir eure Ehrerbietung erweisen und ein Zeugnis eurer Liebe geben. Aber mich übergeht ihr und umarmt statt dessen das Dienstmädchen und die Köchin. Nun gut, so werdet ihr alle Türen verschlossen finden!«

Man hat Geld, und damit öffnet man sich die Türen der physischen Welt. Alle anderen Türen jedoch, die des Friedens, des Glücks, der Freude, der Inspiration, aller guten Eigenschaften und Tugenden sind verschlossen. Wozu kann es euch nützen, dass alle anderen Türen geöffnet sind, wenn die zum Allerheiligsten verschlossen ist? Ihr esst, geht spazieren und arbeitet ohne Vergnügen, ihr empfindet keinerlei Freude dabei. Das spirituelle Tor bleibt verschlossen. Das bedeutet, das Leben und die Werte des Lebens falsch verstehen.

Seine Ehrerbietung und seine Liebe muss man der Hausherrin bezeugen, der Prinzessin, dann stehen einem alle anderen zu Diensten. Die Prinzessin sagt dann zu ihren Bediensteten: »Bringt ihm etwas zu essen und zu trinken, gebt ihm Kleider und ein Zimmer.« Und alle antworten: »Jawohl, Majestät, jawohl, Prinzessin.« Das Gold entspricht dem Dienstmädchen, das man so sehr liebkost, ohne daran zu denken, wem es untersteht. Das

Gold untersteht dem Sonnenlicht, denn daraus wurde es gebildet. Also muss man zuerst das Licht lieben, dann kommt das Gold hinterher, es wird euch folgen. Wenn ihr mit der Prinzessin ausgeht, werden alle anderen euch folgen, um euch zu Diensten zu stehen. Setzt ihr euch hingegen das Gold in den Kopf, dann seid ihr umwölkt und seht nichts mehr. Habt ihr euch erst einmal die Vorstellung, Geld zu haben, in den Kopf gesetzt, dann ist es vorbei, dann seht ihr nichts anderes mehr, weder die Schönheit, noch die Pracht oder die Intelligenz der Schöpfung.

Nun werdet ihr wohl sagen: »Aber was erzählen Sie uns denn nur? Geld braucht man einfach.« Wem sagt ihr das! Ich weiß wohl, dass Geld notwendig ist. Aber man darf es sich nicht in den Kopf setzen. Man darf es nicht als Herrn, als Ideal ansehen und einen Sinn des Lebens daraus machen. Man kann es als Hilfsmittel, als Instrument, als Möglichkeit betrachten, aber das Ideal muss etwas anderes sein. Das Ideal, das Ziel muss das Licht sein. Lasst das Geld niemals Herrschaft über euch erlangen. Es ist ein großartiger Diener, aber ein schlechter Herr; und es wird euch üble Ratschläge geben, die euch vom Reiche Gottes wegführen. Denkt also an das Licht, denn wenn ihr das Licht habt, könnt ihr euch heilen, lernt euch zu beherrschen und alles im Leben zu verstehen; und sogar das Gold wird zu euch kommen. Habt ihr aber kein Licht, werden immer andere kommen, die klüger sind als ihr und die euch wegnehmen, was ihr habt. Wenn einer aber dumm ist, was kann man da machen!

Aber die ganze Welt nimmt in einem derart gewöhnlichen Laden Unterricht, dass man nur immer wieder sagen hört: »Ich brauche Zaster, gebt mir Moneten, dann bekomme ich alles, was ich will!« Ja, der Laden, wo so gesprochen wird, ist allen bekannt. Aber das, was ich alles kenne, davon wissen wenige etwas, und daher ist es nur zu eurem Vorteil, wenn ihr in meinen Laden kommt. Ja, denn auch ich habe so einen Laden. Und was wird darin verkauft? Nun, das werdet ihr sehen...

Es war einmal ein König, der ging über den Markt spazieren. Heutzutage sind die armen Könige ja sehr eingeschränkt, und sie können nicht mehr über den Markt spazieren gehen. Aber damals war das noch möglich; der König konnte durch die Stadt spazieren, und die Untertanen kamen zu ihm, um ihm ihre Klagen und Schwierigkeiten darzulegen. Also, dieser König machte einen Spaziergang über den Markt. Er schaute sich gerade die Auslagen der Händler an, als er plötzlich rufen hörte: »Ich verkaufe Weisheit, ich verkaufe Weisheit...« Der König ging dorthin: »Du verkaufst also Weisheit? Was kostet sie denn?« – »Es gibt sie für hundert, für tausend und für zehntausend Taler.« – »Gut, gib mir für zehntausend Taler.« – »Bitte schön, für zehntausend Taler: Tue, was du tust, aber denke an die Folgen.« – »Ah, weiter nichts?« – »Nein, sonst nichts.« Der König lachte, bezahlte für diese Weisheit und ging seines Wegs, wobei er, so zum Vergnügen, immer wieder sagte: »Tue, was du tust, aber denke an die Folgen.«

Als er wieder im Palast ankam, dachte er schon nicht mehr daran. Doch plötzlich fiel ihm der Satz wieder ein: Tue, was du tust, aber denke an die Folgen. »Das ist doch seltsam,« sagte er bei sich, »das war doch ein verflixter Philosoph!« Nun sollte der König am folgenden Tag eine wichtige Besprechung mit seinen Ministern haben. Vorher kam sein Barbier, um ihn zu rasieren. Der König hatte das Kinn schon eingeseift, und der Barbier kam mit dem Rasiermesser heran, als dem König mit einem Mal die am Vortag gekaufte Weisheit wieder einfiel. Er schaute den Barbier an und sagte mehr aus Spaß: »Tue, was du tust, aber denke an die Folgen.« Und was musste er da sehen? Der Barbier erblasste, fiel vor ihm nieder und sagte: »Oh, habt Gnade, Herr! Ich habe keine Schuld, die Minister haben mich gezwungen.« Der verdutzte König begriff, dass eine faule Sache dahinter stecken musste und tat so, als wisse er genau Bescheid: »Ich weiß alles, aber erzähle es mir im Detail.« – »Nun, beim Rasieren sollte ich Euch die Kehle durchschneiden. Ich habe eine Familie und Kinder, und ich musste einwilligen, denn man hat mich bedroht.« – »Nun, dann sage mir, wer!« – »Majestät, ich werde es Euch sagen, aber versprecht mir, mich nicht zu töten.« Ihr könnt euch den

Ausgang der Geschichte vorstellen... Und so wurde dem König dank der Weisheit, die er gekauft hatte, das Leben gerettet.

Auch ich habe einen Laden. Allerdings gibt es meine Weisheit gratis. Und für heute sage ich euch nun Folgendes: Stellt das Licht über alles andere; haltet euch daran fest, und ihr seid gerettet.

Und nun noch einige Worte zur Dienerin, von der wir vorhin gesprochen haben. Was hat diese zu tun, oder was macht die Hausfrau selbst, wenn sie kein Dienstmädchen hat? Jeden Tag muss sie waschen, putzen, Staub wischen, aufräumen und das Haus mit ein paar Blumen hübsch machen. Aber die Menschen haben den tieferen Sinn dieser alltäglichen Verrichtungen nicht verstanden. Für mich hat das alles eine Sprache, es ist das Buch der Natur, das ich sehr gerne lese und deute. Da sich nun jeder damit beschäftigen muss, Sauberkeit, Ordnung und Harmonie in sein Häuschen zu bringen, warum sollte man nicht auch mit der gleichen Geduld, Regelmäßigkeit, und Beharrlichkeit in sein Innenleben Sauberkeit und Ordnung bringen?

Nun, meine lieben Brüder und Schwestern, den gewöhnlichen Menschen fehlt eben das rechte Verständnis. Sie richten ihre ganze Aufmerksamkeit nur auf die physische Seite, ohne zu erkennen, dass es Sauberkeit und Ordnung auch im Bereich der Gedanken geben muss und dass man es sich zur Gewohnheit machen sollte, dort jeden Tag unablässig für Ordnung und Harmonie zu sorgen. Es ist schön und nützlich zugleich, täglich und unermüdlich ein wenig in sich hineinzublicken und sich zu sagen: »Also, schauen wir einmal nach, was nicht in Ordnung ist,« um dann alles, was irgendwie verstellt, in Aufruhr oder sonstwie absonderlich ist, wieder an seinen Platz zu bringen, die Dinge nicht herumliegen und nicht zu viel Staub aufkommen zu lassen, da es sonst eines Tages zu spät sein wird, Abhilfe zu schaffen. Mehrmals täglich muss man sich darum bemühen, wieder Ordnung, Frieden und Harmonie in sich herzustellen. Wer das nicht macht, wird niemals Herr der Lage sein. Wenn ein Gewitter, ein Bombardement oder ein Erdbeben Zerstörung anrichtet, werden gleich darauf die Schäden beseitigt. Also, warum sollte man das Gleiche nicht auch innerlich tun? Im Inneren gibt es immer wieder ein wenig Sturm, Regen, Bombardements oder auch Löcher, durch die Mäuse hereinkommen können. Man muss daher immer wieder damit von vorne beginnen, alles abzudichten, zu säubern und zu ordnen, jeden Tag einen Blick nach innen zu werfen und sich zu sagen: »Also, heute stimmt mit meinen Gedanken und Gefühlen etwas nicht. Ich muss etwas unternehmen.«

Aber man tut nichts. Man unternimmt nichts, weil man in Unkenntnis dieser Wahrheiten der Einweihungswissenschaft ist. Oder, falls man sie doch kennt, sind sie einem einerlei. Und doch sind dies Übungen, die einem die Möglichkeit geben, seine Körperzellen zu beherrschen. Denn weil man verstanden hat, weil man hartnäckig und treu war, regelt sich eines Tages alles, gehorcht alles eurem Willen. Ja, bei äußeren Bombardements sieht man Soldaten und Feuerwehr losziehen, um die Brände zu löschen, die Brücken zu reparieren usw. Da wird es gemacht, das ist normal und selbstverständlich. Aber im Bereich des Inneren weiß man nicht, was zu tun ist. Nun seht ihr, warum wir uns drei, vier, fünf und zehn Mal am Tag darauf konzentrieren, alles wieder in Ordnung zu bringen. Falls innerlich eine Stimme zu laut schreit, muss man ihr sagen: »Nun sei still, setz dich hin und höre zu!« Das macht ihr so lange, bis ihr Erfolg habt. Und wenn ihr schließlich siegt, dann seid ihr stolz. Lasst ihr jedoch allem seinen Lauf in der Erwartung, dass die Dinge sich von alleine geben werden, dann wird sich die innere Stille vielleicht in einigen Jahren einstellen oder überhaupt nicht.

Also, ihr seht, welch interessanten Schluss man noch aus dem Bild der Herrin des Hauses und ihrer Dienerin ziehen kann.

Sèvres, den 22. März 1962

II

Freier Vortrag

Lesung des Tagesgedankens:

Die Armen sind nicht imstande, ihre Armut als bestes Hilfsmittel für ihre Entwicklung zu nutzen. Ständig lehnen sie sich dagegen auf. Warum? Weil sie das Geld der Reichen haben wollen. Scheinbar sind sie über den Reichtum empört, aber im Grunde begehren sie ihn mit aller Kraft. Und wenn die Reichen ein besseres Verständnis der Lage besäßen, würden sie alles unter den Armen verteilen. Diese würden das jedoch zurückweisen und sagen: »Danke, wir wollen nichts, uns geht es sehr gut so!« Wenn sie wirklich das Licht besäßen, würden die Reichen sich ihres Reichtums entledigen und die Armen nichts davon haben wollen. Um also erlöst zu werden, müssen die Reichen auf die Armen zugehen und zu ihnen sagen: »Ich bitte euch inständig, nehmt es an!« Und die Armen müssten antworten: »Nein, nie im Leben.« Ihr werdet meinen, dass damit alles auf den Kopf gestellt wird. Oh ja, aber auf diese Weise wird alles in Ordnung kommen.

Die Reichen bieten ihren Reichtum den Armen an, und die weigern sich, ihn anzunehmen. Ein jeder wird das lachhaft finden. Warum habe ich das also gesagt? Gewiss nur so zum Spaß und um die Zuhörerschaft zu unterhalten... Aber falls ihr ein wenig Geduld habt, werdet ihr sehr interessante Erläuterungen dazu hören.

Die Reichen und die Armen, haben sie erkannt, was zu ihrer Lage geführt hat? Warum sind die einen reich und die anderen arm? Falls ihr diese Frage einem Priester stellt, wird er antworten, das sei der Wille Gottes. Und aus welchem Grund haben die Reichen ihren Reichtum verdient, während die anderen alles entbehren müssen? Das bleibt unklar, weil der Glaube an die Reinkarnation verworfen wurde, der doch Erklärungen für jeden Zustand und für jede Lebenslage gibt. Wer heute reich ist, hat in früheren Inkarnationen auf die eine oder andere Art und Weise dafür gearbeitet, um diesen Reichtum zu besitzen. In der Einweihungswissenschaft heißt es, dass ihr alles, um was ihr bittet, eines Tages bekommen werdet. Sei es etwas Gutes oder etwas Schlechtes, ihr werdet es bekommen. Der Herr gibt allen das, worum sie Ihn bitten. Falls sie sich jedoch nachher die Finger daran verbrennen, trägt nicht Er dafür die Verantwortung. Wenn ihr um Bürden bittet und nachher unter dem Gewicht zusammenbrecht, so ist es nicht Seine Schuld. Es kann sich schrecklich auswirken, wenn ihr die späteren Folgen dessen nicht kennt, um was ihr bittet. Wüsstet ihr im Voraus, wie sich die Dinge entwickeln können und dass ihr, sobald eure Wünsche in Erfüllung gehen, damit unglücklich oder dadurch krank werdet, so würdet ihr nicht bitten, dass sie erfüllt werden. Daher lernt der Schüler in der Einweihungswissenschaft als erstes, dass es Dinge gibt, um die man bitten kann und andere, um die man nicht bitten sollte.

Aber es ist sicher, dass die Reichen reich sind, weil sie bestimmte Eigenschaften entwickelt und für ihren Reichtum gearbeitet haben. Denn das Gesetz ist wahrhaftig. Nun mögt ihr sagen: »Ja, aber sie haben das alles durch List und Gewalt, durch Unehrlichkeit und Lügen bekommen.« Das ist möglich; aber selbst wenn man sich dieser Mittel bedient, so heißt es, man werde Reichtum erlangen, wenn man alles dafür tut. Natürlich ist damit nicht gesagt, dass man ihn lange behalten, noch dass man damit Befriedigung, Frieden und Freude finden wird. Aber alle werden bekommen, um was sie gebeten haben. Ob sie das dann mit unlauteren Mitteln erreichen, das ändert nichts daran, dass sie es erreichen. Nur wissen sie eben nicht, welche Folgen das haben wird. Allerdings sind nicht alle durch List und Unehrlichkeit zu ihrem Reichtum gekommen. Manche sind durch zähes Arbeiten, durch Erbschaft, Glück oder eine Entdeckung reich geworden. Man kann nun nicht jeden Fall im Einzelnen untersuchen.

Es ist das gleiche wie mit den Juden. Die meisten der bedeutenden Geschäftsbereiche sind in ihrer Hand. Aber wer hat sie in diese Position gedrängt? Das waren die Christen. In ihrer Ignoranz und ihrem Hass haben die Christen die Juden verfolgt. Und all die Verfolgungen haben dazu geführt, dass diese außergewöhnliche Qualitäten entwickelt haben, um unter diesen schlimmen Umständen durchzukommen. Gewiss hat auch eine Praktik wie die Beschneidung, die auf einem Jahrtausende alten Wissen beruht, durch die Veränderung, die sie bei der Funktion der endokrinen Drüsen hervorruft, dazu beigetragen, dass die Juden sich in eine bestimmte Richtung entwickelt haben. Jedoch sind es die Christen, die, ohne es selbst zu merken, die Juden dazu getrieben haben, geschickter als alle anderen in der Finanzwelt zu werden. Und jetzt lenken sie die Welt. Zwar gibt es auch Christen und Moslems, die durch Erdöl unglaublich reich geworden sind. Aber keiner erreicht die Fähigkeiten und die besondere Klugheit der Juden. Was sie also besitzen, haben sie sich auf die eine oder andere Art verdient.

Sprechen wir nun von den Eingeweihten. Diese streben keinen Reichtum an, denn ihr Ziel ist es nicht, sich im Irdischen etwas aufzubauen noch die Erde zu beherrschen. Ein Eingeweihter will vor allem zu etwas Lichtvollem und Strahlendem werden, und so begehrt er keine Bürden, die ihn nur daran hindern, sich der göttlichen Arbeit zu widmen. Ein Eingeweihter will frei und unbehindert sein, um an sich selbst und an den anderen arbeiten zu können. Daher kommt er voran; er wird stärker und entwickelt gewaltige Kräfte, weil er unbelastet ist. Er braucht kein Geld vor

Dieben in Sicherheit zu bringen, er macht sich keine Sorgen wegen der Aktienkurse oder wegen des fallenden Kurses des Franc oder des Dollars. Darum sind alle diejenigen, die wie besessen dem Reichtum nachjagen, Dummköpfe, die nicht begriffen haben, dass ihre Seele dabei leer ausgeht. Was für einen Sinn hat es, sich die ganze Welt einverleiben zu wollen? Wenn sie ihr Vermögen wenigstens dafür nutzen würden, hoch begabte Jungen und Mädchen zu fördern, die dadurch großartige Künstler oder Wissenschaftler werden können! Aber nein, sie behalten alles für sich, helfen niemandem und denken nur daran, wie sie neue Zweigbetriebe eröffnen und ihre Konkurrenten in den Ruin treiben können. Und da sie die Gesetze nicht kennen, wissen sie nicht, dass sie bei ihrer nächsten Wiederkehr auf die Erde Clochards sein werden.

Ja, denn die Clochards, denen man begegnet, sind oftmals eine Wiedergeburt von ehemals sehr reichen Menschen, die sich in einer früheren Inkarnation egoistisch, hartherzig und geizig gezeigt hatten. Man darf reich sein, ja, aber um sich nützlich zu erweisen, und nicht, um die anderen auszuplündern und seinen Zerstörungstrieben nachzugehen. Wie viele Leute gibt es doch, die mit Hilfe ihres Geldes die Fäden in der Hand halten und dabei niederträchtige Dinge tun! Wenn sie nur wüssten, was für eine Zukunft sie sich damit gestalten! Aber das ist diesen Leuten egal, sie haben andere Sorgen. Daher wird die unsichtbare Welt beschließen, ihnen den Stuhl, auf dem sie sitzen, wegzuziehen, und sie werden zusammenbrechen. Alle werden zusammenbrechen, die Zeit kommt... Die unsichtbare Welt gibt jedem die Möglichkeit zu zeigen, was in ihm steckt. Und alles wird registriert bis zu dem Tag, an dem man seinen niedersten Neigungen genügend freien Lauf gelassen hat und sein Urteil empfängt. Und die Gesetze sind unerbittlich! Aber davon wissen die Menschen nichts. Sie leben in Dunkelheit, und selbst wenn große Meister auftreten, um sie zu unterrichten, glauben sie ihnen nicht, sondern weisen sie zurück.

Man meint natürlich, dass all die großen Meister und Eingeweihten sich irren, die ihr ganzes Leben der Suche nach der Wahrheit gewidmet, die Opfer gebracht und Beweise ihrer Uneigennützigkeit, ihrer Größe und ihrer Güte erbracht haben. All die Idioten, die Tiere, die Verbrecher hingegen haben recht!... Nein, meine lieben Brüder und Schwestern, nie im Leben! Und ich werde euch zeigen, dass man nur nicht imstande ist, das Buch der lebendigen Natur zu lesen. Man hat es niemals gelernt, aus den Pflanzen, den Bergen, den Seen, den Tieren und den Menschen etwas herauszulesen. Ich will euch nur ein Beispiel unter tausend anderen geben: Wenn die Sonne aufgeht, an welchen Orten zeigen sich ihre Strahlen zuerst, in den Abgründen oder auf den Berggipfeln? Natürlich auf den Berggipfeln. Daher sind es die reinsten, edelsten und erhabensten Wesen, die als erste etwas sehen und die Wahrheiten erfassen. Und es ist ungewiss, wie viele Jahrhunderte später die Dummköpfe etwas davon aufnehmen. Dieses Bild der von den ersten Sonnenstrahlen erhellten Gipfel will uns etwas sagen. Die Natur liegt offen vor uns, man muss nur imstande sein, etwas herauszulesen, sie zu deuten, dann wird man sich niemals täuschen. Die meisten Menschen treten dieses Buch mit Füßen, und darum befinden sie sich im Irrtum und auf Irrwegen.

Schaut euch nur alle an, die gleich die ganze Welt schlucken wollen, in was für einem Zustand sie sich bald darauf befinden! Auf diese Weise bereiten sie sich ein Ende im Krankenhaus oder in einer Anstalt, da ihr Nervensystem solchen Spannungen nicht standhalten kann. Sie bilden sich ein, ihr Reichtum würde ihnen lediglich Sicherheit, Genuss und Macht einbringen. Und es stimmt, dass er das auch macht. Aber leider bringt er auch andere Dinge mit sich. Man steht ständig unter Druck, und innerlich hat man nichts Solides mehr, worauf man sich stützen kann. Die Eingeweihten hingegen, die sich nur Licht, Liebe und Reinheit wünschen, haben ein erfülltes Leben. Es genügt ihnen, ein wenig zu essen, Unterkunft und Kleidung zu haben, und die übrige Zeit sorgen sie sich nur darum, wie sie den Menschen helfen können. Es gibt niemanden, der glücklicher wäre als sie. Und anstatt es ihnen nachzumachen, verbringen die Armen ihre Zeit damit, sich zu beklagen und die Reichen zu beneiden. Sie haben nicht erkannt, dass die Armut ihnen spirituelle Möglichkeiten bietet, eine andere Welt zu entdecken und sich einem höheren Ideal zuzuwenden. Sie sind frei. Da sie es jedoch nicht verstehen, ihre Freiheit zu nutzen, sind sie nicht besser als die Reichen und sind wie diese zu bedauern.

Selbstverständlich werden die Reichen niemals zu den Armen sagen: »Ich flehe euch an, nehmt unseren Reichtum!« Noch würden die Armen je antworten: »Nein, nie im Leben!« Das wäre auch zu komisch! Das sollte nur aufzeigen, wie sehr der reiche Mensch von seiner Last niedergedrückt wird, und dass es ihm gut täte, ein wenig Ballast abzuwerfen. Schaut nur seinen gebeugten Gang an, mit hinter dem Rücken verschränkten Armen. Mechanisch stellt er mit Hilfe seiner zehn Finger Berechnungen an und, da er nicht schaut, was er vor sich hat, stößt er sich an einem Ast und fällt hin. Und ein Armer, der Idealist ist und mit dem Kopf in den Wolken umherläuft, sieht nicht, wo er die Füße hinsetzt und stürzt in einen Abgrund. Das ist also auch nicht besser. Man muss schon vernünftig und imstande sein, beim Gehen gleichzeitig nach oben und nach unten zu schauen. Hinter der rechten Art und Weise zu gehen, verbirgt sich eine großartige Philosophie.

Hätten die Reichen tatsächlich den Wunsch, ein sinnvolleres und ausgeglicheneres Leben zu führen, würden sie sich entschließen, sich ein wenig ihrer Lasten zu entledigen. Und die Armen, die sich in ihrer Situation sehr wohl fühlen können, hätten gar keine Lust, sich zu überladen. Ich selbst bin in der gleichen Lage. Würde ein Multimilliardär zu mir sagen: »Hier sind einige Milliarden!« würde ich antworten: »Danke, die brauche ich nicht. Geben Sie sie der Bruderschaft, wenn Sie wollen, aber ich will frei sein und in meiner Arbeit fortfahren.« Ich fühle mich als der reichste Mensch, warum sollte ich mich ärmer machen? Aber die Leute begreifen nichts. Wahrer Reichtum besteht darin, einen klaren Blick zu haben und mit sich in Frieden zu sein. Denn was bedeutet schon ein Reichtum, den man erlangt auf Kosten der wertvollsten Dinge, die man in sich besitzt? Der wahre Reichtum ist der der Gedanken und Gefühle, denn den kann man an die anderen austeilen, ohne selbst jemals ärmer zu werden.

Es ist gut, materiellen Reichtum zu besitzen, aber nur unter der Voraussetzung, dass er einem nicht die Freiheit nimmt. Diesen Punkt habe ich schon in anderen Vorträgen erklärt. Die Pharisäer und Sadduzäer, die einen Vorwand finden wollten, um Jesus zu verurteilen, fragten ihn: »Ist es recht, Steuern an den Kaiser zu entrichten?« Jesus ließ sich eine Münze geben und fragte: »Wessen Bild ist das?« – »Des Kaisers« – »Nun, dann gebt dem Kaiser, was des Kaisers ist, und gebt Gott, was Gottes ist.«

Seit zweitausend Jahren zitieren die Christen diesen Satz, aber noch nie haben sie herausgefunden, wie viel sie dem Kaiser und wie viel sie dem Herrn geben müssen. Und nun komme ich, der Verbildete, zünde ein Holzscheit an und sage, während es brennt: »Schaut, zuerst sind Flammen da, dann bilden sich in geringerem Maße Gase und schließlich Dampf, davon noch weniger. Aber all das verschwindet, und es bleibt nur eine Handvoll Asche zurück. Nun, und diese Asche steht dem Kaiser zu, da sie auf die Erde fällt.« Der Kaiser, das ist die Erde; der Kaiser, das ist hier... Und die Flammen, Gase und Dämpfe, die zum Himmel aufsteigen, gehören dem Himmel. Das heißt: wir müssen drei Viertel unseres Besitzes, unserer Aktivitäten, Gedanken und Gefühle dem Herrn geben und ein Viertel davon dem Kaiser. Das ist doch klar. Stattdessen behält man alles für den Kaiser und nichts für den Herrn. Darum werden die Reichen bestraft; wenn nicht in dieser, dann in der nächsten Inkarnation. Nun mögt ihr sagen: »Aber mir ist es egal, ob ich in der nächsten Inkarnation bestraft werde, ich ziehe es vor, in dieser alles zu bekommen.« Oh je, es ist dumm, so zu argumentieren.

Ich habe schon immer gesagt: Selbst wenn man mir die ganze Erde geben, dabei aber verlangen würde, dass ich meine Arbeit aufgebe, würde ich es nicht akzeptieren. Denn ohne die spirituelle Betätigung wäre ich wie tot; das Leben hätte keinerlei Reiz mehr für mich. Darum werde ich immer sagen: »Behaltet euer Geld, und lasst mich dort, wo ich bin.« Ja, das sage ich vor dem Himmel, der mir zuhört. Aber wie viele Leute haben sich schon unverzüglich kaufen lassen! Aus diesem Grunde glauben die Reichen nur eines, nämlich, dass sie alles kaufen könnten. Übrigens ist es wahr: Sie kaufen die Überzeugungen, die Gefühle, die Meinungen. Wenn ihr nur wüsstet, was überall geschieht, würdet ihr die Macht des Geldes sehen! Auf der Erde kann man mit Geld alles erreichen. Aber oben hat es keinerlei Wert, dort sind andere Dinge allmächtig, aber nicht das Geld. Und darum, meine lieben Brüder und Schwestern, wenn ihr das Ideal habt, zu außergewöhnlichen Geschöpfen zu werden, müsst ihr mehr und mehr bestimmte Verpflichtungen, bestimmte Aufgaben zurückweisen in dem Bewusstsein, dass ihr sonst eure Freiheit verlieren werdet.

Man muss verzichten können, darin liegt die Weisheit. Aber man könnte meinen, die Menschen haben in allen Bereichen nur den einen Wunsch, sich in Abhängigkeit zu begeben. Vor einiger Zeit kam eine Frau zu mir, um mich zu fragen, ob ich ihr zu einer erneuten Heirat rate. Sie war schon sechs Mal geschieden und fragte, ob sie wohl ein siebentes Mal heiraten sollte! Ich war fast sprachlos und sagte: »Aber liebe Frau, was machen Sie denn mit Ihrer Freiheit?« Seht ihr, die Freiheit langweilte sie; sie musste immer wieder heiraten, unglücklich sein, sich scheiden lassen... Warum kann man nicht einmal die Freiheit schätzen und neue, geistigere Aktivitäten in Angriff nehmen? Aber nein, immer wieder hat man das Bedürfnis, sich zu binden. Für neun Zehntel von euch ist es im Grunde das Gleiche, es ist die gleiche Geisteshaltung wie bei den Reichen. Anstatt sich frei zu machen und sich phantastischen Entdeckungen zu widmen, streben sie Situationen und Beschäftigungen an, die sie letztendlich unter die Erde bringen. Und von den wahren Schätzen entdecken sie nichts.

Ich habe die Hälfte meines Lebens in Armut und mancherlei Entbehrungen zugebracht, und gerade das hat es mir ermöglicht, so viele Erfahrungen und Übungen zu machen. Alle meinen, sie bräuchten ein Labor, um Forschungen zu betreiben. Sie wissen nicht, dass sie in sich selbst das größte und bestens eingerichtete Labor haben, nämlich ihr ganzes Sein, und dass sie dieses Labor überall mit sich herumtragen. Als ich erkannt hatte, dass ich dieses Labor besitze, habe ich Tausende von Experimenten gemacht, und auch jetzt mache ich damit weiter. Wäre ich hingegen reich gewesen, hätte ich vielleicht ein bombastisches Leben in Saus und Braus geführt. Warum nicht? Denn dort führt einen der Reichtum hin. Falls ihr also nicht reich seid, seid ihr zumindest davor sicher. Reichtum ist eine große Versuchung. Man muss sehr stark sein, um inmitten des Überflusses das gleiche spirituelle Leben zu führen, wie wenn man nichts besitzt. Warum, meint ihr wohl, gingen die Eremiten in die Wüste, oder warum wurde von den Mönchen das Armutsgelübde gefordert? Eben weil Reichtum nicht die beste Voraussetzung für ein wahres spirituelles Leben darstellt, das so viel Verzicht und inneres Bemühen erfordert.

Ich verheimliche nicht, dass ich den Ehrgeiz besitze, der reichste Mann der Erde zu werden. Ich will der Reichste sein, aber auf spirituellem Gebiet. Nun werdet ihr sagen, das sei doch ein übertriebener Ehrgeiz. Nein, der Herr hat uns allen das Recht gegeben, die Reichsten, die Intelligentesten, Stärksten zu werden. Das ist sogar ein Gebot, denn Jesus hat gesagt: »Seid vollkommen, wie euer Vater im Himmel vollkommen ist.« Der Herr ist der Reichste, Weiseste, Schönste, Stärkste, Edelste und Reinste, und wir haben das Recht – ja, sogar die Pflicht – so zu werden wie Er. Also, ich will vollkommen werden. Dazu habe ich das Recht, der Himmel gibt es mir. Darüber mögen die engstirnigen und unwissenden Menschen wütend sein; sie werden sagen: »Welch ein Hochmut!« Nein, vollkommen werden zu wollen ist kein Hochmut, es ist etwas anderes.

Ihr seht, was alles jeden Tag in euren Gedanken richtig gestellt wird!

Le Bonfin, den 18. Juli 1978

III

Freier Vortrag

Ja, liebe Brüder und Schwestern, wie viele Irrtümer kann man ohne dieses Einweihungswissen begehen! Nirgendwo sonst wird man euch sagen, dass sich Armut oder Reichtum oft durch frühere Inkarnationen erklären und dass viele Bettler und Clochards Menschen sind, die in einem früheren Leben ihren Reichtum missbraucht haben. Angesichts der Ungleichheit des Vermögens denken die Christen, es sei so der Wille Gottes. Ja, so stellt man sich den Willen Gottes vor, als eine Laune, eine Ungerechtigkeit.

Ich will euch eine Geschichte erzählen. Eines Tages ging Nostradin Hodscha* mit einem großen Sack voller Nüsse ins Wirtshaus. Auf seinem Acker wuchsen mehrere Nussbäume, und er wollte sich einmal recht großzügig zeigen – was sonst nicht oft vorkam! Die Hälfte der Nüsse war vielleicht auch gar nicht mehr essbar, aber das machte nichts. Er kam also an, stellte seinen Sack auf den Boden und rief aus: »Nun, Kameraden, wie soll ich die Nüsse austeilen, wie der Herr oder wie die Menschen?« Natürlich waren alle der Meinung, der Herr müsse gerechter sein als die Menschen, und so baten sie, er solle es nach der Art des Herrn

* ein Hauptdarsteller türkischer und bulgarischer Erzählungen (Anmerk. d. Übers.)

tun. »Gut«, sagte Nostradin Hodscha, und er begann auszuteilen. Der erste bekam eine Nuss, dann ließ er einige aus, und vor dem letzten schüttete er den gesamten Inhalt des Sackes aus. Ein allgemeines Geschrei begann: »He, Nostradin Hodscha, das ist nicht gerecht, das ist nicht ehrlich geteilt, was du da machst!« – »Aber das ist genau die Art und Weise, wie der Herr austeilt,« erwiderte er, »die einen bekommen nichts, und die anderen alles.« Und ebenso versteht die Kirche die Dinge.

In Wirklichkeit hat Gott alles gleichermaßen an alle verteilt, Wasser, Luft, Wärme, Licht und in der feinstofflichen Welt das Prana und vielerlei wohltuende Stoffe. Warum lebt dann manch einer in Armut und Elend? Weil er es nicht versteht, die Dinge anzuziehen und aufzunehmen. Allein die Eingeweihten sind dazu imstande. Alle anderen meinen, das Leben sei arm und der Herr habe ihnen nichts gegeben. Aber doch, alles ist verteilt, und alles steht allen Geschöpfen zur Verfügung. Nur sind es die Geschöpfe, die durch Schwäche, Trägheit, Blindheit und Dummheit in der Armut bleiben. Es sind die Menschen selbst, die sich begrenzen. Sie begnügen sich damit, zu essen, zu trinken und zu atmen, das heißt, sich von festen, flüssigen und gasförmigen Stoffen zu ernähren, und das feurige Element vernachlässigen sie, das Feuer, das Licht... Und darum geht es mit der Menschheit bergab, denn sie ernährt sich nicht richtig. Um sich ordentlich zu ernähren, sind alle vier Elemente nötig. Darum muss man zum Sonnenaufgang gehen, um das Feuer und das Licht, das sich jeden Tag in Fülle ergießt, anzuschauen und aufzunehmen. Gerade das vierte Element, das Feuer, ist das Hauptelement.

Man kann sich etliche Tage lang fester Nahrung enthalten. Manche Gefangene, die einen Hungerstreik machen wollten, haben es sechzig Tage lang so ausgehalten. Mit dem Trinken ist es schon schwieriger, da hält man nicht so lange durch. Bei der Luft ist es noch weniger; zwar kann man den Atem anhalten, aber höchstens drei oder vier Minuten lang. Und wie ist es mit dem Feuer?... »Oh,« mag nun jemand sagen, »ich habe einen ganzen Winter ohne Feuer durchgestanden.« Ja, man kann vielleicht im

Winter auf die Heizung verzichten, aber ich spreche hier nicht von der äußeren Wärme, sondern von der Wärme des Herzens. In demselben Augenblick, wo das Herz seine Wärme verliert, stirbt der Mensch. Von den vier Elementen ist das Feuer also am wichtigsten für das Leben. Aber die Menschen vergeuden dieses heilige Feuer, diese Wärme ständig durch sinnliche Genüsse und durch Dummheiten und verkürzen dadurch ihr Leben. Verständen sie es, dieses Feuer in Gang zu halten, würden sie Hunderte von Jahren alt werden.

Man kann den Menschen mit einer mehrstufigen Rakete vergleichen. Wenn der Treibstoff der ersten Stufe aufgebraucht ist, wird die zweite gezündet, und die Rakete setzt ihren Weg fort. Geht deren Energie zur Neige, wird die dritte gezündet usw. Wenn der Mensch also stirbt, dann ist es ihm eben nicht gelungen, die nächste Stufe zu zünden. Und doch hätte er weiterleben können, da er noch über genügend Brennstoff verfügte.

Alles steht uns zur Verfügung. Gott hat alles in die Atmosphäre, in die Flüsse, die Seen, die Berge und die Sterne hineingelegt. Er hat nichts für sich behalten. Da die Menschen jedoch unfähig sind, sich diese Schätze zu nehmen, bekommen sie auch nichts davon ab und bleiben unglücklich. Bemüht euch von nun an darum, euch durch Meditation und durch Kontemplation in große Höhen zu erheben, um all diese Stoffe anzuziehen. Sie stehen euch zur Verfügung, es besteht keinerlei Verbot. Die Verbote sind in euch selbst, da ihr weder stark, rein noch klug genug seid. Tatsächlich steht jedoch alles, was ihr benötigt, zu eurer Verfügung, wenn ihr nur imstande seid, es zu erreichen. Schaut doch, das Licht, die Wärme, der Raum, die Sterne, alles steht uns zur Verfügung, nur es gelingt uns nicht, es zu nutzen. Der Herr verteilt alles, niemand ist großzügiger als der Herr.

Betrachtet einmal das Leben. Es befindet sich im Wasser, in den Steinen, in den Bäumen und vor allem in der Luft und in der Sonne. Aber man stirbt, weil der Organismus es nicht schafft, dieses Leben aufzunehmen. Gott ist groß und gerecht. Niemals hat Er gesagt, der ganze Reichtum solle nur für die einen und nicht für die anderen da sein. Aber wenn wir allerdings nichts getan haben, um Nutzen daraus zu ziehen, ist Er nicht dafür verantwortlich. Darum muss man forschen und sich üben, denn sonst bleibt man über viele Inkarnationen ebenso arm und elend wie zuvor; und weiterhin wird man den Herrn deswegen anklagen. Mich wundert nur, dass die Christen immer noch an so ein abscheuliches Wesen wie den Herrn glauben können,... so wie sie Ihn sich vorstellen. Sie beten zu Ihm, sie lieben Ihn, aber in ihrer Unwissenheit haben sie ein Monster aus Ihm gemacht. Keine andere Lehre verherrlicht den Herrn so wie wir. Schaut, was man euch außerhalb unserer Lehre alles in den Kopf setzt!

Le Bonfin, den 15. August 1978

VII

Aristokratie und Demokratie

I

Freier Vortrag

Lesung des Tagesgedankens:

Der Mensch wird von einem ganzen Volk von Zellen bewohnt, das in direkter Abhängigkeit zu ihm steht und daher von ihm beeinflusst wird. Und so macht ihm dieses Volk alles nach. Der Mensch erlaubt sich Übertretungen, sein Zellenvolk merkt sich das und wird genauso wie sein Herr. Und der bekommt später die Folgen davon zu spüren. Er spürt, dass irgendetwas nicht mehr richtig funktioniert und klagt: »Aber was ist denn nur in mir los? Das ist ja der reinste Aufstand!« Tatsächlich ist er es jedoch selbst, der seine Zellen dazu erzogen hat.

Jegliche Unausgeglichenheit in euch ist eine Folge der schlechten Erziehung, die ihr euren Zellen habt angedeihen lassen. Ihr fegt mürrisch euer Zimmer aus, stoßt die Stühle herum, schließt die Tür mit einem Fußtritt, stoßt an die Möbel, und nachher machen die Zellen euch das nach. Wenn sie etwas weiterbefördern, machen sie es mit einem Fußtritt. Und ihr schreit auf: »Au, was tut mir nun wieder weh? Nun, das sind nur einige Zellen, die dem Mobiliar Fußtritte verpassen, weil sie euch nachmachen.«

Und wo sind denn diese Möbel? Das ist eine komische Geschichte, Körperzellen, die Fußtritte austeilen.

Wer natürlich nicht weiß, was der Mensch ist, wie er aufgebaut und dass er von Millionen von Geschöpfen bewohnt ist, wird diese Vorstellung einfach dumm finden. Denn er weiß nicht, dass die Zellen kleine, mit Intelligenz begabte Seelen sind, dass sie ein ganzes Volk in uns bilden, mit dem wir in Beziehung stehen. Es sind unsere Kinder, wenn ihr so wollt, unsere Schüler, die wir erziehen und anleiten müssen. Aber wir kennen sie gar nicht, wir befassen uns niemals mit ihnen, und darum gehorchen sie uns auch nicht. Alles Bitten und Fordern ist vergeblich. Schauen wir uns das am Beispiel der Sexualität an. Ein Mann mag ein Pastor oder ein Bischof oder was auch immer sein, seine Sexualorgane funktionieren doch nach ihrem eigenen Willen, sie hören nicht auf ihn. Ein Eingeweihter jedoch, der bestimmte Wahrheiten und Regeln kennt, weiß, wie er die Zellen seiner Organe steuern kann, und sie gehorchen ihm. Denn er lebt bewusst und hat gelernt, mit ihnen in Verbindung zu treten.

Hier habe ich Menschen als Beispiel angeführt, die mit den Türen schlagen, die Stühle herumstoßen, ans Mobiliar stoßen usw. Wären diese Menschen nur sensibler und würden sie sich analysieren, würden sie feststellen, dass all die Stöße, das Herumschubsen und der Lärm, dass all das sich in ihnen niederschlägt. Nehmen wir einmal an, die Möbel seien ohne Bewusstsein und unbeseelt und leiden nicht darunter, so haben aber die Menschen doch eine Seele, sie besitzen ein Seelenleben, und all die Stöße, der Lärm und die unausgeglichenen Bewegungen wirken sich darauf aus. Wären sie empfindsam genug, würden sie spüren, dass dies in ihnen Störungen, Missklänge und Unausgeglichenheit bewirkt, denn unsere Bewegungen haben Rückwirkungen auf unser Gehirn und auf unser gesamtes Sein. Die Bedeutung der verschiedenen Bewegungen stellt im Übrigen ein tiefes Wissen dar, das man kennen sollte. Jede Geste beinhaltet eine aussagekräftige Sprache, die nicht nur vom inneren Zustand des Menschen spricht, von seinen Entschlüssen und Absichten, sondern auch etwas über seinen Entwicklungsstand aussagt.

Der Mensch trägt also ein ganzes Volk mit sich oder in sich herum. Da er jedoch nichts davon weiß, versucht er nie, seinen Zustand zu verbessern. Immer wieder zählt nur die äußere Welt. An die innere Welt hingegen, die wir in uns tragen, deren Erzieher und Herren wir sind, an sie denkt niemand.

Was in uns geschieht, ist ein genaues Abbild dessen, was in der Gesellschaft vor sich geht, es sind die gleichen Aufstände, der gleiche Aufruhr, die gleichen Umstürze. Wie viele Könige, die ihrer Aufgabe nicht gewachsen waren, sind schon von ihren Untertanen gestürzt worden! Sie wussten nichts von den unerbittlichen Gesetzen des Karma und erlaubten sich jegliche Ungerechtigkeit und Grausamkeit. Aber da kamen andere, die im Untergrund und in aller Stille ihren Sturz vorbereiteten, und eines Tages war es vorbei mit ihnen. Davon liefert uns die Geschichte genügend Beispiele. Wie viele Könige hat es gegeben, die sich schließlich – vom Thron gestürzt – bei Wasser und Brot im Verlies wiederfanden! Nun warteten sie im Unglück auf ihre Befreiung, während die anderen, die die Macht übernommen hatten, an ihrer Stelle regierten. Jeder weiß davon, aber wer hat schon erkannt, dass sich das Gleiche auch in unserem Innenleben abspielt? Der König in uns gibt sich der Trägheit oder einem ausschweifenden Leben hin, und so wird er von feindlichen Kräften ergriffen, die ihn in den Kerker stecken und an seiner Stelle regieren.

Daher muss der Mensch seinen Platz an der Spitze seines Reiches wieder einnehmen, sonst wird er schließlich völlig verdrängt von den Strolchen und den Räubern, die es auch in ihm gibt. Wenn er weder gerecht noch ehrlich ist, wenn er bestimmte Gesetze missachtet, finden Aufstände in ihm statt, und er wird gestürzt, verdrängt und irgendwelche Unholde übernehmen die Führung an seiner Stelle. Und die anderen, die diesbezüglich blind sind, bemerken nicht, dass es nicht dieselbe Person wie vorher ist, die nun die Leitung hat. Man kennt das übrigens bei manchen Fällen von Wahnsinn. Fängt jemand an zu sagen: »Ich bin Dschingis Khan,« oder »ich bin Jesus,« oder »ich bin Napoleon«, so zeigt dies, dass er von seinem Thron verdrängt worden ist. Natürlich ist es weder Dschingis Khan noch Napoleon und vor allem nicht Jesus, der nun seinen Platz eingenommen hat - nur wo er, der Ärmste, hingekommen ist, das weiß man nicht! Die Persönlichkeitsspaltung ist heutzutage ein bekanntes, aktenkundiges Phänomen, und niemand zweifelt mehr daran. Jedoch ist es noch nicht bekannt, dass diese Spaltung, oder besser gesagt, Vervielfältigung der Persönlichkeit eine Erscheinung ist, die in jedem von uns existiert. Denn der Mensch wird von Millionen von Geistern und Wesenheiten bevölkert und, je nach der Situation, zeigen sich die einen oder die anderen.

Ja, liebe Brüder und Schwestern, es gibt Regeln, die man kennen muss, in der inneren ebenso wie in der äußeren Welt. Wie kann man sich einbilden, man könne ewig mit Ungerechtigkeit, Gewalt und Grausamkeit herrschen, ohne dass die anderen zurückschlügen? Man kann ein Volk nicht durch Angst dazu zwingen, brutales Vorgehen ewig hinzunehmen. Alle, die das geglaubt haben, bekamen harte Lehren erteilt. Dadurch ist die Herrschaft der Aristokratie in die Brüche gegangen und musste der Demokratie Platz machen. Das will nicht besagen, dass es nun besser ist. Besser wäre es gewesen, die Aristokratie wäre fähig gewesen, sich durch Qualitäten wie Intelligenz und geistige Größe an der Spitze zu halten, denn symbolisch entspricht die Aristokratie dem Gehirn, das über allem steht, das sieht, vorausschaut und alles leitet. Die Demokratie hingegen ist das Volk und entspricht dem Magen, dem Bauch und den Geschlechtsorganen.

Ich habe euch schon oft das Bild des Schiffes mit dem Kapitän und den Maschinisten gegeben. Die Maschinisten entsprechen dem Volk, sie haben die Mittel, das Schiff voranzubringen, doch sehen sie nichts und können daher viele Irrtümer begehen. Man darf das Volk nicht unterschätzen. Es stellt die Mittel, die Voraussetzungen, die Kraft dar, Dinge, die also äußerst notwendig sind. Ihm jedoch die Aufgaben zu übertragen, die Sache des Kapitäns, der Aristokratie sind, das geht nicht. Das Volk ist nicht in der Lage, kluge Entscheidungen zu treffen und die Geschehnisse in die richtige Richtung zu lenken. Entschuldigt, aber so ist es. Wenn Magen und Geschlecht Forderungen stellen, darf das Gehirn ihnen nicht unüberlegt gehorchen und ihnen stattgeben. Die Weisheit sollte den Menschen Richtschnur sein und ihnen leuchten. Dann sind die Kräfte des Volkes bereit, die von der Weisheit ersonnene Pracht und Herrlichkeit zu verwirklichen.

Nun werdet ihr wohl sagen: »Das ist aber gefährlich, was Sie uns da erzählen! Wenn Sie nun die Aristokratie propagieren und die Demokratie verdammen, so ist das gefährlich.« Immer ist alles gefährlich! Beim Essen könnt ihr euch verschlucken und daran ersticken oder euch vergiften und so sterben. Wenn ihr auf die Straße geht, kann euch ein Dachziegel auf den Kopf fallen... Wir leben inmitten von Gefahren, aber die Wahrheit muss gesagt werden. Und die Wahrheit ist, dass man wieder eine Aristokratie einsetzen muss, allerdings eine vom Licht geführte Aristokratie. Und man darf sich nicht nach Maßstäben und Vorlieben des unwissenden Volkes richten. Natürlich weiß ich, dass es im Volk wahre Aristokraten gibt, Menschen, die ein sehr hohes Ideal und edelste Bestrebungen haben. Solchen Menschen bin ich begegnet. Sie besaßen weder Titel noch ein Schloss noch sonst etwas, aber durch ihre lichtvolle und großmütige Lebensführung waren es großartige Aristokraten. Nun fangt ihr an, mich zu verstehen, nicht wahr?

Wenn sich eines Tages die Aristokratie solch hervorragender Menschen in der Welt durchsetzt, dann wird sich alles wandeln. Und es wird das Volk selbst sein, das die Herrschaft dieser Aristokratie fordern wird, denn es wird erkennen, dass es allein und ohne Licht verloren ist.

Aber die Hierarchie ist auch im Innern jedes Menschen nötig. Jeder muss die Aristokratie in seinem Kopf und die Demokratie in seinem Bauch haben. Beides ist nötig, werden jedoch ihre Plätze vertauscht, führt das früher oder später zum Zusammenbruch. Die Lösung besteht darin, dass alle Menschen den Himmel bitten, ihnen diese Aristokratie in ihren Kopf zu entsenden, damit sie wohlunterrichtet sind, gut geführt werden und alles im rechten Licht sehen. Und das wird die Demokratie nicht daran hindern, ihre Arbeit auszuführen, sogar während der Nacht. Denn sie sind notwendig. Wenn das Volk seine Arbeit nicht macht, nämlich Verdauung, Blutkreislauf und Ausscheidung aufrechtzuerhalten, dann ist es um den gesamten Organismus geschehen... einschließlich der Aristokratie.

Wo ist nun etwas Böses dabei, wenn ich euch sage, dass ihr wieder euren Platz als König einnehmen müsst? Ja, ihr müsst euch beherrschen, euch selbst bemeistern und imstande sein, manche Schwächen abzulegen, damit ihr euch von all den Raubtieren, die in euch sind, befreien könnt. Es gibt keine wichtigere Arbeit als die, König eurer selbst zu werden, dass dieses Volk im Innern anfängt, euch zu lieben, zu achten und auf euch zu hören. Wenn es merkt, dass ihr ein guter König seid, dann braucht ihr nur zu bitten, und es wird sich bemühen, euch zufrieden zu stellen. Sind einige Geister in euch aufgebracht und in Wut geraten, sagt ihr zu ihnen: »Nicht doch, hört auf damit.« Sie werden sich sofort beruhigen. Andernfalls könnt ihr tagelang darauf warten. Dann beruhigen sie sich, wann sie es wollen, und ihr könnt nichts dagegen machen. Das gleiche gilt für die Sexualkraft. Wenn ihr einmal die Selbstbeherrschung erlernt habt, kommen eure Zellen unverzüglich zur Ruhe. Habt ihr das jedoch nicht gelernt, seid ihr genötigt, sie zufrieden zu stellen, denn sonst wirft euch das zu Boden. Dann habt also nicht ihr die Leitung, sondern andere, die ihr gar nicht kennt.

Ihr seht, von dieser Warte aus habt ihr das Problem noch nie betrachtet. Ihr lebt so wie alle anderen, nämlich unbewusst. Aber von nun an müsst ihr bewusst leben, denn ihr habt dem Volk in euch gegenüber eine Pflicht zu erfüllen. Es wurde euch gegeben, damit ihr vieles damit bewerkstelligen könnt, aber ihr seid ihm lediglich ein schlechtes Beispiel. Geht es darum, sich vor den anderen in der Gesellschaft zu zeigen, dann seid ihr untadelig; Gestik, Worte, Mimik und Kleidung, alles ist einwandfrei. Seid ihr hingegen allein, sieht es anders aus, da euch ja niemand zuschaut.

Und ihr lasst euch gehen, ohne daran zu denken, dass doch das gesamte innere Volk euch beobachtet. Und dieses Volk denkt sich dann: »Sehr schön, wenn er uns also ein solches Beispiel gibt, werden wir es ihm nachmachen. Dann kann er was erleben!« Und ihr werdet von eurem Thron gestürzt. Versteht ihr es hingegen, mit ihm richtig umzugehen, ist dieses Volk imstande, Wunder für euch zu vollbringen.

Ja, wenn ihr nur wüsstet, wie unermesslich groß dieses Volk ist, wäret ihr stolz darauf! Es sind Abermilliarden von Geschöpfen; diese Bevölkerung übertrifft zahlenmäßig die der gesamten Erde. Und ich kann euch sogar sagen, dass es Eingeweihte gibt, denen es sehr gut gelungen ist, die Wesenheiten in sich zu erziehen, zu stärken und in ihrer Entwicklung zu fördern, dass diese nun in der Lage sind, auch im Äußeren Arbeiten zu verrichten, bei Freunden oder Schülern Hilfe zu leisten, Trost zu spenden oder Heilung zu bringen. Ja, diese Wesenheiten nehmen die Gestalt des Eingeweihten an und zeigen sich so bei den Menschen, die nun denken, es sei der Eingeweihte selbst, der ihnen zu Hilfe kommt. Mitnichten, es ist sogar möglich, dass der Eingeweihte der Letzte ist, der etwas davon erfährt, dass er diesem oder jenem geholfen hat.

Durch seine kluge und bewusste Arbeit kann ein Mensch bestimmte Wesenheiten derart in sich stärken und ihnen Möglichkeiten eröffnen, dass er durch sie überall hinkommen, den Menschen Licht bringen und die Ankunft des Reiches Gottes vorbereiten kann, obwohl es ihm selbst unmöglich ist, die ganze Welt aufzusuchen. Glaubt mir, das ist die reine Wahrheit, eine Wahrheit allerdings, von der die offizielle Wissenschaft weit entfernt ist, auch nur eine Ahnung zu haben, geschweige denn, sie zu akzeptieren. Selbst die Russen, die schon mit parapsychologischen Phänomenen arbeiten, mit Hellsichtigkeit, mit der Aura und dem Ätherkörper, sind zu diesen Kenntnissen noch nicht vorgestoßen. Tatsächlich sind die Möglichkeiten, die im Menschen angelegt sind, unerhört, unbegrenzt und unbeschreiblich; sie hängen von seinem Entwicklungsgrad ab. Entschließt er sich dazu, sich Kenntnisse anzueignen, sich zu beherrschen und seine Schwächen zu überwinden, dann findet er diese Möglichkeiten auf seinem Weg; sie warten auf ihn. Was ich euch hier sage, haben vor mir schon alle Eingeweihten und Meister seit der Erschaffung der Welt gesagt. Ich denke mir das nicht einfach aus. Ich bin nur dazu da, um das Geheimnis ihres Wissens und ihrer Macht weiterzugeben und euch nach und nach zu diesen großartigen Dingen hinzuführen.

Entschließt sich der Schüler also, in diesem Sinne zu arbeiten, dann nimmt ihn der Himmel unter seinen Schutz, und seine inneren Bewohner sind mehr und mehr bereit, ihm Beistand zu leisten und ihn zu unterstützen. Es sind sogar Ärzte und Heiler darunter, die sich um seine Gesundheit kümmern. Die Tatsache, dass manche Menschen ein sehr hohes Alter erreichen, ohne krank zu werden, zeigt, dass es im Innern Wesenheiten gibt, die sich um die Gesundheit kümmern. Es hängt nicht alles von den Organen ab, sondern von den Wesenheiten, die in den Organen tätig sind, um sie zu beleben. Und sind die einmal geschwächt oder gar lahm gelegt, bleibt kein anderer Ausweg mehr, als bei den Apothekern, Ärzten und Chirurgen Hilfe zu suchen. Dabei steht aber noch nicht fest, inwieweit sie in der Lage sein werden, euch zu heilen oder euch das Leben zu verlängern!

Genau das geschieht jedoch in der Nacht, wenn der Organismus, dank der Arbeit Tausender dieser Wesenheiten, Giftstoffe ausscheidet und neue Kräfte sammelt. Sind diese allerdings in ihrer Arbeit behindert oder sind sie gar nicht da, dann fühlt ihr euch nicht erfrischt, obwohl ihr geschlafen habt. Die Organe können nichts von allein, wenn nicht jemand da ist, der sie überwacht, stimuliert und sie immer wieder in Ordnung bringt. Verlasst ihr euch auf äußere Dinge anstatt auf diese intelligenten Wesenheiten, anstatt sie herbeizurufen und sie zu achten, damit sie ihre Arbeit ordentlich machen, dann werdet ihr vergeblich hierhin und dorthin laufen und versuchen Heilung zu finden, es wird euch nicht gelingen. Denn ihr habt dann weder begriffen, was Heilung eigentlich bedeutet, noch wer es ist, der heilt. Ich will euch ein

Beispiel geben. Ihr habt ein Gerät, das irgendwie blockiert ist. Von allein kommt es nicht mehr in Gang, und so muss ein Mechaniker kommen und es reparieren. Die Menschen aber, die doch ständig derartige Erfahrungen in ihrem Leben machen, haben nicht erkannt, dass sich genau das gleiche Phänomen in ihnen abspielt.

Also, liebe Brüder und Schwestern, solange ihr dieser Philosophie fernsteht, könnt ihr keine Lösung für eure Probleme finden, seien sie medizinischer, wirtschaftlicher oder pädagogischer Art. Ihr müsst also all diese intelligenten Arbeiter in euch achten und schätzen, denn wenn sie sehen, dass ihr sie liebt und Rücksicht auf sie nehmt, machen sie ihre Arbeit wunderbar, und ihr seid immer bei guter Gesundheit, fühlt euch wohl und euch fehlt nichts.

Wie ihr seht, enthält die äußere Welt viele Lehren, die wir nur herauslesen müssen. Das Beispiel eines Gerätes, das kaputt geht, ist dermaßen klar. Ein Mechaniker ist nötig, der es wieder in Gang bringt. In gleicher Weise sind es bei unseren Organen lebendige Wesenheiten, die sie pflegen und wieder instand setzen. Ein Mensch mag seine Organe in bestem Zustand haben, wenn jedoch diejenigen, die sie beleben, Weisung bekommen, sie zu verlassen, dann stirbt der Mensch. Die Maschine funktioniert nicht mehr, obwohl sie noch intakt ist. Der Beweis ist, dass man ein Organ aus diesem Körper nehmen und in einen anderen einpflanzen kann. Denn lediglich jene, die die Maschine in Gang hielten sind fortgegangen, und so ist sie stehen geblieben. Nehmen wir aber einmal an, es sei bestimmt worden, dass ein Mensch zwei- oder dreihundert Jahre alt werden soll, dann funktionieren seine Organe immer weiter, weil jedes Mal neue Partikel und neue Geschöpfe kommen, um ihn am Leben zu erhalten.

Der physische Körper kann Tausende von Jahren alt werden. Aber das ist einem Menschen natürlich nur unter ganz außergewöhnlichen Umständen durch eine besondere Bestimmung des Schicksals möglich. Im allgemeinen können die Menschen aufgrund der immer mehr oder weniger belasteten Erbanlagen kaum länger als hundert Jahre leben. Aber auch ohne es soweit bringen zu wollen, einige hundert Jahre alt zu werden, ist es doch möglich, daran zu arbeiten, sich zu kräftigen und seinen Gesundheitszustand zu verbessern. Und das Mittel dazu besteht darin, sich mit dem Lebendigen und nicht mit dem Toten zu befassen, denn nur etwas Lebendiges kann die Dinge verbessern. Schaut einmal, ihr habt einen Abszess oder eine Wunde... Wer sind diese Wesenheiten, die imstande sind, Hilfe zu bringen und die Wunde zu schließen oder die Unreinheiten aus dem Abszess zu entfernen? Wenn diese Wesenheiten aufgrund eines ungeregelten Lebenswandels betäubt sind, entsteht eine Infektion, ein Wundstarrkrampf oder ein Geschwür, und das befallene Glied muss amputiert werden. Ja, denn im Organismus sind die Arbeiter nicht mehr da, die Hilfe bringen könnten. Äußerlich wurde zwar alles getan, was möglich war mit Desinfektionsmitteln, Salben und Verbänden... aber es hat dennoch eine Infektion gegeben.

Ihr müsst begreifen, dass die besten Heilmittel von innen kommen. Denn wenn die Wesenheiten im Innern ihre Arbeit nicht richtig ausführen können, sind auch die äußeren Heilmittel unwirksam. Sind die Wesenheiten im Innern dagegen auf der Höhe, kommt alles von alleine in Ordnung, selbst wenn von außen nichts und niemand zu Hilfe kommt. Das ist einfach und klar. Man muss seine Geisteshaltung ändern und der seelischen, geistigen Seite den Vorrang geben. Und vor allem muss man an der Selbstbemeisterung und Selbstbeherrschung arbeiten, um endlich König über dieses Volk in sich zu werden und überall Gutes tun zu können. Ist das wohl möglich? Ja, das ist möglich, und dann ist man stolz, seinen Auftrag, für den man auf die Erde gekommen ist, erfüllt zu haben: ein Vorbild an Rechtschaffenheit, Ehrlichkeit und Reinheit zu sein.

Also, ihr habt mich verstanden, meine lieben Brüder und Schwestern, wenn ich von Aristokratie spreche, meine ich damit die innere Aristokratie, die wir alle in uns besitzen, die aber entthront ist, da sie ihrer Aufgabe nicht gewachsen war. Diese Aristokratie hat sich nur in wenigen Ausnahmefällen halten können, wie bei den großen Denkern, Weisen und Eingeweihten. Ja, in ihnen herrscht der Kopf, und daher gehorcht ihnen ihr Volk, die Zellen von Magen, Bauch, Geschlechtsorganen usw. und leistet wunderbare Arbeit.

Die meisten Menschen sind allerdings noch sehr weit davon entfernt. Ich sehe sie mit vielerlei Plänen, außer dem einen, Vorbilder, Diener Gottes und Kanäle für das Licht zu sein. Dabei wäre es leicht, ihnen dazu die Mittel zu geben. Schwierig ist es hingegen, sie dazu zu bringen, ein solches Ideal anzustreben. Selbst der Herr ist nicht in der Lage, ihnen einen solchen Wunsch einzugeben. Der Mensch selbst muss das wünschen. Man kann nicht für ihn wünschen, so wie man auch nicht für ihn essen kann. Auch ich gebe euch hier Nahrung, aber ihr müsst sie essen; das kann ich nicht an eurer Stelle tun. Wenn ich sie esse, werde ich immer dicker, und ihr magert ab. Aber die Schüler sind schon merkwürdig, sie wollen, dass ihr Meister alles macht, und sie nichts. Der Meister soll ihnen sogar Liebe, Willenskraft und Ausdauer geben. Zu ihrem Leidwesen gibt es aber so etwas in der Einweihungswissenschaft nicht.

Ein Meister bietet seinen Schülern die Mittel, die Voraussetzungen und die Methoden, aber der Schüler muss die Arbeit machen, denn sonst ergeht es ihm wie dem Faulen in der folgenden Anekdote: Es war in der Türkei, ein Landarbeiter grub ein Stück Land um, und da es eine recht mühsame Arbeit war, sagte er bei jedem Spatenstich: »Uff!« Ein Fauler kam vorbei, sah den Mann beim Graben und sagte: »Hör zu, wir werden uns die Arbeit teilen. Du gräbst, und ich sage jedes Mal »uff!«. Nachher teilen wir dann auch den Lohn.« – »Einverstanden,« erwiderte der Arbeiter. Und nun standen sie beide da, der eine grub um, und der andere sagte »uff!«. Als der Arbeiter nun seinen Lohn erhielt, behielt er ihn natürlich für sich. Wütend schleppte der andere ihn vor den Kadi. Dieser hört sich die Geschichte an und sagt dann: »Es ist in der Tat recht, ihr müsst teilen. Bringt mir die Geldstücke, mit denen die Arbeit entlohnt wurde.« Das Geld wurde herbeigebracht, er nahm es und ließ eine Münze nach der anderen fallen. Dann gab er sie dem Bauern zurück und sagte zu dem Faulen: »Da du immer »uff!« gesagt hast, ist das Klingen der Münzen für dich, und da er gegraben hat, sind die Münzen für ihn.« Und so wird es auch denen ergehen, die alles fordern, ohne etwas dafür zu tun.

Ich kann euch das Wissen geben, aber der gute Wille muss von euch kommen. Und beides zusammen wird zu großen Ergebnissen führen. Jeden Tag werden lichtvolle Naturgeister zu euch kommen und euch helfen, und jeden Tag werdet ihr euch dieser außergewöhnlichen Philosophie mehr und mehr annähern und werdet frei, frei, frei.

Le Bonfin, den 14. September 1975

II

Freier Vortrag

Wie viele Bücher, Filme, Zeitschriften und Veranstaltungen führen die Menschheit heutzutage zu Disziplinlosigkeit, Anarchie und Chaos hin! Und sie haben Erfolg damit! Es ist schon erstaunlich zu sehen, was für ein großes Bedürfnis die menschliche Natur nach infernalischer Nahrung hat. Darum kann man es den Schriftstellern und Künstlern nicht so sehr als Schuld anlasten, wenn sie den Leuten solche Nahrung vorsetzen. Da diese mit solcher Gier danach suchen, bemühen sich die anderen natürlich, sie ihnen zu verschaffen. Sie sind also nicht allein schuld daran. Wären sie jedoch von Eingeweihten unterrichtet, dann wüssten sie, dass sie sich niemals so weit erniedrigen dürfen, bei der Masse die Verlockungen und Begierden der niederen Natur zu befriedigen. Sie würden dann auf einem erhabenen Standpunkt bleiben und auch die Masse dazu bringen aufzusteigen, um die Intelligenz und die Schönheit, die sie mitbrächten, zu erreichen. Aber sie haben sich dazu entschieden, die Masse, den »Demos«, den Magen zufrieden zu stellen, und die Aristokratie des Gehirns hat einen Niedergang erlebt. Darum ist es nun die niedere Seite, die herrscht, die sich zur Schau stellt, die führt und fordert.

Ja, man ist jetzt »demokratisch«, die Masse hat die Leitung inne, die Unwissenheit führt nun das Kommando. Die Intelligenz, die Aristokratie, ist untergegangen, weil sie nicht imstande war, an der Spitze zu bleiben. Von jetzt an muss man aber eine neue Aristokratie formen – intellektuell, moralisch, geistig – damit sich die Masse höher entwickeln kann. Und diejenigen, die die Macht an sich genommen haben, der Demos, der Magen, der Bauch und die Geschlechtsorgane, müssen das Kommando dem Kopf überlassen, denn dessen Aufgabe ist es nicht, die Wünsche von Bauch und Geschlecht zu erfüllen.

Natürlich hat die Demokratie nur deshalb die Macht übernehmen können, weil die Aristokratie sich kompromittiert hat, so wie es auch im sozialen und politischen Leben geschehen ist. Aristokrat zu sein bedeutet nicht, sich wichtig zu machen, weil man äußere Dinge vorzuweisen hat wie Namen, Titel, Ehrenämter und Ländereien, sondern es bedeutet, Sittlichkeit und Charakterstärke zu besitzen.

Man wollte die Monarchie und die Aristokratie abschaffen, man wollte das Zarentum und den Adelsstand abschaffen... Nun gut, aber diejenigen, die an die Macht gekommen sind, begehen die gleichen Untaten wie die alten Herrscher, selbst in den kommunistischen Ländern. Also wird es von neuem Revolten geben, und sie werden genauso hinweggefegt werden, da sie die Lage ebenso wenig meistern. Sie haben vergessen, dass sie die Monarchie gestürzt haben, damit ein Ideal von Brüderlichkeit und Gerechtigkeit herrsche. Aber mit der Zeit wird man vergesslich, man versinkt in der Materie und verliert seine Würde. Es ist so wie in der Kirche, die ebenso die von Jesus gebrachten Grundsätze der Liebe vergessen hat und im Laufe der Jahrhunderte materialistisch geworden ist.

Man muss nun zur Aristokratie von Herz und Seele zurückkehren, zur Aristokratie der Eingeweihten, der großen Meister und aller lichtvollen Menschen, die ihren Adel unter Beweis gestellt haben. Denn reden allein...? Jeder kann schöne Reden führen, aber wie viele Menschen sind fähig, das zu leben, wovon sie sprechen? Solange diejenigen, die befehlen, führen und im Vordergrund stehen, nicht das Licht der Einweihungswissenschaft besitzen, was soll da schon Gutes bei ihren Entscheidungen herauskommen? Es wird vielleicht nicht gerade zu blutigen Ereignissen kommen, aber auch niemals zu einem wirklichen Wandel in der Geisteshaltung. Denn schaut einmal, verlangt die Mehrzahl der Menschen etwa nach geistigen und nach göttlichen Schätzen? Nein, sie verlangen immer nur nach Geld, Sinnenfreuden und nach der Freiheit, irgendwelche Schweinereien zu machen. Alle Forderungen betreffen den Bauch, den Magen, aber niemals zielen sie ab auf das Licht. Wie soll also die Masse die Welt ändern und das Reich Gottes herbeiführen können? Wenn sie einmal anfangen, nach anderen Dingen zu verlangen, dann ja. Aber nur mit ein paar kleinen Änderungen im wirtschaftlichen, materiellen, finanziellen oder politischen Bereich bewirkt man keinen tiefgreifenden Wandel. So wird es immer die gleiche Geschichte und der gleiche Sumpf bleiben. Ihr seht, man hat eben noch nicht begriffen, wo die Änderung ansetzen muss.

Zwar sprechen alle immer mehr vom Wandel, aber in der Realität sehe ich nur die verbissene Arbeit eines Haufens Ehrgeiziger, die sich Plätze ergattern wollen, wo sie größeren Einfluss besitzen und mehr Geld verdienen. Sich selbst bereiten sie nicht darauf vor. Sie arbeiten nicht daran, reiner, edler und mehr Herr über sich selbst, also Vorbilder zu werden. Das interessiert sie nicht. Wozu sollte es ihnen nützlich sein, bessere Menschen zu werden? Das ist nicht ihr Bedürfnis. Ihr Bedürfnis ist es, eine Stellung zu haben, die ihnen mehr Machtbefugnisse bietet, damit sie ihre Leidenschaften und ihren Drang nach Eroberungen und ihre Rachegelüste befriedigen können. Auf diese Weise wird die Welt niemals Frieden erlangen.

Die heutige Gesellschaft ist in der Tat so wenig aufgeklärt, dass sie alle niederen Neigungen ihrer Mitglieder fördert. Selbst die Eltern sind so unwissend, dass sie sich einbilden, ihre Kinder zu erziehen, wenn sie sie dazu antreiben, Vergünstigungen und Vorrechte zu erstreben. Das halten sie für Erziehung. Anstatt sie anzuleiten, sich vorzubereiten, damit sie, wenn sie eines Tages Verantwortung zu tragen haben, ihrer Aufgabe gewachsen sein werden und sich nicht kompromittieren, geben sie ihnen die schädlichsten Ratschläge und freuen sich über ihre Erfolge in der äußeren Welt, selbst wenn sie diese gar nicht verdient haben. Immer wieder strebt man Erfolge nur auf der materiellen Ebene an. Und da man dafür genötigt ist, mit Berechnung, List und Gewalt vorzugehen, zerstört man letztendlich alles Gute in seinem Charakter.

Die Leute haben wohl erkannt, dass Reichtum ihnen die Möglichkeit gibt, eine Situation radikal zu ändern und den Lauf der Ereignisse zu beeinflussen. Da man jedoch selten durch Ehrlichkeit und Großmut reich wird – das Gegenteil ist eher der Fall – sind sie fähig, jegliche Übertretung der Regeln zu begehen, um diesen Reichtum zu erlangen. Nun werdet ihr sagen: »Ja, aber wenn man sich nach Ihren Ratschlägen richten wollte, wenn man sich derart vorbereiten und stärken wollte, um ein Vorbild zu werden, dann würde man bei den gegebenen Bedingungen in der Welt, irgendwo, unbekannt, unscheinbar und ganz unten auf der Stufenleiter sein Dasein fristen.« Aber was wisst ihr denn schon, um solche Schlüsse zu ziehen? Wenn ihr wirklich ein fähiger, ein außergewöhnlicher Mensch, ein wirkliches Vorbild, eine strahlende Sonne seid, dann werden die anderen kommen, selbst wenn ihr es gar nicht wollt, selbst wenn ihr es ablehnt, sie werden euch mit Gewalt packen und an die Spitze stellen, damit ihr sie leitet und führt. Wenn euch etwas Derartiges nicht geschieht, dann verdient ihr es noch nicht, weil ihr noch nicht auf der Höhe seid.

Die Menschen brauchen das wahre Licht, das wahre Wissen und die wahre Kraft. Sie brauchen und suchen dies. Da jedoch alle, mit denen sie zu tun haben, keine besonders untadeligen Vorbilder sind, schlagen sie sich eben mit Unehrlichkeit und Gewalt durch, da sie um jeden Preis emporkommen wollen. Innerlich haben alle das Bedürfnis nach etwas Hohem, Erhabenem. Wenn ihnen das jedoch nicht begegnet und sie sich von Räubern und habgierigen Menschen umgeben sehen, verlieren sie den

Mut, fangen an, es ihnen gleichzutun und nehmen die so weit verbreitete Lebenseinstellung an: »Tust du Gutes, vergilt man es dir mit Bösem. – Sei ehrlich, und du wirst Hungers sterben. – Der Mensch ist des Menschen Wolf.« Auf diese Weise sinkt der Mensch immer mehr auf die Stufe der niedersten Geschöpfe herab.

Aber nehmen wir einmal an, es wird künftig Menschen geben, die diese Lehre annehmen, die kämpfen und bereit sind, alles zu opfern, um deren hohes Ideal zu verwirklichen, dann werdet ihr erleben, wie sehr sie gesucht, geliebt und geschätzt sein werden. Und auf diese Weise kann das Reich Gottes auf die Erde gelangen. Dass es bisher noch nicht zu uns gekommen ist, liegt daran, dass die meisten der Regierenden in der Welt kein hohes Ideal haben. Sie sind weder so dumm noch so verrückt, versteht ihr, derart hohe Ziele zu haben. Sie wollen die Situation nutzen. Wenn aber einmal einige entschlossen sind, dieses Ideal zu verwirklichen, dann kann kommen, was mag, glaubt es mir, das wird wahre Stärke, wahres Licht und wahre Schönheit sein.

Traurig ist dabei allerdings, dass viele in ihrer Jugend schon den Wunsch haben, für ein Ideal zu wirken, große Opfer zu bringen und sich ritterlich zu zeigen. Nach einiger Zeit, im Kontakt mit der Realität und unter dem Druck der Umgebung, die ihnen anrät, »vernünftig« und »klug« zu sein, geben sie das auf, sie bemühen sich, sich anzupassen und werden wie alle anderen. Denn selbst wenn die Menschen gute Vorsätze und gute Regungen haben, werden sie nach einiger Zeit so wie die Raubtiere, die sie umgeben, wenn keine Lehrer da sind, die sie unterstützen, sie beraten und die verhindern, dass sie wegen all der kleinen Unannehmlichkeiten, der Witzeleien und des Spottes wie die Raubtiere werden, die sie umgeben..

Wenn ich also von Aristokratie spreche, meine ich den inneren Adel. Solange die Aristokratie sich an der Spitze halten kann, lebt das gesamte Volk der Zellen in Harmonie. Andernfalls wird der Adelsstand gestürzt, weil die anderen, die Triebe, die Begierden, die Untugenden und die Schwächen die Macht übernommen haben. Und die Aristokraten werden gehängt,... so wie es noch in manchem französischen Volkslied zu hören ist. Es ist immer das Gleiche, wenn die innere Aristokratie nicht auf der Höhe ist. Dann werden die Aristokraten irgendwo aufgehängt, und der Pöbel regiert.

Das gleiche passiert auch euch oft. Zwar werden die Blinden nichts davon sehen, wenn ihr jedoch zu einem Eingeweihten kommt, wird er die Lage sofort erkennen und euch sagen: »Du Ärmster, warum hast du es soweit kommen lassen, dass du nun zum Sklaven geworden bist? Und du weißt nicht einmal, wie es dazu gekommen ist. Also, entweder fehlte es dir an Licht, oder du hattest keine Liebe für die göttliche Welt, oder aber dir mangelte es an Willen, die Arbeit fortzusetzen.« Es gibt nur drei mögliche Erklärungen dafür, und nicht vier, fünf oder zehn, wie die Menschen meinen, die immer wieder die Ursachen dort sehen, wo sie nicht sind, nämlich im Äußeren, bei den Eltern, der Gesellschaft, der Erziehung, dem Mangel an Geld, bei den Nachbarn oder den Konkurrenten. Aber mitnichten, der gute Mann besaß einfach nicht genügend Intelligenz, Liebe oder Willenskraft. So sieht ein Eingeweihter jedenfalls die Dinge. Er weiß, dass man die Gründe nicht in der äußeren Welt suchen darf, sondern im Inneren des Menschen. Die Menschen müssen andere Kriterien haben, um klar die Ursachen ihres Geschickes zu erkennen.

Als ich euch von Agartha* erzählt habe, habe ich vor allem die dortige Regierungsform hervorgehoben. An der Spitze steht eine Aristokratie, die Befehle erteilt, denen alle gehorchen, denn dort hat sich der Adelsstand niemals kompromittiert. Und diese Regierungsform soll eines Tages auf der Erde eingesetzt werden. Dass dies manch einem missfällt, der andere Überzeugungen und andere Pläne hat, ist nicht meine Angelegenheit. Ich lege euch nur die Dinge so dar, wie sie sein müssen.

* siehe den letzten Vortrag in Kapitel 8 dieses Buches

Vor allem müsst ihr aber in euch selbst die Aristokratie an die Spitze stellen. Hütet sorgsam alles, was ihr an Edlem, Reinem und Lichtvollem in euch besitzt. Ein Eingeweihter zeichnet sich ja gerade dadurch aus, dass er ständig darauf achtet, in seinem Innern die göttlichen Eigenschaften zu bewahren. Aber glaubt ihr etwa, die meisten Menschen dächten daran, ihren inneren Adel zu bewahren? Für eine Rolle in einem Film oder ein Foto in einem Magazin, für Schönheitsartikel oder Schmuck ist ein charmantes Mädchen doch bereit, seine Frische und Reinheit herzugeben. Woanders stellt ein Wissenschaftler seine außergewöhnlichen Fähigkeiten in den Dienst der Zerstörung, weil ihm dafür phantastische Summen angeboten werden. Achtet man also auf seine edle Gesinnung, bewahrt man sie? Nein, sie wird verkauft, fallen gelassen und beschmutzt. Ein Eingeweihter hingegen wird um nichts in der Welt, weder für Geld noch für Ruhm, seinen Adel aufs Spiel setzen. Denn er weiß, dass er dadurch, dank der lichtvollen, intelligenten und weisen Wesenheiten, die in ihm leben, eines Tages Himmel und Erde besitzen wird. Alles andere, was man ihm ansonsten auch anbieten mag, ist nichts dagegen.

Wann werden sich die Menschen dazu entschließen, ihre wertvollsten Gaben und Qualitäten nicht mehr in den Dienst der Hölle zu stellen?

Sèvres, den 1. Februar 1976

VIII

Die Politik im Licht der Einweihungswissenschaft

I

Freier Vortrag

Im letzten Vortrag* habe ich euch gesagt, dass die Evolution mit einer Vereinfachung der äußeren Formen, aber einer Intensivierung des Lebens einhergeht, während man bei der Involution eine Zunahme der Formen beobachten kann, bei gleichzeitiger Abschwächung des Lebens, bei einem Verlust an Ausdruckskraft, Subtilität und Feinheit. Wenn der Mensch daher in seinem Niveau sinkt, gerät er in die Vielfalt der Formen. Er wird einer Welt vergleichbar, in der es von vielgestaltigen Tieren wimmelt, von Schlangen, Krokodilen, Tigern, Schakalen usw., die sich untereinander auffressen oder erdrücken. Denn dann ist das innere Leben nur ein Abbild des äußeren Lebens. Wenn der Mensch sich von der Quelle entfernt, schafft er in sich Bedingungen, die denen des Dschungels gleichen. In seinem Inneren toben Zwistigkeiten und Kämpfe. Um dieser bejammernswerten Situation ein Ende zu bereiten, muss er zur Einheit zurückkehren.

Diese Einheit muss auch auf der Erde unter den einzelnen Ländern hergestellt werden. Schaut euch die Geschichte an; viele Länder, die heute eine Einheit bilden, bestanden vor nicht allzu langer Zeit aus verschiedenen Staaten, die sich untereinander be-

*Es wird hier Bezug genommen auf den Vortrag aus der Reihe Gesamtwerke Band 17, Kap. 9 (z. Zt. noch nicht ins Deutsche übersetzt), der diesem Vortrag chronologisch vorausging.

kriegten. Sie haben begriffen, dass die Einheit besser ist, und seitdem sind sie zu richtigen Großmächten herangewachsen. Aber das ist nur eine noch unzureichende Zwischenstufe, denn jedes dieser Länder, das eine eigenständige Macht darstellt, spürt, dass der Nachbar eine Konkurrenz ist. Sie rüsten zum Kampf, und die gegenseitige Zerstörung wird unvermeidlich. Nun müssen die Menschen also erkennen, dass die Zeit gekommen ist, eine weitaus umfassendere Einheit zu bilden. Alle Länder der Erde müssen sich zusammenschließen, und diese Vereinigung wird, ebenso wie im menschlichen Organismus, Gesundheit, Wohlbefinden und Kraft zur Folge haben. Die Menschheit als Ganzes hat es noch nicht geschafft, gesund zu werden, sie ist krank, sie hat Krebs, weil überall eine Lebensanschauung des Getrenntseins herrscht. Jeder ist bemüht, nur für sein Land und seine Familie etwas zu tun. Diese Haltung wird aber ständig für Komplikationen und Kriege sorgen, denn in diesem Zustand der Spaltung werden immer wieder die Interessen der einen oder der anderen zu kurz kommen. Die Dinge müssen sehr vereinfacht werden, und die Länder der ganzen Welt müssen zu der Überzeugung gelangen, dass sie sehr viel besser leben werden, wenn sie sich nur einigen. Dann werden alle Menschen im Überfluss leben, sie werden die Freiheit genießen zu reisen, sich zu begegnen und sich miteinander zu freuen.

In der Vergangenheit freilich war diese Vorstellung des Getrenntseins normal, denn der Mensch war noch nicht sehr fähig, sein Bewusstseinsfeld auszudehnen. Selbst große Eingeweihte, wie zum Beispiel Moses, hielten noch die Vorstellung aufrecht, man müsse fremde Völker bekämpfen. Und er selbst hat an solchen Kriegen teilgenommen. In dieser Epoche war es noch nicht möglich, die brüderliche Liebe und die Notwendigkeit, eine allumfassende Familie zu bilden, begreiflich zu machen. Die Menschen waren dem Entwicklungsniveau der Tiere noch zu nahe; so etwas war undenkbar. Aber heute ist das anders. Bei der heutigen Schnelligkeit der Kommunikationsmittel ist die Erde mit einem

Mal so klein geworden, dass der Augenblick für die Menschen gekommen ist zu erkennen, dass sie die Grenzen abschaffen und sich einen müssen, so dass die ganze Welt nur noch eine einzige Familie bildet. Man bekämpft sich, aber um letztlich was zu verteidigen? Alle sind dabei, einen Zustand zu verteidigen, der schon im Verschwinden begriffen ist. Und eines Tages werden sie sich selbst derart dumm finden, wenn sie sehen, welche Anstrengungen sie gemacht haben, um ihn aufrechtzuerhalten!

Einstweilen klammern sie sich aber noch an ihre alten politischen und religiösen Vorstellungen. Die Christen zum Beispiel meinen weiterhin voller Stolz, der wahren Religion anzugehören und die wahren Kinder Gottes zu sein, während die anderen für sie Heiden, Fehlgläubige und Ungläubige sind. Nein, das ist grotesk, lächerlich, ungeheuerlich. Die wahren Kinder Gottes dürfen doch nicht so engherzig sein. Solange sie die gegenwärtige Ordnung der Dinge aufrechterhalten, stehen sie auf einer sehr niederen Stufe. Und nicht ich stelle sie dorthin, sondern sie selbst tun das. Durch seine Gedanken, Gefühle und Handlungen legt jeder selbst seinen Platz fest, denn dadurch tritt er in Verbindung mit einer bestimmten Substanz, Region oder Kraft des Universums. Jeden Tag und in jedem Augenblick entscheidet man sich für das Gute oder für das Schlechte, für das Licht oder für die Finsternis.

Gegenwärtig kann man allerdings feststellen, dass ein großes Geschehen im Gange ist. Dies wird sich immer mehr ausweiten, wenn nicht durch die Erwachsenen, dann durch die Jugend. Die Jugendlichen werden die Erwachsenen dazu nötigen, ihr Verständnis zu erweitern, denn sie werden die veralteten Vorstellungen, die an allen Kriegen ursächlich beteiligt sind, nicht länger ertragen können. Die Jugend kommt und wird alles in der Welt erschüttern, in Russland ebenso wie in Amerika. Es wird eine gewaltige Umwälzung geben. Die politischen Führer bilden sich allzu oft ein, sie hätten das Schicksal ihres Landes in der Hand. Eine Zeit lang mag es ihnen möglich sein, diese Illusion aufrechtzuerhalten, aber sie ist nicht von Dauer. Mit all denjenigen, die glaubten, alles sei von ihnen abhängig, hat es ein schlechtes Ende genommen. Mit Tyrannen nimmt es immer ein schlechtes Ende. Sie lassen einige Köpfe rollen, und dann sind sie selbst auf die eine oder andere Art an der Reihe. Denn in Wirklichkeit sind es nicht die Menschen, wie groß ihre Macht auch sein mag, die das Schicksal der Menschheit lenken, sondern sehr hohe Wesenheiten, die den Gang der Ereignisse beobachten und überwachen.

Schaut euch all die gewaltigen Reiche an, die die Welt zum Erzittern brachten und dann doch wieder verschwanden und ihren Platz anderen überließen. Ja, es gibt andere Intelligenzen und andere Kräfte, die auf ein Ziel hinarbeiten, das wir nicht kennen. Die Menschen müssen daher demütiger werden, sonst werden sie sich früher oder später das Genick brechen. All die Geheimgesellschaften, die glaubten, sie würden einmal die Welt beherrschen, haben es nie geschafft, die meisten sind wieder verschwunden. Denn die Pläne Gottes zielen immer auf das Heil des Menschen, auf seine Befreiung und sein Glück ab.

Meine lieben Brüder und Schwestern, die Universelle Weiße Bruderschaft ist dazu da, die Menschen daran zu erinnern, dass sie Kinder desselben Vaters und derselben Mutter sind. Warum wollen sie sich also gegenseitig umbringen? Warum arbeiten sie gegeneinander? Das ist ungeheuerlich und sinnlos. Das kann man doch nicht leugnen. Und wenn man diese Wahrheit akzeptiert, kann man nicht weiter in Trennung leben und sich hassen, das wäre unlogisch. Entweder man lebt in Übereinstimmung mit dieser Wahrheit, oder man lehnt sie kategorisch ab, das ist dann ehrlicher. Wenn man weder denselben Vater noch dieselbe Mutter hat, dann hat man das Recht, sich gegenseitig umzubringen. Macht man es aber wie die Christen, die den Glauben daran haben und sich doch gegenseitig und die anderen umbringen, dann geht das einfach nicht, denn darin liegt doch ein gewaltiger Widerspruch!

Die Menschen streben immer nur ihr eigenes Glück an, ihren eigenen Erfolg und ihren eigenen Reichtum. Und das verteidigen sie gegen die Angriffe der anderen, weil sie meinen, falls sie es nicht täten, würden sie alles verlieren. Vor nur dreißig Jahren wäre ein Franzose, der es gewagt hätte, von der Versöhnung mit den Deutschen zu sprechen, noch erschossen worden. Da man sich jetzt aber zu dieser Vorstellung durchgerungen hat, werden weder Franzosen noch Deutsche deswegen erschossen, weil sie sich jetzt die Hand reichen, sich gegenseitig besuchen und sogar Kinder miteinander zur Welt bringen. Warum sollte es nicht überall mit den anderen das Gleiche sein? Dass die Deutschen und die Franzosen Freunde geworden sind, hat noch nicht viel geändert. Es sind ja noch genügend andere Feinde für sie da, die nur darauf warten, sie zu verschlingen. Man muss also eine sehr viel umfassendere Einheit erreichen, um wirklich allen Gefahren zu entrinnen. Sonst kann man nur sagen, arme Menschheit, denn weder Waffen noch Diplomatie werden sie retten können. Angesichts der Bedrohungen, die auf der Menschheit lasten, werden sich jedoch alle eines Tages genötigt sehen, sich die Hand zu reichen, selbst die USA und Vietnam, selbst Israel und die Araber.

Das einzige Mittel für die Menschen, all ihre Probleme zu lösen, besteht darin, brüderlich miteinander zu leben. Und dieses Leben schlage ich ihnen vor, darin werden sie eine Erweiterung ihres Bewusstseins finden, ein Anwachsen der Intelligenz sowie Glück und Freude. Aber die Ärmsten erkennen das nicht. Die Brüderlichkeit eröffnet ihnen neue Horizonte, sie schenkt ihnen eine große Familie, unermessliche Schätze, aber sie verharren stur in ihrem kleinen Loch, in ihrem Egoismus, ihrer Finsternis, ihren Ärgernissen und ihren Ängsten, weil immer wieder ihre niedere Natur die Oberhand gewinnt. Sie sagen: »Oh, ich brauche keine Brüderlichkeit, ich habe es auch nicht nötig, noch etwas zu lernen, ich will frei und unabhängig leben.« Was sie damit aber tatsächlich verteidigen, das ist nur Trägheit, Egoismus, Disziplinlosigkeit und ein ausschweifendes Leben, da sie sich in diesem Zustand wohl fühlen.

Ihr seht ja, die Menschen haben keinerlei Kriterien, sie sind wie kleine Kinder. Wären sie – vom spirituellen Standpunkt her gesehen – erwachsen, würden sie sogleich finden, dass diese Laschheit, diese falsche Freude die Quelle allen Unglücks ist. Aber sie haben keine Selbstanalyse gemacht und ziehen diesen Zustand vor, der die Bemühungen von ihnen fernhält und es ihnen erspart, sich zu bessern. Ich muss ihnen aber sagen, dass sie keinerlei Fortschritt machen werden, solange sie diese Haltung beibehalten, weil sie sich noch wie die Kinder benehmen. Kinder sind nur auf der Suche nach angenehmen, sympathischen, süßen Dingen, weil sie noch nicht genügend Klugheit besitzen, um zu begreifen, dass die besten Bedingungen zur eigenen Entwicklung nicht in Süßigkeiten zu finden sind. Etwas Bitteres wie Chinin muss man manchmal nehmen, um sich zu entwickeln, um klug und stark zu werden. Manch einer hat das Martyrium gesucht, weil er erkannt hatte, dass die Schwierigkeiten die besten Entwicklungsmöglichkeiten bieten. Selbstverständlich verlange ich von euch nicht, so weit zu gehen. Aber ich verlange von euch, zumindest zu begreifen, dass man mit der Philosophie des Getrenntseins brechen muss, die man annimmt, um angeblich unabhängig und frei zu sein. Auf diese Weise wird man niemals frei, sondern man wird zum Sklaven seiner eigenen Schwächen und Launen.

Wahre Höherentwicklung kann nur in der Gemeinschaft stattfinden. Wenn ihr alleine seid, habt ihr es nicht so nötig, Herrschaft über euch zu bekommen oder den anderen beizustehen. Dann könnt ihr sogar den ganzen Tag lang schlafen, ohne euch zu waschen, und dabei in Unordnung und Hässlichkeit leben. Manche Menschen leben gerne in so einem bedauernswerten Zustand, sie fühlen sich darin wohl; in der Gemeinschaft zu sein ist hingegen etwas Schauderhaftes! Da muss man ja sauber und schicklich sein, um die anderen nicht zu stören, da muss man freundlich, geduldig und verständnisvoll sein... Manche sagen mir, sie müssten alleine sein, weil sie sehr viel Arbeit zu erledigen haben. So, so, ihre Arbeit; die Spuren davon sehe ich in ihrem Gesicht! Ihre Arbeit, das ist Trägheit und Sinnlichkeit, ein Leben in der Astralwelt und noch weiter unten in der unterirdischen Welt, wo sie nur Staub aufwirbeln, im Schlamm und zwischen Kaulquappen herumwaten. Wenn sie aber eines Tages völlig abhängig geworden sind, werden sie erkennen, dass sie für ihre Feinde gearbeitet haben, für finstere Wesenheiten, die sie nicht einmal kennen. Diese Wesenheiten geben dann die Befehle: »Ich will jetzt dies essen, nein, nun will ich das, hol' mir das dort hinten!« Und sie rennen hierhin und dorthin, um etwas zufrieden zu stellen, von dem sie meinen, sie seien es selbst. Bis zu dem Tag, an dem sie erkennen, dass sie die schlimmsten Feinde ihres Glücks und ihrer Zukunft zufrieden gestellt und genährt haben.

Man muss wissen, dass wir von zwei Arten von Wesenheiten bewohnt sind. Und wenn wir nicht wissen, welcher von ihnen wir Nahrung geben sollen, werden wir bald völlig von den finsteren Wesenheiten beherrscht. Um die Menschen gut melken und von ihnen zehren zu können, flüstern sie ihnen ein: »Aber du bist doch frei!« Und diese Dummköpfe, die meinen, sie hätten sich nun schön von allen gesellschaftlichen Konventionen befreit, wissen gar nicht, dass sie zu Sklaven geworden sind. Man kann frei werden, jedoch nicht, indem man sich all seinen Wünschen hingibt. Solange man unter Freiheit das versteht, was die Kinder darunter verstehen, ist es keine Freiheit, sondern sklavische Abhängigkeit.

Meine lieben Brüder und Schwestern, macht, was ihr wollt. Aber früher oder später werdet ihr zwangsläufig doch auf die Wahrheiten stoßen, die ich euch bringe. Je schneller das geschieht, umso besser ist es für euch. Ihr habt schon so viele Erfahrungen gemacht, die euch teuer zu stehen gekommen sind, warum wollt ihr damit weitermachen? Gibt es keine besseren Erfahrungen zu machen? Die geistige Haltung der Menschen erstaunt mich immer wieder. Alle werden nun sagen: »Aber man muss doch Erfahrungen machen!« Einverstanden, das ist wunderbar, aber warum probieren sie dann nur das Negative und Finstere aus? Seid einmal ehrlich. Wenn man mit allem seine Erfahrungen machen muss, dann gilt das ebenso für die lichtvollen, spirituellen Dinge. Warum sollte man sich hier Grenzen setzen, wenn man, wie es heißt, mit allem seine Erfahrungen machen muss?

Aber der Mensch wendet sich immer nur einer Seite zu, und im allgemeinen der schlechteren, die andere vernachlässigt er. Wenn z.B. auch ein Philosoph (was sich so Philosoph nennt) schreibt, dass es für den Menschen nur das Nichts und die Verzweiflung gibt, dass Gott nicht existiert oder, falls es Ihn gibt, dass der Mensch in keinerlei Beziehung zu Ihm steht, dann hat die Masse nichts Eiligeres zu tun, als dem nachzufolgen. Aber selbst wenn man sich die Mühe macht einzuräumen, dass auch in dieser Sichtweise ein Teil Wahrheit steckt, ist dann das Gegenteil nicht genauso wahr? Warum will man sich immer auf einen Aspekt beschränken und ausgerechnet auf den schlechteren? Immer gibt es zwei Seiten, und beide muss man betrachten. Der Mensch besitzt zwei Naturen, eine himmlische und eine infernalische. Sich beide eingehend anzuschauen ist gut, aber den Vorrang sollte man der himmlischen Natur geben.

Wenn ihr mich jetzt recht verstanden habt, liebe Brüder und Schwestern, wenn ihr begriffen habt, dass die Universelle Weiße Bruderschaft der... oh je, der unangenehmste, unverdaulichste und härteste Ort ist, dann werdet ihr hier herkommen, um euch zu üben und die Fülle in euch zu entwickeln, Wille Herz, Intellekt, Seele und Geist. Eines Tages werdet ihr zu wahren Söhnen und Töchtern Gottes.

Gott steht über den Nationen und über den Völkern. Er hat die Menschen nicht dazu erschaffen, Juden oder Araber, Christen oder Buddhisten zu sein. Er hat sie erschaffen, das ist alles. Und sie konnten aufgrund ihrer Entwicklungsbedingungen nichts anderes tun, als sich in Sippen, Familien, Gesellschaften und Länder aufzuspalten. Aber eines Tages werden all diese Unterschiede, die so viele Feindseligkeiten hervorrufen, wieder verschwinden, und die Menschen werden sich alle als Bürger einer Welt fühlen. Das ist heilbringend und wünschenswert. Welcher Politiker wollte wohl das Gegenteil behaupten? Ich werde euch mathematisch, wissenschaftlich und historisch nachweisen, dass bestimmte Anschauungsweisen überholt sind.

Da wir jetzt in einer Zeit leben, in der die Mittel gefunden wurden, sich auf den Mond zu begeben, muss man sich endlich entschließen, etwas zu ändern. Eines schönen Tages wird man sogar den Mondbewohnern begegnen! Nun werdet ihr sagen, dass die Wissenschaftler dort oben keine Bewohner gefunden haben. Doch, es gibt dort Bewohner, und auf wissenschaftlichem und technischem Gebiet sind sie sogar weiter als wir. Und warum hat man sie dann nicht gefunden? Da sie im Voraus wussten, dass man sie besuchen würde, haben sie sich in ihren unterirdischen Wohnanlagen versteckt. Ja, denn in dem Moment, wo die Menschen in der Lage sind, auf den Mond zu fliegen, sind sie auch ohne weiteres fähig, früher oder später das zu tun, was die Spanier mit den Azteken und den Mayas gemacht haben. Im Übrigen machen sie doch nie etwas anderes. Zwischen den Menschenfressern und den sogenannten zivilisierten Völkern besteht im Grunde kein großer Unterschied. Wenn sie ihren Nächsten auch nicht real auffressen, verschlingen sie ihn trotzdem auf andere Weise. Ah, die Menschenfresser, das gefällt euch. Wollt ihr dazu eine Anekdote hören?

Nun gut, eines Tages wurde eine Delegation von Menschenfressern ganz ernsthaft bei der UNO vorstellig und sagte: »Hören Sie, wir müssen leider eine Beschwerde vorbringen. Über Presse und Fernsehen haben wir erfahren (wie ihr seht, sind die Menschenfresser ganz und gar modern und zivilisiert!), dass Sie den notleidenden Völkern mit Sendungen von Weizen, Reis und Kaffee helfen. Uns haben Sie jedoch nur ein knappes Dutzend Missionare geschickt. Aber das ist sehr wenig, die haben wir schon längst verspeist, und nun haben wir Hunger! Schickt uns noch einige von denen, zeigt euch als Christen!« Was für eine Logik, nicht wahr? Nun werdet ihr sagen: »Immerhin haben es die Menschen so weit gebracht, sich nicht mehr gegenseitig aufzufressen.« Oh, wisst ihr, es gibt Fälle, die zeigen, dass das zwanzigste Jahrhundert noch nicht sehr weit vom Kannibalismus entfernt ist. Stellt die Menschen nur unter bestimmte Bedingungen, und ihr werdet sehen, ob sie sich schon so sehr entwickelt haben!

Außerdem ist das Auffressen auch nicht schlimmer als alles andere. Es wurden noch keine Untersuchungen über alle Formen der Menschenfresserei angestellt, z.B. darüber, wie Männer und Frauen sich gegenseitig auf vielfältige Art und Weise auffressen.

Mögen die Leute tun, was sie wollen, sollen sie betrügen und zerstören, nur dürfen sie dabei nicht vergessen, dass nicht sie die Herren der Lage sind. Droben gibt es andere Wesen, die die Entwicklung der Menschheit überwachen und lenken. Manche Leute haben sechzig, siebzig oder achtzig Jahre darauf verwandt herauszufinden, was ihre Arbeitgeber, ihre Generäle oder ihre Minister von ihnen erwarteten. Aber dabei haben sie sich nur auf menschliches Wollen ausgerichtet und ihre Zeit verloren. Ich habe mein ganzes Leben darauf verwandt, den Willen Gottes kennen zu lernen. Jetzt kenne ich ihn, und auch ihr könnt ihn kennen lernen.

Also, meine lieben Brüder und Schwestern, merkt euch das alles gut und denkt auch über die Worte nach, die ich zu Beginn über die Einfachheit und die Kompliziertheit gesagt habe. Dadurch, dass sich die Geister von der Einfachheit, von der Einheit, entfernt haben, sind sie zu den Wurzeln hinabgestiegen, und dort, unter der Erde, herrschen Dunkelheit und Kälte. Nun müssen sie also wieder zur Wärme und zum Licht emporsteigen, bis hin zu den Blüten. In den Blüten findet man viele Formen, Farben und Düfte!

Wenn ihr euch von der Sonne entfernt, spürt ihr die Kälte und die Dunkelheit, und das Leben verliert an Intensität. Nähert ihr euch aber der Sonne, nehmen Licht, Wärme und Intensität des Lebens zu. So haben alle Geschöpfe, die sich von Gott entfernt haben, keine Wärme, keine Liebe, kein Licht und keine Weisheit mehr; sie haben kein Leben mehr, sie sind wie versteinert. Darum begreifen, spüren und handeln sie auch nicht mehr. Oder, falls sie doch noch handeln, dann nur, um zu zerstören. Alle diejenigen hingegen, die wie die Eingeweihten den Rückweg zum Göttlichen angetreten haben, haben auch Licht, Wärme und Leben erhalten, und damit haben sie Wunder vollbracht bis hin zur Auferweckung der Toten. Das ist so einfach, dass es selbst die Kinder verstehen. Warum verstehen es denn die Philosophen nicht? Hätten sie es verstanden, würden sie sich nicht mehr von der Quelle entfernen. Glaubt ihr etwa, das, was die Menschen jetzt in den Büchern lesen, würde sie der Quelle näherbringen? Es gibt in den Büchern zu viele negative Dinge, die den Glauben, die Liebe, die Moral, die Ehrfurcht und den Sinn für das Göttliche zerstören. Man muss andere Bücher lesen oder aber das einzige Buch, das es wirklich wert ist gelesen zu werden, nämlich das Buch der Natur, und sich der geistigen Sonne annähern, um sich zu erwärmen und sich zu durchlichten und beleben zu lassen.

Aber nein, die Menschen tun alles, um sich zu entfernen und nichts, um sich anzunähern. Nachher sagen sie dann: »Ich begreife nichts mehr, ich weiß überhaupt nicht mehr, woran ich bin!« So etwas zu sagen, ist ein schlechtes Zeugnis für den Menschen. Aber wie oft wurde mir das schon gesagt oder geschrieben! Um niemanden zu kränken, antworte ich in aller Freundlichkeit. Hätte ich allerdings die Wahrheit sagen wollen, hätte ich geantwortet: »Mein Herr (oder meine Dame), es ist nicht verwunderlich, wenn Sie nichts mehr verstehen, und Sie werden sogar immer weniger verstehen, denn Sie marschieren entgegengesetzt zur guten Richtung!« Manche sagen auch, sie könnten die anderen nicht mehr lieben noch ertragen. Da stelle ich ebenso eine sehr schlechte Diagnose. Es ist so als gäben sie mir ihre Visitenkarte, auf der geschrieben steht: »Ich bin ein Idiot, ich bin ein Dummkopf, ich bin ein Ungeheuer.« Obgleich dort steht Doktor, Professor oder Minister soundso lese ich: Dummkopf. Warum? Weil sie nicht mehr lieben können. Schau sich das doch mal einer an! Und wen lieben sie? Sich selbst, und das noch sehr schlecht! Dann sagt ein anderer: »Ich bringe nichts Anstrengendes mehr zustande, ich bin schwach, wie gelähmt.« Warum ist er bis zu einem Zustand so großer Schwäche gekommen? Weil er sich seinen niederen Bewohnern hingegeben hat, die ihn gebunden haben; und nun ist ihm nichts mehr möglich. Auch das ist eine erschreckende Visitenkarte.

So verstehe ich die Dinge, und auch ihr könnt, wenn ihr wollt, so weit kommen, die Dinge auf diese Weise zu verstehen. Das ist nur umso besser für euch, denn dann kann euch wirklich niemand mehr täuschen, niemand. Ich werde euch Kriterien und Regeln geben, und wenn ihr jemanden anseht, werdet ihr sagen können: »Mein Lieber, die Zeit ist vorbei, wo du mich täuschen konntest, jetzt sehe ich klar!« Aber beginnt damit, diese Regeln und Kriterien bei euch selbst anzulegen. Bei den anderen ist das nicht so eilig, das kann später kommen.

Sèvres, den 18. Februar 1968

II

Freier Vortrag

Wenn man nun meine Vorträge anhört und dabei das gegenwärtige Weltgeschehen verfolgt, kann man meinen, die Themen, über die ich spreche, hätten keinerlei Bezug zur aktuellen Situation. Dann sagt man sich: »Aber was erzählt er uns denn da! Wenn er nur wüsste, was sich in Spanien, in Portugal, im Libanon und sogar in Frankreich abspielt, dann würde er uns nicht mit so unbedeutenden Dingen unterhalten wollen.« Das heißt, dass man die Sache nicht richtig verstanden hat, denn was ich euch bringe, ist ganz im Gegenteil die Grundlage von allem, das sind Methoden, Hilfsmittel und Schlüssel, mit denen man alle Probleme des Lebens lösen kann.

Wenn ich zu euch jetzt über das aktuelle Geschehen sprechen soll, was hätte das für einen Sinn? Es gibt schon so viele Leute, die darüber sprechen, ohne Lösungen anzubieten! Es sind ja nichts weiter als Feststellungen, Statistiken und Lageberichte, die niemals zu etwas gut sein werden, und Gott allein weiß, ob sie überhaupt stimmen. Daher überlasse ich all diese Fragen anderen und beschäftige mich mit dem Wesentlichen, nämlich damit, was für die Ewigkeit Gültigkeit hat. Der Mensch besitzt einen physischen Körper, einen Willen, ein Herz, einen Intellekt, eine Seele, einen Geist, und das Problem stellt sich also folgendermaßen:

Wie soll er mit diesen Dingen umgehen, mit denen er immer zu tun haben wird? Ja, denn in alle Ewigkeit, wie das äußere Geschehen auch aussehen mag, wird der Mensch mit denselben Problemen konfrontiert sein, mit der Frage nämlich, wie er denken, fühlen, handeln, lieben und schöpferisch tätig sein soll.

Damit habe ich das wichtigere Thema gewählt, den Menschen. Alle anderen sehen dessen Bedeutung nicht ein und vergeuden ihre Zeit und ihre Energien mit Geschichten, die kurz darauf von allen wieder vergessen werden. Ja, die Neigung der Leute, sich mit Nichtigkeiten abzugeben, ist phänomenal! Wird zum Beispiel eine neue Regierung eingesetzt, ist man mit Leidenschaft dabei. Aber wie lange wird diese neue Regierung denn im Amt bleiben? Einige Monate später wird sie wieder ausgewechselt, und man beschäftigt sich mit der nächsten. Genauso ist es mit den politischen Parteien. Es bilden sich neue, andere verschwinden oder ändern ihren Namen, und wenn man all diese Namen nicht kennt und nicht weiß, wer jeweils an der Spitze steht, dann ist man schlecht angeschrieben. Hat man keinerlei Kenntnisse von den himmlischen Dingen, so ist das völlig belanglos. Aber wenn man über die Streitereien der politischen Führer nicht im Bilde ist und nicht weiß, was sie im Fernsehen zueinander gesagt haben, oh je, das ist schlimm! Aber das ist doch ein Elend, das ist doch ein Jammer, was bringt das den Menschen für ihre wirkliche Zukunft, für ihren Frieden, ihr Licht und ihre Unsterblichkeit?

Nun mögt ihr sagen: »Aber man will doch dem Land helfen!« Auf diese Weise kann man ihm nicht helfen, auf diese Weise wurde den Menschen noch nie geholfen. Man bildet sich das vielleicht ein. Nein, diese politischen Diskussionen und Streitereien können ihnen bestimmt nicht helfen. Das alles hat noch nie etwas gebracht außer Unzufriedenheit, Zorn, Streiks und Aufruhr. Was hat die Politik schon verbessert? Die Krankenhäuser sind überfüllt, die Gerichte überlastet, und bald braucht man einen Schutzmann pro Einwohner. Aber kraft unserer Lehre werde ich eines

Tages beweisen, dass es andere Mittel gibt, um dieser Situation zu begegnen.

In der Welt könnt ihr Tausende von Leuten treffen, die der Politik den ersten Platz einräumen. Tag und Nacht beschäftigen sie sich mit nichts anderem. Aber zu welchen Lösungen kommen sie? Zu keinen, außer zu der, einer Partei anzugehören. Wie ruhmreich, wie phantastisch ist es doch, einer Partei anzugehören; darin liegt alle Herrlichkeit! Wird diese Partei aber wirklich die Probleme lösen? Ist sie auf einem guten, auf dem richtigen Weg? Darum kümmert sich keiner. Ist man erst einmal dieser Partei beigetreten, fühlt man sich mutig, stark und sicher. Aber oft dauert dieser Stolz nicht lange, denn wenn die Partei nicht den Sieg davonträgt, geht ihren Mitgliedern die Luft wieder aus. Ihre ganze Herrlichkeit war nichts als eine Seifenblase.

Stimmt ihr mir darin zu? Nein, ich glaube nicht. Gut, wie ihr wollt. Aber solange die Synarchie nicht eingesetzt wird, dürft ihr nicht glauben, die Anarchie würde etwas nützen. Ja, alle politischen Richtungen, die man zur Zeit miterlebt, sind mehr oder weniger nur Tendenzen zur Anarchie. Natürlich bin ich bei den Franzosen nicht besonders gut angeschrieben, wenn ich so spreche. Aber wenn sie doch nur erkennen wollten, wie weit sie von der Wahrheit entfernt sind! Sie lieben die Selbsttäuschungen und Illusionen, sie lieben es, etwas zu unternehmen, auch wenn es zu nichts nütze ist. Zumindest sind sie aktiv, sie bleiben nicht untätig, sie schlagen immerhin die Zeit tot. Selbstverständlich muss man aktiv sein, aber man soll sich zumindest die beste Aktivität aussuchen.

Fangt nur einmal an, irgendwo von Politik zu sprechen, sei es auf der Straße oder im Zug, und ihr werdet sehen, wie alle, Jung und Alt, euch großartige politische Ideen präsentieren. Mein Gott, sie leben ein so begrenztes, ichbezogenes Leben, was für Ideen können sie schon haben? Und wenn ihr den Führern der Parteien zuhört, könnt ihr hören, wie jeder den anderen anklagt, auf den Untergang der Nation hin zu arbeiten und die Bürger ins Unglück zu stürzen. Aber der Redner selbst ist natürlich von der größten Liebe für die Heimat beseelt! Sind sie wirklich so ehrlich, sprechen sie tatsächlich im Interesse ihres Landes und ihrer Landsleute, oder doch eher für sich selbst, damit sie gewählt werden? Nachher wird man sehen, was dahinter steckt. Man wird sehen, dass es immer wieder das Gleiche ist. Denn es gibt ja so viele Parteien, und es werden immer mehr, weil niemand etwas von den eigentlichen Interessen des Landes versteht. Man muss nur eine Sache suchen, eine einzige, etwas, das noch nie gefunden, ja noch nicht einmal in Betracht gezogen wurde. Aber anstatt das Ganze zu sehen, ein Ziel, das es zu erreichen gilt, ein Endziel, befasst sich jeder mit einem Einzelpunkt und kämpft für seine Ideale, die doch bald durch andere ersetzt werden. Denn es werden Umwälzungen stattfinden, die zeigen werden, dass die Menschen keine klare Sicht der Dinge hatten. Die unsichtbare Welt weiß das alles, und diese Erschütterungen sind vorhergesehen, um den Menschen Gutes zu tun.

Ich will nicht behaupten, dass alle sich täuschen, nein, jeder hat von seinem Standpunkt aus gesehen recht. Im Hinblick auf das Ganze begehen aber alle Irrtümer. Ich will euch ein Beispiel geben. Ein Egoist, der nicht auf die Interessen der anderen achtet, versucht, alles so einzurichten, dass seine Wünsche und Begierden befriedigt werden. Und es ist unausbleiblich, dass die anderen ihm das zum Vorwurf machen. Aber er begreift das nicht, denn für ihn selbst war ja alles in Ordnung, alles war bestens und auch folgerichtig. Das Gleiche spielt sich auch bei den politischen Parteien ab. Was sie sagen, ist von ihrem Standpunkt aus völlig richtig und logisch. Von einem anderen Standpunkt, von dem der Gesamtheit aus betrachtet, ist es aber nicht mehr genauso richtig.

Wenn ein Kind etwas tun will, ist es überzeugt, damit im Recht zu sein, und es ist ganz erstaunt, wenn seine Eltern es daran hindern oder es nachher dafür bestrafen. Entsprechend dem Grad des Verständnisses, den das Kind erreicht hat, ist sein Wunsch völlig logisch und gerechtfertigt. Und dann muss es feststellen, dass andere – aus seiner Sicht böse und unverständige Menschen

– seinen Wünschen Hindernisse in den Weg legen, und es ist aufgebracht. Genau das Gleiche spielt sich bei allen Menschen ab. Jeder ist auf seinen eigenen Vorteil bedacht, und dann heißt es: »Meiner Ansicht nach ist es so...« – »Und meiner Ansicht nach ist es anders!« Ja, aber dieses »meiner Ansicht nach« ist derart begrenzt! Es ist jetzt eine Intelligenz nötig, die es ermöglicht, die Dinge unserer Ansicht nach, von unserem Standpunkt aus und entsprechend unserer individuellen Wünsche zu beurteilen, die aber gleichzeitig fähig ist, das Bewusstsein der anderen wahrzunehmen, um den eigenen Standpunkt immer wieder abzuwandeln und zu vervollständigen. In diesem Augenblick wird man die Wahrheit erkennen und sehen, dass alle Recht haben, ohne Recht zu haben. Das heißt, sie haben von ihrem Verständnisgrad her betrachtet Recht, aber nicht vom Standpunkt der kosmischen Gemeinschaft her.

Solange man nicht genügend selbstlos und entwickelt ist, sieht man die Dinge in einem persönlichen Licht, und die eigene Wahrheit ist nur Teil der Wahrheit. Darum befinden sich alle politischen Parteien im Irrtum, da jede die Dinge nur von ihrem Standpunkt aus sieht. Wenn sie eines Tages die Realität wahrnehmen können, werden sie nicht besonders stolz auf ihre bisherige Ideologie sein. Ich bemühe mich darum, die Dinge nicht nur von meinem Standpunkt aus zu betrachten, sondern auch von dem der anderen, die höher stehen als ich; darum ist meine Sichtweise richtig. Wer diese Art zu schauen nicht entwickelt, täuscht sich, und eines Tages wird ihm das Leben selbst beweisen, dass er sich getäuscht hat.

Ich habe nichts gegen Politik, aber ich verstehe sie anders. Wenn man jemandem die Regierungsgewalt gibt, der den inneren Aufbau des Menschen nicht kennt und der nicht weiß, wie dieser mit allen Kräften des Universums verbunden ist, wie soll er dann seinem Land etwas wirklich Gutes bringen können? Da er es bei sich selbst nicht verwirklicht hat, wie soll er das für eine ganze Nation tun? Wie könnte ein Idiot die anderen unterrichten, ein

Schwächling die Bürden der anderen tragen oder ein unreiner Mensch die anderen läutern? Das ist unmöglich! Und ebenso unmöglich ist es auch, dass die Politiker die anderen ins Glück führen, wenn sie nicht in einer Einweihungsschule unterrichtet worden sind. Dort lernen sie, dass man, um ein echter Politiker zu sein, zuerst einmal eine tiefe Kenntnis des Menschen und der Natur besitzen sowie die göttlichen Gesetze achten muss, und dass man keinerlei persönlichen Ehrgeiz und keine Leidenschaft mehr haben darf.

Alle sprechen davon, dem Vaterland zu dienen, aber oft sind das nur schöne Worte. Sie denken vor allem an ihre eigene Tasche, ihr Ansehen, ihre Macht, und sie besitzen Klauen, Krallen und Zähne, um sich ihren Weg zu bahnen und den ersten Platz zu erreichen. Andere hingegen, die zwar mehr Licht, aber weder die gleiche Art Klauen, Krallen und Zähne besitzen, bleiben im Hintergrund. Ich bin nicht gegen die Politik, aber für mich ist die einzig taugliche Politik die der Eingeweihten, die die Natur des Menschen erforscht haben mit seinen Stärken und Schwächen, seinen Bedürfnissen, einschließlich der geistigen, gefühlsbezogenen, moralischen und wirtschaftlichen Bedingungen, unter denen er sich entfalten kann. Solange man darüber nicht Bescheid weiß, führt die Politik nur zu Streitereien.

Und schaut selbst Karl Marx an, der so gerühmt und gelobt wird, und dem so viele nachfolgen, auch er wird mit seiner ganzen Mannschaft bald Konkurs machen. Ja, denn die Probleme der Menschen lassen sich nicht durch den Klassenkampf und die Kollektivierung der Produktionsmittel lösen. Gewiss war Karl Marx ein Genie, das kann niemand leugnen, aber es ist auch gewiss, dass er nicht alles vorhergesehen und kein göttliches Leben geführt hat und auch kein Eingeweihter war. Ich bestreite nicht, dass für jeden Bereich des wirtschaftlichen und sozialen Lebens qualifizierte Kräfte nötig sind; aber vor allem sind an der Spitze Eingeweihte nötig, die von diesen Dingen vielleicht nichts verstehen, aber wissen, was die Hauptsache ist.

Das erstaunt euch? Aber nehmt zum Beispiel meinen Fall. Es gibt keinen Menschen auf der Welt, der in Bezug auf Organisation, Wirtschaft und Finanzen weniger Kenntnisse hätte als ich. Ich weiß gar nichts darüber. Und was weiß ich? Nun, ich weiß nur eines, nämlich wie man Wasser zum Fließen bringt; das ist alles. Und das Wasser findet nachher seinen Weg. Dadurch entsteht eine ganze Kultur mit Pflanzen, Tieren und Menschen. Bringt also das Wasser zum Fließen, ohne euch um das Übrige zu kümmern. Das mache ich jedenfalls. Ich sorge dafür, dass Wasser fließt, und ihr, ja, ihr selbst werdet, so wie die Pflanzen, die Vögel, die Bäume, die Tiere und die Menschen, jeder seinen Platz finden. Es ist nicht meine Aufgabe, für euch einen Platz zu finden, darum muss ich mich nicht kümmern. Darum habe ich auch keinerlei Organisationstalent. Ich kümmere mich bloß um das Wasser, denn wenn Wasser da ist, gestalten sich die Dinge ganz von allein. Und Wasser, das ist die Liebe, das ist das Leben.

Solange die Wirtschaftsexperten und die Politiker glauben, um die Situation zu verbessern, würde es genügen, eine bessere Organisation, neue Institutionen, neue Strukturen oder neue Stellen zu schaffen, wird alles absterben und auseinander fallen, weil sie sich nicht um das Wasser gekümmert haben. Alles, was auch im Äußeren eingerichtet werden mag, wird sich letztlich als unwirksam erweisen, solange nicht dafür gesorgt wird, dass das Wasser fließt. Daher ist es notwendig, dass an der Spitze ein Mensch steht, der Licht, Wissen und Liebe besitzt, denn dann wissen selbst alle Unterabteilungen sämtlicher Tätigkeitsbereiche, was sie zu tun haben, um am Erfolg des Unternehmens mitzuwirken.

Dieses Phänomen lässt sich schon gut im täglichen Leben beobachten. Ihr wisst vielleicht nicht genau, wie ihr das, was ihr zu tun habt, anpacken müsst damit es gelingt, aber ihr macht es mit Liebe. Und dann gelingt es euch auch aufgrund eurer Liebe, denn die Liebe findet immer ihren Weg! Fehlt euch aber die Liebe, dann könnt ihr noch soviel herumprobieren, es ist nichts zu machen! Es gibt Frauen, die sämtliche Kochbücher durchlesen und die besten Zutaten haben, aber die Mahlzeiten, die sie zubereiten, sind ungenießbar, weil sie nicht gerne kochen. Bei anderen hingegen weiß man gar nicht, wie sie es anstellen, aber ohne Rezept und mit ein paar einfachen Zutaten bringen sie köstliche Gerichte zustande. Denn sie lieben ihre Tätigkeit. Ja, das ist Liebe! Andererseits bin ich natürlich kein so kleines Kind mehr, um nicht zu begreifen, wie komplex die Organisation eines ganzen Landes sein muss. Aber damit das gut funktioniert, ist Licht und Liebe nötig, das Wasser muss fließen. Das inspiriert dann auch alle anderen, und sie finden heraus, was sie tun müssen.

Schaut doch, was sich in einer Versammlung abspielt, wo Menschen zusammenkommen, um über ein Projekt zu entscheiden. Wenn diese Leute Liebe für einander haben, verstehen sie sich, und am Ende der Besprechung ist alles bestens geregelt, und das Projekt wird durchgeführt. Kommen sie jedoch ohne Liebe und nur, um zu widersprechen, zu kritisieren oder Front zu machen, dann finden sie niemals Lösungen. Genau das geschieht oftmals in vielen Versammlungen, weil keine Liebe da ist. Und wenn es den Brüdern und Schwestern hier in der Bruderschaft noch nicht gelungen ist, für manche Probleme selbst nach mehreren Besprechungen eine brauchbare Lösung zu finden, dann deshalb, weil sie die Lehre noch nicht richtig begriffen haben. Das sollen sie wissen. Denn wenn man wirklich von der Liebe inspiriert ist, genügen manchmal fünf Minuten, um Probleme zu lösen, die sonst jahrelang unlösbar blieben.

Warum sind die Menschen denn immer noch so blind? Und dabei finden sie sich so großartig! Nein, wenn es euch nicht gelingt, die Probleme zu lösen, dürft ihr nicht sehr stolz auf euch sein. Wenn ihr es fertig bringt, Lösungen zu finden, dann ja, ansonsten überlegt, was es in euch ist, das euch daran hindert, die Lösung zu finden. Es ist der Mangel an Liebe. Aber man glaubt nicht an die Macht der Liebe. Man glaubt an die Macht des Intellekts und die Macht der Kritik, das ist alles. Aber ich glaube nicht an die Nützlichkeit dieser Dinge, sie sind sogar gefährlich. Aber bringt etwas mehr Liebe auf, und sogleich sind die Probleme gelöst, alle gehen glücklich nach Hause und sind nur erstaunt, dass es so einfach war.

Ihr habt doch schon gesehen, wie zwei miteinander diskutieren. Wie geht es dabei zu? Beide sprechen zu gleicher Zeit, und am Schluss wollen sie sich noch gegenseitig umbringen. Ja, denn sie hören einander gar nicht zu. Alle beide sind so sehr von sich selbst eingenommen, dass keiner dem anderen zuhören will. Dabei geraten sie schnell in eine solche Erregung, dass sie sich nicht mehr beherrschen können und handgreiflich werden. Die Leute sind weder gute Psychologen noch Pädagogen. Wären sie klug, müssten sie doch im Voraus wissen, dass es solche Formen annehmen würde, und sie würden vermeiden, es so weit kommen zu lassen. Ein kluger Mensch bringt dem, was man ihm sagt, zuerst einmal viel Liebe, Wohlwollen und Aufmerksamkeit entgegen, um beim anderen etwas Gutes wachzurufen. Und in diesem Augenblick findet sich für alles eine Lösung.

Aber kommen wir nun zur Politik zurück. Ich kann euch also nur sagen, dass diejenigen, die der Führung angehören, gezwungenermaßen Fehler machen, solange sie nicht in der Einweihungswissenschaft unterrichtet sind. Die Öffentlichkeit, die keine Kriterien und Maßstäbe besitzt, ist natürlich voller Bewunderung und sagt: »Haben Sie gesehen, was für eine Antwort er seinem Gegner verpasst hat? Mein lieber Mann, was der ihm alles gesagt hat! Wie er ihn fertiggemacht hat! Das war doch großartig!« Und all die Ignoranten sind entzückt. Aber ein Eingeweihter, der so etwas sieht, ist gar nicht begeistert. Mit den Blinden mag so etwas gehen, die schlucken alles, aber nicht mit den Eingeweihten. Schaut nur, was für Lieblingshelden ein Teil der Jugend hat: Es sind die, die alles kurz und klein schlagen und die am geschicktesten und am schnellsten mit dem Revolver sind. Und die Masse ist genau wie diese Jugendlichen.

Erwartet also nicht zu viel von der Politik, solange die Politiker nicht in der Einweihungswissenschaft unterrichtet sind. Es werden immer mehr Schwierigkeiten, Zusammenstöße und Missverständnisse auftreten, und sie werden keine Lösungen dafür anzubieten haben. Sie meinen, sie bräuchten dieses Licht und dieses Wissen nicht... Nun gut, sie werden sehen, ob sie das wirklich nicht brauchen. Es warten einige Überraschungen auf sie, um ihren Kopf reifen zu lassen. In dem Moment werden sie begreifen, dass man sich über diese Lehre nicht lustig machen darf.

Oh ja, ich muss euch die Wahrheit sagen, selbst wenn sie manch einem nicht gefällt. Solange man dieses Wissen über den Menschen, das Universum und den Schöpfer nicht besitzt, werden alle angebotenen Lösungen nur Teilbereiche betreffen und nur momentane, vorläufige Gültigkeit haben. Es wird nichts Vollständiges sein und immer irgendwelche Nachteile mit sich bringen. In der Vergangenheit hat Rama das Goldene Zeitalter bringen können, weil er von einer geheimnisumwobenen Gestalt, die ihm als Führer und Ratgeber diente, in der Einweihungswissenschaft unterrichtet worden war, und die Menschheit hat jahrhundertelang in Frieden und Wohlstand gelebt. Dann ist dieses Licht wieder verloren gegangen, von neuem hat sich Anarchie und Gewalt eingestellt, und das dauert jetzt schon seit Jahrtausenden.

Zur Zeit herrscht die Stärke und nicht moralische Qualitäten oder die Intelligenz. Alle streben nach Stärke, weil sie überzeugt sind, damit Erfolg zu haben. Das ist aber ein schlechter Weg. Die Stärke darf niemals an erster Stelle stehen, sie muss zuletzt kommen. Und die Synarchie ist eben eine Regierungsform, bei der Liebe, Weisheit und Wahrheit an erster Stelle stehen. Die Macht und die wirtschaftlichen Interessen dürfen erst danach kommen. Jetzt steht dagegen alles auf dem Kopf, die Macht und die Wirtschaft stehen an erster Stelle. Darum kann sich die Situation auch nur verschlechtern. Wie man auch darüber denken mag, sie wird sich niemals verbessern, weil alles gegen die kosmischen Gesetze und die universelle Ordnung geht.

Nur die Organisationsform der Synarchie entspricht dem Aufbau des Universums. Alle anderen Regierungsformen sind nur Ausdruck der Anarchie, und darum geht nichts mehr. Man kann keinen Erfolg haben, wenn man den göttlichen Gesetzen und der Struktur, die überall im Kosmos vorgezeichnet ist, entgegenwirkt. Das ist doch unmöglich! Diese falschen Vorstellungen will ich aus eurem Kopf herausreißen. Meister Peter Deunov hat einmal zu mir gesagt: »Du bist der allergrößte Zerstörer.« Und was zerstöre ich? Die alten hinfälligen Vorstellungen, die zerstöre ich. Und wenn manche noch glauben, sie könnten ohne Licht und mit Gewalt erfolgreich sein, so zerstöre ich ihre Hoffnung. Wenn sie weiterhin daran glauben wollen, werden sie sich das Genick brechen. Übrigens werdet ihr das selbst erleben, alle werden das erleben, und sie als erste.

Dies ist nun ein Vortrag, der im Bewusstsein der Menschen eine Revolution anfachen kann. Ja, denn das Licht ist die größte revolutionäre Kraft, es gibt keine, die darin größer wäre. Viele hochentwickelte Menschen haben geschwiegen und wollten die Masse nicht aufklären, weil sie wussten, wie engstirnig und begrenzt die Menschen sind und wie gefährlich es ist, ihnen Wahrheiten aufzuzeigen, die ihr Begriffsvermögen derart übersteigen. Aber der Augenblick kommt, an dem die Menschheit all diese Wahrheiten erfahren muss.

Konzentrieren wir uns aber nun auf das Wesentliche. Kein Mensch kann ein guter Regierungschef werden, wenn er die Lehre der Universellen Weißen Bruderschaft nicht annimmt, die den Menschen einen höheren, aber absolut realen Bereich aufzeigt, weil es sonst immer irgendwelche Regungen und Absichten gibt, die von Eigennutz, Eitelkeit, Rachegelüsten usw. diktiert werden. Und unter diesen Voraussetzungen kann er sein Volk niemals ins Glück führen. Geht es natürlich darum, den Leuten Sand in die Augen zu streuen, damit sie die wahren Beweggründe nicht erkennen, dann finden alle entsprechende Ausdrucksformen, Worte, Gesten und Sätze, wo die Rede ist vom Segen für das Vaterland, vom Glück der Menschen, von wahrer Gerechtigkeit usw. Und wie sieht die Wirklichkeit aus? Die Wirklichkeit dürfen diese Leute nicht aussprechen. Falls sie sich aufrichtig so zeigen würden, wie sie sind, mit ihren Begierden und ihrem Herrschaftsanspruch, stellt euch das einmal vor, dann würde sie ja niemand akzeptieren. Das wissen sie, und darum bluffen, lügen und täuschen sie.

Ja, in der Vergangenheit konnten Dschingis Khan, Attila und Tamerlan erreichen, was sie wollten, selbst wenn sie sich so zeigten, wie sie tatsächlich waren. Das waren andere Zeiten, es herrschte eine andere Einstellung, und je grausamer, ungerechter und unerbittlicher sich ein Führer zeigte, um so größer waren seine Chancen auf Erfolg. Heutzutage geht das aber nicht mehr, da muss man akzeptable, vernünftige Ziele vorgeben, die sogar von Großmut zeugen, sonst hat man keine Chance. Darum arbeitet heutzutage jeder daran, sich passende Manieren anzueignen, umso seine Opfer anzuziehen; und dann, hopp, werden sie verschluckt! Denn diese Opfer besitzen weder Intuition noch Intelligenz oder Kenntnisse. Wenn man sich nur genug Zeit nimmt, kann man fast jeden fangen, sogar durch Unehrlichkeit, vorausgesetzt, man zeigt sich nicht so, wie man tatsächlich ist.

Um Menschen zu finden, die wirklich uneigennützige Beweggründe haben, muss man schon zu großen Eingeweihten gehen, die ihre Einstellung unter Beweis gestellt, die sich geläutert und die dafür gelitten, aber auch gesiegt und triumphiert haben. Ansonsten darf man nicht einfach irgend jemandem sein Vertrauen schenken. Erst wenn die höhere Natur im Menschen über die niedere Natur gesiegt hat, könnt ihr zu ihm Vertrauen haben, niemals vorher. Vorher müsst ihr euch in Acht nehmen, was ein Mensch euch auch erzählen mag. Ich selbst sage auch nicht zu euch, dass ihr mir vertrauen, mir glauben und mir folgen sollt. Ich sage nur zu euch: »Kommt und lebt mit mir, überzeugt euch selbst...« Und wenn ihr meint, nachdem ihr mich einige Monate oder Jahre beobachtet habt, dass ihr Vertrauen haben könnt, dann habt ihr die Freiheit, mir zu folgen. Jedoch habe ich noch nie gesagt, es solle mir einer vom ersten Tag an folgen.

Wenn ihr die Universelle Weiße Bruderschaft akzeptiert, dann ist es geschafft, dann ist euch das Glück sicher! Umgeben von so vielen Brüdern und Schwestern, wo euch von allen Seiten freundliche Blicke und lächelnde Gesichter entgegenstrahlen, könnt ihr nicht unglücklich sein. Bleibt ihr jedoch allein, irgendwo in einem kleinen Loch mit eurer Philosophie der universellen Isolation, dann könnt ihr nicht glücklich sein. Die Leute suchen das Glück, indem sie sich isolieren. Glück, das bedeutet, in dieser Gemeinschaft und in dieser universellen Brüderlichkeit, in der Unermesslichkeit zu sein. In diesem Augenblick stellt es sich in euch ein und verlässt euch nicht mehr. Und all die Leute, die meinen, sie könnten glücklich werden, wenn sie sich abkapseln und weiterhin egoistisch und im Persönlichkeitsdenken verhaftet bleiben, oh je, die werden nur Tod und Untergang finden.

Izgrèv, den 27. Dezember 1975

III

Freier Vortrag

Die Menschen wissen noch nicht, was sie eigentlich suchen, und wenn sie alles durchprobiert haben, fühlen sie sich immer noch unbefriedigt. So stürzen sie sich verzweifelt in riskante Abenteuer in der Hoffnung, dadurch endlich frei zu werden und einem Leben entfliehen zu können, das sie zu ersticken droht. In Wirklichkeit brauchen sie das Gefühl von Raum, von Unendlichkeit und Ewigkeit, diese Nahrung für Seele und Geist, eine Nahrung, die bei der materialistischen Lebensanschauung noch nie berücksichtigt wurde. Darum wird der Materialismus untergehen. Ja, es werden bestimmte Ereignisse kommen, und das wird das Ende sein.

Man will, dass die Menschen glauben, ihr Glück hinge vom technischen Fortschritt und vom Komfort ab. Auf diese Weise werden sie davon abgehalten, einmal aufzuatmen und in Kontakt mit anderen Regionen und anderen Wesenheiten zu treten, die ihnen allein den Frieden, die Liebe und die Erfüllung schenken können, die sie brauchen. Diese geistige, mystische Welt wurde derart verworfen, lächerlich gemacht und auf den Kopf gestellt, dass kaum noch jemand den Drang verspürt, dort die Elemente zu suchen, die er für sein Leben so notwendig braucht. Daher ist die Menschheit nahe daran zu ersticken, sich zu vergiften aus dem

Gleichgewicht zu geraten. Hier in der Bruderschaft findet ihr dagegen die besten Bedingungen, um mit dieser feinstofflichen Welt in Verbindung zu treten, deren Luft zu atmen, deren Speisen zu essen und zu trinken, und ihr fühlt euch erfüllt. Obwohl ihr nichts nehmt... Während der Meditationen nehmt ihr nichts, weder esst noch trinkt oder riecht ihr etwas, es herrscht Leere. Aber in dieser Art von Leere blüht die Seele auf.

Wenn die Menschen sich nicht entschließen, den spirituellen Weg zu gehen, wird es mit ihnen immer weiter abwärts gehen. Denn man kann nicht bestehen, wenn man immer nur das aufnimmt, was der eigenen Natur zuwiderläuft. Immer wieder habe ich gesagt, dass der Mensch sich gar nicht kennt. Auch die Wissenschaft kennt ihn noch nicht: woher er kommt, wohin er geht, was er tun soll und sein Bedürfnis, mit der geistigen Welt zu kommunizieren. Und so wird er immer wieder erdrückt, vergewaltigt, gebrochen, durcheinander gebracht, weil seine wahre Natur nicht berücksichtigt wird. In allen Bereichen spielt sich immer wieder das Gleiche ab.

Schaut nur einmal, wie früher die Heirat gehandhabt wurde. Die Eltern nötigten ein Mädchen dazu, diesen oder jenen Mann zu heiraten, der ihnen zusagte. Selbst wenn sie keinerlei Seelenverwandtschaft mit ihm hatte, musste sie sich opfern, ihr eigenes Leben aufgeben, um es ihnen recht zu machen. Jahrhundertelang haben sich die Dinge so zugetragen, und eines Tages ist der Gegenschlag gekommen. Nun ist es das andere Extrem; nicht nur, dass die jungen Leute die Eltern gar nicht mehr um ihre Meinung fragen, sondern diese sind auch noch die letzten, die informiert werden, wenn geheiratet wird oder sogar schon Kinder kommen. Die Eltern hatten die Dinge zu weit getrieben, und nun sind es die Kinder, die ins andere Extrem fallen.

Jahrhundertelang wollte auch die Kirche puritanische Sitten durchsetzen, und nun zeigt sich seit einigen Jahren die Reaktion. Maßlos und haltlos stürzen sich die Leute regelrecht in den Sumpf. Die gleiche Reaktion zeigt sich auch auf der Ebene der Bedürfnisse. Die Jugend sollte völlig im materialistischen Leben aufgehen, man wollte sie davon überzeugen, dass nur Profit, Produktion und Konsum einen Wert haben. Und nun haben die Jugendlichen ein solches Bedürfnis nach Änderung und danach, dem zu entfliehen, dass es sie bis zu den Drogen hintreibt.

Wie oft haben die Menschen schon große Änderungen und sogar Revolutionen erlebt! Aber die Lage hat sich im Grunde nicht gebessert. Und warum nicht? Weil die Leute trotz der Revolutionen den Teufelskreis ihrer niederen Wünsche und Ziele nicht verlassen haben. Solange keine Besserung in der Geisteshaltung stattfindet, kann keine Situation wirklich besser werden. Man muss aus den niederen Regionen der Gelüste und Begierden herauskommen, und dann werden die vorgenommenen Änderungen echte Verbesserungen darstellen. Bleiben aber Material und Grundelemente die gleichen, dann kann man sie auf noch so vielfältige Weise miteinander kombinieren, man bleibt in den niederen, düsteren, kalten und leblosen Regionen. Man muss bis dorthin aufsteigen, wo es mehr Licht, Raum und Reinheit gibt.

Das römische Volk verlangte nach Brot und Spielen, und dieses so bekannte Detail der römischen Geschichte wird immer wieder zitiert, als hätte kein anderes Volk je ein solches Verlangen geäußert. In Wirklichkeit stellen die Menschen jedoch immer wieder die gleichen Forderungen, nur in einer anderen Gestalt. Die Forderungen werden sozusagen modernisiert, das ist alles, aber sie bleiben sich gleich: Man will essen und sich amüsieren. Ständig wird gestreikt oder Aufruhr gemacht, um Lohnerhöhungen, Arbeitszeitverkürzungen und mehr Freizeit zu bekommen. Natürlich verlangt niemand mehr nach den römischen Zirkusspielen, heutzutage sind es Kino, Fernsehen, Music-Halls, Diskotheken, Fußballspiele, Ringkämpfe... an solchen Veranstaltungen herrscht kein Mangel! Immer ist es die gleiche Natur, die das Bedürfnis hat, sich zu amüsieren und für die man immer mehr Nahrung gefunden hat. Verlangen die Menschen denn etwa nach dem Reich Gottes und seiner Gerechtigkeit? Verlangen sie nach Licht, Reinheit, Wahrheit und Güte? Nein, alles dreht sich ums Geld, ums Essen und um Vergnügungen.

Von den Forderungen ist die Freiheit vielleicht die einzige, die spiritueller Art ist. Aber so wie Freiheit verstanden wird, läuft es immer wieder darauf hinaus, noch mehr Möglichkeiten zu bekommen, seine Zeit zu vergeuden, sich zu amüsieren, Blödsinn zu machen und auf diese Weise sich und den anderen zu schaden. Wer denkt schon daran, dass er frei sein möchte, um seine Zeit erhabenen Zielen zu widmen? All der Aufruhr und all die Streitereien drehen sich um den Bauch, um Sex, um Geld und um Vergnügungen. Wenn man den Leuten also gibt, wonach sie verlangen, dann stürzen sie sich nur immer tiefer in Verrücktheiten und Leidenschaften.

Der Mensch hat zwei Naturen, die niedere haben wir Personalität und die höhere Individualität genannt. Wenn die höhere Natur im Menschen herrscht, ist er ein göttliches Wesen und kann der ganzen Welt unendlich viel Gutes tun. Herrscht hingegen die Personalität, so kann er nichts Gutes tun, denn diese ist egozentrisch und fordernd. Sie will alles für sich, und die anderen müssen sich beugen und sollen sie wie Satelliten umkreisen, denn sie hält sich für den Nabel der Welt. Unglücklicherweise ist es in der ganzen Welt so, dass bei jedem die Personalität an erster Stelle steht. In den Familien erlebt man, wie die Frau ebenso wie der Mann hauptsächlich an sich denken, und in der Gesellschaft versucht sich jeder seinen Weg auf Kosten der anderen zu bahnen. Überall sieht man immer wieder nur die Personalität, die zum Ausdruck kommt, die das Kommando hat und losdonnert. Aber die Menschen besitzen nicht genügend Kriterien, um eine Analyse über die Herkunft ihrer Ansprüche und Forderungen zu machen.

Nur die Weisen, die Eingeweihten und die großen Meister, die sich ihre Personalität dienstbar gemacht hatten, konnten ihre Individualität zum Vorschein kommen lassen und haben so ein unvergessliches, ewiges und unauslöschliches Werk hinterlassen. Solche Menschen hat es immer gegeben – die Geschichte gibt uns ein Zeugnis davon – aber es sind sehr wenige im Vergleich zu den vielen Personalitäten, die die Erde bevölkern und ihren niedersten Trieben, der Habgier, der Feindseligkeit und der Rachgier, freien Lauf lassen. Wenn solche Menschen in einem Land politische Ämter innehaben, dann kann es nur Opfer geben. Darum werden die Kriege auf Grund der Philosophie der Personalität kein Ende haben. Solange ein Politiker darauf hinarbeitet, seinen Ehrgeiz, den seiner Partei oder selbst den seines Landes zu befriedigen, kann er nicht anders, als Ungerechtigkeiten zu begehen. Und solange alle bei dieser Politik der Personalität mitmachen, können sich niemals wirkliche Verbesserungen einstellen. Irgendwo in der Welt wird es immer Krieg und Elend geben. Es tut Not, dass endlich einmal jemand kommt und die Politik der Individualität einführt.

Eine rein menschliche, egoistische, listige und ungerechte Politik ist nicht die wahre Politik. Aber wer wird diese wahre Politik einführen? Wer könnte schon auf eine aufgeklärte Politik hinarbeiten, wenn er selbst unwissend ist? Er lässt sich von den anderen mitreißen, die ihre Krallen, Hörner und Klauen einsetzen, und weiß nicht einmal, wo ihn ihre Machenschaften hinführen. Es gibt Millionen von Blinden, die sich derart einwickeln lassen... Denn an Leuten, die in der Lage sind, andere einzuwickeln, herrscht keinerlei Mangel.

Um Politik zu machen braucht man viele Kenntnisse, aber die Politiker besitzen sie nicht. Sie versprechen einem, was man hören will, damit sie gewählt werden. Haben sie ihren Sitz im Parlament jedoch einmal erhalten, können sie nicht viel machen, denn ihr Einfluss ist sehr beschränkt. Sie müssen feststellen, dass es gar nicht so einfach ist, etwas zu tun. Nun ich meine, es liegt an dem Sessel, ja, sie dürften sich nicht auf denselben Sessel setzen wie ihre Vorgänger, denn auch Sessel besitzen ein Gedächtnis. Sie registrieren den Einfluss und die Ausstrahlung derer, von denen sie benutzt werden. Da sich nun schon viele darauf gesetzt hatten, die nichts von ihren Versprechungen verwirklicht haben, nehmen sie diese Einflüsse auf. Ja, es sind gewiss die Sessel schuld. Ihr seht, wie ich die Dinge erkläre... Lacht nicht darüber!

Das Reich Gottes ist nicht auf die Erde gekommen, weil alle sich für eine Politik einsetzen, die sich an der Personalität orientiert. Wenn ich die politischen Zielsetzungen analysiere, dann sehe ich, dass sie immer äußerst bescheiden sind. Selbstverständlich werden sie immer ein wenig hübsch gemacht und ausgeschmückt, um ordentlich Eindruck zu machen. Wenn ich diese Zielsetzungen jedoch analysiere, sehe ich, dass sie oft nur auf den einen Satz hinauslaufen: »Steh' auf, damit ich mich auf deinen Platz setzen kann!« Ja, darin sind sie sich alle gleich. Aber mit der Zeit wird man erkennen, dass man keine Geigen aus jedem beliebigen Holz schnitzen kann. Man muss schon das passende finden. Die Politiker müssen in den Einweihungsschulen unterrichtet und vorbereitet werden, sonst werden sie die Völker weiterhin in Katastrophen führen.

Bei allen, die Reden schwingen und große Gesten machen, denkt niemand daran, ein wenig am Lack zu kratzen, um zu sehen, wie ihre versteckten Absichten aussehen. Alles drängt sich hin, um sie zu hören, und voller Begeisterung wird applaudiert. Und wenn ihr nur wüsstet, was das in Wirklichkeit für Wölfe und Wildschweine sind! Aber keiner sieht etwas davon, weil keiner Urteilsvermögen oder Intuition besitzt, und so werden die Blinden von den Blinden geführt. Und ihr wisst doch, wie es heißt: Ein Blinder führt einen anderen Blinden, und alle beide stürzen in den Graben. Unglücklicherweise wird man sich erst Jahre später darüber klar, welche allgemeine Blindheit die Katastrophen herbeigeführt hat. Schaut euch Hitler an und Stalin und so viele andere, was für Henkersknechte und Ungeheuer das waren! Und die Massen folgten ihnen und jubelten ihnen zu!

Auch ich arbeite für eine Politik, jedoch für eine Politik, die nicht von der Personalität inspiriert ist. Traurig ist es nur, dass noch nicht viele Menschen so weit sind, diese Ideen zu erfassen. Geht nur hin und erzählt ihnen etwas von einer Politik, die von der Individualität inspiriert ist, von Großmut, Uneigennützigkeit und vom Licht... keiner wird auf euch hören. Aber sprecht nur von der Möglichkeit, etwas zu zerstören und in Brand zu setzen, dann finden gleich Tausende Gefallen daran. Darum verzeiht mir, wenn ich euch sage, dass die Menschen es noch nötig haben zu leiden. Es gibt keine andere Erklärung; sie haben es noch nötig zu leiden, und eines Tages werden sie durch das Leid den rechten Weg finden. Ihr könnt meinen, ich sei grausam. Aber nein, ich bin unglücklich darüber, dass ich euch das sagen muss, aber die Menschen haben es noch nötig zu leiden, damit sie endlich begreifen. Der Beweis: Wenn ein Gesandter des Himmels auftritt, um sie aufzuklären und ihnen zu helfen, hören sie dann auf ihn? Nein, und nicht nur das, sondern sie sperren ihn ein, bringen ihn auf den Scheiterhaufen oder kreuzigen ihn. Ist es hingegen ein Ungeheuer, das ihnen nur Leid bringt, dann wird es mit offenen Armen empfangen, und sie selbst geben ihm noch alle Macht, sie zu vernichten. Ihr seht wohl, dass die Menschen es noch nötig haben zu leiden; sie selbst suchen das Leid.

Aber kommen wir zum Thema der Personalität und der Individualität zurück. Die Annalen der Einweihungswissenschaft berichten davon, dass viele Menschengeschlechter untergegangen sind, und dass einige davon, wie z.B. die Atlanter, eine weit höhere kulturelle und technische Entwicklung besaßen als wir. Untergegangen sind sie durch die Tendenz der Personalität, die die Menschen dazu drängt, mit Gewalt alles beherrschen und sich untertan machen zu wollen.

Für die Zukunft der Menschheit ist es ein sehr schlechtes Vorzeichen, dass sich gerade diese Tendenz in der heutigen Welt mehr und mehr durchsetzt. Man sieht nichts als Parteien oder ganze Völker, die die anderen beherrschen und unterdrücken wollen. Es werden immer zahlreichere und mörderischere Waffen hergestellt. Wenn ein Industriezweig nicht unter Arbeitslosigkeit leidet, so ist es gewiss der Bereich der Waffen, die jedes Land für eigene Zwecke und zum Verkauf an andere Länder herstellt. Afrika ist heute vollgestopft mit Waffen, die ihm andere Länder verkauft haben, ohne daran zu denken, dass sie selbst eines Tages die Folgen davon verspüren werden. Das ist es, wo die Personalität die Menschen hinführt! Darum muss man sie in die Lehre der Universellen Weißen Bruderschaft einführen, die ihnen zeigt, wie man die Neigungen der Personalität im Sinne der Individualität einsetzen kann. Ja, wenn man will, dass die Menschheit gerettet wird, muss man dieses Licht verbreiten. Denn sonst, müsst ihr wissen, kommt es der kosmischen Intelligenz, die in der Ewigkeit lebt, auf eine Menschheit nicht an. So viele andere sind schon untergegangen, dass es sie kaum sehr stören wird, wenn auch diese durch ihre eigene Schuld zugrunde geht. Mit den wenigen Überlebenden wird sie eine neue aufbauen. Es liegt an uns, dass wir uns nicht selbst zerstören. Wenn wir uns darauf versteifen, alles zu unternehmen, um vernichtet zu werden, wird sich die kosmische Intelligenz nicht davon erschüttern lassen. Sie wird nicht einschreiten, sondern uns gewähren lassen.

Es ist offensichtlich, dass die Menschheit einen sehr hohen Entwicklungsstand erreicht hat, und zwar dank ihres Intellekts. Für sich gesehen ist der Intellekt neutral, er ist weder gut noch schlecht. Ist er jedoch von der Personalität geleitet – und das ist er in den meisten Fällen – dann ist er für sie das wirksamste Mittel, ihre übelsten Absichten durchzuführen. Dank der außergewöhnlichen Entwicklung der intellektuellen Fähigkeiten gelingt es der Personalität immer besser, ihre schlechtesten Tendenzen hervorzukehren: alles an sich reißen zu wollen und jeden Widerstand auszuschalten.

Und wenn ich die Reden mancher Vertreter der politischen Parteien oder der Gewerkschaften höre, mein Gott, dann kann ich nur lachen! Mit ihren Bemühungen werden sie niemals Erfolg haben. Und warum nicht? Weil sie kein gutes Beispiel abgeben, weil sie keine Vorbilder sind, denn sie sind ehrgeizig, voreingenommen und ihre Personalität hat die Herrschaft über sie. Ihr mögt einwenden, dass sie aber sehr intelligent sind und zu reden verstehen... Ja, das weiß ich, aber das genügt nicht. Sie kennen sich in Politik, Geschichte und Wirtschaft aus, doch sie werden von ihrer Personalität beherrscht. Wenn ihre Individualität das

Kommando übernimmt, ja, dann können sie etwas erreichen. Aber sie haben noch nicht einmal eine Ahnung davon, dass eine Individualität existiert, die alles in die Hand nehmen soll.

Etliche Jahre lang wird sich die bestehende Ordnung noch halten. Es wird Republiken, Demokratien, Kriege, Verwüstungen und Umstürze geben. Sogar der dritte Weltkrieg bahnt sich an! Aber wenn die Menschen dann müde und zu Tode erschöpft endlich eine neue Ordnung herbeisehnen, werden vielleicht die Meister und Eingeweihten kommen und die Führung übernehmen. Und angesichts ihrer Gerechtigkeit und Großartigkeit werden sich alle beugen und gehorchen. Denn das Volk liebt die Gerechtigkeit und auch die Ordnung. Nur ist es nicht in der Lage zu bewirken, dass Gerechtigkeit und Ordnung herrschen, denn, anstatt sich jemanden zum Führer zu wählen, der höher steht, wählt es immer einen aus seinen Reihen. Wenn ihr euch einen Chef bei den Ameisen sucht, wird es immer eine Ameise sein. Man muss sich also jemanden aus einer anderen Kategorie suchen, aber das haben die Menschen nicht begriffen. Immer wieder wählen sie jemanden aus ihren Reihen aus. Und die verstehen es natürlich, zu diskutieren, zu raufen und zu beißen. Das ist jedoch alles, denn sie haben keinerlei Kenntnisse aus der Einweihungswissenschaft. Und nicht nur das, sie tun auch noch alles, um ihre Unwissenheit zu behalten oder sogar zu vergrößern.

Alles kann herrlich und wunderbar werden, nur muss man die Realität der Dinge erkennen. Es hat Könige gegeben, und es stimmt, dass unter ihrer Herrschaft das Volk unter Ungerechtigkeiten, Grausamkeiten und Elend gelitten hat. Aber ist es jetzt besser? Erbringt Beweise, dass es nun besser ist! In manchen Fällen ist es wohl besser, jedoch beschränkt sich das auf den äußeren Schein. Hinter dieser Verbesserung sieht es schlimmer aus als vorher, denn die Menschen sehen nicht mehr, was ihnen fehlt. Sie haben die Freiheit, ihr Dasein zu fristen, zu essen, zu trinken und sich zu amüsieren. Doch ist diese Freiheit kein großer Fortschritt, es ist immer noch ein Sklaventum. Vor allem die Jugendlichen verlangen danach, frei zu sein; allerdings nur, um alle Arten von Dummheiten und Verrücktheiten begehen zu können. Sie sehen nicht, dass sie auf diese Weise zu Sklaven ihrer niederen Neigungen werden, denen sie dann Nahrung geben müssen. Also äußere Freiheit und innere Versklavung. Das versteht man nun unter Freiheit. Es genügt nicht, wenn man durch Kriege und Revolutionen äußere Freiheit erlangt hat. Innerlich muss man frei sein, frei von Schwächen, Begierden und Untugenden.

Oft schon habe ich euch das Bild vom Schiff mit dem Kapitän und den Maschinisten gegeben. Denen, die unten im Schiffsrumpf sind, ist es nicht gegeben, zu sehen, zu steuern und das Kommando zu führen. Das können sie nicht, dazu haben sie keine Möglichkeit. Hingegen sind sie in der Lage, das Schiff in Gang zu setzen; hierbei hängt alles von ihnen ab. Das Gleiche gilt für das Volk, seht doch, ohne es geht das Land an Hunger zugrunde, auch die Aristokratie. Aber man würde vergeblich Weitblick und großes Wissen von ihm erwarten, diese Dinge kann es nicht haben. Das Volk ist zum Säen und Ernten da, ohne es gibt es Hungersnöte. Ohne die Aristokratie, den Kapitän, der hinaussieht und die Dinge lenkt, ist es auch eine Katastrophe. Bei der Erschaffung des Menschen hat die kosmische Intelligenz ihm durch seinen Körperaufbau gezeigt, wie das soziale Leben organisiert sein sollte. Übrigens ist es den Menschen durch vieles Ausprobieren gelungen, etwas aufzubauen, was sich ein wenig diesem Modell annähert. Allerdings ist es noch weit bis zur Vollkommenheit! Selbstverständlich gibt es immer Regierende und Regierte, doch sind sie nicht immer an dem Platz, an den sie gehören.

Was fehlt, ist die wirkliche Einhaltung und Achtung der festgelegten Ordnung im Menschen selbst und in der Gesellschaft. Ich bekämpfe das Volk in mir nicht. Ich ernähre es, betreue es und halte es sauber. Ja, bei mir wird das Volk sehr gut betreut, aber es gibt eine Aristokratie, der es gehorchen muss. Ich erlaube ihm nicht zu singen, so wie in der französischen Revolution: »Macht euch auf, macht euch auf, die Aristokraten, hängt sie auf!« Mein

Volk singt nicht dergleichen Lieder gegen die Aristokratie, ganz im Gegenteil, es achtet sie und gehorcht ihr.

In Wirklichkeit bin ich weder für die Aristokratie noch für die Demokratie, sondern für eine Ordnung, die im Universum herrscht und sich auch in unserem Sein widerspiegelt. Warum hat denn die kosmische Intelligenz den Bauch nicht auf die Schultern gesetzt und den Kopf zwischen die Beine? Den Kopf hat sie oben hingesetzt und den Bauch weiter unten. Heute wollen die Leute hingegen, dass der Bauch oben ist und der Kopf wer weiß wo. Man muss doch erkennen, dass es eine universelle Ordnung gibt, die nicht genau dem entspricht, wie die Menschen es eingerichtet haben. Das Verbrechen der Menschen besteht darin, dass sie ihre Ordnung, ihr System und ihre Ansichten geltend machen wollen, dass sie sich sogar der kosmischen Intelligenz gegenüber durchsetzen wollen. Ihre Personalität, die so gerne herrscht und sich so gerne durchsetzt, würde sogar soweit gehen, den Herrn von Seinem Thron zu stoßen! Und das ist die Ursache für alles Unglück. Die Personalität hat schon mehrere Menschheitsgeschlechter in den Untergang getrieben.

Also, meine lieben Brüder und Schwestern, die Lage ist sehr ernst; ihr müsst euch mit diesem Problem der Personalität und der Individualität auseinander setzen.*

Le Bonfin, den 11 September 1977

*Siehe Band 11 der Reihe Gesamtwerke *der Schlüssel zur Lösung aller Lebensprobleme*, in dem dieses Thema ausführlich behandelt wird.

IV

Freier Vortrag

In der Schöpfungsgeschichte wird erzählt, wie Jakob eines Nachts den Kopf auf einen Stein legte und einschlief. Während er schlief, sah er im Traum eine Leiter, die von der Erde bis zum Himmel reichte und auf der Engel auf- und niederstiegen. Auf diese Weise wurde Jakob die ganze himmlische Hierarchie offenbart, die Himmel und Erde miteinander verbindet. Die Erde ist also mit dem Himmel verbunden, und zwischen beiden findet ein ununterbrochener Austausch statt, was allerdings selbst in der Einweihungslehre nur selten erwähnt wird. Als Moses zum Beispiel schreibt: »Am Anfang schuf Gott Himmel und Erde«, erwähnt er den Austausch, der zwischen beiden existiert, nicht. Man kann also meinen, beide seien voneinander getrennt. Und die Menschen haben ja auch oft geglaubt, Himmel und Erde seien zwei getrennte, sich sogar fremde Realitäten. Tatsächlich stehen sie jedoch in ständiger Verbindung miteinander, sonst ließe sich nichts erklären.

Himmel und Erde... Nehmen wir, wenn ihr wollt, der Einfachheit halber die Sonne und die Erde. Unablässig findet zwischen beiden ein Austausch statt, und dieser Austausch erzeugt das Leben. Für den Moment sieht man recht wenig von einem Austausch, denn die Sonnenstrahlen kommen zwar zu uns, doch all das, was zur Sonne aufsteigt, ist nicht zu sehen. Nur die Hellsichtigen können die Wesen sehen, die aus höheren Regionen niedersteigen, um auf die Pflanzen und Steine einzuwirken und nach getaner Arbeit zum Himmel zurückkehren. Darüber gibt es eine außerordentlich schöne und poetische Literatur. Und eines Tages wird die ganze Menschheit diese Geschöpfe, die zwischen Erde und Sonne und noch viel weiter hin und her wandern, schauen können. Dann wird man bisher noch unbekannte Düfte und Quintessenzen wahrnehmen und auch die Musik hören, die durch den Raum klingt. Denn alles singt, alles ist Musik im Universum.

Kommen wir aber auf die Idee der Hierarchie zurück, die für das innere Leben außerordentlich nützlich ist. Wenn man sich nur vorstellt, dass alles, angefangen bei den Steinen bis hin zu Gott, hierarchisch aufgebaut ist, wenn man also ständig die Idee einer Strukur vor Augen hat, kann man gar nicht anders, als richtig zu handeln, denn alles wird geordnet, systematisch organisiert. Die Hierarchie ist ein Zustand vollkommener Harmonie, wo alles wieder an seinen Platz kommt. Das gilt für alle Bereiche. Wenn die meisten Menschen so unglücklich sind, dann ist das, weil sie die hierarchische Ordnung außer Acht lassen. Der Bauch nimmt den Platz des Kopfes oder des Herzens ein und umgekehrt. Keinerlei Ordnung wird beachtet.

Stellt euch vor, ihr kommt in einen kleinen Ort und sucht die Schule. Falls ihr nicht wisst, wo sie sich befindet, ist es trotzdem unnötig zu fragen, denn dort, wo ihr Kindergeschrei und Lärm hört, dort ist auch die Schule. Geht also einfach nur dem Geschrei nach. Aber plötzlich wird es stille... Nanu, was ist jetzt passiert? Nichts weiter, als dass der Lehrer hereingekommen ist und dass damit all diese Lausebengel, die auf den Tischen herumturnten und sich zankten, schnell zu ihren Plätzen zurückgekehrt sind und nun brav wie kleine Heilige dasitzen! Zeigt sich darin nicht deutlich die Hierarchie? Alles und alle finden ihren Platz. Und das gilt wirklich für alle Bereiche, es gilt für den Organismus, wo zum

Beispiel Wasser nicht in die Lungen geraten darf und Luft nicht in den Magen, aber vor allem auch für Städte, Verwaltungen, Armeen, Orchester usw.

Jeder an seinem Platz, das sieht man leider nicht in der heutigen Gesellschaft, wo die Besten und Intelligentesten unbekannt bleiben, während die Gewalttätigsten, Habgierigsten und Verschlagensten die höchsten Plätze besetzen. Auch im Menschen selbst ist diese Hierarchie selten zu finden. Die Wesenheiten und Kräfte, die in ihm wirken sollen, sind nicht an ihrem Platz, weil ihn andere eingenommen haben. Schaut doch nur den Menschen an, wer herrscht in ihm? Meint ihr, er sei König? Das ist er ganz und gar nicht; er ist wie ein Gefangener in einem kleinen Kerker, der jeden Tag etwas Wasser und ein paar Brotkanten bekommt, gerade das Nötigste, was er zum Leben braucht. Andere haben seinen Platz eingenommen, unbekannte, chaotische und finstere Kräfte. Er leidet, ihm wird übel mitgespielt, er wird misshandelt, aber er muss sich beugen und den Kräften willfährig sein, die in ihm das Kommando haben. Und er ist sich dessen nicht einmal so weit bewusst, um zu erkennen, dass er nicht mehr der Chef, der Kapitän an Bord ist. So treibt das Schiff steuerlos dahin.

Solange der Mensch die Kenntnis der himmlischen Hierarchie nicht wiedererlangt, steuert er auf die Anarchie zu. Und das ist schlimm. Dabei ist die äußere Anarchie gar nicht so gravierend, sondern die innere Anarchie ist es, denn deshalb sind die Krankenhäuser, die Anstalten und die Gefängnisse voll von Kranken und Übeltätern. Also hört mich gut an, meine lieben Brüder und Schwestern, ihr könnt die ganze Welt durchstreifen und alle Regionen des Weltenraums, ihr könnt in allen Schulen des Himmels anfragen, ihr werdet immer nur folgenden Begriff der Hierarchie vorfinden: Gott steht an der Spitze und regiert, und alle anderen sind Seine Diener und führen Seine Anweisungen aus. Und wenn ihr in euch selbst diese Hierarchie verwirklicht, dann ist im Inneren alles Gesang, alle Zellen singen, und ihr fühlt euch sanft gewiegt und getragen von einem wunderbaren Zustand der Harmonie und Musik...

Doch kann sich diese Harmonie nicht einstellen, ohne dass jedes Wesen und jedes Ding seinen Platz findet. Und dazu muss man mit dem Grundlegenden beginnen, nämlich damit, welche Stellung Herz und Intellekt zueinander haben müssen. Bei den meisten Menschen sind es immer wieder die Gefühle und Leidenschaften, die das Kommando haben, und der Intellekt sagt nur ja und amen und läuft los, um sie zufrieden zu stellen. Das ist die Anarchie, und die Menschen wissen nicht einmal, dass sie in einem Zustand der Anarchie leben. Wenn man es ihnen sagt, wehren sie sich mit der Ansicht, man wolle sie beschimpfen. Aber solange Herz und Intellekt nicht jeweils an ihrem Platz sind, ist das die Herrschaft der Anarchie. Habt ihr schon darüber nachgedacht, aus welchem Grund die kosmische Intelligenz den Kopf oben hingesetzt hat und das Herz ein wenig weiter unten? Es ist genauso, ich sage es noch einmal, wie auf einem Schiff, wo der Kapitän oben ist und sich die Maschinen unten befinden. Die Maschinen bringen das Schiff voran, aber der Kapitän gibt die Richtung an. Auch wir haben einen Motor, der unser Schiff antreibt, nämlich das Herz, das Gefühl. Aber das weiß nicht, welche Richtung es nehmen soll, wenn es nicht von jemand anderem, vom Kapitän, vom Kopf, aufgeklärt wird, der sich weiter oben befinden muss, um den Überblick zu haben. Stellt man nun die Ordnung auf den Kopf und bringt den Kapitän in den Schiffsrumpf und die Motoren auf die Brücke, dann ist es um das Schiff geschehen, denn die Matrosen sind nicht darauf vorbereitet, die Aufgaben des Kapitäns zu übernehmen.

Alles folgt einer hierarchischen Ordnung, sogar innerhalb der Sternbilder des Tierkreises. Bestimmte Sterne entsprechen dem Kopf des Wassermanns, andere den Füßen; gleiches gilt für den Widder usw. Ebenso ist ein Fluss von der Quelle bis zur Mündung hierarchisch gegliedert, wie auch ein Baum, bei dem von den Wurzeln bis zu den Blüten alles einer hierarchischen Ordnung folgt.

Nun werdet ihr sagen: »Aber wie soll man wissen, welchen Platz man den Dingen geben muss? Das ist schon eine recht komplizierte Lehre.« Ich will euch ein Bild dazu geben. Wollt ihr eine Wüste in eine fruchtbare Ebene umwandeln, was müsst ihr dafür tun? Lasst Wasser fließen, und alles wird seinen Platz finden, Pflanzen, Tiere und Menschen. Wasser ist strömendes Leben. Lasst also das Wasser fließen, lasst das Leben, die Liebe fließen, und kümmert euch nicht darum, welche Bäume zu blühen beginnen und welche Vögel darin singen werden. Nun mag einer sagen: »Aber ich will zuerst wissen, wo welches Kraut hinkommt und auf welchem Ast welcher Vogel singen wird.« Oh je, wenn man darauf warten will, bis man alle Einzelheiten weiß, bevor man sich entschließt, das Wasser fließen zu lassen, werden Jahrhunderte vergehen, bevor eine Blume gedeiht und ein Vogel singt. Lasst also das Wasser fließen, das Wasser des Lebens, das lebendige Wasser des Lebens, und dann werdet ihr sehen, wie die Hierarchie sich in euch einstellt, wie alles seinen Platz findet und zu singen und blühen beginnt. Und das wird das Reich Gottes sein.

Arbeitet also mit der Vorstellung von der Hierarchie, die sich bis zum Thron Gottes erstreckt, und fragt euch, wie ihr sie in euch selbst verwirklichen könnt. Ihr müsst beten, inständig darum bitten und dafür kämpfen, bis der Geist Gottes, um den ihr gebeten und den ihr herbeigewünscht habt, sich schließlich in euch niederlässt und alles umwandelt. Wenn er kommt, genügt eine Sekunde seiner Gegenwart, und alles ist in Harmonie, alles ist in freudiger Schwingung. Aber ohne den Kopf ist nichts zu machen. Diese Hierarchie kann sich ohne den Kopf nicht aufbauen. Der Kopf macht letztendlich alles. Ihr könnt alles in euch umwandeln, die Bewegungen, die Energieströme, die Kräfte; aber dafür muss im Kopf eine Wandlung geschehen, indem ihr den Herrn an die Spitze dieser Hierarchie stellt.

Dieser Begriff der Hierarchie ist tief in der Natur eingraviert, dass es sogar von den Tieren eingehalten wird. Sie wählen den Stärksten, Intelligentesten oder Schönsten als Anführer und gehorchen ihm. Selbst die Tiere wissen, dass der Wert anerkannt und geachtet werden muss. Nur die Menschen haben den Sinn für die Werte verloren, da sie zu hochmütig sind. Ihr seht, die Demut ist eine Anerkennung der Hierarchie. Man ist demütig, wenn man Überlegenheit anerkennt.

Wenn ich derart großen Wert auf die Hierarchie lege, meine ich aber selbstverständlich immer die innere Hierarchie. Im Äußeren mag jemand an der Spitze und innerlich doch ganz unten stehen. In der Gesellschaft kann man auf Grund seines Reichtums oder seiner Bildung an der Spitze stehen. Um von der Sicht der göttlichen Welt aus den ersten Platz einzunehmen, muss man andere Qualitäten mitbringen als Reichtum oder Gelehrtheit. Es ist im Übrigen ein Leichtes, sich das vor Augen zu führen. Denn ihr könnt den Kräften und Geistern in euch keinen Gehorsam abverlangen, wenn ihr nicht über ihnen steht. Sie wissen und spüren sofort, wer ihr seid; und wenn ihr ihnen nicht überlegen seid, dann ist nichts zu wollen! Selbst wenn ihr versucht, ihnen im Namen Jesu Befehle zu geben, werden sie nur antworten: »Oho, wir kennen Jesus, aber du, wer bist denn du?« Und sie werden euch nicht nur den Gehorsam verweigern, sondern euch auch noch zu Boden werfen.

Wenn man die Existenz dieser Hierarchie kennt, muss man schon ehrlich arbeiten, ohne sich aufzulehnen. Denn es hat keinen Zweck, ständig aufgebracht und zornig zu sein, weil man nicht erreicht, was man sich wünscht, solange man überhaupt nicht an sich selbst gearbeitet hat. Im spirituellen Bereich kann man die Hierarchie durch Zorn und Auflehnung nicht erschüttern. In der Gesellschaft mag es sein, dass man durch Geschrei und Gewalt den ersten Platz erobert. Das hat man bei Revolutionen, Kriegen und Aufständen gesehen. Aber in der geistigen Welt erreicht man auf diese Weise gar nichts. Dort kommt man nur durch eifriges, beständiges und unermüdliches Arbeiten zum Erfolg. Dann steigt man höher und kann sich gegenüber den niederen Kräften und sogar den Naturkräften durchsetzen und eines Tages wird man eine Gottheit. Auf der physischen Ebene stoßen die Menschen, die die Hierarchie nicht kennen, einander beiseite und bringen sich zu Fall, um den Platz des anderen einzunehmen. Da sieht man natürlich keinerlei Demut, keinerlei innere Arbeit und keinerlei Verständnis, sondern nur Gewalt und Finsternis. Auf diese Weise kann man sich nicht höher entwickeln.

Es ist ein Gesetz, dass die Menschen nur das bekommen können, was sie verdient haben, und dass sie das sogar bekommen müssen. Das ist ein universelles Gesetz, das von den Vierundzwanzig Ältesten erlassen wurde. Die Kräfte der Natur, denen bekannt ist, was ihr macht und wessen ihr würdig und auch fähig seid, richten die Dinge so ein, dass ihr früher oder später bekommt, was ihr verdient. Die meisten Menschen jedoch, die von diesen Gesetzen nichts wissen und die auch nicht glauben, dass es Intelligenzen gibt, die diesen Gesetzen treu sind, gerechte und hellsichtige Intelligenzen, erlauben es sich oft, Gewalt, Bosheit und List einzusetzen. Daraufhin erhalten sie durch die Naturkräfte natürlich eine Lektion erteilt. Dies ist den Eingeweihten bekannt, und so bleiben sie beständig auf dem gleichen Weg. Sie wissen, wenn ihnen Schwierigkeiten oder Unglücksfälle begegnen, dass es vorübergehende, aber doch auch nützliche, ja sogar notwendige Ereignisse sind und dass sie eines Tages den verdienten Lohn erhalten werden.

Niemand kann einem anderen den Platz wegnehmen. Jeder hat im Universum einen Platz, der ihm von Gott gegeben wurde und der eine ihm entsprechende Schwingung hat. Auf der physischen Ebene können es ungerechte und unehrliche Menschen natürlich schaffen, andere beiseite zu drängen. Auf der spirituellen Ebene ist es unmöglich, den Platz eines anderen einzunehmen. Der Platz, den Gott einem jeden von uns zuweist, ist absolut der Platz, den er verdient. In diesem Bereich herrscht absolute Gerechtigkeit, da gibt es keine Ungerechtigkeit. Keinem Geschöpf ist es möglich, den Platz eines anderen einzunehmen, und es muss sich so weit entwickeln, bis es die von Gott für es vorhergesehene Vollkommenheit erreicht hat. Wenn es sich in dem von Gott gewollten Sinn entwickelt hat, ist es für alle Ewigkeit einzigartig und unersetzlich. Im ganzen Universum gibt es dann kein zweites wie es. Selbst wenn andere Geschöpfe es an

Bedeutung übertreffen, so herrscht es doch dort, wo es sich befindet, da Gott ihm diesen Platz gegeben hat. Durch sein Leben strömt jedes Geschöpf eine ihm eigene Quintessenz aus. Selbst wenn jemand anderes es übertrifft, ist seine Quintessenz von anderer Art. Daher kann kein Geschöpf ein anderes ersetzen oder seinen Platz einnehmen. Alle Geschöpfe sind unersetzbar.

Die besten Menschen können dem Anschein nach Ungerechtigkeiten erleiden. Sind sie aber wirklich »besser« und lassen sie trotz der Unannehmlichkeiten, die ihnen widerfahren, im Guten nicht nach, dann haben sich Himmel und Erde geschworen, ihnen zu geben, was sie verdienen. Das ist für jeden schon immer so gewesen und wird ewig so sein. Worüber sollten wir uns also Sorgen machen? Wir dürfen uns keine Sorgen darüber machen, ob die Kräfte und Wesen intelligent oder ob sie eingeschlafen sind und uns vergessen haben. Sorgen dürfen wir uns lediglich darüber machen, ob wir unsere Arbeit recht machen, denn diese Wesen verstehen sich in vollkommener Weise auf die ihre. Und wenn die Zeit gekommen ist, verleihen sie uns die Königswürde.

Stellt euch einen jungen Prinzen vor, der von klein auf bei Bauern in Pflege gegeben wurde, damit er in einfachen, ja sogar harten Verhältnissen aufwächst. Er weiß nichts davon, dass er ein Thronerbe ist, und jeden Tag geht er in Lumpen gekleidet zur Arbeit und hat gerade das, was er zum Leben braucht. Nach vielen Jahren, wenn er seine Lehrzeit beendet hat, erscheint ein prächtiger Geleitzug, um ihn in einer Staatskarosse abzuholen. Er versteht gar nicht, was los ist, und meint, es handele sich um einen Irrtum. Aber nein, er war nur dorthin geschickt worden, damit er lernt zu arbeiten, früh aufzustehen und in Mäßigkeit zu leben. Denn ihr wisst ja, wie sich kleine Prinzen später aufführen, die im Überfluss aufgewachsen sind; sie sind launenhaft, träge und grausam. Aber unser Prinz erreicht nun den Palast und wird gefragt, was er denn zu speisen wünsche. Er bittet nur um etwas Brot, eine Zwiebel, Käse und Wasser. Die Höflinge raufen sich natürlich vor Verzweiflung die Haare, denn der königliche Koch hat Truthahn, Langusten und den besten Wein hergerichtet.

Und wenn ich euch nun sage, dass ihr alle innerlich Prinzen und Prinzessinnen, Söhne und Töchter Gottes seid, und dass euch Gott, der euch – symbolisch gesprochen – bei Bauersleuten untergebracht hat, damit ihr dort erzogen werdet, eines Tages feierlich wird holen lassen? Ja, aber nur unter der Voraussetzung, dass ihr gut gearbeitet habt, denn sonst kann die Lehre bei den Bauern Jahrhunderte dauern.

Also, meine lieben Brüder und Schwestern, man muss den Kopf austauschen und sich nach diesem neuen Kopf richten, denn damit ändert sich alles. Das sieht man schon so oft im täglichen Leben! Wenn zum Beispiel ein neues Staatsoberhaupt gewählt ist, wird sofort eine neue Regierung mit neuen Ministern gebildet, und alles wird neu gestaltet. Wie kommt das? Warum bleiben nicht dieselben im Amt? Das ist völlig unmöglich. Denn durch das Gesetz der Sympathie und des Magnetismus entsteht eine neue Hierarchie, eine neue Ordnung. Ist es ein Gangster, der gewählt wurde, dann werdet ihr sehen, wie er alle Posten seinen Leuten zukommen lässt, und es wird ein Durcheinander und Banditentum geben. Das Gleiche geschieht überall. Sobald ein neuer Chef im Amt ist, werden alle entlassen, und andere, die zu ihm passen oder die zu seinen Freunden und Verwandten gehören, werden dafür eingestellt. Warum wollt ihr also einwenden, dass der neue Kopf nichts verändert und alles beim Alten bleibt? Nein, alles verändert sich, jeder Posten wird von jemandem besetzt, der dem führenden Kopf entspricht. Ist das ein Bandit, werden alle Banditen aus dem Schatten treten und ihn unterstützen. Ist der Kopf ein Heiliger, werden alle Heiligen zum Vorschein kommen und ganz natürlich ihren Platz an seiner Seite finden, als würden sie sich schon kennen.

Darum ist es jetzt für den Schüler höchst wünschenswert, dass er endlich den großartigsten Kopf an die Spitze stellt, den Kopf, von dem in der Kabbala die Rede ist, den »Weißen Kopf«, den sie in allen Einzelheiten Bart, Haar usw. studiert. Wenn der

Schüler es schafft, dem Herrn die Führung in seinem Leben zu übergeben, dann werden Engel und Erzengel kommen und ihn begleiten. Der Herr erträgt es nicht, von Teufeln umgeben zu sein. So werden diese unverzüglich fortgeschafft, und es ist der Himmel, der an Seiner Seite singt, denn anders ist es gar nicht möglich.

Das ist die echte Wandlung, die wahre Alchemie, die wahre Magie, den Kopf auszuwechseln. Um seinen Kopf auszuwechseln, muss sich ein Schüler doch zumindest sagen: »Nicht ich will das Kommando führen, ich will ein Diener sein, gehorchen und arbeiten. Der Herr möge kommen und sich in mir niederlassen!« Und arbeitet, so viel er kann. Wenn der Herr dann schließlich findet, dass Er geeignete Bedingungen vorfindet, dann kommt Er, und mit Ihm lassen sich überall lichtvolle Geister nieder. Ihr seht, nur ein Auswechseln des Kopfes reicht, und alles ist verwandelt; es kann gar nicht anders sein. Wie könnte es sein, dass der Herr, wenn Er einmal beschlossen hat, sich irgendwo niederzulassen, allein sei oder von Teufeln umgeben? Nein, nein, Er kommt in Begleitung einer ganzen Gefolgschaft von außerordentlich schönen Wesen. Wenn ihr euch die Mühe macht, Sinn und Wert der Hierarchie zu erfassen, könnt ihr zu phantastischen Ergebnissen kommen.

Vidélinata (Schweiz), den 25. März 1962

V

Freier Vortrag

Es ist schon einige Jahre her, da habe ich zu euch über das unterirdische Reich von Agartha gesprochen, wo sich seit Jahrtausenden eine phantastische Kultur entwickelt hat. Dieses versteckte Reich steht mit der Erdoberfläche in Verbindung, denn in mehreren Ländern der Welt gibt es Öffnungen, so an den Polen, in Südamerika, in der Mongolei, in Tibet und sogar in Frankreich in den Pyrenäen. Seit langer Zeit werden Legenden darüber weitergegeben, vor allem bei den nordischen Völkern, die von einem Land jenseits des polaren Eises sprechen, von einem Land, wo ewiger Frühling herrscht. Und nach einer Überlieferung, die in der Einweihungswissenschaft bekannt ist, soll das Nordlicht von sehr hochentwickelten Wesen, die in diesen Regionen wohnen, und auch von einem Licht aus dem Erdinnern hervorgerufen werden.

Manche Menschen auf der Erde waren sich der Existenz von Agartha bewusst. Sogar ein Film wurde darüber gedreht, »Shangri-La«, in dem es um das Land der ewigen Jugend geht. Diese Überlieferung ist in allen Ländern bekannt. Sei es in Griechenland, in Indien oder in Ägypten, alle Völker besitzen eine Vorstellung vom Land der ewigen Jugend und des ewigen Glücks. Und dabei handelt es sich eben um das unterirdische Reich

Agartha, das von anderen Kulturen das Land des Heiligen Gral, Thule oder der Garten der Hesperiden genannt wird.

Jetzt wird allmählich mehr und mehr über Agartha gesprochen und geschrieben, aber vor einigen Jahren war noch wenig darüber bekannt. Es gab schon das Buch eines Russen, Ossendowski, mit dem Titel *Von Tieren, Menschen und Göttern*, in dem er berichtet, was ihm zu diesem Thema in den Klöstern Tibets erzählt worden ist. Vor allem bringt jedoch das Buch des Grafen Saint-Yves d'Alveydre, *La Mission de l'Inde* (Der Auftrag Indiens), die größten Enthüllungen über Agartha. Saint-Yves d'Alveydre war ein Schriftsteller, ein Gelehrter, aber auch ein Eingeweihter. Er besaß die Fähigkeit, seinen Körper zu verlassen, und so erzählt er in diesem Werk, dass er sogar selbst zu Agartha vordringen konnte. Er bringt außerordentliche Einzelheiten über dieses unterirdische Reich, das von einer Art inneren Sonne erhellt wird und wo, wie auf der Erde, Bäume und Blumen wachsen und auch Tiere und Menschen leben. Er spricht von Bibliotheken und Archiven, die sich über mehrere Kilometer erstrecken und die gesamte Geschichte der Menschheit enthalten. Das sind grandiose Bücher, die von großen Eingeweihten geschrieben wurden und große Geheimnisse enthalten. Sie wurden den Menschen aus der Hand genommen und befinden sich nun dort in Agartha. Und nur wer entsprechend weit entwickelt ist, darf dort hingehen und sie lesen.

Alles, was sich seit ihrer Entstehung in der Welt zuträgt, wird aufgezeichnet und in diesen Archiven aufbewahrt. Alles, was auf der Erde verschwunden ist und was man unwiederbringlich verloren glaubt, kann man dort wiederfinden. Wenn ihr wissen wollt, wie bestimmte historische Persönlichkeiten waren, könnt ihr dort alles über sie finden. Sogar ihr selbst seid dort in Miniaturformat. Denn wir alle existieren in Form eines Doppels, damit man uns beobachten kann. In Agartha entsteht immer ein kleines Abbild dessen, was hier geschieht. Und die Bewohner von dort wissen auch, dass ich in diesem Augenblick von ihnen spreche.

Manche Leute, die darüber Forschungen angestellt haben,

meinen, dass die Zigeuner von Agartha kommen, aber von dort vertrieben worden seien und dass sie von dort ihr Wissen, wie z.B. über das Tarot, mitgebracht haben, und es von Generation zu Generation weitergeben. Es wird auch angenommen, dass die Bewohner von Agartha aus Atlantis oder Lemurien kommen. Bevor der Kontinent untergegangen ist – was manchen Forschungen zufolge fünfzehntausend Jahre zurückliegt – sollen sie sich mit ihren phantastischen Fluggeräten ins Erdinnere gerettet, sich niedergelassen und Städte gegründet haben.

Aber natürlich werden die tollsten Geschichten über Agartha erzählt. Sind sie wahr oder erfunden? Das interessiert mich eigentlich gar nicht. Was mich interessiert, ist die dortige Lebensanschauung, die Prinzipien, auf denen dieses Reich aufgebaut ist, wie man diese Prinzipien weiter verbreiten kann und vor allem, wie man den Menschen verständlich machen kann, dass sie sich demnächst das Genick brechen werden, wenn sie weiterhin falschen Lebensanschauungen folgen.

Agartha ist ein sehr weise eingerichtetes und regiertes Land, in dem Millionen von Menschen in Wohlstand, Frieden und Glück leben, vor Krankheiten und sogar vorm Altern geschützt. Saint-Yves d'Alveydre berichtet in allen Einzelheiten über den Aufbau dieses Reiches. An der Spitze steht eine Gruppe von drei Personen: der Brahatma, der Mahatma und der Mahanga – Ossendowski erwähnt sie unter den Namen Brahytma, Mahytma und Mahynga. Brahatma hat die oberste Autorität inne, Mahatma die Ausübung der Staatsgewalt und Mahanga die Organisation des Staates. Und da der Aufbau von Agartha die kosmische Ordnung widerspiegelt, kommt nach der obersten Dreiheit eine Gruppe von zwölf Personen nach dem Vorbild des Tierkreises. Danach kommt eine Gruppe von zweiundzwanzig entsprechend den zweiundzwanzig Prinzipien des lebendigen Wortes durch das Gott die Welt erschaffen hat; weiter eine Gruppe von dreihundertfünfundsechzig entsprechend den Tagen des Jahres usw.

Jahrelang habe ich viel über Agartha nachgedacht und meditiert und daran gearbeitet, mit diesem unsichtbaren Reich in Verbindung zu treten. Ihr mögt mir vielleicht nicht glauben, aber der Augenblick ist gekommen, euch zu sagen, dass ich euch die gleiche Organisationsform bringe, sie nennt sich Synarchie. Die Menschen müssen endlich einsehen, dass sie noch niemals eine passende Regierungsform gefunden haben und dass allein die Synarchie, die Regierungsform der Eingeweihten, alle politischen, sozialen und wirtschaftlichen Probleme zu lösen imstande ist.

Ich bringe euch die gleiche Kultur, wie sie in Agartha besteht. Bisher konnte ich sie noch nicht wirklich enthüllen und offen legen, denn das erscheint so weit weg, so undenkbar zu sein, dass ich Gefahr laufe, an einem ganz besonderen Ort einquartiert zu werden... Ja, wenn ich alles sage, was ich weiß, wird man mich in eine Anstalt bringen. Daher wage ich es nicht, euch bestimmte Dinge zu offenbaren. Aber alles befindet sich in meinem Kopf, und ich lasse euch immer weiter in die Wahrheiten der Einweihungslehre eindringen. Und im Übrigen müsst ihr doch zugeben, wenn ihr ehrlich seid, dass alles, was ich euch bisher enthüllt habe, gestimmt hat. Und so lasse ich euch auch jetzt die Freiheit, macht, was ihr wollt.

Es ist absolut wahr, dass ich euch eine neue Kultur bringe. Die Lehre der Universellen Weißen Bruderschaft hat den Auftrag, die Philosophie von Agartha in diese Welt zu bringen. Einer Überlieferung zufolge ist Rama, nachdem er das Goldene Zeitalter auf die Erde gebracht hatte, nach Agartha gegangen so wie viele andere große Geister auch, wie Buddha oder Johannes der Täufer oder auch der Alchimist Nikolas Flamel. Aber was man nicht weiß, dass sich in der heutigen Zeit Bewohner von Agartha wieder auf der Erde inkarnieren, um ihr Wissen, ihre Organisation und ihre Regierungsform – die der Eingeweihten – hierherzubringen.

Ich kann euch erklären, wie man in Agartha lebt, wie man dort zur Welt kommt und wie man die Liebe sieht. Die Menschen dort wissen, was für eine wertvolle Energie die Sexualkraft darstellt, und daher vergeuden sie diese nicht. Im Gegenteil, sie nutzen diese, um dadurch zu höheren Wesen, zu Göttern, zu werden. Übrigens kommt von Agartha das wirkliche Tantra Yoga, das in Tibet und Indien bekannt ist, von dem jedoch im Westen nur wenige Menschen ein rechtes Verständnis besitzen. Von der Praxis wollen wir gar nicht erst sprechen! Viele haben damit nicht mehr erreicht, als krank und gestört zu werden. Also Vorsicht, ich rate euch nicht, euch darauf einzulassen. Lernt, bereitet euch vor, läutert euch, und dann wird euch über das außerordentliche Wissen dieser Menschen alles offenbar werden.

Denn das Wissen von Agartha betrifft auch die fortschrittlichsten physikalischen Entdeckungen. Sie haben die Möglichkeit, alles zu verfolgen und zu kontrollieren, was auf der Erde geschieht. Sie könnten durch die Gewalt der vier Elemente sogar die gesamte Menschheit vernichten. Aber da sie hochentwickelt und friedfertig sind, werden sie das niemals tun. Es ist sogar sehr wahrscheinlich, dass die UFOs, deren Existenz ja nun nicht mehr völlig in Zweifel gezogen wird, nicht von anderen Planeten kommen, sondern vielmehr aus dem Erdinnern, und zwar über dem Nord- und dem Südpol. Viele Beobachter in der Arktis und der Antarktis haben UFOs gesehen, die diese Richtung nahmen oder von dort her kamen.

Die Bewohner von Agartha besitzen also ganz außergewöhnliche Fortbewegungsmittel. Bemerkenswert ist auch, dass sie sich vor allem seit 1945 zeigen, seit dem Abwurf der Atombombe auf Hiroshima. Sie kommen um aufzupassen, denn sie wissen, dass die Menschen so verrückt sind, dass sie die ganze Menschheit vernichten könnten. Davon wären sie dort unter der Erde auch betroffen, und so machen sie sich natürlich ein wenig Sorgen. Es ist möglich, dass sie sich in den nächsten Jahren entschließen werden hervorzukommen, um Botschaften und Warnungen zu geben. Und es ist auch möglich – warum nicht – dass sie den einen oder anderen von euch mitnehmen, um euch zu zeigen, wie großartig ihr Land ist, und dass der- oder diejenige dann wieder auf die Erde zurückgebracht werden. Bisher ist niemand von denen, die nach Agartha gelangen konnten, wieder zurückgekommen. Aber die Bewohner von Agartha sind von einer solchen Güte und Großmut, dass man keinerlei Furcht vor ihnen zu haben braucht. Sie haben bereits alle menschlichen Schwächen überwunden.

Viele haben natürlich versucht, sie zu verfolgen. Aber ihre UFOs sind von einem Magnetfeld, das sie unangreifbar macht, umgeben. Wenn sie bemerken, dass sie verfolgt werden, senden sie Strahlen aus, von denen die Flugzeuge der Verfolger zurückgehalten oder gebremst werden. Sie arbeiten immer mit dem Licht. Ihre Stärke beruht auf dem Licht, damit können sie alle feindlichen Kräfte unschädlich machen. Sie richten sich nach der Einweihungsregel, derzufolge man das Licht als Schutz gegen jegliche schädlichen Elemente einsetzen soll. Bald werden auch die Menschen beginnen, viele ihrer Geheimnisse zu entdecken.

Und ich sage euch schon seit Jahren, dass man nur das Licht erforschen soll, denn das Licht hat Macht. Vor kurzem hat die Wissenschaft die Stärke des Laserstrahls entdeckt. Es gibt allerdings noch vieles zu entdecken, und eines Tages wird alles, was ich euch enthüllt habe, anerkannt und bestätigt werden. Bisher wurden diese Enthüllungen nicht ernst genommen, da sie von der offiziellen Wissenschaft nicht bestätigt werden. Anstatt diese großen Wahrheiten von innen her zu spüren, sie sozusagen mit ihrer Seele und ihrem Geist fast zu berühren, warten die Menschen, die so sehr vom Intellekt gesteuert sind, auf die Bestätigung durch die Wissenschaft, bevor sie daran glauben. Aber ich sage euch noch einmal, früher oder später wird das, was ich euch in meinen Vorträgen enthüllt habe, wissenschaftlich bewiesen sein. Das beginnt ja schon mit den Experimenten, die in Russland gemacht werden. Die anderen Länder hinken darin hinterher, aber sie werden den Russen folgen und die Wirksamkeit der Gedankenkraft, der Aura und der Hellsichtigkeit als Realität anerkennen. Techniker haben inzwischen Geräte so weit entwickelt, dass damit sogenannte parapsychische Phänomene aufgezeichnet werden können. Also muss man wohl die Ergebnisse dieser Aufzeichnungen akzeptieren. Die Menschen warten immer auf die

Bestätigung durch äußere Apparate, sie vertrauen nur auf diese Geräte. Die Instrumente hingegen, die der Schöpfer in ihnen selbst angelegt hat, die vernachlässigen sie, die benutzen sie gar nicht. Dabei sollte es doch umgekehrt sein.

Ich habe euch gesagt, dass mich Agartha vom philosphischen Standpunkt, in Bezug auf seine Organisationsform, seine Regierungsform und seine Art und Weise des Zusammenlebens interessiert. Auch wir müssen für die Gemeinschaft mit der gleichen Uneigennützigkeit wie die Bewohner von Agartha arbeiten, mit der gleichen unermüdlichen Liebe, um auf der ganzen Erde eine Familie zu bilden, damit es keine Grenzen, keine Kriege und kein Elend mehr gibt. Dann werden die Interessen jedes Einzelnen geachtet. Wenn in der Gemeinschaft alles richtig läuft, dann geht es auch all ihren Mitgliedern gut. Geht es jedoch nur einigen gut, aber nicht der ganzen Gemeinschaft, dann sehen sich diese Einzelnen bald bedroht oder sie werden erdrückt, weil diese Art Wohlsein kein stabiler und dauerhafter Zustand ist. Wenn man also sieht, dass einer nur sein eigenes Wohl im Auge hat und dass ihm die anderen völlig gleichgültig sind, dann kann man schon im Voraus sagen, dass die Situation instabil ist. Würden die Menschen sich die Mühe machen, sich selbst ein wenig zu vergessen, um sich der Gemeinschaft zu widmen, dann wären die Interessen von allen gewahrt. Denn so ist es für alle von Nutzen. Darum sage ich immer wieder, ihr wisst gar nicht, wo euer Vorteil liegt; euer Verhalten beweist das, und früher oder später werden sie zugrunde gehen.

Das gemeinschaftliche Leben umgibt, beherrscht und führt uns. Man kann nie frei und unabhängig von der Gemeinschaft sein. Man braucht sich also nicht darum zu kümmern, sich einen kleinen Bereich zu suchen, wo man sich geschützt fühlt, denn das ist doch nur eine Notlösung. Aber von einer solchen Bewusstseinserweiterung ist man noch so weit weg! Die Menschen sind wie die Insekten, sobald etwas nicht mehr geheuer ist, verkriechen sie sich in einem kleinen Loch und meinen, sie seien dort in Sicherheit. Gut, ich verstehe das, wir haben dieses Erbe noch von den Insekten, und das ist wunderbar. Aber jetzt muss sich das trotzdem ein wenig ändern. Zwar haben die Menschen Fortschritte in Richtung auf die Gemeinschaft gemacht, aber das genügt noch nicht, denn sie bringen sich ja weiterhin gegenseitig um. Es stimmt wohl, dass ihr Bewusstsein ein wenig weiter geworden ist, doch hat sich die Situation noch nicht sehr gewandelt. Früher konnte man einen Menschen töten, heute kann man Millionen mit einem Schlag auslöschen. Das ist der Fortschritt! Ja, darin wurden Fortschritte gemacht. Auch die Städte wurden vergrößert, doch sind sie vom inneren Aufbau völlig gleich geblieben; jeder hat seine kleine Höhle. Es sind Höhlenmenschen geblieben. Wie in der Vergangenheit sind sie isoliert, getrennt und sich feindlich gesinnt.

Man muss die Lösungen in höheren Bereichen suchen, im Geiste, im Licht. Solange die Menschen versuchen, die Probleme ohne dieses Licht zu lösen, können selbst die größten politischen, sozialen und ähnlichen Wandlungen nicht tatsächlich wirksam werden. Denn im Keim wird immer noch der Eigennutz vorhanden sein, der gegen die gemeinschaftlichen Interessen gerichtet ist und nach und nach alles andere infiziert. Darum müssen sie bei der ewigen Weisheit um Rat fragen, dort wo die Bewohner von Agartha und auch ich Rat einholen, und diese Weisheit wird ihnen sagen, wie sie vorgehen müssen. Aber selbst die Kirche holt sich dort keinen Rat; anstelle der Interessen des Herrn setzt sie ihre eigenen Interessen. Und daher ist die Vorhersage von Fatima schrecklich für sie. Doch die Leute glauben an nichts mehr, Eigennutz und Geld stehen jetzt an erster Stelle.

Darum weiß ich wohl, dass dieses System, das ich euch bringe, noch nicht verstanden und angenommen werden kann. Wenn es bei bestimmten Amtsstellen bekannt wäre, dass unsere Lehre auf der Synarchie aufbaut, wären sie sogar imstande, uns den Laden zu schließen. Sie verabscheuen die Synarchie! Aber die Umstände werden sich ändern, und bald lässt sich die Verbreitung dieser Wahrheiten nicht mehr aufhalten. Niemand auf der Welt wird das verhindern können. Das Wassermann-Zeitalter ist im Kommen und bringt die Lehre der Gemeinschaft mit sich.

Die synarchische Gesellschaftsordnung wird kommen, und sie wird sich unter Beweis stellen. Jedes System muss das tun, und wenn es sich als untauglich erweist, wird es durch ein anderes ersetzt und dann wieder durch ein anderes... Auf diese Weise tastet man sich langsam voran und kommt zu brauchbaren Lösungen. Anstatt nun allerdings weiterhin schmerzliche Erfahrungen zu machen, die einen teuer zu stehen kommen, bestände die Möglichkeit, mit einem Schlag dieses System anzunehmen, das es schon seit Tausenden von Jahren irgendwo gibt. Aber leider will zur Zeit jeder seine eigenen Erfahrungen machen und für sich diese großen Wahrheiten entdecken. Natürlich kommt man auf diese Weise schließlich auch zum Ziel, und alle werden dort anlangen. Nur wird es lange dauern, Jahrhunderte, Jahrtausende. Der Schöpfer hat es allen gegeben, die Wahrheit zu finden, doch ist die dazu benötigte Zeit nicht für alle die gleiche. Wer Führer, Lehrer und Meister akzeptiert, verkürzt die Zeit, die Ausgaben und die Leiden. Diejenigen, die diese wirksamen und schnellen Hilfen nicht akzeptieren, werden die gleichen Entdeckungen machen wie die anderen, allerdings in Tausenden von Jahren. Sie wollen die Dinge lieber alleine herausfinden, sie wollen frei bleiben, sich nicht beugen und jemand anderem folgen. Eines Tages werden auch sie schließlich alles herausfinden, aber wie lange wird das dauern?

Diese Geisteshaltung ist vor allem bei den Intellektuellen stark verbreitet. Wenn auch hier und da jemand eine Ausnahme macht, so ist das doch selten. Ich gehöre zu diesen Ausnahmen. Glücklicherweise hat die göttliche Vorsehung mich gerettet, indem sie mir viele intellektuelle Möglichkeiten vorenthalten hat, die andere hingegen bekommen haben. Aus diesem Grund habe ich nicht gezögert, Weisheit von denen anzunehmen, die höher standen als ich. All diejenigen, die große intellektuelle Fähigkeiten besitzen, halten sich für sehr fähige Leute... Nun, ich finde, dass die göttliche Vorsehung sich nicht besonders um sie gekümmert hat. Sie erkennen keinerlei Autorität an, sie verlassen sich nur auf sich selbst, und darum wird es noch Jahrtausende dauern, bis sie die Wahrheit finden.

In den nächsten Jahren wird man noch große Entdeckungen machen. Die Frage ist nur, ob es genügend Menschen gibt, die dann so weit sind, die Dinge zu begreifen, zu erspüren und in ihrem Leben zu verwirklichen. In der Bibel steht, dass in der Endzeit alles offenbar werden wird. Und diese Zeit ist nahe. Wenn allerdings von der Endzeit die Rede ist, darf man nicht meinen, dass dies wirklich das Ende der Welt bedeutet. Wie oft wurde schon das Ende der Welt angekündigt – sogar mit genauer Datumsangabe! Alle waren völlig kopflos! Jeder bereitete sich auf den Tod vor. Aber das Datum ging vorüber, und die Welt ging weiter ihren Gang. Natürlich fanden einige Umwälzungen statt, aber die Welt bestand doch weiter. Die Menschheit wird niemals gänzlich untergehen. Die Menschen sind stabil gebaut, macht euch derentwegen keine Sorgen, sie überstehen alles. Aber gewiss stimmt es, dass es viele Umwälzungen und ein großes Durcheinander geben wird und dass das Ende einer Epoche gekommen ist.

In seinem Buch »*Bêtes, hommes et dieux*« (*Von Tieren, Menschen und Göttern*) erzählt Ossendowski, wie er mit einer Kamelkarawane eines Abends eine Wüstenregion der Mongolei durchquerte. Plötzlich wurde es außergewöhnlich still (auch Saint-Yves d'Alveydre erwähnt dieses Phänomen), die Menschen und Tiere hielten an, und sogar die Vögel unterbrachen ihren Flug. Sein Führer erklärte ihm, dass diese Stille in der gesamten Natur dem Augenblick entspricht, in dem der König der Welt in seinem unterirdischen Palast in Agartha den Altarraum betritt, um dort zu beten. Sehr wenige Menschen haben den König der Welt bisher gesehen, aber es kommt gelegentlich vor, dass er sich anlässlich religiöser Feste zeigt, und sein Erscheinen hat jedes Mal Wunder ausgelöst. Er hat Vorhersagen gemacht, von denen einige schon eingetroffen sind, und auch die anderen werden sich bewahrheiten. Ja, der König der Welt existiert; er wartet auf den geeigneten Augenblick, sich zu offenbaren. Und ich habe euch auch gesagt, dass sich manche Bewohner von Agartha auf der Erde inkarnieren werden, damit sie die Pläne der unsichtbaren Welt verwirklichen können. Viele sind in diesem Sinn schon für die Errichtung der Weltregierung tätig.

Also, versteht mich aber recht, in der Höhe befindet sich das neue Jerusalem, *Jeruschalaïm Hadascha*, von dem der Evangelist Johannes spricht, und Agartha befindet sich in den unteren Regionen. Wir, die Menschen, befinden uns zwischen beiden. So wird das neue Jerusalem herabkommen und Agartha wird aufsteigen, und das wird das Reich Gottes unter den Menschen sein. So wie das himmlische Jerusalem ist auch Agartha ein Begriff des inneren Lebens. Auf Agartha spielten die Alchimisten in dem Wort *VITRIOLUM* an, von dem jeder Buchstabe den Anfang eines Wortes darstellt, was folgenden lateinischen Satz ergibt: *Visita Interiora Terrae Rectificando Invenies Occultum Lapidem Veram Medicinam (auf deutsch: Besuche die innere Erde, beim Richtigstellen findest du den verborgenen Stein, die wahre Medizin, das wahre Heilmittel).* Agartha, das ist auch diese innere Erde, die es zu besuchen gilt.* Denn der Mensch ist nach dem Vorbild des Universums aufgebaut, und alles, was außerhalb von ihm existiert, das existiert auch in ihm.

Vidélinata (Schweiz), den 17. März 1974

*Siehe Reihe Gesamtwerke Band 6 *Die Harmonie* den Vortrag *Das Harazentrum*.

Omraam Mikhaël Aïvanhov

DER WASSERMANN UND DAS GOLDENE ZEITALTER

3. Auflage

Gesamtwerke – Band 26

PROSVETA-VERLAG

I

Die Prinzipien und die Formen

I

Freier Vortrag

Es ist von großer Wichtigkeit, meine lieben Brüder und Schwestern, dass ihr immer mit ganzem Herzen, mit ganzer Seele und mit all eurer Liebe bei dem seid, was ihr macht, dass ihr dessen niemals müde werdet und aufgebt. Ja, das Dauerhafte, das niemals verschleißt, muss man an die erste Stelle setzen. Damit aber etwas dauerhaft sein kann, müssen die Materialien, die Partikel, aus denen es besteht, laufend erneuert werden. Wer sich von dem Schimmel seiner alten Art zu denken und zu fühlen, nicht freimachen will, kann nichts Dauerhaftes bewirken. Nur werdet ihr diese Wahrheit gewiss nicht sehr schätzen, denn damit ihr sie hoch einschätzt, muss sie schon von berühmten und gelehrten Menschen stammen. Wenn sie von einem Unbekannten kommt, wie kann es dann die Wahrheit sein? Eigentlich solltet ihr jedoch imstande sein, eine Wahrheit zu erkennen und zu achten, von welcher Quelle sie auch herrühren mag, selbst wenn sie von einem Kind oder von einem Bettler kommt.

Um fortdauern zu können, muss man sich ständig erneuern. Wenn es mit der Kirche jetzt bergab geht, so liegt es daran, dass sie sich nicht erneuert. Sie klammert sich an veraltete Vorstellungen, die heute überholt sind und erneuert werden müssen. Natürlich sage ich nicht, dass die Prinzipien ersetzt werden sollen, auf denen die christliche Religion aufbaut. Es kann gar keine besseren Prinzipien geben als diejenigen, die in den Evangelien zu finden sind. Aber warum sollte man sich weiterhin mit alten Praktiken belasten, die keine Ergebnisse mehr bringen? Viele geben die christliche Religion auf, weil sie der Ansicht sind, dass die Wissenschaft alle Wahrheiten der Evangelien widerlegt und zunichte macht. Aber sie haben die Dinge nicht richtig verstanden. Ich behaupte dagegen, dass die Erkenntnisse der Wissenschaft die Wahrheit der Evangelien sogar noch unterstreichen.

Ich kann aufzeigen - im Übrigen habe ich das schon oft getan - dass die Erkenntnisse der Schulwissenschaft den Wahrheitsgehalt der Einweihungswissenschaft unter Beweis stellen, was jedoch weder die Geistlichen noch die Wissenschaftler begriffen haben. Für mich gibt es keine Trennung; Wissenschaft und Religion gehen Hand in Hand, selbst die Kunst gehört dazu, denn diese drei Bereiche sind untereinander verbunden. Die Wissenschaft soll den Menschen Licht, die Religion Wärme und die Kunst Aktivität bringen. Warum wurden diese drei Bereiche getrennt, während sie doch im Leben, in der Natur, im Menschen eine Einheit bilden und zusammenwirken? Die Eingeweihten haben hierin niemals eine Trennung vorgenommen. Da diese Spaltung nun einmal geschehen ist, kann die Religion die Wissenschaftler nicht mehr halten, da diese sie ablehnen. Sie lehnen sie jedoch nur deshalb ab, weil sie nicht das wahre Wissen besitzen. Ihr Wissen ist lediglich auf die physische, auf die materielle Welt ausgerichtet, und sie besitzen nicht das wahre Wissen, auf dem alle Religionen aufbauen. Was nun die Kunst betrifft, die irrt zwischen den beiden hin und her. Einmal stellt sie sich der Moral entgegen, ein anderes Mal der Wissenschaft.

Die wahre Religion ist die Einweihungswissenschaft. In der Natur, ich wiederhole es, bilden Religion, Wissenschaft und Kunst eine Einheit. Nur hier, in den Köpfen der Menschen, sind sie getrennt. Solange sie allerdings diese Trennung aufrechterhalten, werden sie niemals die Dinge recht begreifen. Wissenschaft, Religion und Kunst bilden eine Einheit, dank derer sich alles erklären und begreifbar machen lässt. Die Wissenschaft entspricht einem Bedürfnis des Intellekts, die Religion einem Bedürfnis des Herzens und die Kunst einem Bedürfnis des Willens; dieser will etwas ausdrücken, schaffen, aufbauen. Und diese drei Bedürfnisse sind miteinander verbunden, denn das, was ihr denkt, fühlt ihr daraufhin, um es schließlich in die Tat umzusetzen.

Im Übrigen will ich euch sagen, dass viele Eingeweihte der Antike heutzutage in der Gestalt von Wissenschaftlern inkarniert sind. Ja, viele der heutigen Wissenschaftler waren große Priester der alten Mysterienkulte. Diejenigen, die das Fernsehen und das Radio erfunden haben, haben lediglich die Kenntnisse angewandt, die sie in der Vergangenheit bereits besaßen. Ja, das waren Eingeweihte aus dem alten Ägypten. Unsere Zeit ist durch viele Entsprechungen mit der ägyptischen Kultur verbunden. Und das gesamte Wissen Ägyptens wird nun offenbar werden und in vielen technischen Bereichen Anwendung finden.

Kommen wir nun aber wieder auf den Gedanken zurück, dass die Kirche einige Standpunkte und Vorstellungen verändern müsste. Schauen wir uns folgendes Beispiel an: Mir wurde ein Presseartikel zugeschickt mit einer Rede, die der Papst kürzlich gehalten hat. Darin beklagt er sich, dass der Teufel die Früchte der Kirche verderbe, indem er unter ihren Anhängern Zweifel streue. Ja, ja, seit Jahrhunderten ist es immer wieder der Teufel und sonst niemand, der für alles verantwortlich gemacht wird. Im zwanzigsten Jahrhundert ist es immer noch der Teufel, der handelt und die Menschen anstiftet. Erwähne ich etwa den Teufel Tag und Nacht in meinen Reden? Nein, niemals tue ich das. Warum wird ihm dann noch soviel Raum in den kirchlichen Reden eingeräumt? Im Mittelalter stand man mit dem Teufel auf und dachte beim Zubettgehen immer noch an ihn. Was auch angefangen oder beendet wurde, ständig sprach man vom Teufel, bei allem war der Teufel im Spiel. Vom Herrn hingegen wurde nur selten gesprochen. Der Teufel vollbrachte die Wunder, er konnte Heilungen bewirken und Prophezeiungen machen. Wenn ein Mann oder eine Frau außergewöhnliche Gaben erkennen ließen, meinte man, sie seien vom Teufel inspiriert, niemals vom Herrn. Niemals wurde der Herr als allwissend und allmächtig dargestellt. Immer war es der Teufel, der alles bewirken konnte. Und auch heute noch, macht nur einmal etwas Außergewöhnliches, Einzigartiges, und die Kirche wird nicht sagen, dies komme durch den Herrn oder die Engel. Nein, sie wird der Sache misstrauen, immer ist es der Teufel. Das ist doch unerhört! Und je mehr man von ihm spricht, umso mehr gibt man ihm Nahrung, stärkt ihn und verschafft ihm Möglichkeiten zu wirken.

Man muss den Menschen Angst einflößen, so scheint es. Und so bedient man sich des Teufels wie einer Vogelscheuche. Aber das ist lächerlich, denn die Leute haben keine Angst mehr vor ihm. Sie haben sich daran gewöhnt, so wie die Spatzen an die Vogelscheuche. Ich behaupte nicht, es gäbe keinen Teufel. Doch, es gibt ihn. Aber je weniger man von ihm spricht, umso besser ist es. Warum haben manche Menschen das Bedürfnis, wenn man ihnen etwas Ungewöhnliches erzählt, auszurufen: »Teufel, Teufel!« Was hat der Teufel damit zu tun? Wenn man seinen Namen ausspricht und wenn man Angst vor ihm hat, zieht man ihn an. Ja, das ist eine Art schwarzer Magie.

Die Kirche muss nun ein neues Verständnis für die esoterischen Wissenschaften bekommen und darf nicht mehr den Teufel überall hineinmischen. Anstatt zuzugeben, dass die Menschen sich von der Religion abwenden, weil deren Vertreter ihrer Aufgabe nicht mehr gewachsen sind, beschuldigt man schon wieder den Teufel... den Teufel, der sich in die Kirche eingeschlichen hat! Wie oft habe ich euch schon erklärt, dass der Teufel keine Macht hat, wenn ihr nicht die passenden Elemente in euch habt, die ihn anziehen, und offene Türen, durch die er hereinkommen kann. Das ist ein absolut gültiges Gesetz. Aber anstatt den Menschen das zu erklären, spricht die Kirche dem Teufel die Macht zu, überall hineinkommen zu können, ohne dass ihn jemand daran hindern könnte. Ihr versteht, die Menschen sind ja so schlecht zusammengebastelte Geschöpfe (der Herr hat sicher nicht gewusst, wie er es besser anstellen sollte!), dass der Teufel sich bei ihnen einschleichen kann, wie groß ihre Reinheit und Heiligkeit auch sei. Aber nein, das ist falsch, und der Kirche fehlt das Einweihungswissen.

Die christliche Welt bedarf großer Wandlungen, denn die Traditionen, nach denen sie lebt, passen nicht mehr in unsere Zeit. Wäre im Übrigen das heutige Verständnis der Religion ausreichend, befände sich die Menschheit in einem besseren Zustand. Man hat die Religion auf unwirksame Formen beschränkt, und so darf man sich nicht wundern, wenn sie von fast niemandem mehr ernst genommen wird.

Außerdem denken die Menschen mehr und mehr nach und stellen immer mehr Fragen. In der Vergangenheit schluckten sie einfach alles, was man ihnen glauben machte. Es gab nur eine Autorität, die Kirche, die für sie nachdachte und die Entscheidungen traf. Heute wollen sie hingegen nicht mehr, dass andere für sie nachdenken, und darum treten sie aus der Kirche aus. Das ist ein Hinweis dafür, dass die Christenheit die neuen Formen akzeptieren muss, die ihr von der unsichtbaren Welt angeboten werden bis zu dem Tag, an dem auch diese neuen Formen ihrerseits überaltert sind und ersetzt werden müssen. Allein die Prinzipien sind dauerhaft, aber niemals die Formen. Die kosmische Intelligenz selbst hat es so beschlossen, dass die Form nicht von Dauer ist. Die Aufgabe der Form ist es, den Inhalt zu bewahren. Sie ist also so etwas wie ein Gefäß, wie eine Eingrenzung, aber sie ist auch wie ein Gefängnis. Aber damit der Inhalt nicht ewig in einer Form erstarrt bleibt, muss man diese zerbrechen und den Inhalt in eine neue, subtilere, flexiblere und transparentere Form kleiden. Darum kann nichts, was auf der physischen Ebene aufgebaut wurde, ewig bestehen. Eines Tages werden selbst die Pyramiden und sogar die Sphinx verschwinden.

Die Zeit kann nicht auf die Prinzipien einwirken, aber auf die Formen. Wenn gesagt wird, die Zeit zerstöre alles, betrifft das lediglich die äußere Form. Und die Christen haben noch nicht begriffen, dass die Formen, in denen ihnen ihre Religion vor vielen Jahrhunderten gegeben wurde, nicht von Dauer sind und ersetzt werden müssen. Nein, sie sind starrköpfig und wollen nichts ändern. Die Universelle Weiße Bruderschaft bringt keine neuen Prinzipien, sondern neue Formen, das heißt neue Methoden, damit der Inhalt, der Geist, sich besser zeigen und äußern kann. Sie will also nicht die Prinzipien ändern, denn die sind ewig gültig, sondern die Form, die der Zeit unterworfen ist. Merkt euch daher gut Folgendes: Die Ewigkeit ist nur den Prinzipien vorbehalten.

Wenn man mit etwas sehr zufrieden ist, ruft man aus: »Herr, möge es von Dauer sein!« Die Verliebten, zum Beispiel, wünschen sich, ihre Liebe möge ewig andauern. Aber leider kann das nicht sein, denn sie haben diese in brüchige, vergängliche Formen gekleidet. Um seine Liebe auf dauerhafte Weise ausdrücken zu können, muss man die Formen ändern. Dazu will ich euch ein Beispiel nennen. Nehmen wir einmal an, ihr würdet eure Liebe über eure niedere Natur ausdrücken, über eure Personalität. Sofort spiegelt euer Blick den Wunsch wider, euer Begehren auszuleben, ohne an die Zukunft des anderen, an den Zustand, in den er damit versetzt wird, zu denken. Ihr habt Hunger und Durst und wollt euch sättigen. Das ist eine Liebe, die in einer niederen, rohen und egoistischen Form zum Ausdruck kommt. Der Blick eines Menschen, der auf diese Art liebt, ist schwer von Begehren und von Blut, und etwas Zähes, Unreines, Gewaltsames schleicht sich ein.

Zeigt sich die Liebe dagegen über die Individualität, über die höhere Natur, dann werdet ihr bemerken, wie viel Schönheit, Licht und Klarheit der Blick ausdrückt, denn diese Liebe begehrt und verlangt nichts, sie will nur geben, erretten und erhellen. Dies ist die schönste Art der Liebe. Die meisten Frauen haben allerdings einen flammenden Blick lieber, einen Blick, der sie begehrt. Dann fühlen sie sich glücklich, denn die Ärmsten bilden sich ein, dass diese so intensive, kraftvolle und ausdrucksstarke Liebe eine dauerhafte Liebe sei. Die Frau wünscht sich nichts anderes als eine dauerhafte Liebe, und damit hat sie recht. Doch ist sie zu blind, sie sieht nicht, dass ein sinnlicher Blick von einer Liebe spricht, die nicht von Dauer ist. Darin liegt die Heftigkeit eines Strohfeuers, das so schnell wieder erlischt, wie es entflammt ist. Warum besitzen die Frauen darin nur so wenig Unterscheidungsvermögen?

Es liegt also bei euch, euer Blickfeld zu erweitern und vor allem ständig den Wunsch zu hegen, euch weiter zu entwickeln. Was ist denn Entwicklung? Es ist eine Veränderung der Form. Das Phänomen der Entwicklung hat die Naturforscher viel beschäftigt. Die einen sagen, es seien die Formen, die sich weiterentwickeln, die anderen sagen, die Formen seien für die Ewigkeit festgelegt, und die Wesen würden von einer Form zur nächsten übergehen. Wo ist die Wahrheit? Die zweite Ansicht ist richtig, die Formen entwickeln sich nicht weiter. Alle Formen der Tiere, der Insekten und der Pflanzen bestehen bereits in der Welt der Archetypen. Die Geschöpfe nehmen diese Formen an und legen sie wieder ab, um neue anzunehmen. Es ist so wie bei Schauspielern, die von einem Stück zum anderen die Kostüme wechseln.

Der Geist wechselt also die Form, diese jedoch entwickelt sich nicht weiter. Die Formen sind für die Ewigkeit geschaffen. Selbst die neuen Formen, die uns noch unbekannt sind, die neuen Formen der Pflanzen und Tiere, bestehen schon auf der Ebene der Archetypen. Und auch uns erwarten neue Formen. In dem Maße, wie wir uns weiterentwickeln, eignen wir uns diese neuen Formen an, denn immer wieder muss man eine alte Form ablegen, um eine neue, geschmeidigere, reinere und lichtvollere anzunehmen. Indem ihr diese neue Form annehmt, erlangt ihr weitere Möglichkeiten zu handeln und euch auszudrücken. Verbleibt ihr in den alten Formen, begrenzt ihr euch; dann kommt ihr niemals voran. Das ist es, was die Christen nicht begriffen haben. Sie wollen die Formen verewigen, aber das ist gar nicht möglich, denn das wäre gegen die Beschlüsse der kosmischen Intelligenz.

Die kosmische Intelligenz will nicht, dass die Formen ewig beibehalten werden. In den Werkstätten der höheren Welten sind die Formen für die Ewigkeit geschaffen. Sie bestehen ewig, um den Plänen der kosmischen Intelligenz zu dienen. Will der Mensch jedoch hier die Form ewig bewahren, das heißt, sich um jeden Preis an diese oder jene Form klammern, dann ruft er die unsichtbare Welt auf den Plan, die mit ihren Hämmern kommt und die Formen zerbricht, um ihn davon zu befreien. Der Mensch ist über diese Grausamkeit verwundert. Aber wie könnte er denn frei werden, wenn er immer dieselbe Form bewahrt? Das überzeugt euch nicht? Nun, was geschieht mit den Menschen von einer Inkarnation zur anderen? Meistens ändern sie das Geschlecht. Nehmen wir an, in einer früheren Inkarnation wart ihr eine Frau, dann solltet ihr lernen, die Eigenschaften des weiblichen Prinzips zu leben. Jetzt seid ihr ein Mann, um zu lernen, andere Eigenschaften zu manifestieren.

Diese scheinbare Grausamkeit der unsichtbaren Welt, die die alten Formen zerbricht, um neue zu schaffen, wird von der Kirche bisher noch nicht begriffen. Ob sie es aber begreift oder nicht, die alten Formen werden zerbrochen, das sage ich euch. Die alten Formen werden von der unsichtbaren Welt zerstört werden, was die Christen auch dagegen unternehmen mögen, damit sie frei werden und genötigt sind, sich weiterzuentwickeln. Die Menschen haben ständig die Neigung, an einer Form festzuhalten, aber gerade das darf nicht sein. Was ist ein Materialist? Das ist ein Mensch, der an materiellen Formen festhält. Daher werden auch die Materialisten zerbrochen, zerschlagen und vernichtet. Ja, um frei zu sein!

Ein Engel wollte eines Tages auf die Erde herniedersteigen, um das Leben der Menschen und Tiere zu erforschen, und dafür nahm er die Gestalt eines Schweines an. Das Leben erschien ihm herrlich und genussreich. Er fraß Eicheln und so ein Gemisch, wie heißt das doch gleich?... ja, Mastfutter. Und er war glücklich. Er hatte eine Frau gefunden und war von einer ganzen Herde kleiner Ferkel umgeben. Du lieber Gott, welch ein Glück! Von einer solchen Seligkeit konnte er gar nicht mehr loskommen. Es wurde direkt besorgniserregend. Seine Kollegen von oben, die Engel, schlugen die Hände über dem Kopf zusammen und fragten sich: »Wie können wir ihn nur wieder zu uns zurückholen?«

Sie schickten ihm Botschaften, aber es war nichts zu machen. Das Leben war herrlich für ihn, dieses Schweineleben! Zu guter Letzt sagten sie sich, die einzige Lösung bestünde darin, ihm den Kopf abzuschneiden. So kam das Schwein also unter das Messer und wurde zu einer Mahlzeit serviert. Und als der Engel aus dieser appetitlichen Gestalt wieder hervorkam, war er ganz verblüfft, wie sehr er sich in dieser tierischen Erscheinungsform selbst vergessen hatte. Er dankte seinen Kameraden, dass sie ihn daraus befreit hatten. Leider befinden sich aber viele Menschen genau in diesem Zustand. Sie sind zu »Schweinen« geworden. Und so ist es auch ihr Los, unter das Messer zu geraten. Alle Philosophien, alle Systeme und alle Traditionen, die sich nicht weiterentwickeln, werden zerbrochen. Es wird nichts davon übrig bleiben, als die Prinzipien und die neuen Formen.

Die Universelle Weiße Bruderschaft ist eine neue Form der Religion Christi. Natürlich werden die Christen nun ein Geschrei anheben und uns bekämpfen, um so zu zeigen, dass sie den überlieferten Traditionen treu sind. Jedoch werden sie nicht gewinnen, denn die unsichtbare Welt wird ihnen zeigen, dass sie nicht Recht haben. Eine neue Form wird erscheinen und eine Zeit lang gestützt werden, bis auch diese wiederum gegen eine neue Form ausgetauscht wird. Ihr seht, ich bin gerecht und ehrlich. Ich will euch nicht in die Irre führen und behaupten, dass die Form, die unsere Lehre bringt, ewig bestehen wird. Immer wieder werden neue und immer lichtvollere Ausdrucksformen entstehen.

Wenn jemand zu mir sagt, er sei Katholik, um damit zu erklären, dass er die Lehre der Universellen Weißen Bruderschaft nicht annehmen kann, dann antworte ich: »Gut, wenn du damit zufrieden bist, dann bleibe dabei. Wir schreiten jedenfalls weiter.« Denn was kann man von diesen Predigten, die nichts erklären, schon lernen? Wer ist nachher schuld, wenn die Leute Dummheiten machen? Sie treten aus der Kirche aus, weil sie auf ihre Fragen und Ängste keine Antworten bekommen. Es ist doch nichts weiter als frommes Gerede, das wohl recht poetisch und moralisch ist, ja, sehr hübsch, mit viel Pathos. Darin pflichte ich ihnen bei, nur lernt man nicht viel dabei, denn es steht keinerlei Wissen dahinter, das den Sinn und Zweck des menschlichen Lebens wirklich erklären könnte, das aufzeigt, wie man sich ausrichten und wie man leben sollte. Es sind nur Worte. Wo bleibt die praktische Anwendung? Glaubt ihr, die Christenheit würde die Evangelien in die Tat umsetzen? Das meint ihr vielleicht, aber schaut euch einmal an, was tatsächlich geschieht! Ich bin für große Änderungen, und sie werden kommen, ihr werdet es erleben.

Wer bereit ist, mit den ewigen, unwandelbaren Prinzipien Christi zu arbeiten, der gehört der Universellen Weißen Bruderschaft an. Er zerstört nichts, er arbeitet nicht gegen Christus, er bringt keine neue Religion, aber er ist für die neuen Formen, das ist alles. Wer sich hingegen an die Formen klammert, zeigt damit, dass er die Prinzipien nicht begriffen hat. Er bildet sich ein, die äußere Form würde ihn erretten, und so schläft er selig von der Form behütet. Ja, denn die Form wirkt einschläfernd. Diejenigen dagegen, die sich nicht so sehr auf die Formen verlassen sondern mit den Prinzipien arbeiten, entwickeln sich enorm. Ist dieses Ideal, das ich euch vorstelle, nicht sehr viel vorteilhafter? Christus selbst wird kommen und euch sagen, dass es großartig ist, denn in den Evangelien heißt es: »Das Wort tötet, aber der Geist belebt.« Genau das will ich euch gerade erklären. Ja, unablässig treibe ich euch an, zum Geist, der belebt.

Alle diejenigen, die den Prinzipien den ersten Platz einräumen, gehören der Großen Universellen Weißen Bruderschaft an, nicht dieser Bruderschaft hier auf der Erde, sondern der Universellen Weißen Bruderschaft, die in sich alle lichtvollen Geschöpfe des Universums vereint. Wir hier sind dazu da, um all diesen vollkommenen Wesen die Möglichkeit zum Wirken zu geben, damit das Reich Gottes auf die Erde kommen kann. In diesem Sinne muss man die Aussage verstehen, dass die Universelle Weiße Bruderschaft eine neue Form der Religion Christi ist. Wer also bereit ist, mit den ewigen, unwandelbaren Prinzipien Christi zu arbeiten, der gehört der Universellen Weißen Bruderschaft an. Es mag sein, dass er uns nicht einmal kennt, aber das macht nichts, er ist ein Mitglied der Universellen Weißen Bruderschaft.

Es ist die Trägheit, die bewirkt, dass die Menschen sich an die Form klammern. Die geistige Aktivität in ihnen ist zum Stillstand gekommen, und sie brüsten sich mit der Form. Ein Beispiel: Viele tragen ein Kreuz, aber dieses Kreuz wird sie nicht erlösen, solange sie es tragen, ohne den Geist wirklich mit einzubeziehen. Aber wenn sie sich neben dem Kreuz allerdings an das zugrunde liegende Prinzip halten, sich bemühen, dessen Sinn zu begreifen und in die Tat umzusetzen, dann kann sie das Kreuz schützen und erlösen. Bewahrt einige Formen, wenn ihr wollt, aber verliert niemals den Geist aus den Augen, der hinter diesen Formen wirkt, sonst seid ihr es, die verloren sind. Tragt ein Kreuz, aber strebt dem Geiste zu, denn hinter dieser Form wirkt der Geist. Für mich stellt das Kreuz ein phantastisches Symbol dar... Ja, das dreidimensionale Kreuz, das sich aus zweiundzwanzig Flächen zusammensetzt, die den zweiundzwanzig Buchstaben der Kabbala entsprechen, mit denen Gott die Welt erschaffen hat. Aber die armen Christen wollen nichts dazulernen, sie widersetzen sich jeglicher Veränderung, um damit angeblich Christus treu zu bleiben... aber in Wirklichkeit, um damit den Menschen, den Dummköpfen und Kranken treu zu bleiben.

Man muss dem Herrn treu bleiben, nicht den Menschen. Wenn ihr den Menschen treu sein wollt, nun gut, dann bleibt ihnen meinetwegen treu, aber ihr werdet im Staub enden. All die Leute, die seit Jahrhunderten die Kirche geführt haben, was stellten sie denn schon dar? Oft waren es ganz gewöhnliche arme Wichte, wie alle anderen. Gab es unter ihnen einige, die ein höheres Verständnis erkennen ließen, wurden sie sofort ausgeschlossen und exkommuniziert. Schaut einmal in die Geschichte, und ihr werdet es sehen. Diejenigen, die wirkliche Verbesserungen bringen wollten waren schnell exkommuniziert und verworfen, nur um die Form beizubehalten! Aber die Form bringt nichts hervor, sie sperrt die Menschen nur ein. Ja, die Form ist das beste Gefängnis, da kommt der Gefangene nicht so leicht wieder heraus.

Man kann die Form bewahren, solange sie notwendig, unerlässlich und nützlich ist. Sobald sie jedoch überholt ist, beginnt eine neue Phase, und man muss sie ersetzen oder zumindest in ihrem Verständnis ein Stück weiter gehen. Denn selbstverständlich fußen rituelle Handlungen wie Taufe, Hochzeit, Messe und Kommunion auf großen Gesetzen, auf magischem Wissen. Das gilt vor allem für die Messe, die reine Magie ist. Man kann sogar sagen, dass die Kirche sich nur dank der Messe bis heute hat halten können. Schade ist nur, dass viele Priester nichts von dem tiefen Gehalt dessen wissen, was sie tun. Würden sie darum wissen, wäre die Messe von weitaus größerer Macht.

Und das traditionelle Anzünden von Kerzen und des Ewigen Lichts... auch davon kennt man die tiefere Bedeutung nicht. Schaut, was sich in den orthodoxen Kirchen zu Ostern abspielt. Alle halten eine Kerze in der Hand, und der Priester, der die Messe zelebriert, zündet seine als Erster an. Damit entzündet er dann die Kerze seines Nachbarn, dieser die des Nächsten, und immer so weiter, bis schließlich die ganze Kirche im Licht erstrahlt. Symbolisch bedeutet dies, dass am Anfang einer beginnen muss, sein Licht anzuzünden, das heißt seine Intelligenz, seinen Geist, dann werden nach und nach auch die anderen ihre Intelligenz bei ihm entzünden, bis schließlich die Menschen auf der ganzen Welt nur noch eine große Schar entflammter Lichter sind. Das Ewige Licht ist ein vergleichbares Symbol, nur ist die Kerze ein männliches und das Ewige Licht ein weibliches Symbol. Aber das ist von einer solchen Tiefe und Heiligkeit, dass ich es nicht wage, euch mehr darüber zu verraten.

Der Mann besitzt die Kerze und die Frau das Ewige Licht, und doch kommt keiner von beiden auf den Gedanken, dass es etwas zu entzünden gebe. Automatisch zündet ein jeder die Kerzen und das Ewige Licht an. Nie hat man bei den Christen Männer und Frauen gesehen, die dieses Geheimnis kannten, eine Kerze oder ein Ewiges Licht anzuzünden, wie und aus welchem Grunde diese angezündet werden. Wenn sie doch nur wüssten, welche

Wandlungen sie in sich selbst bewirken könnten! Darum sage ich, dass die Christen mit der eigentlichen Arbeit noch nicht begonnen haben. Selbst wenn sie in die Kirchen gehen, Kerzen anzünden, Weihwasser nehmen und an der Kommunion teilnehmen, haben sie noch nicht richtig angefangen, denn innerlich haben sie die entsprechende Arbeit noch nicht begonnen. Sie stellen zu Hause eine kleine Ikone mit der Heiligen Jungfrau auf, damit diese sie schütze und bilden sich ein, was sie auch tun mögen, die Heilige Jungfrau wäre da, um sie weiter zu beschützen. Das alles ist reiner Aberglaube; man verlässt sich auf dies und glaubt das. Aber einfach etwas zu glauben und inneren Glauben zu besitzen, das ist zweierlei.

Die meisten Menschen bilden sich ein, gläubig zu sein, und begnügen sich doch damit, einfach etwas zu glauben. Ja, denn sie legen zu sehr wert auf die Form, ohne sich bewusst zu sein, dass selbst Gebete nichts anderes als Formen sein können. In einem Kloster gab es einmal einen Mönch, der hatte die Angewohnheit, den Fässern im Weinkeller seinen Besuch abzustatten. Das war so seine »kleine Sünde«, die er nicht lassen konnte. In seinem Nachtgebet bat er den Herrn um Vergebung und schlief danach seelenruhig ein. Denn er meinte selbstverständlich, sobald man nur darum bittet, erlangt man Vergebung! Eines Nachts jedoch spürt er, wie ihn jemand rüttelt und zu ihm sagt: »Wach' auf, steh' auf, du hast dein Gebet vergessen!« Und was sieht er? Den Teufel! Der Teufel weckte ihn auf, um ihn daran zu erinnern, dass er noch beten musste. Ja, denn der Teufel hatte ein Interesse daran, dass er betete in dem Glauben, Vergebung zu erlangen, und weiterhin trank. Das war nicht der Herr. Der Herr erhört nicht die Gebete eines Trunkenboldes. Ihr seht also, oft ist es der Teufel, der sich hinter den Formen verbirgt und der euch dazu treibt, in die Kirche zu gehen, Kerzen anzuzünden, zu beten und an der Kommunion teilzunehmen, damit ihr umso besser in den alten Formen erstarrt.

Ich bin nicht gegen die Kommunion, aber ich sehe wie die Christen ihr ganzes Leben lang daran teilnehmen, dass sie waggonweise Hostien geschluckt und fässerweise Messwein getrunken haben und doch immer noch die Gleichen geblieben sind: gehässig, böse, verleumderisch und ungerecht. Begeht ihr die Kommunion hingegen mit dieser anderen Hostie, mit der Sonne, die jeden Morgen aufgeht, und mit diesem anderen Wein, mit dem Leben, das von ihr ausstrahlt, dann könnt ihr nach einiger Zeit gar nicht umhin, euch zu wandeln. Denn die Sonne ist Leben. Das war es, was Jesus sagen wollte mit den Worten: »Wenn ihr nicht mein Fleisch esst und mein Blut trinkt, werdet ihr das ewige Leben nicht haben.« Da die Menschen jener Zeit solche Gedanken, die einer höheren Entwicklung entsprechen, jedoch noch nicht begreifen konnten, musste man ihnen Brot und Wein geben. Das war also gut für eine bestimmte Epoche. Aber jetzt muss man weitergehen, denn diese Art Kommunion hat keine weitreichende Wirkung. Der Beweis: Man ist zur Kommunion gegangen und schlägt doch seine Frau oder verleumdet seinen Nachbarn. Selbstverständlich kann die Kommunion eine Hilfe sein. Wenn man Glauben besitzt, kann sie hilfreich sein. Aber trotz Glauben, trotz Überzeugung und Segnung durch den Priester übertrifft die Sonne alle Hostien.

Die Segnung durch einen Priester ist von großer Bedeutung, das stimmt, aber das hängt auch von dem Grad seiner Entwicklung, seiner Reinheit und seines Glaubens ab. Viele dieser Armen sind es müde geworden, jeden Tag das Gleiche zu machen, und sie sagen den Segen herunter, ohne dass Seele und Geist daran teilhaben. Gut, der Segen ist gesprochen, aber diese Segnung hat keine große Wirkung. Und selbst wenn sie all ihre Seelenkraft in den Segen legen, kann ich ihnen entgegenhalten: »Wenn ihr meint, eure Segnung sei so wirkungsvoll, warum segnet ihr dann keine Holzspäne oder Eisenstücke und teilt sie nachher aus?« Eigentlich segnen die Priester nur etwas, was schon vom Schöpfer gesegnet wurde. Denn der Weizen enthält Leben, und das ist der Beweis, dass er schon vom Schöpfer gesegnet ist. Diese Segnung besteht in dem darin enthaltenen Leben.

Also, meine lieben Brüder und Schwestern, mit den alten Formen muss Schluss gemacht werden. Im Augenblick noch schützt und verteidigt ihr sie, ihr meint sogar, ich übertreibe. Wenn ihr aber einmal klarer seht, werdet ihr mit mir einer Meinung sein, ihr selbst könnt diese Formen nicht mehr ertragen.

Le Bonfin, den 11. August 1972

II

Freier Vortrag

Heute möchte ich noch einige Worte zu dem hinzufügen, was ich euch zum Thema der Formen und der Prinzipien gesagt habe, damit es euch noch klarer wird. Ich will nicht, dass ihr denkt, ich sei gegen alle Formen, nein, die Formen sind nützlich und notwendig. Aber nach einer gewissen Zeit müssen sie verändert werden.

Ich sagte euch, dass die Form nur als Gefäß dient. Das ist leicht verständlich, nehmen wir dazu nur einmal die Kleidung als Beispiel. Trägt denn ein Mensch von seinem zweiten bis zu seinem neunzigsten Lebensjahr die gleichen Hosen, Schuhe und Hemden? Gewiss nicht, zwar wird er ständig solche Kleidung benötigen, doch immer wieder seiner Größe angepasst. Ebenso wie der Mensch entwickelt sich auch die ganze Welt, und die Formen müssen dieser Entwicklung angepasst werden. Vor vielen Jahrhunderten war die Menschheit noch mit einem Kind in der Wiege vergleichbar. Aber nun ist sie aus dem Windelalter heraus, und das Kind will nun Arme und Beine bewegen, ja, es kratzt sogar und beißt und teilt Fußtritte aus...

Eigentlich geht es gar nicht um die Frage, welche Formen man behalten und welche man ersetzen muss. Solange ihr auf der Erde seid, müsst ihr die Form eures Körpers bewahren und ihn sogar pflegen, er soll gesund, ästhetisch und ausdrucksvoll sein, aber bis wann? Bis zu dem Augenblick, an dem ihr in die jenseitige Welt hinübergeht. Es kommt immer der Moment, in dem man die Form wie ein abgetragenes Kleidungsstück ablegen muss. Nun werdet ihr wohl fragen: »Ja, aber warum wollten die Ägypter dann die Form ihrer Pharaonen erhalten? All die Mumien, die noch in den Museen zu sehen sind!« Eigentlich wussten sie recht gut, dass die Formen nicht erhalten bleiben können. Die Mumien der Pharaonen hatten vor allem eine magische Funktion, denn die Ägypter waren im Wissen um die Magie und in magischen Praktiken sehr weit gekommen.

Es wäre sehr langwierig, alle Fälle aufzuzählen, in denen die Form gewechselt wird. Kommen wir noch einmal auf den so vielsagenden Punkt der Kleidung zurück. Noch vor einigen Jahren musste ein Mann einwandfrei gekleidet sein, mit Stock, Handschuhen, Hut und sogar mit Gamaschen! Heute wird auf Stock und Handschuhe verzichtet, und man kommt in zerfransten Hosen daher. Auch das ist eine neue Form. Und die Frauen haben es noch eiliger als die Männer, die alten Formen aufzugeben. Jedes Jahr, und gleich mehrmals jährlich, lässt die Mode sie die Formen ändern. Darum sollte ich mich an die Frauen wenden, denn sie sind die Ersten, ja, die Einzigen, die dieses Bedürfnis nach Veränderung ernst nehmen werden. Oh ja, die Frauen, das ist schon was! Sie lieben es, Hüte, Schuhe und Kleider zu wechseln. Ihr werdet schon sehen, ob es im nächsten Jahr nicht gleich wieder neue Formen zu sehen gibt! Und niemand klagt die Modeschöpfer an, die doch die Mode mehrmals im Jahr ändern. Aber alle ziehen gegen mich los, weil ich davon rede, die Formen zu ändern. Ist das etwa gerecht? Die Firmen, die ständig die Mode ändern, werden hoch geschätzt, und wo ich nur ein wenig bestimmte Formen ändern möchte, ist alle Welt gegen mich. Seht, welche Ungerechtigkeit!

Zwar waren bestimmte Formen in der Vergangenheit gut, denn die Menschheit konnte in ihrem Verständnis noch nicht darüber hinaus gehen, aber deshalb dürfen sie nicht gleich ewig bestehen bleiben. Man muss erkennen, wie die Natur arbeitet. Sie veranlasst die Tiere und die Menschen dazu, das eine oder andere Verhalten anzunehmen. Einige Zeit darauf ist sie es wiederum, die sie dazu bringt, dieses Verhalten zugunsten eines anderen abzulegen, weil die Epoche eine andere ist. Betrachten wir das einmal näher am Beispiel der Angst. Angst ist ein Reflex, den die Natur bei allen Tieren zu deren Schutz aufrecht erhält. Es ist ein Glück für die Tiere, dass sie Angst haben, denn so entrinnen sie der Gefahr. Um jedoch zu einer höheren Entwicklungsstufe zu gelangen, muss der Mensch sich von der Angst frei machen und sie durch andere, edlere Empfindungen ersetzen. Es kommt also immer wieder der Augenblick, in dem die Natur selbst das ändern will, was sie seit Jahrhunderten und Jahrtausenden festgelegt hatte. Es gibt die verschiedensten Ängste: Angst vor der öffentlichen Meinung, vor Krankheit, davor, kein Geld zu haben; es muss aber nun Schluss gemacht werden mit der Angst. Wenn sie auf einer früheren Entwicklungsstufe zum Schutz des Menschen auch notwendig war, so ist sie für sein spirituelles Fortkommen jetzt sehr schädlich.

Das ist doch ein beweiskräftiges Argument, das zeigt, dass etwas, das in der Vergangenheit nützlich war, es nun nicht mehr ist. Die Natur selbst lehrt uns das. Ich bin in ihrer Schule, und sie lehrt es mich. Die Christen wollen jedoch nicht von der Natur lernen, wie sie die Dinge vorgesehen hat und für welchen Zeitraum. Nein, was die Menschen von einst festgesetzt haben, soll für die Ewigkeit sein. Aber die Menschen sind gar nicht dazu befähigt, alles vorauszusehen. Sie können nicht wissen, wie sich das Leben in einigen Jahrhunderten gestalten wird. Die Wissenschaftler stellen wohl allerlei Hypothesen auf und meinen, es werde wohl so oder so sein. Um es aber wirklich zu wissen, muss man bei der kosmischen Intelligenz nachfragen, denn sie hat alles seit langem vorausgeplant.

Jahrhundertelang hat die Kirche zum spirituellen Ideal erhoben, man solle in Armut und Bedürftigkeit leben. Um sich zu üben, zu stärken, als Training, ist das gewiss gut. Aber die kosmische Intelligenz hat uns nicht dazu geschaffen, ewig ein entbehrungsreiches Leben zu führen. Unser himmlischer Vater ist weder arm noch bedürftig, und so gibt es auch für uns keinen Grund, das zu sein. Also als Übung für eine bestimmte Zeit, da mag es recht sein, denn als weise Menschen uns diese Regeln brachten, sollten sie dazu dienen, bestimmten Exzessen entgegenzuwirken. Deswegen darf man die Armut jedoch nicht als ideale Lebensweise betrachten. Der Herr will, dass wir ebenso schön, reich und stark sind wie Er. Wenn Er uns nach Seinem Ebenbild geschaffen hat, so doch nicht dazu, dass wir fauliges Obst essen, in Schmutz und Krankheit leben, Büßerhemden tragen und uns geißeln. Man kann der Menschheit nicht mehr solche Lebensregeln geben. Nehmen wir nur einmal die Regel, in Armut zu leben; es ist doch immer weniger möglich, die Menschen davon zu überzeugen, dass dies eine gute Sache sei.

Der Himmel hat ein Programm. Die Menschheit soll bestimmte Wege gehen, aber wirklich nur gehen und sich nicht für die Ewigkeit darauf niederlassen. Die Pläne des Himmels sind nicht so, wie die Menschen sich das vorstellen. Viele Heilige und Propheten haben vom Himmel Anweisungen erhalten, um diesen oder jenen Auftrag zu erfüllen, und das haben sie getan. Das galt jedoch nur für eine Epoche, um so die Menschen zu veranlassen, bestimmte Fähigkeiten zu entwickeln, die sie noch nicht besaßen. Sind diese Fähigkeiten allerdings einmal erworben, gibt es ein anderes Programm zu erfüllen. So gibt es auch für das Gebot der Armut keinerlei Grund, dies nicht nur als Übung für eine bestimmte Zeit anzusehen. Ich habe fast die Hälfte meines Lebens in Armut verbracht, sogar im Elend. Aber muss das nun ewig so andauern? Gewiss nicht. Allerdings ist es auch nicht nötig, dass ich nun ins andere Extrem falle, sonst würde ich alles verlieren, was ich durch diese Übungen gewonnen habe. Ja, darüber gibt es vieles zu sagen.

Selbst wenn ihr alles Gold der Welt besitzt, müsst ihr auch Licht haben, um zu wissen, was und wie viel ihr nehmen dürft, und nicht mehr. In Bulgarien gab es einen Türken, der gehörte der

Sekte der tanzenden Derwische an. Die Derwische sind höchst unbescholtene Menschen, die mit sehr wenig im Leben auskommen. Da man sie kennt und da sie auch sehr beliebt sind, gibt man ihnen sofort etwas, wenn es einmal vorkommt, dass einer um etwas bittet. Eines Tages stand nun dieser Derwisch vor der Tür eines sehr reichen Mannes und bat um Geld. Der Reiche hielt ihm seine volle Geldbörse hin, doch er nahm nur eine kleine Münze, gerade soviel, wie er wirklich für den Tag benötigte. Und genau so müsst ihr es machen. Selbst wenn ihr große Reichtümer besitzt, solltet ihr nur sehr wenig, nur das unbedingt Nötige davon nehmen.

Und nun darf ich euch offen sagen, dass viele religiöse Orden und viele spirituelle Bewegungen auf dem Irrweg sind, und zwar einfach deshalb, weil es ihnen nicht gelungen ist, wirklich zu erkennen, welche Pläne der Herr mit den Menschen hat, wie Er die Dinge sieht. Es ist wirklich eine Katastrophe, dass die Menschen die Dinge immer nur mit ihrem begrenzten Gehirn sehen, denn dadurch verdrehen und verzögern sie die Dinge. Sie kümmern sich gar nicht um die Absichten des Herrn, sondern nur um das, was andere vor Jahrhunderten als richtig gepriesen haben, das aber nun überholt ist. Gott hat sich durch Jesus offenbart, aber auch durch Moses. Moses konnte derart außergewöhnliche Dinge vollbringen, weil Gott mit ihm war. Und Jesus ist deshalb gekommen, weil nach einer gewissen Zeit die Kompromisslosigkeit des mosaischen Gesetzes nicht mehr den Plänen der kosmischen Intelligenz für die Menschen entsprach.

Die Menschen tun sich jedoch schwer, sich von den alten Formen frei zu machen. Die Angewohnheit, sich unnachgiebig, verschlossen und feindselig zu zeigen und alle anderen als Heiden und Fehlgläubige zu betrachten, besteht immer noch in der Religion. Warum sollte man diese alte Form, die das Kommen des Reiches Gottes behindert, nicht ersetzen? Ich habe euch schon gesagt, dass es die Kirchen sind, die sich dem Kommen des Reiches Gottes entgegenstellen! Zum Glück macht die Jugend nun Schluss mit den alten Formen. Sie will reisen, die ganze Welt lieben, die anderen verstehen und ihnen helfen... Nur muss man auch hierbei den Dingen neue Formen geben, denn oft fällt man in die alten Formen zurück. Neuer Schwung in den alten Formen, das ist so wie neuer Wein in alten Schläuchen, und die reißen dann. Jesus sagte: »Man gießt keinen neuen Wein in alte Schläuche, sonst platzen die Schläuche, der Wein läuft heraus und die Schläuche sind verloren.« Und genau das geschieht mit der Jugend. Sie ist wie neuer Wein, der kocht, der gärt, aber in alten Schläuchen. Die Jugend will die freie Liebe, das ist wunderbar. Aber warum soll man nun meinen, das sei nur möglich, wenn man miteinander schläft und sich auf der Matratze wälzt? Man muss bessere Formen finden.

Wie kann man nun diese besseren Formen finden? Auf jeden Fall nicht, indem man alles Mögliche ausprobiert, wie es die Unwissenden tun. Sicher, man kann über das Ausprobieren dahin finden. Aber man braucht Jahrhunderte und Jahrtausende dazu, und vorher rennt man sich einige Male den Kopf ein. Folgt man hingegen dem Rat eines Eingeweihten, so ist das sehr viel besser. Denn er weiß, wie sich die menschliche Natur in ungefährlichen neuen Formen entfalten soll. Die Menschen wollen aber die Meinung der Eingeweihten nicht akzeptieren. Sie wollen die Lösungen ganz allein finden, und darum fallen sie auf die Nase. Selbst wenn sie die Lösung finden, sind sie nicht in der Lage, sie in die Tat umzusetzen, weil sie ihre Kräfte dabei unnötig verausgabt haben. Es ist dann zu spät, sie sind schon alt und schrumpelig geworden und haben abgebaut. Sie sagen zu den anderen: »Schaut her, ich habe die Lösung gefunden,« aber die anderen hören nicht darauf. Sie antworten: »Du willst uns Ratschläge geben? Schau' dich erst einmal im Spiegel an!«

Und jetzt hat die kosmische Intelligenz etwas vor mit der Menschheit. Es gab eine Zeit, in der die Schüler ihrem Meister schwören mussten, die anvertrauten Geheimnisse niemals zu verraten. Nun erzählt allerdings der große spirituelle Schriftsteller Saint-Yves d'Alveydre in seinem Buch La Mission de l'Inde, dass einer der Führer in Agartha in seinen Meditationen gesehen hatte, wie die Lichtpyramide, die sich über Agartha befindet, in zwei Teile zerbrach. Auf seine Frage über die Bedeutung dieses Phänomens gab ihm die kosmische Intelligenz zur Antwort, dass bis dahin die Mysterien allen Nicht-Eingeweihten verschlossen waren, dass aber die Zeit kommen würde, in der sie allen Menschen, die in der Lage sind, sie zu verstehen, offenbart werden würden. Auch in der Bibel wird im Übrigen erwähnt, dass der Tag kommen wird, an dem alles Verborgene offenbar wird. Und wir stehen am Beginn dieser neuen Epoche. Es ist also nicht verwunderlich, dass in der Universellen Weißen Bruderschaft große Dinge enthüllt werden.

In der Vergangenheit musste man schreckliche Prüfungen über sich ergehen lassen, um nur einige Wahrheiten zu erfahren. Darum erlangten jene, die sie empfangen hatten, große Fähigkeiten. Aber nun, wo die Menschen sie empfangen, ohne etwas dafür zu tun, sind sie zu allem unfähig. Es geht ihnen so wie einem, der Geld hat, ohne dass er sich dafür anstrengen musste. Er achtet es nicht und verschleudert es. Muss er es hingegen im Schweiße seines Angesichts verdienen, wie hoch schätzt er es dann und zählt es genau! Das ist doch großartig und so wahr. Aber trotzdem müssen diese großen Geheimnisse nach und nach enthüllt werden, denn es ist der Wille des Himmels. Im Übrigen besitzt ihr schon sehr viel mehr Wissen als selbst die indischen Saddhus und Yogis. Sie wissen nicht sehr viel, und doch haben sie mit dem, was sie wissen, große Fähigkeiten erworben. Ihr hingegen wisst viel, aber könnt doch nicht viel.

In unseren Tagen wird sich sogar die Form der Einweihung ändern. In der Antike wurde die Einweihung in den Tempeln vollzogen. Der Schüler musste die Prüfungen des Feuers, der Luft, des Wassers und der Erde durchmachen. Heute vollzieht sich die Einweihung im täglichen Leben. Ohne dass die Schüler etwas davon merken, stellen die Eingeweihten ihre Schüler in bestimmte Situationen, vor bestimmte Probleme und beobachten, wie sie reagieren. Alle Prüfungen finden im Leben statt. Die vier Elemente befinden sich im Leben, dort müsst ihr zeigen, dass ihr Furcht, Begierde, Egoismus, Sinnlichkeit usw. überwunden habt. Ja, es gibt viele Prüfungen, und vor allem für denjenigen, der auf dem Weg der Einweihung vorankommen will. Er muß von vornherein wissen, dass sein Wunsch erhört wird, aber dass er geprüft wird. Dann, wenn er es am wenigsten erwartet, wird er geprüft, und zwar im täglichen Leben. Denn alle Prüfungen gibt es im Leben. Bei den geringsten Dingen wird man beobachtet. Und daher scheitert man oft wegen einer Kleinigkeit, denn man erwartete große Prüfungen.

Wenn man gewarnt ist, dass man große Prüfungen zu bestehen hat, ist man besser gewappnet und hält besser stand, da man ahnt, worum es geht. Kommen die Dinge jedoch unerwartet, ist es viel schwieriger. Darum müsst ihr wachsam sein, aufpassen und euch sagen, dass jede Situation im Leben eine Prüfung sein kann. Und jedes Mal geben Wesen der höheren Welt ihr Urteil dazu ab, oder auch hier auf der Erde, wenn ihr einen Meister habt. Wart ihr erfolgreich, so erhaltet ihr ein Diplom. Aber natürlich nicht wie in der Universität, kein Diplom, das zerrissen, verbrannt, vernichtet oder gestohlen werden kann. Nein, das sind dann Diplome, die euch ins Gesicht und auf den Körper geschrieben werden. Und niemand kann sie euch mehr nehmen. Selbst die Naturgeister, die diese Diplome lesen können, achten euch dann und empfangen euch bei sich. Wohin ihr im ganzen Weltraum auch gehen mögt, überall können sie diese Diplome sehen. Habt ihr jedoch keines, nehmen sie keinerlei Notiz von euch, sie verfolgen euch sogar, denn sie betrachten euch als schwaches, unwissendes und nutzloses Wesen.

Ich könnte euch Tausende von Formen aufzeigen, in welche die Menschen sich verstrickt haben. Selbst die Medizin ist in Formen erstarrt. Ampullen, Tropfen, Tabletten und chirurgische Operationen sind nichts anderes als Formen. Und wo bleibt der Geist? Es gibt nichts Strahlendes im Inneren, nichts, das etwas Geistiges oder Göttliches auslöst oder zum Vorschein kommen lässt. Nichts als äußere Form. Und darum bleibt man auch stecken, man bleibt schwach, kümmerlich und kränklich.

Diejenigen, die den alten Formen verhaftet bleiben, erstarren und stumpfen ab, denn sie lassen die Quelle nicht mehr fließen. Manche Menschen haben, wenn man ihnen begegnet, immer das gleiche erstarrte, ausdruckslose Gesicht. Es ist aber gefährlich, immer der gleichen Form verhaftet zu bleiben. Das ist einer der Gründe, warum die Menschen sich verlassen. Sie sehen beim anderen ständig den gleichen Gesichtsausdruck, die gleichen Gesten, die gleichen Worte. Nichts ist jemals neu oder ausdrucksvoll. Schließlich ist die Frau es leid, diese Formen zu sehen und sucht sich anderswo neue, und der Mann macht es ebenso. Viele Paare haben an diesen Aspekt noch nie gedacht, und daher trennen sie sich auch oft. Wenn ihr immer der Gleiche seid, sind die anderen euch einmal leid und fangen an, euch abzulehnen. Darum erneuert euch, lebt, und niemals wird einer Lust haben, euch zu verlassen, weil ihr immer voll strömenden Lebens und immer ausdrucksvoll seid.

Doch haben weder die Frauen noch die Männer das begriffen. Eine Frau mag all ihre Pflichten ihrem Mann gegenüber erfüllt haben, ihr ganzes Leben lang hat sie sich um ihn gekümmert, seine Wäsche gewaschen, die Hemden gebügelt, das Essen gekocht und ihm sogar Leckereien gemacht! Dann lässt er sie eines Tages wegen einer anderen sitzen, und sie kann es nicht begreifen. Sie hatte doch alles für ihn getan! Ja, aber sie ist immer die Gleiche geblieben, und ihr Mann ist das leid geworden. Einmal hat sich eine bei mir beklagt: »Oh Meister, wenn Sie nur wüssten, was geschehen ist! Mein Mann hat mich sitzen lassen, und dabei habe ich alles getan, um ihn zufrieden zu stellen. Ich habe mich ihm gegenüber immer so ergeben und warmherzig gezeigt.« - »Und die Frau, wegen der er fortgegangen ist, wie ist die?« - »Sie ist kalt, ein richtiger Eiszapfen!« - »Nun, jetzt verstehe ich, sie waren ihm zu warm, und nun ist er sich abkühlen gegangen.« Ihr seht, es ist auch nicht gut, sich ständig zu warmherzig zu zeigen, sonst geht der andere und kühlt sich irgendwo ab.

Man muss es verstehen, abwechslungsreich zu sein, allerdings nur in den Formen, und dabei in den Prinzipien der Gleiche zu bleiben, also ständig die gleiche Liebe, das gleiche Licht, den gleichen Edelmut, das gleiche Ideal zu bewahren, ohne diese jedoch immer wieder in der gleichen Weise zu zeigen. Welch großartiger Ort ist doch die Universelle Weiße Bruderschaft, um euch zu beleben, zu erheben und zu begeistern! Rudolf Steiner, der ein großer Hellsichtiger war, hat das vorausgesehen. Er hat gesagt: »Nach mir wird einer kommen, der unter dem Zeichen der Begeisterung stehen wird.« Er stand nicht unter diesem Zeichen, sondern unter dem Zeichen der Philosophie und der Wissenschaft. Ich hingegen habe weder Kenntnisse der Wissenschaft noch der Philosophie, aber ich kann euch alle begeistern.

Also, meine lieben Brüder und Schwestern, merkt euch Folgendes gut: Alles im Leben ist nur das Produkt der Beziehungen zwischen diesen beiden entgegengesetzten Polen, zwischen Geist und Materie, zwischen den Prinzipien und den Formen. Doch sind die Menschen noch nicht so weit, um allein mit den Prinzipien zu leben. Sie brauchen Formen, auf die sie sich stützen können. Der Geist inkarniert sich in der Form eines Körpers, um hier auf der physischen Ebene wirken zu können. Wenn er wieder in die anderen Regionen zurückkehrt, benötigt er diese Formen nicht mehr, er braucht sie aber hier auf der Erde. Man muss also nur wissen, dass die Form nicht lange währt. Gott hat ihr kein ewiges Leben gegeben. Daher schickt der Himmel in regelmäßigen Abständen Eingeweihte und große Meister, damit sie die Formen verändern, aber nur die Formen, niemals die Prinzipien. Die Prinzipien sind unveränderlich, denn die Prinzipien, das sind Seele und Geist, Tugenden, Liebe, Weisheit, Wahrheit und Opferbereitschaft. Diese Prinzipien sind unwandelbar und bleiben in alle Ewigkeit gültig.

Le Bonfin, 17. August 1972

II

Die wahre Religion Christi

I

Freier Vortrag

Wenn ich sage, dass die Lehre der Universellen Weißen Bruderschaft eine neue Religion bringt, dann meine ich deswegen nicht, diese Religion sei der überlegen, die Jesus gebracht hat. Das ist unmöglich, denn Jesus hat wirklich den Gipfel erreicht. Es gibt nichts, das über dem Gesetz der Liebe und des Opfers steht, das er die Menschen gelehrt hat. Doch in den Methoden, der Anwendung und der Interpretation können wir darüber hinaus gehen. In den Evangelien ist nicht alles gesagt, und es gibt noch so viele dunkle und nicht weiter erklärte Punkte! Und die Lehre der Universellen Weißen Bruderschaft bringt nun Licht in diese Dinge.

Wenn ich sage, dass eine universelle Religion kommen muss, dann tue ich dies, weil der Katholizismus noch keine universelle Religion ist. Selbst wenn das Wort »katholisch« universell bedeutet, so ist die katholische Religion in Wirklichkeit nicht universell. Zum einen ist sie weit davon entfernt, von allen Menschen angenommen zu sein, und zum anderen verwirft sie viele grundlegende Wahrheiten wie die Reinkarnation, die Karmagesetze oder auch die Bedeutung der Sonne für das spirituelle Leben. Auch diese Glaubensrichtung hat sich also von universellen Wahrheiten losgesagt und ist damit eine Sekte. Um als universell zu gelten, darf eine Religion keine Wahrheit verwerfen und muss für die ganze Welt zutreffend sein.

Übrigens baut gegenwärtig keine Religion auf Prinzipien auf, die von der ganzen Welt akzeptiert werden. Allein die Sonnenreligion wird eine universelle Religion sein, da jeder die Sonne akzeptiert, sie sucht und versteht. Alles andere mag die einen betreffen und die anderen nicht, für die einen passend sein und für die anderen unpassend. Darum gibt es ja auch so viele Religionen, denn jede ist auf die entsprechende Mentalität abgestimmt. Wenn die katholische Religion wirklich universell und allumfassend sein soll, dann zeigt mir die Katholiken, die wirklich die innere Erfüllung erlangt haben. Tatsächlich gibt es viele Buddhisten, die ihnen darin voraus sind! Sie haben einen so starken Glauben an die Unsterblichkeit der Seele, dass sie bereit sind, durchs Feuer zu gehen, denn sie haben keine Angst vor dem Tod. Die Christen hingegen sind so furchtsam, sind solche Angsthasen, dass sie beim geringsten Anlass zu zittern anfangen und wer weiß was für Geschichten machen – ja, sogar Verbrechen begehen – um nur nicht sterben zu müssen!

Ich sagte also, dass eine universelle Religion alle Kenntnisse und Praktiken umfassen muss, die es den Menschen ermöglichen, bis zum Herrn zu gelangen. Da das Christentum die Lehre der Reinkarnation ablehnt, hindert es uns daran, die Gerechtigkeit Gottes zu verstehen. Man darf sich nicht wundern, wenn nachher alles unsinnig erscheint, denn man erkennt nicht mehr den tieferen Grund des Geschehens. Alles erscheint dann unnormal und ungerecht. Angesichts eines Übels oder des Leidens kann ein Christ nur noch zu sagen: »Gott hat es so gewollt.« Er selbst hat unglaublicherweise zu diesem Unglück nichts beigetragen. Er ist unschuldig, ihr versteht, er ist für nichts verantwortlich. Der Herr trägt die Verantwortung für alles. Dann ist Er aber wohl sehr launenhaft, der Herr; Er macht, was Ihm gerade passt!

Dadurch, dass die Christen die Reinkarnation verworfen haben, haben sie sich für Jahrhunderte den Weg versperrt. Mit der

Reinkarnation wird jedoch alles klar. Von einem Leben zum anderen hat jede Ursache eine bestimmte Wirkung zur Folge. Damit ist nicht mehr der Herr verantwortlich, sondern wir selbst. Da wir uns für einen bestimmten Weg oder ein bestimmtes Verhalten entschieden haben, liegt die Ursache unseres Schicksals bei uns selbst und nicht bei Gott. Die Größe, Herrlichkeit, Vollkommenheit und Gerechtigkeit Gottes bleibt damit gewahrt. Ohne die Reinkarnation hingegen fällt alles auf Ihn zurück. Und ich meine, wenn die Christen mehr Wert auf die Herrlichkeit und Vollkommenheit des Herrn legen wollten, müssten sie zumindest die Reinkarnation akzeptieren. Sie sind jedoch so einfältig, dass sie nicht einmal sehen, welche Konsequenzen ihre Haltung hat. Sie erkennen gar nicht, welch ein grässliches Bild sie vom Herrn zeichnen. Gott hat den Menschen die Freiheit geschenkt, Er hat zu ihnen gesagt: »Macht, was ihr wollt; doch ihr müsst wissen, dass ihr leiden werdet, wenn ihr die Gesetze übertretet. Aber das macht nichts, denn ihr habt die Ewigkeit vor euch liegen. Ihr habt also Zeit genug, euer Tun zu bereuen und wiedergutzumachen. Ich bin geduldig.«

Irgendein Mann ist unglücklich mit seiner Frau, weil sie so zänkisch ist, eine richtige Xanthippe! Aber er weiß nicht, warum er eine solche Frau hat, und meint nun, der Himmel habe sie ihm geschickt. Aber keineswegs! Er selbst hat sie gesucht und angezogen, ebenso wie Sokrates. Nur hat Sokrates es wenigstens bewusst getan. Dieser Trottel hingegen hat unbewusst so einen Drachen angezogen und hebt nun ein Jammergeschrei an. Sokrates aber hat sich nicht beklagt, er ertrug sie voller Geduld. Eines Tages unterhielt er sich gerade mit einem Freund, und Xanthippe wurde so wütend, dass sie nach langem Gezeter schließlich einen Eimer Schmutzwasser über ihn ausgoß. Der Freund war entrüstet. »Aber du weißt doch,« entgegnete ihm Sokrates, »nach Donner folgt Regen.« Sokrates ließ sich nicht so leicht aus der Fassung bringen. Er hatte Xanthippe gesucht, und dank ihr hatte er Geduld und Gleichmut gegenüber Kritik und Beschimpfung entwickelt. Ich kann euch also nur raten, auch eine Xanthippe zu suchen.

Warum wollt ihr die beste Frau finden? Ihr werdet dabei einschlafen und euch nicht mehr entwickeln. Aber mit einer Xanthippe, was für Entwicklungsmöglichkeiten habt ihr da! Ihr seht, ich gebe euch immer nur gute, ja, sehr gute Ratschläge.

Solange die Kirche die Reinkarnation nicht akzeptiert, macht sie den Herrn zu einem Despoten, zu einem Monster. Im Übrigen gäbe es noch viel zu sagen zu der Art und Weise, wie das Christentum den Herrn darstellt, denn es hat vom Alten Testament das Bild eines eifersüchtigen, rachsüchtigen und schrecklichen Gottes übernommen, der straft und züchtigt. Und ich sage euch nun: Das ist falsch, das ist nicht das wahre Bild Gottes. – Und warum wurde Er so beschrieben? – Weil sich die Menschen auf einer Entwicklungsstufe befanden, wo man ihnen Angst machen musste mit dem Bild eines strengen, unerbittlichen Gottes, den Moses oftmals nachsichtig stimmen musste, damit Er Sein Volk nicht verderbe! In Wirklichkeit straft der Herr jedoch niemals. Er befaßt sich damit nicht. Er verbringt Seine Zeit in den höheren Welten mit Festen in Gesellschaft der Engel und Erzengel bei Gesang und Musik, und Nektar und Ambrosia fließen in Fülle. Wie sollte der Herr nicht bessere Beschäftigungen haben, als die Menschen Tag und Nacht zu überwachen und dabei die Verbrechen und Schweinereien, die sie offen oder insgeheim begehen, in ein Buch zu schreiben? In welch einer Lage wäre der Ärmste dann doch! Wie sollte Ihn das nicht anwidern?

Ich kann so etwas nicht glauben, sondern denke, wenn die Menschen Registriergeräte und Rechenmaschinen herstellen können, so ist dies möglich, weil es so etwas in der Natur, also auch in uns, schon gibt. Mit ihnen werden all unsere Gedanken, Gefühle und Handlungen aufgezeichnet. Überschreitet man dann in irgendeinem Bereich die festgesetzten Grenzen, wirft einen dies zu Boden. Aber es ist nicht Gott, der uns bestraft. Ganz im Gegenteil, Er ist immer bereit, uns bei Seinen Festmählern zu empfangen.

Erinnert euch an das, was ich schon einmal zu euch gesagt habe: Stellt euch vor, ihr würdet von Feinden verfolgt. Ihr wollt euch retten und lauft, so schnell ihr könnt, in den Himmel. Wie ihr dort ankommt, platzt ihr mitten in eine herrliche Versammlung hinein, denn der Herr hält gerade ein Festmahl mit den Engeln und Erzengeln, die singen und voller Freude sind. Ihr steht nun da, ganz außer Atem, staubig und zerlumpt, und schaut die Versammlung an, in die ihr hineingestolpert seid. Niemand sagt nun zu euch: »Was willst du hier, du Rüpel? Schau dass Du weiterkommst, hier ist kein Platz für dich!« Ganz im Gegenteil, sobald der Herr euch sieht, sagt Er zu seinen Dienern: »Bringt ihm Wasser zum Waschen und festliche Kleider, damit er an unserem Festmahl teilnehmen kann.« Die Feinde jedoch, die euch verfolgen, werden nicht zugelassen. Sie warten draußen, und da das Fest lange dauert, verlieren sie schließlich die Geduld und gehen nach Hause. Genau so spielen sich die Dinge ab. Habt ihr das noch nicht bemerkt? An manchen Tagen, an denen ihr sehr bedrückt wart und Feinde in eurem Inneren euch verfolgten, fingt ihr an zu beten... zu beten... zu beten, und einige Minuten darauf, fühltet ihr euch glücklich und frei. Eure Feinde hatten von euch abgelassen. Versucht einmal, dieses Bild recht zu verstehen.

Ihr dürft nicht meinen, ich sei gekommen, um die Kirche zerstören. Nein, ich bin bereit, mit ihr zusammenzuarbeiten. Aber ich bringe ein Licht, das sie gegenwärtig nicht besitzt. Ich habe mich übrigens um Zusammenarbeit bemüht. Mit dominikanischen und franziskanischen Priestern usw. habe ich mich getroffen, aber ich habe keinen Erfolg gehabt. Nun, mit zweien oder dreien ist es schon gegangen, aber mit den anderen nicht. Denn in ihren Seminaren sind sie so verbildet worden, dass es unmöglich ist, ihnen das Licht dieser großen Wahrheiten nahe zu bringen. Darum habe ich es jetzt lieber mit Atheisten, Ungläubigen und Anarchisten zu tun, denn bei denen habe ich Erfolg. Aber die Geistlichen, oh je!... die bleiben in ihrer Beschränktheit, Frömmelei und Engstirnigkeit! Ich denke, auch sie werden eines Tages so weit kommen, jedoch erst nachdem sie allerlei durchgemacht haben, was sie dann zum Nachdenken bringt.

Da der Herr im Begriff ist, einen neuen Himmel und eine neue Erde zu schaffen (so steht es in der Bibel), warum sollte es nicht auch eine neue Religion geben? Ebenso neu, wie Himmel und Erde neu sein können. Das ist selbstverständlich symbolisch zu verstehen. Ich habe euch schon erklärt, dass man diesen Satz nicht wörtlich nehmen darf, denn sonst würde auch das ein schlechtes Zeugnis für den Herrn ablegen, dann könnte man ruhig sagen, Er sei weder weise noch allwissend. Da Er anfangs nicht fähig war, das beste Material für den Bau von Himmel und Erde auszuwählen, sind diese Materialien nun nach einigen Millionen Jahren verbraucht und verrostet. Und so müsse Er nun einen neuen Himmel und eine neue Erde schaffen; unterdessen werden alle Bewohner hinaus in den Regen geschickt! Nein, in Wirklichkeit betreffen der neue Himmel und die neue Erde uns selbst, in uns schafft Gott diese neu. Der Himmel bedeutet eine neue Geisteshaltung, eine neue Philosophie, eine neue Art und Weise, die Dinge zu betrachten und zu verstehen. Und die neue Erde ist ein neues Verhalten, eine neue Art zu handeln. So sind der neue Himmel und die neue Erde zu interpretieren. Anders wäre es ja eine Katastrophe für den Herrn, dann hätte Er die Eigenschaften der Elemente, die Er selbst erschaffen hat, nicht gekannt und müsste nun feststellen, dass sie alt, morsch und verschimmelt sind. Interpretiert man hingegen dieses Bild, so wie ich es tue, bleibt der Herr in Seiner Größe, Unermesslichkeit und unendlichen Weisheit bestehen.

Zwar werdet ihr nicht alles annehmen, was ich euch erzähle, aber bemüht euch zumindest, euch nicht zu sehr auf eure Standpunkte festzulegen, bevor ihr sie nicht überprüft habt. Es gibt noch viele, die an ihren Ansichten festhalten, und wenn sie mich reden hören, sagen sie, anstatt zu versuchen, mich zu verstehen: »Also nein, das ist nicht wahr. Das ist ja unmöglich, ungeheuerlich. Ich weiß selbst, wie sich die Dinge verhalten müssen!« Es kommt jedoch der Augenblick im Leben, wo man sich fragen muss, ob der eigene Standpunkt wirklich richtig und einwandfrei ist. Aber nein, man hält daran fest und verteidigt ihn sein ganzes

Leben lang, ohne auch nur überprüfen zu wollen, ob er auf einer guten Basis steht. Damit geht man aber ein hohes Risiko ein. Viele Leute haben sich schon den Kopf eingerannt, weil sie um jeden Preis ihre falsche Lebenseinstellung verteidigen wollten. Was machen sie aber von Zeit zu Zeit? Sie lassen sich von einem Arzt untersuchen, damit er nachschaut, was nicht in Ordnung ist, eventuell Herz, Magen, Milz, Leber oder Darm. Und der Arzt gibt sein Urteil dazu ab. Doch gehen sie nie zu einem Meister, um ihn zu fragen, was bei ihrer Art, die Dinge zu fühlen und zu verstehen, nicht stimmen mag. Da ist bei ihnen alles in Ordnung, sie überlegen richtig, sehen alles richtig, urteilen richtig und ziehen immer die richtigen Schlüsse. Und welche Beweise haben sie für diese Vollkommenheit? Katastrophale Beweise haben sie dafür, nämlich Unglück, Kummer, Misserfolg. Aber weiterhin glauben sie, bei ihnen sei alles einwandfrei!

Die ganze Welt wird eines Tages zur Universellen Weißen Bruderschaft kommen. Im Augenblick glaubt ihr mir nicht, denn immer mehr neue Lehren, Sekten und die verschiedensten alten Praktiken tauchen auf, die in Vergessenheit geraten waren. Bei allen ist gewiss etwas Gutes dabei, doch fehlt ihnen ein wesentliches Element. Nirgendwo wird die Notwendigkeit hervorgehoben, für die Gemeinschaft, die Brüderlichkeit, für das allumfassende Ganze zu leben. Alle arbeiten nur für sich selbst, für die eigene Entwicklung. Und was bringen sie für die Menschheit mit all ihrem Wissen und ihren Fähigkeiten? Nichts, und sie selbst sind unglücklich. Jetzt muss man das alles beiseite lassen und nur dafür arbeiten, dass die gesamte Menschheit in Frieden, Glück, Freude und Licht lebt. Nur durch uneigennützige Arbeit für die ganze Welt erlangt man wahre Fähigkeiten und wahres Wissen. Dabei weiß man nicht einmal, woher beides kommt, aber es kommt, es stellt sich ein. Gerade dadurch, dass man nicht so sehr an sich selbst denkt, erlangt man Größe, denn man erweitert seinen Horizont. Das ist die neue Lehre, die wir bringen.

Le Bonfin, den 11. August 1974

II

Freier Vortrag

Jede Religion hat einen bestimmten Tag für den Gottesdienst festgelegt, und das ist nicht bei allen derselbe. Für die Christen ist es der Sonntag, für die Juden der Samstag und für die Moslems der Freitag. Welcher Unterschied besteht nun eigentlich zwischen diesen Tagen? Keiner, denn alle Tage sind heilig, jeder Tag ist göttlich. Am Freitag sollte man Gutes tun, am Samstag und ebenso am Sonntag. In der Universellen Weißen Bruderschaft sollen alle Tage geheiligt sein. Denn was wäre sonst los? Sechs Tage lang sollte man alle Gesetze übertreten können und am siebten Tag in die Kirche gehen, um alle Sünden zu tilgen, die man während der Woche begangen hat? Nein, ein Tag reicht nicht, um sich zu läutern. Dafür benötigt man die ganze Woche. Nur einen Tag lang an Gott zu denken, während man an allen anderen Tagen keine Zeit dazu fand, da man so sehr damit beschäftigt war, unlauteren Geschäften nachzugehen, sich zu raufen und den Frauen nachzustellen, das wäre doch grotesk. Das ist Falschheit, Scheinheiligkeit. Das Wichtigste ist, wie man die anderen sechs Tage gelebt hat.

In der neuen Religion werden einige Stunden oder ein Tag um zu beten und in die Kirche zu gehen als sehr wenig erscheinen. Jeden Tag und den ganzen Tag lang sollte man in der Kirche

Gottes sein, denn die ganze Schöpfung ist Seine Kirche. Gewiss kann man von noch groben, dickfelligen Menschen nicht viel verlangen. Für manche ist ein Tag schon zu viel. In der neuen Religion wird man sieben Tag lang ein Mystiker sein wollen, sieben Tage lang rein, mit guten Gedanken und im Gebet und dann von neuem sieben Tage, das ganze Leben lang. Und das macht ihr, wenn ihr hier in Le Bonfin seid. Hier ist alle Tage Sonntag, oder auch Samstag oder Freitag, wenn ihr wollt, und ihr verbringt diese Tage in der Kirche. Und wo ist diese Kirche? Sie kann im Äußeren sein, z. B. die ganze Natur, aber vor allem ist sie im Inneren, in euch selbst.

Schaut doch, welche Antwort Jesus der Samariterin gab. Sie sagte zu ihm: »Unsere Väter haben auf diesem Berg gebetet, ihr (Juden) aber sagt, dass in Jerusalem der Ort sei, wo man beten müsse.« Und Jesus antwortete ihr: »Frau, glaube mir, es kommt die Stunde, da ihr weder auf diesem Berg noch in Jerusalem den Vater anbeten werdet, sondern im Geist und in der Wahrheit.« Da die Zeit jedoch noch nicht gekommen war, diese Wahrheiten der Menge begreiflich zu machen, hat Jesus den Heiligen Johannes darauf vorbereitet, ihm die – wenn ihr so wollt – philosophische, kabbalistische, esoterische und symbolische Grundlage all dieser neuen Vorstellungen zu geben. Er hat den Apostel Johannes ohne das Wissen der anderen Jünger insgeheim darauf vorbereitet. Doch bemerkten sie das und waren ein wenig neidisch. Einmal machte Petrus deswegen sogar Jesus Vorwürfe. Es war Jesus jedoch ein Anliegen, bevor er seine Jünger verließ, wenigstens einem von ihnen den nicht enthüllten Teil seiner Lehre anzuvertrauen. Darum hat er Johannes darauf vorbereitet, und dieser hat eine Kirche gegründet, die von der Kirche des Petrus weder besonders akzeptiert noch verstanden wird.

Erinnert ihr euch an das, was Jesus ganz am Schluss zu Petrus sagte? Dieser fragte ihn in Bezug auf Johannes: »Was wird aber aus diesem, Herr?« Da antwortete Jesus: »Wenn ich will, dass er bleibe, bis ich komme, was geht es dich an?« Und im Evangelium heißt es weiter: »Es ging nun die Rede unter den Jüngern um: Jener Jünger stirbt nicht.« Nehmen wir nun einmal an, Johannes lebe noch an einem unbekannten Ort. Seine Kirche hat eine Elite ausgebildet, die im Geheimen tätig ist und durch die Jahrhunderte hindurch das esoterische Wissen gehütet hat. Diese Kirche wird eines Tages in Erscheinung treten. Die Religion des Heiligen Johannes, das ist die neue Religion, die kommen wird. Und die katholische, protestantische oder orthodoxe Kirche mag dann nur dagegen angehen, wie sie es ja auch in der Vergangenheit schon getan hat, um die Kirche des Heiligen Johannes auszulöschen. Doch auch dieses Mal wird es genauso wenig gelingen wie damals.

Alle Eingeweihten der Vergangenheit, die die Reinsten waren und das größte Wissen besaßen, waren Schüler des Heiligen Johannes. Und die anderen in den offiziellen Kirchen, die deren Überlegenheit weder akzeptieren noch ertragen konnten, haben nie aufgehört, sie zu verfolgen. Jene Kirche aber, die ständig im Geheimen leben und wirken musste, bildet weiterhin Söhne und Töchter Gottes aus. Und nun wird sie offen vor die ganze Welt treten, um ihre Überlegenheit und ihre großen Schätze zu zeigen. Dann wird die Kirche Petri genötigt sein, ob sie mag oder nicht, sich zu wandeln und zu reformieren. Zwar gab es auch in dieser Kirche einige hochentwickelte Menschen, aber die anderen, welchen Beschäftigungen sie auch nachgegangen sind, darüber reden wir besser nicht! Anstatt zu begreifen, dass sie weiterhin etwas lernen mussten, Fortschritte machen mussten, haben sie lediglich jene verfolgt, die sie übertrafen.

Glaubt ihr etwa, dass die Priester, die Bischöfe usw. in all den Jahrhunderten immer aus Liebe zu Gott und aus Berufung ihr Kirchenamt antraten? Das meint ihr vielleicht, aber das war wohl eher ein einträgliches Geschäft für sie, verbunden mit hohen Ehren und eine wunderbare Sache für die Faulen! Was gibt es dabei schon zu tun? Einige Messen und Gebete, von Zeit zu Zeit einige Taufen, Hochzeiten oder Begräbnisse, und die übrige Zeit hatten sie frei. Gewiss war es Berufung für einige, und sie verspürten das Bedürfnis, sich voll und ganz dem Herrn zu weihen. Sie waren voller Strahlkraft und begeisterten die Menge durch das, was über ihre Seele, ihre Augen, ihre Worte und ihre Anwesenheit von ihnen ausging. Sie waren wirkliche Tempel Gottes. Für viele war das Kirchenamt jedoch nur eine bequeme Art der Beschäftigung. Gegenwärtig zeigt sich übrigens das gleiche Phänomen bei den Ärzten. In den Einweihungskulturen der Antike war nur derjenige Arzt, der von Gott die Gabe empfangen hatte zu heilen. So heilte er schon durch seine Gegenwart und durch einige Worte, wobei er dem Kranken die Hände auflegte. Heute aber wird man Arzt, weil es da viel Geld zu verdienen gibt, weil man Einfluss und Ansehen genießt usw. Und so kommt es, dass nun alle möglichen Halunken, die um jeden Preis Geld verdienen wollen, die ganze Welt vergiften. Aber das macht gar nichts, sie werden als Ärzte angesehen. Die Menschen lassen sich durch die Gewinnsucht leiten. Viele wählen einen Beruf nur, weil er Geld oder Ruhm einbringt. Ich habe keinerlei Lust, die Ärzte oder die Priester herabzusetzen, lassen wir ihnen ihren Platz, aber ich sage euch doch die Wahrheit.

Die Kirche Petri hat sich schon immer durch eine schreckliche Intoleranz hervorgetan, sie ließ Köpfe rollen und jene verbrennen, die nicht genau nach den von ihr aufgestellten Regeln dachten und handelten. Die Mitglieder der Kirche des Heiligen Johannes haben noch nie jemandem den Kopf abgeschlagen, ja, noch nicht einmal jemanden einsperren lassen. Sie haben den anderen die Freiheit gelassen zu tun was sie wollen. Sie selbst aber sind bis zum Herrn vorgedrungen, denn sie wollten werden wie Er. Die Kirche Petri hingegen hat die Menschen in Kleingeistigkeit und Schwäche gehalten, denn wie Gott werden zu wollen, das war ja Hochmut und damit untersagt! Und doch hat Jesus gesagt: »Seid vollkommen, so wie euer Vater im Himmel vollkommen ist.« Das ist das höchste Ideal; wenn die anderen ein anderes haben, so ist das ihre Sache.

Die katholische Religion mag sich nun damit brüsten, sie sei universell. Das ist ihre Meinung, aber nicht die der Eingeweihten. Die Sonnenreligion wird die universelle Religion sein, denn allein die Sonne ist universell. Nun werdet ihr sagen: »Und der Herr!« Selbstverständlich der Herr... Aber der Herr ist so erhaben, so unerreichbar! Die Sonne wird unter dem Vorwand nicht akzeptiert, dass man allein Gott verherrlichen und anbeten solle. Da man noch nicht in der Lage ist, bis zu Ihm zu gelangen, steht man im Leeren. Unter dem Vorwand, man dürfe nur Gott anbeten, spürt und begreift man überhaupt nichts. Wie klug das doch ist! Warum will man nicht einsehen, dass allein die Sonne uns dem Herrn näher bringen kann, indem sie uns ein Bild Seiner Größe, Seines Lichtes, Seiner Liebe und Seiner Kraft gibt? Aber sie wird abgelehnt, und man bleibt in der Finsternis, Kälte und Schwäche stehen.

Die Menschen sind doch eigenartig. Sie basteln abstrakte Theorien über die Gottheit zusammen, in denen es um deren Wesen, Substanz und Transzendenz geht, um dann über diese Theorien in Streit zu geraten, von denen die große Menge sowieso nichts mehr versteht. Aber zu akzeptieren, dass das Bild der Sonne sie bis zur Göttlichkeit hinführen kann, oh, das geht auf keinen Fall! Nun gut, ob sie es wollen oder nicht, die Religion der Zukunft wird die Sonnenreligion sein, denn sie schenkt uns das genaueste Bild der göttlichen Dreifaltigkeit.

Obwohl es schon einen ganzen Band über die Sonne gibt habe ich im Grunde noch nicht viel darüber gesagt. Würde man die Sonne besser verstehen, zu welchen Erkenntnissen käme man dann! Nehmt nur einmal das Gebot Jesu: Liebet eure Feinde! Das ist doch schwer anzunehmen. Seine Freunde zu lieben, ja, aber seine Feinde? Ihr werdet selten jemanden finden, selbst unter den Christen, für den es eine beschlossene Sache ist, seine Feinde zu lieben. Es ist ja noch nicht einmal sicher, dass man seine Freunde liebt; wie soll man da seine Feinde lieben? Ich kann euch versichern, dass dies eine höchst schwierige Sache ist. Analysiert euch selbst, und ihr werdet es erkennen. Da stellt sich nun die Frage, wie Jesus zu diesem moralischen Gesetz gekommen ist. Eben über die Sonne! Denn ob ihr die Sonne liebt oder nicht, sie sendet euch ihr Licht und ihre Wärme. Also hat allein die Sonne das Problem gelöst. Sie liebt sogar die Ungläubigen und die Verbrecher, sie nährt und belebt sie. Ohne auch nur von ihrer Bedeutung für das Universum zu sprechen, ist die Sonne allein schon auf dem Gebiet der Moral derart groß und erhaben. Wenn ihr unter den Menschen ein Beispiel dieser unbegrenzten Liebe finden wollt, so mag euch das vielleicht gelingen, doch selbst unter den höchstentwickelten Menschen ist das äußerst selten. Gewiss gehört Jesus dazu. Er hatte alle Macht, denn er hat gesagt: »Alle Macht des Himmels und der Erde ist mir gegeben.« Doch hat er diese nicht gegen seine Feinde eingesetzt. Und im schrecklichsten Augenblick sagte er noch: »Vater, vergib ihnen, denn sie wissen nicht, was sie tun.«

Wollt ihr wahre Moral kennen lernen, so findet ihr sie bei der Sonne, und zwar nur bei ihr. Alle sprechen davon, doch sie schaffen nicht, auch zu leben, was sie sagen. Die Sonne hingegen sagt nichts, aber sie führt es aus. Sie sagt nicht: »Ich liebe euch, ich liebe meine Feinde.« Nein, sie sagt nichts und liebt doch immerfort die ganze Welt. Es ist die Sonne, die uns zeigt, wie wir alle Gesetze der kosmischen Moral erkennen und achten können. Die Menschen suchen nach moralischen Grundsätzen in den Bibliotheken, in Büchern, die von wurmstichigen Leuten geschrieben wurden. Aber nicht von ihnen, sondern von der Sonne muss man sich unterrichten lassen.

Selbstverständlich darf man unsere Lehre und Lebensweise niemandem aufdrängen. Nur sehr wenige, nur diejenigen, die schon viel durchgemacht und erkannt haben, dass sie – falls sie so weitermachen – bald nicht mehr unter den Lebenden weilen werden, nur die haben es eilig, ihr Leben zu wandeln und zu verändern. Die anderen kann man nicht dazu zwingen. Sie sind noch sehr jung und brauchen noch andere Erfahrungen, andere Lektionen. Man kann sie nicht mit Gewalt dazu bringen. Wenn sie die Bedeutung all der spirituellen Aktivitäten, die wir hier haben – beim Essen und beim Singen, bei den Atemübungen, den Gebeten und Meditationen, beim Fasten – nicht begriffen haben, wenn sie nicht begriffen haben, welche höchst wirksamen Mittel ihnen damit in die Hand gegeben werden, und wenn sie diese für unwichtig halten, ja, was soll ich dann noch tun? Man kann niemanden zwingen, man muss sie lassen, sie ihrem Leid überlassen. Für diejenigen hingegen, die wirklich voranschreiten wollen, eröffnet sich ein enormes Arbeitsfeld. Die Aufgaben des Schülers werden symbolisch durch die zwölf Aufgaben des Herkules dargestellt. Diese zwölf Aufgaben entsprechen den zwölf Bereichen des Tierkreises. Das sind zwölf Aufgaben für den Menschen, die es ihm ermöglichen, die zwölf Tore zu öffnen und zum neuen Jerusalem zu werden, zur Stadt des Lichts, wo es weder Krankheit, Tod, noch Finsternis mehr geben wird. Das neue Jerusalem, das ist der vollkommene Mensch, der die zwölf perlenbesetzten Tore besitzt und die zwölf Edelsteine als Grundsteine für seine Mauern.

Das, meine lieben Brüder und Schwestern, ist die Lehre Christi, die ich euch bringe. Es gibt nichts, absolut nichts in meinen Vorträgen, das der Lehre Christi widerspricht. Was ich euch enthülle, mag manchen Büchern widersprechen, die von bestimmten Schriftstellern geschrieben wurden, oder manchen Dogmen, die reine Erfindungen sind und keinerlei Bezug zur Lehre Christi haben. Aber nichts in meinen Vorträgen widerspricht dem wahren Denken Christi. Nun geht es um die Frage, ob ihr für die Heilige Schrift, für die Evangelien seid, wo alles, was geschrieben steht, derart einfach ist, oder ob ihr für andere seid, die alles verunstaltet haben. Bis zum 4. Jahrhundert arbeiteten die Christen mit dem wahren Gedankengut Christi. Danach sind jedoch allerlei Abweichungen entstanden.

In der Zukunft jedoch – so steht es bei Hesekiel – wird es derartige Veränderungen geben, das Licht und die Liebe Gottes werden so sehr unter den Menschen verbreitet und verteilt sein, dass diese von Gott selbst unterwiesen werden, dass sie die Heilige Schrift verstehen, ein vollkommenes Leben führen, prophetische Gaben und bedeutungsvolle Träume haben werden. Von da an werden die Menschen weder Priester noch Pastoren nötig haben, nicht einmal mehr mich. Der Geist Gottes wird alle Menschen führen, aufklären und leiten. So steht es geschrieben, und es wird sich erfüllen. All die Frömmler, die Medaillons und kleine Reliquien mit einem Stückchen Holz vom Kreuze Jesu verkaufen (in den zweitausend Jahren ist das schon ein ganzer Wald), werden dann ihren Laden schließen müssen, denn jeder wird direkt zur Quelle gehen.

Und das ist der Grundgedanke der Worte Jesu: »... im Geist und in der Wahrheit...« In Geist und Wahrheit, das heißt frei von Materie und von Lügen. Wenn die Menschen einmal im Geist und in der Wahrheit leben, dann brauchen sie all die Krücken nicht mehr. Ihre Beine werden kräftiger sein, und sie werden auf eigenen Füßen stehen! Es war großartig, was Jesus in Gedanken voraussah. Er sah Menschen, die noch schwach, verletzlich und kümmerlich waren, die immer auf etwas Materielles und Äußerliches zählten, aber er wollte eine starke Menschheit, die allein auf die innere Kraft des Geistes baut.

Le Bonfin, den 25. August 1965

III

Freier Vortrag

Lesung des Tagesgedankens:

»Durch Gebet und Meditation reinigt der Jünger seinen eigenen Tempel und ruft den Herrn an, er möge in ihm Wohnung nehmen. Nichts ist einem menschlichen Körper vergleichbar, der geläutert und geheiligt wurde, um ein Tempel des Allerhöchsten zu werden. Wenn der Mensch zu einem Tempel geworden ist, dann möge er in seinem eigenen Tempel beten, auf dass der Herr ihn höre und erhöre.«

Die meisten Menschen vernachlässigen enorm die Läuterung ihres physischen Körpers. Sie denken nie daran, dass dieser ein Tempel des lebendigen Gottes werden könnte und dass sie sich daher darum kümmern müssen, ihn zu stärken und zu läutern. Unaufhörlich fügen sie ihm Schaden zu, indem sie alles Mögliche essen und trinken, rauchen und noch allerlei Verrücktheiten machen. Dieser physische Körper, der ein Tempel sein sollte, hat nichts mehr von einem geheiligten Ort. Unter diesen Umständen ist es natürlich nicht mehr der Herr, der ihn bewohnen kann, sondern es sind niedere, unerwünschte Wesen, die sich im Schmutz wohl fühlen und sich von unreinen Dingen ernähren.

Wie ich euch schon oft erzählt habe, habe ich viel durch die Beobachtung der Insekten gelernt, der Ameisen, Wanzen usw. Diese Tierchen besitzen ungewöhnliche Fühlorgane, die von der Wissenschaft noch nicht erforscht sind. In meinem Häuschen habe ich zum Beispiel keine Ameisen. Kaum lasse ich jedoch einige Nahrungsreste herumliegen, sind sie in wenigen Minuten da. Durch welchen Spürsinn, durch welche radiästhetische Fähigkeit gelingt es ihnen, diese Abfälle über so große Entfernungen zu entdecken? Und nehme ich die Krümel weg, dann gehen sie wieder. Das gleiche gilt für Fliegen, Flöhe und Mäuse. In manchen ungepflegten, schmutzigen Hotels und Schlafsälen – beispielsweise im Orient – beginnt es an der Zimmerdecke von Wanzen zu wimmeln, sobald die Leute eingeschlafen sind. Und es ist enorm, wie genau sie die Dinge sondieren und sich gerade auf den einen Schläfer stürzen und nicht auf den anderen. Wie spüren sie, wer in seinem Blut bestimmte Unreinheiten hat, die ihnen als Nahrung dienen können? Darin besitzen sie ein großes Geschick! Sie schauen sich um und sagen: »Nein, der nicht, da gibt es für mich nichts zu fressen... Oh, aber der dort, nehmen wir den!« Und dann hopp!

So habe ich dank der Wanzen die größten Gesetze über die Reinheit kennen gelernt. Denn die gleichen Gesetze gelten auf der psychischen Ebene. Auch dort gibt es solche »Tierchen«, die von weitem alles Unreine riechen und herbeikommen, um sich davon zu ernähren. Überall, in allen Bereichen dient alles als Nahrung für diesen oder jenen. Die schädlichen, üblen, finsteren Geschöpfe müssen sich ernähren, und die guten, die göttlichen Wesen ebenfalls. In einem anderen Vortrag habe ich sogar erklärt, dass selbst Gott sich ernährt, und die Christen waren entsetzt: »Was, Gott sollte es nötig haben, zu essen?« Natürlich isst Er keine Blutwurst! »Und was isst Er dann?« Oh, diese Christen, wann werde ich mich ihnen verständlich machen können? In der Schöpfungsgeschichte heißt es, der Mensch ist nach dem Bilde Gottes geschaffen. Und da der Mensch doch isst, warum sollte Gott nicht essen? Er isst, und es sind die Seraphim, die Ihm dadurch Nahrung geben, indem sie Ihm so feine, reine und kostbare Substanzen anbieten, dass wir uns nur schwer eine Vorstellung davon machen können.

Die meisten Menschen vernachlässigen es also, ihren Tempel in Ordnung zu halten. Dabei heißt es in der Schrift: »Ihr seid Tempel des lebendigen Gottes.« Seid daher achtsam und lasst keine Unreinheiten in euch herein, so wie es die Juden mit dem Tempel von Jerusalem gemacht hatten. Sie hatten allerlei Vieh und Geflügel zum Verkauf dorthin gebracht, und das war vielleicht ein Schmutz! Jesus war der einzige, der darüber entrüstet war, die anderen fanden das normal. Was ist denn ein Tempel? Etwa ein Ort, wo man Tiere aller Art hineinbringt? Jesus nahm also Stricke, flocht eine Peitsche daraus und jagte alle mit den Worten hinaus: »Fort damit, macht aus dem Haus meines Vaters kein Handelshaus.«

Wenn ein Hellsichtiger seinen Blick auf die Menschen richtet, kann er bei den meisten feststellen, dass ihr physischer Körper, der eigentlich ein Tempel des Allerhöchsten sein sollte, in Wirklichkeit zu einer Brutstätte für allerlei Getier geworden ist. So wie die Juden haben die Menschen vergessen, dass dies ihr Tempel sein soll. Der Herr muss wiederkommen und sagen: »Haltet meinen Tempel rein, sonst sehe ich mich genötigt, euch zu verlassen, und ihr werdet euch selbst überlassen sein. Ich kann an einem derart schmutzigen Ort nicht bleiben.«

Die Menschen sieht man immer sorgenvoll, verwirrt, unglücklich... Das zeigt, dass es ihnen nicht gelingt, die Gegenwart des Herrn zu erlangen, der ihnen Licht bringen würde. Und warum schaffen sie das nicht? Die Frage sollen sie sich einmal stellen. Da sie allerlei Schmutz in sich hineingelassen haben, haben sie den Geschöpfen der Hölle Tür und Tor geöffnet, ohne jemals daran zu denken, dass aus diesem Grund Gott nicht mehr in ihnen Wohnung nimmt und auch nicht einige Seiner Engel sendet. Denn solange ein Mensch nicht vollkommen rein geworden ist, wird sich der Herr selbst dort niemals niederlassen. Aber er kann einen oder mehrere Seiner Repräsentanten schicken, Engel oder Geistwesen. Hat man aber vergessen, seinen Körper zu läutern und befindet sich daher in Kälte und Finsternis, muss man doch den rechten Schluss daraus ziehen und sich sagen: » Ich habe alles getan, was ich konnte, um so weit zu kommen. Es stimmt, ich habe schreckliche Wesen in mich einziehen lassen, und nun hat mich der Himmel verlassen.« Das muss man sich sagen, denn es ist die Wahrheit.

Mehrfach habe ich euch schon Übungen zur Reinigung angegeben. Es genügt nicht, sich in einen Holzbottich zu setzen oder in einen Fluss zu springen, um sich mit diesem Wasser reinzuwaschen. Und doch bedeutet für viele Sekten, die weder aufgeklärt noch unterrichtet sind durch das wahre Einweihungswissen, die Taufe genau das. Ihr könnt so oft ihr wollt ins Wasser springen, das wird euch nicht reinwaschen. Denn nicht das physische Wasser führt die Reinigung herbei, dazu ist ein anderes Wasser nötig. Die wahre Taufe findet nicht nur auf der physischen Ebene statt, sondern auch in anderen Regionen. Die wahre Reinigung berührt vier Regionen, die in der Kabbala Asiah, Jetzirach, Beriah und Atziluth heißen und den vier Elementen Erde, Wasser, Luft und Feuer entsprechen. In der höheren Welt wird jedes Element durch vier Engel repräsentiert, die zu den höchsten in der Hierarchie gehören, den Seraphim oder Hayot Ha Kadosch, wie sie die Kabbala nennt. Ihr könnt also folgende Übung machen: Den Engel der Erde bittet ihr, euren physischen Körper zu reinigen, den Engel des Wassers, euren Astralkörper zu waschen, den Engel der Luft, euren Mentalkörper zu reinigen und den Engel des Feuers, euren Geist zu heiligen. Das ist eine wunderbare Arbeit, die ihr während der Atemübungen machen könnt. Darüber habe ich schon ausführlich gesprochen.

Denkt jeden Tag an euren Tempel, denn dadurch ziehen Licht, Wärme, Leben und Reinheit in euch ein, und auf diese Weise wird euch manches offenbart. Das ist einfach und klar. Wer seinen Tempel hingegen beschmutzt, kann nicht umhin, sich in Verbildung und Ausschweifung gehen zu lassen. All die zeitgenössischen Künstler zum Beispiel, die der neuen Richtung der sogenannten abstrakten Kunst angehören, warum befassen sie sich mit einer Art Kunst, bei der niemand mehr etwas versteht? Wenn ihnen allein der Sinn ihrer Werke vorbehalten bleibt – und es ist noch nicht einmal sicher, ob er ihnen klar ist – dann können die Menschen diese niemals dazu nutzen, sich geistig zu erheben, edler zu werden und zum Herrn zu finden. Wenn ich nun anfinge, in unverständlicher Sprache zu euch zu reden, würde euch das etwas nützen? Es gibt Sekten, von denen es heißt, dass einige unter ihnen in Zungen reden. Da jedoch niemand etwas davon versteht, hat auch niemand etwas davon, nicht einmal sie selbst. Also ist es sinnlos. Man muss eine für alle klar verständliche Sprache reden.

Nehmen wir einmal an, ihr wäret Künstler und würdet eines eurer Werke, ein Gemälde oder eine Skulptur, ausstellen, dann muss doch jeder den Sinn dieses Werkes verstehen. Habt ihr aber dieses Werk einzig und allein für euch selbst geschaffen, dann stellt es nicht aus, denn es ist doch sinnlos, dem Publikum ein Werk vorzustellen, von dem es nichts versteht. Auch hierin ist die Menschheit auf Abwege geraten, denn sie hat unsinnige Ausdrucksweisen gewählt. Und nun wagt sogar niemand mehr zu sagen, dass die moderne Kunst in den meisten Fällen eine reine Absurdität ist. Alle sagen Ja und Amen dazu und applaudieren. Vor einigen Jahren hat ein Maler in England eine Ausstellung veranstaltet, und die Kritiker ergingen sich in Lobeshymnen. Nachdem er von allen Seiten Komplimente erhalten hatte, erzählte er, wie die Bilder entstanden waren. Eines Tages hatte er das Atelier verlassen und seine Katze, die er vergessen hatte, fand ihren Spaß daran, in den Farben herumzulaufen und auch noch ihren Schwanz dort einzutauchen. Danach war sie über die Leinwand gelaufen und hatte so einige »abstrakte Gemälde« erzeugt, und zwar genau die ausgestellten. Die Kritiker waren natürlich wütend, als ihnen klar wurde, dass sie sich so dämlich gezeigt und vor der Malerei einer Katze zu Lobeshymnen haben hinreißen lassen! Von einer Katze – könnt ihr euch das vorstellen?! Unter solchen Umständen kann jeder dahergelaufene Idiot oder sogar ein Baby irgendetwas produzieren und dann ausstellen.

Wenn jemand Künstler ist, müsste er doch ein Werk schaffen, das niemand anders nachmachen kann, ein so schönes und lehrreiches Werk, dass es die Herzen und Seelen zum Herrn erhebt und dass alle beim Betrachten den Wunsch verspüren, so vollkommen zu werden wie unser Vater im Himmel. So jedenfalls verstehen die Eingeweihten die Kunst. Sie soll die Menschen zum Himmel hinführen und nicht zur Hölle, zu Disharmonie und Unordnung. Jeder kann sich Abscheuliches ausmalen, es hinzeichnen und ausstellen. Aber das ist ein Verbrechen, denn auf lange Sicht wirken die Kunstwerke auf die Geisteshaltung des Publikums ein. Und wenn heutzutage so viele Menschen gestört sind, so liegt es daran, dass ihnen mehr und mehr Chaotisches und Hässliches dargeboten wird. Alles, was man hört und sieht, hat eine Wirkung auf das Nervensystem. Wenn ihr Unordnung anschaut, dann hält diese in euch Einzug; betrachtet ihr aber Schönes und Harmonisches, werdet ihr schön und harmonisch. Das ist ein magisches Gesetz.

Wie kommt es, dass die Künstler dieses Gesetz nicht erkannt und solche »Formen« entdeckt haben, obgleich es doch so viel Wunderbares zu sehen gibt? Es liegt daran, dass sie den Tempel vernachlässigt haben, von dem ich vorhin sprach. Sie haben ihn so schmutzig werden lassen, dass schließlich Geschöpfe der Hölle in sie eingedrungen sind. Und nun empfangen sie von denen ihre Inspirationen: »Mache dies,... und tue das«, und das Ergebnis ist abstoßende Hässlichkeit. Hätten sie sich darum gekümmert, sich zu reinigen, zu läutern und zu heiligen, sich dem Himmel zu weihen, dann hätten sie Ideen, Intuitionen und Inspirationen von einer anderen Art. Die Künstler müssen darüber aufgeklärt werden, man muss ihnen erklären, dass die psychische Welt von unerbittlichen Gesetzen regiert wird und dass sie, wenn sie ein unsinniges Leben führen, niedere Wesen und Energien anziehen, von denen sie schlechte Eingebungen bekommen, die sie schließlich innerlich zerrütten.

Achtet also darauf, euch jeden Tag zu reinigen – denn gestern, das war für gestern, und heute muss man weitermachen – bis euer ganzes Sein völlig erneuert ist. Der Reinigungsprozess dauert das ganze Leben an. Nur weil ein Kind bei der Taufe in Wasser getaucht wird, ist es noch lange nicht sein ganzes Leben lang gegen üble Geister gefeit, die nun nicht mehr wagen sollten, in es einzudringen. Vor einer solchen Taufe haben die Teufel keine Angst! Der Mensch muss jeden Tag selbst daran arbeiten, das, was er bei der Taufe empfangen hat, zu vermehren. Wenn er nicht selbständig Bemühungen in diese Richtung unternimmt, dann wird die Taufe hinfällig. Aber erklärt das einmal den Christen! Sie meinen, Jesus habe die Menschen durch sein Opfer ein für allemal erlöst. Sie könnten jetzt alle Sünden und Verbrechen begehen, das mache nichts, denn sie sind ja errettet, weil der Herr sein Blut für sie vergossen hat. Da frage ich sie aber: »Wie kommt es denn, dass ihr immer noch inmitten von Unfrieden, Krankheit und Tragödien lebt, wenn ihr wirklich erlöst seid, wenn wirklich all eure Schuld beglichen wurde?« Darauf können sie mir nicht antworten. Denn es genügt eben nicht, einmal errettet und getauft worden zu sein. Von ganzem Herzen und von ganzer Seele muss durch die Taufe empfangenes Heil und Reinigung das ganze Leben lang fortgeführt werden. Aber ich habe die bedauerlichsten Dinge erlebt, stolze und selbstzufriedene Christen nämlich, weil sie ja ein für allemal reingewaschen sind, die sich einbilden, sie hätten weiter nichts nötig. Hat man einmal die katholische Taufe erhalten, soll das für die Ewigkeit genug sein! Wenn ihr aber mit solchen Leuten zusammenlebt, sind sie wie alle anderen, oder sogar noch schlimmer. Darum sage ich ihnen: »Ihr habt nichts gelernt, nichts begriffen und nichts verwirklicht.« Ob sie uns wohl eines Tages verstehen werden? Man könnte meinen, dass alle uns verstehen werden außer den Christen!

Einige Brüder und Schwestern haben mir kürzlich aus der Türkei geschrieben. In ihrem Brief erzählen sie, dass sie zu einem Essen eingeladen waren und dass sich unter den Gästen auch ein sehr alter und sehr gebildeter Gelehrter befand, der zu ihnen ungefähr Folgendes sagte: »Die islamische Religion ist eine wunderbare Sache. Welch ein Glück für uns, Moslems zu sein. Es wäre allerdings noch besser, wenn es eine universelle Religion gäbe.« Er sah also ein, dass der Islam noch nicht die universelle Religion ist. Und er ist gewiss nicht der einzige, der so denkt. Es muss in der ganzen Welt noch weitere Menschen geben, die diese Idee aufgegriffen haben und nun denken, dass man sich nicht mehr mit Religionen zufrieden geben kann, die auf bestimmte Rassen, Völker oder Stämme abgestimmt sind, sondern dass man zu einer universellen Religion kommen muss.

Und ich habe sie gefunden, ich bin in der universellen Religion. Wenn die Menschen sie einmal entdecken, werden sie auch ihre Sprache verstehen, denn diese gründet auf den für alle Menschen gleichen Grundbedürfnissen. Und das Symbol im Zentrum dieser Religion ist die Sonne, denn die ganze Menschheit braucht, versteht und liebt sie. Die einzige universelle Religion ist die Sonnenreligion, denn hinter der Sonne befindet sich der Gott aller Menschen. Den Beweis haben wir darin, dass alle Menschen die Sonne brauchen. Weder brauchen die Christen die Götter der Buddhisten, noch brauchen diese den Gott der Christen; ebenso wenig brauchen die Moslems den Gott der Juden usw. Unter solchen Umständen wird es ewig Spaltungen, Hass und Kriege geben. Meint ihr etwa, dass die Katholiken und die Protestanten, die sich in Irland gegenseitig umbringen, den Herrn gefunden hätten?

Es gibt zu viele Religionen in der Welt, und das ist die Ursache für die größten Leiden der Menschheit. Eine einzige Religion ist genug, und zwar die des Lichtes, der Wärme, des Lebens, und das ist die Sonnenreligion. Schleudert die Sonne etwa Blitze gegen jene, die einen anderen Gott haben? Nein, sie ist nachsichtig und tolerant und sagt: »Glaubt, woran ihr wollt, ich jedenfalls werde euch weiterhin meine Schätze austeilen.« Die Menschen jedoch bringen sich bis auf den letzten Mann um, nur um ihre Vorstellungen eines Gottes durchzusetzen, den keiner von ihnen je gesehen hat.

Ja, ich habe den Herrn gesehen, und zwar in der Sonne. Denn die Sonne bringt die göttliche Vollkommenheit, die ja das allerhöchste Ideal darstellt, am besten zum Ausdruck. Wir müssen so werden wie sie. Ohne Unterlass verströmt sie Licht, Wärme und Leben, ohne dass sie wissen will, wer nun Katholik, orthodoxer Christ, Protestant, Jude, Moslem oder Buddhist ist. Für die Sonne sind alle Kinder Gottes. Also, ich sage euch, früher oder später wird man diese großen Wahrheiten nicht mehr ignorieren können. Die ganze Welt wird die wahre und einzige Religion Christi finden. Der Geist der Sonne, das ist Christus. Es geht nicht darum, Christus in der Sonnenscheibe zu finden, die wir am Himmel scheinen sehen, sondern darum zu spüren, dass hinter der Sonne, hinter diesem Symbol, der Herr selbst in Seiner ganzen Liebe steht. Darum will ich all die begrenzten Vorstellungen hinwegfegen, die sich im Laufe der Jahrhunderte angesammelt haben, und ich will zeigen, was ich denke, was mir offenbart wurde: die universelle Religion, die einheitliche Religion der Zukunft, die Religion Christi.

Die Religion, die Jesus gebracht hat, ist vollkommen, das streite ich nicht ab. Aber im Laufe der Jahrhunderte wurde sie derart verunstaltet, dass sie zu einem Nährboden für die verschiedensten Keime und Bazillen geworden ist, der sich nun in voller Gärung befindet. Darum müssen all die irrigen Verständnisformen aufgegeben werden, damit man zu der einen Religion finden kann, nämlich zu der, die seit Beginn des Universums besteht und bis zu seinem Ende fortbestehen wird. Die Sonne war schon da, lange bevor die Menschen auf der Erde erschienen sind, doch haben sie die Botschaft, die sie ihnen täglich schickt, nicht recht verstanden. Sie will sagen: »Werdet wie ich, scheint, strahlt, erwärmt, belebt, gebt und liebt!« Die Menschen sind so sehr in ihren unbedeutenden und alltäglichen Beschäftigungen gefangen, dass niemand auf den Gedanken kommt, die Sonne mit der Absicht zu betrachten, so zu werden wie sie. Sie sagen sich: »Wozu soll das gut sein, die Sonne zu betrachten? Sie hat es noch nie geschafft, die Menschen klüger zu machen, sie gütig zu stimmen, aufzuklären und anzuleiten.« Das ist durchaus richtig, denn man hat immer die Bedeutung der Sonne vor ihnen verborgen gehalten. Die Kirche urteilt wie Nostradin Hodscha. Diesem hatten seine Schüler eines Tages die Frage gestellt: »Nostradin Hodscha, was ist wichtiger, die Sonne oder der Mond?« Und dieser gab zur Antwort: »Ganz gewiss doch der Mond. Wozu ist denn die Sonne gut, wenn es am Tag sowieso hell ist? Der Mond aber spendet uns in der Nacht sein Licht, wenn es dunkel ist.« Und die Kirche argumentiert in ähnlicher Weise. Sie wird euch sagen, dass die Messe wichtiger sei als die Sonne. Sie bringt die Leute also dazu, das unbeachtet zu lassen, was Weizen und Wein reifen lässt, und ohne das kein Priester jemals die Messe halten könnte. Die Kirche sollte von nun an zu den Christen sagen: »In der Sonne habt ihr das Symbol Christi, und wir müssen so werden wie sie.

Also, meine lieben Brüder und Schwestern, nehmt sehr ernst, was ich euch sage, denn es ist von großer Bedeutung. Im Übrigen wachen Freunde aus der unsichtbaren Welt über euch und sagen zu euch: »Euer Lehrer hat euch nun einen sehr wertvollen Schlüssel gegeben. Falls ihr nichts daraus macht, wird man eines Tages Rechenschaft darüber von euch verlangen.« Denn wenn der Himmel sieht, dass sich jemand seiner Geschenke unwürdig erweist, ist er nicht sehr zufrieden. Und sogar ich erhalte dann einige Zurechtweisungen. Dann heißt es: »Warum hast du diesen Faulpelzen solche Perlen gegeben? Warum hast du sie nicht für dich behalten?« Denkt also auch ein wenig an mich, damit der Himmel mir nicht wegen euch einige Rüffel erteilt. Aber ihr wisst nichts von all diesen Gesetzen, von den Verbindungen, die zwischen den Dingen und auch zwischen den Lebewesen bestehen. Ihr denkt: »Was denn? Wenn wir einige Gesetze missachten, sollten Sie dafür bestraft werden?« Sicher, ihr wisst noch nicht viel. Wir sind untereinander verbunden, und wenn ich es mir erlaube, euch bisweilen Wahrheiten weiterzugeben, die ich hätte für mich behalten sollen, dann werde ich dafür verantwortlich gemacht, und der Himmel macht mir Vorwürfe: »Du bist zu großzügig. Warum lässt du sie nicht ein wenig allein zupacken und den Berg hinaufklettern, warum lässt du sie nicht ein wenig außer Atem kommen und sich die Hände etwas aufschürfen? Du stellst sie einfach so auf den Gipfel, ohne dass sie sich selbst dafür angestrengt haben, und dann haben sie keine Übung. Sie müssen wissen, wie schwierig es ist aufzusteigen.«

Also, wer nun eine universelle Religion will, kann sie finden. Seit aller Ewigkeit ist sie da. Bisher wurde sie noch nicht anerkannt, es hat sie jedoch schon immer gegeben. Alle Religionen, die bisher erschienen sind, verändern sich und verschwinden dann wieder, denn sie sind nicht universell. Es hat schon Tausende gegeben, man kann sie gar nicht alle aufzählen. Die wahre Religion jedoch ist einzig und wird niemals untergehen. Die neue Religion muss das ganze Universum umfassen. Denn schaut nur die Sonne an, sie bringt allen Geschöpfen, allen Pflanzen und Tieren Licht und Wärme. Die christliche Religion hingegen bringt gerade einigen Millionen Menschen Licht und Wärme, und dabei ist noch nicht sicher, wie viel Licht und Wärme das tatsächlich ist. Wie viele Menschen gibt es doch auch noch, die noch niemals etwas vom Christentum gehört haben! Und zu allem Unglück des Christentums fühlen sie sich jetzt viel wohler.

Das Wassermannzeitalter wird jetzt die neue Religion mit sich bringen. Der Wassermann ist das Wasser, das fließt und die Geschöpfe erquickt; er ist das Leben und die Liebe, welche die neue Religion mit sich bringt. Eine Religion, die nicht imstande ist, dieses Wasser zu bringen, ist nicht universell. Das Wasser ist universell, es gibt kein Geschöpf, das kein Wasser bräuchte. Das Wasser ist ebenso universell wie die Luft und das Licht. Die neue Religion wird daher auf universellen Elementen gegründet sein, mit denen die Menschen sich sättigen und ihren Durst stillen können. Heutzutage sieht man dagegen Christen, die Buddhisten oder Moslems werden, Juden oder Moslems, die Christen werden usw. Das zeigt doch, dass keine Religion universell ist. Wenn die neue Religion kommt, verspürt niemand mehr die Lust, sich anderweitig umzuschauen. Alle werden in der einen Religion zu Hause sein.

In dem Tagesgedanken, den ich euch vorhin vorgelesen habe, hieß es: »Wenn der Mensch in seinem eigenen Tempel betet, wird er von Gott gehört und erhört.« Warum erhört Gott nicht die Gebete von demjenigen, der zum Beten nicht in seinen eigenen Tempel geht? Ihr könnt zwar zum Beten in eine Kirche gehen, gut, aber das ist ein Tempel, der euch fremd ist, und ihr spürt dort weniger Resonanz, um bis zum Thron Gottes aufzusteigen. Diese Kirche oder Kathedrale mag wohl von guten Gebeten durchdrungen sein, ist aber euer Körper selbst nicht geläutert, so stellt er ein Hindernis dar. Es hat wenig Sinn, an einem reinen und herrlichen Ort zu beten, wenn man selbst schmutzig ist. Ist euer Tempel jedoch rein, ist es gar nicht der Mühe wert, in eine Kirche zu gehen. Wo ihr auch seid, auf einem Berg oder anderswo, euer Gebet wird sofort gehört. Das sind wichtige Dinge, die man wissen muss. Man besucht die Gotteshäuser, das ist wunderbar. Doch vergisst man dabei sein eigenes inneres Heiligtum.

Lasst die anderen sich um Tempel und Kirchen kümmern. Ihr aber bittet über Jahre hinweg die vier Engel, euch zu reinigen, zu waschen, zu läutern und zu heiligen. Versucht, euch in Gedanken vorzustellen, dass ihr ein Heiligtum seid, in dem lebendiges Wasser fließt. Ihr lasst es überall hinströmen, und es wäscht und benetzt all eure Zellen. Warum sollte man nicht solche Übungen machen, um seinen Körper umzuwandeln und einen Tempel der Schönheit daraus zu machen? Aber natürlich innerlich! Ich erwarte nicht von euch, es zu machen wie manche Menschen, insbesondere die Frauen, die sich jeden Tag baden und eincremen, innerlich dabei jedoch schmutzig sind und schlecht riechen, weil sie sich dort noch nie gewaschen haben. Es hat Heilige gegeben, die sich niemals »gewaschen« haben, die jedoch von einer außerordentlichen inneren Reinheit waren. Selbstverständlich bin ich auch nicht für einen besonderen »Hauch von Heiligkeit«. Ich will euch nur sagen, dass keine von beiden Seiten vernachlässigt werden darf, nicht die äußere und auch nicht die innere. Beide müssen ausgewogen sein, aber legt das Schwergewicht auf das Innere.

Ihr meint vielleicht, ich wolle die Religion zerstören. Aber da gibt es schon genügend andere, die dies seit Jahrhunderten tun. Was jedoch die wahre Religion betrifft, so ist sie ewig, und niemand kann sie zerstören. Selbst wenn es in der Bibel einige

Punkte gibt, die nicht mehr in unsere Zeit passen, so finden sich dort doch Tausende von grundlegenden Wahrheiten, die für die Ewigkeit gültig sind und die niemand je zunichte machen kann. Denn diese großen Menschen, die Propheten, die zu uns auf die Erde herabgekommen sind, waren von Gott inspiriert und geführt, ja er hatte in ihnen Wohnung genommen. Nachdem sie gegangen waren, haben sich einige Verunstaltungen eingeschlichen; oder sie hatten nicht genug Zeit, um alles zu erklären. Auch wurden sie nicht immer recht verstanden. Je weiter ihr aber voranschreitet, umso besser werdet ihr erkennen, dass die christliche Religion sehr viel umfassender ist als die Christen glauben. Wäre das jetzige Christentum wirklich die universelle Religion, dann befände sich die Menschheit in einem besseren Zustand.

Le Bonfin, den 30. Juli 1972

IV Teil 1

Freier Vortrag

Ja, meine lieben Brüder und Schwestern, ihr folgt zwar unserer Lehre und habt unmittelbaren Zugang zu den spirituellen Wahrheiten, und doch spürt ihr, dass ihr von Zeit zu Zeit einen schrecklichen Zustand durchmacht, so als wäret ihr völlig von Gott verlassen. Diesen Zustand haben auch viele Heilige und Mystiker erlebt, und ich möchte dieses Problem heute für euch unter einem neuen Licht betrachten. Zuerst will ich euch aber noch Folgendes sagen: Alles hängt davon ab, wie ihr den Herrn seht.

Wenn man sich mit der Geschichte der Religionen befasst, stellt man fest, dass Moses eine wirklich revolutionäre Gottesvorstellung brachte, indem er Jahwe als den alleinigen Gott darstellte, aber dieser Gott war furchterregend, Er war der unerbittliche und unnachgiebige Herr des Universums, ein verzehrendes Feuer. Vor Ihm waren die Menschen nur furchtsame, zitternde Geschöpfe, die Seine Gebote zu erfüllen hatten. Als Jesus kam, stellte er den Herrn als Vater dar, dessen Kinder wir sind. Damit verringerte sich die trennende Distanz zwischen Ihm und uns, wir waren nun sogar durch Familienbande mit Ihm verbunden. Damit hatte sich alles geändert. Wo fand diese Veränderung aber tatsächlich statt? Ganz einfach in unseren Köpfen, in unseren Herzen, in unserem Innersten, denn jetzt fühlten wir uns Gott näher. Bis dahin stand Er uns fern, Er war erschreckend, und man musste Ihn ständig fürchten – »die Furcht vor dem Herrn ist der Beginn der Weisheit« – man musste vor Ihm Angst haben und zittern... Aber Jesus ist gekommen, um die Angst durch Liebe zu ersetzen. Anstatt nun vor diesem schrecklichen Gott Angst zu haben, konnte der Mensch Ihn lieben, er konnte sich an Ihn schmiegen und sich bei Ihm wie bei einem Vater oder bei einer Mutter fühlen. Das war also etwas ganz Neues in der Religion.

Aber jetzt muss man noch weiter gehen. Solange ihr den Herrn in eine Region irgendwo im Universum stellt, die Himmel genannt wird, wo die Engel und Erzengel zu Hause sind, wo in großer Pracht Festmähler gehalten werden, so lange ist dieses Verständnis immer noch ein objektives, das heißt, Gott befindet sich außerhalb von euch. Zwar ist Er nun euer Vater und ihr seid Seine Kinder, doch ist er immer noch außerhalb von euch. Und darin liegt die Tragik, denn ihr projiziert Gott nach außen, ihr sucht Ihn, fleht Ihn an, und dabei bleibt Er immer außerhalb von euch. Dass Gott außerhalb des Menschen existiert ist schon möglich; doch wenn der Mensch sich Ihn außerhalb von sich selbst vorstellt, spürt er seine eigenen Begrenzungen, er spürt die Hindernisse, die ihn von Ihm trennen. Zu viele Welten, Sterne und unendlicher Raum stehen dazwischen... er kann Ihn unmöglich erreichen. In dem Augenblick jedoch, in dem er spürt, dass Gott als Licht, Leben, Intelligenz und als universelle Kraft in ihm selbst gegenwärtig ist, kann er nicht mehr von Ihm getrennt werden; er findet Ihn in sich selbst.

Es wurde den Menschen nicht wirklich beigebracht, Gott auf diese Weise zu begreifen. Gelegentlich kann man in der Literatur einen Mystiker, Poeten oder Denker finden, der ein wenig derartige Vorstellungen einbringt, und dann heißt es: »Oh, wie poetisch das ist, welche Tiefe!« Doch befasst man sich nicht damit, um mit dieser Vorstellung zu arbeiten, um sie zu leben. Weiterhin sieht man Gott außerhalb von sich selbst. Nun, wenn wir jedoch den Herrn außerhalb von uns selbst sehen, so bedeutet das auch, dass wir uns außerhalb von Ihm befinden! Und wenn wir außerhalb von Ihm sind, was geschieht dann?

Nun, fragen wir uns einmal, was eigentlich ein »Objekt« ist. Nehmt zum Beispiel einen Bauern, einen Handwerker oder einen Arbeiter. Sie benutzen Werkzeuge. Das sind »Objekte«, die von ihnen getrennt bleiben. Sie nehmen sie gelegentlich in Anspruch, und wenn die Arbeit getan ist, kümmern sie sich nicht mehr um sie. Am folgenden Tag oder auch später kommen sie wieder auf sie zurück. Und so geht es auch mit uns selbst. Solange wir glauben, außerhalb von Gott zu existieren, nimmt Er uns und stellt uns wieder beiseite wie irgendwelche Gegenstände. Ja, denkt einmal an einen Töpfer mit seinen Töpfen oder an eine Hausfrau mit ihrem Küchengeschirr. Hätten die Kochtöpfe ein Bewusstsein, was würden sie dann sagen? Sie würden manchmal jammern: »So lange schon kümmert sich unsere Herrin nicht um uns. Als sie uns benutzte, wurden wir wenigstens gewärmt, der Kochlöffel kratzte uns und machte so ein angenehmes Geräusch. Wir waren darüber froh, und nun kümmert sie sich nicht mehr um uns. Was für eine Gemeinheit, wie hart sie mit uns ist!«

Ja, was wollt ihr, wenn wir vor dem Herrn nur so etwas wie Geschirr sind und wenn Er uns dann von Zeit zu Zeit vergisst, ist das nicht normal? Können wir Ihm daraus einen Vorwurf machen? Und unter diesen Umständen haben wir gelegentlich das Gefühl, Er habe uns vergessen. Einmal benutzt uns der Herr, und dann stellt Er uns wieder beiseite, und daraus können wir Ihm keinen Vorwurf machen. Wird es wohl einer eurer Kochtöpfe in eurer Küche wagen, euch eines Tages vorzuwerfen, ihr würdet ihn vernachlässigen? Ihr seid der Herr in eurem Hause und macht was ihr wollt, das ist ganz normal. Warum sollte man sich also gegen den Herrn auflehnen, wenn man sich allein gelassen fühlt? Das wäre nicht logisch und nicht gerecht. Wenn ihr jedoch etwas in Ihm seid, in Seinem Kopf, in Seinen Gliedmaßen, ja dann seid Ihr die ganze Zeit mit Ihm, bei Ihm und in Ihm. Solange ihr aber glaubt, ihr wäret außerhalb von Ihm, habt ihr die schlimmste Philosophie, die es gibt.

Glaubt mir, es wird bald große Veränderungen in der Philosophie und in den religiösen Vorstellungen der Menschen geben. Gegenwärtig finden sie es normal und natürlich, eine Distanz zwischen sich und Gott aufzubauen. Jeder ist überzeugt, so müsse es sein. Aber warum wird dann gejammert, wenn sie die Folgen davon spüren?

Ich habe euch schon gesagt, dass es in der Zukunft ein drittes Testament geben wird, das die beiden vorhergehenden vervollständigen wird. Und diese Wahrheit wird darin als die Hauptsache ausdrücklich hervorgehoben sein, dass nämlich der Mensch lernen muss, sich immer mehr Gott anzunähern, Ihn in sich selbst zu verspüren. Dann wird er niemals mehr den Eindruck haben, verlassen zu sein.

Wenn wir jetzt vom Herrn verlassen sind, so liegt es daran, dass auch wir Ihn verlassen. Sind wir denn immer mit Ihm? Man hat wohl an der ersten Kommunion teilgenommen, das ist selbstverständlich, und einige Minuten lang hat man zum Herrn gebetet. Hat man jedoch danach bis zu seinem fünfzigsten oder sechzigsten Lebensjahr noch einmal an Ihn gedacht? Nein, man hat Ihn einfach sitzen lassen! Warum sollte Er nun die ganze Zeit an uns denken? Wer sind wir denn, was stellen wir dar, dass er verpflichtet sein sollte, sich ständig um uns zu kümmern?

Doch denkt der Herr natürlich immer an uns, nur in einer ganz anderen Weise, als wir uns das vorstellen. Den Beweis dafür haben wir, schaut doch nur: Ein Kind wird geboren, und die kosmische Intelligenz gibt ihm alles mit, was es benötigt, um auf der Erde zu leben. Es fehlt ihm nichts, Kopf, Arme, Beine, Organe, alles ist da. Es wurde völlig ausgerüstet auf die Erde geschickt, wie beispielsweise ein Soldat, der Gewehr, Stiefel, Helm und Munition mitbekommt. Aber dann muss er sehen, wie er zurecht kommt. Falls ihr meint, Gott wäre die ganze Zeit über nur damit beschäftigt, an uns zu denken, dann irrt ihr euch. Alles hat Er uns schon gegeben, was wir brauchen, Gesundheit, Lebenskraft, Vitalität, oder vielmehr Seine Diener. Diese Aufgabe überlässt Er Seinen Dienern, die ihre Arbeit vollkommen beherrschen. Unterdessen befasst Er sich mit weitaus umfassenderen Dingen.

Ja, das dritte Testament wird den Menschen die endgültige Lösung bringen. Immerfort werden sie mit dem Herrn leben, und da sie Ihn dann nicht mehr verlassen können, wird auch Er sie nicht mehr verlassen können. Jetzt hingegen erinnert man sich gelegentlich an Gott, und so erinnert auch Er sich ebenso gelegentlich an uns. Selbst große Heilige beklagten sich darüber, Gott habe sie verlassen, denn sie wussten nicht um diese Wahrheiten. Das erstaunt euch? Aber ja, auch ein Heiliger mag viele gute Eigenschaften, Tugenden und eine große Liebe besitzen und doch im Bereich des Verständnisses oder der Kenntnisse nicht so weit gekommen sein. Für andere ist es wiederum umgekehrt, sie begreifen leicht, aber es fehlt ihnen an Tugenden, an guten Eigenschaften.

Nun mögt ihr einwenden: »Aber es ist doch respektvoller und schicklicher, den Herrn als außerhalb von sich existierend zu betrachten. Das wurde uns so beigebracht.« Die Wahrheit hat Abertausende von Abstufungen, und jetzt ist der Zeitpunkt gekommen, weiter zu gehen. Man muss denken, dass der Herr in uns gegenwärtig ist, und sich gleichzeitig vorstellen, dass wir von Ihm eine unermesslich kleine Parzelle sind, dass Er alles ist und wir ein Partikel des großen Ganzen sind.

Wenn ihr zum Herrn betet und dabei meint, Er befinde sich irgendwo jenseits der Sterne, wie soll euer Gebet dann bis zu Ihm hin gelangen? Zwar habe ich einmal gesagt, dass ein Gebet den ganzen Kosmos durcheilt, doch braucht es schon sehr lange, um den unendlichen Raum zu durchqueren. Ist der Herr jedoch da, ganz nah, in euch, dann ist die Verbindung sogleich hergestellt, Er hört euch, Er hört euch zu, und Er erhört euch. Die Distanz ist von Bedeutung. Stellt euch vor, ihr wolltet die Wolken vertreiben, das geschieht doch nicht augenblicklich. Sie ziehen sehr langsam, und das braucht seine Zeit. Wenn also für eine solch kleine Strecke, für nicht mehr als einige hundert Meter, schon soviel Zeit nötig ist, dann stellt euch nur vor, wie lange es dauert, um den Herrn zu erreichen... und Ihn vielleicht auch noch aufzuwecken, Er könnte ja schlafen! Ist Er hingegen in euch, braucht ihr nur zu sagen: »Hallo, hallo, Herr!«, und schon ist die Verbindung hergestellt. Ihr findet das nicht respektvoll... nun, versteht mich recht, das ist so eine Art von mir, mich auszudrücken.

Wenn ihr also von nun an meditiert, übt euch darin, den Herrn in euch zu spüren, und ihr werdet die Ergebnisse sehen. Ihr werdet dann immer weniger das Gefühl haben, verlassen zu sein. Gegenwärtig ist es noch so, dass ihr einmal Freude, Inspiration und Entzücken verspürt, einige Tage lang glücklich seid. Dann wieder ist es wie ein Marsch durch die Wüste, alles ist öde und wie ausgedörrt, und ihr sagt euch: »Nun hat Gott mich verlassen.«

Ich will euch ein Bild geben: Ihr befindet euch weit weg von der Sonne auf der Erde, so weit, dass sich Wolken unbarmherzig zwischen euch und sie geschoben haben. Ihr würdet so gerne ihre Wärme und ihr Licht verspüren, doch da ist nichts zu machen. Die Wolken lassen die Sonne nicht durchkommen. Was könnt ihr nun tun? Ihr wartet ab und sagt euch dabei: »Die Sonne hat mich im Stich gelassen.« Aber dem ist nicht so, sondern ihr seid zu weit von ihr weg. Ihr befindet euch unterhalb der Wolken. Nehmen wir nun einmal an, ihr würdet ein Flugzeug nehmen oder einen Ballon und damit über die Wolken aufsteigen, dann kann sich nichts mehr zwischen euch und die Sonne stellen. Sie ist da, sie scheint ohne Unterlass, niemals hat sie euch im Stich gelassen. Fühlt man sich daher allein gelassen, ist dies ein Zeichen, dass man zu weit unter die Wolken hinabgestiegen ist. Und die Wolkendecke lässt die Sonne nicht hindurchkommen. Fühlt ihr euch jedoch immer freudig und inspiriert, so zeigt dies, dass ihr über die Wolken hinaus gelangt seid. Für euch scheint die Sonne unablässig, ihr befindet euch in ihrem Licht und spürt, wie ihre Wärme euch durchdringt. Das ist doch eine sehr einfache Erklärung.

Da das Gefühl der Verlassenheit von uns selbst abhängt, warum sollte man seine Geisteshaltung nicht ändern? Warum jede Minute eine Leinwand das Licht abhält und verhindert, dass wir die Freude und die Offenbarungen finden, die uns durch die Sonne zuteil werden? Gerade darin liegt der Daseinsgrund für die Einweihung. Sie hilft einem, sich einen Platz an der Sonne zu erobern, wie es so schön heißt, aber einen sehr hoch oben, weit über den Wolken gelegenen Platz. Dort ist man von nichts und niemandem mehr abhängig, man ist unverletzbar, unangreifbar, unbesiegbar, unsterblich! Ja, man muss immer höher und höher steigen. Man muss die Vorstellungen, die man vom Herrn hat, immer weiter anheben. Und das bedeutet, dass man sich Ihm immer mehr annähert, bis es gelingt, Ihn in sich selbst hineinzustellen, Ihn so nah heranzuholen, so völlig in das eigene Innere zu bringen, dass man die ganze Zeit von Seiner Gegenwart durchdrungen ist. Dann kann man nicht mehr sagen wie die kleine Heilige Theresa von Avila: »Herr, warum spielst Du mit mir wie mit einem Ball?« Aber wenn ihr euch natürlich als einen Ball anseht, als einen Gegenstand, der sich außerhalb von Ihm befindet, so wie die weit verbreitete Vorstellung bei den Christen ist, dann könnt ihr dem Gefühl nicht entgehen, verlassen zu sein. Selbst die größten Heiligen und Propheten kamen davon nicht los, trotz all ihrer Güte, ihrer Liebe und Selbstlosigkeit.

Und da ich weiß, dass auch ihr dem immer wieder ausgesetzt seid, will ich noch einige Worte hinzufügen. Wenn ihr euch so verlassen fühlt, als sei nun alles zu Ende, alle Verbindungen abgebrochen und die Quelle versiegt, dann rate ich euch Folgendes: Beginnt mit dem Herrn ein Gespräch und sagt zu Ihm: »Herr, Du hast mich abgewiesen und verlassen, Du hast mich fallen gelassen und ich bin darüber ganz aufgebracht, Du siehst das. Was soll ich tun, Herr, ich kann nicht mehr anders, ich habe den Weg des Lichtes eingeschlagen und kann nicht mehr umkehren. Manchmal denke ich wohl daran, einen anderen Weg zu gehen, zu den Ungläubigen zurückzukehren, aber das bringe ich nicht fertig, Herr. Denn, was Du auch tust, es gibt keinen besseren Weg. Mache Du also, was Du willst, ich kann die Richtung nicht mehr ändern. Selbst verwundet, unglücklich und krank schreite ich weiter. Selbst wenn ich wütend und aufgebracht bin, so kann ich den Weg doch nicht mehr aufgeben. Für mich gibt es keinen anderen. Trotz allem mache ich weiter.« In diesem Augenblick wird der Herr, der euch zuhört (und gerade solchen Worten hört Er zu) Seine Diener anweisen, euch zu helfen. Wenn auf der Erde irgendein armer Kerl ein solches Gebet spricht, wird dem Herrn sofort davon Nachricht gegeben. Für solche Nachrichten hat der Herr immer Zeit. Er sagt dann: »Schreibt seinen Namen auf, denn das ist ein sehr kluger Mensch. Er ist unzufrieden und unglücklich, und dennoch sagt er, dass er von dem Weg nicht abweichen kann. Um ihn müsst ihr euch kümmern.«

Also sprecht so zum Herrn! Warum habt ihr noch nie solche Gebete an Ihn gerichtet? Ganz im Gegenteil, ihr droht Ihm sogar, denn ihr sagt: »Also, wenn das so ist! Gut, Du wirst schon sehen, ich werde nicht mehr an Dich glauben. Das ist vorbei, Dir werde ich nicht mehr dienen. Dir zünde ich nicht einmal mehr eine Kerze an!« Schau' mal einer an, was für eine Drohung! Nicht einmal mehr eine Kerze! Der arme Herr, Er wird nun weinen, wisst ihr, denn nun hat Er eine Kerze weniger in den Kirchen brennen und kann sich nicht mehr richtig Licht machen...

Es gibt nichts Schlimmeres als zu sagen oder zu denken: »Gut, jetzt ist Schluss!« Glaubt mir, die beste Lösung besteht darin, zum Herrn zu gehen, zu weinen und zu klagen, Ihm zu sagen, wie hart ihr Ihn findet und wie unglücklich ihr seid. Ihr habt euch doch auf Ihn verlassen, und Er ist euch untreu geworden... Gut, sagt das nur... Nur fügt am Ende Folgendes hinzu: »Aber es gibt keinen anderen Weg für mich. Ich kann nicht mehr kehrt machen. Was soll ich also tun, Herr, ich werde doch weiter an Dich glauben und Dir dienen.« Duzt Ihn, wenn ihr wollt, das wird ihn nicht ärgern. Doch beendet euer Gebet in dieser Weise, meine lieben Brüder und Schwestern, denn, ich sage es noch einmal, das ist die beste Lösung!

Le Bonfin, den 3. August 1968

IV Teil 2

Gewiss ist es nicht einfach, sich den Herrn als untrennbar von uns vorzustellen. Solange die Menschen Ihn jedoch als außerhalb von sich selbst existierend ansehen, solange sie meinen, Er sei weit weg und unerreichbar, machen sie innerlich vielerlei äußerst schmerzliche Bewusstseinszustände durch. Nun gilt es also, einen Schritt weiter zu gehen. In allen Bereichen ist eine Entwicklung nötig, selbst in der Religion. Doch besteht gerade dort mehr noch als anderswo die Tendenz sich einzubilden, dass Gebote, die vor Tausenden von Jahren gegeben wurden, für die Ewigkeit gültig seien. Es ist jedoch ein Irrtum so zu denken. Alles entwickelt sich weiter, alles schreitet voran. Schaut nur, wie sich die Wissenschaft weiterentwickelt. Und die Religion soll sich nicht weiterentwickeln? In der Wissenschaft findet Entwicklung statt, die Wissenschaftler machen neue Entdeckungen. Und warum? Weil sie nicht einfach alles glauben; sie haben Zweifel, und man sollte meinen, die Zweifel lassen sie voranschreiten, während der Glaube, ein Glaube jedenfalls, der nicht lebendig bleibt, die Menschen stagnieren lässt. Allerdings ist es dann eigentlich kein Glaube mehr, sondern Leichtgläubigkeit.

Schon oft habe ich über Jnani-Yoga zu euch gesprochen, der eine Übung zur Selbsterkenntnis ist. Für den Schüler besteht das Ziel des Jnani-Yoga darin, sein Bewusstsein aus dem begrenzten Kreis seiner Personalität herauszulösen, damit es mit dem unbegrenzten Bewusstsein des kosmischen Wesens verschmelzen kann, das in ihm lebt, von dem er aber noch keine klare Erkenntnis erlangt hat. Dieses Wesen, dieser Teil der Gottheit, ist in ihm gegenwärtig, und er muss zu ihm hinfinden. Es gibt also zwei Pole, einmal seid es ihr selbst hier, das Bewusstsein, das ihr von euch selbst habt, also euer niederes Ich, und dann euer höheres Ich, dessen ihr euch noch nicht bewusst geworden seid. Es ist gegenwärtig, lebt, wirkt und zeigt sich in euch. Zwar wisst ihr noch nicht, was es macht, doch könnt ihr euch von hier unten dieses erhabene Wesen vorstellen, das in euch ist und sich durch euch manifestieren möchte, um sich durch die dichte Materie, die ihr seid, selbst zu erkennen. Es kennt sich in der höheren Welt, doch will es sich auch durch euch, durch die lichtundurchlässige Materie hindurch erkennen. Durch euer Bemühen, euch das Näherkommen eures höheren Ichs vorzustellen, wird eines Tages eine solche Erleuchtung stattfinden, dass es in eurem Bewusstsein keine Grenzen mehr geben wird. Ihr werdet euch in einem strahlenden Licht befinden und euch mit diesem erhabenen Sein, mit eurem höheren Ich, eins fühlen.

Das ist natürlich eine sehr schwierige Übung, doch ist sie höchst wirkungsvoll und effektiv. Wenn ihr sie von Zeit zu Zeit machen könnt, werdet ihr zu großen Ergebnissen kommen. Und was ihr dann auch macht, dieses höhere Bewusstsein ist bei all euren Aktivitäten gegenwärtig und nimmt daran teil, denn ihr habt die Verbindung hergestellt. Der Sinn des Jnani-Yoga besteht also in der Erkenntnis: »Ich bin Er«. Und da es niemand anderen als Ihn gibt, hat Er mich wie ein Spiegelbild, also eine Illusion, geformt. Doch will ich über diese Illusion zum hohen Bewusstsein zurückkehren, mit diesem Bewusstsein eins werden, in ihm aufgehen und in seiner Fülle und Erfüllung leben. Solange ihr außerhalb von Gott bleibt, trennt ihr euch von Seinen Schätzen ab. Er kann sie euch nicht geben. Ihr und Er bildet zwei Welten, die nicht miteinander kommunizieren können, da sie nicht in Einklang schwingen. Lernt ihr hingegen, euch anzugleichen, gibt es keine Trennung mehr. Ihr fangt an, euch als ein anderes Wesen zu fühlen, und Gott selbst zeigt sich in euch. Das ist der Tod im Sinne der Einweihungslehre; ihr existiert nicht mehr als unabhängiges Wesen, das im Gegensatz zum Herrn steht, sondern Gott selbst erscheint in euch. Das ist auch der Sinn der Worte Jesu, als er sagte: »Wenn ihr nicht sterbt, werdet ihr nicht leben,« oder auch als er zeigte, dass es ihm gelungen war, über seine eigene Individualität hinauszuwachsen, um mit dem Herrn zu verschmelzen. Er sprach: »Mein Vater und ich sind eins.«

Natürlich ist es nicht jedem gegeben, so weit zu kommen. Bemüht man sich aber, ist es immerhin möglich, über manche Begrenzungen hinauszugehen. Die Menschen verstehen es nicht, die Hilfsmittel, die Gott ihnen mitgegeben hat, recht zu nutzen. Er hat uns die Möglichkeit gegeben, Ihm gleich zu werden. Alle besitzen diese Möglichkeit, doch können sie aufgrund dessen, was sie im Moment sind, diese Gelegenheit nicht nutzen. Sie wissen nicht einmal darum, sie spüren nichts davon, die meisten bleiben ständig auf einer sehr niederen Stufe stehen. Und doch ist niemand völlig gebunden; selbst die am meisten begrenzten Geschöpfe besitzen die Mittel, über sich selbst hinauszuwachsen. Wären sie nur bereit, ihren Blick und ihre Gedanken den Regionen zuzuwenden, wo der Herr sich aufhält, würden sie auch ihre Möglichkeiten erkennen. Aber, wie viele Menschen versuchen, etwas in sich zu ändern? Selbstverständlich ist der Grund dafür sehr einfach, das habe ich schon immer gesagt. Alles hängt davon ab, was für sie das Wichtigste ist. Sind es Geld und Vergnügungen, ist in ihrem Kopf kein Platz für Spiritualität, welche Fortschritte sollten sie dann wohl machen? Findet sich jedoch ein Mensch, für den an erster Stelle das Licht, die Liebe, die Schönheit, der Geist steht, ohne dass er sich darum sorgt, ob er reich oder arm ist, ob er jeden Tag zu essen oder einmal nicht zu essen haben wird, ob er gut gekleidet oder in Lumpen daherkommen wird, ob er geehrt oder verspottet werden wird, dem stehen alle Möglichkeiten offen.

Entscheidend für alles Weitere ist die Bedeutung, die man den verschiedenen Dingen beimisst. Ich weiß wohl, dass die meisten

Menschen nicht ausschließlich auf die materiellen Dinge Wert legen. Doch ist das Interessee am spirituellen Leben für sie nicht mehr als ein kleiner Zierrat. Wenn sie gelegentlich ein wenig Muße haben oder sich langweilen, lesen sie einige Seiten in einem guten Buch, hören sich irgendwo etwas Erhebendes an, meditieren oder beten ein wenig, aber die Hauptsache bleibt doch die materielle Seite, der Wohlstand und die Sicherheit. Darum wird es ihnen niemals gelingen, die Segnungen der göttlichen Welt auf sich zu ziehen. Sie leben und profitieren von allem, was es auf der Erde gibt; doch wird es ihnen niemals gelingen, die spirituellen Schätze anzuziehen, zu spüren, und zu leben. Erst wenn sie dann ins Jenseits hinübergehen, erkennen sie, dass sie nichts verbessert und nur ihre Zeit vertan haben.

Wenn ihr euch wirklich weiterentwickeln wollt, müsst ihr dem Drängen eures Geistes und dem Licht den ersten Platz einräumen. Man muss allerdings den Wunsch und das Bedürfnis danach verspüren, und das kann man leider nicht herbeizaubern. Man kommt damit auf die Welt oder eben nicht, das hängt davon ab, was für ein Leben man in den früheren Inkarnationen geführt hat.

Wenn ein Mensch mit einem Sinn für Spiritualität auf die Erde kommt, dann braucht es nur wenig, ein Buch nur oder einige Worte, um ihn zu entflammen, und nichts kann ihn mehr davon abbringen. Andere hingegen ändern sich nicht, selbst wenn die ganze Welt ihnen davon predigt. Die Ratschläge aller Heiligen und Propheten nützen nichts, denn sie haben Neigungen, die sie in eine andere Richtung drängen. Wollt ihr jedoch in der nächsten Inkarnation mit dem Wunsch wiederkommen, euch zu wandeln, dann müsst ihr jetzt schon damit beginnen, selbst wenn ihr noch nicht das Bedürfnis danach verspürt. Denn durch eure Versuche und euer Bemühen bereitet ihr den Boden für die nächste Inkarnation vor. Wenn ihr dann wiederkommt, werdet ihr schon einen Sinn dafür mitbringen, da ihr in der vorhergehenden Inkarnation die Samen gelegt habt. Darin besteht also der Nutzen der Arbeit, die wir hier in der Bruderschaft tun. Zwar besitzt mancher ein Temperament, bei dem für die Spiritualität nichts zu machen ist. Wenn er aber auch nur aus Neugier einmal hierher kommt, nimmt er unbewusst doch einige Samen auf, die eines Tages wieder zum Vorschein kommen werden.

Kommen wir jedoch auf die Übung der Identifikation zurück, von der ich vorhin sprach. Wenn ihr sie macht, könnt ihr zu guten Ergebnissen kommen. Nur ist dennoch eine Gefahr dabei: Ihr könntet euch nämlich einbilden, schon Gott persönlich zu sein und sehr hochmütig werden. Das würde euch aber einige Schläge einbringen! Selbst wenn ihr das hohe göttliche Bewusstsein erreicht habt, müsst ihr nicht nur demütig bleiben, sondern immer noch demütiger werden, um die anderen nicht zu knicken und durch eure Überlegenheit zu erdrücken. Ihr müsst einfach bleiben. Manche, die dieses Prinzip, »Ich bin Er«, gelernt haben, sind darüber nur unerträglich im Leben geworden und haben sich mit ihrer Familie und ihrer Umgebung entzweit. Sie wollten, dass alle Leute wissen, dass sie Gottheiten sind, und es gab nur Zusammenstöße und Reibereien. Aber wenn man sich darin übt, sich dem Herrn anzunähern, muss man mehr und mehr Großmut und Liebe entwickeln. Denn Gott ist Liebe. Wenn ihr es nötig habt, die anderen fertig zu machen und zu erdrücken, um ihnen eure Göttlichkeit zu zeigen, dann habt ihr nichts begriffen.

Ich warne euch also. Vom psychologischen Standpunkt her gesehen ist diese Übung gefährlich. Man muss sehr wachsam sein, und damit kein Hochmut aufkommt, müsst ihr damit beginnen anzuerkennen, dass auch die anderen ein Teil Gottes sind. Ja, damit diese Übung perfekt ist, müsst ihr zunächst einmal denken und spüren, dass alle Menschen ebenso wie der Herr in euch sind, dass ihr und sie eins seid. Die gesamte Gemeinschaft, die ganze Menschheit, das seid ihr. Sie lebt in euch, und ihr lebt in ihr. Nur dem Schein nach seid ihr von den anderen getrennt. In diesem Augenblick hört ihr auf, die anderen zu bekämpfen und zu bedrängen. Ihr spürt ihre Bedürfnisse, Sorgen und Leiden und könnt gar nicht anders, als ihnen beizustehen. Auf diese Weise wird man wirklich göttlich und nicht ein Ungeheuer, für das die anderen nur Insekten sind, die man zertreten kann. Wenn ich euch bestimmte Übungen gebe, muss ich euch auch davor warnen, dass diese Methoden Schaden bringen können, wenn ihr nicht entsprechende Vorsichtsmaßnahmen ergreift. Und dann wäre ich natürlich wieder der Schuldige!

Denkt immer daran, dass alle Geschöpfe um euch herum ein Teil von euch selbst sind. Wenn man auf dem Weg der wahren Einweihungslehre voranschreitet, erkennt man, dass alle Geschöpfe eins sind. In Wirklichkeit gibt es nur ein Wesen, nämlich den Schöpfer. Alle Geschöpfe sind nur einzelne Zellen seines unermesslichen Körpers, deren Einzelbewusstsein nicht in der Einheit ist. Stellt euch einmal vor, unsere Körperzellen hätten ein Bewusstsein. Dann würden sich natürlich die Zellen der Füße, der Leber, der Milz usw. voneinander getrennt fühlen, da sie verschiedene Funktionen haben. Das Herz arbeitet auf diese Weise, die Leber auf jene usw. Dann würden sie teils einander helfen, teils miteinander in Streit geraten. Könnten sie jedoch in ihrem Begriffsvermögen etwas weiter gehen, würden sie erkennen, dass ein einziges Lebewesen sie alle umfasst und nährt, nämlich der Mensch als Ganzes.

Wir müssen nun zu der gleichen Überlegung kommen und uns sagen: Alle einzelnen Menschen auf der Erde, die Japaner, Chinesen, Türken, Russen, Franzosen, Deutschen... sind Zellen eines kollektiven Wesens. Da diese Zellen jedoch auf ein niederes Bewusstseinsniveau herabgesunken sind, können sie die Einheit nicht mehr erfassen und dementsprechend sind ihre Reaktionen und ihr Verhalten nicht so, wie sie sein sollten. An dem Tag aber, an dem wir uns wie eine kleine Zelle mit den anderen Zellen verbinden, die zusammen das höchste Wesen, Gott selbst, bilden, werden wir gewahr, dass die gesamte Menschheit nur ein einziges Wesen ist. Von diesem Augenblick an verspüren wir so viel Liebe, Mitleid und Nachsicht, dass wir das Prinzip »Ich bin Er« tatsächlich verwirklichen. Solange dieser Bewusstseinsstand nicht erreicht ist, möchte man die anderen nur erdrücken und es findet kein echter Wandel statt, sondern nur ein Aufblähen der Personalität, nichts weiter.

Ja, meine lieben Brüder und Schwestern, der wahre Wandel ist das Bewusstsein der Einheit. Wir existieren nicht als getrennte Individualität, sondern jeder stellt eine Zelle eines riesigen Organismus dar. Unser Bewusstsein muss verschmelzen mit dem universellen Bewusstsein, das den Menschen in seiner Gesamtheit umfasst, dem kosmischen Menschen. Das ist wahrer Fortschritt, wahre Entwicklung.

Für diese Verbindung, die unter den Menschen besteht, gibt es im Übrigen Beweise. Denn ein Medium – das kann eine einfache, gänzlich ungebildete Frau sein – besitzt die Gabe, wenn es sich in Trance befindet, die Leiden einer Person mitzuempfinden, die sich neben ihr aufhält. Die Eingeweihten, deren Empfindsamkeit noch höher ist als die der medialen Menschen, können auch den physischen und psychischen Zustand der anderen erspüren. Doch zeigen sie das meistens nicht, denn sie haben die wahre Selbstbeherrschung erlangt, und so etwas würde ihre Arbeit behindern. Wenn sie unaufhörlich mitleiden und in Unruhe versetzt werden, wie könnten sie den anderen helfen? Aber gerade weil sie dieses Stadium hinter sich gebracht haben, sind sie nun Meister und können den anderen beistehen. Auch ich habe das oft erlebt: Ich spüre dann plötzlich einen Schmerz irgendwo im Körper und weiß, das muss von irgendwo herkommen. Ich konzentriere mich, um dem Menschen zu helfen, und einige Zeit darauf erhalte ich einen Brief, in dem es heißt: »Oh Meister, ich litt an dieser oder jener Stelle des Körpers. Da habe ich an Sie gedacht, und nun fühle ich mich gut.« Ja, aber ich habe das Leiden auf mich nehmen müssen. Selbstverständlich kann ich es überwinden, aber das kostet doch eine ganze Menge Arbeit. In diesem Sinne wird gesagt, dass Jesus das Leid der Menschheit trug, und das glaube ich.

Manch einer wird denken, dass es unter diesen Umständen besser ist weder Meister noch Eingeweihter zu werden. Ja, aber dann muss man auch auf alles Weitere verzichten. Das Leid der anderen, das man auf sich nimmt, geht vorüber, und es ist so wunderbar, nützlich zu sein! Ein Eingeweihter ist glücklich, wenn er den Menschen beistehen und ihnen Erleichterung bringen kann. Die übrige Zeit fühlt er sich dann inspiriert und innerlich ganz weit, weil er mit anderen Geschöpfen kommuniziert, die sich in einem Zustand von Glück und Seligkeit befinden. Es gibt so viele sichtbare und unsichtbare Geschöpfe, die in Frieden und Freude leben und deren wunderbaren Zustand ihr ebenfalls verspüren könnt. Deswegen braucht euch die Sache also nicht zu beunruhigen.

Ja, meine lieben Brüder und Schwestern, das Leben auf der Erde ist eine Illusion, ein Traum. Die Realität ist etwas anderes. Warum sollte man also das ewige Leben verlieren, um eine Illusion zu gewinnen, von der bald keine Spur mehr zu sehen sein wird? Selbstverständlich muss man sich um Essen, Kleidung und Wohnung kümmern, aber doch nur in dem Maße, dass es einem möglich wird, Schätze zu erwerben, die für die Ewigkeit sind. Das ist viel klüger. Denn alles andere wird eines Tages von euch genommen, dann seid ihr ganz nackt und habt nichts mehr. Selbst die Bücher, die ihr gelesen und das Wissen, das ihr euch in den Universitäten angeeignet habt, alles wird euch genommen und gelöscht. Wenn ihr wieder auf die Erde zurückkehrt, müsst ihr von neuem lesen und lernen, weil das, was ihr besessen habt, nicht euer Gut war. Andere hatten es euch gegeben, also gehörte es nicht euch, und es wurde euch wieder weggenommen. Nur was ihr selbst erlebt, erfahren und vertieft habt, könnt ihr behalten. In der folgenden Inkarnation bringt ihr dann die entsprechenden Gaben und Eigenschaften wieder mit. So sind Talente und geniale Veranlagungen zu erklären. Ein genialer Philosoph oder Musiker bringt lediglich Kenntnisse mit, die er in einer früheren Inkarnation tiefgehend erlebt und gelebt hat.

Der Mensch ist auf die Erde gekommen, um den Schöpfer zu verherrlichen und den anderen beizustehen. Doch statt dessen vergraben sich die meisten und stumpfen ab, weil sie sich unaufhörlich fragen, was wohl die Familie oder die Gesellschaft über sie sagen mag. Und solange Angst und Furcht herrschen, kann nichts Neues in die Welt kommen. Wo lassen sich nun Menschen finden, die den Entbehrungen trotzen und denken: »Das macht ja nichts, denn ich besitze alles in meinem Inneren. Mein Innenleben ist so intensiv und so reich, dass ich nichts weiter benötige.«

Versteht ihr mich allmählich? Ihr könntet erwidern, dass diejenigen, die nicht so besonders reich und begütert sind, mich gewiss verstehen. Oh nein! Tag und Nacht denken sie nur daran, so zu werden wie die anderen, und sie sind wütend, weil sie nicht so reich und so gut gestellt sind wie diese. Ihr Denken ist damit beschäftigt, die anderen zu beneiden und so nutzen sie nicht die gute Lage, in die der Himmel sie gestellt hat. Sie halten das für eine Ungerechtigkeit. Glaubt ihr etwa, die Armen seien imstande, die Armut als besten Umstand zu nutzen, um Göttlichkeit zu erlangen? Ständig lehnen sie sich dagegen auf. Und warum? Weil sie es den Reichen gleichtun wollen. Dem Anschein nach sind sie über den Reichtum empört, im Grunde begehren sie ihn jedoch mit aller Kraft. Und hätten die Reichen ein besseres Verständnis für die Lage, wären sie unglücklich und wollten alles unter die Armen verteilen. Diese hingegen würden das zurückweisen und sagen: »Nein, nein, das wollen wir gar nicht haben; uns geht es sehr gut so.« Besäßen die Reichen ein größeres Licht, hätten sie wirklich den Wunsch, sich von den Dingen frei zu machen, und die Armen würden gar nichts mehr haben wollen. Es ist doch unglaublich, was für Ungeheuerlichkeiten ich da erzähle, nicht wahr? Und doch ist es die Wahrheit. Um also Erlösung zu finden, müssten die Reichen zu den Armen gehen und zu ihnen sagen: »Ich flehe euch an, nehmt dies!« Und diese müssten antworten: »Nein, nie im Leben!« Ihr werdet nun sagen, das stelle ja alles auf den Kopf. Richtig, und auf diese Weise wird alles wieder seine Ordnung finden.

In den Vorträgen über die Sonne habe ich einmal von einer Übung gesprochen, die derjenigen sehr ähnlich ist, die ich euch vorhin angegeben habe. Damals sagte ich zu euch: Stellt euch vor, dass sich euer höheres Ich in der Sonne befindet und von dort oben auf euer kleines, schwaches und unvollkommenes Ich herabblickt, das hier auf dem Felsen sitzt und meditiert. Auf diese Weise schafft ihr die Voraussetzungen dafür, dass ein Energiefluss zwischen eurem höheren und eurem niederen Ich stattfindet, und das ist der Beginn eines neuen Lebens. Das werdet ihr vielleicht nicht sofort spüren, denn eine gewisse Zeitspanne ist nötig, um diesen Strom stärker und intensiver werden zu lassen. Dann aber kann es für euch keinen Zweifel mehr geben, denn ihr werdet merken, dass sich in euch außergewöhnliche Dinge tun, die euch die absolute Gewissheit geben. Es gibt nichts, was wunderbarer wäre als diese Gewissheit. Denn sie gibt euch Kraft und Stärke, womit ihr die anderen überzeugen könnt. Solange ihr dessen, was ihr sagt und lebt, noch nicht sehr sicher seid, könnt ihr keinen besonderen Einfluss auf die anderen ausüben, da sie euer Zögern spüren. Aber selbstverständlich kann diese Gewissheit erst dann kommen, wenn sich in euch etwas zeigt. Man kann sie nicht künstlich erzeugen; hat man sie jedoch einmal erlangt, liegt darin die größte Überzeugungskraft.

Sèvres, den 4. April 1970

V Teil 1

Freier Vortrag

In Le Bonfin habt ihr die beiden Dreiecke gesehen, die im Vortragssaal angebracht sind; ein rotes, dessen Spitze nach oben zeigt, und ein blaues mit der Spitze nach unten. Schon oft habe ich über die Symbolik dieser beiden Dreiecke zu euch gesprochen. Auch heute möchte ich noch einmal darauf eingehen und euch deren reichhaltige und tiefe Bedeutung vor Augen führen.

Ich habe euch also schon gesagt, dass diese beiden Dreiecke die Symbole für das männliche und das weibliche Prinzip, für Geist und Materie darstellen. Denn das Universum ist einzig und allein auf diesen beiden Prinzipien aufgebaut, auf Geist und Materie, das heißt, auf deren Zusammenwirken. Oder sagen wir für die Materialisten, die nicht gerne vom Geist reden hören: Kraft und Materie. Denn Geist ist eine Kraft. Nur, wenn man von Kraft anstatt von Geist spricht, so beinhaltet die Kraft doch nicht alle weiteren Eigenschaften des Geistes wie Intelligenz, Bewusstsein und Liebe. Die Kraft als solche ist blind und unbewusst. Auf jeden Fall kann niemand leugnen, dass alles im Universum um diese beiden Realitäten kreist: Geist und Materie, Kraft und Materie, das männliche und weibliche Prinzip.

Die Wissenschaft hat sich hauptsächlich mit dem Prozess der Evolution befasst, durch den sich die Formen und Arten aufgebaut, sich immer weiter verfeinert oder an Intelligenz zugenommen haben. Sie hat folglich nur die aufsteigende Bewegung betrachtet, die dem roten Dreieck entspricht, dessen Spitze nach oben zeigt. Da die Wissenschaftler nicht in der Einweihungslehre bewandert sind, ist ihnen entgangen, dass der Evolution, der aufstrebenden Entwicklung, die Involution, eine abwärts gerichtete Bewegung, vorausgegangen ist. Das haben sie nicht erkannt, da sich die involutive Bewegung in der feinstofflichen Welt abspielt. Aber auf Grund dieser Wissenslücke ist ihre Lehre fehlerhaft. Die Einweihungswissenschaft lehrt, dass jeder Evolution eine Involution vorausgeht, wobei der Geist in die Materie hinabsteigt. Ist ein bestimmtes Stadium der Materialisierung erreicht, will der Geist umkehren, und das ist die Evolution: zurückkehren, sich vervollkommnen und den höchsten Punkt der Entwicklung erreichen, aber durch die Materie. Die Evolution kann ohne die Beteiligung des Geistes gar nicht stattfinden. Da dieser das Leben, das Bewusstsein und die Intelligenz in sich enthält, führt er die Materie, die Formen, die Geschöpfe zur Vollkommenheit. Es gilt also, recht zu verstehen, dass es ohne Involution gar keine Evolution geben kann. Hier auf der Erde kann nichts entstehen, wenn nicht vorher etwas aus den höheren Welten herabgekommen ist. Sich vorzustellen, die Formen hätten sich entwickeln können, ohne die vorherige Involution einer göttlichen Form, das Herabsteigen des Geistes, zu akzeptieren, zeigt, dass man von den Dingen nichts versteht. Also, es gibt die Involution und die Evolution, dargestellt durch die beiden Dreiecke. Das Dreieck mit der Spitze nach unten stellt den Geist dar, der in die Materie hinabsteigt, um sie zu beseelen und zu beleben. Das andere mit der Spitze nach oben symbolisiert die Materie, die sich höher entwickeln will, um zum Geist zurückzukehren. Werden die beiden Dreiecke übereinander gelegt, bilden sie das salomonische Siegel.

In der esoterischen Literatur ist viel von diesem Siegel die Rede, doch haben nur wenige die Tiefe und die magische Kraft dieses Symbols verstanden. Seine Kraft erhält es durch das Zusammentreffen und das gegenseitige Durchdringen der beiden

Dreiecke, also der beiden Prinzipien. Der Eingeweihte, der beide Prinzipien in sich vereint hat, wird androgyn genannt. Ein Mensch hingegen, der nur ein Dreieck darstellt, nur das männliche oder das weibliche, ist geschwächt, denn ihm fehlt etwas. So sucht er seine »andere Hälfte«, das andere Dreieck, um damit das salomonische Siegel zu bilden. Alle streben nur danach, das vollkommene Siegel Salomons zu sein, und daher suchen sie einander. Der Mann sucht die Frau, und die Frau sucht den Mann. Unbewusst wollen sie dadurch zum Siegel Salomons werden.

Die beiden Dreiecke kann man in vielerlei Gestalt antreffen. In allen indischen Tempeln kann man einen Gegenstand sehen, der Lingam genannt wird. Er besteht aus einer waagerechten Basis, die das weibliche Prinzip darstellt, und einem senkrechten Element für das männliche Prinzip. Als ich in Indien war, habe ich mit vielen Geistlichen, mit Gurus, gesprochen und zu ihnen gesagt: »Ihr habt die Symbolik des Lingam nicht verstanden!« – »Was soll das heißen, wir haben es nicht verstanden? Das ist ein Symbol, das zu unserer Tradition gehört.« – »Ja, aber ihr habt es doch nicht verstanden. Der Beweis ist, dass ihr heiratet. Ihr solltet das weibliche Prinzip in euch haben. Da es euch jedoch fehlt, habt ihr es im Äußeren gesucht.« Natürlich waren sie auf solche Art von Bemerkungen seitens eines Christen und eines Menschen westlicher Kultur nicht gefasst und waren nicht gerade darüber erfreut. Wenn der Mann, der Kraft, Macht und Willen darstellt, in sich auch weibliche Eigenschaften wie Zärtlichkeit, Feingefühl, Reinheit und Liebe besitzt, dann hat er die Fülle und braucht keine Frau mehr. Das gleiche gilt auch für die Frau. Wenn sie männliche Eigenschaften besitzt, hat sie es nicht mehr nötig, einen Mann zu suchen, um ihn zu heiraten. Solange man einen Mann oder eine Frau sucht, hat man innerlich diese beiden Prinzipien noch nicht verwirklicht, was einzig die Erfüllung bringen kann.

Nun mögt ihr einwenden: »Aber Mann und Frau haben sich schon immer gegenseitig gesucht, um einander zu heiraten!« Das weiß ich, da sagt ihr mir nichts Neues. Das beweist aber nur, dass die Menschen sich noch im Bereich der Trennung, der Schwäche und der Spaltung befinden. Die Lebensanschauung der Eingeweihten mag schwer zu akzeptieren sein, sie entspricht aber der Wahrheit. Ich spreche ja nicht, um der Masse zu gefallen. Wenn ich von all dem sprechen soll, was den Menschen gefällt und wie es ihnen gefällt, muss ich nicht nur ihre Schwächen und Laster akzeptieren, sondern sie erwarten auch noch, dass ich sie darin bestärke. Das mögen gewöhnliche Leute tun, aber ein Meister, der seine Schüler zur Vollkommenheit hinführen will, muss ihnen schon die Wahrheit sagen, selbst wenn ihnen diese nicht angenehm ist.

Befassen wir uns jetzt mit der Symbolik der beiden Dreiecke in Bezug auf den Bereich des spirituellen Lebens. In der Vergangenheit drängten Religionen wie der Buddhismus und auch das Christentum die Menschen dahin, sich von der physischen Welt abzuwenden, um so den Herrn zu erreichen und mit Ihm eins zu werden. Die Erde war ein Tal der Tränen, das Leben war eine Illusion, von der man sich so schnell wie möglich lösen musste, um zum Himmel, ins Nirwana zurückzukehren. Jeder dachte also nur daran, seine Seele zu retten, um alle Herrlichkeiten des Himmels genießen zu können. Zwar ist diese Sichtweise nicht schlecht, aber sie ist unvollkommen. Damit konnte man viele Erkenntnisse des inneres Lebens gewinnen, aber sie ist in der heutigen Zeit nicht mehr gültig.

Richtet man seine Lebensanschauung nach dem weiblichen Dreieck, dann wendet man sich von der Materie ab, sowie von allen Tätigkeiten und Pflichten, die damit einhergehen, und daraus ergeben sich manche Entgleisungen. Daher muss man jetzt mit dem Dreieck des Geistes arbeiten, das der Verwirklichung und der Manifestierung hier in der Welt, im physischen Körper, in der Materie entspricht. Man sollte nicht mehr so sehr danach streben, aufzusteigen und sich über die Materie zu erheben; ganz im Gegenteil, man muss hinabsteigen. Manche Mystiker werden nun sagen: »Aber das ist ja grässlich! Wenn man hinabsteigt, verliert man sich. Nirgendwo wird gesagt, man müsse hinabsteigen. Ganz im Gegenteil, man muss aufsteigen, sich von der Erde frei machen.« Meinetwegen, aber diese Haltung kann das Reich Gottes und seine Gerechtigkeit nicht auf die Erde bringen. Die wenigen, die sich retten wollen, lassen alle anderen in Unfrieden und Elend zurück, weil diese Philosphie der Flucht die Welt gewiss nicht ändern kann. Nun wird eine neue Lebensphilosophie benötigt, und diese kommt zusammen mit der Wassermann-Ära. Es ist das Wasser, das herabfließt, das Leben, das aus den himmlischen Regionen herabströmt, um die Erde zu wandeln und die Samen des Reiches Gottes zum Keimen zu bringen. Gewiss ist der Himmel eine vollkommene Welt voller Segnungen und Herrlichkeiten, in der man frei und glücklich sein wird. Doch wenn man ständig die Erde aufgibt, um in den Himmel zu gelangen, bleibt die Erde eine Wüste.

Jesus sagte im Vaterunser: »Dein Reich komme, Dein Wille geschehe wie im Himmel so auf Erden.« Man hat nie begriffen, dass Jesus die Erde wandeln, bessern, verschönern und läutern wollte, damit sie dem Himmel gleich wird. Alle sind auf der Flucht, weil das ihrer kleinen Seele mehr zusagt, die sie erretten wollen. Jetzt sollte man sich nicht mehr retten wollen, sondern eine glorreiche Arbeit in Angriff nehmen, um den Himmel auf die Erde zu bringen. Ihr werdet sagen: »Wie soll das gehen? Das kann man doch gar nicht!« Doch, das Dreieck des Geistes zeigt uns, wie wir dabei vorgehen müssen. Der Schüler muss dem Himmel zustreben, das ist klar. Hat er ihn aber einmal erreicht, lässt er das Licht, die Liebe, die Kraft und die Reinheit des Himmels in seinen physischen Körper, sein Gehirn, seine Lungen, seinen Magen herabströmen. So gelingt es ihm nach jahrelangen Bemühungen, Geist und Materie in sich zu vereinen. Damit verwirklicht er voll und ganz das Symbol des salomonischen Siegels.

In der heutigen Zeit zeigen sich viele extreme Bestrebungen. Es gibt Länder mit großem Fortschritt im technischen, wirtschaftlichen und sozialen Bereich, die alles daransetzen, die Bedingungen hier auf der Erde zu verbessern, die aber die Religion unterdrückt haben. Andere Länder dagegen wie Indien – obwohl sich das inzwischen auch ein wenig verändert hat – besitzen eine derart starke spirituelle Tradition, dass sie das materielle Leben fast völlig vernachlässigen. Millionen von Menschen leben in Schmutz, Elend und Krankheit. Selbstverständlich gebe ich weder den einen noch den anderen recht, denn beides ist nötig: unablässig mit dem Himmel verbunden sein, aber auf der Erde arbeiten.

Die kommende, neue Religion besteht also darin, etwas Göttliches hier auf die Erde zu bringen. Nun werdet ihr sagen: »Aber wir wollen doch für den Himmel arbeiten.« Der Himmel braucht euch nicht, er besitzt schon die Fülle, er ist dermaßen reich! Was könntet ihr dem noch hinzufügen? Hier auf der Erde werdet ihr gebraucht. Daher ist es besser, die Taktik ein wenig zu ändern. Das bedeutet allerdings nicht, dem Himmel den Rücken zu kehren. Nein, ganz im Gegenteil, man muss mit dem Himmel verbunden bleiben, um nachher den anderen etwas geben zu können. Solange ihr nicht mit dem Himmel verbunden seid, seid ihr nicht wirklich reich, wie könnt ihr dann den anderen geben?

Merkt euch die Ratschläge, die ich euch gegeben habe. Ebenso wie in manchen armen Ländern die Familienväter zum Arbeiten ins Ausland gehen, um Geld zu verdienen, so müsst auch ihr ins Ausland gehen und Geld verdienen, um eure Familie zu ernähren. Das ist natürlich symbolisch zu verstehen. Das Ausland ist der Himmel, wohin man durch Gebet, Meditation, Kontemplation usw. gehen kann. Das mache ich: Jeden Tag lasse ich euch zurück und gehe ins Ausland, um dort nach Gold zu suchen, das ich dann unter euch verteile. Warum sollte man ständig an seiner Familie und seinen Freunden kleben? Angeblich, weil man sie liebt! Aber im Grunde ist das keine Liebe oder aber eine schlechte Art und Weise zu lieben. Man lässt sie verhungern, weil man unfähig ist, ihr Herz und ihre Seele zu ernähren. Und das ist keine Liebe.

Nehmen wir ein Beispiel. Ihr habt eine Idee. Ihr spürt, dass dieser Einfall gut ist und seid glücklich darüber. Damit ist die

Idee bis in euren Gefühlsbereich hinabgelangt. Aber das ist noch nicht alles. Der normale Prozess ist erst dann abgeschlossen, wenn ihr dieser Idee nun Ausdruck verleiht, wenn ihr sie in die Tat umsetzt. Begnügen sich etwa Maler, Musiker oder Dichter damit, ihre Werke bei sich im Kopf zu behalten? Nein, sie verwirklichen sie. Warum sollte man sich also in anderen Bereichen mit den Gedanken und Gefühlen zufrieden geben? Die Dinge müssen verwirklicht werden. Das gilt auch für den Bereich der Spiritualität und der Religion. Bei vielen bleibt die Religion auf den Kopf oder das Herz beschränkt, und ihr Handeln ist dem, was sie denken und glauben, entgegengesetzt. Nein, sie haben einfach nicht begriffen, wie die kosmische Intelligenz die Dinge vorgesehen hat. Zuerst muss man denken, dann fühlen und dann sich an die Arbeit machen, um zu verwirklichen.

Wenn ein junger Mann sich mit einem Mädchen trifft, was macht er dann nach einiger Zeit? Er nimmt sie in den Arm und will sie küssen. Warum hat er es nicht bei den Gedanken und Gefühlen bewenden lassen? Es ist doch bewundernswert, wie Männer und Frauen dabei immer ganz richtig vorgehen, genau so, wie es die kosmische Intelligenz vorgesehen hat! Im spirituellen Bereich müssen wir auch an die Verwirklichung denken, und das geschieht durch Gesten, durch die Einstellung und durch Tätigkeit. Sonst ist es damit genauso wie mit einem Brief oder einem offiziellen Dokument, die ihr vergessen habt zu unterschreiben; sie haben keinerlei Wert. Die Verwirklichung ist also so etwas wie eure Unterschrift. Nehmen wir ein anderes Beispiel. Ein General hat den besten Angriffsplan ausgearbeitet, um die Feinde zu besiegen, und er wünscht sich heiß diesen Sieg. Doch wozu ist das alles gut, wenn er den Befehl zum Angriff nicht gibt? In dem Augenblick jedoch, wo er sagt: »Auf geht's, vorwärts!«, da ist es so weit, das ist die Unterschrift, die Verwirklichung auf der physischen Ebene.

Nun mögen manche denken: »Sie widersprechen sich aber. Ständig kritisieren Sie die Materialisten, dass sie nur daran denken, ihren Geschäften auf der Erde nachzugehen. Sie sagen, die arbeiten ja nur für die Diebe, denn wenn sie einmal hinübergehen, können sie nichts von alledem mitnehmen. Sie werden völlig nackt von hier scheiden und drüben nicht sonderlich gut empfangen.« Nein, da besteht keinerlei Widerspruch, denn es ist nicht das Gleiche, ob man nur an Geld und Besitz denkt oder ob man den Himmel, ob man die Güte und das Licht verwirklichen will. Und wenn das, was ihr hier realisiert habt, wahrhaftig, lichtvoll und göttlich ist, werdet ihr es auch nach drüben mitnehmen. Auf diese Weise gestaltet ihr eure Zukunft. Begnügt ihr euch hingegen mit Denken und Wünschen, ohne etwas davon zu verwirklichen, werdet auch ihr nackt hinübergehen, da ihr hier unter nichts eure Unterschrift gesetzt habt.

Ja, meine lieben Brüder und Schwestern, wir bringen eine andere Philosophie, ein anderes Verhalten, eine andere Art zu denken, zu handeln und sich in der Welt einzubringen. Selbstverständlich steht das ein wenig im Widerspruch zu dem, was andere im Bereich der Religion gelehrt haben, aber was soll ich tun? Man hat mich beauftragt, neue Vorstellungen zu bringen. Die alten Vorstellungen waren gut für jeden als Einzelnen, aber unbrauchbar für die Gesamtheit. Aber jetzt ist die Zeit gekommen, wo man nicht mehr nur für sich allein arbeiten darf, sondern für die ganze Erde, für die ganze Menschheit. Um diese neue Philosophie in die Tat umzusetzen, muss man im Denken bis zum Himmel aufsteigen und sein Licht, seine Liebe, seinen Frieden, seine Ewigkeit auf die physische Ebene herabbringen. Und zwar zuerst in den physischen Körper hinein, damit das himmlische Leben diesen durchdringt und ihn durchstrahlt. Dann, ja dann kommt das Reich Gottes, und jeder wird ein Licht, eine Sonne, jeder wird eine Quelle sein. Man muss die Lehre des abwärts gerichteten Dreiecks annehmen, des Dreiecks des Geistes, und nicht mehr ausschließlich der Lehre des Dreiecks der Materie folgen.

Die Materie tendiert nach oben und der Geist tendiert nach unten. Den gleichen Prozess wiederholen Mann und Frau, wenn sie sich in der Liebe vereinigen; er blickt nach unten und sie schaut nach oben. Dabei machen die Menschen nichts anderes, als sich nach Prinzipien zu richten, die seit je her von der kosmischen Intelligenz festgelegt sind. Die Materie soll vergeistigt werden und der Geist soll sich materialisieren. Beide treffen im Raum aufeinander, und dabei befruchtet der Geist die Materie. Alles, was die Menschen tun, hat symbolischen Gehalt, es will uns etwas sagen, es steckt ein weiser Sinn dahinter, doch sie haben nichts begriffen. Man muss den Geist herunter holen. Darum bittet in euren Meditationen und Gebeten darum und stellt euch vor, dass das Licht, der Geist und die Kraft Gottes herab- und in euch einströmen, um all eure Zellen zu durchdringen. Wenn ihr einige Jahre hindurch so gearbeitet habt, werdet ihr spüren, dass der Himmel, das Licht und die Liebe in euch ist. Dann ist es sehr viel leichter, die anderen mit auf den Weg zu nehmen und ihnen zu helfen. Sprecht ihr hingegen von Spiritualität und vertrocknet dabei, bleibt ihr unberührt wie ein unbeschriebenes Stück Pergament, ihr seid zu nichts nütze. Der Geist muss herabströmen!

Erst wenn der Geist in die Materie einfließt, kann das Kind geboren werden, d. h. das Reich Gottes und seine Schönheit. Das ist das Neue, das nun dazu zukommt. Die Herrlichkeiten und Segnungen, das Licht und den Frieden des Himmels müssen wir auf die Erde herabkommen lassen, zuerst einmal auf unsere eigene Erde, unseren physischen Körper, und dann auf die gesamte Erde und auf alle Menschen. Es gilt also, einen anderen Weg zu nehmen. Denn will man unter dem Deckmantel der Spiritualität und der Religion der Erde entfliehen, so ist das Egoismus. Selig, wem es gelingt, mich zu verstehen!

Wenn es etwas gibt, was mir heilig ist, so ist es das, was ich heute zu euch gesagt habe. Ich habe sogar gezögert, darüber zu sprechen, weil es zu heilig ist. Doch in der Hoffnung, dass die Brüder und Schwestern verstehen und sich dazu entschließen, diesen Weg zu gehen, habe ich zu euch darüber gesprochen. Und es war mir, als hätte ich etwas aus meinem Herzen gerissen, um es euch zu geben. Nun ist es also klar, anstatt euch im Nirwana verlieren oder an den Festmählern der Auserwählten teilnehmen zu wollen, denkt daran, den Himmel herabzubringen, damit er durch euch hindurchstrahle auf die ganze Erde. Welch großartige Aufgabe gilt es doch zu bewältigen!

Le Bonfin, den 9. September 1977

V Teil 2

Freier Vortrag

Die Involution ist das Opfer des Geistes, der damit der Materie die Möglichkeit gibt, sich zu entwickeln und sich zu entfalten. Diesen Prozess der Evolution und Involution findet man überall. Da die Menschen jedoch nicht gerade dazu neigen, die Dinge unter einem philosophischen Gesichtspunkt zu betrachten, erkennen sie die Gesetze und Prinzipien nicht, die hinter jeglichem Phänomen oder Ereignis des Lebens wirken.

Nichts kann existieren, wenn nicht vorher etwas anderes geopfert wurde, um dessen Existenz möglich zu machen. Und ebenso kann es auch nur eine Evolution geben, weil zuvor eine Involution stattfand. Das sind Dinge, die die Menschheit wissen muss, wenn sie weiterhin den aufsteigenden Weg gehen will. Mit allem geht es bergab, wenn das Leben nicht auf dem Bewusstsein der Opferbereitschaft, der Uneigennützigkeit und der Liebe aufbaut. Schaut nur, wie es in einer Familie zugeht: Die Eltern mühen sich ab und bringen viele Opfer, damit die Kinder heranwachsen und sich entwickeln können. Und eines Tages sieht man die Eltern dann ausgezehrt und geschwächt, während die Kinder stark und kraftvoll geworden sind, ohne dass sie jedoch immer anerkennen, dass sie sich auf Kosten der Eltern so weit entwickelt haben.

Ein Meister, aber ebenso ein Dozent oder ein Lehrer, entspricht dem Dreieck des Geistes. Er unterrichtet seine Schüler. Dabei nimmt er den Weg der Involution, während die Zuhörer auf dem Weg der Evolution sind. Also auch darin zeigen sich die beiden Dreiecke. Doch kann diese Situation weder für die einen noch für die anderen ewig andauern. Eines Tages müssen die Schüler das Gelernte an andere weitergeben. Genau wie das Kind, das auch nicht ewig Kind bleibt, sondern das selbst eines Tages arbeiten muss, dann heiratet und selbst Kinder zu ernähren und zu erziehen hat.

In jeder Tätigkeit des täglichen Lebens kann man die Symbolik der beiden Dreiecke finden. Ihr nehmt euch etwas zu trinken, dabei steigt der Flüssigkeitsspiegel im Glas und sinkt in der Flasche. Dann trinkt ihr, wobei sich das Glas leert und sich euer Magen füllt. Jedes Mal, wenn ihr also etwas esst oder trinkt, entspricht die Nahrung oder das Getränk dem Dreieck des Geistes, der sich opfern muss für uns, damit wir Kraft bekommen. Dann geht ihr in ein Geschäft, weil ihr verschiedene Dinge benötigt. Habt ihr allerdings nichts, was ihr im Tausch dafür geben könnt, bekommt ihr auch nichts. In eurem Portemonnaie muss also eine Involution stattfinden, damit die Waren den Weg der Evolution zu euch nehmen können. Das, was wir im täglichen Leben immer wieder tun, soll uns zu dem Verständnis hinführen, dass der gleiche Prozess auf kosmischer Ebene existiert und dass die Materie sich nun nicht höher entwickeln könnte, wenn es nicht vorher die abwärts gerichtete Entwicklung des Geistes gegeben hätte.

Die Symbolik der beiden Dreiecke ist also sehr weit reichend, und das gesamte Wissen über das Leben findet sich darin zusammengefasst. Nehmen wir dazu nur einmal als Beispiel das Sonnengeflecht und das Gehirn. Die kosmische Intelligenz hat sie gleichartig aufgebaut aus grauer und weißer Substanz, jedoch genau umgekehrt. Denn im Gehirn befinden sich die grauen Zellen außen und die weißen innen, während es beim Sonnengeflecht umgekehrt ist. Dieser Gegensatz zeigt sich auch in ihren Äußerungen. Das Sonnengeflecht bleibt unsichtbar im Verborgenen, man könnte meinen, es tue überhaupt nichts, während das Gehirn spricht, sich zur Schau stellt und sich durch Geistesblitze hervortut. Damit das Gehirn aber so brillant in Erscheinung treten, argumentieren, erklären und befehlen kann, muss etwas anderes da sein, das sich opfert, seine Energien einsetzt und ihm die Unterstützung bietet, ohne die es aufhören würde zu funktionieren. Und eben das Sonnengeflecht nährt und unterstützt es. Das gebende Sonnengeflecht entspricht hierbei also dem Dreieck der Involution, und das empfangende Gehirn dem der Evolution. Das Sonnengeflecht hat somit eine geistigere Aufgabe als das Gehirn, da es sich aufopfert, damit das Gehirn und auch noch alle anderen Organe funktionieren können. Wenn man das weiß, sollte man also alles unternehmen, um die Arbeit des Sonnengeflechts zu fördern, damit es seine Aufgabe erfüllen kann.

Der Mensch darf nicht in einer Verhaltensweise erstarren, das ist die Hauptsache, die es zu berücksichtigen gilt. Ebenso wie das Glas, das, wenn es einmal gefüllt ist, wieder geleert wird. Das gilt besonders für das Leben jedes einzelnen Menschen, der, nachdem er Kind gewesen ist und immer nur genommen hat, zum Erwachsenen wird, der gelernt hat zu geben. Gleichermaßen gilt dies für die gesamte Menschheit. Während einer ganzen Epoche befand sie sich im Zustand der Kindheit, wo sie nur egoistisch genommen hat, was ständige Kriege und Verwüstungen zur Folge hatte. Nun muss die Menschheit das Geben lernen. Aus diesem Grunde sage ich euch, dass die Religionen, die die Menschen dazu bringen, ewige Seligkeit anzustreben und nur ihre Seele zu erretten, jetzt überholt sind. Der ganzen Erde muss man nun etwas geben, um sie zu verschönern, damit sie in Harmonie mit dem Himmel schwingt.

In der Vergangenheit kümmerte sich jeder lediglich um seine eigene Entfaltung. Das war ganz normal, denn die kosmische Intelligenz hatte es selbst so bestimmt, da es ein notwendiger Schritt war. Ebenso wie ein Kind, das zuerst einmal heranwachsen und sich kräftigen muss, so musste auch die Menschheit, die noch in den Kinderschuhen steckte, heranwachsen und sich kräftigen. Dabei kamen ihr die älteren Brüder, die höher entwickelten Seelen und Geister, zu Hilfe. Da die Menschheit nun aber doch das Erwachsenenalter erreicht hat,... Nun werdet ihr sagen: »Aber was bedeutet es denn, dass die Menschheit dieses Alter erreicht hat?« Schauen wir uns dazu ein Kind an. Zuerst einmal kommt das physische Leben in ihm zum Ausdruck, es isst, trinkt und bewegt sich. Doch nach und nach bewirkt der Geist, der allmählich herabkommt, das Erwachen des Astralkörpers und dann des Mentalkörpers. So kann man sagen, dass der Mensch im Wesentlichen um das einundzwanzigste Lebensjahr herum voll entwickelt ist. Im Bereich des Gefühls und des Intellekts besitzt er alle nötigen Organe, die er nun voll und ganz benutzen kann. Das braucht also gute zwanzig Jahre.

Der gleiche Prozess, bei dem der Geist in die Materie herabsteigt, hat sich auch für die Menschheit als Ganzes vollzogen. Und daher kann man sagen, dass die Menschheit das Erwachsenenalter erreicht hat. Der Geist hat vom Astral- und Mentalkörper Besitz ergriffen, und damit stehen dem Menschen im Bereich des Fühlens und Denkens außerordentliche Möglichkeiten zur Verfügung. Aber jetzt ist der Geist so weit in die Materie herabgestiegen, dass er beinahe darin begraben ist. Dank des Geistes hat der Mensch mehr und mehr die Fähigkeit erlangt, auf der materiellen Ebene aktiv zu werden. Aber dabei hat er den Kontakt mit den feinstofflichen Welten verloren. In ferner Vergangenheit hingegen, in einer Epoche, als der Geist noch nicht so weit in den physischen Körper eingedrungen war, stand der Mensch mit den Geistern, den Wesen der unsichtbaren Welt und mit den Seelen der Toten in Verbindung. Er hatte natürlich auf der materiellen Ebene nicht sehr große Fähigkeiten. Zwar hat er hier nun außerordentliche Geschicklichkeit erlangt, sich dabei jedoch von allem Leben, von dem das gesamte Universum bevölkert ist, abgetrennt. Und jetzt glaubt er nicht einmal mehr an die Existenz dieser Geschöpfe, da er sie nicht mehr sieht.

Nun muss wieder eine Rückkehr zur geistigen Welt stattfinden. Es war notwendig, dass die Menschheit den intellektuellen Entwicklungstand erreichte, den sie jetzt besitzt. Macht sie allerdings in dieser Richtung weiter, ohne gleichzeitig ihre spirituellen Fähigkeiten zu entwickeln, geht sie dem Ruin entgegen. Das ist übrigens schon einige Male so geschehen. In den Annalen der Einweihungswissenschaft wird berichtet, wie schon mehrere Menschheitsgeschlechter untergegangen sind, und diese Annalen wird man bald entdecken.

Es kann die Frage aufkommen, weshalb der Geist, der schon so weit herabgestiegen ist, um die Materie zu durchdringen, diese dabei nicht edler und subtiler gemacht hat. Es ist tatsächlich so, dass sich der Geist in der niederen Welt durch die dichte Materie nicht in der gleichen Allmacht und Allwissenheit zeigen kann, wie er dies in der höheren Welt tut. Je mehr er die Materie durchdringt, umso mehr begrenzt er sich und wird daran gehindert, seine Eigenschaften zu manifestieren.

In Wirklichkeit hat der Abstieg des Geistes in die Materie, der schon seit einigen Millionen Jahren andauert, dem Menschen vielzählige Möglichkeiten eröffnet. Dadurch hat er seine Empfindsamkeit und seine intellektuellen Fähigkeiten erlangt, doch fehlt es noch an wahrer Geistigkeit. Die Materie hat nun zwar das intellektuelle Stadium erreicht, aber das genügt noch nicht. Daher ist es nun der kosmische Geist, und nicht mehr nur der individuelle Geist des Einzelnen, der jetzt auf die gesamte Menschheit herabkommt, um sie zu vergeistigen. Bisher war es jeweils ein individueller Geist, der in jeden physischen Körper einfließen musste, um sich darin niederzulassen. Bei diesem Kampf um die Beseelung und Verfeinerung der Materie, des physischen Körpers, verlor er viele seiner Fähigkeiten. Dieses Mal aber wird es ein Herabkommen des Geistes auf kollektiver, kosmischer Ebene sein, und der Geist Gottes kommt, um alle Geschöpfe neu zu beleben und zu erwecken.

Man ist immer wieder verwundert, dass der Geist trotz seiner Allmacht derart der Materie unterworfen und durch sie gelähmt ist. Gewiss ist er in der höheren Welt allmächtig, doch nicht hier unten, es sei denn, es gelingt ihn zu befreien. Genau das geschieht zum Beispiel bei der Atomenergie. Solange die Energie in der Materie gefangen ist, ist sie ohnmächtig. Doch setzt sie frei, und ihr werdet sehen, wozu sie imstande ist! Die Materie wirkt fast lähmend auf den Geist. Gelingt es aber, ihn zu befreien, stellt er eine Kraft dar, die die Materie zu Staub werden lässt.

Und ihr, liebe Brüder und Schwestern, entschließt euch zu Dreiecken des Geistes zu werden und endlich etwas für die anderen zu tun, anstatt immer nur ein armer Wicht zu bleiben, der nur will, dass die ganze Welt sich um ihn dreht. Wer nur an sich selbst denkt, bleibt in seiner Entwicklung stehen. Ist man hingegen bereit, für die anderen etwas zu tun, wird man stärker. Wenn man den anderen ständig beistehen und sie unterstützen will, verliert man dem Anschein nach etwas. Und tatsächlich kann man in sich eine physische Schwächung feststellen, doch geistig wird man dabei stärker und kräftiger. Das kann man zwar nicht sehen, und daher denkt man, im Alter gehe es auch mit dem Geist bergab. In Wirklichkeit geschieht jedoch das Gegenteil. Aber die Menschen, die alles durcheinander bringen, identifizieren sich mit dem physischen Körper. Zwar ist dieser durch seine Arbeit und seine Mühen schwach geworden, doch der Geist wurde dabei stärker. Wenn das eine Dreieck abnimmt, nimmt das andere zu. So verlaufen die Dinge im Leben. Aus dem Grunde heißt es auch in Frankreich, ohne Eier aufzuschlagen, kann man kein Omelett machen.

In Wirklichkeit können sich die Dinge allerdings auch anders abspielen. Ich kenne einen Spruch, der geht folgendermaßen: Der Kuchen ist noch ganz, und die Gäste sind trotzdem zufrieden. Doch haben nur die großen Meister dieses Geheimnis erkannt. Wenn sie den Menschen helfen und ihnen Licht bringen, kostet das zwar einigen Aufwand, gleichzeitig fließen ihnen jedoch Kräfte und Energien aus der göttlichen Welt zu, und zwar weitaus mehr, als sie aufgewandt haben. Denn wenn man den anderen etwas gibt, empfängt man selbst etwas. Das entspricht wieder den beiden Dreiecken; ihr gebt nach unten und empfangt von oben.

Wenn ihr hier unter den Menschen als Dreieck des Geistes wirkt, dann gebt ihr. Gleichzeitig seid ihr dem Himmel gegenüber ein Dreieck der Materie und empfangt. Ihr gebt und empfangt,... ihr gebt und empfangt... Versteht ihr es allerdings nicht recht, so zu wirken, seid ihr bald erschöpft und bedauert nachher, etwas für die anderen getan zu haben. Daher muss man lernen, gleichzeitig das Dreieck zu sein, das der Erde etwas gibt, und das andere, das vom Himmel empfängt, also nach unten gebend und von oben empfangend.

In diesem Sinne habe ich euch die Worte Christi erklärt: »So ihr nicht seid wie die Kinder, werdet ihr nicht ins Himmelreich eingehen.« In den zweitausend Jahren haben die Christen nicht begriffen, was es bedeutet, wie ein Kind zu sein. Ein Kind ist schwach und empfindlich, was bei den anderen die Neigung weckt, es zu beschützen. Da man sich um es kümmert, hat es keine Sorgen. Die Erwachsenen und die Eltern haben hingegen alle Sorgen. Jesus wollte damit sagen, dass wir denen gegenüber, die uns voraus sind, die sich um uns kümmern, uns führen, anleiten und beschützen können, wie Kinder sein müssen. Weil ein Mensch erwachsen geworden ist, meint er, er könne nun alle Verbindungen mit denen, die höher stehen als er, abbrechen und müsse sich niemandem mehr unterordnen. Doch genau dann beginnt das Unglück auf ihn herunter zu regnen. Wir müssen denen gegenüber, die uns voraus sind, wie ein Kind bleiben. Nur unter dieser Voraussetzung werden wir voll Freude, Glück und Hoffnung ins Reich Gottes eingehen. Selbst wenn wir nicht umhin kommen, hier auf der Erde erwachsen zu werden, müssen wir im Hinblick auf unsere Eltern in der höheren Welt Kinder bleiben.

Da die Menschen noch unfrei sind, können sie diese großen Wahrheiten nicht erkennen. Denn zwischen Freiheit und Erkenntnis besteht eine Verbindung. Zwar kämpfen die Menschen für ihre Freiheit, das heißt für sie, nach ihren Neigungen und Wünschen handeln zu können und oft die schlimmsten Dummheiten zu machen. Die von ihnen angestrebte Freiheit ist nicht diejenige, die ihnen die Möglichkeit geben kann, die göttliche Welt zu erkennen, zu verstehen und zu erforschen. Sie geben sich dabei ganz im Gegenteil Aktivitäten hin, die sie binden und blenden. Wenn Kummer und Sorgen euch drücken und ihr dabei auch durch eine herrliche Landschaft oder einen wunderschönen Garten geht, werdet ihr nichts davon wahrnehmen. Aber die Menschen denken nie daran, dass sie durch zu ordinäre Beschäftigungen unfähig werden, die Herrlichkeiten des Universums mit all seinen Geschöpfen zu sehen und sich daran zu erfreuen. Erst wenn man frei wird, fängt man an, die Realität zu erkennen. Wie viele Dinge können sonst in euch vorgehen, ohne dass sie euch bewusst werden, weil ihr anderweitig beschäftigt seid!

Gelingt es euch aber frei zu werden, wie viele Erkenntnisse kommen euch dann! Zuerst fangt ihr an, in euch selbst, dann auch in den anderen, wie in einem Buch zu lesen. Auf diese Weise erlangt ihr allmählich wahre Hellsichtigkeit. Alle Wunder des Himmels und der Erde liegen vor euch, doch müsst ihr frei sein, um sie zu sehen. Das bedeutet wahre Freiheit für einen Eingeweihten. Wenn ihr hierher kommt, solltet ihr zumindest Einblick in diese Wahrheiten bekommen. Denn nachher werdet ihr erkennen, um wie viel alles leichter und einfacher wird. Glaubt ihr etwa, ich wollte meine Zeit und meine Kräfte mit unnützen Dingen vertun? Wäre dieses Thema nicht von immenser Bedeutung, würde ich gar nicht darüber sprechen. Warum sollte ich so dumm sein und nicht ebenso wie jeder andere wissen, was wichtig und was unwichtig ist?

Im Leben sieht man immer nur das Dreieck der Materie, die nur nimmt; das gilt selbst für den intellektuellen Bereich. Und so bleiben die Ideen im Gehirn der Leute stecken, ohne sich je durch Gesten, Taten oder eine Änderung des Verhaltens zu manifestieren. In der Lehre der Großen Universellen Weißen Bruderschaft lernen wir, die erhabensten Gedanken zu verwirklichen, sie in die Materie herabzuholen. Alles was man gelernt, alles was man empfangen und alles was man begriffen hat, muss man durch seine Handlungen verwirklichen. Das bedeutet es, vollkommen zu sein. Das bedeutet auch, das Reich Gottes und seine Gerechtigkeit auf der Erde zu verwirklichen.

Vidélinata (Schweiz), den 15. Februar 1978

III

Die Idee der Pan-Erde

I

Freier Vortrag

Es ist doch beruhigend, dass man immer mehr Menschen trifft, die zur Vernunft gekommen sind, sogar unter den Gelehrten und den Materialisten. Sie werden vorsichtiger und vernünftiger. Sie wagen es nicht mehr, sich zu allem mit derselben Selbstsicherheit zu äußern und von jeder Hypothese, die ein wenig von ihrem Wissen abweicht, gleich zu sagen: »Das ist doch unsinnig! Das ist ja völlig unmöglich!« Noch vor wenigen Jahren hörte man nur das Wort »unmöglich« aus ihrem Munde. Doch jetzt geben sie allmählich zu, dass die Natur selbst für sie noch einige Überraschungen bereit halten kann. Und um sich vor der Nachwelt nicht lächerlich zu machen, sagen sie: »Gewiss, das ist möglich. Warten wir's ab, dann werden wir schon sehen...!« Endlich sind sie ein wenig klüger geworden, und hoffentlich noch rechtzeitig! In einigen Jahren werden sogar alle unsere Vorstellungen übernehmen und unsere Sprache sprechen. Vielleicht nicht alle, aber letztendlich werden viele unsere Ideen annehmen, sie durchdenken, verarbeiten und weiter verbreiten. In einigen Jahren wird es zu gewaltigen Veränderungen kommen.

Sogar diese Vorstellung universeller Brüderlichkeit, die den Menschen bisher noch nie in den Sinn gekommen war, habe ich neulich im Fernsehen reden hören. Ich weiß nicht, wer der Sprecher war, denn ich habe den Apparat zu spät eingeschaltet. Doch hörte ich jemanden, der sagte, dass bei der heutigen Lage mit der großen Verbreitung der Atomwaffen die einzige Lösung die universelle Brüderlichkeit sei, wenn alle sich die Hand reichen und sich vereinen. Als ich das hörte, war ich erstaunt und begeistert, denn das ist der Beweis, dass die Idee langsam um sich greift. Eines Tages werden sich die Menschen überall genötigt sehen, inbrünstig zu verlangen, dass dies verwirklicht wird, denn es gibt keine andere Lösung.

Die Universelle Weiße Bruderschaft sendet unaufhörlich Ströme der Einheit und Brüderlichkeit aus. Und all diejenigen, die schon darauf eingestimmt sind, diese aufzufangen, werden sich eines Tages dazu entschließen, endlich etwas zu unternehmen. Das wird dann der schönste Tag in der Geschichte der Menschheit sein. Wenn alle Menschen auf der Erde eine einzige Familie bilden, welche Wandlungen können dann stattfinden! All die Milliarden, die unnützerweise in Rüstung und Spionage gesteckt werden, werden dann dafür verwandt, die Erde in einen paradiesischen Garten zu verwandeln. Zur Zeit ist man noch der Meinung, solche Ideen seien nicht zu verwirklichen. Es heißt, das sei utopisch! Doch eines schönen Tages wird es so leicht zu verwirklichen sein und auch verwirklicht werden, dass alle staunen werden. Diese Idee wird sich immer tiefer festsetzen und nach und nach von allen akzeptiert werden. Sollte sie nicht angenommen werden, ist die Menschheit dem Untergang geweiht; die Geschehnisse werden ihnen das deutlich machen. Schon jetzt gibt es große Projekte eines Pan-Europa, eines Pan-Asien, Pan-Amerika und Pan-Afrika. Zwar stellt das schon einen gewaltigen Fortschritt dar, doch wird auf diese Weise nichts grundlegend gelöst. Nur die Pan-Erde kann alle Probleme lösen. Pan-Erde bedeutet, dass die gesamte Erde wie in einer Familie vereint ist. Andernfalls wird es vielleicht nicht mehr ein Land sein, das sich gegen ein anderes erhebt, sondern ein Kontinent gegen den anderen. Wenn ganz Asien gegen ganz Europa angeht, wäre das etwa besser als jetzt?

Ja, liebe Brüder und Schwestern, ich glaube an all das Unrealisierbare. Ich glaube an das Unerreichbare und Unmögliche. An alles andere glaube ich nicht. Ich stürze mich immer auf die Dinge, die unmöglich zu verwirklichen sind, denn es sind die besten, großartigsten, edelsten und glorreichsten Dinge, und ihr könnt gar nicht anders, als mir recht zu geben. Selbst zum Staatschef kann ich sagen: »Wollen Sie wirklich groß und ruhmreich sein? Nun gut, dann verbreiten Sie als Erster die Idee der Pan-Erde, und das wird Sie unsterblich machen.«

Ja, die Verwirklichung der universellen Brüderlichkeit ist möglich, denn die Menschen haben einen technischen Entwicklungsstand erreicht, der dies ermöglicht. All die Kommunikationsmittel, die ein Ende der Welt mit dem anderen verbinden, haben die Entfernungen zwischen Ländern und Kontinenten schwinden lassen und machen die Einheit möglich.

Nun mögt ihr einwenden: »Aber es gibt noch so viele Punkte über die noch keine Einigung erzielt ist. Schauen Sie doch nur, wie es in der Europäischen Union zugeht oder im geteilten Deutschland!... Und vieles andere gibt es noch, wie könnte es da zu einer universellen Brüderlichkeit kommen? Nun, gerade diese kleinen Probleme sind am schwierigsten zu lösen. Dort, wo Nationalismus und Chauvinismus, d. h. persönliche Interessen von kleinen Gruppen eine Rolle spielen, ist es immer schwieriger als dort, wo es um eine Idee geht, die die ganze Welt betrifft. Denn jeder will für sich den Rahm abschöpfen und denkt nur an seine eigenen Interessen. Doch haben alle Menschen auf der Erde ein gemeinsames Interesse, nämlich frei in Frieden und Wohlstand zu leben. Wenn sie dieses Interesse an die erste Stelle setzen, sieht es gleich anders aus, und alles wird möglich. Der Einwand, den man also vorbringen kann, wenn man den gemeinsamen Markt mit meiner Idee der Pan-Erde vergleicht, ist daher unzutreffend, denn das ist ganz und gar nicht das Gleiche. In Brüssel müssen sie gemeinsame Preise für Weizen, Butter und Eier errechnen. Natürlich können sie sich weder verstehen noch auf einen gemeinsamen Nenner einigen. Hierbei hingegen gibt es keine Einzelheiten, über die man sich zanken könnte, denn es geht um das Wohl, die Freiheit und den Frieden aller, und darüber kann die ganze Welt sich einig werden.

Sèvres, den 28. November 1966

II

Freier Vortrag

Alle Menschen, zu denen ihr geht, sind für euch so etwas wie eine Art »Geschäft«, wo ihr hofft, ein wenig Hoffnung, Trost, Liebe und Glaube zu finden. Es kommt allerdings vor, dass ihr mit einem Fußtritt empfangen werdet. Das ist dann also ein »Geschäft«, wo es das nicht gibt, was ihr sucht, und ihr seid unglücklich. Daher besteht unsere Arbeit in der Bruderschaft darin, die Menschen anzuregen, Geschäfte aufzumachen. Ja, aber Geschäfte, die, im geistigen Sinne des Wortes, so zivilisiert und kultiviert sind, dass jeder, der dort hinkommt, die Gottheit findet. Für eine solche Menschheit arbeiten wir. Wenn sie einmal Wirklichkeit geworden ist, möchte niemand mehr allein in seiner Ecke sitzen bleiben, weil er dann bei den anderen alles findet, was er braucht. Und dann geht er glücklich wieder nach Hause, da seine Probleme gelöst sind.

Diese neue Menschheit bereiten wir in der Bruderschaft vor. Alle Brüder und Schwestern hier sind schon solche Geschäfte, jeder bringt seine Energien, seine Ausstrahlung und seine besonderen Fähigkeiten ein. Ein Bruder arbeitet an der Reinheit, und bei ihm spürt ihr, wie auch ihr rein werdet. Ein anderer ist voller Liebe, und bei ihm fühlt ihr euch zur Liebe hingeführt. Bei einem dritten werdet ihr weiser oder kraftvoller... Auf diese Weise nährt ihr euch an allen guten Eigenschaften und Tugenden, die ihr braucht, und strebt so der Vollkommenheit entgegen. Die Natur hat uns in ihrem Laboratorium so geschaffen, dass wir uns das woanders holen können, was wir zwar selbst nicht besitzen, aber dennoch benötigen. Zum Beweis kann man fragen: Warum will ein Mann eine Frau heiraten? Weil ihm bestimmte Dinge fehlen, die er nur bei einer Frau finden kann. Und das Gleiche gilt für die Frau. Sie sucht sich einen Mann, um etwas zu finden, was sie selbst nicht besitzt. Doch die Ehe ist eine unzureichende Lösung, sehr unzureichend. Nur wenn man geschwisterliche Beziehungen mit einer Gemeinschaft unterhält, kann man alles finden, was man benötigt.

Selbstverständlich kann man sich nicht als Individuum selbst aufgeben, um mit einer Gemeinschaft zu verschmelzen. Immer wird man ein Individuum bleiben, doch muss es diesem Individuum gelingen, in Harmonie mit den anderen zu schwingen und am gemeinschaftlichen Leben teilzunehmen. Man kann ein Glied der Gemeinschaft werden und dabei ein Individuum bleiben. Mann und Frau zum Beispiel werden immer zwei eigenständige Wesen bleiben, was sie auch tun mögen. Trotz der Liebe, die sie eint, werden sie immer zwei bleiben, voneinander getrennt und verschieden. Wenn sie den Bus nehmen, wenn sie ins Theater oder ins Restaurant gehen, müssen sie zwei Karten, zwei Plätze, zwei Teller nehmen. Und würden sie je sagen: »Aber nein, wir sind doch eins«, könnten sie niemanden von diesem Einssein überzeugen, und man würde sie eher in eine Anstalt einweisen. Wenn ich also davon spreche, man solle einer Gemeinschaft angehören, müsst ihr mich recht verstehen. Es geht gewiss nicht darum, sich in Stücke zu schneiden, um dann besser mit der Gemeinschaft verschmelzen zu können. Immer wird man ein Individuum mit einem Namen und einem eigenen Körper bleiben. Aber innerlich lebt man ein gemeinschaftliches, kosmisches, universelles Leben. Nur im Denken wird man eins.

Ich habe mir viele spirituelle Bewegungen angeschaut und festgestellt, dass sie bei den alten Vorstellungen geblieben sind.

Sie erkennen nicht, dass jetzt etwas Neues nötig ist, da sich das Leben ändert. Es nimmt jetzt so sehr veränderte Formen und Rhythmen an, dass die Methoden von früher für die Weiterentwicklung der Menschen nicht mehr brauchbar sind. Die Menschen sind nicht mehr die Gleichen, und darum gelingt es auch der Kirche nicht mehr, sie mit ihren alten Formen und Erklärungen zufrieden zu stellen. Vor allem die Jugend braucht etwas Neues, was die Kirche ihr nicht geben kann, da sie zu einem echten Wandel nicht bereit ist. Alle Kirchen und alle Lehren geben den Leuten Konservennahrung, ja, und zwar aus Dosen, die seit Jahrtausenden gut konserviert sind! In der Lehre der Universellen Weißen Bruderschaft gibt es keine Konserven, dort werdet ihr in ein Restaurant geführt, wo die Nahrung frisch ist, direkt aus dem Ofen.

Zur Zeit ist die Archäologie modern, und zwar Archäologie auf allen Gebieten. Überall isst man nur alte Konserven. Wenn jemand zu mir sagt: »Ich bin Maler, ich bin Musiker, ich bin Philosoph,« dann ersehe ich daraus, dass er Archäologe ist, denn er beschäftigt sich mit altem Plunder. Hier hingegen atmen und essen wir die Sonne, wir betrachten die lebendige Natur, wir verbinden uns innig mit der göttlichen Kraft von heute. Warum sollte man sich von dem abtrennen, was heute lebendig ist, um sich das zu holen, was es vor zehntausend Jahren gab? Das ist tot und vermodert. Woher kommt das Bestreben, immer wieder im alten Schutt zu graben?

Aber natürlich dürft ihr mich nicht falsch verstehen. Die Archäologie ist eine Wissenschaft, und es hat Archäologen gegeben, die außerordentliche Entdeckungen gemacht haben. Was ich sage, ist symbolisch gemeint.

Ah, ich sehe, diese Sichtweise ist neu für euch, ihr seid erstaunt. Das kommt daher, weil es um Neues geht. Alles, was ich euch sage, ist neu. Und es wird immer neu sein, das werdet ihr selbst feststellen. Und wisst ihr, warum es neu ist? Weil ich kein Archäologe bin, weil ich immer dorthin gehe, wo die Quelle hervorsprudelt und dort frisches Wasser schöpfe. Alle sind nun auf den Spuren der Ägypter, der alten Perser, der Druiden, der Bogomilen, der Katharer, und niemand schaut danach, wie die Dinge heute liegen. Sie sind stolz darauf, dass man sie für Leute der Vergangenheit ansieht, und wollen nicht lernen, was es Neues gibt, was aus der Quelle hervorströmt, die neue Botschaft, die Gott heute für sie hat. Man sieht nicht, dass Gott immer gegenwärtig ist, dass die gleichen Wahrheiten immer da sind. Man sieht es nicht, weil man Archäologe ist. Und selbst wenn heute Eingeweihte kommen, die etwas bringen, was über die Bogomilen, Katharer und Albigenser hinausgeht, werden sie nicht akzeptiert, weil sie lebendig sind.

Man muss heutzutage unbedingt die Toten aufsuchen. Die Lebenden interessieren niemanden. Was tot und untergegangen ist, wird glorifiziert. Die Lebenden aber werden verachtet; man wartet, bis sie tot sind, um ihnen dann einen Tempel zu errichten. Diese Geisteshaltung der Menschen ist doch unglaublich. Als ich noch jünger war, da war ich auch Archäologe, so wie alle anderen. Doch jetzt kommen alle Wahrheiten der Eingeweihten der Vergangenheit auf mich zu, da ich für das Neue offen bin. Und für alle, die sich jetzt dem Neuen öffnen, werden diese Wahrheiten, die ich überall erkenne, ebenfalls sichtbar. Warum hat sie bisher noch niemand gesehen?

Ihr werdet nun sagen: »Aber dieses neue, gemeinschaftliche und brüderliche Leben, das Sie uns vorstellen, das ist zu weit weg, zu schwer begreifbar.« Wieso schwer begreifbar? Hundert Menschen, die euch so voller Liebe anschauen, dass ihr sterben könntet vor Glück, ist das schwer zu begreifen? Gestorben und begraben, aber vor Glück, das ist doch besser, als wegen Zorn und Hass zu sterben. Man weiß ja noch gar nicht, was alles an Göttlichem im Menschen steckt und noch zum Vorschein kommen kann. Glaubt ihr nicht, dass das hübsche Mädchen, dem ihr auf der Straße begegnet, darauf brennt, euch all das zu zeigen, was sie an charmanten und liebenswerten Dingen in ihrem Herzen trägt? Gewiss wartet sie nur darauf, doch kann sie es nicht. Sie muss es verheimlichen und verbergen, weil sie diesen idiotischen Archäologen gehorchen muss, die ihr in ihrem altertümlichen Verständnis der Dinge gesagt haben, man dürfe einem Unbekannten nicht zulächeln und müsse immer misstrauisch sein. Aus diesem Grund ist die wahre Menschheit noch nicht erschienen. Die böswillige Menschheit dagegen, die ist da, und darum ist man noch auf der Stufe von Höhlenbewohnern, trotz aller Kultur und Zivilisation.

In der kommenden neuen Zeit werden die Menschen alles Gute, das sie in sich tragen, ohne Angst vor Gefahren und Schäden zum Vorschein kommen lassen, und das wird dann das Reich Gottes auf Erden sein. Überall wird Liebe, Gesang und Freude sein. Ihr sagt: »Na, das wird ja Ausschweifungen geben!« Nein, gerade jetzt wird ein lasterhaftes Leben geführt, weil man die wahre Liebe nicht kennt. In einer Welt, in der sich alle lieben, haben es die Menschen nicht mehr nötig, übereinander herzufallen, um ihre Begierden zu befriedigen. Die wahre Liebe hindert den Menschen daran, auf die Stufe der Tiere herabzusinken. Sucht die wahre Liebe, und ihr werdet keine Dummheiten mehr machen, weil ihr euch dann erfüllt fühlt, ihr schwimmt im Glück.

Ganz allein kann man jedoch nicht viel finden. Aber in der Gemeinschaft findet man sehr viel mehr. Schaut doch nur, wenn ihr mutlos, enttäuscht oder müde seid, dann kommt ihr in die Bruderschaft, seht dort einige frohe Gesichter voller Schwung und Begeisterung, und kurz darauf schöpft ihr schon wieder Mut. Bleibt ihr hingegen ganz allein in einer Ecke hocken und jammert vor euch hin, kann das jahrelang so bleiben, und niemand wird kommen um euch zu trösten. Warum ist man so dumm, das nicht zu begreifen? Es heißt nur: »Danke, die Gemeinschaft brauche ich nicht, ich komme sehr gut allein zurecht.« Gut, macht nur weiter so, ihr werdet schon sehen, was euch erwartet. In sehr jungen Jahren haben die Menschen bereits ihre eigenen Vorstellungen, Pläne und Systeme, und sie glauben felsenfest, alles würde so kommen, wie sie es sich denken. Aber wie viele Männer und Frauen, ja, sogar große Philosophen haben nach einigen Jahren ihre Lebensanschauung geändert, weil sie zugeben mussten, dass sie sich geirrt hatten.

Selbstverständlich kann man sich auch allein wohl fühlen. Aber das ist wie bei einem Burschen, der allein ganz glücklich ist, bis ihm eines Tages ein entzückendes Mädchen begegnet. Und wenn er nun dieses neue Glücksgefühl mit dem früheren vergleicht, als er allein war, findet er es jetzt doch besser. »Oh, ja, bei meiner Blonden ist es doch sehr viel besser als ganz allein.« Und »bei meiner Blonden«, das ist schon der Anfang der Gemeinschaft, denn bald darauf stellt sich eine ganze Kinderschar ein. Allerdings gibt es Leute, die aus Egoismus nicht heiraten wollen, damit sie nicht für eine Familie arbeiten müssen. Sie wissen nicht, dass sie gar nicht das Recht haben, aus solch einem Grunde keine Ehe einzugehen, und sie werden einmal dafür bestraft werden. Man kann zwar der Ehe entsagen, doch sollte das aus einem göttlichen Grund sein. Sonst ist es besser zu heiraten und Kinder zu haben, und zumindest etwas für Andere zu tun und nicht wie ein Kuckuck als Egoist allein zu bleiben.

Man muss den Menschen zeigen können, dass ihr Vorteil im kollektiven Leben liegt. Denn das Wort Vorteil, das verstehen sie. Ihr könnt ihnen alle Wahrheiten der Welt präsentieren, doch ist es ungewiss, ob sie das überzeugen wird. Nur in wenigen Ausnahmefällen ist die Wahrheit kein sehr zugkräftiges Argument. Könnt ihr jedoch jemandem klar machen, was für ihn von Vorteil ist, dann ist es geschafft, dann ist er für immer und ewig überzeugt. Aber die Wahrheit?

Wie oft bin ich doch vor Jahren auf Empfängen wirklich großartigen, gebildeten und kultivierten Leuten begegnet. Ich kam mit ihnen ins Gespräch, und dabei habe ich beispielsweise oft etwas wie das folgende erlebt: Ich treffe einen älteren Herrn, der zu mir sagt, er suche nach der Wahrheit. Ich zeige mich begeistert, ja entzückt, denn nach der Wahrheit suchen ist doch etwas Ehrenvolles, nicht wahr? Es ist rühmlich! Ich frage ihn: »Und Sie haben sie noch nicht gefunden?« – »Nein.« – »Und Sie suchen weiter nach ihr?« – »Ja.« – »Oh, ja, das ist aber wunderbar! Aber ist die Wahrheit denn so schwer zu finden? Wie alt sind Sie, mein Herr?« – »Ich bin fünfundsiebzig.« – »Und Sie haben die Wahrheit noch nicht gefunden?« – »Nein.« In diesem Augenblick ändert sich mein Gesichtsausdruck. »Also, hören Sie einmal, mein Herr, ich muss Ihnen sagen, dass Sie schon mehrfach in Ihrem Leben der Wahrheit begegnet sind, diese jedoch nicht akzeptiert haben, und zwar aus folgenden Gründen.« – Er sieht mich ganz erstaunt an. – »Ja, mein Herr, ich sage, die Wahrheit ist sehr leicht zu finden. Sie ist überall, und sie ist Ihnen begegnet, Sie haben sie gesehen und gehört, doch niemals akzeptiert, weil Sie sehr viele andere Dinge im Kopf haben als die Wahrheit. Sie suchen eine Wahrheit, die Ihnen genehm ist. Wenn Sie dann aber »die« Wahrheit antreffen, sagen Sie, da es ja nicht die gesuchte ist: Nein, nein, ich suche eine andere Wahrheit, eine, die mir Geld und Vergnügen bringt. Ich will ihr Herr und sie soll meine Dienerin sein. – Doch die Wahrheit ist keine Dienerin, sie ist eine Prinzessin, der man selbst dienen muss. Nur wollen Sie das nicht, denn Sie wollen sich bedienen lassen. Darum suchen Sie gar nicht die Wahrheit, mein Herr, Sie suchen eine Dienerin, die alle Ihre Launen befriedigen soll. Hätten Sie wirklich die Wahrheit finden wollen, wäre das schon längst geschehen, denn sie ist immer gegenwärtig. Noch heute könnten Sie sie finden, aber Sie wollen ja gar nicht.« Was für eine Unterhaltung, nicht wahr? Aber ich will euch nicht sagen, wie es dann weiterging.

Man muss den Menschen also zeigen, dass es für sie vorteilhaft ist. Man muss ihnen zeigen, dass das Leben in der Gemeinschaft ein Schatz ist, ein Segen. Jeder bringt durch seinen Gesichtsausdruck, seine Augen, seine Stimme, sein Denken etwas ein, strahlt etwas aus. In dieser Art und Weise zu leben, finde ich seit vielen Jahren meine Nahrung. Die Brüder und Schwestern bringen mir eine solche Liebe entgegen! Nun werdet ihr sagen: »Ja, Ihnen gewiss, aber uns?« Auch euch, wenn ihr es versteht, euch entsprechend zu verhalten, werdet ihr so viel Liebe von allen anderen empfangen, dass ihr davon überströmt, wenn ihr wieder fortgeht. Wer hindert euch denn daran? – »Meine Frau wird eifersüchtig sein, sie wird es nicht zulassen, dass eine andere mir ihre Liebe schenkt.« – Dann versteht ihr mich falsch. Es geht hierbei nicht um die Liebe einer anderen Frau, sondern um die aller Brüder und Schwestern in der Bruderschaft. Daraus kann sie euch keinen Vorwurf machen, da muss man nicht eifersüchtig sein, denn auch sie wird diese Liebe empfangen.

Aber die Leute verstehen nicht zu leben. Sie bauen sich irgendwo ein kleines Nest und meinen, damit sei alles geregelt. Nein, sie verstehen einfach nicht zu leben. Schaut doch nur, wenn die ganze Welt in Brüderlichkeit und Liebe zusammenleben würde, könnte jeder in alle Länder reisen und würde wie in einer Familie überall mit offenen Armen aufgenommen werden. Jetzt hingegen ist man außer in seinem Land überall ein Ausländer, die Türen sind verschlossen, und niemand nimmt einen auf, wie es mir in einer Winternacht während des Krieges passiert ist.

Eines Abends nahm ich recht spät den Zug am Bahnhof Saint-Lazare, um nach Sèvres heimzufahren. Ich weiß nicht, wie es kam, denn ich war am gleichen Platz wie gewöhnlich in den Zug eingestiegen, aber plötzlich merkte ich, dass ich nicht in die richtige Richtung fuhr. An der nächsten Station stieg ich aus, doch gab es schon keinen Zug mehr, um nach Sèvres zu kommen. Ich ging zu einem Schalter, um einem Bediensteten zu erklären, was mir passiert war und zu fragen, ob es wohl irgendwo ein Hotel gab oder sonst einen Ort, wo ich unterkommen konnte. Er hörte gar nicht zu, gab keine Antwort, sondern schloss den Schalter. Er hatte sicher Angst wegen meines ausländischen Akzents. Zu der Zeit fühlten die Leute sich nicht sicher, es war die Zeit der Besetzung. Ich versuchte also, mich anderweitig zu erkundigen, doch war alles geschlossen. Die Leute hatten sich richtig verbarrikadiert. Wo sollte ich hingehen? Ich lief durch die Straßen und fragte mich, was ich tun sollte. Es ist nichts weiter dabei, eine Nacht draußen zu verbringen, man kann meditieren. Was ist schon eine Nacht? Aber an diesem Abend war es sehr kalt, und mein Mantel war nicht sehr dick.

Ich setzte mich auf eine Bank und begann zu beten, dass die unsichtbare Welt mir helfen möge. Einige Minuten darauf hörte ich Schritte, die näher kamen. Daran, wie sie auf dem Pflaster hallten, erkannte ich, dass es eine deutsche Patrouille war. Ich sagte mir: »Wenn ich fortgehe, werden sie es bemerken, und das wird ihnen gewiss verdächtig vorkommen.« Ich ging daher zügig auf sie zu und erzählte, was mir passiert war. Sie konnten französisch und mussten gespürt haben, dass ich die Wahrheit sagte. Sie nahmen mich mit zu einem Gebäude, an dem sie an die Tür klopften, und oben ging ein Fenster auf. Ich bekam nicht mit, mit wem sie eigentlich sprachen, doch fingen sie auf jeden Fall an, der Person am Fenster meine Lage darzulegen. Doch plötzlich wurde das Fenster ohne Antwort wieder geschlossen. »Nun gut,« sagten sie, »dann kommen Sie mit uns mit.«

Sie führten mich zu einem Schloss, in dem viele Leute waren, ich nehme an, deutsche Offiziere, und dann gaben sie mir in einem Zimmer ein Bett. In einem anderen Bett daneben schlief ein Deutscher, der von Zeit zu Zeit erwachte und etwas zu mir sagte, was ich jedoch nicht verstand, da ich kein Deutsch konnte. Ich lag in meinem Bett, konnte aber nicht schlafen, da ich mir viele Gedanken über dieses seltsame Erlebnis machte, mitten im Krieg von den Deutschen beherbergt zu werden! Am nächsten Morgen lud mich einer zum Frühstück ein. Niemand stellte mir Fragen, und darüber war ich sehr erstaunt. Ich dachte, man würde zumindest fragen, was ich denn da bei ihnen machte. Aber nein, nichts dergleichen, und nach dem Frühstück brachte mich einer von ihnen zum Bahnhof zurück. Warum sind sie wohl so freundlich zu mir gewesen, während kein Franzose mich auch nur anhören wollte?

Wenn die Menschen absolut nicht einsehen wollen, dass die Verbrüderung aller Völker für sie vorteilhaft ist, dann wird ihnen das Leben selbst entsprechende Lektionen erteilen, und das Leben kann schrecklich sein! Warum werden heutzutage noch Vorstellungen aufrechterhalten, die aus der Steinzeit stammen, als die Menschen, um zu überleben, hauptsächlich damit beschäftigt waren, Nahrung zu suchen und sich vor der Witterung, vor wilden Tieren und ihren Artgenossen zu schützen? Da die Menschheit doch nun eine gewaltige Strecke auf dem Weg der Kultur und Zivilisierung zurückgelegt hat, muss ein Wandel stattfinden. Alle Voraussetzungen sind dafür gegeben, dass sich die universelle Brüderlichkeit in der Welt durchsetzt. Das einzige Hindernis besteht im mangelnden guten Willen der Menschen, die von ihren alten Neigungen nicht ablassen wollen. Sie geben ihr Einverständnis nicht, sie wollen an dieser Aufgabe nicht mitwirken, sie halten sich immer abseits, und jeder kümmert sich lediglich um seine Privatangelegenheiten. Alles andere interessiert sie nicht. Wie sollte die weltweite Brüderlichkeit unter diesen Umständen verwirklicht werden? Würde hingegen jeder mitziehen, wäre es schnell geschafft.

Denn das Wichtigste ist die Einmütigkeit. Meint ihr denn, dass zum Beispiel Hitler besonders außergewöhnliche Eigenschaften besaß? Die hatte er gewiss nicht, zudem war er ein kranker, ein wahnsinniger Mensch. Doch hat er die Chance genutzt, das Einverständnis von Millionen von Deutschen zu haben, und dadurch hat er so große Macht erlangt. Er selbst besaß gar keine besondere Stärke, aber das Mitziehen der anderen hat ihn für einige Zeit fast zum Herrn der Welt gemacht. Und nun könnte sich dieses Prinzip wiederholen, würde dieses Mal die Zustimmung nicht einem Hitler sondern einem Eingeweihten gegeben, um die weltweite Vereinigung zu verwirklichen. Dann würdet ihr die Ergebnisse schon sehen! Doch leider sind alle sofort bereit mitzumachen, wenn es darum geht, zu verwüsten, zu plündern und Feuer zu legen. Für eine göttliche Idee macht jedoch keiner einen Finger krumm. Stellt euch nur einmal auf die Straße und fangt an, eine Rede gegen die Regierung oder gegen die Reichen zu halten. Sofort wird eine Menge zusammenlaufen, bereit, euch zu unterstützen und alles zu demolieren. Sprecht hingegen von Christus und vom Reich Gottes, und niemand wird stehen bleiben außer zwei oder drei Mütterchen, die gerade nichts Besseres zu tun haben. Und würde ich einen Verein für Zahnlose, für Kahlköpfe oder für Dickbäuche aufmachen, hätte ich Millionen von Anhängern. Aber mit dieser Idee des Gottesreiches habe ich keinerlei Erfolg.

Glaubt aber nicht, ich sei so naiv, dass ich nicht wüsste, wie schwierig es ist, die Menschen für das Gute zu überzeugen und sie mitzuziehen. Aber darf ich mich durch die Schwierigkeiten davon abhalten lassen, es wenigstens zu versuchen? Ich weiß, die Hauptschwierigkeit ist, die Menschen dazu zu bringen, auf manche Amüsements und Vergnügungen zu verzichten, mit denen sie nur ihre Zeit vergeuden und sie in eine gigantische und nützliche Arbeit einzuspannen. Aber das ist kein Grund für mich, aufzugeben und nicht einmal mehr davon zu sprechen. Also, ganz so naiv bin ich nicht, zwar schon ein bisschen, aber doch nicht in dem Maße. Ich weiß, dass meine Forderung fast nicht zu realisieren ist, doch es muss getan werden. Und wann wird es verwirklicht sein? In einiger Zeit, wenn die Schwierigkeiten größer werden und die Leute nicht mehr miteinander auskommen können und dann wirklich nach Lösungen suchen. Nun, und dann werden sie die Lehre der Universellen Weißen Bruderschaft finden. Etwas anderes gibt es nicht zu finden. Und darin haben sie alle Methoden, um die Situation zu verbessern.

Lyon, den 6. März 1966

III

Freier Vortrag

Lesung des Tagesgedankens:

»Die Menschheit ist wie ein Körper, in dem jedes Land ein Organ mit lebendigen, aktiven Zellen darstellt. Aber die Organe der Menschheit sind nicht von der gleichen Intelligenz und der gleichen Selbstlosigkeit beseelt wie die Organe des physischen Körpers, da jeder nur für sich selbst und zum Nachteil seiner Nachbarn tätig ist. Die Arbeitsweise des Organismus wurde von einer höheren Intelligenz festgelegt. Das Zusammenspiel der Menschheit dagegen ist das Werk menschlicher Intelligenz, und deshalb funktioniert die Sache nicht. Dieser Organismus ist krank, er liegt im Sterben. Daher muss man sich am Beispiel des Menschen orientieren, den die Natur geschaffen hat. Man muss seine Arbeitsweise erforschen und sehen, wann er gesund und wann er krank ist und dabei begreifen, dass dieselben Regeln für die Menschheit gelten.

Wenn das Gehirn sich wohl fühlt und das Herz weit ist, fühlen sich sogar die Füße wohl. Ihr könnt es spüren, wie eure Füße sich freuen, selbst die Zehen haben daran teil. Sind hingegen die Füße kalt, muss die arme Nase niesen! Ja, wenn die Füße kalt werden, fängt die Nase an zu niesen. Braucht ihr noch weitere Beispiele?

Wenn es also einem Organ gut geht, spüren das auch alle anderen und freuen sich mit ihm. Und wenn ein Organ bedrückt ist, geraten auch die anderen unter Druck. Lediglich die Menschen freuen sich, wenn ein Land in die Klemme gerät, weil sie ungesunde Zellen und ungesunde Organe sind.«

Warum haben die Politiker, die Wirtschaftswissenschaftler und die Philosophen nicht den menschlichen Organismus als Ausgangspunkt ihrer Studien genommen? Denn alles ist darin enthalten. Jahrtausende lang kann man ihn erforschen, ohne je mit seinen Entdeckungen in der unermesslichen Fülle all dessen, was man aus ihm herauslesen kann, zu einem Ende zu kommen. Wie oft habe ich euch schon gesagt: Unser Organismus ist eine Zusammenfassung des gesamten Universums.

Wenn man den Körper beobachtet, lässt sich feststellen, dass sich immer dann Mängel und Anomalien einstellen, wenn die Organe nicht im Hinblick auf ein gemeinsames Ziel selbstlos und zum Wohl des gesamten Körpers zusammenarbeiten. Ebenso wie bei den Menschen, die alles für sich horten und den anderen nichts abgeben wollen, so gibt es auch Zellen, die sich nicht einfügen und für die anderen tätig sein wollen. Sie halten die Nahrung und die Energien für sich selbst zurück und bilden so Tumore und Krebsgeschwüre, da sie gesetzlos und egoistisch geworden sind. Und wer hat sie so beeinflusst? Der Mensch selbst! Sie folgen dem Beispiel ihres Herrn und machen es ihm nach. Er hat also selbst die Disziplinlosigkeit in seine Zellen hineingebracht, indem er ihnen ein schlechtes Beispiel gab.

Die kosmische Intelligenz hat es so festgelegt, dass alle Organe wie Magen, Herz, Lungen usw. uneigennützig für das Wohl des Ganzen arbeiten sollen. Wie konnte man übersehen, dass es der Uneigennützigkeit, der Opferbereitschaft und der Selbstlosigkeit zu verdanken ist, wenn der Mensch lebt und gesund ist? Darum legen die Eingeweihten auch so großen Wert auf diese Eigenschaften. Denn durch Uneigennützigkeit erreicht man schließlich tausendmal mehr als durch Egoismus. Ist man egoistisch, bildet man sich ein, etwas dabei zu gewinnen, doch tatsächlich macht man sich nur krank damit. Die Menschen sind ständig darum bemüht, ihren Nachbarn zu übervorteilen, und auf diese Haltung sind sie sogar noch sehr stolz. Ich aber schaue mir an, was der Organismus dazu sagt, und ich lese aus ihm heraus, dass sie alle Schiffbruch erleiden werden. Denn durch eine solche Haltung lässt man Keime des Verfalls in sich hinein. Jetzt mögt ihr sagen: »Nun ja, aber mit Selbstlosigkeit und Opferbereitschaft kann man nicht leben, damit geht man zugrunde.« Nein, gerade dann öffnet ihr euch für Gesundheit, Harmonie und für die Auferstehung zum ewigen Leben.

Aber die Menschen sind so tief gesunken, dass sie schon nicht mehr erkennen können, was völlig offensichtlich ist. Wären sie nur bereit, sich mit den Gesetzen der Natur zu befassen, würden sie zu den gleichen Feststellungen kommen. Denn es gibt diese Gesetze und es ist höchste Zeit, sie kennen zu lernen und sich danach zu richten. Aus diesem Grunde arbeiten wir auch unentgeltlich. Seit Jahren arbeite ich schon unentgeltlich für eine Idee. Wenn mir von irgendwoher etwas zufällt, nehme ich es natürlich an – allerdings auch nicht immer – doch nie habe ich etwas dafür verlangt oder gefordert. Die Menschen sind nicht imstande, unentgeltlich zu arbeiten, für alles muss man sie bezahlen. Darum sind sie krank und unglücklich, denn sie haben den Keim in sich hereingelassen, der ihren Zellen den Verfall bringt. Nun werdet ihr sagen: »Aber es ist doch unmöglich, unentgeltlich zu arbeiten, wir haben Familie, wir haben Kinder!« Selbstverständlich, das verstehe ich, aber für mich habe ich das Problem gelöst. Schaut einmal, wie viel die Ärzte für fünf Minuten in ihrer Sprechstunde verlangen! Meine Ratschläge sind sehr viel nützlicher, und doch nehme ich niemals Geld dafür. Täte ich das, dann wäre ich mehrfacher Milliardär!

Ihr müsst lernen, unentgeltlich zu arbeiten, liebe Brüder und Schwestern. Und dann werdet ihr sogar erleben, dass alle, wenn sie bemerken, wie strahlend und lichtvoll ihr durch euren Idealismus und eure Uneigennützigkeit geworden seid, euch gar nicht mehr so gehen lassen werden, sie werden euch mehr geben, als ihr verlangt hättet. Das wird wohl nicht gleich passieren, das ist klar, doch mit der Zeit werden sie eure Qualitäten bemerken. Und falls sie euch ausgenutzt haben, werden sie das schließlich bereuen und euch dafür entschädigen.

Da dem Schüler jedoch bewusst ist, wie ungerecht und geizig die Menschen sind, weiß er von vornherein, dass seine Arbeit, seine Hingabe und seine Selbstlosigkeit niemals ihrem wahren Wert entsprechend geschätzt werden. Darum hat er keine Erwartungen. Er weiß, dass nur der Himmel ihn belohnen kann. Und was der ihm gibt ist mehr wert als Geld. Was ist denn schon Geld? Es kann euch weder Glück, Frieden noch Licht bringen. Arbeitet ihr jedoch für eine göttliche Idee, dann trägt euch der Himmel gleich irgendwo in seine Register ein, und er wird euch niemals im Stich lassen wie die Menschen. Er wird euch das schicken, was am kostbarsten ist: Freude, Inspiration und innere Weite. Ist das nicht tausendmal mehr wert als ein paar Mark Lohn?

Man bezahlt die Leute, und dann liebt man sie nicht mehr. Warum sollte man ihnen noch Liebe schenken, wenn man sie schon bezahlt hat? Manchmal verabscheut man sie sogar und hält sich auf Distanz. Diejenigen, die bezahlt werden, spüren oft, dass sie nicht geliebt werden. Sie bekommen also das Geld, aber nicht die Liebe der anderen. Und so sind sie trotz ihres Geldes unglücklich, denn es gibt nichts Schlimmeres, als der Liebe zu entbehren. Wenn sie also geliebt werden wollen, müssen sie ein wenig unentgeltlich arbeiten. Dann wird man sie auch mit Liebe bezahlen. In der Zukunft wird das meist geschätzte Zahlungsmittel die Liebe sein.

Ihr seht, die Menschen denken nicht nach. Sie wissen nicht, wie sie es machen sollen, um glücklich zu sein und ins himmlische Licht einzutauchen. Sie sagen: »Ich pfeife auf die Liebe der anderen, ich will nur Geld, damit ich alles machen kann, was mir gefällt, gut essen, reisen, mit Frauen schlafen.« Das interessiert sie, aber die Liebe der anderen? Diejenigen, die hauptsächlich auf Geld aus sind, sind weder feinfühlig noch spirituell. Sie haben sehr niedere Bedürfnisse und brauchen daher Geld, um sie zu befriedigen. Hätten sie den Wunsch im Sinn, dem Himmel zu dienen, würden sie sich nicht so sehr auf alles Mögliche einlassen und bräuchten auch nicht so viel Geld.

Ich bin nicht gegen das Geld. Wenn die Leute für ihre Arbeit bezahlt werden, habe ich nichts dagegen, das ist in Ordnung. Ich arbeite jedoch unentgeltlich, weil ich erkannt habe, was für ein unermessliches Glück es bedeutet, Tag und Nacht zu arbeiten, ohne von den Menschen etwas zu erwarten. Ihr wisst nicht, was ich dafür bekomme! Es ist zwar nicht materiell, nicht sichtbar, aber es steht über dem Geld, und man kann es sich nur durch Uneigennützigkeit kaufen. Mit Uneigennützigkeit könnt ihr Himmel und Erde kaufen. Ihr gebt euer Herz, eure Seele, eure Gedanken, euren Willen, eure Gesundheit, euer Leben in die Hände der Geister der höheren Welt und sagt: »Bitte, alles soll euch dienen, ich gebe euch mein Leben.« Denn nichts ist wertvoller als das Leben; ein solches Opfer übertrifft alles andere. Und da dort oben Gerechtigkeit herrscht, können sie nicht anders, als euch ein Stückchen von ihrem himmlischen Glück abzugeben. Wollt ihr jedoch nichts geben, könnt ihr auch nichts erwarten; dann werden auch sie euch nichts geben. Hier auf der Erde, unter den Menschen, da kann man mogeln und betrügen, aber bei diesen hohen Wesen ist es anders. Wenn man nichts gibt, bekommt man auch nichts. Denkt einmal an Weizen, wenn ihr ihn für euch behaltet und nicht aussät, dann verschimmelt er oder die Ratten fressen ihn.

Der Schüler muss dem Himmel sein Leben übergeben und sagen: »Nehmt mein Leben an, es steht euch für das Reich Gottes, für das Licht und das Glück in der Welt zu Diensten.« In diesem Augenblick sind die Geister der höheren Welt so sehr erstaunt, unter den vier Milliarden Menschen auf der Erde einen so etwas sagen zu hören, dass sie von allen Seiten herbeieilen, um ihn zu sehen und zu hören. Sie versammeln sich sehr selten, doch nun sind sie voller Begeisterung und Jubel darüber, dass ein Wesen der Erde sein Herz, seine Seele, sein ganzes Leben in ihre Dienste stellt.

Ja, so etwas ist sehr selten, denn alle wollen alles für sich behalten. Wie sagt doch ein Mädchen heute: »Ich will mein Leben leben!« Gewiss wird sie es leben, die Frage ist nur wie. Unter Heulen und Zähneknirschen! Warum will sie ihr Leben nicht dem Herrn geben? Der Herr könnte es so viel besser nutzen als sie. Er würde ihr intelligente Wesen schicken, die sie rechtes Handeln lehren, damit sie das ewige Leben erlangt. Durch ihr Wollen hingegen, »ihr Leben« zu leben, wird sie sich von Sinnlichkeit leiten lassen und Dummheiten machen, denn von allein wird sie niemals aufgeklärt noch geführt werden. Und so steuert sie darauf zu Schäden anzurichten, die sie nicht wieder in Ordnung bringen kann. Wie viele junge Männer und Frauen reden davon, ihr Leben zu leben. Wenn sie diese Aussage irgendwo hören, finden alle sie völlig legitim. Aber für die Eingeweihten bedeutet diese Aussage, dass all diese Jugendlichen sich in die Zahl der Unwissenden und der Unglücksraben einreihen, die einfach nicht wissen, was dadurch auf sie zukommt.

Oh, Herrgott, wie können es die Brüder und Schwestern schaffen, mich zu verstehen? Gib mir die schlagkräftigsten und großartigsten Argumente und Bilder, damit sie endlich, zum ersten Mal in ihrem Leben wirklich ergriffen sind! Ja, ich bete zum Himmel, er möge mir helfen, euch begreiflich zu machen, wo euer Glück ist und wo euer Vorteil ist. Euren Vorteil findet ihr in der Uneigennützigkeit.

Zwar stellen manche bisweilen einige Minuten ihrer Zeit unentgeltlich zur Verfügung, doch behalten sie den Rest für sich, denn sie wollen noch persönlichen Freuden und Vergnügungen nachgehen. Es sind nicht viele, die dieses Problem wirklich gelöst haben. Man bemüht sich wohl hier und da ein wenig, es werden einige Opfer gebracht und es wird auch mal auf etwas verzichtet, doch muss ich leider sagen, dass es nicht viele sind, die sich bereit finden, sich ganz und gar in den Dienst des Lichtes zu stellen. Das Bewusstsein ist noch nicht weit genug, um zu erfassen, wie großartig eine solche Arbeit ist. Die meisten sind noch zu sehr in ihren alten Vorstellungen gefangen, in Furcht und Berechnungen, und sie stehen noch zu sehr unter dem Einfluss von Familie und Gesellschaft.

Obwohl ich so rede, weiß ich doch genau, wie schwierig die Sache ist. Um es so weit zu bringen, von Jugend an dem Herrn sein ganzes Leben zu weihen, muss der Schüler schon in früheren Inkarnationen sehr viel darauf hingearbeitet haben. Sonst ist es nicht möglich. Selbst wenn er will, kann er es nicht, weil dann sein inneres Wesen bei der Vorstellung, sein Leben zu weihen, nicht mitschwingt, sich nicht freut und sich nicht inspiriert fühlt. Das sagt ihm einfach nicht zu, er hat ganz im Gegenteil sogar Angst dabei. Es ist gar nicht möglich, dass alle Menschen diese Idee erfassen. Selbst wenn man sie theoretisch oder philosophisch begreift, kann man sie doch nicht verwirklichen, weil das ganze Wesen in andere Richtungen strebt, es hat andere Bedürfnisse, andere Wünsche und sucht andere Freuden.

Für die meisten ist es also sehr schwierig, sich zu weihen. Doch andere, sie sind allerdings sehr selten, kommen bereits mit dieser Vorstellung auf die Erde. Schon in jungen Jahren fühlen sie sich geweiht. Niemand hat sie dazu genötigt, sie selbst finden Gefallen daran. Von diesem Augenblick an stehen sie unter dem Schutz des Himmels. Das Licht zeigt ihnen den Weg, sie werden geführt, und was ihnen auch zustoßen mag, selbst in den größten Prüfungen, sind sie immer geschützt und werden immer errettet. Die großen Prüfungen werden ihnen nicht geschickt, um sie kaputt oder zunichte zu machen, sondern nur, damit sie daran erstarken, damit sie den Gipfel erreichen und Siege und Triumphe erringen.

Aber diejenigen, die sich schon sehr jung geweiht haben, dürfen nicht meinen, sie bekämen nur die angenehmen Seiten des Lebens zu spüren, ohne Lektionen und Prüfungen durchzumachen. Der Himmel, der sich um sie kümmert, lässt nicht zu, dass sie sich einem leichten, sorglosen und bedeutungslosen Leben hingeben. Wer sich weiht, muss wissen, dass er geprüft wird. Diese Prüfungen sollen keine Strafe sein und sollen ihn auch nicht erdrücken, sondern ihn stufenweise dahin führen, dass er sich entwickelt, entfaltet und in sich Fähigkeiten erweckt, was niemals geschehen würde, bliebe er immer in Sorglosigkeit und Wohlstand. Wenn ihr die Biographien all der großen Eingeweihten lest, die sich dem Himmel geweiht haben, werdet ihr sehen, was sie durchgemacht haben! Manche von ihnen wussten, dass es gut für sie war, sie lehnten sich nicht dagegen auf und ließen sich auch nicht davon in die Knie zwingen. Sie wussten, dass sie dank dieser Prüfungen Göttlichkeit erlangen würden. Doch andere, die darüber noch keine Klarheit besaßen, litten bisweilen sehr und lehnten sich dagegen auf. Sie begriffen nicht, warum der Himmel so hart gegen sie war, obwohl sie doch alles hingegeben hatten und von Liebe und Selbstlosigkeit erfüllt waren.

Was den Spiritualisten also oftmals fehlt, ist das wahre Wissen. Sie meinen, wenn sie sich einmal geweiht haben, würden sie nur noch Bäche von Milch und Honig fließen sehen, auf Rosenteppichen gehen und mit Lorbeerkränzen empfangen werden. Zwar kann man solche Versprechen in der Bibel lesen, und es ist auch wahr, dass dies einmal geschehen wird, doch erst, wenn sie alle Prüfungen hinter sich haben! Viele Spiritualisten wissen nicht, warum Gott so hart mit ihnen umgeht, obgleich sie doch Gutes tun. Sie verstehen das nicht und sind darüber empört. Hier bei uns werden euch die Dinge im rechten Licht gezeigt, damit ihr wisst, dass es zu eurem Wohl ist, falls euch so etwas zustößt. Selbst wer noch so gerecht, rein, edel, licht- und liebevoll ist, muss manche Prüfungen durchmachen. Das bedeutet aber nicht, dass Gott ihn verlassen hat.

Es ist anzunehmen, dass selbst Jesus dieses Gefühl der Verlassenheit durchlebt hat, denn am Kreuz sagte er: »Mein Gott, warum hast Du mich verlassen?« Wie konnte er, der so erhaben und lichtvoll war, so etwas sagen? In Wirklichkeit hatte Gott ihn niemals verlassen; ständig war Er bei ihm. Aber wie die Christen auch darüber denken mögen, Jesus war nicht Gott selbst. Als er im Garten Gethsemane sagte: »Vater, so es möglich ist, möge dieser Kelch an mir vorübergehen,« wusste er doch, dass es so geschrieben stand, dass er sterben müsse. Trotzdem hätte er das lieber vermieden. Er betete, und in den Evangelien heißt es, »es wurde aber sein Schweiß wie große Blutstropfen«. Er stand also unter unvorstellbar großer Spannung bei dem Gedanken an das, was ihm geschehen sollte.

Ich sage das nicht, um die Größe Jesu herabzusetzen. Niemand erkennt seine Größe mehr an als ich. Doch Jesus war Mensch, und tief im Inneren des Menschen gibt es immer ein wenig Furcht und Angst angesichts von Leid und Tod. Doch dann erschien ein Gesandter des Himmels, der ihn tröstete und sprach: »Dein Gebet wurde erhört, der Herr weiß um dein Leid, doch so ist es verfügt. Diese Prüfung hat einen Grund, den du kennst. Das Geschehen ist für die kommenden Jahrhunderte von Bedeutung, denn die ganze Menschheit soll von deinem Opfer Nutzen haben.« Da akzeptierte Jesus und sagte: »Herr, nach Deinem Willen soll es geschehen, nicht nach dem meinen.« Wenn die Prüfungen kommen, ist es gar nicht so einfach, sie hinzunehmen und zu sagen: »Dein Wille geschehe... Ich sehe ein, dass es zum Guten ist. Wenn es auch nicht zu meinem persönlichen Wohl ist, so doch zum Wohl der Menschheit.« Um so sprechen zu können, muss man schon sehr weit entwickelt sein, sehr erhaben.

Was ich euch heute sage, müsst ihr euch gut merken. Wenn ihr nicht für das Gute arbeitet, euch nicht dieser Aufgabe geweiht habt, dann werden die Prüfungen, die ihr durchzumachen habt, nichts weiter als Strafen für begangene Verfehlungen sein. Und es sind nie die gleichen Prüfungen wie für das Gute. Wenn sie kommen und ihr nicht wisst, wie ihr standhalten könnt, werden sie euch bis in die Hölle hinabziehen und ihr werdet zu einem Dämon. Ja, es gibt solche und solche Prüfungen. Wenn der Mensch zur Ehre Gottes tätig ist, sind die Prüfungen nur dazu da, ihn endgültig zu wandeln und zur Göttlichkeit hinzuführen. Ist er jedoch außerhalb des Lichts und des Guten tätig, kommen alle Prüfungen als Hindernisse und als Strafen. Sie sollen ihm auch helfen und ihn daran hindern, noch tiefer zu sinken, aber es sind doch Strafen. Man muss also verstehen, dass diese zwei Arten der Prüfungen sich nicht Gleichen. Oft werden sie verwechselt. Selbst viele Spiritualisten sind nicht imstande, sie richtig einzuordnen, zu unterscheiden und ein rechtes Urteil abzugeben, denn es fehlen ihnen die Maßstäbe.

Ihr müsst also wissen, dass ihr dann, wenn ihr Geldgier, Egoismus und Mangel an Liebe in euch einlasst, ihr auch den Keim des Verfalls in euch einlasst. Das ist ein absolutes Gesetz. Analysiert euch, und falls es euch gefällt, die niedersten Geschöpfe nachzuahmen, weil sie im Äußeren ein wenig Erfolg haben, dann nur zu! Doch Vorsicht, ihr werdet keine Ruhe mehr finden. Und warum nicht? Weil die Wahrheit, die ich euch dargelegt habe, euch niemals in Ruhe lassen wird. Niemals! Nie werdet ihr euch sicher fühlen, immer werdet ihr euch sagen: »Wer weiß, was kommen mag.« Selbst wenn ihr mir nicht glaubt, so ist doch etwas von dem, was ich gesagt habe, eingedrungen, aufgezeichnet in euch. Ohne dass ihr es merkt, gravieren sich alle Worte von mir in euch ein. Eines Tages werden sie wieder zum Vorschein kommen, und ihr werdet erstaunt feststellen, dass sie aufgezeichnet waren. Umso besser für euch! Glaubt mir, niemals sage ich etwas ohne Grund. Also, von heute an ist es mit eurer Ruhe vorbei. Nun werdet ihr sagen: »Das ist aber nicht nett, Sie sind ja unser geschworener Feind!« Nein, aber aufgrund dieser Wahrheit werdet ihr von heute an keinen Frieden mehr finden. Diese Wahrheit wird euch ergreifen, und früher oder später werdet ihr nicht mehr umhin kommen, alles in Ordnung zu bringen und auf dem rechten Weg zu wandeln. Von da an werdet ihr wieder Frieden und Ruhe finden. Nun mögt ihr sagen: »Ja, aber wegen Ihnen werden wir keine Ruhe mehr haben!« Klagt den Himmel deswegen an, ich bin nur sein Diener.

Der Organismus ist wie ein Buch, und aus diesem Buch lese ich alles heraus, was wesentlich ist. Doch die meisten gebildeten

Leute ziehen niemals in Betracht, was Gott in den Menschen hineingelegt hat. Sie suchen nach dem, was dieser oder jener Mensch gesagt und geschrieben hat und zitieren ihn dann: »Schaut, nach diesem Dummkopf und nach jenem Lumpen... « Nichts können sie aus sich selbst heraus sagen. Ich benutze niemals Zitate.

Die Menschen haben noch nie beobachtet, was sich in ihrem eigenen Organismus abspielt, warum sie gesund sind, wenn alles gut funktioniert, und dass die Gesundheit auf dem Gesetz des Opfers und der Selbstlosigkeit beruht. Ebenso ist die Menschheit ein Organismus, und die Länder sind seine Organe, doch arbeiten diese nicht harmonisch zusammen. Ein Krebsgeschwür zerfrisst sie, und die Welt wird zugrunde gehen, weil überall Egoismus, Eigennutz und Berechnung herrschen.

Le Bonfin, den 8. August 1975

IV

Der kosmische Körper

I

Freier Vortrag

Die Menschheit bedarf einer neuen Religion. Allerdings muss diese nicht in den wesentlichen Grundlagen und Prinzipien neu sein, sondern in ihrer Anwendung. Über dieses Thema habe ich schon oft zu euch gesprochen und euch zahlreiche Erklärungen zu Bibelstellen vor allem aus den Evangelien gegeben, die dort unklar bleiben. Habe ich damit Erfolg gehabt? Nun, das wird die Zukunft zeigen. Ich bin mir des Erfolges allerdings nicht sehr sicher, denn die Menschen sind derart verbildet, dass es beinahe unmöglich ist, ihnen begreiflich zu machen, dass ihr Verständnis der Religion ungenügend ist. Wäre es ausreichend, so wie es ist, warum stehen sie dann immer wieder im Leeren? Warum sind sie immer wieder krank, verwirrt oder aus der Bahn geworfen? Die ganze Welt müsste doch in tiefem Frieden und im Licht leben, und das ist wirklich nicht der Fall.

Gewiss findet man hier und dort einige Menschen, die zufrieden sind, doch wenn ich vom Glück spreche, meine ich einen dauerhaften Zustand und kein vorübergehendes Glücksgefühl. Jeder fühlt sich irgendwann einmal glücklich, doch nur für sehr kurze Zeit. Wenn ein Mann heiratet, ist er glücklich, aber wenn seine Frau ihn einige Zeit später wieder verlässt, ist er unglücklich. Oder er hat ein Kind und ist darüber sehr glücklich. Aber dann verhält sich das Kind nicht seinen Vorstellungen gemäß, und er rauft sich die Haare. Er macht eine Erbschaft und ist glücklich. Doch dann fängt er an, alles zu vergeuden, und bald drücken ihn die Sorgen... Wahres Glück ist beständig; aber um beständig zu sein, muss es auf einem rechten Verständnis gründen. Immer wieder habe ich betont, dass Glück ein Bewusstseinszustand ist, der sich aus der Art und Weise ergibt, wie man die Dinge versteht und fühlt. Die Menschen können nicht glücklich sein, wenn unablässig verdrehte und finstere Gedanken durch ihren Intellekt wandern und wenn destruktive Empfindungen und Gefühle durch ihr Herz ziehen. Daher hat die Arbeit der Eingeweihten schon seit undenklichen Zeiten darin bestanden, den Menschen die Liebe und Weisheit zu lehren, denn aus dem Licht des Intellekts und der Wärme des Herzens entsteht harmonische Bewegung und aufbauende, ausgeglichene Aktivität.

Solange es den Menschen nicht gelungen ist, dieses Licht und diese Wärme zu erlangen, beinhalten ihre Handlungen ständig Elemente, die ihr eigenes Glück und auch das der anderen stören oder gar zerstören. Und das ist dann die Hölle. Die Hölle liegt nicht nur in einer abgelegenen Gegend des Universums, sondern sie befindet sich hier auf der Erde im Herzen, in der Seele und im Leben aller Geschöpfe, die Unordnung und Anarchie gern haben. Und gegenwärtig gibt es viele, die diese Philosophie der Anarchie angenommen haben, ohne dass sie die Gefahren des Weges sehen, auf den sie sich begeben. Denn früher oder später wird sie das zu Grunde richten. Hätten sie die Gesetze der Natur erforscht und erkannt, wie das Universum beschaffen ist, aus welchen Regionen es besteht und welche Geschöpfe jeweils darin leben, dann hätten sie begriffen, dass sie sich im Körper der lebendigen Natur befinden und dass ihr Verhalten in Harmonie mit dem Ganzen sein muss. Wenn sie durch ihre gesetzlose Haltung zu viel Unruhe stiften, nimmt die Natur ein Abführmittel und scheidet sie aus. Anarchisten werden niemals lange geduldet. Wenn es nicht die Menschen sind, die sie ausrotten, dann tut es die Natur selbst, denn die Natur duldet keine Disharmonie. Das ist wie ein

Tumor, ein Krebsgeschwür in ihrem Körper, und dem wirkt sie entgegen.

So steht es in der Einweihungslehre geschrieben. Und hat ein Eingeweihter einmal diese Wahrheit erfasst, dann besteht seine größte Sorge darin, er könne zu einem Krankheitsherd im kosmischen Körper werden, weil es ihm eventuell nicht gelingt, sich mit diesem in Einklang zu bringen. Ein Eingeweihter hat vor nichts und niemandem Angst außer davor, sich in einem seelischen Zustand zu befinden, dessen Schwingungen der universellen Harmonie entgegenstehen, denn er weiß, was ihn dann erwartet. Er ist daher bemüht, sich einzufügen und mit diesem großen kosmischen Körper in Einklang zu sein. Wenn ein Chorist oder ein Orchestermusiker nicht das singt oder spielt, was in seiner Partitur steht, wird er sofort entlassen, da er die Harmonie des Ensembles stört. Dasselbe geschieht mit einem Anarchisten. Darum sind die Anarchisten überaus dumme Menschen. Wären sie klug, würden sie erkennen, dass ihre Herrschaft nicht lange dauern kann. Denn ein Anarchist trifft oft auf jemanden, der noch gesetzloser ist als er selbst und ihn in die Knie zwingt. Und wenn die Menschen ihn nicht beseitigen, so tun dies die Gesetze der Natur, denn die sind unerbittlich.

Die Lehre der großen Universellen Weißen Bruderschaft ist die Lehre der Hierarchie. Und die Hierarchie setzt die Synarchie voraus. Synarchie bedeutet die Regierung einer Elite, eines Kopfes und nicht der niederen Organe wie Magen, Bauch und Geschlecht, so wie es derzeit geschieht, wo die unwissende Masse an erster Stelle steht, entscheidet und Anweisungen gibt. Solange die Menge regiert, also die Zellen des Magens, kann es keinen großen Fortschritt geben. Es wird dann immer um Geld gehen, um Vergnügungen, Nahrung und die Freiheit, zu tun, was einem gerade einfällt. Die Zellen des Magens können für andere Dinge kein Interesse aufbringen. Die Aufgabe dieser Zellen ist die Verdauung und nichts anderes. Es liegt nicht bei ihnen, Entscheidungen zu treffen und Anweisungen zu geben. Das ist Sache der Zellen im Kopf, die dank der Augen und Ohren, der Sprache usw. alle Möglichkeiten besitzen, zu leiten und zu lenken. Im Augenblick schweigen die Zellen des Kopfes, die Eingeweihten, oder sie sind verschwunden, sie halten sich im Verborgenen. Als sie das Verhalten der Menschen gesehen haben, wie die Gewalt zugenommen hat, wie Begierden, Ehrgeiz und brutale Kräfte an die erste Stelle gerückt sind, haben sie sich zurückgezogen und die Menschheit allein gelassen, um sich zurechtzufinden.

Das wird solange andauern, bis die Menschen am Ende ihrer Kräfte angelangt, krank und in den letzten Zügen liegend schließlich einzusehen bereit sind, dass sie nicht in der Lage sind, allein die Lösungen zu finden. Denn sie stehen zu weit unten, mit Wünschen, die zu sehr auf die Materie gerichtet sind, sie haben weder Kenntnisse der spirituellen Welt noch geeignete Vorgehensweisen. Wenn sie das einmal einsehen werden, dann werden sie sich auch dieser Elite, den Eingeweihten zuwenden, die da sind und ihre Arbeit tun, aber die Menschen ihre Erfahrungen machen lassen, die sie brauchen, um zum rechten Verständnis zu gelangen. Das ist keine Härte ihrerseits, denn sie geben acht und warten auf den geeigneten Augenblick. Sie wollen sich in die Angelegenheiten der Welt nicht einmischen, denn die Menschen verstehen sich nur darauf, Kriege anzuzetteln und Unheil zu stiften. Nun werdet ihr sagen: »Das ist ja nicht wahr. Viele wünschen den Frieden!« Gewiss, doch diejenigen, die den Frieden wünschen, sind schwach, sie können nichts tun, um ihn herbeizuführen, denn niemand hört auf sie, sie haben nichts zu melden. Diejenigen, die Geld haben, Positionen und Macht, entscheiden über die Kriege und bereiten sie vor.

Was meinte Jesus, als er sagte: »Dein Reich komme«? Das Reich Gottes ist für die Christen kein besonders klarer Begriff. Viele stellen sich das Reich Gottes so vor wie die irdischen Reiche mit einem Monarchen, mit Ministern, einer Polizei usw. Aber so ist das nicht. Das Reich Gottes ist eine Ordnung der Dinge, die das Begriffsvermögen der Menschen übersteigt. Und auch durch Erklärungen kann man ihnen keine Vorstellung davon vermitteln.

Um diesen Zustand zu erfassen, muss man ihn erleben. Und dafür muss man bereit sein, sich zu bewegen, das heißt, seine alten, irrigen Vorstellungen aufzugeben und neue, wahrheitsgetreue anzunehmen. So wie wenn man die verstopften und staubigen Straßen der Ebene verlässt, um auf einen Berggipfel zu steigen, wo die Luft rein ist und von wo aus man ein weites Panorama genießt.

Um zu begreifen, was das Reich Gottes bedeutet, müssten die Menschen zumindest darauf verzichten, in völliger Anarchie zu leben. Und zu diesem Thema gäbe es noch vieles zu sagen. Das, was man allgemein Anarchie nennt, muss nicht unbedingt als schlecht angesehen werden. Denn das bezeichnet nur den Zustand eines Menschen, der sein Leben so leben will, wie er es für richtig hält und sich nicht in eine vorgegebene Ordnung einfügen will. Sei diese Ordnung nun gut oder schlecht, er will nach seinen eigenen Vorstellungen leben. Und es ist auch möglich, dass seine Lebensanschauungen denen der vorgegebenen Ordnung überlegen sind. Die Gesellschaft sieht ihn dann zwar als einen Anarchisten an, doch dem Himmel gegenüber ist er keiner, da er mehr Liebe, Brüderlichkeit und Gerechtigkeit anstrebt. Nach Ansicht der Eingeweihten ist nur der ein Anarchist, der die göttliche Ordnung nicht anerkennt, die Existenz eines Herrn des Universums, das Vorhandensein von höheren Wesen und Kräften und von Regeln, denen er sich unterwerfen muss. Es mag sein, dass ein Mensch in Einklang mit einer Gesellschaft aus Millionen von Menschen ist, bei denen es keinerlei spirituelles Leben gibt; dann ist er doch in Hinblick auf die höchste Intelligenz ein Anarchist, da er deren Gesetze übertritt.

Tatsächlich sind die meisten Menschen Anarchisten, ohne es zu wissen. Nach außen hin sind sie zwar ganz und gar korrekt, so dass sie sogar Orden dafür erhalten. Niemals haben sie ein Gesetz der Menschen übertreten, doch im Innern erlauben sie sich jegliche Gesetzesübertretung. Sie achten die menschlichen Gesetze, da sie Angst haben, gefasst und verurteilt zu werden, und sind dabei völlig furchtlos gegenüber der Missachtung der göttlichen

Gesetze, die in Wirklichkeit weitaus unerbittlicher sind. Wenn man nur klug genug ist oder sogar ein wenig Glück hat, kann man durch die Maschen der irdischen Gesetze immer wieder hindurchschlüpfen. Dem Zugriff der göttlichen Gesetze konnte sich hingegen bisher noch niemand entziehen, auch nicht mit noch so viel Intelligenz und Verschlagenheit. Denn über der kleinen, menschlichen Intelligenz steht eine andere, die überwacht und alles registriert. So werden die Übeltäter immer ausfindig gemacht und bestraft, denn ohne dass sie es wissen, hinterlassen sie immer Spuren in der unsichtbaren Welt. Selbst ein Gedanke oder ein Gefühl hinterläßt immer Spuren. Ihr seid irgendwo hingegangen und habt vielleicht gar nichts Böses getan. Doch hegtet ihr schädliche Gedanken, die in euch und auch außerhalb von euch aufgezeichnet wurden. Darum wird euch dann das Gesetz verfolgen, das göttliche Gesetz, und früher oder später werden diese Gedanken auf die eine oder andere Art Folgen für euch haben.

Wenn sich die Menschen in keiner Weise darum bemühen, ihre Gedanken und Gefühle zu bemeistern, so liegt es vor allem daran, dass sie nicht an eine göttliche Gerechtigkeit glauben. Sie bringen göttliche und menschliche Gerechtigkeit durcheinander; und da sich viele trotz ihrer Verbrechen dem Zugriff der menschlichen Gerechtigkeit entziehen konnten, bilden sie sich ein, sie könnten auch der göttlichen Gerechtigkeit entgehen. Sie haben die Sache nicht gründlich genug erforscht, um den Unterschied zu erkennen. Die göttliche Gerechtigkeit wird einen vielleicht nicht äußerlich berühren, dafür aber innerlich. Wenn ihr Verbrecher genauer betrachtet, die sich anscheinend der Gerechtigkeit entziehen konnten, so werdet ihr sehen, dass sie doch innerlich vor dem Ruin stehen. Ihre Gesundheit, ihr seelischer Zustand, alles ist zugrunde gerichtet. Äußerlich kann sich wohl noch manches halten bis zu dem Tag, an dem auch das zusammenbricht, denn es ist das Innere, das stützt und nährt, das wie eine Basis ist, die das ganze Bauwerk stützt. Und wenn das Innere zusammenfällt, wird ihm auch das Äußere eines Tages folgen.

Die göttliche Gerechtigkeit wirkt augenblicklich. In demselben Moment, wo der Mensch eine Übertretung begeht, wird in seinem Inneren etwas brüchig. Bis sich das allerdings auch äußerlich zeigt, vergehen bisweilen Jahre. Daher kann man zum Beispiel Frauen begegnen, die noch sehr hübsch sind, obgleich sie im Inneren wahre Dämonen sind. Aber auch das Gegenteil kommt vor. Doch darüber habe ich schon ausführlich zu euch gesprochen und möchte jetzt nicht darauf zurückkommen. Heute will ich mich auf das Thema Anarchie beschränken.

Gemäß der Einweihungslehre ist ein Anarchist also ein Mensch, der sich weigert, sich der göttlichen Ordnung unterzuordnen. Und unter diesem Blickwinkel betrachtet kann man sagen, dass neun Zehntel der Menschheit dieser Kategorie zuzuordnen sind. Im Allgemeinen wird das Wort Anarchist nach politischen oder soziologischen Kriterien bestimmt, doch das reicht nicht aus, denn der einzig wirkliche Anarchismus ist der dem Himmel gegenüber. Tatsächlich sind allerdings viele im doppelten Sinne Anarchisten, nämlich sowohl der Erde als auch dem Himmel gegenüber.

Erinnert euch an das Gleichnis des verlorenen Sohnes im Evangelium. Es verließ das Haus seines Vaters, um die Welt zu durchstreifen, da er sich daheim langweilte und Freiheit und Abenteuer suchte. Anfangs erschien ihm die neue Situation angenehm, doch dann wurden die Dinge allmählich schwieriger. Er war ein Fremder, dem man misstraute und keine Arbeit gab. So erlitt der Ärmste mehr und mehr Entbehrungen, er lernte Hunger, Durst und Kälte kennen, da er keine Unterkunft mehr hatte. Er sehnte sich nach dem väterlichen Zuhause, wo ihm alles zur Verfügung stand, wo Vater, Mutter und die ganze Familie ihn liebten und ihn kannten, und er beschloss, dorthin zurückzukehren. So kam es, dass er eines Tages unglücklich und leidend, zerlumpt und verstaubt, aber weiser, demütiger und mit der Erfahrung, dass weder Liebe noch Barmherzigkeit in der Welt herrschen, wieder bei seinem Vater erschien, der ihn mit offenen Armen aufnahm. In der Erzählung heißt es sogar, dass dieser ein fettes Kalb schlachten ließ, um seine Heimkehr zu feiern. Sein Bruder war darüber wohl ein wenig verärgert und hat sich beklagt. Doch das war nicht weiter schlimm, der Vater hat ihn beruhigt und ihm begreiflich gemacht, dass man sich demjenigen gegenüber, der nichts mehr hatte, großzügig erweisen musste.

Die Geschichte des verlorenen Sohnes ist die Geschichte des Menschen, der, anstatt in Übereinstimmung mit den göttlichen Gesetzen zu leben, nur nach seinen Vorstellungen leben will und an der Anarchie Gefallen findet. Doch wie ich euch schon gesagt habe, ist die innere Anarchie die schlimmste. Daher verfolgen die Einweihungsschulen das Ziel, die Menschen dahin zu bringen, in das Haus ihres Vaters zurückzukehren, zu der hohen Zufluchtsstätte, von der im Psalm 91 die Rede ist (»Meine Zuflucht und meine Burg, mein Gott, auf den ich hoffe!«), wo sie geborgen sind, wo die Kräfte des Bösen sie nicht mehr überraschen können. Man hat jedoch immer wieder den Eindruck, dass die Menschen froh sind, von diesem hohen Zufluchtsort, wo sie unter Gottes Schutz stehen, fortzukommen. Sie wollen ihr eigenes Leben leben, wobei sie sich vom Herrn entfernen und Seine Gesetze übertreten. Nun, ich muss euch dazu sagen, dass diese Menschen noch sehr viel zu leiden haben. Sie haben die Neigung, immer eigene Wege zu gehen und nicht zu gehorchen, weil in ihrem Schicksal bestimmt ist, dass sie leiden müssen. Diejenigen hingegen, die schon viel erlitten haben und dadurch verständig geworden sind, kehren allmählich wieder zum Vater, zur hohen Zufluchtsstätte zurück — oder aber in eine spirituelle Gemeinschaft, in eine Einweihungsschule, die ja ein Symbol für die Rückkehr zur göttlichen Ordnung ist.

Vor einigen Jahren habe ich einen Vortrag über diesen hohen Zufluchtsort gehalten, wo der Mensch unverwundbar ist. Dies ist ein so harmonischer Ort, mit so reinen und intensiven Schwingungen, dass jedes kleinste schädliche Element abgestoßen wird, das sich nähert. Christus sagte: »Ich bin der Weinstock und ihr seid die Reben. Wer in mir bleibt und ich in ihm, der bringt viel Frucht, denn getrennt von mir könnt ihr nichts tun. Wenn jemand nicht in mir bleibt, so wird er hinausgeworfen wie die Rebe und verdorrt. Und man sammelt sie und wirft sie ins Feuer, um sie zu verbrennen.« Das beinhaltet genau den gleichen Gedanken. Darum sucht diese Burg, um Schutz und Nahrung zu finden. Wie kann es angehen, dass man das nicht versteht? Alle sind Anarchisten und wollen sich vom Herrn in der Hoffnung lossagen, dadurch mehr zu bekommen, was sie jedoch niemals erhalten werden. Bevor man sich blindlings in etwas hineinstürzt, sollte man schon die Gesetze eingehend studieren, um zu erkennen, welche Richtung die Ereignisse nehmen werden. Ebenso wie der verlorene Sohn, der sich zuerst das Leben im Hause seines Vaters hätte genau anschauen müssen, um es dann mit dem Leben zu vergleichen, das ihn in der Welt erwartete, wo die Leute nur unter Einsatz ihrer Zähne, Klauen und Krallen zu Erfolg gelangen. Aber er hatte es nicht erforscht, er bildete sich einiges ein. Und alle Anarchisten bilden sich so manches ein. Daher rate ich nun allen, die Dinge erst einmal zu untersuchen, um ein wenig herauszufinden, was sie erwartet, wenn sie auf dem Weg der Anarchie weiterschreiten.

Dabei ist die Sache mit den Gesetzen doch so leicht zu begreifen! Schaut nur einmal: Nehmen wir an, ihr habt zu viel gegessen. Kein Gesetz der Menschen wird Rechenschaft von euch fordern, keine Polizei, keine Amtsperson wird euch festnehmen. Aber ihr seid ans Bett gefesselt! Welche Gerechtigkeit hat euch nun umgeworfen und ins Bett gesteckt? Die Gesetze der Natur sind nicht die der Menschen. Die Menschen hingegen sehen euch im Bett liegen und sagen: »Ach, du Ärmster, wie leid du uns tust!« Doch können sie nichts für euch tun. Nur die Natur kann euch helfen. Wenn ihr wieder ihren Regeln gehorcht, werdet ihr wieder gesund. Ihr müsst lernen, welche Gesetze der Natur, welche göttlichen Gesetze für den Intellekt, für das Herz und für den physischen Körper gelten. Ihr müsst wissen, was all das energetisch darstellt, was ihr sagt und tut, ihr müsst beobachten, wohin diese Energien gehen und darauf achten, dass sie nirgendwo Störungen verursachen. In den Erzählungen von Tausendundeinenacht steht die Geschichte eines Mannes, der sich hinsetzte und Datteln aß. Dabei warf er die Kerne einfach so in die Gegend. Plötzlich erschien ein schrecklicher Geist und wollte ihn umbringen. »Aber was willst du denn,« fragte der Mann, »was habe ich denn getan?« — »Mit den Dattelkernen, die du fortgeworfen hast,« entgegnete dieser, »hast du meinen Sohn am Auge verletzt, und daran ist er gestorben. Und nun musst auch du dafür sterben.« Das ist nur ein Märchen, doch hat es einen tiefen Sinn.

Es ist auch ein allgemeiner Brauch, wenn man nachts fortgeht, ein Licht mitzunehmen. Denn dieses äußere Licht ist das Symbol eines inneren Lichts, das man entzünden muss, um sich zu schützen. Denn des Nachts werden viele üble Geister frei, und sie ziehen umher, um Böses zu tun — so wie Raubtiere, die nachts auf Beutejagd ausziehen — und mit dem ersten Hahnenschrei verschwinden sie wieder. Doch die Menschen sind unwissend. Tag und Nacht sind sie wie Herbergen mit weit geöffneten Türen, und jedes beliebige Wesen darf hereinkommen, herumspazieren und alles verwüsten.

Also, meine lieben Brüder und Schwestern, macht, was ihr wollt, entfernt euch vom Herrn, bleibt unabhängig, und ihr werdet sehen, welches Schicksal euch erwartet. Ich weiß das schon im Voraus. Und warum? Weil ich leicht die Vorhaben eines Menschen errate, der eine solche Haltung hat. Was kann ein Mensch, der sich von Gott und von der Gemeinschaft der Eingeweihten trennt, der nicht im Licht stehen will, für Absichten haben? Sagt mir das einmal. Doch nur ganz gewöhnliche. Er will reich und mächtig werden und Ruhm ernten, er will essen und trinken und mit den Frauen schlafen. Sein Ideal steht also nicht besonders hoch, er kriecht in den niederen Regionen herum und durchforscht diese Gegenden, wo ihn Leid und Unglück erwartet. Allein dadurch, dass ich das Ideal eines Menschen kenne, kann ich seine Zukunft vorhersagen: Er wird dorthin gehen, wo sein Ideal ist. Wenn man die Einweihungswissenschaft kennt, ist nichts leichter, als solche Voraussagen zu machen. Wenn man sieht, auf welchem Gleis ein Zug steht, dann kennt man genau seinen Weg und sein Ziel. Demnach sind die Bahnhofsvorsteher also Propheten, und die Astronomen auch, die schon Jahre im Voraus die Positionen der Planeten kennen. Alle, die eine Wissenschaft wirklich beherrschen sind Propheten. So gründet die Vorhersage der Zukunft auch auf einem okkulten Wissen.

Also, liebe Brüder und Schwestern, das waren einige Worte zur Anarchie, zur Gesetzlosigkeit. All diese Intellektuellen, die meinen, sie seien aus wer weiß welcher Partei des Herrn ausgetreten, müssen aber wissen, dass ihre Philosophie, sich von Gott zu entfernen, sie nur in Abhängigkeit und völlige Begrenzung führen kann, denn wenn man sich entfernt, gibt es keine Freiheit mehr. Entfernt euch von der Sonne, und was erwartet euch dann? Dunkelheit, Kälte und Tod! Und die Sonne ist das Symbol der Gemeinschaft der Eingeweihten. In den Psalmen heißt es auch: »Ich werde vor dem Herrn gehen auf der Erde der Lebenden.« Die Erde der Lebenden, das ist die wahre Bruderschaft, die Sonne, wo die edelsten und lichtvollsten Wesen wohnen. Sie sind so lichtvoll und strahlend, dass dieses Licht bis zu uns kommt. Das Licht, das sind ihre Schwingungen, ihre Ausströmungen, das ist ihre Ausstrahlung. Das Licht, das die Planeten erhellt, kommt nicht von der Sonne selbst, sondern von den Bewohnern der Sonne. Die Sonne ist ein fruchtbares und kultiviertes Land, es besteht dort eine richtige Zivilisation. Und die Wesen, die dort wohnen, strahlen dieses Licht aus. Das werden die Wissenschaftler eines Tages entdecken. Schon vor langer Zeit haben die Eingeweihten die anderen Planeten und auch die Sonne besucht, denn mit ihrem Ätherkörper können sie durch den Raum reisen. Ob ihr mir glaubt oder nicht, ich sage euch die Wahrheit.

Wer glaubt, es würde ihn einschränken und abhängig machen, wenn er einer Bruderschaft von Eingeweihten beitritt, der ist im Irrtum. Ganz im Gegenteil, man ist dort frei und glücklich. Die wahre Verwirklichung ist nur in dieser einzigen, der wahren Bruderschaft möglich, in der großen Universellen Weißen Bruderschaft, von der die Bruderschaft hier auf der Erde nur ein Abglanz ist. Und wenn ihr meint, es würde von euch abhängen, ob ihr beitretet oder nicht, so irrt ihr euch. Manch einer sagt: »Ich will dieser Bruderschaft gar nicht angehören.« Doch in Wirklichkeit wird er gar nicht aufgenommen. Wäre er würdig, aufgenommen zu werden, hätte er nur den einen Wunsch beizutreten. Glaubt nur nicht, jeder wird einfach so aufgenommen, wie er gerade daherkommt! Viele Jahre lang muss man dafür arbeiten und sich unter Beweis stellen, um in dieser Bruderschaft Einlass zu finden. Nun werdet ihr sagen: »Aber ich habe nichts weiter dafür getan und wurde doch hier in der Universellen Weißen Bruderschaft aufgenommen.« Gewiss, doch ist diese Bruderschaft hier nur so etwas wie ein Wartesaal, es ist noch nicht das Allerheiligste. Will man dort oben aufgenommen werden, so ist es sehr viel schwieriger. Seid ihr jedoch einmal aufgenommen, dann ist euer Name registriert, und jeden Tag bekommt ihr die Unterstützung und die Geschenke des Himmels. Es ist genau wie hier unten: Seid ihr einmal in die Register einer Behörde eingetragen, dann erhaltet ihr ein Gehalt oder Beihilfe.

Ihr denkt: »Aber wo hat er das alles her?« Habt ihr die Evangelien gelesen,... was sagt Jesus denn dort? »Seht, ich habe euch die Vollmacht gegeben, auf Schlangen und Skorpione zu treten und die ganze Macht des Feindes zu überwinden. Nichts wird euch schaden können. Doch freut euch nicht darüber, dass euch die Geister gehorchen, sondern freut euch darüber, dass eure Namen im Himmel verzeichnet sind.« Steht euer Name einmal im Buch des Lebens geschrieben, dann vergisst man euch nicht mehr, man schickt euch Stärkung, Gesundheit und Freude. Und ihr spürt selbst, dass ihr unterstützt, beraten und geführt werdet. Habt ihr dennoch Prüfungen und Schwierigkeiten durchzumachen, dann dauern sie entweder nicht mehr so lange oder ihr habt mehr Kraft, um sie anzugehen. Das sind die Evangelien, die lebendigen Evangelien. Ihr müsst euch nun bemühen und Opfer bringen, um in diesen Schutzraum, in die hohe Zufluchtsstätte hineinzukommen. Seid ihr einmal dort angekommen, dann ist es geschafft, ihr seid gerettet! Und wie es in einem Sanskrittext heißt: »Ein Wanderer ist am anderen Ufer angelangt, ein Arhat ist geboren, ein neuer Dvija, ein Erretter der Welt.« In der christlichen Überlieferung ist die gleiche Vorstellung in der Suche nach dem heiligen Gral ausgedrückt. In unterschiedlicher Form erwähnen alle Religionen diese Bruderschaft, an deren Spitze Christus ist und regiert.

Oh, gewiss sind die Menschen auf der Suche, doch suchen sie nicht diese Gemeinschaft. Sie suchen eine politische Gemeinschaft, und sie lassen sich für Ideen umbringen, die bald durch andere ersetzt werden. Im Dienste eines Ideals zu stehen, das sie unsterblich und unbezwingbar werden lässt, das sagt nichts. Aber wenn man schon unbedingt sein Blut vergießen will, dann doch wenigstens für etwas, das ewig Bestand hat! Ihr seht, die Menschen denken gar nicht nach, sie geben ihre Freiheit billig her. Alles, was sie über den Wert der Freiheit erzählen, sind nur leere Worte. In Wirklichkeit geben sie ihre Freiheit, ihr Leben, ihr Blut für ein paar Pfennige her. Wer sein Leben liebt, will es retten, indem er es auf eine Bank bringt, zur Bank der Sonne, und nicht auf ein leckgeschlagenes Schiff, das bald untergeht. Mir war bereits in jungen Jahren klar, dass ich es mit meiner eigenen Freiheit, meinem eigenen Willen und meiner eigenen Intelligenz nicht weit bringen würde. Darum habe ich alles mir Mögliche getan, um dieser göttlichen Gemeinschaft, der Universellen Weißen Bruderschaft, beizutreten. Und falls ihr weiterhin glaubt, ihr könntet es außerhalb dieser Gemeinschaft zu großen Erfolgen bringen, so muss ich euch die Prophezeiung machen, dass alles, was ihr auch erreichen mögt, nichts ist im Vergleich zu dem, was ihr erreichen könnt, wenn ihr euch bemüht, ihr beizutreten.

Sind es eurer Ansicht nach große Erfolge, wenn ihr ein Haus und Geld auf der Bank habt? Wenn ihr dann ins Jenseits geht, werdet ihr sehen, dass ihr für den Wind gearbeitet habt und für die Diebe. Ihr dürft haben, was ihr wollt, doch müsst ihr wissen, dass ihr es einmal zurücklassen müsst. Was ihr hingegen durch spirituelle Arbeit erlangt, bleibt euch, und ihr nehmt es in die anderen Welten mit. Wo ihr auch hingeht, ihr nehmt dieses Kapital, diese Schätze und Edelsteine mit und alle Welt hat einen Nutzen davon. Es ist sehr schwierig, mich zu verstehen, nicht wahr? Man könnte meinen, ich spräche in einer fremden Sprache zu euch. Würde ich von höherer Mathematik sprechen, würden mich alle verstehen, doch das Verständnis für diese Sprache ist verloren gegangen, wo es für mich nichts gibt, was klarer wäre. Will man sich diesen großen Gesetzen der Universellen Weißen Bruderschaft nicht unterordnen, so ist das kein Zeichen von Intelligenz und Freiheit.

In den Evangelien steht, dass man einem Herrn dienen muss. Dient man nicht Christus und dem Licht, so dient man notgedrungen dem Teufel und der Finsternis. Das sind Gesetze. Man sagt: »Oh, ich akzeptiere weder das Licht noch Christus...« Nun gut, aber dann kann man die andere Seite nicht daran hindern, sich einzustellen. Wer seine eigene Freiheit sucht, kann die wahre Freiheit nicht finden; ja, er findet sogar die Sklaverei. Denn er gerät unter den Einfluss eines anderen Wesens, das anfängt, ihn zu lehren. Und er lässt sich darauf ein, da er sich einbildet, es seien seine eigenen Wünsche und Bestrebungen, während er in Wirklichkeit die Arbeit für einen anderen macht. Aber die Menschen begreifen das nicht, sie sind wie die Kinder. Wenn ein Kind frei sein will, dann nur, um allerlei dumme und gefährliche Dinge zu machen, durch die es nachher doch eingeschränkt wird. Die Jugendlichen — die Erwachsenen übrigens auch — haben ein Verständnis von der Freiheit wie die kleinen Kinder. Nur die Weisen wissen, dass man sich beschränken muss, um frei zu sein. Die anderen machen in Wirklichkeit nichts anderes, als unter dem Vorwand der Freiheit die Käfige der Raubtiere zu öffnen, die dann alles in ihnen zerreißen und verschlingen.

Gestern habe ich zufällig den Fernseher angemacht, um zu sehen, was es gerade gab. Und was habe ich gesehen! Vier wilde Kerle mit struppiger Mähne und Gesichtern wie Tiere, die grölten und gestikulierten. Es hieß, das sei ein Konzert in einem Theater. Noch nie habe ich etwas so Abstoßendes und Misstönendes gehört. Aber das Publikum, lauter Jungen und Mädchen, waren hingerissen vor Begeisterung. Sie standen auf, klatschten Beifall und hüpften herum. Ich schaute mir das traurig an und sagte mir: »Mein Gott, wie soll man da noch die menschliche Natur begreifen? Was geht in der Seele eines Menschen vor, der sich so weit von der Schönheit entfernen kann?« Vier wildgewordene Kerle können einen solchen Erfolg haben! Ich bin doch gar nicht so engstirnig und streng, dass ich eine Jugend verurteile, die Freude und Leben ausdrücken will. Aber da war überhaupt keine Freude zu entdecken, und das Leben bestand nur aus unharmonischen und unschönen Bewegungen! Wie wilde Tiere... Ja, ich habe sie gesehen, die Käfige standen offen, und die Raubtiere liefen frei herum und verschlangen alles Gute in ihnen. Und die anderen klatschten Beifall!

Als ich das gesehen habe, habe ich beinahe die Hoffnung verloren, die Menschen zu etwas Schönem und Sinnvollem hinzuführen. Man muss sie bis zum Ende gehen lassen, bis sie ganz am Boden angelangt sind. Wie sollen solche Menschen die großen Gesetze der Schöpfung und der Natur verstehen? Sie haben noch nie im Geringsten an sich gearbeitet und wissen nicht einmal, dass es da eine Arbeit zu tun gibt. Sie verstehen sich nur darauf, die Raubtierkäfige zu öffnen, weiter nichts. Das nennt man dann Freiheit. Ja, man ist frei, unabhängig... entfesselt!

Le Bonfin, den 25. Juli 1965

II

Freier Vortrag

Wie privilegiert wir heute wieder waren, meine lieben Brüder und Schwestern, der Sonnenaufgang war wirklich prachtvoll!

Ich weiß wohl, dass die Sonne manchen von euch nichts bringt, sie spüren nichts, schwingen nicht mit und haben keinerlei Verbindung zu ihr, so als sei die Sonne etwas Totes. Jeden Tag geht die Sonne auf, voller Leben und voller Schwingung. Sie sendet uns ihre Schätze, und doch bleiben einige davon völlig unberührt, als stände eine Wand zwischen ihnen und der Sonne. Und es steht tatsächlich eine Wand dazwischen, auf Grund des Lebens, das sie am Abend oder in den Tagen vorher geführt haben. Sie haben nicht daran gedacht, dass ihre Handlungen, ja, sogar ihre Gedanken und Empfindungen im Moment, wo sie den Sonnenaufgang erleben, einen schädlichen oder einen wohltuenden Einfluss haben könnten. Und darum bedeutet ihnen die Sonne nichts.

Wenn ihr euch jeden Tag der Sonne zuwendet, nachdem ihr euch innerlich gut darauf vorbereitet und „organisiert" habt, dann erkennt ihr, dass sie ein lebendiges Wesen ist, eine Welt von strahlender Schönheit, in der die höchstentwickelten Wesen zu Hause sind, und dass ihr durch sie die Lösung für all eure Probleme finden könnt. Die Menschen denken nie daran, dass die

Sonne etwas anderes kann, als ihnen Wärme und Licht zu spenden. Glaubt nur nicht, sie meinen, die Sonne könne sie etwas lehren. Die Sonne ist für sie nur ein Feuerball, der aus unerfindlichen Gründen im Weltall steht. Und der Mensch, der sich auf seine Geschäfte konzentriert, kümmert sich um alles andere, außer zu versuchen zu begreifen, welche Schätze und Herrlichkeiten die Sonne birgt.

Ich habe gerade das Wort organisiert ausgesprochen. Ihr sollt innerlich vorbereitet und „organisiert“ sein. Dieses Wort wird im Französischen viel benutzt, immer wieder hört man, dieses oder jenes müsse „organisiert“ werden, diese oder jene Organisation sei gut oder schlecht usw. Doch hat man den Sinn dieses Wortes noch nicht recht begriffen.

Organisation kommt von Organ. Und was ist ein Organ? Das ist ein Instrument, wenn ihr so wollt, dessen Aufgabe es ist, mit Dingen, Kräften, Wesen oder anderen gleichartigen Instrumenten in Verbindung zu treten. Ohne Organe kann kein Austausch stattfinden. Haut, Ohren, Augen usw. sind Organe, durch die wir mit der Außenwelt Kontakt aufnehmen und Wahrnehmungen machen können. Wenn euch ein notwendiges Organ fehlt, ein Arm, ein Bein oder die Zunge, könnt ihr eure Arbeit nicht mehr richtig ausführen, weil ihr nicht mehr gehen, Dinge nicht mehr halten oder nicht mehr sprechen könnt. Das gilt für die geistige Ebene genauso wie für die physische Ebene. Wenn ihr nicht die entsprechenden Organe besitzt, habt ihr keine Möglichkeit, die feinstoffliche Welt kennen zu lernen. Daher ist die unsichtbare Welt für die meisten Menschen nicht erfassbar, denn sie haben es noch nicht verstanden, die Organe auszubilden, um mit ihr in Kontakt treten zu können.

Die Menschen, die nicht imstande sind, sich ein rechtes Urteil zu bilden, ziehen unsinnige Schlussfolgerungen und sagen: »Da ich nichts davon spüre, existiert es nicht.« Dabei zeigen uns die technischen Geräte seit langem, dass sich manche Klang- und Lichtschwingungen ober- oder unterhalb unseres Wahrnehmungsfeldes befinden. Der Wahrnehmungsbereich des Menschen ist also begrenzt, und sein Urteilsvermögen ist noch begrenzter. Denn anstatt anzuerkennen, dass seine Möglichkeiten beschränkt sind, leugnet er lieber die Existenz dessen, was er nicht sieht. Das ist die größte Dummheit! Zu allen Zeiten gab es Menschen, die weiterentwickelte Sinnesorgane besaßen, mit denen sie in der unsichtbaren Welt sehen konnten. Ob man diese Organe nun sechsten Sinn, Zirbeldrüse, Intuition oder geistige Augen nennt, ist ohne Bedeutung, doch diese Organe sind ebenso real wie alle anderen. In ferner Vergangenheit besaßen alle Menschen diese Organe in bestem Funktionszustand. Doch dann haben sie sich allmählich so stark materialisiert, dass diese Organe nicht mehr funktionieren. Durch spirituelle Arbeit und eine entsprechende Lebensführung muss es dem Menschen wieder gelingen, diesen ursprünglichen Zustand in sich wieder herzustellen.

Zur Zeit ist also oft die Rede von Organisation, aber von der materiellen Organisation. Und selbst wenn im politischen und sozialen Leben nicht alles vollkommen ist, hat man es dabei doch zu einer recht guten Organisation gebracht. Im inneren Leben jedoch ist es noch das reinste Chaos! Da wird niemals daran gedacht, dass es etwas zu organisieren gibt. Darum bemüht man sich lediglich in der äußeren Welt. Für alles, was den inneren, philosophischen, metaphysischen Bereich betrifft, werden allerlei komplizierte, sogar unverständliche Begriffe erfunden, die oftmals ohne jeglichen realen Bezug sind. Und niemals wird versucht, die Organe zu entwickeln, mit denen man in direkten Kontakt mit der geistigen Welt treten kann, die trotzdem existiert und real ist. Solange es nicht gelingt, diesen Kontakt herzustellen, ist alles, was darüber gesagt wird, nur leeres Gerede. Man muss sich also nun um die Organisation des inneren Lebens kümmern und geeignete Aktivitäten aufnehmen, um die geistigen Organe frei zu machen und zu entwickeln, damit man mit der unsichtbaren, himmlischen Wirklichkeit in Kontakt treten kann. Solange man jedoch noch zu sehr von banalen Beschäftigungen in Anspruch genommen ist, kann man sich nicht darum kümmern, so eine Organisation in sich aufzubauen, die es uns ermöglicht, die Realität einer noch unbekannten Welt zu entdecken, die dabei viel weiter, vielfältiger und schöner ist als die uns bekannte.

Die Tatsache, dass man morgens zum Sonnenaufgang kommt, ohne sich darauf vorbereitet zu haben, zeigt doch, wie weit man noch vom rechten Verständnis entfernt ist. Daher hat man keine Verbindung mit der Sonne, und kann all die von ihr ausgesandten Schwingungen nicht aufnehmen. Jeder Sonnenaufgang muss euch bereichern, meine lieben Brüder und Schwestern. Aus dieser Fülle sollt ihr schöpfen und sie nachher an die anderen austeilen. Mit all euren Gefäßen geht ihr zu der unerschöpflichen Quelle, die alle Geschöpfe erquickt. Niemand ist in der Lage zu ermessen, welch ein Reichtum darin liegt.

Zwar versuchen die Wissenschaftler, die immer gerne Berechnungen anstellen, herauszufinden, wie lange die Sonne leben wird. Anstatt von ihrem Licht, ihrer Wärme und ihrem Leben zu schöpfen, berechnen sie ihre Todesstunde. Aber sie werden mit ihren Berechnungen immer weit von der Wahrheit entfernt sein. Die Sonne kann ihr Leben verlängern, solange sie es will, denn sie hat das Elixier des ewigen Lebens getrunken. Ja, ich habe gesehen, wie sie davon getrunken hat, und sie wird leben solange sie will. Ihr werdet es mir zwar nicht glauben... also überprüft es doch selbst. Aber ihr begnügt euch damit, mir nicht zu glauben, ohne es selbst nachzuprüfen. Würdet ihr es nachprüfen, würdet ihr zumindest erkennen, dass es wahr ist. Die Sonne hat das Elixier des ewigen Lebens getrunken! Ihr werdet fragen: »Aber wer hat ihr denn dieses Elixier gegeben?« Das Elixier des ewigen Lebens ist das, was die Alchimisten das Magistermittel der Sonne nennen, d.h. ganz einfach kondensierte Sonnenstrahlen. Folglich muss es ihr niemand geben, denn sie gibt es sich selbst und trinkt unablässig davon. Das ist der wahre Phönix, der immer wieder aus seiner Asche ersteigt. Allerdings gibt es bei der Sonne selbst niemals Asche.

Der Phönix ist das Symbol für hochentwickelte Wesen, die sich durch die Kenntnis der Gesetze des Lebens und der Unsterblichkeit ständig erneuern können. Diese Wesen haben ganz einfach die Sonne zum Vorbild genommen. Alle Anwärter auf das ewige Leben müssen bei der Sonne in die Lehre gehen. Denn allein die Sonne kann uns lehren, wie wir vorgehen müssen und welche Elemente uns die Unsterblichkeit verleihen können. Es sind dies drei Elemente, nämlich Licht, Wärme und Leben, welche die Sonne unaufhörlich durch den Raum strahlt. Um nun all die Schätze, die die Sonne austeilt, zu nutzen, steht dem Schüler nur ein Mittel zur Verfügung. Er muss sich überwachen, d.h. er darf sich nicht in Aktivitäten verlieren, die ihn begrenzen können. Denn sonst ist er so beschäftigt mit seinen negativen inneren Zuständen und seiner Unzufriedenheit, dass er selbst dann, wenn er sich vor der Quelle des Lebens befindet - vor dem Ewigen inmitten von strahlenden Wesen, die ihm all ihre Herrlichkeit zeigen - nichts sehen und nichts empfangen wird, selbst wenn er hinschaut.

Solange eure geistigen Organe nicht in gutem Zustand sind, ist nichts zu machen. Ihr habt dann zwar die Sonne vor euren Augen, doch ihr spürt sie nicht. Die Sonne hat nicht die Macht, euch Augen zu geben, darum müsst ihr euch selbst kümmern. Das Gleiche gilt für das innere Leben, denn auch dort existiert die Sonne. Und wenn der Mensch dort nichts spürt und sieht, dann liegt es daran, dass die entsprechenden Organe noch nicht ausgebildet sind. Er muss sich also darum kümmern, seine Organe auszubilden. Er besitzt sie übrigens bereits, doch sind sie wie gelähmt, da sie jahrhundertelang nicht gebraucht wurden. Ja, liebe Brüder und Schwestern, ihr könnt euch also jahrelang der Sonne zuwenden, ohne etwas dabei zu lernen. Doch wenn ihr das, was ich gerade dargelegt habe, einmal begriffen habt, und wenn ihr euch auf den Sonnenaufgang vorbereitet so wie auf ein Ereignis, das alle anderen übertrifft, dann werdet ihr die Sonne trinken, sie wird euch Nahrung sein, und ihr könnt dabei eine kluge und wirksame Arbeit ausführen.

Was man den Menschen auch sagen mag, selbst wenn man ihnen die Geheimnisse der Schöpfung und des Gottesreiches enthüllt, so sind sie doch nicht in der Lage, das zu verstehen und zu nutzen, weil ihnen die entsprechenden Organe fehlen. Ihr fragt euch also, warum ich damit weitermache, obwohl ich weiß, wie die Dinge liegen. Zum einen weil ich weiß, dass sich die Lage eines Tages bessert, wenn ich in dieser Richtung weiterwirke. Denn manche Menschen besitzen diese Organe schon in einem funktionsfähigen Zustand, und gerade für sie erkläre und arbeite ich. Und zum anderen kenne ich ein magisches Gesetz: Wenn ihr die anderen aufklärt, um sie in ihrer Entwicklung zu unterstützen, dann habt ihr schon in euch selbst diese Energie der Liebe zum Fließen gebracht. Selbst wenn eure Bemühungen fruchtlos bleiben, habt ihr selbst den Nutzen davon, ihr fühlt euch glücklich, ihr entwickelt euch, ihr wachst und bereichert euch. Mögen die anderen die gleichen bleiben, wenn sie es wollen, aber ihr wachst dabei.

Ich weiß, wie die Realität aussieht, doch kann sie mich nicht entmutigen. Was auch kommen mag, wenigstens für mich selbst mache ich weiter. Selbst wenn ihr nicht da wäret, würde ich zum Sonnenaufgang gehen und mich dabei sogar manchmal freier fühlen. Doch gehe ich lieber zusammen mit euch zum Sonnenaufgang, denn gemeinsam ist noch etwas anderes da, eine Atmosphäre der Wärme und der Liebe. Und das ist mir lieber, ich schaue mir die Sonne lieber »mit der ganzen Familie« an! Das ist so eine Eigenart von mir.

Man muss den Sinn des Wortes Organisation tiefer erfassen. Es wird von organischer und von anorganischer Chemie gesprochen. In der organischen Chemie werden Substanzen untersucht, die von lebenden Körpern stammen. Sie steht im Gegensatz zur anorganischen oder mineralischen Chemie, deren Bestandteile als nicht lebendig angesehen werden. Tatsächlich ist jedoch alles organisch, nur ist nicht „organisiert“. Das Gehirn zum Beispiel existiert organisch, was jedoch nicht bedeutet, dass das Gehirn jedes Menschen wirklich richtig organisiert ist. Ein organisiertes Gehirn zeichnet sich dadurch aus, dass jede Aktivität der Gedanken und Gefühle reibungslos und störungsfrei vonstatten geht. Und die Gesellschaft, ist die organisiert? Zur Zeit ist sie es von außen betrachtet schon, durch Handel, Eisenbahn, Post, Polizei, Krankenhäuser usw. Doch ist dies nur eine rein mechanische Organisation, denn es fehlt noch an der Harmonie, die mit dem Begriff Organisation untrennbar verbunden ist. Eigentlich kann das Wort Organisation nur auf die göttliche Welt Anwendung finden, wo alles ohne Diskussion und Streiterei verläuft. Wenn man auf der Erde hingegen von vollkommener Organisation, vom organisierten Gehirn oder von einer organisierten Gesellschaft spricht, so sind das nur Worte, denn in Wirklichkeit herrscht noch Unordnung.

Das Modell einer vollkommenen Organisation muss gefunden werden, bei der alles ideal funktioniert. Doch dieses Modell werdet ihr auf der Erde nicht finden. Also müsst ihr euren Blick einem Ort zuwenden, wo diese vollkommene Organisation herrscht. Und dieser Ort ist die Sonne. Wenn ich allerdings von der Sonne spreche, dann meine ich damit nicht die physische Sonne, die wir sehen, sondern die Welt der Harmonie und des Friedens, die sie symbolisiert. Nun mögt ihr sagen: »Aber nein, aber nein, nicht die Sonne, sondern die Kirche ist am besten organisiert!« Oh je, wenn ihr nur wüsstet, wie es dort zugeht! Äußerlich ist sie zwar ganz hierarchisch aufgebaut, doch im Inneren besteht nicht viel Unterschied zu den anderen. Die wirkliche Organisation besteht nicht nur rein äußerlich.

Die äußere Organisation ist natürlich nötig, das will ich nicht leugnen. Doch glaube ich nicht, dass sie alles bewirken kann. Sie ist sogar unnütz, wenn nicht etwas anderes, Höheres, hinzukommt, um sie zu beseelen und zu beleben. Und diese höhere Organisation, die strebe ich an. Schaut einmal, alles in euch ist organisiert, alles funktioniert, die Atmung, die Verdauung, der Kreislauf usw. Wie kommt es dann aber, dass ihr trotzdem traurig, mutlos, düster und schwach seid? Diese Organisation müsste euch doch alles Nötige geben. Ihr seht also, dass sie nicht ausreicht. Eine andere Organisation muss hinzukommen und die physische Organisation durchdringen. Ich gebe euch ein weiteres

Beispiel: Ihr habt eine vollständige Elektroinstallation mit Kabeln, Leitungen und Zählern, und trotzdem läuft nichts, weil der Strom noch fehlt. Alles ist schon bestens eingerichtet, nur irgendwo liegt noch ein Kabel herum, es ist der Stecker. Nehmt ihn also, steckt ihn in die Dose, und dann könnt ihr euch Licht machen, ihr könnt heizen und kochen. »Aber ich habe es schon versucht, und es hat nicht funktioniert,« mögt ihr nun entgegnen. Dann schaut nach, was nicht geht. Vielleicht ist irgendetwas kaputt, vielleicht ist ein Kabel des Steckers lose. Und da der Strom nur fließt, wenn beide Kabel angeschlossen sind... Ihr seht, immer wieder kommt man auf die zwei Prinzipien zurück.

Das waren nun einige Worte, die euch auf die kommenden Tage vorbereiten sollen. Denn auch in den vorhergehenden Jahren habe ich euch schon gesagt, dass das Datum des Osterfestes nicht rein zufällig festgelegt wurde, sondern aufgrund astronomischer und astrologischer Kenntnisse, die bis in die graue Vorzeit zurückreichen. Während dieser Zeit spielen sich am Himmel bestimmte Phänomene ab, welche die Menschen sich zunutze machen können, aber natürlich nur unter der Voraussetzung, dass sie ein entsprechend entwickeltes Bewusstsein besitzen und sich darauf vorbereitet haben, diese himmlischen Ströme aufzunehmen. Denn sie strömen sonst vorüber, ohne anzuhalten, fließen woanders hin, und die Menschen bleiben trotz Ostern unverändert wie zuvor. Viele tausend Mal ist Ostern gekommen und vergangen, doch die Menschen haben sich nicht gewandelt, weil ihr Bewusstsein anderweitig beschäftigt war. Solange es ihnen nicht gelingt, ihr Leben so zu organisieren, dass ihnen Zeit bleibt für spirituelle Aktivitäten, werden sie es zu nichts bringen.

Weder die Wissenschaft, die Religion noch die Kunst konnten die Menschen bisher bessern. In allen drei Bereichen gehen die Aktivitäten immer an der Sache vorbei. Schaut nur, was zum Beispiel mit der Sonne gemacht wird. Die Wissenschaft ist inzwischen so weit zu begreifen, dass selbst eine Atombombe nichts ist neben den Energien, die von der Sonne ausgehen, und es werden mehr und mehr Geräte zur Nutzung der Sonnenenergie gebaut. Doch bleibt das Ziel immer auf materielle Zwecke ausgerichtet. Nie geht es darum, das Bewusstsein der Menschen zu erweitern oder sie zu bessern. Man wird die Sonne noch in Flaschen abfüllen und in den Handel bringen, doch die Vervollkommnung der Menschen durch die Sonne, damit das Reich Gottes auf die Erde kommen kann, das kümmert niemanden. Der Zweck ist immer Gewinn, Profit und Geschäft. Selbst der Herr wird vermarktet. Geht nur nach Lourdes, nach Lisieux oder zu anderen Wallfahrtsorten in der Welt, und ihr werdet nichts als Läden finden, wo der Herr ver- und gekauft wird.

Seit Jahrhunderten werden die Menschen zu einer solchen materialistischen und zweckbestimmten Einstellung erzogen. Was haben sie doch bisher schon alles getan! Bald werden sie auf die anderen Planeten reisen, doch sich selbst bessern sie nicht. Nun werdet ihr sagen: »Aber es gibt doch Kultur und Zivilisation!« Ja, an der Oberfläche, doch im Innern wird es schlimmer. Geldgier, Eigennutz, Grausamkeit und Sinnlichkeit nehmen zu, da man jetzt ja »intelligenter« ist. Nein, die Menschheit hat sich nicht gebessert. Wirkliche Besserung besteht nicht nur in der Verbesserung der Bauten, der Kleidung, der Nahrung und der Transportmittel. Das ist Technik, Mechanisierung oder wie ihr es sonst nennen wollt, nur keine wirkliche Besserung, denn diese besteht in der Vergeistigung. Und die Tatsache, dass die Menschen der Sonne keinerlei spirituelle Bedeutung beimessen, ist der deutlichste Beweis dafür, dass sie sich nicht wirklich weiterentwickelt haben.

Ihr seht, das, was mich am meisten interessiert, mein Hauptanliegen, besteht darin, den wahren Wert der Dinge zu erkennen. Bei meinen Forschungen musste ich leider entdecken, dass die Menschen den wesentlichen Dingen keinerlei Wert beimessen und umgekehrt auf das großen Wert legen, was gar keinen hat. Sie laufen hinter Schatten her. Dagegen habe ich herausgefunden, dass die Hauptsache das Licht ist. Selbst in der Natur steht das Licht an erster Stelle, denn nichts kommt ihm an Geschwindigkeit gleich, darin ist es allem anderen überlegen. Und wer am schnellsten ist, gewinnt bei jedem Wettbewerb. Das Licht ist am schnellsten, weil es sich von aller Last frei gemacht hat. Und so kann es laufen! Alles andere ist hingegen so sehr belastet, dass es nur im Schneckentempo vorankommt. Ja, Schnelligkeit ist ein Maßstab für Vollkommenheit. Wenn euer Denken langsamer wird, könnt ihr euch nicht mehr darauf verlassen. Dann ist es nicht mehr in der Lage, euch schnell einen Überblick über die Situation zu verschaffen, und ihr könnt euch nicht mehr in Sicherheit bringen. Dann kommt es zu einem Unfall, oder ihr geht in eine Falle. Ebenso wird alles viel schwieriger, wenn das innere, das psychische Leben verlangsamt ist.

Das Licht ist ein Maßstab, ein Kriterium. Das Licht hat nichts Übles im Sinn, es ist uneigennützig und völlig frei von allen Begierden. Darum ist es bei allem Erster. Und wenn ihr das menschliche Herz oder auch das Universum mit allen Schätzen der Allseele erforschen wollt, dann müsst ihr die Schnelligkeit und die Intensität des Lichts besitzen. Wenn man aber die Sprache des Lichts, das von der Sonne ausgeht, nicht verstanden hat, wenn man nicht begriffen hat, dass sie die wahre Schule ist, die die wahren Normen und Maßstäbe lehrt, dann zeigt das, dass man überhaupt nichts verstanden hat. Ja, solange die Menschen nicht erkennen, dass die Sonne ihnen die wirkungsvollsten Mittel zum Urteilen, zum Messen und zur Erkenntnis gibt, meine ich, dass sie gar nichts begriffen haben und sich im Irrtum befinden. Daher rate ich ihnen, bei der Sonne in die Schule zu gehen, die ihnen die besten Ratschläge gibt. Sie wird ihnen zum Beispiel sagen: »Folgt niemals einem Menschen, der weder Wärme noch Licht besitzt, denn er wird euch in den Abgrund führen.«

Die Menschen bilden sich ein, sie könnten die Wahrheit in Büchern finden. Doch alle Bücher sind nur Idiotien im Vergleich zur Sonne. Kein Buch gibt die absolute Wahrheit wieder. Oh ja, auf der Erde ist es allerdings so, dass man sich mit relativen Wahrheiten begnügen muss. Auf der Erde ist alles relativ. Will man die absolute Wahrheit kennen lernen, muss man zur Quelle gehen, muss das Zentrum finden. Hier auf der Erde befinden wir uns an der Peripherie. Alles, was wir sehen, stellt nur einen Aspekt der Wahrheit dar. Erreicht man das Zentrum des Kreises, dann ist man in der Wahrheit. Solange man sich jedoch an der Peripherie aufhält, kann man immer nur einige Aspekte dieser Wahrheit erkennen. Allein wenn man mit jemandem spricht, um ihm einige Erklärungen zu geben, befindet man sich an der Peripherie. Wenn man nichts sagt, ist man im Zentrum. Sobald man versucht zu sprechen, begibt man sich in den physischen Körper hinunter und das ist bereits die Peripherie.

Lasst daher von nun an die Meinung der Philosophen, der Kirche und vieler anderer beiseite und fragt nach der Meinung der Sonne. Alle, die etwas geschrieben haben, sind begrenzt und darüber hinaus schon gestorben. Die Sonne hingegen lebt ewig und ist bei guter Gesundheit! Es ist also besser, bei jemandem in die Schule zu gehen, der das Geheimnis der Unsterblichkeit kennt, als bei einem Toten. Ich habe es auf jeden Fall immer so gemacht. Wenn mir zum Beispiel eine Flasche Haarwuchsmittel angeboten wird, und wenn ich mir dann die Person anschaue und sehe, dass sie kahlköpfig ist, dann sage ich: »Danke, das brauche ich nicht.« — »Aber nehmen Sie es doch, es ist das beste Mittel.« — »Wenn das wahr wäre, dann müssten Sie doch Haare haben, aber Sie sind ja kahl!« Darum wende ich mich der Sonne zu, denn alles, was sie uns gibt, entspricht der Wahrheit. Nachdem man die Sonne betrachtet hat, kann man selbstverständlich einige Bücher durchblättern. Ich bin nicht so fanatisch, dass ich meine, man dürfe niemals Bücher lesen. Doch ist es auch absolut wahr, dass es niemals gelingen wird, mit den Schriften der Menschen zu vollständigem Wissen zu gelangen und frei zu werden.

Nun werdet ihr sagen: »Aber die Evangelien, das ist doch Christus!« Nein, Christus hat nichts geschrieben, er hat nichts selbst hinterlassen. Andere haben die Dinge aufgeschrieben, und es kann sein, dass sie nicht exakt die Wahrheit niedergeschrieben haben. Ich weiß wohl, dass niemand meiner Meinung sein wird, aber auch dafür gibt es Kriterien. Alles, was von Menschen geschrieben wurde, muss mit dem einzig unzerstörbaren Buch verglichen werden, mit dem großen Buch der lebendigen Natur. Wenn das, was in den Büchern geschrieben steht, auch im großen Buch der lebendigen Natur zu finden ist, dann könnt ihr es glauben, dann ist es wahr, und sonst ist es ein Irrtum. Selbst in den Evangelien gibt es Passagen, die nicht völlig der Wahrheit entsprechen. Soll ich euch einen Beweis geben? Es heißt dort: »Wenn dein Auge für dich zu einem Ärgernis wird, dann reiße es aus und wirf es von dir.« Ist es wirklich das Auge, das zu einem Ärgernis wird, oder sind es eher andere Organe? Dann muss man die ja auch abschneiden! Und nehmen wir einmal an, man tut das, befreit man sich damit auch von allen Begierden im Inneren? Gewiss nicht.

Es geht also nicht darum, sich zu verstümmeln, die Augen, die Geschlechtsteile oder was auch sonst zu entfernen. Wenn die Hände eines Menschen den starken Drang haben, in der Tasche oder der Kasse des Nachbarn etwas zu suchen, dann wird der Hang zum Stehlen bleiben, selbst wenn sie ihm abgeschlagen werden. Ja, auch ohne Hände besteht die Neigung, und die muss beseitigt werden, nicht das Organ. Hinter dem Organ steht eine Kraft, die den Menschen zum Verbrechen treibt. Also, diese Stelle in den Evangelien wurde nicht richtig aufgezeichnet, denn ich glaube nicht, dass Jesus so etwas gesagt hat. Ihr werdet sagen, dass ich mich damit in Widerspruch zu den Evangelien stelle. Ich bin bereit, mich zu allem in Widerspruch zu stellen, was nicht der Wahrheit entspricht. Da habe ich keine Angst. Wenn es um die Wahrheit geht, habe ich keine Angst. Ich stelle meine Erklärung neben die anderen Erklärungen und lasse die Natur das Urteil sprechen. Nicht die Menschen sollen ihr Urteil dazu abgeben, sondern die gesamte Natur.

Selbst wenn ein Mensch sich verstümmelt, um errettet zu werden, wird er in die Hölle kommen, denn es sind seine höllischen Begierden, die ihn an die entsprechenden Regionen, Substanzen und Wesen binden. Von diesen Begierden muss er sich also frei machen, oder besser gesagt, er muss sie umwandeln. Ja, umwandeln und nicht abtöten, denn in der göttlichen Welt wird nicht getötet, sondern umgewandelt, erzogen und aufgeklärt. Töten, ausreißen, ausrotten, umbringen, das sind Worte für die Schwachen und Unwissenden, die Begriffe wie Wandlung und Sublimierung nicht begreifen können. Ihnen wurden Worte gegeben, die sie gut verstehen, da sie seit vielen Jahrhunderten ständig Kriege führen und ihre Feinde mit dem Schwert bekämpfen. Doch eines Tages wird man ein neues Verständnis der Dinge akzeptieren müssen, denn Töten hat keinen Sinn. Selbst wenn ihr einen Feind umbringt, werdet ihr ihn damit nicht los. Die Geschichte zeigt uns das. Wie oft wurden schon Menschen unter der Anschuldigung geköpft, sie hätten zu revolutionäre Ideen! Doch auf diese Weise wurde man diese Menschen und ihre Ideen nicht los, ganz im Gegenteil. Denn der Tod all dieser Opfer gab ihren Ideen Auftrieb, die sich umso schneller verbreiteten.

Dadurch dass man Menschen umbringt, wird man ihre Ideen nicht los, und dadurch dass man sich ein Körperteil abschneidet, wird man auch nicht frei von seinen Begierden. Die Arbeit muss im Bereich der Gedanken, der Gefühle und der Seele getan werden, und die Organe kann man in Frieden lassen. Sie führen nur Befehle aus, die ihnen von weiter oben gegeben werden. Seht einmal, eine Hand kann Schläge austeilen oder Zärtlichkeiten, sie kann morden oder retten. Warum sollte man die Hand verantwortlich machen? Sie ist es nicht, sie erhält nur gute oder schlechte Anweisungen und führt diese aus. Es ist wie bei einem Wasserhahn. Muss man diesen etwa demolieren, wenn schmutziges Wasser herausfließt? Es kann auch sauberes Wasser durch ihn hindurchfließen.

Die Menschen meinen immer, man müsse dieses oder jenes kaputt machen. Doch die wahre, tieferliegende Ursache wird nicht erkannt. Darum wurde immer Gutes und Nützliches kaputt gemacht und nicht weiter nachgeforscht. Stellt euch vor, man würde einem Menschen die Geschlechtsteile abschneiden. Dann kann er zwar seine Begierden und Wünsche nicht mehr befriedigen, doch sind sie deswegen nicht verschwunden. Es gibt Menschen, die sich in ihrem Glaubenseifer verstümmelt haben, um angeblich von der Hölle erlöst zu werden. Aber damit sind sie nur in eine noch glühendere Hölle geraten! Also, wie kann man in Bezug auf manche Dinge nur so unwissend sein? Mit solchem Irrglauben werdet ihr die Menschen nicht davon überzeugen können, dass man Reinheit und Göttlichkeit suchen muss. Angesichts eines solchen Unsinns werden sie nicht einmal mehr an den Herrn glauben wollen, und das ist schlimm. Im Mittelalter ließen sich die Leute vielleicht noch überzeugen, aber heute! Die Menschen brauchen nun andere Begriffe und andere Regeln. Darum sage ich euch, dass selbst die Wahrheiten der Evangelien eines Tages anders dargestellt werden.

Doch im Augenblick habe ich noch ein anderes Programm für euch. Da manche grundlegenden Begriffe bisher weder richtig verarbeitet noch überhaupt verstanden sind, kann ich euch nicht noch mehr anbieten. Für viele ist selbst die Sache mit der Sonne noch nicht klar. Sie gehen zum Sonnenaufgang, ohne den geringsten Nutzen daraus zu ziehen. Sie kommen ebenso stumpf zurück, wie sie hingegangen sind, sofort bereit, zu diskutieren und sich zu streiten. Doch ich habe euch schon gesagt, es liegt daran, dass sie sich niemals darauf vorbereitet haben, dem Sonnenaufgang beizuwohnen. Um die Sonne zu verstehen, muss man frei und unbelastet sein. Dann versteht man, was die Sonne ist. Es lässt sich mit Worten nicht ausdrücken, was die Sonne ist. Und wenn ihr nun alles, was ich euch bisher erklärt habe, weder begriffen, erfasst noch schätzen gelernt habt, dann glaubt nicht, dass es anderen gelingen wird, euch das begreiflich zu machen.

In der Tat sind viele Dinge für das Begriffsvermögen der Menschen zu hoch, und selbst wenn Eingeweihte oder große Meister sie ihnen erklären wollen, begreifen sie diese nicht. Selbst wenn immer die Möglichkeit besteht, diese Dinge mit dem Verstand aufzunehmen, so kann doch nicht alles von ihm erfasst werden. Und solange man noch kein spirituelles Auffassungsvermögen besitzt, bleiben einem manche Dinge unzugänglich.

Selbst wenn ich euch so einfache und klare Bilder gebe wie das der Quelle, die lebensnotwendig ist, könnt ihr sie doch nur bis zu einem bestimmten Punkt begreifen. Den spirituellen Gehalt erfasst ihr noch nicht.

Den Intellekt wird man immer benötigen, um die konkrete, physische Welt zu verstehen und sich darin zurechtzufinden, doch er allein reicht uns nicht. Es gibt noch eine andere Intelligenz, die uns auf den Himmel vorbereitet, darauf, den Himmel zu fühlen, zu schmecken, ihn zu trinken. Diese beiden Arten der Intelligenz sind nötig, denn keine kann die andere ersetzen. Alle beide sind nötig, da sie zwei verschiedenen Bereichen angehören. Und ich weiß jetzt schon, dass ihr mich nicht verstehen werdet, da ich euch in Bereiche hineinführe, über die noch niemand zu euch gesprochen hat. Es ist also ganz normal, wenn ihr mich nicht versteht. Doch ist das für mich kein Grund, das Thema zu wechseln, denn mein Ziel, meine Arbeit und meine Aufgabe besteht genau darin, euch auf die andere Welt vorzubereiten, die ihr noch nicht kennt. Was Wissenschaften, Politik, Literatur und Wirtschaft betrifft, haben andere die Aufgabe, euch zu unterrichten und euch Erklärungen zu geben. Es gibt so viele Leute, die in diesen Bereichen mehr wissen als ich. Wenn ich deren Bücher lese, bin ich voller Bewunderung. Doch sind es nicht diese Bücher, die mich an der Quelle des Lebens trinken lassen. Da euch jedoch die Maßstäbe fehlen, um die Dinge zu unterscheiden, wisst ihr nicht, was vom Himmel kommt und was von der Erde. Und ihr bringt alles durcheinander.

Als Gott die Welt erschaffen hat, hat Er den Schöpfungsplan gemacht, und Seine Diener, die Engel und Erzengel haben ihn ausgeführt. So geht es mit allem im Leben, es gibt immer einen, der den Plan macht, und andere, die ihn ausführen. Es müssen Arbeiter da sein, und ich bin glücklich darüber, dass Arbeiter in meiner Bruderschaft sind, Brüder und Schwestern, die fähig sind, zu arbeiten. Doch wenn ich euch nicht das gebe, was ich euch gebe, kommt ihr allein auch nicht weit. Jeder hat seine Aufgabe. Das, was ich euch bringe, stammt aus einer anderen Dimension, aus einer anderen Welt, und euch ist das nicht so klar. Es hat vielleicht auch noch keine Form, doch sollt gerade ihr die Form finden. Es ist wie das Leben; auch das Leben an sich besitzt keine Form.

Ich gebe euch den Inhalt, und ihr müsst die Gefäße, die Behältnisse dafür suchen. Ich kann euch nicht alles geben. Ich bringe euch schon die Flüssigkeit, das Fluidum, bringt ihr zumindest eure Gefäße mit. Gewiss kann ich euch auch alle Gefäße bringen, und zwar die Besten. Doch wenn es nachher keine Flüssigkeit gibt, die man hinein tun kann, wozu sind sie gut? Wozu nützt eine Elektroinstallation, wenn es keinen Strom gibt? Meine Arbeit besteht darin, euch mit der Sonne zu verbinden, mit dem Strom des göttlichen Lebens. Wenn ihr anderen Ambitionen nachgehen wollt, dann müsst ihr dazu woanders hingehen. Aber versucht wenigstens, das zu verstehen, was ich euch bringe, versucht, dessen Natur und Wesen zu verstehen und auch warum und wie ihr es gebrauchen sollt. Verwechselt das nicht mit allerlei anderen Dingen, die zwar auch nützlich und großartig sind, aber einem ganz anderen Bereich angehören.

Ich wünsche mir jetzt fähige Arbeiter, und mit denen werde ich die ganze Erde umkrempeln; das ist nur eine Frage der Zeit. Die Ereignisse, die in der Welt geschehen, werden die Menschen zwingen, ihre Lebensanschauungen zu ändern und sie bis zur großen Universellen Weißen Bruderschaft hinführen. Es ist unmöglich, dass sie woanders hingehen. Denn woanders finden sie nur einzelne Stücke, Teile des Ganzen, ja, politische Parteien, philosophische Bewegungen und Sekten. Nur die Universelle Weiße Bruderschaft umfasst das Ganze. Ich weiß, dass ihr mir das im Augenblick nicht glaubt. Ihr lasst euch von einigen kleinen Neuerungen blenden, die in allen Bereichen hier und dort auftauchen. Ihr vergesst dabei die Hauptsache. Der Mensch braucht es, immer von irgendetwas begeistert zu sein, das ist ganz normal. Aber ich rate euch, dass ihr euch nur vom Wesentlichen begeistern lasst, und zwar vom Licht, von der Liebe, der Güte, der Sonne, den Sternen... von der ganzen Schöpfung. Und wenn ihr wollt, lasst euch meinetwegen danach auch noch von einigen Menschen begeistern, doch nur in dem Maße, wie die Quelle des Lebens durch sie wirkt und euch offenbar wird.

Wenn ihr keine Maßstäbe dafür besitzt, werdet ihr früher oder später Schiffbruch erleiden. Ihr werdet euch an jemanden hängen, dem es gelungen ist, euch zu locken und zu verführen, der euch nur Finsternis bringen, euer Seelenleben durcheinander bringen und euch ruinieren wird. Hat er das einmal geschafft, wird er euch sitzen lassen und sich einen anderen Naivling wie euch suchen, um ihm das Fell über die Ohren zu ziehen. So geht es in der Welt zu, und nachher bereut man es, aber es ist zu spät. Nachher bedauern es alle, aber es ist immer zu spät, weil sie sich nicht an das Wesentliche gehalten haben. Denn das Schlimmste ist, nicht zu wissen, wo das Wesentliche ist.

Sèvres, den 14. April 1965

V

Das Reich Gottes und seine Gerechtigkeit

I

Freier Vortrag

Ihr müsst lernen, liebe Brüder und Schwestern, nicht in Eile zu sein. Ihr müsst euch darin üben, mehr und mehr in der Stille zu verweilen, ohne ungeduldig auf das Ende dieser wenigen Minuten der Meditation zu warten. Ich habe euch schon oft gesagt, dass diese schlechte Angewohnheit, immer in Eile zu sein, die Gehirntätigkeit hemmt und verhindert, dass die spirituellen Fähigkeiten sich entfalten. Natürlich leugne ich nicht, dass Schnelligkeit, Aktivität und Dynamik sehr gute Eigenschaften sind. Doch darf der Mensch sich nicht auf sie beschränken und andere Eigenschaften vernachlässigen, die sich ganz im Gegenteil durch Geduld, Verinnerlichung und Aufnahmebereitschaft entwickeln. Wenn ihr diesen inneren Zustand von Frieden und Harmonie verwirklicht, spürt ihr in euch Kräfte, Energien und Wesenheiten, die dann auch an die Arbeit gehen. Das ist derart wunderbar, dass man gar nicht alles sehen und verstehen kann. Es übersteigt unsere Vorstellungskraft. Natürlich gibt es auch hierbei viele Grade, doch selbst wenn es der erste, unterste Grad ist, bemerkt ihr schon das Wirken dieser inneren, unbekannten Kraft. Und so löst ihr euch zumindest für einige Minuten von der Hektik und den Sorgen, die euch begrenzen, um in die »verborgene Kammer« einzutreten, von der Jesus spricht.

Man muss die beiden Aspekte des Menschen richtig erfassen. Auf der einen Seite ist der begrenzte, sterbliche, auf der anderen, der unbegrenzte, ewige Mensch. Der eine muss in den Hintergrund treten, wenn der andere wachsen soll. Das entspricht genau dem, was Johannes der Täufer ausdrückte, als er über Jesus sagte: »Er muss wachsen, ich aber abnehmen.« Ja, das ist eine symbolhafte Aussage. Wenn ihr also hier in der Bruderschaft seid, dann legt eure Alltagsgewohnheiten ab. Was drängt euch denn? Ihr müsst jetzt weder ins Büro gehen und Schreibarbeiten erledigen, noch irgendwo Steuern eintreiben oder in irgendeinem Prozess ein Plädoyer halten. Ihr müsst euch sagen, dass ihr, zumindest eine Zeit lang, endlich der Ewigkeit, der Sonne, der Natur, den Wesen des Lichts... und auch euch selbst gegenüberstehen werdet. Wem es gelingt, seine innere Haltung zu ändern, der wird schließlich spüren, wie die göttlichen Kräfte in ihm erwachen, sich in ihm niederlassen, um ihn zu verwandeln.

Viele haben mir schon gesagt: »Ich will mich ja konzentrieren und beten, doch es gelingt mir nicht.« Sie haben einfach noch nicht begriffen, dass dies nur daran liegt, dass sie es verkehrt anfangen. Sie sind voller Hast, verkrampft und denken dabei, es solle schnell gehen, da sie noch anderes zu tun haben. Genau das hindert sie daran, sich zu konzentrieren. In ihrem Unbewussten, im Unterbewusstsein und in ihren Gewohnheiten gibt es also etwas, das sie blockiert, das sie in Augenschein nehmen und analysieren müssen. Ich weiß, sie werden mir entgegnen, dass das Leben nun einmal so eingerichtet ist, dass man keine Zeit zu verlieren hat, wenn man arbeiten und sich um andere kümmern muss. Wenn sie sich aber daran gewöhnen, für eine halbe oder eine Stunde einmal nicht in Eile zu sein, dann werden sie nachher, wenn sie wieder an ihre Arbeit gehen, bemerken, dass alles zehn, ja hundert Mal besser geht.

Alles zu seiner Zeit und an seinem Platz! Solange ihr meditiert, denkt an nichts anderes. Nachher werdet ihr schon genug Zeit finden, euch um die alles Andere zu kümmern. Doch fast immer spielt es sich anders ab. Ist man hier, um die Vorträge anzuhören, zu meditieren und zu beten, dann ist man in Wirklichkeit woanders. Und wenn man woanders ist, sagt man sich: »Oh, ich muss meditieren und beten,« und dann ist man nicht einmal bei seiner Arbeit. Und so geht nichts voran. Während man das Essen zubereitet, den Abwasch macht oder ein Auto lenkt, ist nicht der rechte Moment, daran zu denken, dass man meditieren muss. Man muss ganz bei dem sein, was man gerade macht, denn es gibt für alles eine Zeit. Ansonsten hat man nämlich für nichts mehr Zeit, da man den Kopf nie am rechten Ort hat. Das ist leider nur zu wahr! Wenn man hier herkommt, ist man in Gedanken zu Hause oder wer weiß wo. Und wenn man woanders ist, dann ist man hier. Letztendlich ist man dann nirgendwo wirklich richtig, und das ist sehr schlecht.

Wie viele schlechte Gewohnheiten gibt es doch zu korrigieren! Ja, es sind wirklich sehr schlechte Gewohnheiten. In unserer Lehre gilt es, als erstes diese schlechten Gewohnheiten abzulegen, denn nachher kommt man viel weiter und auch schneller voran. Nun werdet ihr sagen: »Oh ja, jetzt, wo Sie es uns erklären, verstehen wir das.« Nun, ich denke, dass ihr es in der Stille auch ohne Erklärung noch besser verstanden hättet. Denn wenn ihr nicht ständig anderweitig beschäftigt wäret, würdet ihr alles tausendmal besser verstehen als durch meine Erklärungen.

Eigentlich ist es nicht unbedingt nötig zu sprechen. Weil es euch allerdings noch nicht gelingt, euch mit dem Himmel zu verbinden, braucht ihr das gesprochene Wort. Wenn ihr einmal wirklich meditieren könnt und die Herrlichkeiten des Himmels schauen, dann werde ich nur noch durch die Stille zu euch sprechen. Ja, denn in der Stille spreche ich weiter zu euch, und was ich euch sage, ist anderer Natur und anderer Dimension. Das erstaunt euch? Aber sogar nachts spreche ich zu euch! Und so kommt es, dass euch von Zeit zu Zeit plötzlich etwas klar wird, weil ihr es vor Monaten oder Jahren in der Nacht gehört habt und es nun allmählich in euer Gehirn vordringt.

Ihr sagt: »Aber warum dauert das so lange? Das ist ja entmutigend!« Nun, für uns alle ist es so, dass eine unablässige und sehr geduldige Arbeit nötig ist, bis der Mensch endlich anfängt zu begreifen. Schaut, wie viele Milliarden Jahre nötig sind, bis aus Steinen schließlich Pflanzen werden, und wie viele Millionen Jahre es dauert, bis die Pflanzen zu Tieren werden und diese wiederum zu Menschen. Sicher, die Dauer nimmt von einem Naturreich zum anderen ab. Eine enorme Zeit ist nötig für die Steine, dann schon weniger für die Pflanzen, noch weniger für die Tiere und noch weniger bis die Menschen zu Übermenschen oder zu Engeln werden. Denn mit jedem Naturreich erhöhen sich die gegebenen Möglichkeiten. Doch selbst wenn weniger Zeit nötig ist, dauert es doch Hunderttausende von Jahren, bis die Menschen die Entwicklungsstufe der Engel erreichen.

Das waren nun einige Worte zu der inneren Einstellung, die ihr hier haben solltet. Denn es ist immer die Einstellung, die man verbessern muss. Vorhin habe ich die verborgene Kammer erwähnt, von der Jesus spricht. Das ist ein wunderbares und sehr tiefsinniges Symbol, das gewiss schon lange vor ihm bekannt war. Alle Eingeweihten wissen, dass man zum Beten in diese Kammer gehen muss, denn wenn ihr außerhalb seid, werdet ihr nicht gehört. Und warum nicht? Stellt euch einmal vor, ihr seid auf der Straße und wollt mit einem Freund sprechen, der sich in einer anderen Stadt befindet. Das geht nicht so ohne weiteres, dazu müsst ihr in eine Telefonzelle gehen, denn dort findet ihr einen Apparat, ihr wählt die Nummer und erhaltet die Verbindung. Geht ihr jedoch nicht in die Kabine, dann könnt ihr schreien und rufen soviel ihr wollt, euer Freund wird euch nicht hören. Damit uns der Himmel hören kann, müssen wir in diese verborgene Kammer gehen, denn auch sie ist entsprechend eingerichtet. Sie ist mit Geräten ausgestattet, die es uns ermöglichen, mit den höheren Welten zu kommunizieren. Und schaut nur weiter: Wenn ihr in eine Telefonzelle geht, schließt ihr die Tür, damit ihr in der Stille zuhören und sprechen könnt. Daher muss auch in dieser Kammer Stille herrschen, denn diese innere Arbeit kann nicht im Lärm geschehen.

Es muss euch also klar werden, dass es in eurem Inneren einen sehr stillen Raum gibt, in den ihr euch hineinbegeben und dabei die Tür hinter euch schließen müsst. Die Türe schließen, das bedeutet, keinerlei andere Gedanken und Wünsche hereinlassen, denn sonst wird die Verbindung mit dem Himmel gestört und ihr erhaltet keine Antwort. Nur in dieser verborgenen Kammer kann die Verbindung richtig zustande kommen. Ihr sprecht und ihr hört. Ihr richtet eine Bitte an den Himmel und erhaltet eine Antwort. Gelingt es euch nicht, richtig zu erfassen, was der Himmel zu euch sagt, dann habt ihr vergessen, die Tür zu schließen. Die verborgene Kammer ist also untrennbar mit Stille und Abgeschiedenheit verbunden. Die anderen dürfen nicht bemerken, was ihr sagt, wie ihr es sagt und an wen ihr euch wendet. Natürlich könnt ihr nicht immer vermeiden, dass sie erkennen, wenn ihr betet. Doch je weniger sie es bemerken, umso besser ist es. In den Evangelien steht die Geschichte von dem Pharisäer, der zum Tempel von Jerusalem hinaufgegangen war und dort mit großer zur-Schau-Stellung betete. Nun, das ist das genaue Gegenteil der verborgenen Kammer.

Diese verborgene Kammer kann man auch das Herz nennen, die Stille des Herzens. Wenn man nicht in diese Stille findet, so hat man diese Kammer noch nicht erreicht. Und es gibt so viele »Kammern« im Menschen! Von all diesen Kammern haben nur sehr wenige Menschen eben diese Stille gefunden. Die meisten haben sich in andere Räume verirrt und beten dort. Da sich dort allerdings nicht die geeigneten Apparate befinden, kommen ihre Gedanken und Gebete nicht im Himmel an. Damit das Gebet dort empfangen wird, muss man bestimmte Voraussetzungen erfüllen.

Warum haben früher die Eingeweihten zum Beispiel gelehrt, dass man beim Beten die Hände falten soll? Das ist ein Symbol. Denn das wahre Gebet bedeutet, dass man die beiden Prinzipien miteinander verbindet, das Herz und den Intellekt. Wenn allein das Herz um etwas bittet, ohne dass sich die Gedanken ihm anschließen, dann kann euer Gebet nicht empfangen werden. Denn dafür sind das Herz und der Intellekt, das Fühlen und das

Denken, also das weibliche und das männliche Prinzip nötig. Auf so vielen Gemälden werden betende Menschen, sogar Kinder, mit gefalteten Händen dargestellt. Doch wurde der tiefe Sinn dieser Haltung nie verstanden. Das soll nun nicht heißen, dass man zum Beten unbedingt die physischen Hände falten muss, denn nicht das Äußere, sondern das Innere ist ausschlaggebend. Seele und Geist, Herz und Intellekt müssen verbunden werden, denn deren Einheit bewirkt die Kraft des Gebetes. Das hat eine gewaltige Wirkung, denn ihr gebt und empfangt gleichzeitig, ihr seid aktiv und doch empfangend.

Die Christen haben noch so viele Dinge im Kopf, die sie gar nicht verstehen. Sie meinen, mit den Worten des Gebets sei schon alles getan. Aber oftmals gehen die Worte ins Leere und können nicht bis zum Himmel aufsteigen. Der Mund murmelt zwar etwas, aber der Mensch an sich betet nicht, nichts in ihm schwingt mit. Gewiss habe ich euch oft gesagt, wie wichtig das gesprochene Wort ist, wenn man etwas verwirklichen will. Doch gilt das nur unter der Voraussetzung, dass euer Wunsch und eure Gedanken auf der geistigen Ebene bereits stark geworden sind. Das Wort ist dann so etwas wie eine Unterschrift, durch das die Kräfte von oben ausgelöst werden.

Nehmen wir an, ihr möchtet in euch ein Gefühl der Liebe zu Gott erwecken. Da das Gefühl etwas rein psychisches ist, braucht ihr dafür das gesprochene Wort nicht einzusetzen; allein die Kraft eures Wunsches ist dafür ausreichend. Gesetzt den Fall jedoch, dass ihr auf der physischen, materiellen Ebene etwas verwirklichen wollt, dann ist das gesprochene Wort nötig. Aber das Wesentliche bleibt dabei die Intensität eurer Gedanken und Gefühle, sonst könnt ihr stundenlang Worte aussprechen, ohne zu einem Ergebnis zu kommen, ihr werdet nicht erhört. Im Übrigen könnt ihr selbst spüren, wann euer Gebet gehört wurde und wann nicht. An manchen Tagen verspürt ihr dabei eine solche Kraft und Fülle, dass ihr wisst, dass der Himmel euch endlich gehört hat. Das soll jedoch nicht heißen, dass ihr mit einem Schlag im Physischen irgendwelche Ergebnisse seht. Die Verwirklichung kommt nicht sofort, aber man hat euch gehört und eure Bitte in Betracht gezogen. Und es ist die Hauptsache, dass ihr spürt, dass euer Gebet gehört wurde.

Alles beruht auf der Intensität, und die hängt immer davon ab, wie sehr man seine Gedanken und Gefühle von allen Dingen frei machen kann, die mit dem Gebet selbst nichts zu tun haben. Daher muss man lernen, alles andere beiseite zu lassen, um sich in eine intensive spirituelle Arbeit zu vertiefen. Nur unter dieser Voraussetzung wird man vom Himmel erhört.

Ich weiß, dass ihr nun denkt: »Und wie steht es mit Ihnen, der uns das lehrt, werden Sie erhört, wenn Sie um etwas bitten?« Ja, denn meine Bitten sind so anders, als ihr es euch vorstellen könnt. Und ich sehe immer wieder, dass ich erhört werde. »Also, wenn der Himmel Sie immer erhört, warum bitten Sie dann zum Beispiel nicht um einige Milliarden?« Nun, weil das sehr wenig ist. Was sind denn schon ein paar Milliarden? Wenn ich die unter euch verteile, dann bleibt doch für jeden nur ein wenig. Nein, nein, was ich erbitte, könnt ihr euch gar nicht vorstellen. Und ich werde immer erhört. Wenn ich sehe, mit welchen Bitten die Menschen den Himmel belästigen, dann bin ich völlig erstaunt. Mit was sie sich abgeben! Damit vergeuden sie wirklich nur wertvolle Zeit, und um etwas zu erhalten? Also, als ich im Himmel einen Schalter gesehen habe, vor dem niemand Schlange stand, habe ich mich dort hingestellt und gesagt: »Das hier ist für mich.« Nun ja, niemand hatte Lust, sich dort anzustellen, so gehe ich jeden Tag dorthin und das immer öfter.

Es ist jetzt eure Sache herauszufinden, um was ich bitte. Auf jeden Fall handelt es sich weder um Häuser noch um Geld, weder um irdischen Ruhm noch um Frauen oder Kinder. Darum finde ich auch immer Erhörung, wirklich immer, ohne Ausnahme. Da das, um was ich bitte, nicht für mich ist, wird es mir immer sofort gegeben. Wenn ihr für euch selbst um etwas bittet, dann heißt es: »Wir wollen mal sehen, wartet ein wenig, wir schauen erstmal in den Akten nach... Woher seid ihr? Wie ist der Name des Vaters? Glaubt ihr, ihr verdient es, dass man euch erhört?« Oh je, und das geht noch lange so weiter. Ich hingegen werde sofort erhört, das sehe ich. Nun werdet ihr sagen: »Aber Sie haben ja nicht mehr als vorher.« Gewiss, eben weil ich um so etwas gar nicht bitte. Um was ich bitte, sage ich euch aber nicht, denn das findet in der verborgenen Kammer statt. Daher geht euch nichts an, das ist ein Geheimnis.

Ihr dürft niemals verraten, worum ihr bittet. Doch wenn ihr um das Gleiche bittet wie ich, werdet auch ihr sofort erhört. Denn bei dieser Bitte geht es nicht darum, ob ihr deren würdig seid oder nicht, das hat nichts mit Rang und Würde zu tun. Es geht lediglich um die Art der Bitte. Selbst wenn ein Kind oder auch ein Trunkenbold darum bitten, werden sie erhört. Nun werdet ihr fragen: »Und diese Bitte wird wirklich immer erhört?« Ja, wenn euer Gebet aufrichtig, voller Inbrunst und Selbstlosigkeit ist, dann werdet ihr erhört, allerdings schrittweise. Der Prozess schreitet fort und verstärkt sich, denn das, was ihr erbittet, kann nicht in einem Tag Wirklichkeit werden. Es fängt sogleich an, sich zu verwirklichen, doch es braucht viel Zeit bis zur völligen Verwirklichung. Wenn ihr einen Samen in die Erde steckt, beginnt schon die Verwirklichung. Damit aus dem Samen ein Baum wird, braucht es Zeit, aber euer Wunsch ist schon erhört, da er bereits heranwächst. Wenn ihr um das Reich Gottes und seine Gerechtigkeit bittet, könnt ihr natürlich nicht bewirken, dass es in einem Tag da ist, das ist nicht möglich. Es ist ja wie ein gigantischer Baum, der nicht mit einem Schlag in die Höhe wachsen kann. Aber er ist schon in die Erde gepflanzt; der Same ist gelegt, und der Baum wächst heran. »Aber ich sehe ihn nicht.« Nun, wenn ihr kurzsichtig seid... Aber ich, ich sehe den Samen wachsen.

Wenn ich euch sage, dass ich immer Erhörung finde, so tue ich das nicht deshalb, weil ich mich derart überlegen wähne, dass ich mir einbilde, der gesamte Himmel würde sich zu mir hernieder neigen und mir zu Diensten stehen. Nein, denn ich habe euch schon gesagt, dass jeder, ganz gleich, wer es auch sein mag, der die gleiche Bitte äußert wie ich, sofort erhört wird, weil der Himmel spezielle Öffnungszeiten und einen Sonderschalter für solche Bitten eingerichtet hat. Gott selbst hat angeordnet, jeden zu erhören, der solche Bitten vorbringt. Dann wird nicht mehr danach gefragt, wer ihr seid und woher ihr kommt. Nicht einmal die Vierundzwanzig Ältesten werden um ihre Zustimmung gefragt, denn das liegt nicht bei ihnen, sondern bei einer höheren Instanz, die ganz nah bei Gott, der Liebe, ist. Die vierundzwanzig Ältesten herrschen über das Schicksal und haben die Aufgabe, die Gesetze der Gerechtigkeit zu vollstrecken. Aber diese Bitte gehört nicht in ihren Zuständigkeitsbereich. Sie unterliegt nicht den karmischen Gesetzen, den Gesetzen der Gerechtigkeit. Seid ihr darüber erstaunt? In dem Augenblick, wo ihr in der Lage seid, um so etwas zu bitten, habt ihr eine Region erreicht, die höher steht als die, in der noch die Karmagesetze herrschen. Und so haben diese keinerlei Macht mehr über euch.

Diese Bitte also, die der Himmel immer bereitwillig erhört, ist die um das Reich Gottes. »Trachtet zuerst nach dem Reich Gottes und seiner Gerechtigkeit,« hat Jesus gesagt. Dann wird nicht nur das Reich Gottes kommen, sondern ihr wisst, was er hinzugefügt hat: »...und alles Andere wird euch hinzugegeben.« Ja, denn wenn ihr großmütig seid und nichts für euch selbst verlangt, gerade dann gibt man euch auch etwas. Eben weil ihr nichts für euch selbst erbeten habt, denkt man an euch. Nicht nur eure Bitte für die Gemeinschaft, für die ganze Menschheit wird erhört, sondern auch ihr selbst werdet nicht vergessen. So lautet das Gesetz, das von Gott selbst erlassen wurde. Je mehr Menschen in der Welt diese Bitte äußern, umso besser ist es. Dann kommt das Reich Gottes umso schneller und umso besser. Also, meine lieben Brüder und Schwestern, bittet um das Reich Gottes und seine Gerechtigkeit.

Ihr sagt: »Um das Reich Gottes bitten Sie also? Und Sie sagen, Sie werden erhört? Davon ist aber nichts zu sehen!« Nun, da irrt ihr euch. Ich denke jedenfalls, dass ich erhört werde. Wenn ihr anderer Meinung seid, dann liegt es daran, dass ihr nicht wisst, welchen Weg die Dinge nehmen. Das Reich Gottes kann nicht auf der physischen Ebene erscheinen, wenn es nicht vorher im Intellekt und in den Gedanken verwirklicht wurde. Danach steigt es ins Herz hinab, in die Gefühle, und schließlich zeigt es sich in den Handlungen. Auf diese Weise wird das Reich Gottes eines Tages greifbar sein. Doch zuerst muss es in der Vorstellung und in den Gedanken seinen Platz finden. Und da sehe ich, dass dies schon im Gange ist. Wir sind ja nicht die Einzigen, viele Tausend andere Menschen in der Welt denken und fühlen wie wir. Es sind sogar viel mehr, als ihr meint. In den Gedanken und Wünschen mancher Menschen bahnt sich das Reich Gottes bereits seinen Weg. Selbst in ihrem Verhalten und in ihrer Lebensweise hat das Reich Gottes schon seinen Platz, denn das Reich Gottes ist ein Bewusstseinszustand, eine Art und Weise zu leben und zu arbeiten.

Zwar ist das Reich Gottes noch nicht für die gesamte Menschheit gekommen, doch es wird kommen, denn es ist ansteckend. Das ist es, was Jesus mit dem Gleichnis des Sauerteigs ausdrücken wollte. Die Alchimisten sagen, wäre der Ozean aus geschmolzenem Metall, könnten sie ihn mit einigen Gramm des Pulvers, das sie den Stein der Weisen nennen, in Gold verwandeln. Denn es gibt Regeln, so scheint es, nach denen man die Wirksamkeit dieses Pulvers erhöhen kann. Auch die Menschen können so etwas wie Fermente oder wie ein Sauerteig werden. Wenn wir wirklich zu spirituellen Fermenten werden, können wir durch unsere Anwesenheit und durch unseren Kontakt die gesamte Menschheit beeinflussen. Das hängt nur ab von der Intensität unseres Lichtes, unserer Liebe und von der Kraft unseres Lebens, das wir führen. Um jedoch so weit zu kommen, sind natürlich eine Lehre, ein System und Methoden nötig. Denn darin ist alles begründet. Eine neue Art und Weise zu leben ist nötig, mit einem neuen Verständnis, das gestützt und ernährt wurde durch eine neue, intensive Liebe. Dadurch wird alles einfacher, alles kommt in Harmonie, und man wird zu einem heilsamen, aufbauenden Faktor für die ganze Menschheit.

Nun, liebe Brüder und Schwestern, ich wünsche euch einen schönen Vormittag. Und denkt daran, seid niemals in Eile, wenn ihr hierher kommt. Ja, wenn man selbst hier noch hektisch und verkrampft ist, dann ist es gar nicht der Mühe wert, überhaupt herzukommen. Bevor ihr kommt, richtet eure Angelegenheiten so ein, dass ihr nicht gehetzt seid. Das wird für euch einen großen Gewinn bedeuten, und ihr werdet überglücklich sein.

Sèvres, den 24. April, 1963

II

Freier Vortrag

Das, was bei all euren Tätigkeiten am meisten zählt, ist das Motiv, aus dem heraus ihr handelt, das Ziel, das ihr erreichen wollt. Die Tätigkeit selbst zählt gar nicht so sehr; es ist unwesentlich, ob sie euch Ansehen oder Geld einbringt. Es ist zum Beispiel möglich, dass ihr zur Bruderschaft kommt und dem Anschein nach gar nicht viel macht. Wenn ihr dabei jedoch mit dem Wunsch kommt, die Idee der Universellen Weißen Bruderschaft wachsen zu lassen und ihnen Nahrung zu geben, dann ist das jedes Mal ein Baustein für eure Zukunft, für eure Entwicklung und für euren Lichtleib. Und das verändert euer ganzes Schicksal. Selig ist, wer diese Wahrheit erfasst! Lange Zeit werdet ihr möglicherweise keinerlei Resultat sehen, doch dann werdet ihr eines Tages spüren, wie die Segnungen von allen Seiten auf euch zukommen.

Die Menschen handeln euch gegenüber nach dem, was sie sehen, aber der Himmel belohnt oder bestraft euch nach euren Beweggründen. Folglich müsst ihr vom Himmel die Belohnung dafür erwarten, dass ihr hier herkommt und die Idee der Bruderschaft unterstützt. Was meint ihr wohl, aus welchen Gründen ich diese Treffen mache und die Vorträge halte? Etwa, um mich zu bereichern? Oder um Ruhm zu ernten? Jemand anders an meiner Stelle hätte schon längst den Mut verloren bei so wenig konkreten Ergebnissen. Die Menschen sind so sehr mit spektakulären Dingen im Bereich der Materie beschäftigt, dass ihr mit der Bitte, sich einer Idee zu widmen, keinerlei Erfolg habt. »Was ist schon eine Idee? Das ist doch Blödsinn und dummes Zeug. Für so etwas haben wir keine Zeit. Früher hat es schon so arme Wichte gegeben, die für irgendwelche Ideen lebten, für Illusionen. Und man hat ja gesehen, was für ein Ende sie genommen haben. So soll es uns nicht ergehen!«

Oh ja, alle wollen »handfeste« Beschäftigungen haben. Doch dahinter steht keinerlei göttliche Idee, sondern nur Geld, der Bauch und Sex. Natürlich haben sie damit Erfolge, doch eines Tages werden sie sehen, was ihnen die einbringen! Wenn sie einmal in der jenseitigen Welt ankommen, wird man ihnen ihre Erfolge zeigen. Darum muss ich euch immer wieder das Gleiche sagen: Ihr müsst für eine Idee hierher kommen, so wie es die Vestalinnen machten. Ihr müsst das heilige Feuer in der Welt nähren, damit es nicht erlischt, damit die Universelle Weiße Bruderschaft in allen Herzen, in allen Seelen Einzug hält und das neue Verständnis sich durchsetzt. Sicher werdet ihr nicht mehr Geld in eurem Tresor haben, jedoch etwas anderes, nämlich Hoffnung und Auftrieb, Liebe und Licht.

Bemüht euch, einmal tief in euer Inneres hineinzublicken, und ihr werdet sehen, welche Schätze dort angehäuft sind. Denn jedes Mal, wenn ihr zum Singen, Beten und Meditieren hierher kommt, sammelt ihr weitere Schätze an. Und ich gehe nach jedem Treffen glücklich nach Hause, danke dem Himmel und sage mir: »Auch heute waren sie getreu wieder da. Das Feuer ist weiterhin am Brennen, es muss weiterhin angefacht, unterhalten und genährt werden. Dies ist ein weiterer schöner Tag zur Ehre Gottes!« Und niemals dürfen wir meinen, wir seien allein. Schon so oft habe ich zu euch gesagt, dass Abertausende unsichtbare Wesen um uns sind, bei unserer Arbeit mitwirken und Schwingungen bis in die Gehirne der Menschen leiten, die dafür aufnahmebereit sind. Diese Schwingungen besitzen eine phantastische Kraft, sie bilden einen enormen Wirbel, der über euch hochsteigt und dann in alle Richtungen davonzieht. Wir arbeiten für die Erweckung des Bewusstseins vieler anderer Menschen, die wir gar nicht kennen. Ob ihr es glaubt oder nicht, ich weiß, dass es viele tausend Menschen gibt, die wir erreichen konnten, ohne sie überhaupt zu kennen. Und sie wissen nicht, woher diese Ströme zu ihnen kommen. Wir müssen weitermachen. Eines Tages werden sich Tausende von Menschen uns anschließen, und in dieser Aufgabe werden sie den Sinn ihres Daseins hier auf der Erde finden. Denn diese Art von Arbeit ist die wirkliche Nahrung. Keine andere Tätigkeit kann euch die gleiche Erfüllung bringen. Probiert es aus! Von allen anderen Tätigkeiten seid ihr zwar eine Zeit lang ausgefüllt, und ihr fühlt euch glücklich damit, doch kurz darauf fehlt euch schon wieder etwas. Erfüllung findet ihr wirklich nur in dieser Arbeit mit der Liebe und dem Licht, wenn ihr überallhin Liebe und Licht verströmt.

Ja, liebe Brüder und Schwestern, eine Idee!... Für eine Idee arbeiten!... Viele junge Menschen sind Idealisten, doch wissen sie nicht, welche Richtung sie einschlagen sollen, denn die Erwachsenen zeigen ihnen nicht den Weg. Sie sagen ihnen nur: »Schau zu, dass du im Leben durchkommst, mein Lieber!« Das heißt, man soll Erfolg haben und Geld verdienen. In ihren Ratschlägen ist niemals die Rede davon, für eine Idee, für eine göttliche Idee zu arbeiten.

Eine Idee, meine lieben Brüder und Schwestern, meditiert einmal darüber. Ihr werdet sagen: »Dann muss ich ja Platon lesen!« Auch ohne Platon zu lesen, könnt ihr begreifen, was eine Idee ist. Eine Idee ist ein Geschöpf, ein lebendiges Wesen, das von sehr hoch oben aus der höheren Welt des Denkens kommt. Und dieses lebendige Wesen wirkt auf euch ein. Solange ihr eine Idee aufrecht erhaltet, solange ihr sie nährt, gestaltet und modelliert sie euch, bis ihr eines Tages in der Lage seid, diese Welt der Ideen widerzuspiegeln, die die Welt der Archetypen ist, die göttliche Welt. Der Nutzen, für eine göttliche Idee zu arbeiten, liegt also darin, dass diese Idee aus sich selbst heraus alle Möglichkeiten schafft, die nötig sind, um euch zu gestalten und zu verbessern, und eines Tages werdet ihr zu einem Bürger der Welt, in dem die Geschöpfe leben, die Ideen genannt werden. Man muss also für eine Idee arbeiten, um sich mit der höheren Welt zu verbinden. Wenn es keine Ideen mehr gibt, die auf euch einwirken, die an euch arbeiten wie fleißige Bienen, um euch ihre Segnungen zu bringen, dann entgehen euch die besten Dinge.

Solange ihr natürlich Ideen als abstrakte Gebilde anseht, die nutzlos und unwirksam sind, nützen sie euch tatsächlich nichts. Darum muss man zuerst verstehen, was eine Idee ist und wie man für eine Idee arbeitet. Eine Idee ist ein lebendiges Wesen von hoher Intelligenz, von großer Schönheit, das ganz bestimmte Eigenschaften besitzt. Von dem Augenblick an, wo ihr für diese oder jene Idee arbeitet, wirkt sie schon auf euch und bringt euch all das, was ihr eigen ist. Wenn ihr also auch nur einer Idee folgt, die in der höheren Welt des Lichts wohnt, bringt sie euch – trotz eurer Unvollkommenheit eurer Schwächen und eurer Unwissenheit – mit all ihren Freunden in Verbindung. Sie macht euch mit anderen Geschöpfen und anderen Regionen bekannt. Auf diese Weise bringt euch diese einzige Idee nach einiger Zeit den ganzen Himmel. Allein die Idee des Gottesreiches genügt, und schon hat euch diese Idee mit allen anderen Ideen verbunden, die mit ihr in Harmonie schwingen, und ihr habt alles Übrige auch. Aus diesem Grunde heißt es: »Bittet um das Reich Gottes und seine Gerechtigkeit, und alles andere wird euch hinzu gegeben.« Zwischen dem Anfang und dem Ende dieser Aussage wartet ein weiter Raum auf seine Entdeckung.

Dies, meine lieben Brüder und Schwestern, ist eine der bedeutendsten Wahrheiten der Einweihungslehre. Sie besagt, dass eine an sich begrenzte Idee euch mehr Kostbarkeiten zuführen kann, als sie selbst besitzt. Denn sie verbindet euch mit vielen weiteren Ideen, die mit ihr in Harmonie sind. Nach und nach macht ihr auch mit diesen Ideen Bekanntschaft, und da jede, symbolisch gesprochen, hier ein Stück Land und dort ein Haus besitzt, kommen all diese Schätze einzig durch die eine Idee auf euch zu. Ja, denn in der höheren Welt ist alles miteinander verbunden, es gibt keine Trennung. Und wenn nur eine einzige Idee bewegt wird, sind es alle andern auch. Von dem Moment an, wo ihr eine gute Beziehung zu einer Idee habt, ihr eure Liebe schenkt, sie nährt und sie anziehen wollt, bringt sie euch mit allen anderen in Kontakt, die euch schicken, was sie besitzen. Ihr seht nun, wie sich zwischen Anfang und Ende der Aussage: »Bittet um das Reich Gottes... und alles Andere wird euch hinzugegeben,« ein weiter, für euch noch leerer Raum öffnet, den ich nun gerade für euch ausgefüllt habe.

Ich erkläre euch heute, was nicht geschrieben steht, dass nämlich die Verheißung des Evangeliums: »... und alles Andere wird euch hinzugegeben,« durch eine besondere, magische, magnetische Affinität ermöglicht wird, die zwischen einer erhabenen Idee und allen anderen Ideen besteht, die ihr ähnlich sind. Außerdem hat eine Idee immer ihre Repräsentanten hier auf der Erde, und die werden alle informiert. Dadurch bekommt ihr auch alles andere. Andernfalls ist es unsinnig, denn nur weil ihr eine Sache erbeten habt, besteht keinerlei Grund, dass ihr auch alles andere bekommt. Wer diese Wahrheit nicht kennt und sich zum Beispiel Reichtum gewünscht hat, ist zwar reich geworden, hat aber weder Intelligenz noch Gesundheit, Glück, Schönheit oder Güte erlangt. Und das ist eine ganz elende Geschichte! Jetzt mögt ihr sagen: »Nun, aber Reichtum wird mir schon alles andere bringen.« Das glaube ich nicht. Es kann sein, dass der Reichtum euch viele Dinge bringt, nämlich Sorgen, quälende Gedanken und vor allem Diebe, die euch bestehlen oder gar umbringen wollen, um euch besser ausrauben zu können. Selbst wenn ihr Gelehrtheit oder Schönheit erbittet, kann euch das nicht alles bringen. Wenn ihr schön seid, kann es sogar passieren, dass sich daraus Tragödien ergeben, denen ihr als erste zum Opfer fallt.

»Trachtet nach dem Reich Gottes, und alles Andere wird euch hinzugegeben.« Im ersten Augenblick ist diese Verheißung so immens, dass es scheint, sie könne nicht wahr sein, aber jetzt versteht ihr...

Lasst uns nun noch einige Minuten in der Stille verweilen, und danken wir dem Himmel, dass wir diesen Weihnachtstag in Harmonie, mit Musik und Gefühlen der Brüderlichkeit verbringen durften. Ja, wenn man sich geborgen weiß, bei guter Gesundheit ist und sich mit all den Brüdern und Schwestern freuen kann... Denn es gibt soviel Schreckliches, das sich ereignen kann! Darum ist es wunderbar, gemeinsam hier beisammen zu sein. Wenn ich nachher wieder in meiner Wohnung bin, werde ich dem Himmel noch einmal danken und sagen: »Dies ist ein weiterer Tag, der im Buch des Lebens eingeschrieben wird, ein weiterer Tag, der uns Dir näherbringt, denn wir sind in Deinem Namen und Dir zu Ehren zusammengekommen, um das Feuer und das Licht in den Herzen und Seelen der Brüder und Schwestern zu nähren.« Gibt es etwas, das wunderbarer ist, als das ganze Leben in Dankbarkeit, in Gnade und mit den Liedern zuzubringen? Doch selbst das glaubt ihr mir nicht. So sehr seid ihr daran gewöhnt, Sorgen zu haben und euch bedrückt zu fühlen, dass ihr euch in dem Augenblick, wo euch diese Bürde nur einen Tag lang fortgenommen wird, sagt: »Das ist doch nicht normal, das ist ja beunruhigend!«

Es geht euch so, wie einem Jugendfreund von mir in Bulgarien. Er gehörte einer Gruppe von Anarchisten an, die außer ihm allesamt erschossen worden waren. Er konnte fliehen und versteckte sich, da er verfolgt wurde. Zu dieser Zeit wohnte ich zusammen mit einigen Freunden, die wie ich Schüler des Meisters Peter Deunov waren, in der Nähe von Ternovo. Das Haus lag weit abseits von der Stadt in den Weinbergen, und wir verbrachten die Tage mit Arbeit und Meditation. Eines Tages sahen wir einen Burschen ankommen, der große Angst zu haben schien, und wir gaben ihm erst einmal etwas zu essen. Als er sah, dass er uns vertrauen konnte, fing er an, uns seine Geschichte zu erzählen. Einige Tage lang blieb er bei uns, und wir hatten lange Gespräche miteinander. Er war über die Philosophie unserer Lehre erstaunt, die ihm begreiflich machte, dass die Anarchie das Los der Welt nicht verbessern konnte. Er war davon sehr berührt, und bald erwachten in ihm die besten Anlagen. Denn im Grunde war er kein schlechter Kerl, sondern sogar ein grundanständiger Mensch. Er hatte sich lediglich gegen die Ungerechtigkeit aufgelehnt, und durch den Einfluss der Umstände war er Anarchist geworden. In Wirklichkeit war er voller Liebe, und diese Seite von ihm kam schließlich auch ganz zum Vorschein.

Er entschloss sich also, sein Leben zu ändern und der Bruderschaft beizutreten. Und ich hatte ihm vorhergesagt: »Wenn du dich bemühst und wenn du dich dieser Bruderschaft anschließt, werden die Behörden dich vergessen. Du wirst als einziger von eurer Gruppe dem Tod entgehen, und alles wird sich für dich ändern.« Er hat mit geglaubt, und so hat sich sein Leben völlig verwandelt. Er ist ein Bruder in der bulgarischen Bruderschaft geworden, und zwar einer der Besten. Er war von außerordentlich großer Güte, Großmut, Demut und Treue. Wir beide hatten einander wirklich gern. Er hieß Dimitri Zvezdinsky. Doch als er anfing, die Ruhe und den Frieden zu kosten, als er merkte, dass er nicht mehr bedrängt wurde und alle ihn gern hatten und ihm zulächelten, war es für ihn zuerst fast schlimmer als vorher. Er konnte es gar nicht fassen und wusste überhaupt nicht, wie ihm geschah, so sehr war er daran gewöhnt, um sein Leben zu bangen, sich zu verstecken und Schlaf und Nahrung entbehren zu müssen. Es war, als würden ihm all die Qualen der Vergangenheit fehlen. Und auch ihr seid ein klein wenig wie er. Ihr seid es noch nicht gewöhnt, in Frieden zu leben, und wenn die Sorgen euch verlassen, dann ruft ihr sie wieder herbei und sagt: »Meine geliebten Sorgen, kommt bitte zurück, denn ohne euch geht es mir noch schlechter!« Und sie kehren zurück!

Lasst uns nun einige Minuten einfach so in Frieden verweilen, und danken wir dem Himmel, dass wir gesund, glücklich und von Freunden umgeben sind, und vor allem, dass wir diese Lehre haben, dieses große wunderbare Ideal.

Einige Minuten Meditation.

Noch einmal möchte ich euch sagen, dass für mich am meisten die Atmosphäre zählt, eine herzliche, brüderliche, harmonische und lebendige Atmosphäre. Dass ihr hier Kenntnisse erlangt, ist zweitrangig, die Hauptsache ist die Atmosphäre. Daher besteht meine ganze Kunst darin, die richtigen Mittel herauszusuchen, um eine gute Atmosphäre zu schaffen. Alles hängt davon ab. Denn eine solche Atmosphäre nährt einen, und zuallererst gibt sie mir Nahrung. Ob auch ihr euch daran nährt, kann ich nicht sagen, ich aber tue das. Seid also von nun an viel achtsamer darum bemüht, eine solche Atmosphäre zu schaffen. Denn sie bringt Freude, sie verlängert das Leben und macht uns glücklich.

Sèvres, den 25. Dezember 1964

III Teil 1

Freier Vortrag

Zwei, drei und vier Mal täglich versammeln wir uns, um gemeinsam zu meditieren, zu beten und zu singen. Das sind wunderbare Augenblicke, ja es sind die besten Momente unseres Lebens. Aber vielleicht fehlt noch etwas dabei: All diese Energien und Gefühlsregungen haben noch kein bestimmtes Ziel, es steht sozusagen noch keine Adresse darauf. Wenn ihr einen Brief verschickt, wie soll er ankommen, wenn ihr keine Anschrift darauf schreibt? Ihr müsst eine Adresse darauf schreiben, und selbst wenn ihr ihn dann auf der Straße verliert, wird ihn jemand finden, in einen Briefkasten werfen, und so wird er dort hinkommen, wohin er soll. In gleicher Weise müssen die geistigen Energien, die von der Bruderschaft ausgesandt werden, eine Adresse haben, sie müssen auf ein Ziel ausgerichtet sein. Denn sonst kehren sie in das große kosmische Reservoir zurück, wo sie sich zerstreuen, ohne große Ergebnisse zu bringen. Daher muss man seinen Aktivitäten eine Richtung, ein Ziel geben, und das gelingt nur wenigen Menschen.

Alle Menschen sind aktiv, sei es auf der intellektuellen Ebene, im Bereich der Gefühle oder auf der physischen Ebene. Doch diese Aktivitäten sind zerstreut, sie werden nicht in eine bestimmte Richtung gelenkt, und das hat keine große Wirkung. Um zu Ergebnissen zu kommen, gibt es nur ein Mittel, die Konzentration. Es ist das Prinzip der Lupe, mit der ihr Sonnenstrahlen auf einen Punkt konzentriert und so einen Gegenstand in Brand setzen könnt. Sonst könnt ihr jahrelang warten, ohne dass etwas in Flammen aufgeht. Das ganze Geheimnis liegt in der Konzentration. Darum müssen auch wir es schaffen, bei unseren Versammlungen und Meditationen unsere Gedanken, unsere gemeinsamen Kräfte auf einen Punkt, ein Zentrum, ein Ziel auszurichten. Dies kann sowohl ein individuelles wie auch ein gemeinschaftliches Ziel sein. Ideal ist es allerdings, wenn es beides zugleich ist. Wenn man sie mit Weisheit und mit Maß vereint, sind sie sehr willkommen, nötig und unerlässlich.

Man muss sich gleichzeitig um seine eigenen und um kollektive Probleme kümmern. Wenn ihr euch selbst völlig vergesst, wenn nur noch die Gemeinschaft für euch zählt, werdet ihr leiden, und es geht mit euch bergab. Kümmert ihr euch hingegen ausschließlich um euch selbst, dann geratet ihr in Widerspruch zur Gemeinschaft. Ihr vergesst, dass ihr nur ein kleiner Teil eines Ganzen seid, mit dem ihr einen sinnvollen und harmonischen Austausch pflegen müsst, um das Gleichgewicht zu erhalten. Und dann wundert ihr euch nachher, dass nichts mehr vorangeht und ihr euch blockiert fühlt. Doch nur darum, weil ihr vergessen habt, dass ihr ein Teil des Kosmos seid und mit diesem in Einklang schwingen müsst! Die wahre Weisheit gibt uns den Rat, beide miteinander zu verbinden, die anderen und uns. Es geht nur darum, das rechte Maß zu finden, zu erkennen, wie viel Cäsar zusteht und wie viel wir Gott geben müssen. Und das liegt klar auf der Hand, ich habe es euch schon einmal erklärt. Wenn ihr einen Zweig verbrennt, könnt ihr sehen, dass drei Viertel seiner Substanz zur höheren Welt aufsteigen und nur ein Viertel für diese Welt zurückbleibt. Folglich sind drei Viertel für die Gemeinschaft, für die Unermeßlichkeit, und ein Viertel für einen selbst. Macht ihr es hingegen anders herum, also drei Viertel für euch und ein Viertel für den Herrn, so läuft das den Berechnungen der Mathematiker des Himmels zuwider.

Doch will ich mich damit heute gar nicht näher befassen. Ich wollte euch nur einige Hinweise dazu geben, was ihr zu tun habt, wenn wir zusammenkommen und gemeinsam zum Wohl eben dieser großen Gemeinschaft, der gesamten Menschheit, meditieren. Wenn ihr euch selbst beobachtet und einige Erfahrungen sammelt, werdet ihr erkennen, dass nichts so schön und großartig ist, wie diese Tätigkeit, die euch hier in der Universellen Weißen Bruderschaft geboten wird, nämlich eure Gedanken auf das Reich Gottes und seine Gerechtigkeit zu konzentrieren. Alles andere verblasst daneben.

Dieses Ideal, dieser grundlegende Gedanke, der im Mittelpunkt all unserer Bestrebungen stehen muss, wird unbeschreiblich starke Wirkungen hervorbringen, besonders, wenn wir zahlreich sind und dieselbe Ausrichtung haben. In der Welt sieht man mehr und mehr nur noch die Ausdrucksformen einer bis zum äußersten entwickelten Personalität, immer Ehrgeiz, Hochmut und Eitelkeit. Wo bleiben Intelligenz und Vernunft, um das Gleichgewicht wieder herzustellen? Die Welt braucht jetzt Ordnung und Harmonie, und das ist das Reich Gottes. Das Reich Gottes beinhaltet alle wesentlichen Eigenschaften wie Licht, Intelligenz, Weisheit, Sanftmut, Demut, Güte und vor allem Harmonie, also ein Leben, von dem auf die ganze Welt eine äußerst wohltuende Wirkung ausgeht. Und dieses Reich Gottes müssen wir uns mit all unseren Kräften wünschen.

Es sind nur sehr wenige in der Welt, die sich das Reich Gottes wünschen im Vergleich zu all denen, die sich ungeordnete Zustände und Chaos wünschen. Um all den entfesselten Leidenschaften etwas entgegen zu setzen, muss man schon genug in die andere Waagschale legen können. Daher besteht die verdienstvollste und für den Schüler würdigste Tätigkeit und Arbeit darin, seine Zeit und seine Energien dafür einzusetzen, um das Reich Gottes und seine Gerechtigkeit zu bitten... das Reich Gottes und seine Gerechtigkeit... das Reich Gottes und seine Gerechtigkeit... Und wie es in der Heiligen Schrift steht, wird ihm alles Übrige hinzugegeben. Alles Übrige... aber was bleibt einem denn noch zu wünschen übrig, wenn das Reich Gottes da ist?

Das Reich Gottes schließt alles ein, was man sich nur wünschen kann, und ich frage mich, für wen Jesus gesagt hat: »Und alles Andere wird euch hinzugegeben.« Zweifelsohne hat er es für die Unwissenden gesagt, die von der Größe und Fülle des Gottesreiches nichts wissen. Wenn ihr das Reich Gottes habt, was bleibt euch dann noch zu wünschen übrig? Das soll die Leute ermutigen, die nicht begreifen, dass man genötigt ist, irgendeine Hütte, Decken, Socken und Schuhe zu versprechen! Für sie hat Jesus von »allem Anderen« gesprochen. Doch oben, in der göttlichen Welt, ist diese Weisung anders verfasst: »Bittet um das Reich Gottes und seine Gerechtigkeit... und ihr werdet nichts weiter benötigen!« Ja, meiner Ansicht nach lautet es dort anders. Wenn ihr mir nicht glaubt, dann überprüft es nur selbst, und ihr werdet sehen, wie die Evangelien zuerst abgefasst waren und wie sie nachher den Menschen gegeben wurden.

Also, die notwendigste und auch verdienstvollste Arbeit, um die der Himmel uns bittet, besteht darin, bei der Verwirklichung des Gottesreiches mitzuwirken. Anstatt zerstreut zu sein und eure Gedanken überall und nirgends herumwandern zu lassen, wenn ihr hier zusammenkommt, richtet sie immer wieder auf das Reich Gottes und seine Gerechtigkeit aus. Da wir viele sind und uns oft versammeln, werden die von uns ausgesandten Kräfte und Energien aufgezeichnet, registriert und in den göttlichen Energiespeichern gesammelt. Und dann kommt es auch zu Ergebnissen. Und wann? Das ist nicht unsere Angelegenheit. Das Reich Gottes wird kommen, das sage ich euch, das Goldene Zeitalter wird kommen. Einige Astrologen haben Berechnungen angestellt und bestätigen, was ich schon vor Jahren gesagt habe: Gegen Ende dieses Jahrhunderts wird das Goldene Zeitalter auf der Erde herrschen.

Ja, meine lieben Brüder und Schwestern, wir versammeln uns nicht, um uns Geld, Frauen, Häuser oder Autos zu wünschen. Wir kommen zusammen, weil wir bewirken wollen, dass das Reich Gottes kommt. Und nehmen wir einmal an, dass unsere Gedanken und Wünsche nicht ausreichen, um es herbeizuführen, so kehren sie zu uns zurück, und in uns selbst wird das Reich Gottes entstehen. Wenn das Reich Gottes nicht in die Welt kommt, so entsteht es in uns. Es wird uns gegeben, weil wir dafür gearbeitet haben. Wenn die anderen es nicht annehmen wollen, wird es zu uns geschickt. Darum verliert man niemals etwas, wenn man etwas so Wunderbares herbeiwünscht.

Es geht nun also darum, seiner spirituellen Arbeit immer ein Ziel zu setzen und sich zu sagen: »Ich meditiere, denke und bete aus diesem oder jenem Grunde.« Gebt den Grund an, damit all diese Kräfte nicht einfach irgendwohin gehen. Auf diese Weise werden eure Gedanken gehorsam und stehen euch zu Diensten. Es ist sehr schwierig, die Gedanken zu bändigen und dem Willen zu unterwerfen; sie sind wie ausgebrochene Pferde. In den hinduistischen Büchern liest man viel von Yogis, die sich beklagen und sagen: »Oh Indra, wie schwierig ist es doch, der Gedanken Herr zu werden! Es ist so schwierig, wie aus Sand ein Seil zu drehen oder den Wind zu binden.« Übt man sich jedoch jeden Tag mehrere Male darin, so erreicht man schließlich, dass sie folgsam, gehorsam und ergeben werden.

Darin liegt also der Sinn unserer täglichen Übungen, und das ist wunderbar! Glaubt niemals, ihr tätet zu viel, ganz im Gegenteil. Diejenigen, die sich einmal daran gewöhnt haben, wollen nicht mehr mit Meditieren aufhören. Sie fühlen sich so wohl, dass sie diese Momente unendlich ausdehnen möchten. Also versuchen wir jetzt, uns einige Minuten gemeinsam auf das Reich Gottes zu konzentrieren... Wir wollen das Reich Gottes und seine Gerechtigkeit... Wir bitten darum, wir verlangen danach, wir beten für das Reich Gottes und seine Gerechtigkeit. Und dabei senden wir gemeinsam eine gewaltige Kraft aus, die auf die ganze Welt einwirkt.

Einige Minuten Meditation

Das ist wunderbar! Wir waren von Wesen aus der unsichtbaren Welt umgeben, die sich sagten: »Oh, wenn es doch überall in der Welt Diener des Lichts gäbe, die ihre Gedanken so ausrichten, dann würde sich das Gesicht der Erde wandeln!« Ja, das haben sie gesagt, ich habe sie gehört.

Da es zur Zeit nur hier und da eine Hand voll Menschen sind, die diese Arbeit tun, kann das nicht sehr weit führen. Doch in der Hoffnung, dass viele andere Köpfe mit uns in Einklang schwingen und auf unser Rufen Antwort geben werden, machen wir weiter. Denn die wahre Entwicklung geht in Richtung der Gemeinschaft. Wer sich in der Gemeinschaft entfaltet, entwickelt sich wunderbar weiter. Die anderen, die sich dort unglücklich und bedrückt fühlen und die sich allein intellektuell weiterentwickeln wollen, indem sie lesen und sich bilden, zeigen damit, dass sie lediglich von ihrer Personalität geführt sind. Das ist jedoch noch keine gute Entwicklung. Man muss die Gemeinschaft gern haben und sich dort wie in einen Ozean getaucht fühlen, wo alle Seelen gemeinschaftlich schwingen. Ja, man muss sich noch entwickeln. Früher oder später müsst ihr manche persönlichen Neigungen überwinden, ihrer Herr werden und euch davon frei machen, so dass ihr schließlich sagen könnt: »Ich bin ein kollektives Wesen, ich bin keine Raupe mehr, sondern ein Schmetterling!« Dann verlasst ihr die Erde, bereist die anderen Planeten und die anderen Sterne.

Zu dieser Entwicklung lade ich euch ein. Die individuelle und die persönliche Seite haben alle schon zur Genüge entwickelt. Alle fühlen sich wohl, wenn sie in ihre eigenen Angelegenheiten eintauchen können. Viele haben mir auch gestanden, dass sie die anderen meiden, weil sie in deren Gegenwart ihre eigenen Fehler nicht ertragen können. Wenn sie allein sind, geht das hingegen besser.

Natürlich weiß ich auch, dass viele sich gerne um die Gemeinschaft kümmern, um sie herumzukommandieren, zu beurteilen und zu kritisieren. Sie wollen diese im Gegenteil den anderen noch aufdrängen. Dagegen gibt es nur wenige, die in die Gemeinschaft eintauchen, um sich selbst zu vergessen und für die anderen Opfer zu bringen. Man kümmert sich gerne um die Gemeinschaft, um den Chef zu spielen. Doch heißt das noch lange nicht, dass man imstande ist, ein gemeinschaftliches Leben zu führen. Ganz im Gegenteil, oftmals will man sich aufdrängen, ohne die nötigen Fähigkeiten mitzubringen. Schaut euch folgendes Beispiel an: Ein junger Bursche will die ganze Welt beherrschen, doch wenn er dann ein Kind bekommt, wird er nicht einmal Herr dieses kleinen Lausbuben, der ihm nicht gehorcht. Oder ein junger Mann will alle Mädchen lieben, und hat er nur ein einziges, rauft er sich schon die Haare.

Wenn man sich analysiert, wird man dann wirklich zufrieden sein können, dass man erreicht hat, was man sich wünscht? Nein! Daher muss man jetzt die Lehre wie einen Rettungsanker ergreifen und sich sagen: »Mit dieser Lehre wird mir alles gelingen, ich werde Herr meiner selbst, ich werde klug...« Und hat man die Lehre einmal angenommen, muss man alles in dieselbe Richtung lenken, damit das Leben wunderbar erfüllt, reich und nützlich wird, anstatt dass es nur zerstreut und vergeudet wird. Ich weiß, dass dies sehr schwierig ist. Die Menschen sind es nicht gewöhnt, all ihre Energien für ein bestimmtes Ziel zu mobilisieren. Sie haben so viele Dinge im Sinn, das ist ein einziges Durcheinander! In Wirklichkeit besteht die wahre magische Kraft darin, ein Ziel, eine Idee und ein Ideal zu haben und all seine Energien darauf zu konzentrieren. Diese Energien sind dann wie eine riesige Armee von vielen Millionen Soldaten, die in die Schlacht geschickt werden. Dann gibt es Erfolge, dann erringt man den Sieg!... Doch die Menschen leben dahin, ohne zu merken, dass sie über eine riesengroße Armee verfügen.

Versucht es darum, meine lieben Brüder und Schwestern. Arbeitet jahrelang in der gleichen Richtung weiter, hin zum Licht, zum Reich Gottes, bis alle Soldaten, die im Unterbewusstsein, im Bewusstsein und im höheren Bewusstsein warten, sich zusammenfinden, um euch beizustehen. Und sie werden so zahlreich sein, dass sie die alten Festungen zum Einstürzen bringen. Spürt ihr, wie wahr meine Worte sind? Vom technischen, strategischen, magischen und kosmischen Standpunkt aus betrachtet sind sie vollkommen wahr! Selbst der Herr, der allmächtig ist, muss sich begrenzen und sich konzentrieren. Damit die Energien nicht auseinander laufen, hat Er sie verdichtet, und das Universum ist so entstanden. Wenn Er will, dass es wieder zerfällt, wird Er mit den entgegengesetzten Kräften arbeiten, und alles wird wieder zum Nichts zurückkehren. Wenn Gott selbst mit diesen Gesetzen arbeitet, warum sollen wir dann nicht in gleicher Weise arbeiten, um auch etwas zu erschaffen? Wenn man seine Energien jedoch in alle Richtungen zerstreut, gibt es keine Ergebnisse.

Also, liebe Brüder und Schwestern, merkt euch das wenige, was ich euch heute sage: Habt eine Idee, ein Ideal, ein Ziel, eine Richtung, einen Gedanken, einen Gott. Das ist alles, darin liegt alles begründet, nichts kann euch mehr Widerstand leisten, alles wird in der Hitze des göttlichen Feuers dahinschmelzen. Es werden Arbeiter gebraucht. Trotz all der vielen Jahre, die ich rede und rufe, sind nicht viele Anwärter zusammengekommen. Ja, alle verzetteln sich in Kleinigkeiten und Nichtigkeiten. Oh, wenn ich alle Menschen mobilisieren und in die gleiche Richtung lenken könnte, dann hätte die Erde ein anderes Gesicht. Doch wo sind diese Menschen? Sogar ihr, die ihr mir zuhört, seid woanders. Selbst jetzt, während ich rede, sagt ihr zu euch selbst: »Oh je, ich muss nach Hause, ich habe vergessen den Gashahn zu schließen... Ich muss noch meine Steuern bezahlen... Ich muss meine Verlobte treffen, sie erwartet mich... Ich habe nichts mehr anzuziehen und brauche ein neues Kleid...« Und es wird nur so getan, als würde man dem zuhören, was ich erzähle.

Sèvres, den 24. März 1962

III Teil 2

Freier Vortrag

Die wichtigste und verdienstvollste Tätigkeit für den Schüler besteht darin, alle Kräfte seines Intellekts, seines Herzens und seines Willens zur Verwirklichung des Gottesreiches auf Erden zusammenströmen zu lassen. Doch finden sich für diese Aufgabe leider nicht viele Anwärter. Jeder hat schon seine Ziele und Ambitionen, und das Reich Gottes bleibt links liegen. Darum ist es so wichtig, dass wir hier in der Bruderschaft einen lebendigen und starken Kern für die Verwirklichung des Reiches Gottes und seiner Gerechtigkeit bilden, denn dessen Verwirklichung beinhaltet alles andere. Nachher ist es nicht mehr nötig, noch im Einzelnen um dieses und jenes zu bitten. Übrigens reicht ein ganzes Leben nicht aus, um nur eine einzige Sache zu erhalten, das Gottesreich hingegen enthält alles.

Wenn wir uns bewusst versammeln und um das Reich Gottes und seine Gerechtigkeit bitten, können wir andere Gehirne und andere Seelen beeinflussen. Wenn dann eines Tages die Kinder des Lichts untereinander verbunden sind, vereint im gleichen Denken und mit dem gleichen Ziel, dann werden sie die Waagschale auf ihre Seite neigen und all die Menschen mitziehen, die nur Zerstörung und Chaos suchen. Ihr mögt nun fragen: »Aber warum greift der Himmel nicht selbst ein, um die Welt zu ändern?« Natürlich könnte er das tun, doch wäre das unnütz ohne das Einverständnis und die Bereitwilligkeit der Menschen. Sie würden das nicht begreifen und auch nicht zu schätzen wissen und von neuem alles zerstören. Geht hingegen der Wille zum Wandel von ihnen selbst aus, wollen sie aufgrund des durchgemachten Leids und der lehrreichen Erfahrungen wirklich den Zustand verbessern, dann geschieht alles Weitere von selbst. Die unsichtbare Welt wird andere Kräfte, Ströme und Energien in Fluss bringen und alles wird sich wandeln. Doch muss der Anstoß dazu von den Menschen kommen. Sie müssen sich gemeinsam dazu entscheiden, auf das Einwirken der kosmischen Kräfte hinzuarbeiten. Wenn sie nicht darauf bestehen, werden sie nichts erhalten. Die Intelligenzen der höheren Welt beschließen niemals von sich aus, sich in die Angelegenheiten der Menschen einzumischen, nur weil es ihnen Spaß macht. Es ist Sache der Menschen, sie darum zu bitten.

Wenn die Brüder und Schwestern jedes Mal, wenn wir uns versammeln, mit dem Wunsch kommen, die Kräfte des Himmels herbeizuziehen, werden ihre Bitten eine enorme Kraft haben. Aber sie sind sich dessen nicht bewusst. Jeder bringt mit, was ihn persönlich beschäftigt. Man möchte heiraten, eine Wohnung suchen, den Beruf wechseln oder einen Konkurrenten ausschalten... Natürlich können all diese zusammenhanglosen Gedanken keine Kraft bilden, die in der Lage wäre, im Kosmos segensreiche Energien in Gang zu setzen, und so führen sie zu nichts. Wenn die Eingeweihten der Antike sich versammelten, taten sie dies immer mit einem ganz bestimmten Ziel. Zu Zeiten, in denen Hungersnöte drohten, hielten sie Zeremonien ab und konzentrierten ihre Gedanken und ihre Energien darauf, das Wachstum der Pflanzen zu beeinflussen und höhere Ernteerträge zu erzielen. Übrigens existieren auch noch heutzutage bei manchen Eingeborenenstämmen in Afrika und in Amerika solche Riten.

In der Konzentration liegt eine sehr große Kraft. Wenn ihr die Sonnenstrahlen mit Hilfe einer Lupe bündelt, sie also konzentriert, könnt ihr eine Feuersbrunst auslösen. Es heißt sogar, Archimedes habe die Römerflotte, die Syrakus belagerte, in Brand gesetzt, indem er das Sonnenlicht bündelte. Die Eingeweihten, die diese Gesetze kennen und sie bewusst auf der spirituellen Ebene anwenden, erzielen damit große Resultate. Und wenn wir zusammenkommen, so tun wir es auch mit dem Ziel, günstige Ergebnisse zu erhalten, denn sonst wäre es unnütz und dumm, sich zu versammeln. Wenn wir mit all den Energien, die von der Gemeinschaft erzeugt werden, nichts anzufangen wissen, könnten wir ebenso gut zu Hause bleiben. Warum sollte man sein Leben damit zubringen, immer nur nutzlose Dinge zu tun? Die Intelligenz sollte uns wohl einige Methoden finden lassen, um zu Resultaten zu kommen. Wenn man keine Ergebnisse erzielt, ist es unsinnig weiterzumachen. Meine Aufgabe besteht jedoch gerade darin, euch aufzuklären, euch eine Richtung zu weisen und eure Entschlusskraft zu stärken, damit wir zu den größtmöglichen Ergebnissen kommen.

Wenn ihr also morgens zum Sonnenaufgang kommt, dann konzentriert euch auf das Reich Gottes, wünscht euch das Reich Gottes und nur das, denn das Reich Gottes ist ein Zustand der Vollkommenheit und der Fülle. Es beinhaltet alles, Gesundheit, Reichtum, Schönheit, Ordnung, Freiheit, Frieden, Ausgeglichenheit, Harmonie, Glück... Aber anstatt all das aufzuzählen, ist es »wirtschaftlicher«, einfach vom Reich Gottes zu sprechen, das eine Synthese aller segensreichen Dinge ist. Der eine oder andere mag sagen: »Oh, wenn ich nur mächtig wäre!... Wenn ich doch reich wäre!... Ja, wenn ich schön wäre!...« Aber das sind nur einzelne Aspekte und Eigenschaften des Gottesreiches. Übrigens, sobald man anfängt, seine Wünsche auf einen einzelnen Aspekt auszurichten, entsteht damit ein Ungleichgewicht.

Das Reich Gottes ist in erster Linie ein Zustand der Ausgewogenheit und der Harmonie. Und in dem Augenblick, wo man anfängt, eine Sache auf Kosten einer anderen hervorzuheben, legt man schon den Samen der Unausgewogenheit. Alles, was unsere Seele, unser Geist, unser Herz, unser Intellekt und unser physischer Körper benötigen, ist in der Verwirklichung des Gottesreiches enthalten. Wenn wir nun alle gemeinsam um das Reich Gottes bitten, sind wir wie Sonnenstrahlen, die auf einen Punkt konzentriert sind. Und was können wir in diesem Moment alles erreichen! Wir können selbst Steine zum Schmelzen bringen.

Dass ich jetzt so zu euch spreche, liegt daran, wie ihr heute gesungen habt. Es war so harmonisch! Beim Singen repräsentieren die Stimmen der Brüder und Schwestern die spirituell höchste Stufe der Vereinigung des männlichen und weiblichen Prinzips. Die Vereinigung ist ein universelles Gesetz. Überall müssen das männliche und weibliche Prinzip sich vereinen, um Leben hervorzubringen. Beim Singen findet diese Vereinigung auf sehr hoher Ebene in der Welt von Seele und Geist statt. Und das hat seine Auswirkungen, nämlich Freude, Frieden und Erfüllung. Darum sage ich euch, dass wir mit den Liedern für die ganze Welt eine Arbeit im Sinne der höchsten weißen Magie ausführen können.

Also sollten sich die Brüder und Schwestern der großen Gesetze, die im Universum herrschen, mehr und mehr bewusst werden. Auch müssen sie mehr und mehr daran arbeiten, sich von allen irdischen Elementen frei zu machen, damit sie während des Singens die absolute Reinheit erlangen, durch die der ganze Mensch so zu schwingen beginnt, dass alles in ihm erglüht! Ja, dann ergießen sich Flammen, farbige Funken in den Raum. In solchen Momenten schwingen die Stimmbänder in anderer Weise, sie sind Träger anderer Energien, die sich in der Höhe vereinen und himmlische Geschöpfe entstehen lassen. Gott hat der menschlichen Stimme eine enorme Macht gegeben, und vor allem dadurch unterscheidet sich der Mensch vom Tier. Zwar geben auch die Tiere Töne von sich und besitzen eine Art Sprache. Doch das ist etwas anderes, sie haben nicht das Wort wie der Mensch, das gesprochene Wort, das ebenfalls das Ergebnis der beiden Prinzipien männlich und weiblich ist.

Ihr müsst also um die magischen Kräfte des Gesangs wissen, liebe Brüder und Schwestern, und bewusst singen und dabei daran denken, Kräfte und Energien von höchster Reinheit auszuströmen, denn wenn diese sich auf einer höheren Ebene vereinen, lassen sie Göttliches entstehen. An manchen Tagen ist es spürbar, wie beim Singen alles in Schwingung ist und die Brüder und Schwestern wie Flammensäulen sind. Doch leider ist das selten, denn es ist eben noch keine bewusste Arbeit. Von dem Augenblick an, wo ihr das bewusst tut, werden wir die Lieder nutzen können, um die Wolken und alles Negative in der Welt aufzulösen. Denn die Menschen, die sich von der Vernunft leiten lassen, die Kinder Gottes, besitzen das volle Recht, sich dieser großen Gesetze zu bedienen, um Gutes zu tun.

Ihr seht, ich führe euch dahin, so schöne und herrliche Dinge zu verwirklichen, dass eines Tages viele vor Freude und Begeisterung weinen werden, daran mitwirken zu dürfen. Bisher waren sie voller Sorgen, Unzufriedenheit oder Verzweiflung und ahnten noch nichts von den neuen Möglichkeiten, die der Geist bietet. Nur muss man mir Glauben schenken und darf nicht sagen: »Nein, nein, zuerst einmal will ich alles verstehen, und dann werde ich die Dinge in Anwendung bringen.« Um diese Dinge zu verstehen, werdet ihr vielleicht Jahrhunderte brauchen. Seid also lieber wie die Kinder, die Vertrauen in ihre Eltern haben und tun, was diese von ihnen erwarten. Ein Kind bedarf keiner Erklärungen, damit es seinen Eltern gehorcht und ihren Ratschlägen folgt. Selbst wenn es diese Erklärungen bekäme, würde es sie doch nicht verstehen. Später wird es die Dinge ganz von allein verstehen. Macht auch ihr zuerst, was ich euch sage, und nachher werdet ihr es verstehen. Vertraut mir, ich werde nichts Schlechtes von euch verlangen. Ich bin den Geistwesen der höheren Welt, die mich geschickt haben, Rechenschaft schuldig und bin mir meiner Verantwortung bewusst.

Wenn ihr nun am Morgen kommt, bemüht euch, alle Gedanken fernzuhalten, die nichts mit dem Reich Gottes zu tun haben. Wünscht in erster Linie das Reich Gottes für die ganze Welt, und dann wird es auch für euch kommen. Aber wünscht es nicht einzig und allein für euch, sonst geht das Gute an dieser Bitte verloren. Eine solche Bitte muss unpersönlich sein. Ihre Wirksamkeit und Kraft liegt in ihrem selbstlosen Charakter. Und doch gibt es in Wirklichkeit nichts Persönlicheres, denn ihr habt als erste den Nutzen davon. Wenn ihr das Reich Gottes für die ganze Welt erbittet, wird es als erstes zu euch kommen.

Übrigens habe ich euch ja schon gesagt, dass zu persönliche Bitten in der höheren Welt niemals besonders zügig bearbeitet werden. Solche Bitten werden ihnen am laufenden Band vorgebracht, und sie sind völlig überlastet! Kommt jedoch eine Bitte bei ihnen an, in der es um das Reich Gottes geht, dann ist das so etwas Seltenes, dass sie sich darauf stürzen und sie sogleich mit den Worten an den Schöpfer weiterleiten: »Endlich einmal eine solche Bitte!« Das bringt den gesamten Himmel in Schwung. Nun meint ihr vielleicht, ich stelle die Dinge in einem zu schönen Licht dar. Aber es ist die reine Wahrheit. Sie sind dort oben derart erstaunt über all die Bitten, die an sie gerichtet werden, dass dann, wenn sich endlich einmal einer dazu entschließt, um das Reich Gottes zu bitten, das für sie wie ein Luftpostbrief ist, der sofort bearbeitet wird.

Unsere Zusammenkünfte müssen ein Ziel haben, eine Ausrichtung, und zwar das Reich Gottes. Wir müssen wie Strahlen sein, die alle auf einen Punkt konzentriert sind, um in der Welt phantastische Wirkungen zu erzielen. Vielleicht wird hier von diesen Wirkungen gar nichts zu sehen sein, doch im ätherischen, astralen und mentalen Bereich wird dadurch eine ganze Menge Abfall verbrannt. Also, auf zum Großreinemachen! Ihr glaubt mir nicht, aber ich weiß, dass es all diese Möglichkeiten gibt. Schon in der Vergangenheit wusste ich das, ich kann mich daran erinnern. Warum sollte es also nicht erneut gelingen, eine solch großartige Arbeit durchzuführen? Aber dafür muss man natürlich die Gesetze der geistigen Welt kennen, ebenso wie die Physiker eine genaue Kenntnis der physikalischen Gesetze haben. Im Übrigen ist Physik nichts anderes als die Anwendung der Magie auf der physischen Ebene, Magie ist spirituelle Physik. Und Mathematik ist die Kabbala auf materieller Ebene. Das Gleiche gilt für Chemie und Alchimie, für Astronomie und Astrologie.

Physik ist die materielle Form der Magie, darum muss man die physikalischen Gesetze kennen, die den Gesetzen der Magie entsprechen. Ständig lege ich euch die Prinzipien der transzendentalen Physik dar, da ich jedoch noch niemals Physikunterricht angekündigt habe, ist euch das nie aufgefallen. Eines der Gesetze dieser Art Physik, der weißen Magie, ist die Kraft, die in der Konzentration der Sonnenstrahlen auf einen Punkt liegt. Und wir sind die Strahlen, das Lied sagt es uns: »Ni sme slancevi laci« Da wir also Sonnenstrahlen sind, konzentrieren wir uns jetzt, um alle Unreinheiten in der Welt zu verbrennen. Lasst uns in dem Bewusstsein singen, welche Auswirkungen unsere Lieder in anderen Regionen haben können. Durch diese Lieder können wir die Herzen der Menschen erheben, weit machen und sie anregen, auf dem Entwicklungsweg weiter voranzuschreiten.

Seit Jahren konntet ihr euch immer wieder davon überzeugen, wie sehr alles, was ich gesagt habe, der Wahrheit entspricht. Ich habe euch einmal gesagt, dass ihr in euch phantastische Labors besitzt, in denen ihr wie Physiker oder Chemiker allerlei Experimente durchführen könnt. Seit Jahren macht ihr nun eure Erfahrungen damit – gute oder schlechte, darauf wollen wir hier nicht weiter eingehen – aber ihr macht sie, und das zeigt euch, dass tatsächlich eine Wissenschaft dahinter steht, aus der wir unsere Erkenntnisse und unsere Regeln beziehen. Und was noch besser ist, ihr macht Fortschritte, und werdet innerlich reicher. Tag und Nacht sollten wir dem Himmel dafür danken, dass wir diese Lehre haben und dass uns die Natur so viele Dinge zur Verfügung stellt, die wir zur Arbeit einsetzen können. Den Himmel und die Erde, die Blumen, das Wasser, die Luft, die Nahrung, die Augen, die Hände, alles können wir zur Ehre Gottes einsetzen und für die großartige Arbeit mit dem Licht, das in der Welt den Sieg davontragen soll.

Selig ist, wer mich versteht! Jeden Tag müssen wir hier gemeinschaftlich um das Reich Gottes bitten. Selbstverständlich kann man auch darum bitten, wenn man allein ist. Doch allein kann man nicht ebenso starke Wirkungen auslösen, oder aber man muss noch andere Gesetze kennen. Wer allein ist, muss wissen, dass er nichts erreicht, solange er allein bleibt, und so muss er sich gedanklich mit der Gemeinschaft aller in der Welt verstreuten Menschen verbinden, die in diesem Sinne wirken. Denn allein wird man in diesem Bereich niemals auch nur das Geringste erreichen. Selbst wenn man nicht immer mit den anderen zusammen sein kann, muss man sich zumindest gedanklich mit ihnen verbinden. Der Meister Peter Deunov hat in Rila einmal Folgendes zu mir gesagt: »Um Gott wirklich erreichen zu können, muss man sich mit allen Geschöpfen verbinden, die gerade an ihn denken.« Ich war damals noch recht jung, und das hat mich sehr zum Nachdenken gebracht. Warum wollen die armen Menschen sich also ständig abgrenzen? Selbst wenn man nur ein Kind zeugen will, muss man aus dieser dummen und sterilen Einsamkeit heraustreten, und sich einen Mann oder eine Frau dazu suchen. Doch haben sie nichts begriffen. »Ich allein... ich will für mich allein bleiben!« Nun gut, aber das wird dir nur Sterilität einbringen, eine Fülle an Sterilität, wie großartig!

Also selbst um den Herrn zu finden darf man nicht allein bleiben. Man muss sich mit allen höher entwickelten Wesen im Universum verbinden, die an Ihn denken. Im Übrigen ist es unmöglich, direkt zum Herrn zu gehen. Dazu muss man eine ganze Hierarchie durchschreiten. Ich weiß wohl, dass die Protestanten diese Hierarchie nicht anerkennen. Sie meinen, sie würden einfach so geradewegs den Herrn finden. Was für ein Hochmut, was für eine Ignoranz! Zwar wissen sie, dass sie bei einer ganzen Reihe von Mittelspersonen vorsprechen müssen, wenn sie einen Monarchen oder auch nur einen Minister sprechen wollen. Doch sie bilden sich ein, wenn sie zum Herrn wollen, könnten sie einfach so hingehen und Ihm die Hand schütteln. Dabei lesen sie doch die Bibel, diese netten Geschöpfe. Also haben sie auch gelesen, dass es Engel und Erzengel gibt, deren Namen teils sogar erwähnt werden, wie Michael, Raphael, Gabriel, Uriel usw. Aber nein, sie meinen, die könnten sie übergehen, und darum ist weder Gabriel noch Raphael mit dieser Sache zufrieden. Es handelt sich also um ein großes Unverständnis ihrerseits. Sie wollen schnurstracks ins Paradies gehen, ohne sich die Hände zu waschen, und mit schmutzigen Fingernägeln wollen sie dem Herrn die Hand schütteln. Was meinen sie denn wohl, wer der Herr sei?

Der Herr ist ein verzehrendes Feuer. Und darum ist es ihnen zum Glück nicht gestattet, zu Ihm hinzugehen, denn dabei würden sie zu Asche werden. Seien sie also dankbar, danken sie Ihm, dass sie Ihn nicht einfach so aufsuchen können, sondern über die Transformationen, die neun Stufen der Engelshierarchien, gehen müssen, über die diese gewaltige Energie ausströmt, die Gott ist. Es ist also besser, wenn man es versteht, die Bibel in der rechten Weise zu lesen und, anstatt die Engel und Erzengel außer Acht zu lassen, zu begreifen, warum Gott diese Hierarchien geschaffen hat. Zuerst muss man sich also eingehend damit befassen, wie Gott die Welt aufgebaut hat, und dann versuchen, zu Ihm zu gehen. Wenn ihr den Herrn finden wollt, verbindet euch zuerst einmal mit all den Geschöpfen, die ihre Augen fest auf Ihn gerichtet haben und Ihn durch ihren Gesang lobpreisen. Davon gibt es viele Tausende! Wenn sie allerdings sehen, in welchem Zustand ihr euch befindet und dass ihr den Herrn nur zu eurem Kumpanen machen wollt, damit er euch die Tore zu Seinen Schätzen weit aufmacht, dann kann es sein, dass sie euch nicht gestatten, den großen Tempel der höheren Welt zu plündern und zu beschmutzen.

Im Weinberg des Herrn müsst ihr neue Arbeiter sein in einer Art und Weise, die neu für euch ist, mit einer neuen Sichtweise der Dinge. Und dann werdet ihr sehen, dass alles, was zuvor schwierig war, euch quälte und fesselte, verschwinden wird, und ihr werdet euch frei fühlen. Ich spüre, dass diese Befreiung für viele bereits begonnen hat. In den Brüdern und Schwestern gehen große Wandlungen vor sich. Selbst diejenigen, die nicht in der Tiefe berührt sind, bekommen einige Strahlen ab. Und anstatt sich nur am Kopf zu kratzen und sich zu fragen: »Aber wo führt er uns bloß hin?« werden sie eines Tages verstehen und sich fragen, warum dieses Verständnis so lange auf sich warten ließ.

Nun, meine lieben Brüder und Schwestern, vieles muss euch noch gesagt werden, und nach und nach bekommt ihr es auch gesagt. Das Wesentliche ist der magische Aspekt bei allen Dingen. Das wurde zwar immer verkannt, ja verachtet, und doch liegt gerade darin das eigentliche Wissen der Eingeweihten. Diese Magie ist überall, in der Nahrung, in der Liebe, im Blick, im Wort, im Lächeln, im Denken, in der Geste. Solange man das nicht weiß, zerstört, verwüstet und beschmutzt man die Dinge. Alles ist verdorben, weil die magische Seite der Dinge weder geachtet noch verstanden wird, sie bleibt ungenutzt. Dabei ist es gerade der magische Aspekt, der euch nötigt, allem absolute Achtsamkeit entgegenzubringen.

Sèvres, den 25. März 1962

IV

Freier Vortrag

Was man den Menschen auch sagt, welche Wahrheiten man ihnen auch enthüllt, sie denken, das sei alles schön und gut, doch wenn sie Geld hätten, wäre es noch besser. Aber in Wirklichkeit würden sie, wenn sie nur Geld hätten, Dummheiten machen. Besitzen sie hingegen Licht, wissen sie immer, wie sie sich verhalten müssen, ganz gleich, ob sie reich oder arm sind.

Doch will niemand die Wahrheit kennen, denn man meint sogar, die Wahrheit sei der Anfang allen Unglücks. Immer wieder heißt es: »Sagt die Wahrheit, und ihr werdet schon sehen, was euch dann blüht!« Ja, aber wer zwingt euch denn, sie zu sagen? Sagt die Wahrheit nicht, aber bewahrt sie in euch, dann bringt sie euch keinerlei Unglück, ganz im Gegenteil. Es stimmt zwar, dass es nicht immer gut ist, die Wahrheit zu sagen, aber es ist immer gut, sie zu kennen. Die Kenntnis der Wahrheit wird euch niemals zum Schaden gereichen. Als Jesus sagte: »Werft die Perlen nicht vor die Säue...«, bedeuteten die Perlen eben genau die Wahrheiten, für die die Menschen noch nicht bereit sind. Und so werden sie diese nicht nur ablehnen, sondern sich auch noch auf euch stürzen, um euch zu zerreißen.

Werft die Wahrheit also nicht irgendwo hin, sondern hütet sie sorgsam in euch, denn sie macht euch frei und stark. Die Wahrheit an sich bringt euch kein Unglück. Sie bringt nur dann Unglück, wenn ihr sie bösen und finsteren Menschen gegenüber eröffnet. Kennt ihr die Wahrheit jedoch für euch selbst, dann schmückt ihr euch ständig mit ihrem Gold, ihrem Geschmeide und ihren Perlen. Ihr schaut sie an, betrachtet und berührt sie, und dann schließt ihr sie wieder in eurem inneren Schrein in der Tiefe eures Wesens ein. Was für ein Unglück sollte das schon hervorrufen? Ihr seid gestärkt und damit in der Lage, den anderen zu helfen, ihnen beizustehen und sie aufzurichten.

Und warum höre ich nicht auf, euch täglich Wahrheiten zu enthüllen? Weil ich euch als meine Familie, als weit entwickelte und bewusste Menschen ansehe, und ich möchte euch helfen. In der Vergangenheit war ich möglicherweise manches Mal unvorsichtig. Ich habe Wahrheiten vor den Säuen enthüllt, die mich dann zerrissen haben. Doch ist immerhin ein Atom von mir unversehrt geblieben, und das hat alles wieder in Ordnung gebracht. Darum bin ich nun wieder für euch da. Aber ich habe mich von den Worten Jesu selbst überzeugen können, dass man den Schweinen keine Schätze vorsetzen darf. Als ich noch jung war, war ich sehr naiv, voller Vertrauen und Liebe. Ich wusste nicht, dass die besten Dinge größtes Unglück bringen können, wenn man unvernünftig und unvorsichtig ist. Aber jetzt weiß ich das.

Lassen wir das aber für den Augenblick beiseite. Meine Aufgabe besteht darin, immer die unsichtbare, göttliche Seite der Dinge herauszustellen, die von den Menschen vergessen und verachtet wird. Ich bin gekommen, um gerade diese Seite für euch ins rechte Licht zu stellen und hervorzuheben, um ihr den Wert wieder zu geben, den sie verdient und euch zu zeigen, was dieser Aspekt der Dinge tatsächlich bedeutet. Selbstverständlich befasse ich mich auch mit anderen Themen, doch hierauf lege ich das Schwergewicht. Selbst mit dem Risiko, dass ich euch lästig werde, dass ihr mich langweilig, störend, ja unerträglich findet, beharre ich darauf. Das macht nichts, ich muss es tun, denn dieser Bereich ist der Mühe wert, dass man ihn schätzen lernt, sich in ihn hinein vertieft und damit arbeitet, damit er im eigenen Leben zum Ausdruck kommen kann.

Die Menschen beschäftigen sich zu sehr mit den Dingen, deren Bestimmung es ist, unterzugehen und zu verschwinden. Darum stehen sie auch ständig im Leeren, sind arm und elend. Nur wenn man im Ewigen, Unsterblichen und Unendlichen seine Wurzeln schlägt, kann man sich geborgen fühlen. Warum spürt ihr etwas Klares, Beständiges und Beruhigendes, wenn ihr einem Eingeweihten begegnet, während ihr bei den anderen immer etwas mehr oder weniger Unbestimmtes, Instabiles und Beängstigendes fühlt? Diese Menschen hatten eben keinen Meister, der sie formte, der sie lehrte, was das Leben ist, woher sie kommen und in welche Richtung sie gehen müssen. Sie haben sich in ihren Anschauungen von Menschen überzeugen lassen, die in die materielle Welt eingebunden sind, die daraus ihre Traditionen beziehen, ihre Pläne und Lebensanschauungen ableiten, eine Philosophie, die nirgendwo hinführt als in Zerrissenheit, Unglück und Aufruhr. Ja, auch das führt irgendwo hin! Die Eingeweihten hingegen, die so oft verspottet werden, haben sich immer auf das Wesentliche, Unsterbliche, Allmächtige gestützt, das in der Lage ist, neue Welten zu erschaffen.

Wäre man nur bereit, auf die Eingeweihten zu hören, würde das Reich Gottes wieder auf die Erde kommen, Fülle, Freude und Liebe. Ja, vor allem Liebe. Man muss einsehen, dass es so, wie die Dinge heute liegen, keinen Ausweg und keine Lösung geben kann, die Probleme niemals gelöst werden. Ich stelle mich vor alle Denker, Politiker und Wirtschaftswissenschaftler hin und sage zu ihnen: »Ihr seid im Irrtum, so schafft ihr es nicht, ihr werdet keine Lösung finden. Ihr müsst eure Sichtweise völlig ändern und die Philosophie der Eingeweihten annehmen.«

Und schaut doch nur, es geschehen außerordentliche Dinge in der Welt. Wenn die Änderungen nicht durch die Wissenschaftler und die Philosophen herbeigeführt werden, dann eben von der Jugend. Sie ist vielleicht weder aufgeklärt noch geführt, doch gibt es bei dieser Jugendrevolte gegen die Gesellschaft und den Materialismus etwas zu begreifen. Ich sage nicht, dass sie mit all ihren

Hirngespinsten Recht hat, aber diese Auflehnung ist ein Zeichen der Zeit. So, als würde eine Art von Wellen über die Menschheit hereinbrechen. Davon werden die Jugendlichen viel schneller berührt als die Erwachsenen, die fest in ihren alten Traditionen verankert sind. Und wenn die Erwachsenen nichts begreifen wollen, dann werden sie eben durch die junge Generation einige Lektionen erhalten. Dann werden sie nicht mehr umhin können einzusehen, dass Änderungen nötig sind.

Damit will ich nicht sagen, dass man sich nun den Hippies anschließen sollte. Ich gebe niemandem den Rat, in schmutzigen und zerschlissenen Kleidern auf die Straße zu gehen, mal hier und mal dort zu schlafen und keinerlei Arbeit nachzugehen. Nein, dazu kann man nicht raten. Doch dieses Phänomen ist aufgetaucht, und da dem so ist, muss man auch darüber nachdenken. All diese Umwälzungen sind die Folge von Strömen, die aus dem Sternbild des Wassermanns kommen. Im Augenblick wissen die von diesen Strömen getriebenen Menschen nicht recht, welche Richtung sie nehmen sollen. Eine Kraft ergreift sie und reißt sie irgendwohin mit. Doch später wird man diese Kraft beherrschen. Die Denker, die Schriftsteller, die ganze Welt wird dazu hingeführt, ihren Standpunkt zu ändern, sich mit der Natur zu beschäftigen und zu verstehen, dass die Menschen niemals Erfüllung finden, solange sie nicht gelernt haben, die Bedürfnisse von Seele und Geist zu befriedigen.

Wie erklärt sich das gegenwärtige Durcheinander? Woher kommt das Gefühl der Leere und diese Unzufriedenheit? Die Menschen besitzen alles und sind doch ständig unzufrieden. Die Erklärung ist einfach: Der Mensch kennt sich selbst nicht. Ihr werdet sagen: »Das allein soll der Grund sein?« Ja, alles beruht darauf. Die Menschen verhalten sich so, als beständen sie nur aus Materie, aus ihrem Bauch und ihren Geschlechtsteilen. Nur diese beiden wollen sie zufrieden stellen. Nun gibt es aber auch eine Seele und einen Geist in ihnen, einen Funken, etwas, das anderer Natur ist, einer anderen Dimension angehört, eine andere Intensität und eine andere Schwingung besitzt, etwas Göttliches, dessen Wünsche man ergründen muss, um dessen Bedürfnisse zu erkennen. Die Seele hat andere Bedürfnisse als der Körper, und man will ihr eine Nahrung geben, die sie nicht verdauen kann. Nie gibt man ihr, wonach sie verlangt. Die Seele verlangt nach unbegrenztem Raum, strahlendem Licht, sie verlangt nach Harmonie, nach himmlischer Musik, doch gibt man ihr immer materielle Nahrung. Darum ist sie schläfrig, sie stöhnt, ringt nach Luft und stirbt dahin.

Und wenn es so viele Krankheiten gibt, die die Medizin noch nicht zu heilen imstande ist, so liegt dies daran, dass sie Menschen nicht kennt. Wenn sie ihn kennen würde, dann könnte sie ihn auch heilen. Denn dann wird man ihn in anderen Bereichen und Regionen behandeln, in denen der Ursprung der Krankheit zu finden ist. Wenn der Mensch sich selbst kennt, wenn er weiß, dass er aus verschiedenen Prinzipien besteht, aus mehreren miteinander verwobenen Körpern, von denen jeder seine eigene Nahrung benötigt, und wenn ihm klar ist, dass diese Körper untereinander in Harmonie sein müssen, wird diese Änderung in der Sichtweise der Dinge einen Fortschritt in allen anderen Bereichen auf der sozialen, wirtschaftlichen und politischen Ebene auslösen. Und dann wird auch das Reich Gottes auf die Erde kommen. Solange der Mensch sich nicht kennt, kann dieses Reich Gottes nicht kommen, denn es ist nicht dort, wo er es sucht.

Das Reich Gottes ist nicht das, was die Materialisten im Auge haben, es ist kein materieller sondern ein spiritueller Zustand. Es ist ein Bewusstseinszustand, und darum muss der Bewusstseinszustand der Menschen durch ein entsprechendes Wissen verändert werden. Dazu habe ich mein Programm, meinen Plan, und wenn ich diesen Plan zur Verfügung stelle, ist das Reich Gottes höchst einfach zu verwirklichen. Das heißt nicht, dass es sogleich in den Köpfen aller Menschen seinen Platz findet. Für manche kann es erst in einigen tausend Jahren kommen. Doch wenn es kommt, dann in Gestalt einer neuen Organisationsform für die ganze Welt. Hat der Kopf einmal diese neue Organisation angenommen, werden die »Glieder« sich in diese Ordnung einfügen.

Zuerst muss die Spitze, der Kopf, die Ordnung kennen, dann werden sich die Arme und Beine anpassen.

Das Reich Gottes muss zuerst in den Köpfen der Menschen in Form von Intelligenz und Licht Einzug halten. Dann wird es als Gefühl, als Glück ins Herz einziehen und schließlich auf die materielle Ebene herabkommen, wo es durch Fülle und durch Frieden zum Ausdruck kommt. Das ist möglich, und dafür arbeite ich. Doch gibt es nur wenige Menschen, die mich verstehen. Die meisten bleiben den alten Vorstellungen der Vergangenheit verhaftet und sagen: »Das ist unmöglich, man wird den Menschen niemals ändern können. Dafür gibt es genügend Beweise, schauen Sie nur...« Selbstverständlich sehe ich selbst, wie es in der Welt zugeht, und ich weiß besser als alle anderen, dass das Reich Gottes niemals kommen kann, solange dieser Zustand andauert. Ist man jedoch bereit, die Lebensanschauung der Eingeweihten anzunehmen, dann lässt sich alles verwirklichen.

So wie die Intelligenz der Natur den Menschen geschaffen hat, stellt er für uns ein großes Lehrbeispiel dar. Denn wenn er lebendig und gesund ist, so zeigt dies, dass all seine Organe bereit sind, in Uneigennützigkeit, Großmut und Brüderlichkeit zusammen zu leben und zu arbeiten. Würden nun alle Länder es den Organen gleich tun, wäre das Gottesreich möglich. Man muss sich also bei der Intelligenz der Natur lernen, denn sie hat für alles vorgesorgt und gibt uns alle Lösungen. Doch sucht man immer wieder Rat bei den Menschen: Es wird gefragt, was dieser Wissenschaftler und jener Gelehrte gesagt hat. Zitiert man hingegen die Natur, wird man nicht akzeptiert. Dann heißt es: »Aber was erzählen Sie uns denn da? Die Intelligenz der Natur kennen wir nicht, wo ist sie denn?« Und darum kommen die Menschen auch nicht voran. Würden sie die Lehren der Natur annehmen, wäre das Gottesreich leicht zu verwirklichen. Sonst wird alles kompliziert bleiben, und sie werden weiterhin auf die Nase fallen.

An sich ist eine Sache weder einfach noch schwierig. Es kommt nur darauf an, wer sie in Angriff nimmt. Was für ein Tier schwierig ist, kann für einen Menschen einfach sein, und was für einen Menschen schwierig ist, das ist sehr einfach für einen Eingeweihten. Es hängt also davon ab, wer die Sache unternimmt. Viele stöhnen, worüber ein anderer nur lächelt. Für jemanden, der noch nie geraucht hat und der den Tabakgeruch nicht mag, ist es äußert schwierig, mit dem Rauchen anzufangen. Für andere wiederum ist es ein Leichtes zu rauchen aber sehr schwer, damit aufzuhören. Einem ehrlichen Menschen ist es unmöglich zu stehlen, für einen Taschendieb aber unmöglich, es sein zu lassen. Und so ist es für manche sehr schwierig, das Reich Gottes auf die Erde zu bringen, doch für mich ist das sehr einfach. Gebt mir Menschen, die mich wirklich verstehen können, und ihr werdet sehen, was ich machen werde.

Kein Problem lässt sich ohne Kenntnis des Menschen lösen. Gegenwärtig kennt man von ihm lediglich den physischen Aspekt. Darum sind alle Lösungen auch nur Halbheiten. Zwar hat man den Eindruck, die Probleme seien gelöst, doch kurz darauf bewirken diese »Lösungen« weitere Missstände. Schaut nur, in der Medizin wird oft ein Übel geheilt und ein anderes dadurch ausgelöst. Und in der Erziehung? Kommen die Kinder trotz all der materiellen Verbesserungen, die in die Schulen gebracht wurden, im Leben besser zurecht? Nein, die Erziehung weist Fehler auf, weil man die Struktur des Menschen nicht kennt.

Darum habe ich schon immer gesagt, dass die einzige Wissenschaft, die man wirklich studieren und vertiefen sollte, die Wissenschaft vom Wesen des Menschen ist. Diese muss den Mittelpunkt bilden, und alle anderen wie Physik, Chemie, Mechanik, Astronomie, Biologie usw. müssen dieser Wissenschaft dienen, die bisher zu Gunsten der anderen vernachlässigt wurde. Ihr werdet sagen: »Ja, aber Anatomie und Physiologie, ist das etwa nichts?« Das sind natürlich notwendige Grundlagen, doch betrifft das noch nicht den Menschen an sich, sondern nur sein äußeres Gerüst. Wenn ihr ein Auto untersucht und es mit dem verwechselt, der es lenkt, so ist das ein schwerer Irrtum. Aber genau so weit haben es die Menschen gebracht, sie stellen euch das »Auto«

so dar, als sei es der Besitzer selbst. Aber das ist nicht der Besitzer, den muss man woanders suchen. Und bei solch bedauernswerten Zuständen kann sich das eigentliche Wesen des Menschen nicht zeigen, es kann sich nicht entfalten.

Das muss nun alles geändert und der Mensch in den Mittelpunkt der Forschungen gestellt werden – der Mensch mit der Gottheit im Inneren. Alle anderen Wissenschaften müssen daran teilnehmen und sollen nicht unabhängig davon betrachtet werden. Denn in Wirklichkeit ist der Mensch eine Synthese von allem, was existiert, und alle Wissenschaften finden sich in ihm wieder. Wenn diese Änderung des Standpunktes in den Köpfen der Denker stattfindet, dann wird sich die ganze Welt wandeln. Denn dann wird nicht mehr das Äußere, Leblose und Erstarrte an die erste Stelle gesetzt, sondern das Leben, alles, was lebendig ist. Ich kann euch sogar sagen, dass dann, wenn das Reich Gottes kommt, selbst die Dichter ihre Feder weglegen können, weil alle in einer solchen Poesie und Bezauberung leben werden, dass sie keine Zeit mehr mit Lesen von Gedichten vergeuden. Ja, die Dichter haben dann nichts mehr zu schreiben, da alle in wahrer Poesie leben werden.

Also, meine lieben Brüder und Schwestern, so vieles gäbe es euch noch zu sagen! Doch hebe ich besonders diese Art und Weise, die Dinge zu sehen, hervor, da sie alles in die rechten Wege leitet. Jahrelang habe ich geforscht und versucht herauszufinden, an welchem Punkt man ansetzen muss, um alles zu regeln. Und dieser Ansatzpunkt ist der Mensch selbst. Man muss ihn aufklären, er muss sich selbst kennen lernen. Wenn er sich richtig kennt, wird er sich genötigt sehen, in allen Bereichen wie Medizin, Pädagogik, Wirtschaft, Religion und Politik seine Einstellung, sein Verhalten und seine Arbeitsweise zu ändern. Ja, das wird er müssen, denn dadurch wird das Zentrum verschoben. Hat dann das Zentrum einmal seinen wahren Platz bekommen und fangen alle Menschen an, sich selbst kennen zu lernen und zu begreifen, was wichtig und was nebensächlich ist, dann wird alles um das göttliche Zentrum im Innern kreisen. Und dann lassen sich auch die anderen Probleme leicht lösen.

Darum hebe ich immer wieder die Bedeutung des göttlichen Zentrums im Menschen hervor. Denn dann stimmen sich all seine Zellen und Partikel auf dieses Zentrum ein, um das sie kreisen müssen. Darin liegt das Geheimnis: Alle einzelnen Teile, die sich zusammenhangslos in alle Richtungen zerstreuen, zusammenfassen und dazu bringen, wie Planeten um die Sonne zu kreisen. Von da an könnt ihr von Ordnung, Gesundheit und Glück sprechen, und von da an könnt ihr vom Reich Gottes sprechen. Denn es gibt ein Zentrum, eine Sonne, einen Kern, um den alle anderen Dinge ihren Platz und ihre Bahn finden und nicht mehr zusammenstoßen.

Ich habe vollkommenes Vertrauen in die Philosophie der Eingeweihten, meine lieben Brüder und Schwestern, ja, vollkommen. Nachdem ich diese einmal studiert, geprüft und mit allem anderen verglichen habe, ist dies das einzige System, das Bestand hat, alle anderen fallen zusammen. Wie ihr seht, das ist ganz einfach zu verstehen! Nehmt dem Menschen das Zentrum weg, d. h. seinen Geist und seine Seele, und er wird zu einem Leichnam. Sein Körper zerfällt, weil das Zentrum fort ist. Darum müssen wir dieses »Atom« in uns finden, das in uns lebt und schwingt, und alles andere darauf ausrichten, denn es allein ist imstande, die Ordnung aufrechtzuerhalten.

Schaut euch folgenden Satz an, der manchmal gesagt wird: »Ich habe den Kopf verloren.« Ja, dann werdet ihr kopflos, beherrscht euch nicht mehr und wisst nicht mehr, was ihr sagt, noch was ihr tut. Alles gerät euch aus der Kontrolle, und ihr begeht Dummheiten, die nachher wieder in Ordnung gebracht werden müssen. Natürlich ist der Kopf hierbei nur ein Symbol, ihr könntet ebenso vom Herzen sprechen: »Ich habe das Herz verloren!«, denn auch das Herz ist das Zentrum. Doch es ist unwesentlich, ob man vom Kopf oder vom Herzen spricht, denn was man eigentlich verloren hat, ist das göttliche Zentrum. Und dann gerät alles durcheinander, alles stiebt in alle Richtungen davon. Alle Zellen bekommen mit, dass der Kopf, das Oberhaupt, nicht mehr da ist, und geben sich ihren Launen hin. Sie werden euch feindlich gesinnt und bedrohen euch. Zuvor waren sie fügsam und freundlich, alle Zellen von Herz und Lunge, von Armen und Beinen standen euch zu Diensten. Aber jetzt wollen sie euch beinahe umbringen. Ihr müsst euch ins Bett legen und sie sagen: »Recht so, jetzt begreifst du endlich, was?« Und sie freuen sich. Aber lasst das Zentrum, den Geist, zurückkehren, und schnell machen sie sich wieder harmonisch an ihre Arbeit.

Wenn die Menschheit eines verstehen muss, dann sind es weder die Bakterien noch die Sterne, sondern wie sie den Geist immer im Zentrum all ihrer Tätigkeiten halten kann.

Also, liebe Brüder und Schwestern, ihr seht, mit einem Schlag seid ihr reich geworden. Ihr habt euch heute bereichert, und wenn ihr mir weiterhin vertraut, werdet ihr eure Schwierigkeiten mehr und mehr überwinden können, indem ihr euch der euch innewohnenden Kraft zuwendet. Doch das vergißt man. Äußere Hilfsmittel werden gesucht, und dabei geht das Gleichgewicht verloren. Um die Ausgewogenheit zu erhalten, müsst ihr dann, wenn ihr ein Gewicht auf die eine Seite legt, auch eines auf die andere Seite legen. Wie oft habt ihr in den Parks auf den Spielplätzen Kinder gesehen, die sich mit einer Wippe vergnügten – ein ständiges auf und ab. Auch im Zirkus lässt man Tiere so etwas machen. Alle amüsieren sich darüber und klatschen Beifall, doch hat noch nie jemand begriffen, dass das Leben damit dargestellt wird, das Gleichgewicht, ohne das kein Leben möglich ist. So darf man sich auch nicht ausschließlich auf äußere Dinge verlassen, sondern muss den Geist im Inneren herbei rufen, um vollkommenes Gleichgewicht herzustellen.

Sèvres, den 21. Januar 1968

V Teil 1

Freier Vortrag

Frage: In den Evangelien heißt es: »Trachtet nach dem Reich Gottes und seiner Gerechtigkeit.« Warum wird »und nach seiner Gerechtigkeit« besonders angemerkt, obwohl das Reich Gottes prinzipiell doch die Gesamtheit aller guten Eigenschaften und Tugenden darstellt?

Sie stellen da eine gute Frage. Jesus hat betont: »...und nach seiner Gerechtigkeit,« weil das Reich Gottes eigentlich mit der Gerechtigkeit nichts zu tun hat, sonst wäre es nicht mehr das Reich Gottes. Das Gottesreich ist eine Welt, in der einzig Liebe, Großmut und Güte herrschen. Die Gerechtigkeit, die ist für die physische Ebene, hier bei den Menschen. Und erst dann, wenn das Gottesreich von oben herabkommt, um sich auf der Erde zu manifestieren, bedarf es der Gerechtigkeit. Die Gerechtigkeit schließt die Liebe aus. Die Gerechtigkeit ist eine Art Handel. Ihr gebt etwas und sollt dafür etwas genau Gleichwertiges zurückbekommen, nicht mehr und nicht weniger. Die Liebe hingegen ist eine Art Ungerechtigkeit. Denn Liebe bedeutet, jemandem mehr zu geben, als er verdient.

Man kann auch sagen, dass Liebe gleich Gnade ist. Die Liebe Gottes ist die Gnade, die der Mensch nicht verdient, die er aber empfängt anstelle der Gerechtigkeit, die er verdient hat. Oben existiert Gnade und unten Gerechtigkeit. Die Menschen, die nicht sehr viel Licht besitzen, denen die Erleuchtung durch den Geist und die Liebe mangelt, sind nicht bereit, mehr zu geben, als es sein muss, und handeln gemäß der Gerechtigkeit. Um diesen Punkt etwas besser zu beleuchten, schauen wir uns zum Beispiel die Gesetze an, die Moses seinem Volk gegeben hatte. Es waren unerbittlich harte Gesetze: Auge um Auge, Zahn um Zahn. Die geringste Verfehlung sollte bestraft werden. Nie war die Rede von Nachsicht und Vergebung. Aber das war normal, die Menschheit befand sich auf einer Evolutionsstufe, wo sie zuerst einmal Gerechtigkeit erlernen musste. In dieser Epoche bedeutete Gerechtigkeit schon ein großer Fortschritt. Doch konnte diese Situation nicht ewig so bleiben. Gott ist milde und barmherzig, und die Menschen sollten Ihm gleich werden, milde und barmherzig. Darum ist Jesus gekommen und hat die Vergebung gelehrt. Schaut nur, wie er sich der Ehebrecherin gegenüber verhalten hat, welche die Pharisäer steinigen wollten. Durch seine Haltung übertrat Jesus das Gesetz der Gerechtigkeit, doch gehorchte er dabei dem Gesetz der Liebe.

Es gibt also noch eine andere Welt, in der andere Gesetze gelten, die Gesetze des Himmels, bei denen es keine Gerechtigkeit gibt. Im Himmel begeht niemand Verbrechen, warum sollte es also eine Justitia geben? Dort gibt es nur Licht und Liebe. Die Justitia hat also nur dort eine Daseinsberechtigung, wo es Menschen gibt, die Übertretungen begehen. Darum wird also vom Reich Gottes und seiner Gerechtigkeit gesprochen. Denn in dem Moment, wo das Reich Gottes auf die Erde kommt, sind noch nicht alle Menschen in einem Zustand der Erleuchtung, der das Gesetz der Liebe zulässt. Selbst wenn das Reich Gottes auf die Erde kommt, dürft ihr nicht meinen, dass sich deswegen alle Menschen gewandelt hätten. Nur die Elite, die intelligentesten, am weitesten entwickelten und feinfühligsten Menschen werden so weit sein, das Reich Gottes zu bilden. Die anderen, nun, die werden dem Beispiel dieser Elite folgen müssen, die ihre Autorität durchsetzen wird. Es wird also auch noch eine Gerechtigkeit geben, denn auf der Erde ist es unmöglich, ohne Gesetze zu leben. Schließlich gibt es ja nicht nur Strafgesetze, sondern auch Gesetze, die lenken und orientieren.

Glaubt nicht, dass dann, wenn das Gottesreich kommt, alle ausnahmslos Geschöpfe des Lichtes sein werden. Ich glaube so etwas auf jeden Fall nicht. Um das zu glauben, dürfte man in keiner Weise den Verlauf der Menschheitsgeschichte verfolgt haben. Also selbst wenn das Gottesreich auf die Erde kommt, werden die Menschen nicht mit einem Schlag einfach so vollkommen sein. Das ist völlig unmöglich, das braucht seine Zeit. Zuerst wird es also nur eine Minderheit von hochentwickelten Menschen sein, die diese Ideen der Universellen Weißen Bruderschaft, des Gottesreiches auf Erden, des Goldenen Zeitalters verstehen und annehmen werden. Sie werden regieren, und die anderen müssen ihnen folgen, genauso wie der Schwanz dem Kopf folgt. Sie werden die Möglichkeit bekommen, sich dieser Minderheit, die das Gottesreich bilden wird, anzuschließen. Wenn sie dann das neue Leben sehen, das ihnen angeboten wird, mit seiner neuen, wunderbaren sozialen Organisationsform, dann wird niemand etwas einzuwenden haben. Und dann wird es das nicht mehr geben, was man heute sieht, dass jedes Land versucht, sich unabhängig von den anderen zu organisieren, und dass jedes den ersten Platz einnehmen, das größte und mächtigste sein will. Alle unterliegen noch diesem Wunsch, der immer unerreichbar bleiben wird. Ja, »Deutschland, Deutschland über alles...«, und ihr wisst, welches Ende das genommen hat. Und es sind ja nicht nur die Deutschen, die diesen Ehrgeiz für ihr Land entwickelt hatten. Das Glück der Menschheit ist nur durch die Vereinigung aller Länder erreichbar.

Also, selbst wenn das Gottesreich auf die Erde kommt, wird man nicht umhin kommen, Gerechtigkeit walten zu lassen. Aber eine andere Gerechtigkeit, nicht die unwissender Menschen, die Gesetze erlassen, die nicht einmal sinnvoll sind.

Der Vollständigkeit halber möchte ich dem eingangs Gesagten noch einige Worte zur Gerechtigkeit und Gnade hinzufügen. Nehmen wir die Pyramide. Eigentlich ist die Pyramide ein Quader, über den vier Dreiecke gelegt sind. Wenn man diese Dreiecke ausbreitet, bilden sie ein Kreuz, das Malteserkreuz. Wird der Quader auseinandergefaltet, entsteht ein weiteres Kreuz. Dies ist das Kreuz der Gerechtigkeit, das erste das der Gnade. Denn der Quader ist ein Symbol für die Materie, die gefangen hält, während das Dreieck ein Symbol des Geistes ist, der befreit. Die Pyramide ist auch ein Symbol für den Menschen, der gleichzeitig Körper und Geist ist. Wie zeigt sich nun die Gnade? Warum wird sie nicht allen Menschen, sondern nur einigen zuteil?

Gnade ist natürlich eine Ungerechtigkeit. Allerdings wirkt sie aufgrund einer anderen Gerechtigkeit, die von der menschlichen Gerechtigkeit nicht erfasst wird. Stellen wir uns einmal vor, jemand habe angefangen, ein Haus zu bauen. Nach einiger Zeit merkt er, dass ihm das Kapital fehlt, den Bau fertig zu stellen. Er beantragt einen Kredit bei einer Bank, und diese – sie ist ja nicht dumm – erkundigt sich, ob der Mann das geliehene Geld wird zurückzahlen können. Sind die Auskünfte positiv, dann stellt sie die benötigte Summe zur Verfügung. Nun, symbolisch gesprochen ist das die Gnade. Wenn also die Gnade einem Menschen zuteil wurde und einem anderen nicht, so liegt dies daran, dass die Gnade »Auskünfte eingeholt« und daran gesehen hat, dass dieser Mensch in früheren Inkarnationen gut gearbeitet hatte. Zur Zeit steckt er zwar in einer Klemme, doch aufgrund der vergangenen Inkarnationen wird ihm Unterstützung, wird ihm »Kredit« gewährt. Die Gnade ist weder dumm noch blind, wie allgemein angenommen wird, und um ihrer einmal teilhaftig zu werden, muss man lange dafür gearbeitet haben.

Solange man die Reinkarnation nicht akzeptiert, bleiben die Gesetze des Schicksals unverständlich. Ihr stellt zum Beispiel einem Priester die Frage: »Warum ist jener Mensch so behindert? Er hat nur Misserfolge, während einem anderen alles gelingt.« Anstatt zu antworten: »Dafür muss es einen Grund geben, denn alles im Leben ist sinnvoll und gerecht,« wird er sagen, das sei der Wille Gottes. Nun, wenn der Wille Gottes derart launenhaft ist, dann kann ich kein Vertrauen in Ihn haben. Es ist schlimm,

Gott so darzustellen. Man bekommt ja Angst vor jemandem, von dem man weder weiß, was er tun wird noch warum er es tut. Bei ihm fühlt man sich nicht in Sicherheit. Und nachher will man uns Gott als Refugium, als Schutz, als hohen Zufluchtsort darstellen! Also, darin liegt doch ein großer Widerspruch! Solche Erklärungen untergraben die Religion und die Moral. Für mich gilt, dass ich alles, was ich höre oder lese, nicht einfach so annehme. Ich vergleiche es mit dem, was ich über die Gesetze der Natur weiß und darüber, wie Gott die Welt geschaffen hat.

Wenn ich zum Beispiel höre, wie Hellsichtige – und nicht nur diese – verkünden, dass in dreißig oder vierzig Jahren die Menschheit vernichtet werden wird, dass ein dritter Weltkrieg kommen wird usw., dann stimme ich einerseits zu und andererseits nicht. Selbstverständlich kann alles kommen, ein dritter Weltkrieg, Revolutionen, Naturkatastrophen. Doch wenn wirklich das Licht in der Welt zunimmt – und dafür arbeiten wir ja – dann wird die Menschheit der Vernichtung entgehen. Die Ereignisse sind nicht mit Absolutheit festgelegt, sie können sich entsprechend der Lebensweise der Menschen ändern. Gott ist nicht grausam, Er ist kein Henker, und Er ordnet keine Naturkatastrophen an, denen niemand entgehen kann, wenn Er sie einmal beschlossen hat. Eine solche Anschauung akzeptiere ich nicht. Es gibt keine Vorbestimmung, kein unabwendbares Schicksal, weder für eine Person noch für die ganze Welt. Die Menschen wurden mit einem freien Willen erschaffen, und sie selbst legen ihre Zukunft fest. Wenn sie in Disziplinlosigkeit leben und Verrücktheiten machen, lösen sie schädliche Strömungen aus, und dann bewirken natürlich die Gesetze der Natur, die Gesetze der Gerechtigkeit sind, dass es zu Katastrophen kommt. Das ist so klar wie das Einmaleins. Nehmen sie hingegen Vernunft an, dann erzeugen sie um sich herum harmonische Kräfte, und es entstehen keine Zerstörungen, da das Gleichgewicht der Natur nicht gestört wird,

Auch ich kann Vorhersagen machen, dass es in dreißig Jahren dies oder das geben wird. Etwas vorauszusagen ist nicht weiter schwierig. Doch lässt sich nichts mit Absolutheit vorhersagen, da die Menschen sich ändern können, sie können etwas anderes wollen. Kein Prophet kann also sagen, das Geschehen wird mit absoluter Gewissheit so und so sein. Falls er das tut, ist er kein erleuchteter Prophet. Absolut gültige Vorhersagen lassen sich nur für Tiere, Pflanzen und Gegenstände machen und auch für sehr rohe, primitive Menschen, denn die können sich nicht ändern. Doch für bewusste, intelligente Menschen könnt ihr nichts Endgültiges vorhersagen, da sie dem noch entgehen können. Wenn sie ihr Verhalten bessern, haben sie die Möglichkeit, alle Verfügungen abzuändern.

So sieht die Philosophie der Universellen Weißen Bruderschaft aus. Und ihr braucht diese Philosophie, da sie euch bewusst und stark werden lässt, euch zu Kindern Gottes macht, die imstande sind, ihr Schicksal selbst in die Hand zu nehmen.

Es steht geschrieben: »Trachtet nach dem Reich Gottes und seiner Gerechtigkeit, und alles andere wird euch hinzugegeben.« Das Reich Gottes ist eine Welt der Harmonie, Glückseligkeit und Freude, und diese Welt kann auf der Erde nicht bestehen, wenn es keine Gerechtigkeit gibt. Denn selbst wenn das Gottesreich auf die Erde kommt, werden die Menschen noch nicht weit genug entwickelt sein, um die göttliche Gnade und Fülle zu schätzen und zum Guten zu nutzen. Doch wird die Gerechtigkeit nicht so wie heutzutage darin bestehen, die Leute zu bestrafen oder ins Gefängnis zu stecken. Die Gesellschaft wird so organisiert sein, dass so etwas gar nicht mehr nötig sein wird. Heute will ich nicht mehr darüber sagen, und so sind meine Erklärungen natürlich nicht ausreichend. Doch sammelt euch nur von Zeit zu Zeit in eurem Inneren, dann werdet ihr allmählich selbst mit euren geistigen Augen erkennen, wie das Leben in der Zukunft sein wird. In euch selbst werdet ihr alles finden und sehen, wie der Verlauf der Ereignisse sein wird, denn niemand auf der Welt wird euch genau erklären können, wie es sein wird.

Wir arbeiten also für dieses Ziel, meine lieben Brüder und Schwestern: Mehr Licht zu bringen und das Bewusstsein der

Menschen zu erweitern. Leider habe ich nicht viele Menschen um mich, die den Wert unserer Arbeit erkannt haben. Einige Tausend, die unserer Lehre folgen, das ist noch sehr wenig. Es ist noch nicht zu sehen, dass dieses Wissen die Katastrophen verhindern könnte, und ich fühle mich allein wie in einer Wüste. Die Menschen haben andere Pläne, andere Wünsche und andere Beschäftigungen, und so bin ich ständig allein. Hätte ich einige hunderttausend Menschen um mich, dann wäre es mit Krieg und Elend bald vorbei. Aber die Menschen erkennen nicht, wie wichtig dieses Licht ist. Doch alle Eingeweihten werden euch sagen: Weder Geld, Panzer, Atombomben, Raketen noch all die anderen Erfindungen werden die Welt retten, sondern das Licht, das Licht des Geistes. Man muss die Menschen aufklären.

»Trachtet nach dem Reich Gottes und seiner Gerechtigkeit...«, das ist ein Satz aus den Evangelien, mit dem ihr arbeiten müsst, meine lieben Brüder und Schwestern. Es gibt in den Evangelien noch weitere Passagen, mit denen ihr euch befassen solltet, wie zum Beispiel folgenden Satz: »Seid vollkommen wie euer Vater im Himmel vollkommen ist« oder auch: »Mein Vater arbeitet und ich arbeite mit Ihm.« Und ihr müsst mit dem Licht arbeiten, euch damit identifizieren, damit ihr eines Tages sagen könnt: »Ich bin das Licht der Welt, ich bin die Auferstehung und das Leben.« Denn das wird eines Tages kommen. Ihr müsst also in den Evangelien die Passagen heraussuchen, die das höchste Ideal, das es zu erreichen gibt, darstellen und dann damit arbeiten. Manche suchen sich einige Gebote heraus wie: Du sollst nicht stehlen und nicht die Frau deines Nächsten begehren. Aber das ist doch nichts Besonderes. Sie stehlen nicht, sie begehren nicht, aber was haben sie dabei in der geistigen Welt erworben? Man muss das Reich Gottes wünschen, man muss diesen Zustand der Vollkommenheit wünschen, denn alle anderen Eigenschaften und Tugenden sind darin in Fülle enthalten. Und während man dies wünscht, muss man auch sein Möglichstes tun, um es zu verwirklichen.

Sèvres, den 11. November 1964

V Teil 2

Freier Vortrag

Es wird viel über das Problem der Todesstrafe diskutiert. Im Radio und im Fernsehen legen Richter, Psychiater und Soziologen ihre Beobachtungen und ihre Schlussfolgerungen dar, und die öffentliche Meinung ist geteilt. Die einen meinen, man müsse mit der Bestrafung der Verbrecher ein Exempel statuieren und sie mit dem Tode bestrafen, um andere abzuschrecken. Die anderen meinen, die Angst vor dem Tod hat noch keinen Verbrecher abschrecken können, und vor allem habe kein Mensch das Recht, über den Tod eines anderen zu entscheiden. Und die Diskussionen nehmen kein Ende. Doch habe ich noch nie im Radio oder im Fernsehen das gehört, was ich euch heute sagen will. Denn die Menschen, denen die Einweihungslehre nicht bekannt ist, müssen immer die Probleme nach dem lösen, was sie im täglichen Leben an Ereignissen ablaufen sehen, sowie nach den gängigen Vorstellungen und Vorurteilen, ohne zu wissen, was sich tatsächlich im unsichtbaren Bereich abspielt.

Das Gesetz der Vergeltung, »Auge um Auge, Zahn um Zahn,« hat noch nie zur Lösung der Probleme geführt. Der Beweis ist, dass trotz Anwendung dieses Gesetzes die Kriminalität eher zunimmt als abnimmt. Das ist für jeden ersichtlich, die Statistiken zeigen es. Doch vor allem, und das ist eine sehr wichtige Wahrheit, ist es ein Irrtum zu glauben, man könne sich eines Verbrechers entledigen, indem man ihn tötet. Denn wenn er tot ist, gelangt er auf die niedere Astral- und Mentalebene, wo er das Böse verstärkt. Ja, sein Einfluss dringt in Kopf und Herz der Erdenbewohner ein, die dadurch zu Verbrechen verleitet werden, und so verwirklicht er durch sie seine üblen Pläne. Er hat sogar mehr Möglichkeiten, aktiv zu werden, als vor seinem Tod, denn er wird nicht mehr durch seinen physischen Körper eingeschränkt. Folglich kann er durch zahlreiche Menschen hindurch agieren. Solange eine übel riechende Substanz in einem Gefäß eingeschlossen ist, kann sich der Geruch nicht verbreiten. Doch öffnet nur das Gefäß und gießt die Flüssigkeit aus, dann verbreitet sich der Geruch in der Atmosphäre. In gleicher Weise bleibt das diabolische Wesen, das in einem Kriminellen wohnt, in seinem Körper eingeschlossen, solange dieser lebt. Sobald er jedoch stirbt, wird dieses Wesen frei. Sein Astralkörper strömt aus und sucht viele menschliche Gehirne auf, um sie zu beeinflussen.

Das erstaunt euch? Diese Wahrheiten sind den meisten Menschen unbekannt. Daher sind selbst die Fachleute, die im Fernsehen zu Wort kommen, weit davon entfernt, die großen Probleme des Lebens lösen zu können. Denn als Grundlage haben sie lediglich die begrenzten irdischen Standpunkte. Um Lösungen zu finden, muss man sich sehr hoch erheben und den Aufbau des Universums sowie des Menschen kennen. Stellt euch einmal vor, ein Verbrecher wurde hingerichtet. Man hat sich seiner auf der physischen Ebene zwar entledigt, doch lebt er in den feinstofflichen Bereichen weiter, und sein Durst nach Rache und Zerstörung besteht weiter. Wenn man den Körper tötet, dann tötet man damit nicht den Wunsch, denn dieser ist nicht physisch, er gehört nicht der physischen Ebene an. Die Menschen meinen, Gefühle wie Hunger und Durst, Bedürfnis nach Liebe oder das Leid wären etwas Physisches. Dem ist aber nicht so, diese befinden sich auf der Astralebene. Wenn ihr den Astralkörper und den Ätherkörper von jemandem löst, dann könnt ihr ihn in Stücke schneiden, er wird nichts davon spüren. Das Empfinden hängt nicht von der physischen Ebene ab.

Wenn man meint, das Problem der Kriminalität durch die Todesstrafe lösen zu können, ist man in Unkenntnis darüber, dass der Geist des Übeltäters vom Jenseits aus weiterwirkt. Man glaubt, er würde keine Verbrechen mehr begehen, weil sein Körper nicht mehr da ist. Aber wie kommt es dann, dass sich das gleiche Phänomen zeigt, wenn Propheten und große Meister umgebracht werden? Man hat festgestellt, dass sich ihre Ideen dann mit noch mehr Kraft verbreiten. Auch das bleibt unerklärlich.

Bei manchen führenden Politikern scheint sich jedoch gegenwärtig mehr Licht zu zeigen. Wenn sie eine herausragende, sie störende Persönlichkeit, einen politischen oder religiösen Führer, loswerden wollen, dann fangen sie doch an zu überlegen und sagen sich: »Vorsicht, wir wollen ihn nicht töten, sonst wird er zum Märtyrer, seine Anhänger und Schüler werden dann noch leidenschaftlicher, und die Sache wird für uns eine schlechte Wendung nehmen. Lassen wir ihn also am Leben.« Sie haben begriffen, dass man durch den Tod eines Menschen seine Ideologie nicht abschaffen kann, denn andere übernehmen sie, und sie lebt mit einem noch mächtigeren Schwung auf. Nun werdet ihr sagen: »Das liegt doch daran, dass die Anhänger und Schüler aufgebracht sind, weil ihr Anführer getötet wurde, und nun machen sie mit umso mehr Eifer weiter.« Es ist etwas Wahres daran. Doch ist es einfach nicht bekannt, dass der Geist eines Propheten oder Märtyrers die gleichen Überzeugungen, denselben Wunsch, die Menschen aufzuklären und in ihrer Entwicklung voranzubringen, im Jenseits beibehält. Also führt er seine Arbeit weiter und nun hat er viel mehr Möglichkeiten, seine Ideen zu verbreiten. Solange er auf der Erde war, konnte er nicht alle Menschen treffen, die imstande waren, seine Vorstellungen anzunehmen. Sie waren viel zu weit in der Welt verstreut. Befindet er sich aber einmal auf der Astralebene, ist er frei, kann sie aufsuchen und sie beeinflussen. Aus diesem Grunde war der Tod von manchen Eingeweihten günstig für die Verbreitung ihrer Ideen. Schaut nur, welch gewaltige Ausbreitung das Christentum nach dem Tode Jesu erlebt hat.

Solange ein Meister auf der Erde bleibt, kann er natürlich arbeiten, handeln und ein Beispiel geben. Doch ist sein Handeln auf einen kleinen Personenkreis beschränkt, auf diejenigen, die um ihn sind oder einmal zu ihm kommen, die ihn also kennen. Hat er jedoch einmal den physischen Körper abgelegt, kann er im Geiste viel mehr Menschen beeinflussen. Das bedeutet nicht, man solle sich umbringen lassen, um nachher einen größeren Einfluss zu haben. Ich will euch damit nur sagen, wie die Dinge in der unsichtbaren Welt ablaufen.

Man sollte also in Anbetracht der Folgen, die sich daraus im unsichtbaren Bereich ergeben, Verbrecher nicht mit dem Tode bestrafen. Es liegt bei den Menschen, solche Lebensbedingungen zu schaffen, dass es keine Übeltäter mehr gibt. Aber solange eine Gesellschaft nicht auf spirituellen Grundlagen aufbaut, ist sie wie ein Sumpf, und der Sumpf kann nur Mücken, das heißt Kriminelle hervorbringen. Da ist es unnütz, Recht sprechen zu wollen!

Solange man im Übrigen nach der Gerechtigkeit handelt, wird keines der wesentlichen Probleme gelöst. Man darf nicht gerecht sein!... Da stehen euch die Haare zu Berge, nicht wahr? Ja, ich propagiere die Ungerechtigkeit. Doch habt es nicht zu eilig mit der Kritik, ihr werdet mich noch verstehen.

Eines der Symbole der Gerechtigkeit ist die Waage. Schaut euch also an, wie die Menschen die Waagen benutzen, und ihr werdet vieles verstehen. Ihr geht auf den Markt und verlangt ein Kilo Kirschen. Der Händler wiegt sie ab und bemerkt, dass es um eine Kirsche zu viel ist. Er nimmt sie weg... denn er ist gerecht! Etwas weiter befindet sich ein zweiter Händler, der seine Waage falsch eingestellt hat, so dass bei einem Kilo immer dreißig, vierzig Gramm fehlen. Ihr bemerkt das, wenn ihr zu Hause das Obst und Gemüse nachwiegt und seid wegen dieser Ungerechtigkeit sehr unzufrieden. Die Gerechtigkeit des ersten Händlers akzeptiert ihr. Zwar gefällt sie euch nicht sonderlich, doch gibt es nichts daran auszusetzen. Der gute Mann zeigt sich vollkommen gerecht. Der Zweite hingegen gibt euch weniger, als recht ist, darüber werdet ihr wütend! Schließlich geht ihr zu einem dritten Händler und bittet auch ihn um ein Kilo Kirschen. Er wiegt das Kilo ab und legt euch noch eine Handvoll drauf. Ist dieser Händler nun gerecht oder ungerecht? Er ist ungerecht, doch angesichts dieser Ungerechtigkeit seid ihr begeistert. Wie kommt es nun, dass ihr die ungerechten Leute auf einmal so gern habt?

Es gibt also zwei Arten von Ungerechtigkeit und eine Gerechtigkeit. Die Ungerechtigkeit kann gut oder schlecht sein, die Gerechtigkeit hingegen ist weder gut noch schlecht,... sie ist genau! Und ich predige die Ungerechtigkeit. Aber welche? Jemand gibt euch eine Ohrfeige, und ihr gebt ihm zwei zurück. Das ist ungerecht und sogar hart. Zumindest durftet ihr ihm nur eine geben. Jemand anders gibt euch auch eine Ohrfeige, aber ihr beantwortet das mit einer Zärtlichkeit, einigen guten Worten oder einem Geschenk. Auch das ist ungerecht, aber ich predige diese Ungerechtigkeit, die Liebe heißt. Ja, Liebe ist eine große Ungerechtigkeit. Jemandem geben, helfen, ihn lieben, obgleich er es nicht verdient, das ist ungerecht. Doch in dieser Weise sollte man ungerecht sein. Selbstverständlich ist es gut, wenn man Gerechtigkeit walten lassen will. Wenn jeder gerecht wäre, gäbe es nicht viel Liebe, doch zumindest auch weniger Verbrechen und Kriege. Trotzdem predige ich diese Art von Ungerechtigkeit, die allein die Welt retten kann.

Le Bonfin, den 14. April 1977

VI

Das neue Jerusalem

I

Freier Vortrag

Heute will ich euch das Kapitel 21 aus der Offenbarung des Johannes vorlesen:

»Und ich sah die heilige Stadt, das neue Jerusalem, aus dem Himmel von Gott herabkommen, bereitet wie eine für den Mann geschmückte Braut. Und ich hörte eine laute Stimme vom Thron her sagen: Siehe, die Wohnung Gottes bei den Menschen! Und Er wird bei ihnen wohnen, und sie werden Sein Volk sein, und Gott selbst wird bei ihnen sein. Und Er wird jede Träne von ihren Augen fortwischen, und es wird kein Tod, keine Trauer, keine Klage und kein Schmerz mehr sein. Denn was einst war ist vergangen. – Der auf dem Throne saß sprach: Siehe, ich mache alles neu. – Dann fuhr Er fort: Schreibe, denn diese Worte sind zuverlässig und wahrhaftig. – Weiter sprach Er zu mir: Es ist geschehen. Ich bin das Alpha und das Omega, der Anfang und das Ende. Umsonst will ich dem Durstigen vom Quell des lebendigen Wassers zu trinken geben. Wer überwindet, wird dies zum Erbe erhalten. Ich will ihm Gott sein, und er soll mein Sohn sein. Die Feigen aber, die Treulosen und mit Greueln befleckten, die Mörder, die Unzüchtigen, die Zauberer, die Götzendiener und alle Lügner sollen im brennenden Feuer- und Schwefelpfuhl ihren Anteil erhalten. Das ist der zweite Tod.

Da kam einer von den sieben Engeln mit den sieben Schalen, die mit den sieben letzten Plagen gefüllt waren. Er sprach zu mir: Komm, ich will dir die Braut zeigen, die Gemahlin des Lammes. – Und er führte mich im Geiste hinweg auf einen großen, hohen Berg und zeigte mir die heilige Stadt Jerusalem, wie sie aus dem Himmel von Gott herabkam, in der Herrlichkeit Gottes. Sie funkelte wie ein Edelstein, wie der kristallhelle Jaspis. Sie hatte eine große, hohe Mauer mit zwölf Toren. An den Toren standen zwölf Engel, und Namen waren darauf geschrieben, die Namen der zwölf Stämme Israels. Drei Tore lagen gegen Osten, drei gegen Norden, drei gegen Süden und drei gegen Westen. Die Mauer der Stadt hatte zwölf Grundsteine, auf denen zwölf Namen, die Namen der zwölf Apostel des Lammes, geschrieben standen.

Der mit mir sprach, hatte einen goldenen Messstab, um die Stadt, ihre Tore und ihre Mauer zu messen. Die Stadt bildet ein Viereck und ist ebenso lang wie breit. Er maß die Stadt mit seinem Stab, es waren zwölftausend Stadien. Länge, Breite und Höhe sind bei ihr gleich. Er maß ihre Mauer, es waren 144 Ellen nach Menschenmaß, das dem der Engel entspricht. Die Mauer war aus Jaspis erbaut und die Stadt selbst aus lauterem Gold, so rein wie Glas. Die Grundsteine der Stadtmauer waren mit allerlei Edelsteinen verziert; der erste Grundstein ein Jaspis, der zweite ein Saphir, der dritte ein Chalzedon, der vierte ein Smaragd, der fünfte ein Sardonyx, der sechste ein Sardis, der siebte ein Chrysolith, der achte ein Beryll, der neunte ein Topas, der zehnte ein Chrysopras, der elfte ein Hyazinth, der zwölfte ein Amethyst. Die zwölf Tore waren zwölf Perlen, jedes der Tore war aus einer Perle. Die Straßen der Stadt waren reines Gold, wie durchsichtiges Glas.

Einen Tempel sah ich nicht in ihr. Gott der Herr, der Allmächtige, und das Lamm ist ihr Tempel. Die Stadt bedarf weder des Sonnen- noch des Mondlichtes. Denn die Herrlichkeit Gottes erhellt sie, ihre Leuchte ist das Lamm. Die Völker werden in ihrem Lichte wandeln, und die Könige werden ihre Herrlichkeit hineintragen. Ihre Tore werden tagsüber nicht geschlossen. Nacht gibt es dort nicht. Den Glanz und die Ehre der Völker wird man hineintragen, doch nichts Unreines darf in sie eingehen, kein Frevler und kein Lügner, sondern nur jene, die im Lebensbuche des Lammes geschrieben stehen.«

Seit Urzeiten hat es schon immer ein Einweihungszentrum gegeben, das über allen anderen steht. Alle anderen sind Ableger dieses einzigartigen Zentrums, dessen Licht durch all die Jahrhunderte niemals verloren ging.

Um diese Flamme zu erhalten, musste ein Wesen da sein, das alles Wissen und alle Macht besaß, ein Wesen, das der Repräsentant Gottes auf Erden ist, ein Wesen, das niemals stirbt. Es gibt tatsächlich eine solche Persönlichkeit. In der Bibel und in den Überlieferungen aller Völker ist davon die Rede, allerdings unter verschiedenen Namen. An seiner Existenz kann es keinen Zweifel geben. In den hebräischen Überlieferungen wird es unter dem Namen Melchisedek erwähnt. Moses erzählt in der Genesis, dass Melchisedek Abraham Brot und Wein brachte und dass dieser ihm den Zehnten von allem gab. Er ist es auch, von dem Paulus im Hebräerbrief sagt: »Denn dieser Melchisedek, König von Salem, Priester Gottes, des Allerhöchsten, – der Abraham entgegenging und ihn segnete, als er von der Niederwerfung der Könige zurückkehrte, dem auch Abraham den Zehnten von allem gab – er heißt, der Bedeutung seines Namens nach, zuerst König der Gerechtigkeit, dann aber auch König von Salem, das bedeutet König des Friedens. Ohne Vater, ohne Mutter, ohne Stammbaum hat er weder Anfang noch Ende des Lebens. Er gleicht dem Sohn Gottes und bleibt Priester in Ewigkeit.«

Ihr werdet fragen: »Ohne Vater, ohne Mutter,... wie ist er denn erschaffen worden?« Ein Wesen, das ein Vertreter Gottes auf Erden ist, hat alle Macht über die Materie. So kann er sich einen Ätherkörper bilden, der imstande ist, bis ans Ende aller Zeit bestehen zu bleiben, und den er wieder auflösen kann, wann er es will. Melchisedek, dessen Name König der Gerechtigkeit bedeutet, ist der Repräsentant Gottes, der die wichtigste Rolle auf der

Erde spielt. Er ist der Richter über die Lebenden und die Toten, und von ihm gehen alle Verfügungen aus, die das Schicksal der Menschheit betreffen. Alle großen Eingeweihten wurden von ihm unterwiesen. Hermes Trismegistus stellt einen Aspekt von ihm dar. Orpheus, Moses, Pythagoras, Platon, Buddha, Zarathustra, all die ganz Großen haben seine Lehre empfangen, selbst Jesus. Denn er war schon vor Abraham. Er hat die Heiligen Drei Könige als Abgesandte seines Reiches zu Jesus geschickt, damit sie sich vor ihm verneigten, denn Jesus war die Inkarnation des göttlichen Prinzips, des fleischgewordenen Wortes Gottes. Melchisedek hingegen, der als Repräsentant des lebendigen Gottes weder Anfang noch Ende hat, hat eine andere Aufgabe zu erfüllen.

Jesus hat sich inkarniert, er hat also Vater und Mutter. Während der achtzehn Jahre – von seinem zwölften bis zum dreißigsten Lebensjahr – von denen die Evangelien nichts aus seinem Leben berichten, ist er ins Reich von Melchisedek, des Königs der Gerechtigkeit und des Friedens, gegangen, wo er mit all den großen Eingeweihten eine gewaltige Arbeit an der ganzen Erde ausgeführt hat. Um das dreißigste Lebensjahr herum ist er nach Palästina zurückgekehrt, um dort seinen Auftrag zu erfüllen. Aber auch seine Apostel hat er mit dem Reich von Melchisedek verbunden, das von allen Religionen erwähnt wird und das an einem unzugänglichen Ort liegt, den man Erde der Lebenden oder auch Erde der Unsterblichen nennt. Dies ist sein Reich, doch nur wenige Eingeweihte kennen es und stehen mit ihm in Verbindung.

Kein Eingeweihter kann den Gipfel erreichen, ohne durch die Schule Melchisedeks zu gehen. Er ermöglicht es den Geschöpfen, die Sephira Kether zu erreichen, denn er hat Kenntnis aller Engelshierarchien, er bewegt sich frei darin, und er befiehlt über Millionen von Engeln, die ihm dienen. Er überwacht die Entwicklung der Menschheit, die er nach den Plänen des Herrn leitet. Wenn die Menschen vom vorgezeichneten Weg abweichen, greift er ein, um die Dinge wieder zu ordnen. Da ihm die vier Elemente, Erde, Wasser, Luft und Feuer zu Diensten stehen, kann er alles vollbringen. Das ist die Gestalt, die Johannes gesehen und zu Beginn der Offenbarung beschrieben hat mit einem Schwert im Munde und mit sieben Sternen, die er in der Hand hält. Er konnte mit ihm in Kontakt treten, da Jesus diese Verbindung hergestellt hatte. Die offizielle Religion erwähnt nicht all diese Details, doch sind sie in den Archiven der Einweihungswissenschaft aufgezeichnet, und wer in der Lage ist, dort hinzukommen und nachzuforschen, der kann sie erfahren.

Die Gestalt also, die Johannes gesehen hat und die gesagt hat: »Ich bin Alpha und Omega, Anfang und Ende...«, das ist Melchisedek. Er ändert seinen Namen entsprechend den Epochen, denn sein Name hat eine magische Bedeutung. Und nun ist das erste Siegel der Offenbarung geöffnet. Es ist sehr wichtig, dass ihr wisst, wer diese Gestalt war, denn Johannes hat sich in das Reich von Salem begeben, in das er gerufen wurde, damit er die Offenbarung schreiben konnte. Ihm wurden die Tiefen der Erde und des Meeres gezeigt, ihm wurde gezeigt, wie die Geistwesen in der Natur durch die vier Elemente wirken, er hat die Engelshierarchien geschaut, und auf Anordnung Melchisedeks hat er die Offenbarung niedergeschrieben, die am Ende der Zeiten entschlüsselt werden soll.

Heute will ich zu euch über das neue Jerusalem sprechen. Was wollte Johannes damit sagen, als er sagte: »Das neue Jerusalem, das aus dem Himmel herabkommt.« Und es wird kommen, das stimmt, doch wie viele Umwälzungen und Umwandlungen werden vorher nötig sein! Die werdet ihr übrigens miterleben, denn all das wird noch in unserer Epoche geschehen. Es heißt »das neue Jerusalem«, da es schon vorher ein Jerusalem gegeben hat, das zerstört worden ist. Und warum hat diese Stadt den Namen Jerusalem, der an die Stadt Melchisedeks, an Salem erinnert? Weil diejenigen, die ihr diesen Namen gegeben haben, um die Existenz Melchisedeks wussten. Sie hatten die Einweihung erhalten, die Moses bei seinem Schwiegervater Jethro bekommen hatte. Als Moses aus Ägypten floh, suchte er im Lande Midian

Zuflucht. Dort heiratete er die Tochter des Priesters Jethro, Zippora. Viele Jahre lang hat Moses bei seinem Schwiegervater studiert, der ihn mit Melchisedek in Verbindung gebracht hat, und Melchisedek hat Moses den Auftrag gegeben, diese erschreckende, gewaltige Religion des einen Gottes in die Welt zu bringen und sie mit aller Kraft durchzusetzen.

In der Schöpfungsgeschichte erwähnt Moses Melchisedek dort, wo er die Geschichte Abrahams erzählt. Zwar befasst er sich nicht weiter mit ihm, doch enthüllte er den siebzig Ältesten Israels, denen er den Schlüssel zu seinen fünf Büchern gegeben hatte, dass alles von diesem Einweihungszentrum überwacht wird, das an einem verborgenen Ort liegt und das dem verlorenen Paradies entspricht, das Pardes genannt wird. Dieses Wissen, in das schon vor Moses auch Abraham und Jakob eingeweiht waren, wurde an David und ebenso an Salomon weitergegeben, dessen Name auf Hebräisch Schlomo lautet. Dieses Wort hat den gleichen Stamm wie Schalom, Friede, der auch in dem Namen Jeruschalaïm, Jerusalem, enthalten ist.

Salomon erhielt den Auftrag, den Tempel von Jerusalem zu erbauen. Die Maße, die bauliche Gestaltung und die darin enthaltenen Gegenstände entsprachen einem überlieferten Wissen. Doch wurde dieser Tempel vom Heer des Titus als Strafe für die von Israel begangenen Verfehlungen zerstört. Zu der Zeit hatten die Juden den Geist ihrer Religion verlassen und weigerten sich beharrlich, Jesus als den Messias anzuerkennen. So wurde der Tempel zerstört und das jüdische Volk in alle Welt zerstreut. Jerusalem war ein Einweihungszentrum gewesen, in dem sich der Kern der zukünftigen Menschheit befand. Doch hat es sein Ziel verfehlt, und jetzt muss ein neues Zentrum aufgebaut werden. Dieses neue Jerusalem wird nach dem Vorbild von Salem erbaut, wo Melchisedek wohnt, umgeben von all den außergewöhnlichen Wesen, von denen die Geschichte und die Legenden berichten und von denen es heißt, dass sie nicht gestorben sind, sondern eines Tages sogar wiederkommen werden. Darunter sind auch

Kabbalisten und Alchimisten. Auch der Alchimist Nikolaus Flamel, der nicht gestorben ist, befindet sich in diesem Reich der Eingeweihten, das von Melchisedek regiert wird.

Das neue Jerusalem, was es ist und wie es kommen wird, das will ich euch enthüllen, liebe Brüder und Schwestern. Das neue Jerusalem, so wie es beschrieben wird, mit seinen Maßen, seinen Toren, seinen Fundamenten aus Edelsteinen, das ist alles sehr klar für uns. Doch kann man das auf unterschiedliche Weise deuten, nämlich als Stadt, als eine Art zu leben oder als eine Beschreibung des Menschen selbst. Das neue Jerusalem kann erst kommen, wenn Menschen da sind, die – symbolisch gesehen – nach seinem Vorbild gebaut sind, denn die zwölf Perlentore und die Fundamente aus Edelsteinen stellen Tugenden und gute Eigenschaften dar. Ihr werdet fragen: »Aber warum zwölf Tore?« Weil die Stadt, die ein Abbild des Universums darstellt, gleichzeitig den Menschen wiedergibt, der auch zwölf Tore besitzt.

Schauen wir jetzt, welche Tore das sind. Es sind die Augen, die Ohren, die beiden Nasenlöcher und der Mund; das macht sieben. Diese sieben Tore haben ihren Platz im Kopf, was nicht zufällig so ist. Und nun die fünf anderen: die beiden Brüste, der Bauchnabel und schließlich noch zwei weitere, die ich euch selbst finden lasse, denn dafür habe ich gerade keine Zeit, ich bin sehr beschäftigt!... Das sind also zwölf Tore, nicht elf, nicht dreizehn, sondern zwölf. Es ist doch großartig, wenn man sieht, wie alles sinnvoll berechnet und intelligent ist. Der Mensch wurde in den Werkstätten des Herrn so geschaffen, dass er mit Himmel und Erde, mit dem gesamten Universum einen Austausch pflegen kann. Darum müssen seine Tore auch offen sein, so dass die Ströme fließen können.

Jedes Detail der Beschreibung des neuen Jerusalem ist symbolisch zu verstehen. Johannes gibt den Grundriss zum Beispiel quadratisch an, denn das Quadrat symbolisiert etwas Fertiges, Stabiles, Beständiges. Es ist auch das Symbol der Gerechtigkeit, und Melchisedek ist der König der Gerechtigkeit. Wenn man das Quadrat weiterentwickelt, entsteht daraus ein Kreuz, und dieses stellt den Menschen mit ausgebreiteten Armen dar. Ihr seht also, welche Verbindungen bestehen.

Ihr dürft nicht erwarten, das neue Jerusalem als eine Stadt zu sehen, die vom Himmel herunterschwebt. Keine Stadt wird einfach so vom Himmel herabkommen. Das neue Jerusalem wird »herabkommen«, wenn neue Menschen da sind. Ja, das neue Jerusalem, das sind neue Menschen, die eine gigantische Arbeit an sich selbst vollbracht haben. Diese Arbeit ist nichts anderes als die Wandlung des alten Adam in Christus, des alten Menschen in den neuen Menschen oder, auf Art der Alchimisten dargestellt, der Übergang von rot in blau. In der hebräischen Sprache kommt das klar zum Ausdruck. Adam, das ist der rote Mensch (adom = rot), der aus Erde gemacht wurde (adamah = Erde). Doch der rote Erdenmensch soll sich in Christus wandeln, in das Blau des Himmels, das Frieden symbolisiert. Für jemanden, der die Sprache der Symbole kennt, sind diese Entsprechungen sehr klar. Rot ist die Farbe mit der niedrigsten Schwingungszahl im Spektrum, sie entspricht den Impulsen auf der Körperebene, der Vitalität, Sinnlichkeit, Wut, Aggressivität, ja sogar der Trunksucht. Doch hat alles seine eigene Tönung. Die Liebe besitzt ihren eigenen Farbton, sogar Hunderte, die Lebenskraft ebenso. All diese Neigungen entsprechen Tausenden von Rottönen.

Dass der physische Körper zu Licht werden kann, hat Jesus bei seiner Verklärung auf dem Berg Tabor gezeigt. In den Evangelien heißt es, dass in diesem Augenblick sein Gesicht strahlender wurde als die Sonne, seine Kleider wie weißes Licht und dass Elias und Moses erschienen und mit ihm sprachen. Warum taten sie das? Ihre Anwesenheit in diesem Moment an der Seite von Jesus ist von höchster Bedeutung, denn ihr Geist ist in ihn eingetreten. Moses hat ihm Stärke gegeben, weil er der Meister der Stärke ist. Elias gab ihm die Eigenschaft, die bei ihm herausragend ist, nämlich das Wissen. Die Prophezeiungen und die Lehre des Elias wurden schon immer so hoch geschätzt, dass selbst heute noch davon gesprochen wird, dass er nicht gestorben sei und am Ende der Zeiten wiederkehren werde. Im Augenblick der Verklärung sind also Elias und Moses in Jesus eingetreten. Denn Jesus besaß nicht nur einen einzigen Geist, er war ein Kollektivwesen. Alle großen Eingeweihten hatten ihm etwas von sich mitgegeben, denn das benötigte er, um seinen Auftrag zu erfüllen.

Ist eine solche Verklärung nun allen Menschen möglich? Ja, allen! Sie ist all denen möglich, die es geschafft haben, ihren physischen Körper zu läutern und zu vergeistigen. Denn Christus soll nicht nur in Geist und Seele geboren werden, sondern auch im physischen Körper. Das ist der symbolische Gehalt der Krippe, wie ich euch das zu Weihnachten dargelegt habe. Wenn der Mensch lange, bewusst, voller Glauben, Hoffnung und Liebe darauf hinarbeitet, dann wird sein physischer Körper derart vergeistigt und geläutert und alle seine Partikel schwingen derart intensiv, dass die Verklärung für ihn ebenso möglich wird wie für Jesus. Und genau das ist das neue Jerusalem. Das neue Jerusalem bedeutet den Zustand der Vollkommenheit eines Eingeweihten, eines Meisters, in dem Christus geboren ist. Er ist es nun, der in diesem Menschen atmet und sich über die zwölf Tore, die zwölf Öffnungen, manifestiert.

Das neue Jerusalem ist im Begriff, in die Welt zu kommen. Es kommt vom Himmel herab, das heißt, die Engel kommen und wirken auf die Menschen ein, um sie schöner und vollkommener werden zu lassen. Jeden Tag und jede Nacht werden finstere Partikel, die die Harmonie stören, gegen leichtere, geschmeidigere und lichtvollere ausgetauscht. Tausende von kleinen neuen Jerusalems sind in Arbeit und werden gemeinsam das neue Jerusalem bilden, in dem Gott wohnen wird und wo es weder Leid noch Tränen mehr geben wird.

Das neue Jerusalem, das sind die Kinder Gottes, in denen Christus geboren ist. In diesem Augenblick wird aus dem neuen Jerusalem eine ideale Gesellschaft, in der alle brüderlich zusammenleben. Außerdem ist das neue Jerusalem dieses Einweihungszentrum, das schon immer so existiert hat, wie Johannes es beschreibt, wo alles aus Gold, Perlen und Edelsteinen ist. Denn alles was es in der höheren Welt an Wahrheiten und an Substanzen gibt, muss auch materiell auf der Erde vertreten sein.

Wenn ihr die Erde untersucht, werdet ihr natürlich feststellen, dass sie aus lichtundurchlässigen, dunklen Schichten besteht. Doch gibt es Wesen, die sie bearbeiten, um sie zu läutern. Edelmetalle und Edelsteine sind in Wirklichkeit Bestandteile der Erde, doch völlig umgewandelt und verfeinert. Ein Edelstein ist die Quintessenz, von allem was es an Reinstem auf der Erde gibt. Und unter den Menschen sind die Eingeweihten die Edelsteine, eine Quintessenz des Menschengeschlechts. Der Brauch, eine Königskrone oder das Priesterornat mit Edelsteinen zu verzieren, rührt von dem Wissen her, dass die Edelsteine Eigenschaften und Tugenden der höchstentwickelten Wesen repräsentieren. Jede Steinart stellt eine andere Tugend dar. Ein weiser, intelligenter Mensch ist wie ein Topas; handelt es sich um einen Mann des Friedens, dann ist er wie ein Saphir; ist er voller Begeisterung und Feuer, dann ist er wie ein Rubin... Und wenn Edelsteine in Kronen eingesetzt werden, so bedeutet dies, dass sie bereits in der Krone des Schöpfers zu finden sind. Denn der Schöpfer ist mit einer Krone geschmückt, und diese ist mit Edelsteinen besetzt, den Erzengeln und göttlichen Wesen.

Das neue Jerusalem, liebe Brüder und Schwestern, das ist der vollkommene Mensch, das vollkommene universelle Leben und jenes Reich des Friedens und der Gerechtigkeit, in dem Melchisedek regiert. Dieses neue Jerusalem wird kommen. Bevor dieses Jahrhundert zu Ende geht wird es kommen, alle Prophezeiungen sprechen davon, und es wird all eure Vorstellungen übertreffen. Es wird darin einen Tempel geben mit den zwölf Edelsteinen, von denen Johannes spricht. Diese Edelsteine werden dort aufbewahrt, wo der König der Gerechtigkeit und des Friedens wohnt. Berge von Edelsteinen werden für die kommende Zeit dort gehütet. Ob ihr mir das glaubt oder nicht, ist mir egal, ihr werdet es sehen, jedenfalls einige unter euch.

Doch zuerst einmal müssen wir zum neuen Jerusalem werden mit zwölf Toren, die gut funktionieren, damit sich der Wandel vollzieht und die Verklärung stattfindet. Denn, ich sage es euch noch einmal, das neue Jerusalem ist in erster Linie symbolisch zu verstehen.

»Die Stadt hatte eine große und hohe Mauer,« heißt es bei Johannes. Die Mauer stellt einen Schutz dar, symbolisiert also eine kraftvolle Aura, die den Menschen umgibt und ihn schützt. Wenn der Mensch eine starke Aura besitzt, wird er durch die Ausstrahlung seines eigenen Lichtes abgeschirmt.

»Sie hatte zwölf Tore. An den Toren standen zwölf Engel, und Namen waren darauf geschrieben, die Namen der zwölf Stämme der Söhne Israels.« Diese zwölf Stämme repräsentieren die zwölf Organfunktionen, denn hinter jedem dieser Tore, seien es die Augen, die Ohren, der Mund usw., befindet sich ein Engel. Ich will euch nun sogar etwas sagen, das ich euch bitte, in einem Zustand großer Reinheit anzuhören. Sei es ein Mann oder eine Frau, jeder Mensch, der sich genügend geläutert hat, um zu einem neuen Jerusalem zu werden, hat einen Engel hinter jedem dieser Tore. Jeder Engel hat die besondere Aufgabe, alles zu empfangen, was kommt, und es umzuwandeln. Alles, was ihr hört, anseht, einatmet, esst usw. trägt ein Engel zusammen und wandelt es um. Wenn dann eine Frau, die sich wirklich geläutert hat, ein Kind empfangen soll, wirkt nachher ein Engel auf den Keim ein, den sie empfangen hat, und schließlich wird aus dem Kind, das dann geboren wird, ein Genie, ein göttlicher Mensch. Ist die Frau hingegen nicht rein, lauert hinter diesem Tor ein Dämon, und sie bringt einen Rohling oder einen Unhold zur Welt.

Was gibt es euch doch noch alles zu enthüllen! Aber das wird kommen, habt nur Geduld. Ihr wisst ja noch gar nicht, was der Mann und die Frau eigentlich sind. Ihr wisst nicht, wie sie aufgebaut sind, welche Kräfte in ihnen wirken und wie sie leben müssen, um wahrhaft zu geheiligten Gefäßen des lebendigen Gottes zu werden, zu einem neuen Jerusalem. Doch genau dorthin führe ich euch seit Jahren, damit ihr zum neuen Jerusalem werdet. Wer das nicht begreifen will, wird in jedem Fall eines Tages begreifen müssen, nur dann wird es zu spät sein. Es ist den Menschen völlig egal, ob sie wissen oder nicht, was sich hinter diesen Toren abspielt. Einem Mann ist es schon genug, wenn eine Frau ihn nur dort hineinlässt. Es ist beiden einerlei, ob sie dort ein Teufel empfängt oder ob ein solcher dort eindringt. Doch die einen wie die anderen, werden sich eines Tages genötigt sehen, sich mit dieser so bedeutsamen Frage auseinander zu setzen.

»Einen Tempel sah ich nicht in der Stadt. Gott der Herr, der Allmächtige, und das Lamm ist ihr Tempel.« Dies ist ein weiterer Beweis dafür, dass dieses neue Jerusalem ein Tempel ist. Folglich ist auch der Mensch selbst ein Tempel, so wie es in den Evangelien geschrieben steht: »Ihr seid Tempel des lebendigen Gottes.«

Das neue Jerusalem, das ist der neue Mensch, in dem alles aus Gold, aus Perlen und aus Edelsteinen ist. Und im Inneren scheint das Licht. Jeder von euch soll zum neuen Jerusalem werden. Seit zweitausend Jahren hat es immer wieder Geheimgesellschaften gegeben, die vorgaben, das neue Jerusalem zu sein, selbst heute gibt es sie noch. Wie kann man sich aber für das neue Jerusalem halten, wenn man noch im Unverständnis und in den alten Formen hängen geblieben ist, ohne die Schlüssel zu besitzen, die das Buch des Lebens öffnen? Niemand ist das neue Jerusalem außer denen, die diese Schlüssel, die sieben Siegel, besitzen, das heißt, die den tieferen Sinn der Heiligen Schriften verstehen. Man ist noch nicht das neue Jerusalem, wenn man gerade ein paar Brocken der Einweihungslehre daherstammeln kann, dabei jedoch sonst der Gleiche geblieben ist, ebenso furchtsam, kümmerlich, unsicher, schwach und böse wie zuvor. Wir alle können das neue Jerusalem sein, doch nur mit diesem neuen Licht, das alle Türen öffnet; und das muss zu konkreten Ergebnissen führen. Wenn man die Erkenntnis hat, müssen auch Ergebnisse zu sehen sein. Wenn keine Ergebnisse da sind, zeigt dies, dass man nicht viel versteht.

»Die Stadt bedarf weder des Sonnen- noch des Mondlichtes.« Die Sonne symbolisiert den Intellekt und der Mond das Herz. Der Mensch, in dem das göttliche Licht und die göttliche Liebe wohnen, hat weder die Sonne noch den Mond mehr nötig, das heißt weder Philosophie noch Religion.

»Ihre Tore werden tagsüber nicht geschlossen. Es gibt dort keine Nacht.« Wenn man erleuchtet ist, gibt es keine Nacht mehr. Die Erleuchteten haben immer das Licht in ihrem Inneren. Selbst wenn sie schlafen, gibt es keine Nacht für sie. Für die anderen besteht hingegen der Wechsel von Tag und Nacht, einmal sind sie im Licht, dann herrscht wieder Finsternis. Wenn jedoch die Erleuchtung kommt, empfangen sie das Licht des Heiligen Geistes, und dann gibt es keine Verfinsterung mehr. Die Nacht, das ist ein Mangel an Verständnis. Man darf es nicht wörtlich verstehen, dass es dann keine Nacht mehr gibt. Was meint ihr denn? Wenn es keine Nacht mehr gäbe, wäre die kosmische Ordnung umgeworfen, die Erde würde sich nicht mehr drehen. Nur eine Hälfte wäre beleuchtet, und die andere wäre ständig im Dunkeln. Das ist nicht möglich. In einem anderen Kapitel der Offenbarung heißt es: »Wer überwindet, dem werde ich den Morgenstern geben.« Der Morgenstern, das ist Venus. Man sollte also die gesamte Harmonie des Himmels zerstören, um den Planeten Venus dem zu geben, der überwunden hat! Und wo wird er den dann hintun? Doch wartet nur, das wird noch komplizierter. Wenn nun mehrere überwunden haben, wo soll man dann weitere Planeten herholen? Das beweist also, dass alles symbolisch zu verstehen ist. Tag und Nacht werden also weiterbestehen, liebe Brüder und Schwestern, macht euch deswegen keine Sorgen. Hier ist Nacht ein Symbol alles Negativen. Und solange es eine solche Nacht gibt, ist man einen Augenblick lang voller Hoffnung und im nächsten verliert man den Mut, einen Augenblick lang steht man fest im Glauben und gleich darauf kommen Zweifel.

Das neue Jerusalem ist also zuerst einmal der Mensch selbst. Dann ist es auch eine wunderbare soziale Ordnung. Drittens ist es die wahre Kirche Gottes, die Kirche des Heiligen Johannes, die Kirche des Geistes und der Wahrheit, die Kirche aller Eingeweihten. Niemand kann jetzt mehr das Kommen dieser Kirche verhindern. Dann wird alles seine Erklärung finden, alles wird klar werden, denn es steht in den Schriften geschrieben, dass Gott im

Herzen der Menschen Wohnung nehmen und Sein Gesetz dort hineinschreiben wird. Dann werden die Menschen niemanden mehr benötigen, der ihnen Predigten über Religion und Moral hält. Alle werden in ihrem Inneren wissen, was sie zu tun haben, wie sie lieben, dienen und arbeiten sollen. Wenn eine Frau ein Kind hat, braucht man ihr nicht mehr zu sagen, wie sie es ernähren und pflegen muss, was sie zu tun hat, wenn es nachts weint, denn dann sagt es ihr die Liebe in ihrem Herzen. Der Herr hat ihr Seine Gesetze ins Herz geschrieben, und sie benötigt keine anderweitigen Anweisungen mehr. Wenn es an Liebe fehlt, dann braucht man Anweisungen. Doch helfen in diesem Moment selbst die Anweisungen nicht mehr viel.

Solange es an Liebe fehlt, gibt es Religionen, die aber die Menschen doch niemals zu Gott hinführen können. Wenn aber die Liebe kommt, gibt es keine Religionen mehr. Die Religion wird zu etwas Innerem und wird sich als Güte, Ausstrahlung, Opferbereitschaft, Sanftmut und Licht zeigen. So wie es mir gelehrt wurde, so gebe ich es euch weiter. Als die Liebe die Menschheit verlassen hat, kam die Religion, um sie zu ersetzen. Doch wenn die Liebe wiederkehrt, wird die Religion in den Hintergrund treten, da sie dann wieder im Herzen der Menschen ihren Platz gefunden hat.

Sèvres, den 4. Januar 1959

II Teil 1

Freier Vortrag

Ich fühle jetzt, meine lieben Brüder und Schwestern, dass ihr es nicht mehr so eilig habt, die Momente der Meditation und der Stille zu unterbrechen. Schritt für Schritt lernt ihr, in der Ewigkeit zu leben. Ihr öffnet euch, und die wohltuenden Kräfte der Natur beginnen, in euch zu wirken.

Zusammen mit einigen Brüdern haben wir gestern beschlossen, auf dem Meditationsfelsen ein Mikrofon und Lautsprecher zu installieren. Ihr mögt nun sagen: »Das ist sehr gut, doch es ist schade, dass wir Sie nicht auch an unseren Wohnorten hören können.« Aber warum könnt ihr mich dort nicht hören? Weil es zwischen euch und mir viele Ströme gibt, die die Verbindung stören und verhindern, dass meine Worte zu euch gelangen. Das Gleiche gilt für eure Verbindungen mit der göttlichen Welt. Wenn ihr zu viele Dinge zwischen die göttliche Welt und eure Seele oder euren Geist gestellt habt, dann dürft ihr euch nicht der Hoffnung hingeben, ihre Botschaften aufzufangen und zu verstehen. Zwischen Gott und euch selbst könnt ihr Christus stellen oder auch den Heiligen Geist, die Vierundzwanzig Ältesten, Melchisedek, die Engel und Erzengel, die Sonne oder einen sehr großen Meister, sie alle werden die Verbindung nicht behindern, sondern sogar als Verstärker dienen. Aber gebt auf alles andere acht, was ihr sonst dazwischen stellen könntet!

Wenn ihr eine völlig durchsichtige Glasscheibe zwischen euch und die Umwelt stellt, so lässt sie das Licht hindurch. Aus diesem Grund werden auch die Edelsteine so sehr geschätzt, denn sie lassen das Licht hindurch. Und wenn vor allem die Frauen so gerne Perlen auf ihren Ringen, Colliers und Diademen haben, dann liegt es daran, dass sie vieles wissen. Nur wissen sie nicht, dass sie dieses Wissen haben und deshalb brauchen sie einen Lehrer, der es ihnen sagt. Frauen lieben also Edelsteine, weil sie intuitiv spüren, dass diesen Steinen außergewöhnliche Kräfte innewohnen.

Die Erde, die Intelligenz besitzt und auch eine Seele und einen Geist hat, bearbeitet die rohe Materie. Durch ihr Wissen und ihre Geduld hat sie es nach einigen Millionen Jahren geschafft, die groben Minerale umzuwandeln, sie zur Reife zu bringen und in Edelsteine oder auch Edelmetalle zu verwandeln. Dieses Wissen der Erde beruht auf einem Wissen, das in der höheren Welt, im Himmel, besteht, denn die Erde steht über ihren Ätherkörper in ständigem Kontakt mit der Sonne. Sie erhält alle Anweisungen von oben, bearbeitet langsam, geduldig und doch mit Eifer das ihr anvertraute Rohmaterial und schafft es auf diese Weise, geometrische Formen von vollendeter Schönheit herzustellen. Es gelingt der Erde, aus dieser lichtundurchlässigen, unedlen Materie eine Quintessenz herzustellen, die sie verfeinert und verdichtet, bis daraus Goldstücke, Rubine, Türkise, Smaragde, Saphire, Diamanten usw. werden. Man kann sie gar nicht alle aufzählen.

Die Erde stellt all diese Kostbarkeiten in ihren Werkstätten her, weil sie alle Eigenschaften und Tugenden der göttlichen Welt hier unten in konkreter, greifbarer Form wiedergeben und darstellen möchte. Die Frauen, die dies intuitiv wissen, meinen nun, wenn sie all diese Schönheiten der Erde in ihren Besitz bringen, damit auch die Tugenden und Eigenschaften des Himmels zu besitzen. Doch haben sie noch nicht begriffen, dass die Edelsteine lediglich eine äußere Ausdrucksform der himmlischen Kostbarkeiten darstellen und dass die äußere Seite der Dinge dazu da ist, aufgenommen, umgewandelt und wieder vergeistigt zu werden.

Das bedeutet, dass all diese Symbole, die eine verdichtete Form der Tugenden, Qualitäten und Eigenschaften des Himmels darstellen, dem Himmel wieder zurückgegeben werden müssen. Diese Eigenschaften sollen aus den Steinen herausstrahlen und in Herz und Seele der Frauen einströmen. Die Steine sind also nur materielle Symbole; in der Seele sollen sie lebendig werden und sich in Tugenden verwandeln. Wenn es einer Frau gelingt, in sich die Edelsteine zum Leben zu erwecken, dann ist sie göttlich geworden.

Der Erde ist es also gelungen, die Qualitäten, Kräfte und Wahrheiten aus der höheren Welt herabzuholen. Sie hat es geschafft, diese in Form von Kristallen und Edelsteinen darzustellen, und das ist wirklich eine große Leistung. Aber jetzt liegt es aber an den Menschen, diese Arbeit weiterzuführen. In der esoterischen Wissenschaft haben die Eingeweihten immer jedem Edelstein eine bestimmte Eigenschaft zugeschrieben. In jedem Stein ist die Materie so angeordnet, dass immer nur eine Schwingungsart des Sonnenspektrums hindurchgelassen wird, die anderen bleiben ausgeschlossen. Dadurch besitzt jeder Stein die Besonderheit, eine bestimmte Eigenschaft des Lichts durchzulassen. Da das weiße Licht aber alle Farben in sich vereint, könnt ihr mit einem Prisma in den sieben Spektralfarben die Ausdrucksform aller Kräfte und Tugenden des Himmels betrachten.

Es ist also nichts Schlechtes, Edelsteine zu lieben. Ganz im Gegenteil, das ist nur normal, ja sogar unerlässlich! Warum sollte man sie auch nicht lieben? Auch diesbezüglich muss ich einige Irrtümer ausräumen, die sich in den Köpfen mancher Spiritualisten eingeschlichen haben. Ständig verachten oder unterschätzen sie Dinge, in die Gott selbst ein großes Wissen und immense Tugenden hineingelegt hat. Warum so ignorant sein? Warum diese Herrlichkeiten verachten? Die Erde und die Sterne haben sich an die Arbeit gemacht, um sie herzustellen und zu bearbeiten. Und nun sollte der Mensch darüber richten und die Arbeit des ganzen Kosmos mit verachten? Ganz im Gegenteil, er sollte diese Dinge verstehen und ihren wahren Wert schätzen, ihnen den Platz zuweisen, den sie verdienen und dabei voller Bewunderung, Freude und Entzücken auf seinem Weg zu den Höhen voranschreiten.

Wenn man nun die Herrlichkeiten der Erde bewundert, darf man deswegen nicht alles an sich bringen und für sich behalten, um so seinen Egoismus und seine Begierden zu befriedigen, wie es die gewöhnlichen Menschen tun. Wer den Edelsteinen nachjagt, sogar Verbrechen begeht, um in ihren Besitz zu kommen, ist ebenso im Irrtum, wie die anderen, die sie verachten. Eine solche irrige Haltung wirkt sich schädlich auf ihr Denken aus und untergräbt ihre Entwicklung.

Was ist nun diesbezüglich die beste Haltung? Sie besteht darin, zu forschen, zu verstehen, jedem Ding seinen Platz zuzuweisen und vor allem alles für die Höherentwicklung zu nutzen, für eine segensreiche Arbeit im Hinblick auf das Reich Gottes auf der Erde. Anstatt also die Edelsteine um jeden Preis in seinen Besitz bringen zu wollen, um die Begierden zu befriedigen und alle Freuden zu genießen, ist es besser, so wie ich es euch sage, zuerst einmal den Sinn des von Gott Erschaffenen zu erfassen, und dann, ohne beim Vergnügen stehen zu bleiben, die gleiche Arbeit in sich vorzunehmen, das heißt die gleichen Eigenschaften und Tugenden auch in sich selbst zu erschaffen. Dadurch bekommen wir Schwung, Freude und Begeisterung, was uns hilft, die göttliche Schönheit und Weisheit zu verstehen und zu begreifen, wie Gott überall im Universum wirkt. Stürzt man sich hingegen leidenschaftlich auf die Edelsteine, um sich zu bereichern, seiner Eitelkeit zu frönen oder arme Geschöpfe zu verführen, beraubt man sich dadurch dieses Wissens und vor allem der großen Freude, eine spirituelle Arbeit zu vollbringen. Wenn die Menschen die Dinge nur recht verstehen könnten, anstatt alles Schöne ausnutzen oder aber verachten zu wollen, dann würden alle nur danach streben, eine spirituelle Arbeit zu vollbringen.

Die Arbeit eines Schülers besteht gerade darin, zu einem so reinen, schönen und lichtdurchlässigen Edelstein zu werden, dass selbst Gott darüber erstaunt ist, sich das näher anschaut und dann Seine Diener mit den Worten aussendet: »Holt Mir diesen Stein, bringt ihn Mir, damit Ich ihn in Meine Krone einsetzen kann.« Denn ich habe euch ja schon gesagt, dass auch Gott eine Krone hat, die mit Edelsteinen von größter Schönheit besetzt ist. Und diese Steine, das sind die Erzengel und Gottheiten. Ihr seht also, wem die Unwissenden den Rücken zukehren, nämlich den Engeln und Erzengeln, die dort oben in der Krone des Ewigen weilen. Wie sollen sich nachher die fünfzig Tore von Binah öffnen, die fünfzig Tore der Weisheit, um diese Tölpel aufzunehmen, die in ihrer Unwissenheit alles kaputtmachen, beschmutzen und entwürdigen? Sie haben die Symbolsprache noch nicht begriffen, denn alles, was auf der Erde anzutreffen ist, ist ein Abbild dessen, was im Himmel ist.

Hermes Trismegistus sagte: »Was unten ist,...« das heißt im Innern der Erde, »...ist wie das, was oben ist«, also wie das in den himmlischen Regionen. Alles, was man also hier unten antrifft, ist eine genaue Nachbildung dessen, was oben existiert. Niemand hat das besser ausdrücken können als er. Die Smaragdtafel ist das vollständigste und denkwürdigste Werk, das jemals ein intelligentes Wesen der Menschheit hinterlassen hat. Ein einziger Text kann diesem gleichgestellt werden oder übertrifft ihn sogar, nämlich das Gebet Jesu, das Vaterunser. Das ist eine Variante der Smaragdtafel. Es enthält die gleichen Wahrheiten, nur in anderer Weise ausgedrückt. Anstatt von dem zu sprechen, »was unten ist« und dem, »was oben ist«, hat Jesus gesagt: »Dein Wille geschehe, wie im Himmel so auf Erden.« Er hat andere Worte benutzt, aber die gleiche Wahrheit ausgedrückt.

Ein anderer Unterschied besteht darin, dass Hermes Trismegistus in der Gegenwartsform von Dingen spricht, die schon Wirklichkeit geworden sind, während Jesus einen Wunsch für die Zukunft ausdrückt. Hermes stellt etwas fest, und Jesus wünscht es. Folglich betreffen diese beiden Sätze verschiedene Ebenen. Um welche Welten handelt es sich dabei? Was unten ist, ist bereits wie das, was oben ist; das gilt für das Mineral-, Pflanzen- und Tierreich. Die Mineralien, die Pflanzen und die Tiere sind treue Untertanen der Natur, sie gehorchen absolut ihren Gesetzen, und sie lassen sich niemals dazu verleiten, so wie die Menschen, sich ständig dem Willen Gottes zu widersetzen. Nur der Mensch, der noch nicht zur Harmonie mit der Natur gefunden hat, will ihr seinen Willen aufzwingen. Die Welt der Menschen hat sich noch nicht in die natürliche Ordnung eingefügt. Allein für sie kann man noch nicht sagen: »Was unten ist, ist wie das, was oben ist.« Darum hat Jesus den Wunsch ausgedrückt: »Dein Wille geschehe wie im Himmel so auf Erden.« Die anderen drei Welten hingegen spiegeln treu die Gesetze der Natur wider.

Hermes Trismegistus sagte, dass er »das Wissen der drei Welten« besitze, und diese drei Welten wurden von Kommentatoren als die göttliche, die astrale und die physische Welt gedeutet. Das ist auch richtig, doch sprach Hermes Trismegistus gleichzeitig vom Mineralreich, aus dem er den Stein der Weisen gewann, vom Pflanzenreich, das ihm das sogenannte Elixier des ewigen Lebens gab und vom Tierreich, in dem er die Kraft des Zauberstabs fand. Was nun das Menschenreich betrifft, so hat sich Jesus damit befasst. Die Menschen, die mit der natürlichen Ordnung nicht in Harmonie sind, bilden eine Welt für sich, in der unaufhörlich gegen den Willen Gottes verstoßen wird. Sie besitzen einen unabhängigen Willen, den weder die Tiere, die Pflanzen noch die Minerale haben, und für sie hat Jesus etwas Neues gebracht, was dafür gedacht ist, die Zukunft zu gestalten. Hermes hat wohl ein tiefes Wissen gebracht, doch Jesus ist gekommen, um die Menschen aufzufordern, den Willen ihres himmlischen Vaters zu tun. Denn wenn alle Geschöpfe wollen, dass es »wie im Himmel so auch auf Erden« sei – d. h. also auch in ihnen, in ihrem physischen Körper – dass also die Ordnung, die Harmonie und die Herrlichkeit des Himmels auch in ihnen herrsche, dann wird die Vollkommenheit des Gottesreiches erreicht sein.

Leider entspricht das nicht dem, wie die Christen diesen Satz auslegen. Sie sagen ihn zwar immer wieder, doch fühlen sie sich in keiner Weise verpflichtet, das Reich Gottes in sich selbst aufzubauen. Es soll einfach so kommen, von außen her, damit sie dann den Nutzen davon haben. Es geht also nicht darum, einfach zu wünschen, das Gottesreich möge in die Welt kommen, denn so wird es nie kommen. Oder besser gesagt, wenn es noch nicht gekommen ist, so liegt es daran, dass die Menschen nicht wissen, wie sie es wünschen und wie sie darum bitten sollen. Wüssten sie das, wäre es schon da. Wollt ihr wissen, wie man darum bitten muss? Genau so, wie ich es euch sage; jeder muss es zuerst in sich selbst verwirklichen, und dann wird es auch im Äußeren Wirklichkeit. Das Gottesreich kann überhaupt nur unter dieser Voraussetzung kommen, andernfalls wird es niemals Wirklichkeit. Wie sollte es auch kommen, solange die Herzen und Gedanken der Menschen noch voller Unfrieden, Egoismus und Bosheit sind? Eine wirkliche äußere Wandlung kann erst nach der inneren Wandlung stattfinden, denn die äußere Welt ist eine Spiegelbild, eine Konkretisierung, eine Materialisation der geistigen Welt. Nichts kann im Äußeren kommen, was nicht zuvor innerlich gekommen ist. Wie sollte ein dummer Mensch etwas Intelligentes tun, wenn ihm doch innerlich die Intelligenz fehlt?

Das Reich Gottes kann nicht im Äußeren existieren, wenn es nicht zuerst innerlich da ist. Ein Ganzes besteht aus einzelnen Elementen; nehmt diese Elemente fort, und das Ganze verschwindet. Das Reich Gottes besteht aus einer sozialen Ordnung, die von lichtvollen Menschen gebildet wird. Wenn sie das aber nicht sind, wie soll dann diese soziale Ordnung bestehen? Sie kann nur durch die einzelnen Menschen, durch ihren Charakter, durch ihre Eigenschaften und Tugenden aufrechterhalten werden und fortbestehen. Es ist unglaublich, dass die Menschen das noch nicht begriffen haben. Sie wünschen, das Reich Gottes möge in die Welt kommen, doch sie tun nichts dafür. Man muss sie aus ihrer Stumpfheit aufrütteln, denn sie sind es ja gerade, die es verhindern, dass das Reich Gottes auf die Erde kommt.

Jesus hat gesagt: »Dein Wille geschehe, wie im Himmel so auf Erden,« und das Wort »geschehe« bezieht sich auf die Zukunft. Damit diese Zukunft Gestalt annehmen kann, müssen wir uns an die Arbeit machen. Das ist doch so einfach! Nun werden einige einwenden: »Ja, aber ich bin katholisch«, und sie wollen nicht mit uns zusammenarbeiten, weil sie katholisch sind! Ich sage darauf: »Nun gut, dann bleibt, wo ihr seid und schlagt euch weiter mit euren Problemen herum. Wir werden sehen, ob es euch viel nützt, katholisch zu sein. Auch ich bin katholisch – da bekommen sie große Augen! Ja, ich bin zwar in einer orthodoxen Familie geboren, aber ich bin katholischer als die Katholiken, denn ich verstehe das Wort anders und lebe es anders. Katholisch bedeutet ja universell, nicht wahr? Nun zeigt mir einmal, was ihr bisher mit eurem Katholizismus erreicht habt! Nichts, ihr seid Unwissende, die nichts von den großen kosmischen Gesetzen verstehen. Und ein solcher Katholizismus zieht mich nicht gerade an. Die Katholiken müssen jetzt wirklich universell werden. Sie sind noch wie die Kinder, sie müssen ein wenig erwachsen werden und aus ihrer Wiege herauskommen. Sie wissen ja noch gar nicht, was wahre spirituelle Arbeit bedeutet.

Um nun wieder zu den Edelsteinen zurückzukommen, liebe Brüder und Schwestern, wir müssen ihnen gegenüber die richtige Einstellung bekommen. Wir dürfen sie nicht einfach nur besitzen wollen, sondern wir müssen uns auch selbst in Edelsteine verwandeln... ja, damit Gott uns in Seine Krone einsetzen kann. Die Frauen, die sehr viel Intuition besitzen, haben erfasst, dass die Edelsteine ihnen Schönheit verleihen können und dass diese mit Liebe verbunden ist. Ein Mann strebt eher nach Macht, doch für die Frau zählt Eitelkeit, Schönheit, Liebe, Genuss... Verderbnis! Das gibt eine Kette, aber bestimmt keine Perlenkette!

Selbst die Saddhus in Indien, die in freiwilliger Armut leben, haben gerne eine Kette, eine Kette aus Blumen oder kleinen Samen. Während meiner Indienreise habe ich mehrfach solche Ketten geschenkt bekommen, und ich habe sie aufbewahrt. Oft bestehen sie aus 108 Kernen, denn diese Zahl ist für sie heilig, sie wird Babadji zugesprochen. Alle okkulten Elemente sind in dieser Zahl enthalten, denn um sie zu erhalten, muss man mehrere ganz bestimmte Zahlen zusammenzählen, die höchst bedeutsam sind. Es sind die Zahl 1 des Schöpfers, die 7 der Erzengel und der

Spektralfarben, die 10 der Sephiroth, die 12 der Tierkreiszeichen, die 22 der Elemente der Kabbala, die 24 der Vierundzwanzig Ältesten, die 32 der Wege der Weisheit; 1 + 7 + 10 + 12 + 22 + 24 + 32 = 108.

Und wenn wir um das Feuer versammelt sind, seid ihr dann nicht auch so etwas wie eine Kette... eine Kette aus Perlen oder aus Edelsteinen?! Bildet ihr dann nicht eine Krone? Zur Zeit sind die Steine vielleicht noch nicht ganz echt, doch müssen sie sich eines Tages in wirkliche Perlen verwandeln.

Wenn ihr den tiefen Sinn aller geometrischen Figuren erfasst, die in der Struktur der Kristalle und Edelsteine zu finden sind, dann besitzt ihr das wahre Wissen. Es ist sogar möglich, dass ihr eines Tages einen Besuch im Innern der Erde machen werdet, um zu sehen, wie die Naturgeister die Minerale bearbeiten. Wenn es nicht in dieser Inkarnation ist, dann eben in einer anderen, aber das stellt eine Etappe auf dem Evolutionsweg dar, die jeder durchlaufen muss. Ihr werdet diese Werkstätten besuchen und sehen, wie die Naturgeister mit Milliarden von intelligenten Geistwesen zusammenarbeiten. So gut sie nur können, versuchen sie, die Schönheit und Vollkommenheit des Himmels auf der Erde wiederzugeben. Doch können weder die Steine noch die Metalle jemals ein genaues Abbild des Himmels geben, dessen Schönheit unnachahmlich ist. Die physische Ebene ist weit davon entfernt, dem Himmel gleichzukommen, doch gibt er uns zumindest ein Bild davon. Pflanzen, Blumen, Edelsteine usw. sind alles Spiegelungen der himmlischen Welt. Sie geben sozusagen eine Andeutung von der Reinheit, der Lichthaftigkeit, der Klarheit und der geometrischen Vollkommenheit der göttlichen Welt.

Nun, meine lieben Brüder und Schwestern, begnügt euch mit diesen wenigen Worten und dankt dem Herrn für den blauen Himmel, die strahlende Sonne, die reine Luft und die liebevolle, brüderliche Atmosphäre. Ich sage euch noch einmal, öffnet euch und habt es nicht zu eilig! Wenn ihr eine echte, spürbare Wandlung anstrebt, dann darf man es nicht eilig haben! Alle, die zu ungeduldig die Ergebnisse ihrer spirituellen Arbeit sehen wollen, verlieren schließlich den Mut und sind sogar versucht, in Aufgeregtheit und Chaos zurückzufallen. Aber ihr findet vielleicht, dass es noch genug ist, wenn ihr euch ein ganzes Leben lang mit Ärgernissen herumschlagt? Nur keine Sorge, der Herr ist großzügig, ihr dürft in der nächsten Inkarnation damit weitermachen! Wenn ihr dann schließlich meint, dass der Ärger etwas zu lange gedauert hat, werdet ihr euch doch dem Herrn nähern und etwas länger bei Ihm verweilen, um Ihn zu schauen.

Doch immer hat man es eilig, dem Leid nachzulaufen. Ihr nehmt jemanden zu einem Ort mit, zu klaren Quellen, Wasserfällen, zu Blumen und Bäumen, er aber schaut auf die Uhr und sagt: »Oh je, meine Frau wartet auf mich«, – um ihm eine Standpauke zu halten. Oder er sagt: »Ich habe eine geschäftliche Verabredung in der Gastwirtschaft.« Und schon ist die Verabredung mit der Quelle vorbei. Aber vielleicht wird sich diese Gelegenheit in den nächsten zehn oder zwanzig Jahren nicht wieder ergeben. Oh, wenn ihr mich heute versteht, das wäre großartig. Einen schönen Vormittag, liebe Brüder und Schwestern!

Le Bonfin, den 14. August 1962

II Teil 2

Freier Vortrag

Zu dem, was ich heute morgen gesagt habe, möchte ich noch einige Worte hinzufügen. In der Bibel, in den Evangelien finden sich viele Beweise, dass die Eingeweihten die Edelsteine als Symbole von Tugenden und guten Eigenschaften ansahen. Bei den Juden, zum Beispiel, trug der Hohepriester eine Pektorale, die mit zwölf Edelsteinen besetzt war, die eine symbolische Entsprechung zu den zwölf Tierkreiszeichen besaßen und außerdem die zwölf Stämme Israels darstellten.

Es lässt sich bis ins frühe Altertum zurückverfolgen, dass den Edelsteinen ein besonderer Wert beigemessen wurde. Auch der Apostel Johannes zeigt in der Offenbarung, dass sie für ihn von Bedeutung sind, da er sagt, dass die Grundsteine des neuen Jerusalem aus Edelsteinen bestehen, nämlich aus Jaspis, Saphir, Chalzedon, Smaragd, Sardonyx, Sardis, Chrysolith, Beryll, Topas, Chrysopras, Hyazinth und Amethyst. Und nun warten die Christen darauf, dass das neue Jerusalem vom Himmel herabschwebt! Dann sollen sie nur zum Himmel hinaufschauen, ob es kommt, es wird nicht kommen. Warum sollte eine Stadt vom Himmel auf die Erde herabkommen? Und eine Stadt für mehr als drei Milliarden Einwohner ist doch ein wenig klein. Wie soll man denn die Stadt herunterbringen, ohne dass sie die armen Menschen dabei erschlägt? Was für Seile muss man dazu nehmen? Aber gewiss werden die besten Techniker des Himmels für dieses Unternehmen eingesetzt. Nein, meine lieben Brüder und Schwestern, ihr dürft nicht auf das neue Jerusalem warten, sondern ihr müsst daran arbeiten, dass ihr selbst eines Tages dieses neue Jerusalem werdet. Denn zur Zeit ist es nicht ein neues Jerusalem, sondern das alte, verfallene, und daher müsst ihr euch darum kümmern.

Und auch zwölf Tore soll es geben, jedes aus einer einzigen Perle gemacht. Wo gibt es die Austern, die solche Perlen herstellen? Ja, das neue Jerusalem, das sollt ihr sein in eurer Vollkommenheit. Der neue Mensch, er ist das neue Jerusalem. Ruft also diese neuen Menschen zusammen, Menschen mit einem neuen Geist, mit einem neuen Herzen, die gemeinsam, solidarisch, brüderlich und in Liebe auf ein ganz bestimmtes, göttliches Ziel zustreben. All diese Menschen stellen eine Stadt dar, das neue Jerusalem. Und diese Stadt kommt vom Himmel, denn alles Neue und Lichtvolle kommt vom Himmel. Und es ist bemerkenswert, dass all diese Menschen zwölf Tore besitzen; wir haben sie gezählt, keines fehlt. Diese zwölf Tore – ich habe sie euch bereits aufgezählt – die muss man kennen und vor allem muss man ihren Sinn verstehen, denn durch sie gehen und gehen immer wieder viele verschiedene segensreiche Kräfte, Wesenheiten und Energien hindurch. Aber sie bleiben dem Menschen fern, wenn die Tore verschlossen sind. Alles, was verstopft ist, bringt keinen großen Segen!

Jetzt geht es darum, ein neues Verständnis für die Dinge zu bekommen, damit ihr eine Arbeit vollbringen könnt, wie ihr sie bisher noch niemals gemacht habt. Dafür müsst ihr euch den vier Richtungen der Welt öffnen. Diese vier Richtungen bilden ein Kreuz, und auf jeder Seite gibt es drei Tore. In diesem Bild habt ihr die zwölf Tierkreiszeichen, die zwölf Engel und die zwölf Edelsteine. In diesem Moment tretet ihr mit den Lichtkräften des Universums in Verbindung, mit deren Hilfe ihr die Natur eures inneren Wesens wandeln könnt. Seid ihr auf diese Weise regeneriert, gereinigt, geheiligt und erleuchtet, dann werdet ihr zum neuen Jerusalem, in dem die Sonne erstrahlt. Die Nacht existiert nicht mehr, die Finsternis ist verschwunden, und Gott regiert, der Gott der Liebe, der Weisheit und der Wahrheit.

Ihr dürft nicht erwarten, daß das neue Jerusalem einfach so frei Haus geliefert wird. Die Christen sitzen gemütlich im Familienkreis mit der Pfeife im Mund vorm Fernseher und warten auf das neue Jerusalem! Aber dafür müssen sie selbst etwas tun. Denn sonst werden sie selbst dann, wenn es einmal kommt, weiterhin rauchen, trinken und sich amüsieren. Ja, selbst ins neue Jerusalem wollen die Männer ihren Tabak und die Frauen ihre Schminke mitnehmen, denn sie können nirgends hingehen, ohne all das in der Tasche mit zu nehmen. So werden sie das auch im neuen Jerusalem nicht aufgeben. Sie werden sagen: »Oh, wie schön es beleuchtet ist, da ist was los. Lasst uns tanzen gehen!« Und dann holen sie erst mal das Parfümfläschchen und die Puderdose hervor.

Also, liebe Brüder und Schwestern, wartet nicht auf das neue Jerusalem. Macht euch ans Werk, und mit den Methoden der neuen Lehre wird es euch gelingen, eure eigene Materie umzuwandeln, sie geschmeidig, ausdrucksvoll und strahlend werden zu lassen. Und genau das bedeutet es, die Tore zu öffnen, um das Licht hereinzulassen, so dass Gott selbst in uns Wohnung nimmt. Ist das wohl möglich? Ja, es ist möglich, alle Eingeweihten haben es uns gesagt, und manche von ihnen haben es auch verwirklicht. Es hat mindestens achtzehn große Meister gegeben, die das neue Jerusalem vollkommen in sich verwirklicht haben, die zum neuen Jerusalem geworden sind. Es ist möglich, dass sich diese achtzehn eines Tages zu einem Wesen zusammenschließen und auf die Erde kommen, um hier das neue Jerusalem zu gründen. Und dieses Wesen wird der neunzehnte sein, die neunzehnte Karte des Tarot, die Sonne.

Das neue Jerusalem ist ein universelles Symbol, das für verschiedene Bereiche gedeutet werden kann, für die Alchimie, die Astrologie, die Magie und die Geometrie. Diese verschiedenen Auslegungen stehen nicht in Widerspruch zueinander. Das neue

Jerusalem ist ein Gemeinschaftswerk, jeder Stein der Stadt wird ein wunderbarer, lichtvoller, erleuchteter Mensch sein. Denn bei dem Bau des neuen Jerusalem kann nur Material verwendet werden, das in völliger Harmonie mit dem Ganzen ist. Bausteine, die alles nur nach ihrem Kopf machen wollen, werden zurückgewiesen. Es werden dafür nur Steine ausgesucht, die in harmonischer Schwingung sind, das sind die Edelsteine. Die Edelsteine schwingen immer in Harmonie mit den Kräften der Natur. Sie sind ergeben, gefügig, dadurch sind sie transparent, und lassen das Licht hindurch. Die anderen, die lichtundurchlässigen Steine, leisten dem Licht Widerstand, das dann nicht hindurchkommt, sie wieder verlässt und sie lediglich an der Oberfläche erhellt.

Der Edelstein aber hat die Sache begriffen und sagt sich: »Ich muss zusehen, dass ich das Licht durch mich hindurchlasse, um es dann in all seinen Nuancen erstrahlen zu lassen. Dann werde ich geliebt und geschätzt, man kümmert sich um mich. Man wird es nicht zulassen, dass ich von irgend jemandem beschmutzt oder beschädigt werde, und ich bekomme einen Platz, an dem mich alle sehen in meinem Glanz.« So denkt der Edelstein. Und der Schüler des neuen Lebens ist ebenso ein Edelstein, der versteht, dass er den Herrn, das Licht in sich einziehen und durch sich hindurchströmen lassen muss, wenn er schön und strahlend werden will.

Als ich vor Jahren schon erkannt habe, wie wichtig die zwölf Edelsteine sind, von denen der heilige Johannes spricht, habe ich sie mir beschafft. Natürlich sind sie nicht so groß wie die in der Offenbarung beschriebenen, aber es sind genau die Gleichen. Wollt auch ihr solche Steine haben? Nun, dazu ist es nicht zu spät, besorgt euch welche, denn sie können euch hilfreich sein. Wenn man spirituell arbeiten will, kann man dazu einen materiellen Ausgangspunkt nehmen. Ein Stein, zum Beispiel, kann zu einer Verbindung zu der unsichtbaren Realität werden, die ihm entspricht. Man darf nicht sagen: »Oh, ich interessiere mich nur für den Geist, für nicht gegenständliche Dinge; alles Materielle, Physische zählt für mich nicht.« Es ist ein Irrtum, so zu denken, und auf diese Weise kommt ihr nicht weit. Die Natur arbeitet mit der Materie, und so hat der Mensch nicht das Recht, sie zu übergehen. Sie ist dazu da, dass er durch sie etwas lernt und dass sie ihm den Weg weist.

Ein Edelstein, so klein er auch sein mag, ist ein Partikel dieser wertvollen Materie, also ein Gefäß für eine kosmische Kraft. Das muss man erkennen und zu nutzen wissen. Doch darf man auch nicht bei dem Edelstein stehen bleiben und sich sagen: »Dieser Stein wird mich jetzt heilen und mir seine guten Eigenschaften schenken.« Nein, wenn ihr nicht die entsprechende geistige Arbeit dazu ausführt, dürft ihr euch nicht auf ihn verlassen, er wird euch nichts nützen. So ein Stein ist wie eine Antenne, man muss ihn Anweisungen und Botschaften geben, ums sie übermitteln zu lassen. Dann ist er zuverlässig, er arbeitet und führt seine Aufgabe aus. Denn hinter diesem Stein befinden sich Kräfte, die kreisen, die schwingen. Ihr könnt nur dann eine gute Arbeit machen, wenn ihr eine klare Vorstellung von den Dingen habt. Aber wenn ihr die Sache nicht erfasst habt, dann ist es reiner Aberglaube.

Die Leute verlassen sich auf Talismane und Pentagramme, auf Wurzeln und Pflanzen und auf die unmöglichsten Dinge. Jetzt werden sogar Werbeblätter mit Reklame für die Alraune versandt: »Für soundso viel Geld schicken wir ihnen die große Seltenheit, die Alraune.« Und angeblich öffnen sich mit ihr alle Tresore und alle Paläste für euch, und alle Frauen werden bei euch schwach und sinken in eure Arme. Seht nur, was passiert, wenn die Gelüste dummer Menschen angestachelt werden! »Wir besorgen uns die Alraune, und dann ist der Reichtum, die Freiheit und die Liebe unser!« Und wisst ihr, was die Leute, die dieses Wunderding bestellen, dann geschickt bekommen? Ein winziges Holzpüppchen, das wie eine Alraunenwurzel aussieht. Also wirklich, die Leute lassen sich etwas vormachen!... Doch lassen wir das, das ist nicht weiter interessant.

Man muss sich also im Klaren darüber sein, wie man die Dinge sehen muss. Der Edelstein wird nicht die Arbeit machen. Gewiss ist er von der Natur so geschaffen worden, dass er wie eine Antenne wirken und kosmische Energien auffangen und weitergeben kann. Doch reicht es nicht aus, sich auf einen Edelstein zu verlassen und sich dann schlafen zu legen. Man muss ihn für eine bestimmte Arbeit nutzen, das ist alles. Wenn ihr die zwölf Steine habt, könnt ihr euch mit den Tugenden und Eigenschaften verbinden, die sie repräsentieren. Diese zwölf Steine sollen in euch selbst erscheinen, dort sollen sie zum Leben erwachen und gepflegt werden, so wie Perlen.

Eine Perle kommt nicht einfach so in der Natur vor, sie wird von der Perlenauster gebildet. Zuerst ist sie winzig klein, und dann wird sie immer größer. Und würdet ihr nur das Geheimnis der Perle, den Grund für ihre Existenz kennen! Eine Perle entsteht durch den Willen der Auster. Denn zuerst ist nur ein kleines Sandkorn in ihr Inneres gelangt, das sie stört. Da sie jedoch weder Hände noch Füße und auch keinen Besen hat, um es wieder loszuwerden, ist die Ärmste ganz irritiert. Nun ist sie aber ein verkappter Philosoph und denkt darüber nach. Dabei findet sie heraus, dass dieses Sandkorn ganz erträglich und glatt wie Perlmutt wird, wenn sie ein Sekret ausscheidet und es ganz sanft und lieb damit umhüllt. Und so entsteht eine Perle.

Die Auster gibt uns damit ein sehr lehrreiches Beispiel. Sie lehrt uns, dass dank der Schwierigkeiten und Hindernisse, die sich uns in den Weg stellen, wir selbst Perlen und Edelsteine herstellen müssen. Man kann nicht einfach über Schwierigkeiten hinwegsteigen, man kann sie nicht beiseite stellen, man muss sie bearbeiten, um sie umzuwandeln. Bei jeder Schwierigkeit kann man etwas von seiner Intelligenz und von seinem Herzen aussenden, um sie so mit etwas Lichtvollem und Reinem einzuhüllen. Was für einen Schatz sind dann all diese Perlen, die man durch seine Intelligenz und seine Geduld, seinen Willen und seine Ausdauer und vor allem durch ein unerschütterliches Ideal hergestellt hat! Daher kann man die Perlen der zwölf Tore auch als das Ergebnis der Arbeit der Heiligen, der Märtyrer und der Propheten deuten: die Hindernisse und Schwierigkeiten, die sie überwinden mussten.

Erwartet also nicht, dass das Reich Gottes und das neue Jerusalem kommt, ohne dass ihr etwas dafür tut, ohne dass ihr selbst die zwölf Perlen und die zwölf Edelsteine herstellt. Ihr mögt sie am Körper tragen, das ist schön und recht, doch wenn ihr den Geist der neuen Lehre nicht erfasst, um sie in euch selbst herzustellen, nutzt es nichts. Die materiellen Steine dürfen nur so etwas wie ein Vorbild sein, das euch inspiriert und euch zeigt, wie ihr sie im Inneren nachbilden könnt. Sie sind so etwas wie ein Modell für einen Maler oder Bildhauer. Ihr betrachtet also diese Steine, doch vor allem um sie in euch zu schaffen und lebendig werden zu lassen! In diesem Sinne ist es schön, die zwölf Steine zu besitzen, ansonsten ist es nur Aberglaube. Jedes Ding kann uns sehr viel lehren.

Das neue Jerusalem ist in Wirklichkeit ein Symbol für die spirituelle Arbeit, die jeder Mensch in sich selbst ausführen muss. Wenn jeder diese Arbeit getan hat, wird das neue Jerusalem in den Kollektivkörper der Universellen Weißen Bruderschaft herabkommen, in dem sich eines Tages alle philosophischen und religiösen Strömungen vereinigen werden. Der Name Universelle Weiße Bruderschaft weist darauf hin, dass darin alle Religionen und Einweihungsschulen zusammengefasst sind. Denn die Universelle Weiße Bruderschaft bringt alle unserer Zeit gemäßen Mittel mit. Und was wird es danach geben? Nun, immer noch die Universelle Weiße Bruderschaft, dieselben göttlichen Prinzipien, aber an die folgende neue Epoche angepasst. Denn alles entwickelt sich, und jedes Mal müssen die Formen geändert und angepasst werden.

Doch kommen wir auf die Edelsteine zurück, es gibt so viel darüber zu sagen! Es ist zum Beispiel riskant, irgendeinen beliebigen Edelstein zu tragen, ohne zu wissen, wem er bereits gehört hat und welche Einflüsse von ihm ausgehen. Denn sowohl der Mensch kann den Stein, wie auch der Stein den Menschen beeinflussen. Die Kraft eines Steines wird oft herabgesetzt und geschwächt. Denn der Mensch, der durch seine Lebensführung ständig gute oder schlechte Schwingungen und Strahlungen aussendet, kann den Stein damit so sehr durchdringen, dass dieser seine Kraft völlig verliert oder sogar schädliche Eigenschaften annimmt.

So ist es im Laufe der Geschichte vorgekommen, dass Edelsteine ihren Besitzern großes Unglück gebracht haben. Mit ihnen wurden Verbrechen begangen, wenn sie zum Beispiel einen Dolchgriff verzierten, und dann waren sie derart durch Einfluss von niederen Wesen wie Larven und Elementalen durchdrungen, dass auch der neue Eigentümer zu Verbrechen getrieben wurde. Diese Steine gingen durch zahlreiche Hände und provozierten alle möglichen Katastrophen, bis sie schließlich zu einem Hellseher gelangten, der ihre ganze Geschichte sah. Dann wurden diese Einflüsse entweder neutralisiert, man entledigte sich ihrer, indem man sie vergrub oder ins Meer warf.

Man muss also vorsichtig sein. Manche Menschen sammeln gerne alte Gegenstände wie Schmuck und kleine Statuen, ohne zu wissen, dass sie sich der Gefahr großen Unglücks aussetzen. Es ist immer gut, die Dinge eingehend zu untersuchen und sich nicht ohne Vorsichtsmaßnahmen darauf zu stürzen, um sie zu besitzen. Ich habe Verständnis, wenn einer die Edelsteine bewundert, doch sollten es Steine sein, die noch unberührt sind, die noch niemand zuvor besessen hat. Und selbst dann muss man erst die üblen Einflüsse vertreiben, das heißt, die Unreinheiten fortnehmen, die von denjenigen, die sie bearbeitet haben, darauf zurückgelassen wurden.

Also, meine lieben Brüder und Schwestern, eine große Arbeit wartet auf euch. Ihr müsst die alten, von bequemen Vorstellungen ablegen, ihr müsst allen Aberglauben ablegen und dann mit der Arbeit an euch selbst beginnen. Es gibt nichts Schöneres und Glanzvolleres für den Schüler als diese Arbeit an sich selbst, denn diese Arbeit wirkt sich auch auf die anderen aus, denen er auf diese Weise hilft, sich weiterzuentwickeln.

Le Bonfin, den 14. August 1962

Verlag – Auslieferung

Editions PROSVETA S.A. - B.P. 12 - 83601 Fréjus Cedex (France)

Tel. 04 94 40 82 41 - Télécopie 04 94 40 80 05

E-mail: international@prosveta.com – Site internet: http://www.prosveta.com

Auslieferungen

AUSTRALIEN
SURYOMA LTD
P.O. Box 798 – Brookvale – N.S.W. 2100
e-mail: suryoma@csi.com
Tel / fax (61) 2 9984 8500

BELGIEN
PROSVETA BENELUX
Liersesteenweg 154 B-2547 Lint
N.V. MAKLU Somersstraat 13-15
B-2000 Antwerpen
Tel. (32) 34 55 41 75
VANDER S.A.
Av. des Volontaires 321 – B-1150 Bruxelles
Tel. (32) 27 62 98 04

BRASILIEN
NOBEL SA – Rua da Balsa, 559
CEP 02910 - São Paulo, SP

BULGARIEN
SVETOGLED
Bd Saborny 16 A appt 11 – 9000 Varna

DEUTSCHLAND
PROSVETA Deutschland
Postfach 16 52 – 78616 Rottweil
Tel. 0741-46551 – Fax. 0741-46552
eMail: Prosveta.de@t-online.de
EDIS GmbH, Mühlweg 2
82054 Sauerlach
Tel. (49) 8104-6677-0
Fax. (49) 8104-6677-99

ENGLAND
PROSVETA, The Doves Nest
Duddleswell Uckfield,
East Sussex TN 22 3JJ
Tel. (01825) 712988 - Fax (01825) 713386
E-Mail: prosveta@pavilion.co.uk

GRIECHENLAND
EDITIONS PROSVETA
VAMVACAS INDUSTRIAL EQUIPEMENT
D. Moutsopoulou 103 – 18541 Piraeus

HONG KONG
SWINDON BOOK CO LTD.
246 Deck 2, Ocean Terminal
Harbour City – Tsimshatsui, Kowloon

IRLAND
PROSVETA, The Doves Nest
Duddleswell Uckfield,
East Sussex TN 22 3JJ, U.K.

ITALIEN
PROSVETA Coop.
Casella Postale – 06060 Moiano (PG)

KANADA
PROSVETA Inc. – 3950, Albert Mines
North Hatley (Qc), J0B 2C0
Tel. (819) 564-3287 Fax. (819) 564-1823
sans frais au Canada: 1-800-854-8212
E-mail: prosveta@prosveta-canada.com
Tel - Fax 075-8358498

KOLUMBIEN
PROSVETA
Avenida 46 n° 19 - 14 (Palermo)
Santafé de Bogotá
Tel. (57) 232-01-36 – Fax (57) 633-58-03

LUXEMBURG
PROSVETA BENELUX
Liersesteenweg 154 B-2547 Lint

NIEDERLANDE
STICHTING
PROSVETA NEDERLAND
Zeestraat 50
2042 LC Zandvoort

NORWEGEN
PROSVETA NORDEN
Postboks 5101
1501 Moss

ÖSTERREICH
HARMONIEQUELL VERSAND
A- 5302 Henndorf, Hof 37
Tel. und Fax (43) 6214 7413

PORTUGAL
PUBLICAÇÕES
EUROPA-AMERICA Ltd
Est Lisboa-Sintra KM 14
2726 Mem Martins Codex

RUMÄNIEN
ANTAR
Str. N. Constantinescu 10
Bloc 16A - sc A - Apt. 9
Sector 1 - 71253 Bucarest

SCHWEIZ
PROSVETA
Société Coopérative
CH - 1808 Les Monts-de-Corsier
Tel. (41) 21 921 92 18
Fax. (41) 21 922 92 04
e-Mail: prosveta@swissonline.ch

SPANIEN
ASOCIACIÓN PROSVETA ESPAÑOLA
C/ Ausias March n° 23 Ático
SP-08010 Barcelona

VEREINIGTE STAATENTEL
PROSVETA U.S.A.
P.O. Box 49614
Los Angeles, California 90049

VENEZUELA
J. L. Carvajal
Puerto Ordaz 8050
e-mail: tierra-nueva@usa.net
Estado Bolivar

ZYPERN
THE SOLAR CIVILISATION BOOKSHOP
73 D Kallipoleos Avenue - Lycavitos
PO. Box 4947, 1355 – Nicosiu
Tel: 02 377503 und 09 680854

Die Vereinigung der Universellen Weißen Bruderschaft hat die Anwendung der Lehre von Meister Omraam Mikhaël Aïvanhov zum Ziel.
Seine Werke werden herausgegeben und vertrieben vom
Verlag Prosveta

Auskünfte über die Vereinigung durch folgende Adressen:

Deutschland
U.W.B. e.V., Marienstr. 33, D - 78588 Denkingen

Schweiz
FBU, Chemin de la Céramone, CH 1808 Les Monts-de-Corsier
Telefon 021-9219390, Telefax 021-9235127

Österreich
U.W.B., Postfach 335, A - 5016 Salzburg

Dépôt légal: Mars 1999 - N° d' impression: 2544 - Imprimé en France
Imprimerie Prosveta, Z.I. du Capitou - B.P. 12
83601 Fréjus Cedex, France